作者简介

威廉·特文宁（William Twining），国际知名法理学家、比较法学家、证据法学家，"语境中的法律"运动的发起者和引领者，法律现实主义的当代主要代表人物。特文宁1934年出生于乌干达，求学于牛津大学和芝加哥大学，现为英国伦敦大学学院（UCL）奎恩法理学讲席荣休教授（Emeritus Quain Professor of Jurisprudence）、英国科学院院士、英国社会科学院院士、美国科学与艺术学院外籍院士、英国皇室荣誉大律师、霍尔斯伯里法学成就奖得主。主要著作包括《卡尔·卢埃林和现实主义运动（第2版）》《重新思考证据（第2版）》《一般法理学》《全球化和法学研究》以及《人权：南半球声音》等。

译者简介

赵英男，同济大学法学院助理教授，中国政法大学法学博士后，北京大学法学博士，美国圣路易斯华盛顿大学人文访问学者。研究方向为比较法与西方法哲学。

法政名著译丛

Jurist in Context
A Memoir

语境中的法学家
——威廉·特文宁学术回忆录

〔英〕威廉·特文宁 著
赵英男 译

商务印书馆
CAMBRIDGE

This is a Simplified Chinese Translation of the following title(s) published by Cambridge University Press:

JURIST IN CONTEXT
A Memoir
ISBN: 9781108480970
© William Twining 2019

This Simplified Chinese Translation for the People's Republic of China (excluding Hong Kong, Macau and Taiwan) is published by arrangement with the Press Syndicate of the University of Cambridge, Cambridge, United Kingdom.

© The Commercial Press, Ltd. 2024

This Simplified Chinese Translation is authorized for sale in the People's Republic of China (excluding Hong Kong, Macau and Taiwan) only. Unauthorised export of this Simplified Chinese Translation is a violation of the Copyright Act. No part of this publication may be reproduced or distributed by any means, or stored in a database or retrieval system, without the prior written permission of Cambridge University Press and The Commercial Press.

本书根据英国剑桥大学出版社 2019 年版译出

Copies of this book sold without a Cambridge University Press sticker on the cover are unauthorized and illegal.

本书封面贴有 Cambridge University Press 防伪标签，无标签者不得销售。

法政名著译丛
编委会

主编 田雷

编委会成员（以姓氏笔画为序）

王伟臣　王美舒　朱明哲　李诚予　李明倩
苏苗罕　吴景键　赵英男　樊传明

献给特雷弗·拉特

To Trevor Rutter

目　　录

序 ··· 1
前言 ··· 4
致谢 ·· 16
缩略语 ·· 17

第 1 章　法理学：个人观点 ···································· 19
第 2 章　童年与求学(1934—1952 年) ···················· 29
第 3 章　牛津及之后(1952—1957 年) ···················· 46
第 4 章　芝加哥大学(一)(1957—1958 年) ············· 70
第 5 章　喀土穆(1958—1961 年) ·························· 85
第 6 章　达累斯萨拉姆(1961—1965 年) ··············· 115
第 7 章　重逢卢埃林：美国间奏曲(芝加哥 1963—1964 年，
　　　　耶鲁 1965 年，费城 1971 年) ················· 151
第 8 章　贝尔法斯特女王大学(1966—1972 年) ····· 177
第 9 章　规范法理学 ·· 196
第 10 章　立场、提问与"像法律人那样思考" ········· 216
第 11 章　社会规则与法律规则 ···························· 249
第 12 章　华威(1972—1982 年) ·························· 267

第 13 章	法理学、语境中的法律、现实主义和教义 ………… 287
第 14 章	重新思考证据 ……………………………………… 315
第 15 章	边沁的学院（1983—1999 年）…………………… 340
第 16 章	对比鲜明的四重关系（边沁、德沃金、麦考密克与安德森）……………………………………………… 366
第 17 章	法学教育 …………………………………………… 385
第 18 章	全球化和法律 ……………………………………… 402
第 19 章	一般法理学 ………………………………………… 429
第 20 章	"退（而不）休" …………………………………… 448

正文注释 ……………………………………………………… 489
插图及其注释 ………………………………………………… 657
索引 …………………………………………………………… 669

威廉·特文宁教授生平年表 ………………………………… 699
"把自己作为方法"：如何阅读《语境中的法学家》…… 赵英男　706
译后记 ………………………………………………………… 729

序

六十多年来，威廉·特文宁一直位于英语世界法学研究和法学教育的中心。特文宁成就非凡的学术生涯始于早年间东非刚刚脱离殖民统治时期，继而又涵盖了英国和美国最富影响力的诸多法学院，它见证了法学教育的转型，也见证了法学研究这个学术世界的变迁——这个世界以其自身独有的方式一直以来都进行着静悄悄的革命，与特文宁职业生涯展开所处的政治语境变迁相比，不遑多让。这一生涯的长度、成就以及地理上的跨度，本身就使得特文宁本人对此时期的观察与反思具有非凡的意义，对法学学者而言如此，从思想史与社会史角度来看，亦复如是。不过在特文宁这里，这种意义由于如下事实而变得更富价值：他不仅是相关转变的见证者，也是身处其间的关键人物。

当我在20世纪70年代末来到伦敦大学学院攻读法学学位时，课程——和当时大部分法学院系的标准课程一样——以教义性法学研究为主，并辅以一定量的分析法学与法社会学作为调剂。当1983年特文宁作为奎恩法理学讲席教授到来时，情况大体依旧如此。但在那个时候，他和他的同事在华威大学以及其他几个院系中培育的"语境中的法律"运动已经开始改变着这门学科的格局，在整个学科中发展出少量的社会法律（socio-legal）课程，这在相当程度上借由以下方式得以可能:全新的期刊以及特文宁与罗伯特·史蒂文斯(Robert Stevens)在韦登费尔德与尼克尔森出版社创办的独具特色且颇有影响力的"语境中的法律"丛书。这一发展稳步继续下去,并且变得丰富多彩,它与诸如社会法律研究和理论、女性主义、批判种族理论以及批判法学研究等风格的研究相互影响。语境主义沿袭了法律现实主义的老观点,但绝不过时;它的真正价值体现为今天所有法学研究者都需要考虑语境因素。

在这本回忆录中,特文宁通过如下方式极为生动地讲述了这一方法的思想与政治——微观政治——渊源:他在极为不同的殖民主义和后殖民主义非洲的法律与社会世界、美国、政治纠纷时期的北爱尔兰以及英格兰中生活和教学的亲身经历;他在这些国家中与同事、导师以及学生形成的重要关系;还有自他刚刚成年以来塑造其观点的主要思想资源。在这一思想史中,哈特、柯林伍德、卢埃林以及门斯契科夫可能是占据主导地位的人物:但其他许多人也发挥着重要作用,这突显了关系性与制度性语境对个体生命轨迹与影响发挥强大塑造作用的方式。

特文宁对无法实现的愿望以及仍未完成的计划的态度,坦诚到令人神往——这实际上是一种自我批判:哲学启发下的法理学与特文宁式更具社会法律色彩的法律理论之间依旧缺乏真正的对话和彼此尊重是其中之一;他雄心勃勃地以多学科方法研究证据则是另一方面。尽管他强有力地表现出自己对教学的由衷热爱,并且教育发挥的核心功能不仅是沟通,也包含着他自己观点的形成与发展,但他谦逊地对自己身为导师、机构创建者以及年轻学者的提携者的作用轻描淡写。我自己身为他这些品质的受益人,特别是作为在学术生涯早期受他所托为"语境中的法律"丛书撰写作品的作者,能够为这部妙趣横生的回忆录撰写序言实在荣幸之至,我很乐意将本书作为了解20世纪末与21世纪初法学学术实践的精彩窗口推荐给法学学者,我也很乐意承认并致敬特文宁的影响力、学术贡献以及慷慨大方。

尼古拉·莱西(Nicola Lacey)
伦敦政治经济学院
2018年6月

前　　言

拿起今天的报纸，你可能会在每一版中有关跨国、国际、区域、国家和地方新闻的报道中发现法律，而且会发现有需要从法律视角加以解读抑或运用源自法律词汇的新闻：譬如谋杀、姻亲、屠杀、合同、抵押、股份、腐败、听证以及权利。

这便是英国法学院学生开始他们正式法学教育之初，我对他们所谈到的。甚至他们在来大学正式报道前，就需要阅读入门文献，至少参访一个法院，以及完成"报纸练习"。与前一个任务相配套的是一些有待他们解答的问题。与后一个任务相关的指示，是要求他们逐字逐句阅读一份严肃纸媒，比如《泰晤士报》(*The Times*)、《卫报》(*Guardian*)或《每日电讯报》(*Telegraph*)——这是我现在要做的——标记出所有看起来和"法律相关"的段落，进而回答一系列特定问题。乍看之下，这关注的是某些特定要点：但"法律相关"是个不好理解的范畴；即便我们从狭义理解，法律也在一份日报中自始至终占据重要地位：足球运动员被买来卖去；艺术版面可能包括版权、合同甚至名誉权纠纷等议题；商业版面高度依赖诸如公司、并购以及破产等法律范畴；合同俯拾即是；欧盟法和人权在不经意的地方涌现；理解国外新闻我们就需要了解非英国的法律传统与体系。即便身处英国，我们也会遇到沙利亚、伊玛目(*imams*)

和法特瓦（*fatwas*）。①

在一些段落中，法律是个好东西；但在另一些段落中，它可能不过是生活中的一个事实；在另一些段落中，它可能成为不公或压迫的工具。对于这个练习的目的而言，法律是什么？在此语境中，可能最好避开这类问题；如果我们狭义地界定"法律"，它就排除了反思性的解答；如果我们宽泛地界定法律，这就会使练习变得更有难度。大部分（但并非全部）上述事例就是英国法学生实际上所学的那类"法律"的例证，即使法律这个概念并不精确或融贯。

上述练习的潜在目标，就是提醒学生，他们在自己生活中无时无刻不与法律相逢，他们不只是在电视中看到法律，更身为演员／行动者。它还提醒学生法律鲜活有趣且与他们息息相关。一个标准的教学手段就是在开学第一天环顾新生并发问："没有犯过罪的人举手；……从未在脸书或推特上诋毁别人的举手……有谁在过去的24小时中并未订立合同吗？"如果在犯罪或侵权问题上有人举手，除非令学生尴尬，不然合适的回应就会是："我问的是从未干过什么？"如果正如所料，没有人会举手，我就继续说："在我面前可都是一群签约方、侵权人、姻亲、房客、业主、制宪者、版权侵害者、推特上的诽谤者……以及罪犯。"法律并不像通常所描绘的那样，对他们而言是一个新科目。更准确来说，法学研究的主题在社会生活中无所不在、变化万千、至关重要且尤为有趣——它并不晦涩、干瘪、脱离于人类现实。

---

① 沙利亚指的是伊斯兰教法，伊玛目指的是伊斯兰教中的教职，法特瓦是伊斯兰教判决或教令（本书页下脚注均为译者注，下文不再一一注明。作者注释请参见本书"正文注释"部分）。

区分法学学科（学科的名称）与这门学科的主题（以小写"L"开头的法律）很关键。在上一段中，我指出法律（小写"L"）无所不在、变化万千等。如我们稍后所见，在这个意义上有关法律和"法律"的理论化是法理学的重要组成部分。①但像"法学""哈佛法学院"或（法学学位教学大纲中）"普通法的侵权法"这类表述只不过是领域概念；这是一个研究领域的大体称谓，通常没有固定或稳定的边界且几乎没有分析性价值。¹诉诸有关法律的特定抽象理论或定义来解释这些表述会令人感到奇怪甚至是危险的：比如，哈佛法学院中不可能存在有关这些表述的共识，强加或提炼一个统一意见也很愚蠢。在此语境中，这个词汇的全部作用就是大体上将一个机构同诸如艺术学院或卡多佐法学院等其他机构区分开。

这一点在这里非同小可，因为本书的主要关切就是法学学科的健康发展，只是偶尔会关注法律概念的性质或本质。本书的核心命题是法学作为一个学科的任务，和其他学科一样，就是增进和传播对于其主题内容的理解；但要实现它作为一门非比寻常且至关重要的学科的潜力，它还有一段路要走。这些主题内容涵盖广泛，界定起来不清不楚且复杂多变。

本书倡导一种将法理学定位为法学分支学科的独特观念，并论证它因此能够以许多重要方式有助于这个学科的健康发展（第1章）。特别是它能够在全球化与技术变迁加速发展的时代有助于法律及法学回应诸多挑战。简言之，如果法理学被视为法学内在组成部分，它会成为法学内部更加具体活动的重要引擎。

---

① 不加引号的法律指的是社会现象，加引号的"法律"指的是这个概念本身。

前　言

为什么关注法学家(*Jurist*)？奥利弗·温德尔·霍姆斯(Oliver Wendell Holmes Jr.)曾说"法律是思想家的志业"。[2] "法学家"是一个宽泛的词汇，指代一个深思熟虑或博学强识且以法律为主要学科、领域或职业的人，他战略性地或以相对抽象的方式反思法律。这个词既适用于法官和具有反思性的法律实务工作者，[3] 也适用于法学教育者、法学学者以及法律理论家。对于所有这些人来说，法律是他们的首要学科，是他们专业技能的主要基础。[4] 我也属于某类法学家，因为我是职业的法学学者-教师，将法理学视为自己专业兴趣之一。我接受的训练并不是哲学的、历史的抑或社会理论与社会科学的，但我相信一切人文学科与社会科学，甚至像神经科学与心理学等其他学科以及许多法律行动者——不只是专业人士——的直接经验，都和理解法律有关。

本书是一部学术回忆录，写给所有关心法律的读者，特别是法学专业的学生以及一般意义上的法学学者。本书的目标是通过叙述个人观点的发展以及一系列命题的证成，重述我作为一位法学家的立场。当我第一次听到有关这部书的提议时，我立刻想到了 R. G. 柯林伍德(R. G. Collingwood)的《自传》(*An Autobiography*)，后者让我在大学刚毕业读到它时震撼无比。我们将会看到，自此之后它在我的思想发展中具有里程碑式的意义。柯林伍德的回忆录一定是英语世界最受欢迎的哲学著作之一，但它在 1939 年出版时人们并没有料到它会如此受欢迎。作者提醒牛津大学出版社说，此书"缺乏所有让自传得以畅销的要素"。他认为这会是"亏本买卖"，于是在前言中事先道歉：本书作者是个职业哲学家——自打他记事起就是如此——所以他的人生故事不过就是抽象观点的概述。[5] 威廉·福克纳（William Faulkner）更为简洁，指出一位作者的传记应当简短："他著书立说，之后故去。"

如同柯林伍德的《自传》，本书旨在为某种立场提供简洁、易懂且自我（assertive）的重述。它试图展现我的过往，我为何会具有自己关于法律与法学的看法，以及这会通向何处。本书是对观点的叙述，而非私密自传。不过相比于柯林伍德，我更是一位语境主义者，因此我的故事更紧密地与特定时空绑定在一起。

我的主要学科——法理学，听上去抽象无比且令人生畏；它的许多内容的确如此，但我对法学理论工作的看法是，它往往应当切中伦常（down-to-earth）、实事求是（realistic）、务实有效且通俗易懂。由于这门学科貌似晦涩艰深，而我一直以来略微游离于主流之外工作，本书第1章为非专业人士概述了我对法理学的看法。我希望这不仅有助于本书其他内容能易于理解，而且可以说服读者接受法理学与他们息息相关。

第2章至4章简要论述了30岁前我接受的正式与非正式教育，这包括在牛津、喀土穆（Khartoum）和达累斯萨拉姆（Dar es Salaam）求学与教学的青春岁月。这几章介绍了一些我的非洲背景与经历，以及在我作为法学家成长的早期对我产生重要影响的三位人物：赫伯特·哈特（Herbert Hart）、柯林伍德以及卡尔·卢埃林（Karl Llewellyn）。

我之所以选择在职业生涯最初的7年去苏丹和东非任教，是因为我对教育和非洲感兴趣，而法律是我唯一能教授的科目。教学、机构创办、法律汇编以及掌握异域文化与法律体系的经验，让我逐渐对法学教育和语境化地理解法律感兴趣。我在芝加哥负责编辑整理卡尔·卢埃林的论文（1963—1965年）后，又对思想史、文献档案和英美法理学产生了兴趣（第4章和第7章）。

第5章和第6章描述了我有关理解和教授法律的观点如何在苏丹和东非萌生，以及它们如何主要通过在不同国家中有关法学教育的积极（activist）论辩和政治活动而得以发展。

第7章讲述了我与卡尔·卢埃林及其令人敬畏的遗孀索亚·门斯契科夫（Soia Mentschikoff）的交往，以及我如何在不成为"规则怀疑论者"（这指的是有人并不相信规则存在，或并不相信规则具有确定的涵义）的前提下，开始提出有关法律的"现实主义"学说的理解。

第8章讲述了我在贝尔法斯特女王大学担任法理学教授的7年（1966—1972年），在这里我有机会在三门必修课中提升自己有关法理学的教学与思考。其中一门课使我对规则、规范及其解释展开了一些深入思考，由此形成了《如何依规则行事》（How to Do Things with Rules）一书〔与戴维·迈尔斯（David Miers）合著〕以及其他有关立场、提问和推理等主题的观点（第10章）。

第9章讨论规范或伦理法理学。回顾自己青少年时期有关"信仰问题"的焦虑——它可能因我早年与实证主义的相逢而得到了强化——这一章讲述我如何在哈特的影响下深入思考边沁，成为了一位道德多元主义者和游移不定的修正功利主义者；以及之后我如何在回应北爱尔兰的地方"纠纷"中，逐渐开始从学术角度涉足与紧急权力和审讯"恐怖分子"技术相关的议题。这使得我深入研究了边沁有关酷刑和人权的著述，并主要将杰里米·边沁视为征询探讨者甚至是不可小觑的对手。在1973年著名的巴黎酷刑会议上，人们认为有关酷刑程度以及酷刑层出不穷的产生条件的一般性经验问题是"学术空谈"(academic)的,因而不予理会,我对此大为失望。几乎所有的学术焦点都集中于法律定义和道德这种抽象问题;这让我有一种阻止和应对酷刑的实践问题尚未得到合理重视的感觉。在时隔近40年后,我再次关注这一棘手问题时,我很高兴地发现通过更为现实主义的方法,我们在阻止酷刑方面取得了一定进步。

接下来的两章更具分析性。第10章解释为什么立场这个观念在我的思想中举足轻重,以及它如何与法律语境中的提问和推理联系起来。第11章"社会规则和法律规则"讨论在日常生活、家庭、学校或单位以及特定法律语境中,制定、解释、使用以及应对各类规则的理论与实践议题。

第12章至14章涵盖我在华威大学——它算新式"平板玻璃大学"①——法学院致力于"从内部拓展法学研究"(第12章)的时期(1972—1982年)。第13章讲述有关法理学对此工作的潜在贡献的思考,如何使我阐述自己对法理学领域的看法。在华威大学,我们每个人都要从更宽广的视野重新思考传统的研究领域。这激发我提出"语境中的法律"以及"现实主义"观点,并在法律语境中重新思考证据(第14章)。这成为我20多年来的大部分工作,主要和特

---

① "平板玻璃大学"指的是1963年英国高等教育委员会发布《罗宾斯报告》后,根据报告中让更多平民大众上大学的要求,建立起来的一批新高校。这标志着英国高等教育进入大众化时代。这些学校在建筑中广泛使用平板玻璃,与维多利亚风格的"红砖大学"(伯明翰大学、利兹大学、谢菲尔德大学等)和更古老的"古典大学"(牛津大学、剑桥大学、杜伦大学等)形成鲜明对比。"平板玻璃大学"一词据说来自英国高等教育研究者迈克尔·贝洛夫(Michael Beloff)的《平板玻璃大学》(*Plateglass Universities*)一书。

里·安德森(Terry Anderson)以及戴维·舒姆(David Schum)合作完成。

在华威大学任教10年后,我在1983年来到伦敦大学学院(UCL),成为(整个)伦敦大学的奎恩法理学讲席教授(Quain Professor of Jurisprudence),名头响亮但工作辛苦(第15章)。第16章稍事休整,谈谈我与4个人之间对比鲜明的关系,他们成为我著述的一个重要背景,在20世纪80年代和90年代尤为如此。他们是杰里米·边沁、罗纳德·德沃金(Ronald Dworkin)、尼尔·麦考密克(Neil MacCormick)以及特里·安德森。在伦敦大学学院,自20世纪90年代初开始,我一方面保持着对法理学和证据的兴趣,另一方面为了在我们这个迅猛变迁的世界中理解法律,我着手启动了一个有关"全球化"潜在影响的项目。在伦敦大学学院,我作为活动家和评论家也涉足许多国家的法学教育政策与实践等诸多方面。思索英国近来的论辩并跟随重要的《法学教育与培训评论》(*Legal Education and Training Review*, 2013),我开始在下述意义上展开某种自我批判:我们作为法学教师,实际上只是口头支持这样两个紧密相连的观点,即我们应当更关注学习而非教学,并认真对待终生学习这个观点;这种批判对该领域内的思考、研究、论辩、规制、策略、政策制定与财政支持具有重要的潜在影响,在法律服务、公众对法律的理解以及整个教育可能产生革命性变革的时期,尤为如此。这项工作仍在进行中(第17章和第20章)。

第18章讨论我对"全球化与法律"的探索。这一章从我和声名狼藉的"法律与发展"领域的紧张关系开始,串联起我生活于殖民地的童年、非洲背景、与美国的关系和摆脱殖民主义和新殖民主义残余的困难，还有我对众多含义模糊的可全球化事物的疑虑，以及从全球视角思考法律是如何不可避免地产生新观念和不确定性的。这也理应让我们意识到自己集体性无知与懵懂的程度。有关一般法理学的第19章讨论了全球视角之于法理学的意义，以及它在帮助法学这个学科适应变迁中的环境并实现其作为伟大的人文主义学科之潜质中的作用。20世纪90年代初以来，在我的著述与教学中，很大一部分内容都是在这个广泛的领域之中。

在伦敦大学学院工作14年后，我成为一名研究教授（Research Professor），稍后又进入非全职状态。我的"退（而不）休"（R/retirement）状态持续了许多年，直到没有教学、没有行政事务、没有机构里的勾心斗角，我得以安享永久假期，安排自己的日程。过去的20年是我最为高产的时期。本书结尾是对未竟事业和一般法理学的一些思索：如我所言，在全球化高速扩张、技术迅猛变革的时期，一般法理学如何能够帮助我们的学科回应挑战（第20章）？

显而易见的是，在许多场合我一直倡导有必要对人们习以为常的事物展开非常实质性的重新考察。在牛津大学，赫伯特·哈特通过引入一种声称引领一场"革命"的生机勃勃的哲学学派的视角而挑战了一种谦逊温和的特殊法理学的方法与目标；在芝加哥，一所美国法学院揭示出我对自己在英格兰所接受的法学教育的不满的重要内容；在喀土穆，更明显的是在达累斯萨拉姆，我们需要重新思考在两个新近独立的国家所具有的极为不同的语境中学习到的一切东西；在贝尔法斯特，除了北爱尔兰纠纷外，英国正经历着一股强劲的法律改革浪潮；1971年我在华威接受面试时，我被问及会将哪个学科"华威化"——也即重新思考一个领域，使之"从内部得以扩展";我选择了证据,此后一直致力于此;大约从 1980 年开始,我就一直思考"全球化"对整个法学学科的潜在影响。在我的旅途中,不仅在地理意义上也是在思想意义上,我不得不回应着诸多文化冲击。在我的学术生涯中,我没有任何一个阶段中是在真正固定的传统中工作。未来看起来充满了不确定性。这或许会解释为什么如此多的"重新思考"充斥着整本书。

由于本书并非传统意义上的自传或回忆录,我应当解释一下它的结构安排。我预料到会有几类读者。我预想的最主要的读者就是一般意义上的法学学者;我的愿望是说服他们在法学学科整体及其挑战的语境中看待他们自己专业化的工作。这在一定程度上说的是,法理学、证据、法学教育和全球化不应当被视为专家的聚居地,而是一切法学学者理解法律的语境的必要组成部分。第二类读者就是在这些或与之相近领域的专家。在此我希望特定章节能够解释我的观点源自何处,并能与更详尽的著述关联起来。我也希望这些内容能够启发或引人思考,以及我总是不拘细节的行为,特别是在正文注释中的,能够得到谅解。

另外一类重要的听众,就是"非法律人",特别是其他学科的学者,但也包括任何对法律感兴趣的人。我试图让正文对普通读者来说是易读易懂的。对于大部分内容来说,本书尽量做到通俗,但也有一些非专业人士可以跳过的晦涩部分。本书的注释都堆在正文后的聚集地中。它们有两个作用:首先,关联我自己以及他人更细致地处理特定议题的文献;其次,让正文别受主要是专家感兴趣的内容的拖累,抑或别受会打断叙事流的题外话的干扰。正文注释的开头,是对最常引用著作的缩写的概览[比如,GJP 指的是《一般法理学》(2009)]。回忆录的作者对于禁止自我引用或自我抄袭的惯例拥有某种豁免权。不过本书所有内容都是原创的,只是我偶尔会自我引用或承认我加以调整或重复使用的段落,其中包含一些为本书而写的内容,但之后又用在了别的地方。

因此,本书涉及法学的诸多领域:法理学、证据、法学教育、法律与发展、比较法以及全球化和法律。在我的职业生涯中,法律记录与档案一直都是我的业余爱好,我既是一名活动家,也是一名学者。它们都很早就成为了我的兴趣,但我的观点演进的不同语境,是这个故事的重要内容。我一直尝试将自己研究、写作与活动的成果置入特定时空条件下,正是在这些条件下它们主要通过教学与写作而得以发展。其中一些内容会比另一些内容让某些读者更感兴趣,本书的结构也允许某种明智的略读或跳读。不过,我认为所有这些主题都是彼此相连的,在法学学科中居于核心地位。一切法学学者,不只是专家,都应当关心所有这些领域的趋势与发展,并对之有一般性认识,因为在未来的岁月中他们会关心法学和其他学科的关系,以及自己学科的健康发展。所有人都会涉足教育、学习、运用规则、解决问题、从证据作出推断、法律关系、去殖民化以及适应越来越强势的跨国影响。这些都是本书论述的核心,所以我希望它会引起人们的共鸣(human interest)。

最后,为什么写一部自传而非自己观点的总结?对我来说这个问题涉及出版而非写作。我用笔头来思考,通过写作找寻自己的想法。许多年里,我草草记下轶事与梗概,常常是作为写作练习,而无意发表。慢慢地,这就发展成为一种剪贴簿。有时我以这里的素材润色用来发表的论文。之后我开始将这本剪贴簿视为可能的艺术作品，但只是为了有限的私人传阅。后来有人提议，我应当把它改写为详尽的自传。我没有答应。我是对这类作品充满怀疑的读者。作为研究证据的学者，我将回忆录作者视为不可信赖的证人，需要从他们的诚实度、可信度（与记忆尤为相关）以及偏见出发，用怀疑的眼光加以打量。不过，我的大部分资料都是书面文献。这个体裁缺乏吸引力的理由有许多，而且是显而易见的。此外，职业学者的生活总是非常相似且相当无聊。

但是在这个时候，我想起了柯林伍德的《自传》，它在我20岁的时候颠覆了传统。我热爱这本书。或许更重要的是，我感到自己的许多主要著述都没有到达我所认为的自己的基本读者那里：一般意义上的法学学者。可是非专业人士觉得证据晦涩难懂，而一些主流证据学者认为我的作品具有批判性，甚至充满敌意；我的同事认为法理学太晦涩或难懂，这门学科也是被这么研究的；就连全球化也被视为一种专门研究抑或对上述两者的威胁；而且我的同事并不认为法学教育是一个值得理论或学术关注的严肃主题。我希望本书可以反驳这些观点。对于我思想发展的历史论述并不会重复我其他著作中的任何内容。所以当我起草好大纲后，我被迷住了。这是我过去两年里的重要任务。不过，我对这项任务却态度矛盾又守口如瓶，只是在手稿准备妥当时才公之于众。我那时为什么决定出版？与其浪费时间进一步内省，就让我采用算是同时代人的艾伦·班内特（Alan Bennet）在被问及"为什么研究历史"时所作的回答吧："传承。这有时是你所能做的全部。继承、感受并传递下去。不是为了我，不是为了你，而是为了某天、某处的某个人。孩子们，传承下去。"[6]

致　　谢

通力合作是学术生活中的诸多幸事之一。在本书中随处可见的，是我对朋友、同事、学生、图书馆员以及其他人有太多亏欠，以至于无法一一谢过。但我要特别感谢妮基·莱西（Niki Lacey）应允撰写前言；感谢在剑桥大学出版社工作的汤姆·兰德尔（Tom Randall）、菲诺拉·奥沙利文（Finola O'Sullivan）以及萨拉·佩恩（Sarah Payne）；感谢能力出众且与我投缘的责编杰姆·兰沃西（Jem Langworthy）。安德鲁·哈尔平（Andrew Halpin）、戴维·雷斯特雷波-阿马利尔斯（David Restrepo-Amariles）、戴维·休格曼（David Sugarman）以及其他人，与卡伦·特文宁·富克斯（Karen Twining Fooks）和彼得·特文宁（Peter Twining）一道，针对特定章节提出了颇有助益的评论。特雷弗·拉特（Trevor Rutter）与佩内洛普·特文宁（Penelope Twining）通读了整本书的多版草稿，提出了宝贵的意见。他们耐心地讨论本书的构想，并给予我源源不断的支持与鼓励，没有他们，这本书将永远无法完成。

缩 略 语

（原书第285页会有正文注释中参考文献的更详尽的缩略语表）

AALS	美国法学院协会
ABA	美国律师协会
ALR	美国法律现实主义
BNC	牛津大学布雷齐诺斯学院
CLA	英联邦律师协会
CLEA	英联邦法学教育协会
CLS	批判法学研究
CPD	后续职业培训
ECHR	《欧洲保护人权与基本自由公约》
EPF	证据、证明与事实发现
FBA	英国皇家科学院院士
IALS	英国高等法律研究院（伦敦大学）
ILC	国际法律中心（纽约）
JD	法律博士（美国的法学第一学位）
JSPTL	《公共法律教师学会学报》
KLRM	《卡尔·卢埃林与现实主义运动》
LLB	法学学士

	LLM	法学硕士（研究生）
	LSA	法律与社会协会（美国）
	LSE	伦敦政治经济学院
	LTP	法学教师项目（伦敦大学学院）
	MDGs	千年发展目标
	MWA	修正的威格摩尔分析法
	NGO	非政府组织
	NIAS	荷兰高等研究院（瓦萨那）
	NLR	新法律现实主义
	PEAP	消除贫困行动计划
	QUB	贝尔法斯特女王大学
	SAS	伦敦大学高等研究院
xxiii	SLA	社会法律研究协会（英国）
	SLJR	《苏丹法律杂志与报告》
	SLS	法学研究者协会（取代公共法律教师学会）
	SOAS	东方和非洲研究院（伦敦）
	SPTL	公共法律教师学会
	TANU	坦噶尼喀/坦桑尼亚非洲民族联盟
	UCC	《统一商法典》
	UCD	达累斯萨拉姆大学学院
	UCL	英国伦敦大学学院
	UM	迈阿密大学
	YMG	公共法律教师学会青年成员组

第 1 章　法理学：个人观点

Jurisprudentia est divinarum atque humanorum rerum notitia, justi atque injustia.（法理学是有关人类事务与神圣事务的知识，是有关对与错的科学。）

（据说源自乌尔比安）

……与法律无关。

（顽固的实务工作者）

或许社会学尚未准备好迎接它的爱因斯坦，因为它还没找到自己的开普勒——更不必说它的牛顿、拉普拉斯（Laplace）、吉布斯（Gibbs）、麦克斯韦（Maxwell）与普朗克（Planck）了。

（罗伯特·K. 默顿[1]）

伊塔洛·卡尔维诺（Italo Calvino）是我最喜欢的作家之一。作为一名法学家，我往往对其两个人物心有戚戚，这便是帕洛马尔先生（Mr Palomar）与马可·波罗（Marco Polo）。帕洛马尔先生想要理解宇宙。于是他决定先从具体事物开始。他首先试着将自己脑海中的单个脑波视为并确定为精准、明确的对象。可他失败了。他又试图寻求完全掌握自己的草坪,途径是全神贯注于一平方米的草坪(以便数清楚它有多少根草,它有多厚,以及它是如何分布的)。他运用了统计分析、描述、叙事与解释,但依旧没有成功。最后他患上了神经衰弱。或许,描述从地球上看到的荟萃群星,要比描述一段脑波或一片草更为简单。但"对群星的观测传递出一种不稳定且自相矛盾的知识"。[2] 群星会运动、会变化,它们在若隐若现中明灭可见。他并不信任天体图。[3]

许多学者都会经历帕洛马尔时刻。卡尔维诺的观点是反还原论的。① 试图全盘把握整个世界或宇宙是徒劳无功的;这种研究是永无止境的。稍后我们会遇到卡尔维诺笔下的忽必烈可汗,他认为自己能够掌控整个帝国,而其方法就是将之还原为一个木制棋盘中的 64 个有序方格。与之相反,他的客人马可·波罗,则是通过沉思单个方格中的谷物,开启了无边无垠的想象之旅。[4] 特殊性与一般性、简单性与复杂性,都是相对而言。在简单性与复杂性所构成的连续统一体上,相较于忽必烈可汗,我更接近马可·波罗的立场,但我的确通过广泛的学说、框架以及假设展开思考,以便为更加具体的探究设定语境。[5]

本书就是基于这样一种不为许多人赞同的独特法理学立场。我想通过阐明这一立场来开启我的论述。我近来是这样总结自己

---

① 特文宁以卡尔维诺笔下人物作为开篇是很有深意的。还原论在这里指的是如下观点,即法理学或法哲学就是探究法律性质,将复杂的法律现象还原为法律之为法律必然拥有的某种单一属性;反还原论则是特文宁所倡导的立场,注重法律与其他事物之间不可忽略的关联。当然,有关法律性质的研究是否是一种还原论,仍是值得商榷的,但总体来说,特文宁的概括把握住了英美法理学主流立场的核心。

的立场的：尽管出于必要，我会涉足其他学科，包括哲学、人类学与文学，但我是一位法学家。在这里，我的核心关切是法学作为一门学科的健康发展。

我将"法理学"（jurisprudence）和"法律理论"（legal theory）用作同义词。但有些人不会这样。[6]我将法理学领域，视为法学这门学科的理论部分。一门学科的使命，就是增进和传播有关其主题的知识与理解。法学学科的使命，就是增进和传播有关这门学科主题的知识与理解。这些主题不是静态的，也没有得到清晰界定——而且它们也不应得到如此对待。[7]

"法理学"这个词，类似于诸如"作为一门学科的法学"或"哈佛法学院"这类词语抑或有关"侵权法"的课程中的"法"这个词。它们都意味着"领域概念"（field concepts）；这指的是，它们都是研究领域或范围的粗略标签或指称，并没有精确或稳定的边界，分析价值也非常小。[8]"哈佛法学院"中的"法"，无需也不应拥有一般性的理论或定义。

法理学（以及它的同义词，法理论）是该学科的理论部分；一个理论问题，就是一个在相对更高的抽象层次提出的问题；"法哲学"（Legal Philosophy）宽泛地指代法理学中最为抽象的部分；在我看来，它只是法理学的一个方面，因为理解法律现象与观念需要从不同视角处理位于不同抽象梯度与一般性层次上的问题。比如，"司法推理"这个主题，依照惯例被理解为有关可疑或可争议的法律问题的推理，它可以包含一般意义上的推理问题（哲学层面），有关普通法／英国／美国上诉法院抑或美国联邦最高法院的法律问题的司法推理；特定管辖权范围内一个法院在一段时期内有关法律问题的推理；抑或某个特定上诉法院法官的推理风格。这些都是理论问题，尽管后两者由于采纳的方法而可能处于边界状态。其中一些问题只需要对法律事务稍有了解；有一些问题需要不止一个学科的视角。我们越从这个抽象梯度下降一个或更多层次，就会越深入地介入这些要求地方性法律或其他知识的问题之中。[9]

我将法理学视为一种传统、一种意识形态，并尤为将之视为一种活动。传统（*heritage*）这个观念提醒我们，法理学具有历史，并且即便是在非常狭小的"传统"（tradition）中，现存文本、观念与争论的总体样貌也会广博、复杂且让人望而却步。大部分有关西方法理学传统的历史概述，会至少回溯到古希腊（柏拉图与亚里士多德），并且包含西方基督教（特别是自然法）的不同线索、世俗启蒙、宏大的社会理论（比如，马克思、韦伯与涂尔干）、一些哲学分支以及专门的法理学研究。

3 一些教科书试图通过粗略且彼此重叠的诸多"学派"和"主义"（比如，自然法、分析法学、历史法学、社会学法学、法律与经济学、现实主义、马克思主义、实证主义、女性主义与后现代主义[10]）对现代法律理论的主要线索展开分类与描述。为了论述方便，有时谈及法理学的三大领域是很有帮助的：分析法理学、规范法理学与经验法理学（包括历史法理学）。它们体现出这一观点，即理解法律涉及概念、价值与事实。在大部分法学研究中，这三者是相互结合的。在一些概念分析中，规范评价或经验关切可能至关重要，但将它们视为彼此分离的子学科则是危险的。这些"领域"不过是领域概念的广义类型。[11]

将法理学视为一种传统，会强调历史的连续性与相关性。它引发了焦点选择的难题,以及分类与概括观念和思想家的一些困难。[12]
将法理学视为意识形态也同样有帮助。"意识形态"这个词很暧昧:它可以指一系列信念(有时是一个体系),或者按照马克思主义的用法,它可以指被自利扭曲的信念。这两种用法在此都相关:第一种用法使得人们关注个人有关法律的信念和有关世界的更一般信念之间的关系。作为一名法理学教师,我的主要目标一直以来就是激发学生将他们自己有关法律的假设与信念同他们其他的信念关联起来,并对这两者加以反思和提炼。在批判性考察特定法律体系或法律内容所包含的规范性假设,看它们是否融贯时,也会涉及同样类型的实践。

马克思主义意义上的"意识形态"很有帮助地提醒我们信念、自利与幻觉之间的紧密关联。批判法律理论的一个核心主题,一直就是强调法律与政治之间的紧密关联,并质疑任何法律理论表述中有关中立性或客观性的主张。一些论者甚至会误以为法理学在这种糟糕意义上是"意识形态化的",是一种难辞其咎地自我正当化,甚或是令人迷惑的工作。他们以此可能想要表明的是,法理学的主要功能长久以来就是通过为法律体系,特别是国家法律体系,提供政治-道德证成而试图为法律及其研究提供正当性。对一些法律理论化工作而言,这可能在一定程度上所言不虚。

将法理学视为传统与意识形态,为一些重要的观点提供了有益的提示。但在当下语境中,我主要将法理学领域视为针对该学科主题展开的理论化活动;也即从不同视角以及不同抽象层次,提出、分析、定位、研究、反思、论辩甚至解答有关这些主题的一般性问题。

与从我们广袤传统中遴选出来的重要文本展开对话,就是一种法理学活动，在教学中尤为如此。它的主要目标是澄清我们自己的观点，但要想做得言之有理，我们就需要在历史语境中理解这些文本，比如，以柯林伍德与昆廷·斯金纳（Quentin Skinner）曾倡导的方式进行。远去的法学家们还有辅助性作用，就是作为讽刺、挖苦的对象，抑或被粗略地划分学派，又或者作为某种特定视角或倾向的代表人物。

理论化是一种提问、解答与推理的活动。这种活动的一些产物，是对许多不同类型问题的多多少少具有试探性或信心满满的回答。"理论"这个名称可能对于一些实质性的、得到精心论述的答案算是恰如其分的；但很常见的是，理论化的产物都是对于非常微观或具体问题的解答，抑或是对谜团的消解、概念的澄清。

"理论"这个术语也被随意地用来指代思辨性假设、可行的假定、预设抑或是一种自夸。[13]"法律理论"这个模糊的术语，在我看来，很大程度上被过度使用和误用。作为回应"什么是法律的性质或本质"这个问题的一种尝试，它有专门的含义。[①]但出于如下诸多理由，我对这一工作充满疑虑：我不理解这个问题；我怀疑法律拥有一个性质或本质；我也怀疑任何这类抽象理论会对我们这门学科有许多分析上的价值抑或体系化功能——它似乎太过抽象和具有还原论色彩了。不过，这里的关键点在于，理论——特别是法律理

---

① 依据当下法哲学的主导观点，法律理论就是分析法律性质的理论；法律性质就是法律之为法律所必然拥有的特征，也即法律的本质必然属性。在这个意义上，法律理论或法理学就是有关法律概念这个问题的讨论。当然，法哲学研究并不仅仅关注这一个问题，而是认为别的问题似乎都没有这个问题重要。特文宁反对将这个问题视为唯一重要的问题。

论——并不是、也不应是法律理论化的主要产物。法理学并非一个单一问题的学科。

我并不拥有，也不希冀一种有关法律的一般或宏大理论。[14] 我的大部分工作都涉及在具体而微的特殊性与非常抽象的哲学化论述之间的中程理论。[15] 比如，在我有关全球化与法律的项目中，我一直都非常怀疑有关"全球化"或"法律"的宏大或普遍的还原性理论，于是我选择聚焦于次全球化（sub-global）模式，以及最适宜于在较低抽象程度加以处理的议题，比如法律多元主义、法律的传播[16]等，还有"重新思考"诸如证据[17]、侵权法[18]、土地法[19]以及比较法[20]这些专门的领域。与默顿不同，在这些"中程"层面上，我并不试图塑造精致的理论，而是通过非常具体的研究与更为抽象的可行假设之间的互动来展开思考，其中后者需要不时地加以阐述与批判性考察。在我看来，可行的假设类似于木筏的木板，它们大致被绑紧在一起，以便在波澜起伏的茫茫大海上，反而提供一个暂时但大致稳定的平台。这些木板可能来自不同地方，彼此可能很容易适配，也可能不是如此。[21] 理论家的一个工作就是促成对这些通常是潜在的可行（working）假设的阐明，对之加以批判性考察，以及在必要的时候调整、修复抑或替代特定的木板，只有在偶然的情况下，才会冒险跳上一个全新或者完全不同的木筏。[22]

理论化的用处是什么？不存在统一的一般性答案。当然，理论化有时是没有用处的，有时是非常重要甚或至关重要的。它本身就可以成为目的。在当下的语境中，我想强调它对法学学科（其目标就是发展和传播有关该学科主题的理解）健康发展的可能贡献。从这个角度来说，理论化有一些功能或"职能"（jobs）[23]：建构总体图景(综合);个别概念与概念框架的澄清与阐述;发展诸如正义论或人权学说这样的规范性理论;建构、改善并检验经验假设;发展有关参与者的可行理论(比如,有关特定法律体系中法律制定、司法抑或律师职业的规范性理论);诸如此类——无论在什么情况下,在相对具有一般性的层面展开思考,都会有助于理解。

我认为,理论最重要的功能,就是阐释、澄清并批判性评估隐含在法律话语总体或其特定内容中的重要假定和预设——这不仅包括一般意义的法律,也包括子学科的假定和预设,一如近来一直在明显受到全球化影响的诸如比较法和国际公法这些领域中所发生的那样。这种批判性功能可以有效地在我们自己以及他人的著作中得到运用——需要具有自我批判属性的法学研究(第19章)。我的"全球化与法律"项目的一个结论,就是这些复杂且多样的过程,挑战了西方法学研究传统中一些主流的一般可行性假定(第19章)。我们将会看到,造成这种现象的一个重要原因,就是至少两个世纪以来,这些传统非常关注特定国家的内部国内法或国家法的细节(比如英国法、德国法或美国法),并没有发展出许多工具来应对跨国或跨越其他司法管辖区边界的研究。[24]

自我学术生涯比较早的阶段开始,我就需要"为法律辩护",以便给法学教育和研究争取资金,这主要是在发展中国家,通常是和农业、经济学、人口研究等学科的主张相竞争。在这种语境下,我成为了自己学科的辩护人,使用着如下这个相当标准的论点:

在作为一门学科的法学中,存在着某些为审慎的一般化概括提供正当性的倾向。因为通常来说,(a)它是人文学科的一部分，特别是由于它涵盖了如此之多的人类关系阶段；(b)它提出了极高的智识性要求；(c)它与具体的实践问题所构成的世界直接相关；(d)它从参与者视角出发，关心过程与程序，或许没有其他学科关注这一点；(e)它拥有悠久的文献与资源传统。尽管这些因素就其本身来说，没有一个是法学所独有的，但可能没有其他学科能够以同样方式和同样程度将它们关联起来：因此，法学能够与哲学一样具有智识上的精确性，但却更加切中伦常；能够像医学或工程学一样关心当下的现实生活问题，但与人文学科具有更为紧密的关联；能够像政治科学一样关心权力与决策，但更关切操作过程的问题……法学由于有如此特征，它应当得到深入研究就是重要的。[25]

这当然是一份申辩，可能有些夸大，但却如实体现出我的这门学科的潜力。这便是我自称为"法律民族主义者"的原因。不过，我会指出法学学科在实现这个潜力之前，还有一段路要走。

本书提出的特定观点没有什么是我独有的。比如，别人已经主张了更好地整合分析、规范以及经验法理学；已经论述了理论化是一种活动；已经论述了构建我们法律思想传统的语境性思想史；已经承认了许多法律理论化工作的意识形态功能；已经既认为理论研究本身是目的，又认为其具有诸多不同的工具性功能。将这些理念关联起来可能是不同以往的，但本书的要点在于，首先，所有这些理念都与法学学科的健康直接相关；其次，法律和法律理论所面临的最大挑战就是认真对待全球化的潜在影响。

本书是由一位热忱于自己学科的人士写就的，他相信理论化能够对我们在诸多层次中理解法律具有重大价值,相信这一事业对于任何想要在这些令人迷惑的时代中理解法律的人而言都是有意义的——不必说,这意味着理论化几乎对于每一个人来说都是有意义的。

第 2 章　童年与求学（1934—1952 年）

> 小小眼睛眨啊眨，
> 别管爸爸想了啥，
> 妈妈保你胖又圆，
> 你知道她会将你抚养大。
>
> （《乌干达守卫报》，1934 年 9 月 24 日）

1934 年 9 月 22 日，我出生于坎帕拉（Kampala）。碧姬·芭铎（Brigitte Bardot）和索菲娅·罗兰（Sophia Loren）在同一天出生，但她们由于无法忍受彼此而改换了日期：索菲娅年长一些，而碧姬年幼一些。① 就我所知，我是唯一一个在《乌干达守卫报》（*Uganda Argus*）中以这种方式得到庆贺的人，有证据表明这一点。[1] 这是一个富有殖民意味的场景。我早年的生活与教育仅仅是我的背景。我的母亲是位医生，专长是公共卫生与儿童福利。我的父亲是殖民政府的行政官，主要是出于婚姻的缘故，他不再做职业军人，而是转入民政部门，这在非洲是最好不过的。当时，他是一位沮丧的反

---

① 碧姬·芭铎出生于 1934 年 9 月 28 日，是法国著名模特、演员，被称为欧洲的玛丽莲·梦露；索菲亚·罗兰出生于 1934 年 9 月 20 日，是意大利著名演员。特文宁在此调侃两位与自己出生日期相近的明星。

官僚主义者(anti-bureaucrat),在恩德培市的秘书处中饱受痛苦。

我的家庭背景是程度细微有别的诸多维多利亚时代中产阶级的混合。我母亲的家庭主要是军人、商人以及相当富有的乡绅:我的外祖父威廉·杜比森(William DuBuisson)具备出庭律师的资质,但却意外地从没有子嗣的远房亲戚手中继承了位于卡马森郡的一处美丽的庄园和农场[格林海尔(Glynhir)]。这处财产由一位名叫皮埃尔·格罗特斯特(Pierre Groteste)的胡格诺派教徒逃难者在1770年的一次拍卖中购得。他是保罗·格洛特斯特(Paul Groteste)的儿子,后者便是杜·比森(du Buisson)阁下,我们认为他是所有英格兰杜比森氏的直系祖先。

当从特文宁(Twyning,它有不同的写法,意思是"两条河流之间")这个村庄迁徙移居后,特文宁家族(the Twinings)方才有此姓名,所以两者间并无关联。我父亲这边荟萃着英格兰西南各郡中欣欣向荣的普罗大众——工人,以及后来的磨坊主和商人。我富有企业家精神的曾祖母当时是登记在册的商人:她在达德利(乌斯特郡)的运河码头出售口粮,并嫁给一位船夫,后者成为了当地火车站的站长。① 我的祖父在很多年间都是威斯特敏斯特的圣斯蒂芬大教堂的牧师;他和伯恩家族(the Bourns)这个具有更高地位却每况愈下的乡绅结为亲家。我的祖母阿加莎(Agatha)在伯恩家族的九个孩子中排行第八,她还有五位姐妹,她们六人都没有嫁给有钱人。阿加莎最年长的姐姐露丝(Ruth,她的八卷本日记现收藏于赫里福德

---

① 在和作者交流中,作者说他认为这里的"登记在册"指的是政府官方人口普查数据中有关职业的记录。不过作者也补充说,这个信息来自他已故的哥哥,这里的记述只是依据记忆。

第2章 童年与求学（1934—1952年）

郡的档案馆中）这样描述我的祖父："威廉没有去牛津或剑桥，不是很遗憾吗；他只是去了伦敦大学国王学院。"但就我所知，我祖父是威廉家族第一位念大学的人。

家族中最知名的人士，就是探险家塞缪尔·贝克（Samuel Baker）爵士，他是我祖母阿加莎的叔父，在家族中饱获夸赞。但我更感兴趣的是他的弟弟瓦伦丁（Valentine，1827—1887年）。他当时是第十轻骑兵团中冉冉升起的新星，但当他被判定在火车车厢中侵犯一位名叫狄金森的女士时，这一切都戛然而止，他被送入监狱并开除出军队。不过他后来在中东的职业生涯相当具有浪漫色彩。读本科的时候，为了证实这个家族传奇故事的真实性，即我这位叔祖父瓦伦丁为了威尔士亲王而牺牲自己，我在牛津大学的伯德雷恩图书馆花费了大量时间，分析有关他的审判中的证据。这是我第一次尝试去分析证据；我很遗憾地得出结论，这个传奇故事是一厢情愿的想法。[2]

我生命中的前10年首先是在乌干达，继而是在处于战争状态的毛里求斯度过的；接下来的10年就是在英格兰的寄宿学校以及牛津大学接受教育，与此同时我的父母则居于国外。我的父母个性都很强，且天赋出众、精力过人。我父亲的事业终于非常成功，他最后担任坦噶尼喀的总督将近十年，并且身居首批终身贵族之列。①

---

① 终身贵族（life peers）指的是贵族身份无法世袭的贵族。现代的终身贵族源自英国《1958年终身贵族法案》（*Life Peerages Act 1958*）。该法案允许来自更多职业的人以及更多女性成为贵族。终身贵族一般在男爵（Baron）这个爵位中产生，他们满足年龄与公民身份等条件就可以成为英国上议院的议员，且无需严格履行职责，并可按照自己意愿选择是否出席议会。在此之前，英国上议院一直都是由世袭贵族（hereditary peers）组成。终身贵族虽然是国王授予，但实际上都是由首相提名。终身贵族的子女虽然无法继承贵族身份，但是有权在自己的名字前加上"尊敬的"（The Honourable）这个前缀。

我的母亲一直为医疗事业无私地工作着，直到年近八旬去世的几天前才停止工作。我父母的交际圈（家人、朋友以及熟人）中很多都是过去所说的"女强人"。[3]这可能促使我平等地看待女性。不过直到我20岁左右，女孩儿们似乎都是与我不同的物种。在家里，性的话题不会得到讨论，爱恋要么受到压抑，要么便是匮乏，表扬是缺乏的，情感表达是欠缺的；不过当我试图向一位朋友回忆我的家人时，正如她惊讶地观察到的那样："他们都有感情！"

我从父亲和母亲身上分别学到许多东西，但我身为法学理论家和知识分子的职业选择，则主要是为了走出他们的笼罩，证明自己能够在不靠他们荫庇的条件下把事情做好。他们都极为务实，我从他们身上学到的一点，就是拒绝在理论与实践之间作出任何明确的区分。我还从父亲身上学到了从长期以及"全局"出发展开战略性思考，从母亲身上则学到了坚持不懈地埋头工作。

我有时曾说，"我有一个'殖民主义'的童年，一个'反殖民主义'的青少年，一个'新殖民主义'的职业开端，一个'后殖民主义'的中年"。这很简明地反映了我人生历程的一个重要主题，但太过轻佻。首先是因为这些术语既含混又模糊；其次是因为，特别在文学中，最后这个术语具有与我最初所要表达的内容不同的特定政治含义。[4]基于语境，我对前三个术语的使用应当是明确的：我的父亲是殖民地行政官，我的养育过程具有这类孩童相当典型的特征；我拒斥父母慈爱的家长主义的过程，是一个在我21岁时到达顶点的漫长旅途，它既与逐渐萌生觉醒的政治意识和对个人自主性的关切相连，也与在伦敦和巴黎的心怀怨怼的非洲学生相关（第3章）；身为侨民，在两个新近独立的国家中工作时所具有的暧昧与爱恨交织

第2章 童年与求学(1934—1952年)

的心情(其中包含了热切的"民族主义",以及对于路径依赖的力量和不同事物杂糅混合的程度与复杂性的低估),会在第5章和第6章中加以明确讨论。

1939年2月,我和母亲来到毛里求斯。几个月后,母亲的同辈表亲与密友、我父亲切磋问题时的对手,伊夫琳(Evelyn),来到我们身边。她是我的教母,之后又成为我的监护人,并且实际上是我的第二个母亲。我父母的亲友簿(Guest Book)中有这样一条:E. S. 杜比森(E. S. DuBuisson)1939年5月到来,1944年8月离开。当1939年9月战争爆发时,我们实际上在毛里求斯长达5年的时间里都陷入孤立无援的状态。我的长兄约翰由于健康原因,这段时间里只身待在英格兰,1944年之前他只和父亲见过一面,根本没有见到母亲。

战争期间,我父亲主要是为军情六处(MI6)从事情报工作,母亲则是全职地参与公共卫生工作,包括试图根除疟疾,伊夫琳则在我父亲的办公室工作,特别是协助截获日本的情报。[5]我当时对此一无所知。大人们也没有透露半分,因为在很长时期内,毛里求斯都似乎有可能受到日本的侵略。不过,我拥有着快乐的成长记忆:事实上,在我母亲于自家花园里组织的临时小学中,我作为唯一的殖民地儿童长大,并对年纪比我小的"欧洲"儿童发号施令。

我们在1939年2月抵达毛里求斯,并于1944年6月离开,我们先乘船去德班,又坐火车到开普敦,在那里我们登上安第斯号,这是一艘从邮轮改造过来的军队运输舰,开往利物浦。这个旅途险象环生:我们乘坐的从路易斯港到德班的小轮船,在返程中遭到鱼雷袭击。安第斯号隶属于一个受到U型潜水艇威胁的舰队,在航行快要结束的时候,它稍事休整开往利物浦。我当时对于大部分这些情况,同样是一无所知。

我的父亲打了一场"漂亮仗"——这说的是他非常成功,事业发达;母亲的工作极为忙碌;伊夫琳的工作对智识的要求很高;我在这个对我来说算是天堂岛的地方,拥有着幸福无忧、懵懂无知的殖民地童年。我详细记述过一些不可靠的回忆,但只有一个记忆中的事件似乎直接在此相关。这便是我的第一项研究计划。

"让我看看你的那玩意儿",乔说,"你可以看看我的"。"我宁愿看你的屁股",我说。"好,我们掷硬币来决定谁第一个来。"我输了。乔得以进行他的观赏。这时卫生间的门上传来一阵猛烈敲击。事实调查被中断了。"那玩意儿"似乎不是很准确的叫法。那么它真正的名称是什么?我没能成功地从医生母亲口中间接地套出答案。那怎么寻找答案呢?我父亲的办公室配备了一套《不列颠百科全书》(The Encyclopedia Britannica)。这是具有历史意义的第 11 版(1910—1911),黑色封皮,加上索引有 28 卷。问题是我一次只能借阅一本,于是我的研究生涯,就以从"A"到"Aus"开头的词开始了。我翻阅了前面的几卷。我无法解释自己的目的——我在找"那玩意儿"的名称。父母对此印象深刻。我坚韧不拔地展开研究,但手段从方法论角度来说是不合理的。所以我失败了。可是我的父母却可能感受到了一种征兆,这就是尽管他们对学术界没有好感,但我却注定会从事学术工作。

直到我大约 10 岁的时候,我对英格兰仅有的鲜活记忆,就是戈德尔明大街上沃尔沃斯的三便士与六便士商店(为什么有些东西要整整一先令啊?)以及大概在 1937 年我 3 岁的时候,我哭闹着被

第2章　童年与求学(1934—1952年)

从我的第一部电影《白雪公主》(Snow White)中带走。从此我都对华特·迪士尼(Walt Disney)没有好感。当我在1944年从毛里求斯抵达英格兰后,我觉得它非常陌生。我在学业上大概落后于同龄人两年,但却已经开始阅读狄更斯,并且说着一口流利的克里奥尔语——这是一种没有语法的法语,但在词汇上要比正式课程所允许的更为丰富。所以当我被安顿在圣罗南这所预科学校时——战争期间它迁往德文郡的东巴德利——我不仅和其他许多人一样背井离乡,还是一个来自殖民地的流浪儿,在此之前我从未见过板球、足球、橄榄球、康克戏①、雪花、几何以及有60或70位男生的学校,更别提一位眉毛粗大浓密、名叫"哈利"的富有魅力的高个子。由于这位令人生畏的校长,我当时感到不知所措且充满不安,很可能相当内向。有一位慈祥得如同祖母一样的女士问我们这些新来的小家伙是否想家,我据说是这么回答的:"并没有一个家可以让我思念。"这个故作悲春伤秋的回答在很久之后都在我家庭中被不断提起。但它所表明的无疑是事实。

节假日才是难熬的。我父母在戈德尔明的房子租了出去。我们寄宿在友善——很可能是长期受苦的——却并不善解人意的亲戚家中。所幸约翰,这位我在1944年到达英格兰之前几乎未曾谋面的长兄,照顾我的起居,教我如何独立、如何对付大人们,并且在接下来的几年里,带我领略了板球、幽默诗以及通俗文学中的一些欢乐,其中包括伯纳德·肖(Bernard Shaw)、克里斯托弗·弗

---

① 英国的一种传统游戏,孩子们各自拿着道具物品相互敲击,谁的道具物品先坏,谁就算输。这种"道具物品"可以是蜗牛壳、榛子或者是欧洲七叶树的种子。这有些类似于我国北方孩子们在秋天用树叶进行的"拔根儿"游戏。

赖伊(Christopher Fry)、詹姆斯·埃尔罗伊·弗莱克(James Elroy Flecker)、洛尔卡(Lorca)、刘易斯·卡罗尔(Lewis Carroll)以及希莱尔·贝洛克(Hilaire Belloc)。约翰让我接触到各种各样的知识，可他在直布罗陀海峡服兵役期间与其指挥官的女儿订婚后，却舍弃了智识生活。

哥哥和我一直都沉迷于档案资料，保存法律和家庭档案对我来说一直都是终身相伴的业余爱好。我在几个意想不到的地方收藏了一些小藏品。但我永远无法成为一名档案保管员，因为和我哥哥一样，我喜欢的是阅读和"把玩"它们。我是怎么入迷的？这个故事和约翰有关。它在细节上太过传奇以至于不像是真的，但我并没有编造谎言的想象力。故事发生在某个地方，可能是我们寄宿的亲戚家里，那时我11岁或者12岁，有一个大纸箱，上面写着"家庭照片"。它里面有好几打硬纸板相片，主要是年长的维多利亚时期人士以及其他长辈的人像与集体照。我们常常将它们分发给两个、三个或四个玩家。每位玩家持有一张照片。接着我们就从游戏的支持者转换为裁判者。最丑的人靠称赞而获胜，通常这要经历漫长的理性论辩。这个游戏很前卫，因为它不是竞争性的，而是彼此合作和依赖共识的。这具有我哥哥的特征，我很乐意将这个游戏的发明权归属给约翰。

圣罗南的氛围被证明是宽容温和以及充满文化气息的。事实上，它让我能够在20世纪40年代的英格兰实现软着陆。下一个阶段的查特豪斯可就不这么容易了。许多查特豪斯校友，包括弗里德里克·拉斐尔(Frederick Raphael)、西蒙·雷文(Simon Raven)以及马克·弗兰克兰(Mark Frankland)〔还有萨克莱(Thackeray)和

第 2 章　童年与求学(1934—1952 年)

罗伯特·格拉夫斯（Robert Graves）]在内，①都对这所学校没有好印象：它编织着反智主义神话，公共校园生活充满了苦闷与恐惧。我的印象也大致如此，但更有一些爱恨交织。当我来到这所学校时，学业方面基本已经赶上来了，被分配到古典班中，我在这里惨兮兮地勉强度日，厌恶主管教师及其学习方法。拉丁文与希腊文课程涉及语法、句法分析、一丝不苟的翻译，并不强调古典作品的文学属性。我唯一感到有趣的部分，就是古代史和创作拉丁文诗歌。作为一名古典文学专家，我的前两年生活都被疏离、恐惧与耻辱笼罩。

我当时的克星是 R. L. 阿罗史密斯（R. L. Arrowsmith），这位"绿箭侠"（the Arrow）在中级班（Remove）教授我们拉丁文、希腊文以及英文长达两年。他以无休止的惩罚与辛辣的讽刺而闻名，让人联想起朗·约翰·西尔弗（Long John Silver）这位纤细而强壮的独腿暴君。②弗里德里克·拉斐尔是这样描述他的："阿罗史密斯面露豺狼般的微笑，一瘸一拐地走着，写着一手精致工整的希腊文。他红润的肤色和鹰钩鼻给人一种和蔼可亲又充满威胁的混杂印象；他两者皆可。"[6]但我只体验过威胁。他似乎挑中了我，或许是因为他觉得我不难对付，那时我真的吓呆了。我几乎在每堂课中都会不停地被叫起来回答问题，受到羞辱与言辞上的训斥。这位"绿箭侠"几乎以单人之手就毁灭了我享受古典文学的任何希望，毁灭了我在学

---

① 这里列举的几位人物都是重要的编剧和小说家，可见这所学校的氛围对于热爱文学的特文宁来说是多么可怖。

② 朗·约翰·西尔弗是罗伯特·刘易斯·史蒂文森成名作《金银岛》中阴险的海盗首领。他的特征在于具有两面性，有时温和礼貌，有时凶残粗暴。由此可见特文宁对自己老师的暧昧态度。

校大部分时间里对任何正式学习的热爱。这几乎使得我在查特豪斯的整个经历都蒙上了一层阴影。这无疑是摧残儿童,是教师的反面典型。15 岁时,我试图转向历史学,但我的书院指导老师(House tutor)以历史学是胡说八道为由,说服我的父亲让我应当坚持待在古典班。我的父亲自己就是一个业余历史学家,他将历史视为一门副业而非合适的主业。于是我就继续在古典班中垫底。在 15 岁这个年纪,我已经习得了生存下来以及应付这个制度的技能。在我青春期这个阶段,我发展出一套详尽的体系来抵御权威,令人生厌的同龄人,挑剔的伯母、姨妈以及我的父母。于是这就演变出两套实况能力评定体系:一个是外在的欢快、幽默、玩世不恭、循规蹈矩和亲切友善,另一个是在此背后的担忧焦虑、不满权威、独来独往与严肃认真。

查特豪斯的一个可取之处,就是它鼓励自我教育。古典文学的学生在其他科目方面得到的指导非常少,我们就几乎需要依靠自己的力量来应对国家考试,当时这被称为中学毕业证书(School Certificate)与高中毕业证书(Higher Certificate)。这些"公共考试"被学校当局视为对古典班纯粹学习的干扰和削弱。我们就不得不依靠自己做大部分准备,可尽管如此,学校还是希望我们不要在大多数科目中没有获得优异成绩而让它失望。我们需要撰写至少 8 个科目的论文,其中包括英语语言和英语文学各一门。每周只有两课时分配给英语。文学论文的指定书目是《暴风雨》(*The Tempest*)和《修女院的教士的故事》(*The Nonne's Preest's Tale*)。在学年伊始,我们的英语老师里福德-布朗(Wreford-Brown)在对文本加以马马虎虎的介绍后,就让我们自己展开阅读,并且告知会在合适的时候讨论。这两课时表面上几乎全部用于在英语文学的趣闻轶事中随机漫步，这包括大声朗读沃德豪斯（P. G. Wodehouse）的短篇小说，梅斯菲尔德（Masefield）的《列那狐故事》（Reynard the Fox）以及勃朗宁（Browning）和济慈（Keats）的选篇。

我们享受着这些课程，但到大约2月份的时候就开始担忧自己的指定书目了。里福德-布朗搏塞我们说，会及时地抽出时间读这些书。于是我们自己组建读书小组，购买了有关乔叟（Chaucer）的对照读物，尽管我之前并不了解文学批评，但却在图书馆找到一些有关《暴风雨》的论文。它们虽算得上是令人惊喜的发现，但却没有将这部戏剧和殖民主义、抵抗以及依赖联系在一起。最终用来讨论指定文本的为数不多的几次课程都主要用来修改和澄清论文。我们大多数人都获得了优异成绩。我并不知道这种被迫的自我教育是我的老师们无意为之，还是有意如此——可能兼而有之吧。自此之后，我就一直相信自我教育，并且一直都是自学成才——利之所在，弊亦随之。

在查特豪斯，我拓展了学校正式教学所提供的知识，发展出一套独特的自我教育方案。15岁的时候，我绝对是个书呆子，不过爱好广泛。我在阅读古典文学中并没有感受到快乐。节假日不上学的时候，我常去吉尔福德大街上的索普旧书店，以及查令十字路口上的福伊尔旧书店，之后我还会去爱丁堡的那些非常不错的旧书店。我大部分的零花钱都用在买书上。14岁到15岁的年纪，我主要购买的是幽默类作品、板球运动、拉丁文与希腊文"对照读物"、一些小说以及特别是和自我提升相关的书籍。渐渐地，又拓展到侦探小说［特别是西米农（Simenon）］，以及夹杂着历史的小说，第二次世界大战(丘吉尔,其他将领)、非洲文献以及参考读物。我18岁时开始对非洲探险着迷,收集并阅读了利文斯通(Livingstone)、斯坦利(Stanley)、艾明·帕莎(Emin Pasha)、布鲁斯(Bruce),当然还有萨姆叔祖父(塞缪尔·贝克爵士)的著作。我在自己的小隔间中蒙在被子里读的东西,没有那么多软色情——除了《小人国》(Lilliput)之外——而是有关催眠术、自我提升,以及如何写短篇小说的书。学生时期的男孩儿好点儿色是可以原谅的;但被发现很把自己当回事儿可就不太好了。[7]

我所在的学校分为 11 个彼此不同的单位或"书院",每一个都有自己独特的传统与文化。书院和学校的关系,类似于牛津或剑桥大学中学院与大学的关系。对于大部分男生来说,书院而非学校才是他们饱受压力的日常生活中心。课堂之外的生活聚焦于这些有关学科、运动、自由时间、八卦甚至军事训练的小共同体。我的书院是桑德里特斯(Saunderites,有大概 70 个男生),其实要比大部分书院更为自由,因为书院的院长也是校长,他的心思在别的方面。

三个关于查特豪斯的独特记忆与本书之后的主题相关。它们都和微观政治与法条主义(legalism)①密不可分。

在桑德里特斯,人们对于国家与国际政治几乎完全不感冒。人们将帝国视为理所当然,认为保守党都是好人。微观政治则与之截然不同。权力与权威既被视为规则与自上而下的管控,也被人们从人格特质的角度加以理解。规则由传统和书院院长制定,偶尔也来

---

① 这里的法条主义和后文中的法教义学类似,都是指非常认真、一板一眼地对待法律规定,有时甚至会脱离语境胶柱鼓瑟地理解和执行法律。特文宁青少年时期的经历恰恰说明,严格坚持这种法条主义立场是不可能的,也是不现实的。

自更为遥远的权威,但却在处于不同权威等级的男孩儿手中得到解释、执行、调整、操纵、严格抑或灵活地适用以及放弃。秩序的维护、争议的解决以及领导作用的发挥,几乎完全都是由书院成员完成的。我们需要培养出丛林生存的技能,许多事情都是可以变通的,我们保护自己私人空间的手段可以被解释为对权威和外来规则的抵抗。

宏观政治无关痛痒。与之相反,在我大部分的时间里,与其他男生的关系是高度政治化的过程,涉及争夺地位、讨价还价、品评性格以及本地意识形态差异,后者有时会恶化为派系之争和相互嫉恨。[8] 有一天,我们面容姣好的女总管允许我们当中 4 人预约使用病房,我们整段时间每分每秒地都在分析书院中每个人的性格,预测 10 年后他们会前往何处。我们很自豪有这些技能。

我那时的主要政治纷扰集中在体育必修课。"体坛健将们"出于书院荣誉的考虑,想要实施严格的每日体育活动制度;但"反对派"主张最低程度的强制,并试图组织知识性或其他具有反对意味的活动。我喜爱运动,但却不太擅长,并且反对强制。我常常充当不同派系之间的居间人。在学校的最后一年中长达几个月的时间里,我都是两对理论家(ideologues)之间的主要沟通渠道,他们住在一个宿舍,却彼此不说话。作为一名喜爱运动的知识分子,我维系着书院领袖之间的权力平衡——我是一个报信人、使节、调解人,是停战与妥协的缔造者。我享受这种角色。可能因为这个原因,再加上"政治与耻辱是同义词"这句我父亲常常重复的格言,我倾向于从外交和策略的角度,而非意识形态和对党派或事业的认同角度,来理解政治。

值得称许的是,查特豪斯给了人们一些自由。小隔间与学业都是私人的事务。一条文明开化的规则是,我们可以不经明确允许而去任何地方,只要不是横跨铁路就好——这是精心设计的规则的一个例证。我们有充足的自由时间来逃离学校。许多男生会在萨里山骑行好几个小时。那时,我的父母已经在距离学校一英里的戈德尔明买下一处房产。回到那里并不会横跨铁路。虽然房子已经被租出去,但为了降低房租,他们允许我保留自己的卧室。这是我的避难所。这里保存着我最私人的东西,可以自己玩耍或做严肃的工作。我的卧室中铺着软木地板,我可以花好几个小时玩战列舰、"球触三柱门"(一种板球游戏)、单人纸牌游戏,抑或阅读甚至写作——总是一个人。

少年时期有两件事非常难以解释。有人或许会将之视为萌生中的法条主义的早期征兆。童子军的缔造者巴登-鲍威尔(Baden-Powell)是查特豪斯校友,这所学校也就拥有非常强大的童子军。每个新生都要面对"童子军还是先锋队?"的选择。先锋队员照看场地,从事体力劳动。加入童子军的动机是我们可以推迟加入训练童子兵的义务性"军团"(Corps)。几乎是偶然之间,我领导了一起并不成功的反抗。要想加入童子军,我们需要准备宣誓,宣誓有漫长且复杂的历史。查特豪斯的版本包含承诺思想、语言与行动上的纯洁,并且日行一善。我就开自己朋友的玩笑:"你并没有真的打算在思想以及语言还有行动方面纯洁,年轻人,你是不是这样啊?昨晚你讲的那些色色的故事是咋回事?"我生平第一次拥有了政治立场:"他们不能强迫你宣誓一个你并不相信的誓言。"很快,我召集了童子军新成员中大概一半的人。我们告诉童子军长官,我们觉得自己凭良心无法宣誓一个既不期望也不能遵守的庄重誓言。童子军当局陷入了窘境,直到一位有军队背景的人想起来处理因良心而逃避兵役者的方法。于是有3个还是4个人马上被转入先锋队,在这里,我们要挖洞再把它们填平。

在一个学期刚开学时的就寝时间,我的小隔间门上响起一阵敲门声:"确证还是拳击?"尽管每个人都必须至少参与一次拳击,我选择推迟它,于是我加入了确证群体。熄灯后的第一次聚会,可以享用很棒的可可,但之后人们就开始变得严肃起来。不久之后,我就开始迎合这种氛围。我们将被要求向英国国教的三十九条信纲起誓。我并不确定自己是否相信这些内容有道理。我们被礼貌地要求去证实如下信念,即自己是自愿选择的。选择与信念——这对我来说是两个新概念。对于"选择是自由的"这个观点,学生们当然以幽默的玩世不恭来对待。亨利·B.这位"牧师"让这个观点听起来好像是真的,不过私下里我们有机会提出任何可能拥有的怀疑。

我独自一人一条接一条地浏览了这三十九条信纲:对于我信任的打勾,对于我不理解或不接受的画叉(你怎么能够宣誓自己不理解的东西呢?),对于我将信将疑的打半对勾。我不记得确切数字了,但它近乎3—12—24这样。我所处的困境就很明确了:如果上帝存在的话,我宣誓自己相信实际上并不相信的东西,就是亵渎神明;但如果上帝不存在的话,这就是撒谎。我当时是如此不安,以至于鼓足勇气请求和那位"牧师"私下交流。但我不好意思告诉他真实的比分数字。于是我含糊其辞:有一些信纲我并不理解,并且我对三位一体将信将疑。令我惊讶的是,这位牧师温柔和善且充满同情;他带我阅读一些困难的信纲,细致地讲解给我听,继而让我无比震惊的是，他称赞了我。他传达了某种隐晦的观点，那就是反思性怀疑、阅读细微之处并认真对待细节，是值得称许的而非罪过。他还暗示，像信仰上帝、耶稣复活以及救赎这类事物至关重要，即便在确证之后一些人还会对某些次要的信纲有所疑虑，这很常见。我想知道的是，他们为什么会这样？我并没有祭出王牌，也即圣灵（来解释这一点），而是带着负罪感继续（自己的思索）。我之前从未听说过杰里米·边沁（Jeremy Bentham），但我喜欢他，我抵触被迫宣誓。我和他都不喜欢誓言，因为我们都认真对待它。我从来没有想过，我被要求承诺或接受是一种意志行为；在我看来，我似乎是被迫说谎。这让信仰观念成为终身困扰我的问题。

作为一个青少年，我是否呈现出一种早熟的法条主义性格特征？如果"法条主义"在个人层面指的是过分执着于规则，抑或具有太过文义解释的倾向，那么这并非以上轶事的关键。与边沁一样，我厌恶受迫宣誓自己不相信的事物，但这并非出于有关誓言含义的文义解释的思维模式。同样，在童子军的时候我抗拒被迫作出自己不会遵守的承诺。

由陈腐的、未经历战争的老头子强制性教授的古典文学，仅仅给予我一点儿所谓古典教育的好处：对语言的合理掌握、一些分析技能以及对于精确性的关注。我心不甘情不愿地跟在古典班末尾。这个制度并不是完全一无是处，因为至少有三位与我年龄相仿的人成为古典文学与哲学领域的杰出学者：杰弗里·劳埃德（Geoffrey Lloyd）[爵士]、理查德·索拉布吉（Richard Sorabji）[爵士]、理查德·斯温伯恩（Richard Swinburne）[爵士]，他们现在都是英国皇家科学院院士。我从未能够在阅读拉丁文和希腊文的古典作品

第 2 章 童年与求学(1934—1952 年)

中获得快乐。我的经历使我在公共教育和私人学习之间有明确的区分:一方面是通过惩罚与痛苦施加的教育;另一方面则是在我受到保护的私人世界中秘密且边缘性地学习。我接受了广泛的博雅教育并热爱文学,这与查特豪斯无关,并非源自于它。正如据说是马克·吐温(Mark Twain)所说的那句话:"我从未让学校教育干扰我的教育。"

我带着自身的优点与不足离开查特豪斯,去面对通往成功与财富的平坦之路的下一阶段。如果说我尚未结识任何女孩,那么我已经亲眼看到过两位,并且在《小人国》中看到过更多。我确证并践行着自己的宗教,几乎完成了低教会派的所有国教仪式;① 我如果不是在思想方面,就是在言语方面得到了规训。如果说我实际上从未酗酒,那么我总是想象自己会这么做。如果正如我父母所抱怨的那样,我没有在学校学到良好的行为举止,那么我学会了外交手腕、阿谀奉承、政治操纵以及应对制度的一些基本技巧;我体会到友谊的一些危害以及权力的可能性。我对亲密共同体中维持秩序与纠纷解决程序的复杂方式有所洞察。我一直被教导,荣耀和声誉归属于天生的运动员,奖学金归属于规训谨严的书呆子,特权丧失与晋升无望归属于叛逆分子。我体会到并拒斥着一种极端形态的民族主义:它对忠诚于自己的书院或部落十分看重,认为一切外在于它的事物都是低下的。重要的是,我已经学会了伪装,于是我可以表现出机智、反讽抑或满不在乎的样子,而不会让人知道我不开心、感到恐惧抑或有个人安排。

16

---

① 低教会派和高教会派相对,观点比较倾向于清教徒,认为主教制度、圣职与礼仪相对来说并不重要,强调基督徒对现实世界的责任心。

第 3 章　牛津及之后（1952—1957 年）

录　　取

我们那时正为了高中毕业证而学习，肩负取得好成绩的期待。家里人都假定我会效法叔父和哥哥，前往"BNC"求学［牛津大学的布雷齐诺斯学院（Brasenose College）］。不过即使在那个时候，人们也必须参加入学考试并接受面试。古典文学方面，我已经训练有素。至于面试，哥哥的建议是："看在上帝的份儿上，有趣一点儿。"我便如此做好准备。但当遇到身着长袍的教师组成的可怖阵列，以及深具禁欲苦行气质的院长休·拉斯特（Hugh Last）端坐于桌子上首时，我感到紧张。合适的问题终于到来了，此刻我已准备就绪。

"特文宁先生，你会在空闲时间中做些什么？"

"哦，嗯，我读⋯⋯还有看板球"⋯⋯接着我迅速但谨慎地说，"我从前是个火柴纸收藏家（phillumenist）"。

桌子四周发出窃窃私语的声音。他们没有一个人知道这个词。最

第 3 章　牛津及之后(1952—1957 年)

后一位古典文学家开口了：

"打火机爱好者？"
"啊不是，火柴盒商标（match-box labels）收藏家。"

我让这帮大学教师感到相形见绌。我渐入佳境，逐渐变得更加自信。我告诉他们我的父亲如何接受了一个有关他无法在一年内收集 1000 个不同商标的赌约。但多亏了日本人，他赢了这个赌局。我 10 岁的时候，他把这些商标全部都给了我。我一直收集到 14 岁，但之后便退隐了。因此我"从前"如此。我继续说道："但我一直在跟进了解。埃及的法鲁克国王是这个世界上首屈一指的火柴纸收藏家……"接着，我的胆识愈壮："当然有一些杂志与此相关。最好的就是《火柴盒与火柴分装》(Match Boxes and Match-Boxing)。"最后这个完全是我编造的。

入　学

我以中下水平的成绩来到牛津，对法律也没有特别的兴趣。没有想过可能从事学术工作。我可能一直被认为非常聪明，但当我被授予国家奖学金时，包括我自己在内的所有人都感到惊讶。这份奖学金或许是因为我从图书馆随意地借阅了一本书，对格拉古兄弟的经济政策作出了解答。①

---

① 格拉古兄弟（the Gracchi）指的是古罗马共和时代的提比略·格拉古和盖

我申请在牛津修习法律主要是出于消极的理由。我打定主意逃离古典文学；我父亲又劝我不要学习历史；哥哥曾修习法律，险些获得一等荣誉学位，并且他把笔记给了我。我对这个学科并不感兴趣。前五个学期中，我在最低限度上完成法学任务，并在最亲密的朋友特雷弗·拉特的指导下，继续专注于文学，特别是20世纪文学。我如饥似渴且严肃认真地展开阅读——为了试图理解弗吉尼亚·伍尔夫的《幕间》(Between the Acts)，我曾经接连读了六遍。我的古典文学背景使得罗马法变得轻而易举，这种情况有很多，但它对文学批评或文学理论则没有帮助。

在前两年中，我不喜欢自己的法学研究，也没有非常认真地看待它，以完成最低限度的必要工作来准备基本上算是二流水平的论文，勉力通过开学初的考试("Collections"，学院期初考)。我的心思更多的是在文学、政治与东非。与其他一些看不起法学，认为它排在地理学和农学之间的学院不同，布雷齐诺斯学院的法学传统强盛，法学学生数量庞大（我们这一级有14或15位）。我们构成了一个关系紧密的群体，这在某种程度上是因为独立的法学图书馆也是一个社交俱乐部。我参加的讲座课非常之少，主要的例外就是参加有关诽谤的两个系列讲座而非喝咖啡：一个是由林肯学院的罗伯特·戈夫(Robert Goff，后来成为戈夫勋爵)主讲，另一个是由伍斯特学院的奥尔德曼·布朗(Alderman Brown，牛津市的市长大人)

约·格拉古。公元前133年提比略出任罗马人民保民官，提出土地改革方案。这个方案照顾平民的利益但触犯了大土地所有者的利益，土地所有者的反抗导致提比略及其拥护者失败；公元前122年盖约当选为保民官，再次进行改革，不仅继续了他的哥哥提比略的土地政策，还推行了粮食、道路交通、行省以及审判方面的改革，最后也因为触动了既得利益集团的利益而被杀。两兄弟的改革就此失败。

主讲。两位都才华横溢,他们会谈到法律年鉴中的肮脏故事,主要和诽谤相关。不过,我有两位专业且关心我的导师,巴里·尼古拉斯(Barry Nicholas)和罗恩·莫兹利(Ron Maudsley),他们对我的教导可能比我所意识到的要多很多。

之后在第二个夏季学期时,我身上出现了两个转变。首先,通过自学,我开始严肃地关心哲学。我完全无法理解,在面对各种被坚定持有的彼此对立的信仰与观点时,人们怎么还会自信地相信任何事情。在1954年的复活节假期,我大部分的时间都在与一篇文章鏖战,它只是为我自己而写,涉及我所说的"信仰问题"。在一定程度上,这篇文章受到我的阅读以及周遭政治分歧的激发,但我没有充分意识到的是,如下两者间日趋激烈的冲突也激发了它,这就是我的私人智识生活与牛津政治所代表的"牛津自我",以及我和父母在达累斯萨拉姆度假时非常不同的氛围——我依旧敬畏着我的父亲与他坚定的人生观,并受其支配。先前,我曾关心神学与确证,但此时这个问题与其说和宗教或宇宙论有关,倒不如说是关于信仰的心理学。

结 识 哈 特

第二个转变的直接诱因,就是源自我的主导师巴里·尼古拉斯的一种典型的潜移默化的启发。巴里欣赏我,但他流露出的一些看法表明,我当时并没有发挥出自己的能力。1954年4月,夏季学期开始的时候,他告诉我新的法理学讲席教授哈特(H. L. A. Hart)正开设系列讲座课程,并且法学院教师里没有人能明白他在说些什么。我是否愿意参与课程并回来传达一下相关内容？我那学期正打算不选修任何讲座课，但却觉得这一邀请非常受用，于是开始身着长袍，走到考试院，结果却发现布雷齐诺斯学院中的几乎所有"法律人"都自觉地朝相同方向走去，其中有一些是从未参加过讲座课的。我导师的指导方式不错。

哈特的讲座激发了我的兴趣，指引我走上成为法学家的道路。在很长一段时间内，法理学都与哲学断了联系。哈特是一群倡导"日常语言哲学"或"语言分析"而带来人们所说的"哲学革命"的牛津哲学家中的一员。[1] 他的主要作用就是将这些哲学分析的技术引入法律。这学期的讲座实际上是系列讲座中的第二部分，该系列讲座勾勒了将在哈特经典著作《法律的概念》(The Concept of Law, 1961) 中得到发展的核心主题的框架。哈特充满魅力，富有知识分子气息，行动缓慢，嗓音亲切柔和。他的思路极为清晰。我依旧保留着讲座的笔记。我对他主要的现实记忆就是，他是一个有些不修边幅的人，坐在考试院一间讲座教室的桌子旁。教室里满满当当的。可以看到他的双腿就在桌子底下，当他讲课时，他不停地用力拉一只袜子。随着讲座进行，他更进一步地斜着身子，使劲地靠向一边，依旧在摆弄袜子，直到最后桌面以上几乎看不到任何东西，只有一个几乎与之齐平的正在讲话的脑袋。但即便如此，他的讲授也是听得到的，而且清晰，与此同时他在桌子下的动作也更为明显和扣人心弦。

那时我在记日记，它内容松散、充满自省以及青少年的特征。有趣的是，其中几乎没有提到哈特的影响。但此刻我的记忆却更为可信且更加鲜活。无论在思想上还是现实中，我都被他深深吸引着。他给我的第一个启示就是,语词并没有适当的意义,探究法律的定义是徒劳的,因为"什么是法律?"以及法理学的其他经典问题的提问方式都错了。我迅速地翻了翻哈特的就职演讲("法理学中的定义与理论",Definition and Theory in Jurisprudence),[2] 这篇文章首次提出了上述观点以及哈特的概念分析的基本方法。我对此感到震惊、着迷,并改换了先前立场。最为重要的是,我拥有了带来丰富成果的困惑不解。问题可能提错了抑或表述不清;语词的定义无法以真假论之;语词并没有一个合适的意义;语句而非单个词项通常是意义的主要单位;问题背后的迷惑可以通过对日常语言认真的分析而得以消解。

最后一年:1954—1955年

我开始改换导师。我学习了基本的哲学分析技术,且日渐痴迷于此。朋友特雷弗·拉特和迈克尔·伍兹(Michael Woods)这两位优秀的哲学学生轮流指导我,后来一篇基本上相同的文章我写了好几稿交给巴里·尼古拉斯,将哈特的方法运用到不同的概念中——主权、占有、人、权利等。1954年在达累斯萨拉姆的长假中,我花了很多时间仔细分析了哈特的就职演讲,并撰写了一篇雄心满满的文章,倡导将他的方法作为法理学一般方法的基础。这给巴里留下深刻印象,但并没有转变他的立场。这可能是他第一次认为我在认真地为一等荣誉学位奋斗。

在他的鼓励下,我开始为此目标而奋斗。这包括几乎要从零开始学习基本的英国法科目——合同法、侵权法、财产法、宪法——

此外还要应付新的科目。我启动了一项自我约束的作息制度——每天从早上 8 点半工作到 12 点半，再从下午 4 点工作到 7 点，每周工作 6 天，中午空出时间运动或散步，晚上留有时间娱乐以及阅读——一周工作 42 小时，如果大体上得到遵守的话，则远远超过当时英国本科生，可是却远不及求学若渴的美国法学院学生。

详述这一年的苦读不会有什么意思，而且它似乎也没有在我的思想发展过程中产生具有任何里程碑式意义的事件抑或顿悟。这实际上是我第一年研究法律。我学了一点儿私法方面的教义；我试图从历史角度理解一些话题，比如将英国侵权法、罗马法中的侵权行为以及侵权法的发展作为法律史论文的一个主题——这种整合性的路径得到了选修比较法教授哈里·劳森（Harry Lawson）的一些课程的帮助，他游刃有余地组织起诸多概念，并因这种分析而赢得了我的尊重。我继续着在法理学方面的兴趣，并抽出时间来继续我在文学与音乐方面的自我教育。

"考试院"的毕业考试，是对毅力和勇气的一种测验，我们要在五天内搞定 8 份长达 3 个小时的论文。我筋疲力尽地完成但却感到非常自信，除了知道自己搞砸了土地法（"不动产"）论文。实际上我准备了一些有关依法占有、不动产教义以及禁止永久权规则的精巧论点，但论文最终却是对基础知识的简单考察，我忽视了对它的死记硬背。我知道如果需要口试（"口头测试"，viva），我会被问及这些内容，所以对此我能有所准备。之后我了解到赫伯特·哈特与维尔·戴维奇（Vere Davidge，他是土地法考官）这位来自基布尔学院的著名反智且不容置疑的法学家，对有关我是否应当获得一等荣誉学位产生了分歧。我得到了四个甲等成绩，侵权法与甲等成

第3章 牛津及之后（1952—1957年）

绩失之交臂（可能是我太尝试创新了？），不动产是丙等成绩。在口试中，支持我的法理学教授需要问我诸如"有效遗嘱需要多少位证人"这类问题，戴维奇发出不满的声音，委员会主席巴里·尼古拉斯则必须保持沉默，因为他是我的导师。我的财产法成绩升格为乙等，于是我获得了一等荣誉学位。

同样是在这场考试中，有一位候选人有关法理学的论文令哈特印象如此深刻，以至于他偷偷保留了这份答卷。哈特在自己剩余的职业生涯中不断担忧着罗纳德·德沃金对自己实证主义的挑战，却依旧精心安排提名后者为自己的继任者。很明显，哈特喜欢我的论文，但没喜欢到自己偷偷保留的程度。如果我当时没有获得一等荣誉学位，我几乎可以肯定自己不会成为一名学者。我父亲曾说这是发生在我身上最糟糕的一件事。

后来我了解到另一个有趣的轶事。哈特在他担任法理学讲席教授后，很快就选择主导考试事务，似乎是有一些出乎意料。我无法肯定或否定的一个可能解释，就是哈特意识到，在牛津通过正常程序几乎无法改变法学的教学大纲。在这种条件下，即便是在牛津，考试也是用来改变学生与教师行为的权力工具，哈特会怎样实现法理学的变革呢？在接受成为主考官的任命后，他改变了法理学考卷的规则：不再是"从8个问题中任选4个作答"，而是代之以从16个问题中"任选4个作答"——大体上是8个老式的特殊法理学议题，以及8个新式问题。不然他何以成功呢？他的传记作者尼古拉·莱西并没有听说过这个故事，但她告诉我说，哈特很可能是一位老练的学术政治家。

法学本科教育回顾

身为本科生,我当时并没有太多考虑自己所经历的这个过程的类型或品质。之后巴里·尼古拉斯在一次餐后演讲中开玩笑地说道,我因抨击自己的牛津法学教育而闻名。某种程度上的确如此。在学术生涯的早期,我经常批评教义学方法在理解法律时占据的主导地位及其狭隘特征。我一直对巴里心怀感念,并且我们将会看到,我并没有拒斥教义本身,只是试图将它置入更为宽广的框架和语境中。[3]

在牛津,我在正式法学教育中遇到一种相当随意的教义学。我们学习英国法中的不动产法、侵权法以及合同法的方式,主要就是阅读由教科书设定结构的案例,这些教科书精确、清晰却几乎只关注概念与规则。它们是"普通法心智"的产物,因此难言"科学"。我们主要是学习教义以及将之适用于特殊且通常是假设的情境的方法。就连有关罗马法、法律史以及法理学的学习,大体上也是实证主义式的,以规则为中心,不过没有那么教义化罢了。哈特教授通过强调规则以及规则体系概念对于从理论角度理解法律的重要性,而为教义性的实证主义提供了概念基础——这意味着法律体系就是由规则构成的体系,它将初级规则以及次级规则整合为一,并因以社会事实形态存在的"承认规则"而生效。

从巴里和其他人身上,我学到了论文写作、概念解析、清晰思考以及一些建构论点的知识。哈特激发了我对法理学特别是语言分析的兴趣,而非对于法律是一种规则体系这个概念的兴趣,后者与我的假定一贯不符。从埃克塞特学院的德里克·霍尔(Derek Hall)关于法律史的指导中,我明白历史学家会对他们有关证据的解释展开激烈争锋。在我非正式的自我教育中,我非常欣赏亨利·梅因爵士(Sir Henry Maine)的宏大历史视野,沃尔夫冈·弗里德曼(Wolfgang Friedmann)关注政治因素的方法,以及弗里德里克·温丁·克鲁瑟(Frederik Vinding Kruse)写就的《财产权》(The Right of Property)这本丹麦文著作,因为后者中包含有房屋与工厂的图片。当时的法学著作可既没有图片也没有对话。但直到后来我才意识到,这三者中的每一个都间接改变了教义学传统。

牛津的另一面:其他一些学院中的法学

只有当我离开查特豪斯后,才了解其他书院中的生活。与之类似,我当时处于布雷齐诺斯学院强大的法学传统中,许多年后我才了解到在其他一些学院中令人震惊的法学指导状况。大概20年后的一次会议茶歇中,我听到自己的两位朋友在回忆我毕业后不久他们作为年轻的学院导师的经历。布莱恩·辛普森(Brian Simpson)一直是位诙谐的讲故事高手,讲述了他在林肯学院任教时有关牛津法学同事的一系列糟糕故事。[4]尼尔·麦考密克(Neil MacCormick)这位苏格兰人在他于贝列尔学院任教的第一天,正在指导来自三一学院的法学生不动产法。[5]尼尔当时刚刚读完由美加瑞(Magerry)和韦德(Wade)撰写的有关该主题的一部新教科书。他感到自己的一位学生所读的"论文"听起来很耳熟,于是就找来这本书,发现所读段落——实际上是几乎整篇文章——都是一字不差地抄写而成。他把抄袭者赶出自己的指导课。于是宽街和特尔街上人心惶惶,因为有传言说贝列尔学院有个疯狂的苏格兰人并不理解当时的文化——因为某些学院的学生期待在他们每周论文中精准地复制粘贴教科书内容。有一个故事是在牛津大学新学院(New College),当时的财务主管杰克·巴特沃斯(Jack Butterworth, 未来是我在华威大学的副校长)会向一位学生点头示意让他开始读论文, 然后就拿起电话和学院的股票经纪人讨论投资, 偶尔会打断学生说:"你漏抄了一段。"

我相信另一件轶事, 在其属实之外还别有意味。法学教师中至少有一位甚至都没有法学学位[路易斯·艾略特(Lewis Eliot)也是如此, 他是《陌生人与兄弟》(Strangers and Brothers)连续剧中斯诺(C. P. Snow)的旁白员, 当时在剑桥大学担任法学教师]。1922年或1923年, 这位仁兄在圣约翰学院的古典文学干得不错, 人也可以, 但那里没有空缺职位, 所以他的学院建议, 他应当考取律师资格, 突击一下罗马法。不出所料, 在1923年还是1924年, 他被选为法学教师, 这使得他对法学的研究在1925年土地法的重要改革开始前便结束了。甚至到了20世纪50年代, 他都不允许自己的学生提到这场对于普通法的干预。当时, 他据说已经发表了一篇有关罗马法的文章, 但在牛津他更因自己在网球场上的表现而著称。我的朋友罗伯特·史蒂文斯(Robert Stevens)与我同龄, 当时在基布尔学院, 维尔·戴维奇是他的导师。戴维奇热衷于划艇, 是滑稽可笑的嗜酒乡绅、是打猎好手, 却是公认的牛津最糟糕的导师。这就是那位几乎让我在毕业考试中失败的戴维奇。这也就难怪在为实力较弱的法学院学生的毕业考试补习中, 私立补习机构的生意会

第3章 牛津及之后（1952—1957年）

兴隆——这种现象依旧在德国继续存在着，那里的教授据说不会帮助学生准备考试。

我从未试图考察这些轶事的细节。显然，赫伯特·哈特对他在法学教师中的大部分同事评价不高，这证实了这些流言的内容。在写给他的朋友以赛亚·伯林（Isaiah Berlin）的一封信中，哈特说：

> 当然，对于所有教师来说（有4到5个例外）古怪的是，他们将自己视为一群失败的出庭律师以及伦敦真实世界的一个脆弱不堪的副本。这就好像哲学家认为自己仅仅要投身于公务员和股票交易一样。因此弥漫着对法官的可憎崇拜与谄媚态度。所以他们最需要的就是自尊。我应当给予他们自尊吗？有朝一日你必须和我一起开门课（讨论黑格尔？），这会有所帮助。[6]

这表明事情已经发生了怎样的变化。我是多么幸运，去的是布雷齐诺斯学院。哈特是在如下方面看起来多么的成功：对于牛津的一些法哲学家来说，可能现在他们自视为山巅之王——或如哈特的继任者罗纳德·德沃金所说，"主要人物"——至少在法律中如此。

1955—1957年

三件改变人生轨迹的事情

离开牛津后不久，有三件事对我来说改变了人生轨迹。第一件事,发生在毕业考试与我的口试之间,六周后,有一个顿悟时刻。考后,我和母亲去湖区游览,在凯西克我想是用了一先令,买了一本破破烂烂的柯林伍德的《自传》。我在开往伦敦的长途客车上读着这本书。那个夏天我把它重读了几遍。大约四十年后,在格伦伊格尔斯的一次会议上,保守主义政治理论家沃尔特·奥克肖特(Walter Oakeshott)邀请两位年轻的法学家在午饭前与他小酌。他转向我的同事,问道:"在你思想发展中最有影响的一本书是什么?""柯林伍德的《自传》",约翰·菲尼斯说道,"我在[8岁?]读了这本书"。他转向我:"你呢?""柯林伍德的《自传》",我说,"我在21岁的时候读了这本书"。我是个晚熟的人。不过我们将会看到,我没有说谎。之后我了解到奥克肖特自己也受到柯林伍德的影响。

接着,我决心不慌不忙地准备律师资格考试,同时和我父母住在坦噶尼喀。这为继续自己的自我教育提供了很好的掩护。我前往私人培训机构吉布森与威尔顿的办公室,注册了它们有关律师资格考试的函授课程。有一位冷嘲热讽的家伙面试我,他表明牛津大学的一等荣誉学位得主身无长处——这里不需要独立思考与思辨,甚或更糟,不需要批判精神、理论能力抑或其他学术上的扯淡。这是葛擂硬的化身:需要的就是事实、事实,还是事实。① 就考试而言,他的态度的确是务实的。认为学习法律不过就是死记硬背法律规则的这种观点,在今天依旧在一些地方流行。这成为我在有关法学

---

① 葛擂硬是狄更斯著名小说《艰难时世》(1854)中的人物。他是功利主义哲学的信奉者,专讲"实际",随身带着尺子、天平和乘法表,认为万事万物就是简单的数字问题。他用这种纯实际利益的"事实"来教育自己的子女,把他们关在牢房一样的教室里接受有关数字的教育。

第3章 牛津及之后(1952—1957年)

教育的政治活动与论辩中的主要批判目标。我非常开心能够在大约三十年后，成为霍夫曼委员会当中的一名积极成员，倡导废除老式律师资格考试，并以基于技能的职业课程取代基于知识的、考试取向的、补习学校主导的制度（第16章）。技能可以在（教育）机构环境中习得的观点依旧存在争议，但没有人试图认真地为老制度辩护了。

第三件事就更重要了。在这次令人难受的面谈后不久，我在专门负责人身伤害的事务律师的律所中待了几天。在牛津的时候，《萨蒙德论侵权法》（*Salmond on Torts*, 1953）一直是我最喜欢的教科书。它是那种传统的、讲授清晰的著作。当我向一位合伙人提到这本书时，他告诉我说，忘掉在书中所学的吧，因为他几乎所有的案子都是在法庭外与保险公司或机动车保险局达成和解。无论怎样，整个制度都需要猛烈的变革，特别是损害领域。我感受到了文化冲击。我开始思索：如果我们对保险、和解、损害赔偿彩票以及对普通法中过失诉讼的替代方案一无所知的话，我们如何能够理解有关人身伤害的法律呢（第12章）？我感到被萨蒙德这本书还有我的老师们误导了，我觉得沮丧，甚至有受到背叛的感觉——这是大部分现代法律制度中法学学生常见的抱怨。

有关书本中的法律与行动中的法律之间差异的这个非常基本的例子，是我迈向法律现实主义的第一步。回到牛津，当我抱怨这个的时候，得到的回应既不令我信服，也对我不屑一顾：我们从未主张我们是现实主义的（这话半真半假）；你会在实践过程中学会的（假话）；我们并不是职业学校（真话）；这一切不过是常识（假话）。这就带来一个问题：如果我们不了解法律在实践中的运作和使用情况,我们怎么能够理解法律教义呢?之后,我将这个挑战理解为如何将更多的实践(action)纳入到书本当中。对此,帕特里克·阿蒂亚(Patrick Atiyah)在 1970 年提出了一种方法(第 12 章)。

失学

毕业后我原本打算去服兵役(National Service, NS),但 1955 年兵役名额正在缩减,而且我出生在海外,只是在英格兰接受教育,人家跟我说,除非我已经服过三年短期的兵役,否则我不符合条件。这对我来说是个不错的解脱,但父母则大失所望,他们无力地劝说我把握住这个机会。我与父亲讨价还价的理由一直是,如果我先去牛津,我就会在学校加入英国地方自卫队。我参过军,在假期中完成了基本训练,甚至通过了英国陆军部潜在军官选任委员会的考察。我为自己的讨价还价感到自豪。这种训练是最令人难受的,毁了许多假期。可是让我当一名正式军人?我吗?我说接下来几个月会准备律师资格考试。

实际上,在这之后我有两年处于失学状态。当我到达累斯萨拉姆时,发现有一封巴里·尼古拉斯写的信在等我回复,信中说哈特教授建议我试着申请万灵学院的成绩优秀奖学金,因为他们有些年头没有授予法学学生了,而且我研究法律的方式别具一格。我心花怒放,不过没有我父母那么喜出望外——他们听起来觉得这赫赫有名。我们一致认为,1955 年 10 月有些太赶了,我应该在 1956 年 10 月再入学。这很合适,因为现在我就有完成个人计划的借口了——准备律师资格考试,为万灵学院做准备,并且准备一个在牛津莫德林学院与之类似但不那么有名的研究奖学金。不过出乎意

第3章 牛津及之后（1952—1957年）

料的是，我这一年的休假，变成了两年。我参加了一些律师资格考试的简单函授课程，但主要活动是沉浸在文学（主要是小说）、柯林伍德、另一些哲学，还有非洲史、人类学、政治学以及有关非洲的小说中。在晚上散步的时候，我像老爸的共鸣板一样，周日早上则参加他的留声机唱片"音乐会"（每分钟33转的弯曲老唱片中的柏辽兹、俄国戏剧以及弥撒）。我也继续外出游猎，参访偏僻的地方，约见许多有趣的人。

22岁生日

当时，我不知道以何种职业谋生。我想要写作，但这不是一个职业。当事务律师根本没有任何吸引力，而且在我参加了林肯律师公会几次令人难受的晚宴后，我非常厌恶律所的文化：糟糕的食物，姿态高人一等、作风通常浮夸且资历尚浅的出庭律师，以及饱受盘剥的痛苦的海外学生。[7]法学在英格兰既不受尊敬，也没有意思。我想去非洲工作，但不知道干什么。我的父母觉得我会成为一个不错的"总督"，并且向我表明还会有某个遗留下的帝国需要管理，尽管这在1955—1956年看起来是不可能的。不管怎样，我进入了一个"反殖民主义"的阶段。不过，1955年9月，出现了不做行政工作的机会——在一所非洲大学任教。参观学校时，我们所遇到的对教育的热情以及对学习的渴望，与英国校园男生们的态度形成鲜明对比。但斯瓦希里语中可能没有一个词来表述"刻苦用功读书的人"抑或"考试狂魔"（banco fiend）。我对教育极为感兴趣，后来通过我对在英国的非洲学生的兴趣，变得对非洲的高等教育极感兴趣。

在1955年9月22日我21岁生日这天，我正在参观塔波拉的一所男子初中，遇到了东非唯一的高等教育机构麦克雷雷（Makerere）大学的校长——伯纳德·德·邦森（Bernard de Bunsen）。我征求他的建议，他邀请我前往坎帕拉。我在麦克雷雷待了几天，与校长住在一起，见到了许多教师与学生，主要是克兰福德·普拉特（Cranford Pratt）招待我。他是一位年轻的加拿大政治科学家，6年后成为我的上司。这是一次奇妙而迷人的经历，尤其是因为我听闻了许多对于麦克雷雷大学老师与学生的批评，我能够像一位督察员一样——当然是委婉地——问出尖锐的问题并得到实质性回答。这次参观的结果是我对非洲大学的兴趣变得坚定了，但我也对这里的制度以及法学毕业生找到栖身之所的问题与困难有了实事求是的认识。这里没有法律可以教授。其他的可能性——讲授公共行政、研究习惯法、担任宿舍管理员，抑或干研究生的事情直到某个地方设立一所法学院——听起来也都不理想。当时的英国法学毕业生都不会攻读博士学位。但是彼时彼刻我却知道自己想要做什么——在非洲教授法律。

有趣的一点是：法律几乎不在我的职业选择中占据重要位置。我的第一个优先级是非洲，第二个优先级是教育，而法律则是我唯一有资质教授的科目。在任何时期我都没有认真考虑过自己从事法律实务。这解释了为什么后来我花费了大量精力去思考和写作法学教育——当时，对一位严肃的法学家或学者而言，这并不被广泛视为值得尊敬的研究主题。

回到牛津

5个月之后，在达累斯萨拉姆的这段迷人却又不自在的生活被

第3章 牛津及之后(1952—1957年)

证明是既孤独又充满压力的,所以我抓住机会回到牛津,在布雷齐诺斯学院做一些指导学生的工作(当时巴里·尼古拉斯正在休假),并为申请万灵学院和莫德林学院做准备。那时,服役已经不再是个认真的未来选择,我实际上也放弃了律师资格考试。

在前往英格兰的途中,我在圣周顺路去了罗马,这是我第一次前往意大利。我有一位特许的导游:沃尔什神父(Father Walsh)是达累斯萨拉姆首屈一指的白衣神父[也是朱利叶斯·尼雷尔(Julius Nyerere)的一位导师],他把我引荐给基恩神父(Father Keane),后者先前是派往国外的传教士,现在退休并居住在梵蒂冈。他不仅是热情的导游,还带我领略了梵蒂冈非常神秘的地区,甚至安排去觐见教皇。我被称为"来自牛津的特文宁教授"。教皇陛下充满疑惑地看着我这个满脸痘痘的21岁年轻人,说道,"啊,牛津——我的书……就是来自牛津",接着就走开了。我爱上了意大利。

指导学生

回到牛津后,我马上开始发愁的就是教学。我在布雷齐诺斯学院大概有12位学生,包括攻读民法学士学位中法理学课程的学生,即约翰·戴维斯(John Davies)和托尼·修斯(Tony Hughes),他们两人岁数都比我大;他们都取得了优秀的一等荣誉学位,并继续着学术道路。我本应该就在这时退休。其余学生的能力参差不齐,主要是在和罗马法奋力挣扎。我很认真地看待自己的教学,甚至记录教学日志,但我讲得太多了。牛津的指导制度——大部分都是一对一的见面——使得我们能够通过展露自信而维持可信赖性。如果有什么事情特别好的话,那就是由于我有免费的伙食,我就常在餐厅就餐，并且逐步了解了本科生的指导教师。为了在高台餐桌上坚持到最后，我遵照先前导师罗恩·莫兹利的建议，拼命突击马克·帕蒂森（Mark Pattison）的《回忆录》（Memoirs），每天翻阅《泰晤士报》的读者来信栏，并对在欧洲大陆未必可能的火车路途表露礼节性的兴趣。这很奏效，我应付了下来，可是这段经历让我对牛津的感受如先前一样一言难尽。

这段时期并不容易，满是有关未来与梦想的疑虑和不确定性。随着考试日期临近，我被进入万灵学院的期待压垮了，希冀自己不会被录取。我的答卷一团糟（莫德林的奖学金也与之类似），并且加入了一个被称为"失败的万灵学人"的荣誉团体。但这却是极有教育意义的时期。我如饥似渴地阅读，将自己的视野从文学拓宽到哲学的一些领域、有关非洲历史与政治的诸多领域，以及法学某些领域特别是法理学领域中，甚至还包括一些实体法。

政治上的觉醒：1956年

先前我说过，自己拥有一个"殖民主义"的童年，一个"反殖民主义"的青少年，一个"新殖民主义"的职业开端。我有一个"反殖民主义"的青少年这个看法，只有在对这个概念做广义理解时才是可能的。反殖民主义包含着诸多复杂思潮——反民族主义，追求自我统治的斗争以及其他权力争斗，一种非正义感，民族主义自豪，对于真正文化与经济自主的渴求，对外国统治的憎恨有时转变为一般意义上的对外国人的憎恶，以及与政治独立相伴的，对于实现民主和人权理想的追求。我的父母认同一种持续渐进走向独立的温和"多种族"帝国梦想；我十几岁的时候将他们大部分的精神特质

第3章 牛津及之后（1952—1957年）

不加批判地继承下来，但到我二十五岁左右的时候，我却成为了朱利叶斯·尼雷尔式非洲社会主义的坚定支持者。①这种从一种温和的意识形态向另一种立场的转变是非常复杂和缓慢的，而非突然的转变或完全的拒斥；它与我和处于支配地位的父亲展开权力斗争并与我应当在自己的人生中接受何种信念与价值紧密相关。这使我艰难地度过自己二十来岁的最初几年，并以拒绝温和的家长主义而告终。8

狂热的20世纪60年代的学生，将他们的前辈称为"沉默的一代"。此话不假，我们当中很少有人参加游行，没有想过静坐，对大学管理也不感冒。不过20世纪50年代这批人在政治上有自己激动人心的时刻：冷战、民族自决、麦卡锡主义、福利国家、等级制度、国有化、对广岛和长崎的关心还有核武器，遍布于所有政治议程之中。1956年是我政治觉醒的关键一年：这一年见证了第一次奥尔德马斯顿大游行、苏丹和加纳独立，也是苏伊士运河与匈牙利之年。

"变迁之风横扫这片大陆，无论我们是否喜欢，这种高涨的民族意识是一个政治事实。我们必须都承认这是事实，我们的民族政策必须考虑到这一点。"

哈罗德·麦克米伦（Harold MacMillan）著名的变迁之风演讲直到1960年才出现，但这是对已经持续了一些年的情况的公开承认。坦噶尼喀的非洲民族主义在朱利叶斯·尼雷尔的领导下大约

---

① 朱利叶斯·尼雷尔（1922—1999年），坦桑尼亚政治家、外交家、教育家、文学家、翻译家，坦桑尼亚联合共和国和坦桑尼亚革命党的缔造者，第一任坦桑尼亚总统（1964—1985年）。他是非洲民族解放运动的伟大领袖和非洲社会主义尝试的代表人物之一，在坦桑尼亚国内享有崇高威望。在本书第6章谈到达累斯萨拉姆大学学院时，我们会看到作者对尼雷尔的更多论述。

在1954年才开始高涨,到了1956年,民族主义运动显然正迅速地为人民所接受。

1956年1月,父亲让我为他在省区委员会上的演讲准备一些有关"民族主义"的笔记。令我惭愧的是,我给他的是相当"学术"的论点,强调民族主义情感的力量,却未能尖锐地挑战他的如下观点,即自我统治必定是革命性的,需要经济、社会与政治发展的"步调一致",所以完全的独立还有很长一段路要走。当时我没有将民族自决视为一种原则或权利,我也没有马上将自己对自主的渴望转变为一项有关殖民地的原则。

那时我对自己的工作不满意,之后我逐渐对之感到尴尬。在接下来的几个月中,我一直在阅读和思考民族主义。当然,在此之前我遇到甚至辩论过这些议题,但这次工作却是我第一次对之展开理性研究。我的阅读非常广泛却不成体系:托马斯·霍奇金(Thomas Hodgkin)的《非洲殖民地的民族主义》(*Nationalism in Colonial Africa*),阿诺德·汤因比(Arnold Toynbee)的《历史研究》(*The Study of History*,缩略版),恩克鲁玛(Ekrumah)、肯雅塔(Kenyata)和其他非洲领导人的演说与著作,还有大量各种各样有关非洲的小说,包括乔伊斯·卡里(Joyce Cary)、约瑟夫·康拉德(Joseph Conrad)、艾伦·帕顿(Alan Paton)、埃尔斯佩思·赫胥黎(Elspeth Huxley)、彼得·亚伯拉罕斯(Peter Abrahams)、卡马拉·莱耶(Camara Laye)、阿摩司·图图奥拉(Amos Tutuola)和劳伦斯·万·德尔·波斯特(Laurens van der Post)。我也在媒体报刊中跟进着新闻事件,追踪东非的发展,反思着我和英国以及后来在巴黎的非洲学生之间的谈话。大概四个月后,我决定写一篇非常

第3章 牛津及之后（1952—1957年）

学术性的文章，这可以说是我第一次涉足政治理论。正文和注释都保留了下来。这是一篇大杂烩——它太过于"学术"了，同时又缺乏足够的学术训练。但写作过程却帮助我找到了自己的立场，它与我父亲的观点极为不同，但或许相较于抽象的"理性"来说，更多是在情感层面的差异。

1956年的下半年，两个特别的事件主导着我的政治意识：苏伊士运河危机以及匈牙利事件——在关键时刻我正待在牛津，这一次我真的沉浸于时代的政治兴奋之中。这一年的7月，虽然我勉强承认苏伊士运河问题有两方面，但我和父亲在伦敦因为这个问题发生了激烈争吵。我准备去匈牙利做志愿者（但立刻被拒绝了，因为我不认识任何匈牙利人，也没有医疗资质）。10月份我遇到一位匈牙利血统的澳大利亚研究生，他正在攻读东非史。接下来的6个月中，主要基于对"非洲"共有的认同，我们在个人层面与思想层面都有密切往来。到了第二年春天，我成为一名坚定不移的民族主义者。[9] 29

我是一个"反殖民主义"的青少年吗？嗯，如果我们承认大约在1956年之前我是一名不问政治的青少年，我们就会说我在那时是一个反种族主义、支持独立的坦噶尼喀民族主义者，并且准备接受变革之风的洗礼，甚至对此感到兴奋，但也没有对英国统治的方方面面吹毛求疵。我认为，在反抗自己父母以及其他大人们（殖民地的孩童因其处境而被迫独立）与对抵抗并憎恶着即使是温和的家长主义者所进行的外国统治的人感到同情之间有某种类似——不过这种类似可能说得太过了。所以，是晚熟的我由于殖民统治过时了而温和地反对它吗？不是的，不止于此：我逐渐认识到民族自决是原则问题。此后，我为殖民统治的终结作出了微薄的贡献。

旅行、爱恋、婚姻与芝加哥：1957年

1957年1月，我未能被万灵学院和莫德林学院录取，就决定在非洲从事学术工作，并打算申请美国的研究工作（postgraduate work）。接下来的6个月，我节衣缩食地游历欧洲，然后发现可以只用14英镑就延长我的机票，于是就又来了一次旅行，这次是去非洲的大学——索尔兹伯里大学、阿克拉大学、拉各斯大学、伊巴丹大学和尼日利亚北部的艾哈杜迈贝洛大学。不过，在这一年的复活节，我与妻子一见钟情，于是7月订婚，8月结婚，并在9月带着我的新娘去了芝加哥。这段时间在我记忆中模糊不清，几乎没有任何思想或学术的内容，但却是难忘的两年中最美妙的时光。

为什么要去芝加哥？我能和卡尔·卢埃林（Karl Llewellyn）一起工作，很大程度上是偶然的。在1956年我决定自己最终想要从事学术工作，在非洲而非英国教授法律。我也想了解更多的法理学知识，并想领略一下美国风情。我听闻牛津大学的比较法讲席教授劳森负责将有潜力的牛津毕业生送往优秀的美国法学院。当我告诉他我对美国和法理学感兴趣时，他建议我从法学家而非大学的角度思考："你想跟谁学习？"他接着问我最崇敬哪位在世的美国法学家。对于这个问题，我需要提示，因为除了对霍姆斯与庞德的恭维奉承地提及，以及对疯狂的现实主义者的诋毁性轻蔑——爵士乐时代的"爵士乐法理学"——美国法学家在牛津课程中并没有重要位置。我回到家读了富勒的《自我完善的法律》（*The Law in Quest of Itself*），我感到非常入迷；又读了卢埃林的《荆棘丛》（*The Bramble*

Bush），这本书令人神往却很神秘。我回到劳森这里，告诉他我的首选是富勒，之后就是卢埃林。我先给哈佛大学写信说想要过去接受富勒教授的指导，我无意获得学位，但我需要资助。哈佛礼貌地回复说他们只给学位课程提供奖学金，而我已经错过下一学年的申请日。不管怎么说，在哈佛做研究工作我有点儿年轻了。有了关于美国法学院的最初教训后，我就以更为传统的方式申请芝加哥大学，并且获得了1957年9月生效的英联邦奖学金。妻子佩内洛普与我就在刚刚完婚后即登上皇家邮轮的"艾弗尼亚"号，动身前往魁北克。

第4章　芝加哥大学（一）
（1957—1958年）

最初的经历

1957年9月我抵达芝加哥，刚刚完婚，心中交织着不自信与牛津式的傲慢。我立刻就感受到了文化冲击。其中一个就是法学院的严格纪律。这就好像回到了中学一样。我刚一到达，就被要求去见罗杰·克拉姆顿（Roger Cramton），他是教师当中的一位年轻人，正代替谢尔顿·特夫特（Sheldon Tefft）教授担任英联邦奖学金学员项目的主管。他表明我所选的课程要经过他的批准，而且我不可能只跟随卡尔·卢埃林学习，只选修法理学和哲学课程。[1]

几经辩论，我们商定了一套方案，它是"硬核"的法律与理论课程，以及一些和卢埃林开展的个人研究所构成的组合。可是我们的协商在一门叫作"价格一般理论"的课程上几近失败。克拉姆顿告诉我说这是英联邦奖学金学员的必修课，因为它是录取书中一些最有价值的课程（比如，列维和迪雷克托的反垄断法）的基础课。当他告诉我这是有关经济学的基础课时，我说，"我可不感兴趣"。不过，我咨询了一些同学。他们说，这是一门相当严格的经济学导

第4章 芝加哥大学(一)(1957—1958年)

论课,但只要你赞同老师亚伦·迪雷克托(Aaron Director)的观点,就可以很轻松地通过。我问道,那他信奉什么?他们回答,自由市场。在英国当时正是福利国家和巴茨克尔主义盛行时期,[①] 在他们的描述中,迪雷克托的货币主义观点处于当时英国政坛中任何党派的右翼。这个描述基本上是正确的,因为迪雷克托作为米尔顿·弗里德曼(Milton Friedman)坚定的教条主义信徒,提出一种独特的微观经济学分析,仿佛这是一种不具备任何意识形态基础的科学。

我极为愤怒,气冲冲地回到克拉姆顿面前。我告诉他,我绝对不会选修亚伦·迪雷克托的"一般价格理论",因为同学告诉我说如果不同意老师的观点,就会挂科。可是我不同意他的观点。我告诉克拉姆顿,我拒绝被意识形态与我截然不同的人洗脑。我说话算话。我非常震惊和气愤,如果要求我选这门课,我就准备退学。如果我退学,这个行为极为愚蠢,并且可能终结我的学术生涯。但会让我的父母高兴。幸运的是,克拉姆顿在这种猛攻前退缩了,在得到上级部门的审核批准后,我得以免除这个要求。如果谢尔顿·特夫特这位顽固且老派的项目发起人没有休假,事情就可能完全不一样。在这场交战中,我获胜了,被准许免除这门课程,可我永远未能习得足够的经济学知识。这是一个严重的错误。[2]

当我第一次见到亚伦·迪雷克托的时候,感到自己是正确的。一组外国学生被带去参观当地一处著名的城区改造项目。这包括

32

---

① 巴茨克尔主义(Butskellism)源自1945年2月13日英国《经济学家》杂志的命名,是当时的保守党政府财政大臣巴特勒(Butler)和前任工党政府财政大臣盖茨克尔(Gaitskell)的姓氏合并缩写而成。它表明当时英国两党都推行一种大体一致的福利资本主义政策。

推倒几英亩的贫民窟,代之以"低成本住房"。在我看来,显而易见的是先前的居民无法负担得起新的房租。我们也没有被告知这些人怎么样了。这次外出参观后的聚会上,我在一群人中提出了这个问题,人群里有一个留着希特勒式小胡子的男子,结果他就是亚伦·迪雷克托。他说:"他们在经济上不适合生存。"起先我以为这种对于达尔文粗俗笨拙的戏仿是有意为之的玩笑。结果却并非如此。我永远没有从与经济学原教旨主义的首次相逢中恢复过来。[3]

这所大学与法学院

我来到芝加哥是为了跟随卢埃林学习,但实际上我的大部分课程都是其他人教授的,我完全被法学院同化了,也被这所大学同化了,只是受后者影响程度稍轻。所以在谈及与卢埃林第一次见面之前,我会概述一下更为广泛的制度语境。芝加哥大学、它的法学院还有这座风很大的城市都让我有全新的体验。这所大学主要是由洛克菲勒基金赞助,一往无前地追求卓越并为之付出;它实现这点的方式是一种粗糙的辩证法,以至于我们会发现,无论何时我们开口说话,我们的假定都容易受到挑战,即便在早餐时也是如此。法学院很契合这种文化。它要比稚嫩的牛津更为成熟和职业化。

当时,我并没有意识到教师中包含着美国法学中最知名的一些人物:院长爱德华·列维(Edward Levi),哈里·卡尔文(Harry Kalven),马克斯·莱因施泰因(Max Rheinstein),肯尼斯·卡尔普·戴维斯(Kenneth Culp Davies),沃尔特·布鲁姆(Walter Blum)和马尔科姆·夏普(Malcolm Sharp),以及卡尔·卢埃林和他令人尊敬的妻子——索亚·门斯契科夫。我发现他们几乎所有人都和蔼可亲、易于交往，不会过分在乎他们个人的名声。[4] 相较于我之前常常遇到的同学，这里的学生年龄更大、学习更努力，也更有竞争性和抱负。在言谈方面，他们要比英国学生更加口齿清晰和乐于表露自己的想法，但对我这个呆呆的牛津人来说，幸运的是他们还没有学会如何写作。学生们的行为举止仿佛华尔街的小律师，高谈阔论却疏于写作。当我到来的时候，我完全假定牛津高人一等，我花了很长时间认识到情况并非如此。

对我来说，我们第一次来到美国的主要意义与法学院有关，这给我带来了深刻影响。① 法学院是一个高度协调、友善且社团式的共同体，学生与群星荟萃的教师中的大部分人都有紧密联系，无论是否选修过他们的课程。爱德华·列维院长推行了深思熟虑的政策，征募代表着各种政治、道德与司法立场的多元化个人主义式的教师。他们唯一的共同之处，基本上就是都反对教条主义。[5] 列维可能对推行法律经济分析有一定贡献或责任，不过在20世纪50年代末，这只是法学院中各种各样跨学科项目中的一小部分，并没有变成后来在迪雷克托与波斯纳影响下发展而成的教条的弗里德曼式自由市场意识形态。

乔治·W. 利布曼（George W. Liebmann）在他有关20世纪50年代和60年代芝加哥法学院杰出的著作《普通法传统：五位学者的集体肖像》(*The Common Law Tradition: A Collective Portrait of Five Scholars*)一书中，虽然强调笔下人物的个体性以及独到观点，

---

① 本章中特文宁常说的"我们"指的是他和自己的新婚妻子佩内洛普。

但大胆地尝试提出一种共同的精神气质。这本书指出,这些人物属于在大萧条时期走向成熟的一代人,生活在战争阴影之中,可是他们却并非幻灭的革命者,也不是愤愤不平的反动派,而是富有建设性的思想家,关心"投身到如何改革、如何重建以及如何避免意识形态时代的毁灭性激情的艰苦思考中":[6]

他们并没有从意识形态或得到接受的学说展开回溯性推理。他们相信以经验方法研究法律,并且留意到奥古斯都·汉德(Augustus Hand)法官的警告:"紧紧抓住英国传统。"他指的是普通法传统。正是这种确信构成了卡尔·卢埃林最后一部著作的标题,构成了菲利普·库尔兰(Philip Kurland)如他在博克听证会上所证实的理由,构成了对于哈里·卡尔文的写作为何如此聚焦于事实的解释,构成了爱德华·列维的《法律推理导论》(*Introduction to Legal Reasoning*)的核心观点,构成了肯尼斯·戴维斯长期访谈行政官员的动机。

他们确信,当法律服务于其自身价值时它会发挥最大作用,而可预测性、渐进性变革、遵从共同体需要与习俗、尊重可确定的立法意志都是这些价值中重要的因素。对于宪法这个现代法学教师的苗圃中最受喜爱的花朵来说,许多学者,最知名的是库尔兰与戴维斯,明确指出其最基本的价值就是程序……[7]

我认为这一论述是可信的。

美国开辟了新的视野,但很难准确表述它如何以及在何种程度上改变了我们。一个重要的例外就是美国法学教育。这是我在1996—1997年对它的总结:

> 在我从最初的文化冲击中平复,并抖落我的一些牛津傲慢后,我意识到自己身处一个甚至要比我所设想的更为复杂、鲜活以及苛刻的制度中。芝加哥大学提供了一种与牛津不同的追求卓越的高等教学机构模式。

> 转而认同美国法学院的最佳理念以及卡尔·卢埃林的观点,在任何阶段都不意味着完全抛弃牛津的理念立场。它毕竟是一种英语写作与自我学习能力,这使得我能够同步跟上新观点的脚步以及令人眼花缭乱的内容,进而在其中作出选择。是牛津而非芝加哥教会了我历史的重要性。不过这段经历不仅体现出也提供了当时我的法学教育中缺乏的要素:将法律同社会科学联系起来;以辩证的方式看待每一个议题;高度学术化但却现实主义地看待法律实践与行动中的法律;阐明理论与实践的彼此依赖;以及对正义的关切。[8]

结识卢埃林

卢埃林并不是我想要跟随的美国法学家的首选。我的首选是富勒,可哈佛并没有给我资助。来到芝加哥,作为一名已经有过一些指导学生的经历,且对美国及美国法学院几乎一无所知、对卢埃林所知更少的牛津毕业生,我当时沾沾自喜。

在我第一次见到卢埃林的时候,作为一名法学家的我可是相当博学的。我在牛津选修了法学领域三大系列讲座课,其中就包括赫伯特·哈特的;我在布雷齐诺斯学院指导了两个学期的学生,而且在哲学领域的阅读广泛——语言分析、政治理论、科学哲学,特别是柯林伍德(第3章);在个人立场与问题意识方面我已经发展出一些有用的观点(第10章);我也对东非的习俗和习惯法有所了解。我认为自己相当在行,即便我似乎被困在无穷无尽的倒退之中,被逐一问询着你那么说是什么意思?你说的那个是什么意思?那个呢?那个呢?①

因为我要选修很多课程,我与卡尔·卢埃林的交流便相当有限:我完整地选修了他的一门课,旁听了另一门以及第三门课程中他讲授的那一小部分。我也在他的指导下写了一篇论文,并且有相当多的私下接触。但直到1963—1964年我整理他的论文时,我才真正与之亲近。不过他立刻就给我带来了影响。1963—1964年,我是这样诉说自己记忆中对他的第一印象的——那时距离我们相见大约过去了六年:

> 曾前往美国的英国朋友会强调如下奇特场景:唯一一位被授予铁十字勋章的美国人;法学学生诗歌比赛的联合发起人;

---

① 特文宁这里是在调侃牛津日常语言哲学的论辩风格。据说当时日常语言学派重要的人物约翰·奥斯汀在面对同事和学生的论文与发言时,常问的问题就是"你说的这个词是什么意思?"这迫使被提问者一再澄清自己的立场。

课堂中的演员;对信用证之"美"的赞美。① 可我的第一印象并不十分符合这个描述;他身材敦实,横眉冷对,一瘸一拐;举手投足间有阅兵场的味道(试图让我害怕?);主要关心我读了他多少著作;有关可转让票据的令人尴尬的问题。不完全是一个牛津毕业生所期待的接洽。我们交换了写作的文章。我递给他我非常雄心勃勃的研究项目的计划。他给我一捆他的文章和教学材料,就让我离开了。[9]

我的研究计划是一篇冗长且含混的有关概念分析的文章。我匆匆翻阅而非细致学习了他论文的抽印本,并对他松散的术语准备了一些批评性意见。我们第二次见面时,他仔细阅读了我的文章,并在全文勾勾画画。他还找到了我的错误。他买了一本有关哥特式建筑的书,指给我看滴水兽和其他雕刻品的图片——其中一些令人震撼、极具影响力,无疑属于艺术品。第二批则在技术上不那么粗糙,却在艺术方面较差。卢埃林解释道,第一批作品是大师级工匠仅用锛子创造的。第二批作品是在凿子发明后,只用这种新工具制作的。卢埃林指出,我正患有"柯日布斯基麻痹症"②:我发现一种全新的工具——概念分析——我沉迷于此且使用过度了。[10] 此后我对

---

① 信用证指的是银行根据买方请求,开给卖方的一种保证承担支付货款责任的书面凭证。这里的"信用证"是否与今天具有同样含义?在与作者的交流中,作者提醒我《统一商法典》中对这个问题的表述有所变化,比较复杂,难以有准确的答案。另外,这里的信用证之"美",作者说可以参见《卢埃林与现实主义运动》一书索引中"法律美学"(legal aesthetics)这个词条,它指的是"适宜于功能",也即功能意义上的美。

② 柯日布斯基是美国哲学家,普通语义学的创始人。这里的有趣之处在于,卢埃林似乎并不了解特文宁所讨论的"概念分析"的真正来源。

他更为尊崇,成为了他的门徒。

我写了一些文章给卢埃林看,但在1957—1958年的主要联系是被称为"我们社会中的法律"这门法理学课程。伴随讲座与课程的是一系列阅读材料,这将构成1962年他在德国的系列讲座的基础。[11] 合理的推断是,这将会成为他的观点的最终表述。但可惜的是,这一年的2月他去世了,这些手稿尚未发表,这就为将来的某位编辑带来了重大挑战。除了一些一对一的面谈以及对于他的一些较短篇幅作品的肤浅泛读,这正是我开始了解卢埃林的时刻。这门课很古怪,呈现的质量参差不齐,阅读材料晦涩难懂,但对我却有深远影响。首先,这称得上是卢埃林"整体观点"的发展——不过显然它没有主张呈现一种有关法律的宏大理论。事实上,他否认拥有这种理论。但它的确为卢埃林的法理学观念提供了一个如果说晦涩但却是融贯的论述。在抛开"几百人研究的法理学"(他曾对一位学生讲:"康德到底与我的法理学课程有什么关系?"[12])后,他发展出一种"数十万人关心的法理学"(律师以及有理解能力的大众)。我在1973年是这样描述它的:

> 在"数十万人关心的法理学"这个层面工作,卢埃林试图对自己所做的工作提出某些免责声明。比如,在《我们社会的法律》中他明确排除了"职业"哲学;他主张自己的描述性概括是"前科学化的";他所接受的价值不过是"彼此争斗的信念",得到"我们能够掌握的最佳理由"的支撑;他的概念在"大体上可行,但并不'精确'的词语"中得到表述;他的基本方法就是"粗浅实用的知识"[horse-sense,一个他喜爱的概念]。

"我们社会中的法律"这个题目凸显了它的美国取向。简言之,卢埃林在此语境中既没有主张自己观点的普遍性,也没有主张自己的观点是精致的。[13]

这不是自我贬低。它并非如其所说的那样不够精致复杂。它也不是一种反智。更准确说,这种法理学意图成为实务工作者和其他参与者的一种可行的理论——它必须简洁、可用且有用。对于这种目的而言,大部分抽象理论距离一手经验、特定案例与问题太过遥远了:

> 法理学对我意味着:对任何具有法律意味的事物阶段展开的任何细致与持续的思考,如果思考(意味着)试图超越手头迫切问题的实际解决方案的话。法理学因此包含法律领域中任何类型的如实且深思熟虑的总结概括。[14]

认为卢埃林主要是在反对抽象理论表述,那就搞错了。他的主要靶子是"形式主义"学者浅陋且基本上未加表述的可行假设。这些学者包括比如哈佛的兰德尔和比尔,[①] 以及具有形式主义风格的法官

---

① 克里斯托弗·哥伦布·兰德尔(Christopher Columbus Langdell, 1826—1906),美国著名的法学家和法学教育家。在他的努力下,美国大学中的法学教育拥有了必修课与考核标准。他倡导"案例教学法",主张学生应当阅读和讨论原始案例(或其摘要),从中自己推导出法律原则。

瑟夫·亨利·比尔(Joseph Henry Beale, 1861—1943),哈佛大学法学院教授,损害赔偿领域的权威。1902年成为芝加哥大学法学院首任院长,是美国法学院协会的积极成员,并在1914年成为该机构的主席。

和法律实务工作者,套用菲尔默·诺思罗普(Filmer Northrop)的话来说,他们都拥有卢埃林意义上的法哲学,即使他们并不知晓自己的哲学是什么。[15]

在课程中,卢埃林给我们布置了一些小作业,其中有两个我仍历历在目:[16] 第一个是从同一个法院随机地选取三卷法律报告,每卷报告之间间隔 40—50 年,阅读每一卷的开头 100—150 页并描述其差异。这马上就给看法律报告提供了一种新视角:判决的长度、风格、法院审理的案件的类型以及某种我们可以称之为每个法院"文化"的东西,在每个时期都极为不同。[17] 卢埃林在他有关"原理"的一年级课程中广泛运用这种方法,提供给学生一系列来自同一个法院(通常就是纽约州法院)的案例,以此表明法官如何在一定时间跨度内找到应对棘手的教义问题的方法,他们通常很像是一个团队。就我所知,这种方法对于研习司法裁判的学生,特别是研究比较法的学生来说,并没有发挥应有的影响。但它是卢埃林现实主义主要观点的一种体现:"原汁原味地理解法律,全面地理解法律,在运作中理解法律。"

我记住的第二个作业,就是在任何小组中检验法律职能理论(law-jobs theory),在这些小组中的每个学生都有大量一手实务经验。法律职能理论的核心要点可以重述如下:[18] 我们都是各个群体的成员,比如家庭、俱乐部、少年帮派、运动队、学校、商业组织、工会、政党、民族、民族国家、国际非政府组织(NGO)、世界共同体。为了设法生活并完成其目标(就其拥有目标而言),任何人类群体都需要满足特定需求,或保证特定"职能"得到完成。从研究的目的来说,这些需求或职能可以被大致分成五种或六种类型。

第一类是对事故麻烦（纠纷、不满、冒犯）的调整。[19] 当冲突或其他麻烦出现时，它需要得到解决，或至少被维持在一个可容忍的低程度内，否则群体就会瓦解抑或它的目标就会受挫或受到损害。第二类职能，也可能是最重要的职能，就是为了避免麻烦的出现，对行为和期待进行预防性引导。第三类职能是根据需要、条件和关系的变化，对群体行为与期待的再引导。第四类职能是"对于话语权及行使话语权方式的安排"；这指的是对于权威的预先分配以及对权威性决策程序的规制。这个职能在典型意义上是俱乐部、组织抑或民族国家"章程/宪法"的基本功能。当权力与权威彼此分离时，实际上发生的事情与意图发生的事情之间就会出现断裂。相应地，提出有关作为一种制度的宪法的现实主义论述，就是成问题的。[20] 第五类职能是"为整体提供有益推动（net Positive drive）：整合、指引以及激励"。卢埃林与边沁类似，明确地将积极与消极的惩罚（比如，奖赏与回报）同自己的法律统治观念联系在一起。最后，如果前五类需求或职能得到充分或良好的满足，在任何群体中——复杂群体尤为如此——技术、技能、设施、实践、程序和传统需要得到发展、制度化和调适。这便是卢埃林所说的"法律方法的职能"。[21]

关键问题是：在此群体内，纠纷预防与解决是如何得到处理的、权力与权威是如何分配的、创造与维持秩序的程序和技术又是在何种程度上得到制度化的，等等。卢埃林从未否认规则在完成法律职能中发挥着作用，但在他看来，这是许多不同途径之一。大部分学生反馈说他们发现这种训练有助于他们更好地理解自身所属的相应群体的运作以及理论。为了显得更聪明，我当时选择将卢埃林的理论运用在梅特林克（Maeterlinck）的《蜜蜂的生活》（*Life of the*

Bee）来证否它。²² 如下观点，即蜜蜂并没有许多纠纷，反而在有序的领导之下，似乎是受到严格管制的存在，提示我可能存在这样一种群体，对它们而言，协调性行为、期待以及关系并不成为"问题"。我的想法并不成熟，但我学到了一个经验：卢埃林的法律职能理论并非真的是一种经验理论；它无法被有意义地证伪或证实，因为它几乎没有任何经验性内容，或许唯一例外的就是如下这类命题：比如一切人类群体如果想要存活和繁荣，就都存在有待解决的潜在或现实的纠纷。法律职能理论为探究这些问题在任何特定群体中得到专门处理的独特方式与技术，提供了一种视角以及一系列角度。²³主要的谜团都与概念相关：特别是群体、职能、纠纷以及制度。该理论为法理学中哪些事物适合归属于这个法律技术中相对受到忽视的主题以及在何种意义上适合，提出了一些有帮助的问题。²⁴

一点儿也不奇怪的是，卢埃林切中伦常（down-to-earth）的方法，对理论联系实践的关切，以及对律师实际工作细节的兴趣，在我体会到书本之法与行动之法之间的断裂，以及英国律师资格考试固定例行的教条后，变得很有吸引力。不过，甚至还有更为重要的回报。卢埃林强调，技能（skills）、技艺（crafts）以及法律技术（legal technology）是法学研究的一个严肃主题；他对价值（即"不得不如此"）采取一种非独断论式的立场，²⁵ 但与此同时强调在法律实践中对伦理、正义以及理想主义的关键作用的关切；① 此外，最重要的是，他坚持朝着某种接近个人"整体观点"的方向来发展自己的观

---

① 非独断论式的立场，指的是特文宁认为卢埃林在对诸如正义、伦理等问题上持有相对灵活和务实的态度，认为这些价值只是在特定语境和条件下才具有意义。

点与信念，这补充了我认为自己早年法学教育中所缺乏的许多东西。这门课程公开宣告的目的，就是帮助每位学生将他们有关法律的假定或信念同他们有关世界的（宇宙论的、宗教的、政治道德的、认识论的、语言学的）假定或信念整合为一体。或许这个立场要比其他任何观点都让我感到信服。法理学的第一步就是澄清我们自己有关法律、正义以及其他一切事物的信念。在讲授法理学时，无论是让学生以柯林伍德式方法与经典文本批判性地对话，还是建构论点证成他们的规范性结论，抑或反思理解一个话题时所包含的要素，我从那时起到现在都一直试图追求这个目标。

卢埃林和我相处得非常不错：他被我对非洲的兴趣深深吸引着，并且感到我对哈特法理学的忠诚是一种挑战。回想起来，我承认他有关法律的看法填补了我早年法学教育中的一些重要空白，并且尽管不是在文化上，但从诸多重要方面来说，我们彼此在思想上志趣相投。显然，一些特定观点我已经在自己的著述中吸收、运用甚至改进了：法律职能理论、法律方法、裁判与论证风格、类型事实情境、粗浅实用的知识（基于经验的真知灼见）等。稍后我会更加详细谈到卢埃林和他的妻子，索亚·门斯契科夫——这是我工作生涯中最重要的两个人（第7章）。1958年6月我从芝加哥大学毕业时，已经是卢埃林的门徒了。他影响了我在喀土穆和达累斯萨拉姆的教学，但直到我后来整理他的论文并撰写他的思想传记之时，我才真正从深层次理解了他的观点。

我在芝加哥，既是为了学习法律，也是为了理解美国，我和妻子在博物馆、剧院、爵士乐酒吧以及体育赛事中欢度周末，还去纽约、华盛顿特区、伊利诺伊州南部以及纽约州的奥尔巴尼（我不记得为什么了）旅行。尽管我一直在学习，但我没有像美国学生那样把学业看得那么重。他们在非常长的时间里学习，具有高度竞争性，非常严肃专注。我们住在已婚学生的公寓中，在少有的夫妻彼此见面的时候，会令人不安地听到他们之间的争吵环绕着我们周围。我较为轻松地看待自己的学业，甚至会参加法律人之妻俱乐部的一些聚会，这个俱乐部最后颁给佩内洛普一项"贤内助奖"（PHT，Putting Hubby Through）证书。佩内洛普也作为一名社会学家的秘书/助理，在芝加哥陪审团项目中工作，这是首批大型社会法律项目之一。我自然觉得这很有意思。

为将来打算，我当时听闻喀土穆大学设有法学院，这是1958年尚可接受的非洲中讲英语的唯一一所法学院。我了解到它们还有空缺；于是我就申请了，并从那一年9月1日起被任命为私法专业的讲师。从6月到8月，我与妻子住在爱尔兰和伦敦，在那里，我忙碌地准备着有关侵权法、法理学以及苏丹法律体系的讲座。那时佩内洛普怀孕了，直到11月份才能来到我身边，此时她赶上了我们的"第一次革命"。

第5章 喀土穆(1958—1961年)

前　奏

在苏丹的三年,是我作为法学学者学徒期的第一阶段。这段时间内发生许多对我而言的第一次:第一份全职工作,第一个(以及第二个)孩子,第一次体验阿拉伯文化和伊斯兰教,第一次教授来自另一种文化和另一个教育传统的学生,第一次经历哈布沙暴(haboob,沙尘暴),第一次遭遇蝗灾,第一次近距离地获得司法经验,以及许多政治上的第一次:一个新近独立的国家,学生政治活动以及我的第一次革命。几乎毫不意外的是,在第一年我的注意力主要是在应对工作上面;第二年我则主要侧重于父亲的角色、教学以及编辑法律报告;到了第三年,我的生活并不安稳,但能够像任何不了解情况的侨民一样——实际上要比一些侨民做得好——有信心地对新来的人谈论当地情况。一些轶事与趣闻随着我一起离开了。只是回过头来,我才完全明白了自己的茫然无知。

1956年1月1日苏丹获得了独立。我在1958年9月来到喀土穆,之前的整个夏天是在都柏林和伦敦准备讲座课程。佩内洛普在11月,阿布德将军不流血政变的前夜,与我团聚;我们在1961年9

月离开苏丹。在一份私人回忆录中,我已经详细讲述过我们在喀土穆这段时间私人方面的故事。这里我会主要聚焦于我在职业方面学到的东西。讲述是片段式的,因为这些经历令人眼花缭乱,我的记忆零零散散,而文字资料,包括偶尔为之的日记,则相当有限。

语　　境

我逐渐地对大喀土穆区十分了解。白尼罗河与青尼罗河区分开的"三镇"截然不同:乌木杜尔曼是阿拉伯城市;北喀土穆是工业地区;老喀土穆是帝国与商业中心,总统府、政府大楼、格兰德酒店(the Grand Hotel)以及新近从戈登学院发展而来的喀土穆大学都在这里。20 世纪 50 年代,撒哈拉沙漠[有时被不准确地称为冻土(tundra)]延伸到这三镇的边缘;今天,郊区的大举扩展以及难民营,环绕着这个城市群长达几英里。法学院衍生自英国司法官在 1934 年首次开设且于 1938 年再次开设的一门课程。这产生了第一代苏丹法律人,其中包括一位首席大法官、几位高级法院法官、很多部长和几位优秀的政治家。

1946 年这所法学院开始教授伦敦大学海外法学学士课程(四年制学位)。在 1958 年,它的规模非常小,教师包括四位侨民、四位苏丹人以及两位埃及人(教授伊斯兰教法,即沙利亚)。这四位侨民包括:院长埃尔卡纳·特南鲍姆(Elcana Tenenbaum),是位有匈牙利血统的英国公民;帕特里克·阿蒂亚,他由来自苏格兰的母亲和来自黎巴嫩的父亲在喀土穆抚养长大;刚刚到来的 C. 德奥利维尔·法兰(C. d'Olivier Farran),是一位优秀的国际法学者,身患

第5章 喀土穆(1958—1961年)

小儿麻痹症；还有我自己。教授沙利亚的两位埃及籍老师几乎不说英语。两位苏丹籍同事正在海外攻读研究生，不过还有两位在校：卡拉马拉·阿瓦德(Karamalla Awad)，他是高级公务员，被临时调来负责公共行政硕士项目——他人很和善，在解释问题方面乐于助人；以及哈桑·阿尔图拉比(Hasan al-Turabi)，下面还会更详细地谈到他。

20世纪50年代末，喀土穆有两个大学拥有法学院。喀土穆大学更有声望，主要是用英语讲授英国法；位于乌木杜尔曼的开罗大学主要是用阿拉伯语教授埃及法。大体来说，喀土穆大学更受较为优秀的学子的青睐，他们往往会在毕业时得到最好的工作。对于大部分法学学子来说，至少在职业生涯起步的时候，首选的工作是在司法系统，其次就是司法部，不理想的第三种选择就是个人执业。结果就是几乎所有法官以及司法部中一半人士都接受过普通法训练，而司法部中另一半以及大多数律师都成长于民法传统。这种模式的主要例外，就是几位优秀的辩护律师[包括一些重要的政治家——比如，前任外交部长以及未来的总理穆罕默德·艾哈迈德·马哈古卜(Mohamed Ahmed Mahgoub)]在从事公共服务一段时间后，转而私人执业。分辨喀土穆大学和开罗大学的毕业生很简单：前者遇到一个问题会到图书馆去查，后者会拿着一章空白稿纸坐下开始写作。由于基本的法学教育是法律人知识资本的重要组成部分，普通法训练下的法律人往往青睐于保留普通法，但民法传统训练下的法律人支持转变为埃及法，特别是基于《拿破仑法典》的民法典。我在苏丹的时候，法律体制中的高级成员几乎都是普通法训练出身。支持和反对埃及的派系之间的尖锐对立让事情变得复杂。因此,巴比克·阿瓦达拉法官(Babiker Awadalla,后来的首席大法官和总理)即使接受的是普通法训练,也是支持埃及的,并且是转向埃及法运动的领导者。

人　　事

在苏丹文化中,无论是其南部还是北部,个人关系都具有至高无上的重要性。我最生动的记忆就是与苏丹人和移居国外的同事、我的学生、几位法官、大学秘书/注册主任穆罕默德·奥马尔·巴希尔(Mohamed Omer Beshir)、[1]一名外交官以及掌管我们家务的厨师——男佣阿卜杜拉·穆罕默德·阿卜杜拉(Abdullah Mohamed Abdullah)之间的友谊和亲密关系。让我从几个人开始。

埃尔卡纳·特南鲍姆院长以及帕特里克·阿蒂亚是我最亲密的同事。他们和他们的家人都非常乐于助人。他们的阿拉伯语说得非常棒,而我对此,唉,则未能掌握。帕特里克成为我的主要导师。由于他之后在这个故事中具有重要地位,这里有必要谈谈他的背景。他的父亲是爱德华·阿蒂亚(Edward Atiyah, 1903—1964),拥有黎巴嫩人血统,大部分职业生涯都是在苏丹度过的,起初是担任校长,之后承担了在苏丹知识阶层与共管政府中自由阵营之间的联络人这一富有政治抱负的角色。[①] 后来,他成为阿拉伯国家联

---

① 1899年1月19日,英国和埃及签署了《英埃共管苏丹协定》,规定在北纬22度以南的地区,成立英埃共管政府,但这只是名义上的,实际上只是英国在管理。为了实现自己的殖民统治,英国殖民者在共管的名义下,严禁南方人离境和北方人进入,这个政策为后来苏丹的南北纠纷埋下了祸根。1951年埃及废除共管协定,承认苏丹人民的自治权利。1956年1月1日,苏丹宣布独立,结束了殖民统治的历史。

第5章 喀土穆（1958—1961年）

盟的秘书长，并且是位高产的作家。他与一位苏格兰人结婚，并写了一部类自传体的小说，内容是20世纪30年代和40年代的苏丹异族通婚。[2] 我认为此书是他最棒的作品，不过他更因《阿拉伯人》(The Arabs, 1958) 而知名。他与妻子的4个孩子中有3位是在喀土穆长大的。最年长的赛尔玛移居去了加利福尼亚州。迈克尔和帕特里克得到苏丹政府奖学金资助，被送到埃及的寄宿学校（维多利亚学院），协议是他们要回到苏丹工作一段时间。迈克尔是位杰出的数学家。由于数学在喀土穆并不发达，他就没有被要求在苏丹工作，但在牛津获得了双重一等荣誉学位的帕特里克却回来开始他的服务期，他后来先是作为公务员但大部分时间作为一位法学家而继续着他卓越的职业生涯。

阿蒂亚一家与我们是邻居。在下午一点或两点上完课后，我们通常会在他家的"游泳池"中四处活动以便平复身心。这个游泳池大概是10英尺长、4英尺宽、2英尺高，但酷极了。帕特里克当时已经出版了《货物买卖》(Sale of Goods) 一书的第一版，并正在写作一部有关合同法的导论。[3] 他心情低落，拍打着水花。他想了解商人和其他行动者实际上是如何运用《合同法》的。他击打着水花。"在这种愚昧无知的地方我如何能够写作有关买卖或合同的东西？"啪！"如果我不能问商人问题，我怎么知道他们会不会认真对待这本书？我想知道法律实际上是如何运作的"……又是拍打水花。他当时正从传统但杰出的教义学学者，转变成为一名坚定不移且相当彻底的语境主义者或现实主义者。在长达两年的时间里，帕特里克都在我的思想发展中发挥着重要作用。后来，他为"语境中的法律"丛书贡献了第一部著作，完全替代了萨尔蒙德的教材（第12章）。

之后我把他招募到华威大学，在去牛津执掌英国法教席之前，他在这里差不多完成了自己有关合同历史的巨著。⁴

两位学生是我领略当地文化的主要向导，并与我终身保持着友谊。

1957—1958年的时候，弗朗西斯·马丁·登（Francis Mading Deng）正在读大二，是为数不多的四位或五位来自南方的法学生中的一个。他是登·马朱克（Deng Majok）最疼爱的儿子之一。后者正是科尔多凡省恩哥克-丁卡族赫赫有名的大酋长。这个部族是苏丹北部仅有的尼罗族黑人。身为一名丁卡人，弗朗西斯个子不高，只有大概6英尺，但却具有鲜明的尼罗族黑人的特点，而且没有架子，继承着高贵的贵族血统。他的英语和阿拉伯语非常棒，并且在某些方面，是全班人的领袖，而不仅仅是几位南方人的首脑；比如，在一次长假中，他带领大家出发去德国探险。奥利弗·法兰和我鼓励他收集有关丁卡族习俗的信息，结果这就成为他这一生投身写作丁卡族文化的开始。1965年在纽黑文，我协助他记录下有关他童年和教育的回忆，后者从他父亲的大院儿开始，到村庄、小学和中学，再到喀土穆、伦敦以及耶鲁的大学。这是一部详尽的回忆录，它的出版要等到弗朗西斯退隐山林的时候。他之后的学术、政治与外交生涯非常出众，出版了大概四十本书。60年后我们依旧是亲密的朋友。⁵

扎基·穆斯塔法（Zaki Mustafa）稍微年长我一些。他看上去要比实际岁数大得多。他当时已经结婚并育有一子，总体上说似乎要比其他法学学生更为成熟。他身材结实，肤色不深，留着小胡子。他在1959年以全班最高分毕业，并且在伦敦继续读研究生（1961年获伦敦政治经济学院的法学硕士学位；1969年获该校博士学

第5章 喀土穆(1958—1961年)

位)。他言谈简洁,充满反讽式幽默。他是我所认识的人当中最能耸肩的——真主阿拉(这是神的旨意,也即事情就是这样)。即便身为学生,他也满是威严。在他的照片中,他看上去谦退而孤僻。或许因为他总是学生们的非正式代言人与翻译,我们彼此总是见面,就成为了好朋友。我有一个假期是同他在瓦迪哈勒法的家人一起度过的。[6] 苏丹最优秀的普通法著作便出自他之手。后来,他成为喀土穆大学法学院院长,接着又担任尼日利亚的艾哈迈杜·贝洛大学法学院院长、苏丹司法部长,晚年又成为石油大亨谢赫·艾哈迈德·扎基·亚马尼律师事务所的合伙人与经理——他是我曾经的学生中第一位成为百万富翁的。2003年扎基去世。他和弗朗西斯是我领略苏丹南部和北部文化的主要向导。

哈桑·阿尔图拉比在巴黎获得博士学位后,回到了喀土穆,在这里他很快就作为沙利亚学者和未来的领导人而知名。[7] 他投身于政治,参与了1964年革命,成为穆斯林兄弟会的领导人。此后,他对苏丹的伊斯兰化产生了重大影响。作为一位法学家,他主张灵活解释伊斯兰教法,倡导宣称支持女性权利、民主以及非穆斯林的宗教自由的自由主义伊斯兰教。他在政治生涯因盟友多变而令人眼花缭乱,批评者认为他是一个投机分子,在实践中奉行原教旨主义路线,缺乏对人权或真正民主的考虑。[8] 他给尼梅瑞政权效力,后来失势,这种情况在其他政权中一再出现。这期间他先后担任了检察总长和部长,1999年之后,他几度入狱。离开苏丹后,我只见过他一次。那是1991年,他作为检察总长接见我,这完全是个正式场合。他坚定地告诉佩内洛普,她无法与自己的妻子会面,而后者先前是法学院学生,我们与她非常熟悉。在喀土穆的10年间,图拉比曾和奥萨玛·本·拉登（Osama bin Laden）①有联系，这影响了他在西方媒体中的形象，他们倾向于把他描绘为马基雅维利式的幕后大佬（eminence grise）以及极端的原教旨主义者（"苏丹的罗伯斯庇尔"）。但我感觉他更为复杂，是有原则但不极端的穆斯林，非常务实也非常聪明。我一直远远地满是困惑地关注着他的事业。当然，我们都没有预料到他的政治生涯的复杂性，不过我对他非常有思想、有洞察力、有城府且务实的最初印象，依旧没变。[9]

认真对待教学

我为自己的职业选择给出的理由位阶是：(1)非洲；(2)教育；(3)法律。渐渐地这个次序颠倒了过来。甚至在喀土穆，偶尔也有迹象表明我对(1)的职业兴趣正在衰减；之后在1961—1965年，我的学术关注点从习惯法和继受法转向了卢埃林，随着时间流逝，通过教学以及参与校园之外的法律活动，我逐渐对作为研究主题的法律真正感到有兴趣，并且发展成为一位自称的"法律民族主义者"或布道者，宣扬法律作为一门不可避免会涉及"真实生活"问题（前言）的人文主义学科的巨大潜力。不过我对教育的兴趣，特别是对高等教育的兴趣，从未动摇。

我广泛阅读了很多关于教育的著作，特别是有关高等教育和教育学的。我尤为受到吉尔伯特·海特（Gilbert Highet）《教学的艺术》（The Art of Teaching, 1950）一书的影响。[10]海特现在被视为

---

① 原文为"Omer"，对照索引，应为"Osama"。

第5章 喀土穆(1958—1961年)

绅士爱好者们的神明,并受到支持科层制理性主义教育学人士的批评,这种批评有时是有道理的。我觉得这是一个很有帮助的起点。当时在教育理论或教育学方面,没有针对年轻学者的正式指引,英美法学研究的内部分歧尽管一直是关注的焦点,但那时的论辩与著述几乎与更广泛的教育文献无关。我们都是自学成才,一边走一边学,这主要指的是模仿前辈的做法,后者大体上希望他们自己的法学教育得到复制。这正如我之后在自己第一篇有关法学教育的反思性文章中所言:"繁衍自身物种的这种强烈冲动并不局限于性本能之中。"[11]

海特的一个观点是,你应当将学生视为个体,并去了解他们。44
不过我没有遵循他的具体方法,这涉及按照身体类型和性格来给学生分类。我很快意识到我们的学生所必须克服的障碍:他们正在学习的主要是一种外来的、其实是施加给他们的法律,使用的是脱离其社会语境的外来语言,并主要由外国人讲授。他们经受了层层挑选,并且在中学最后两年一直以英语来学习,可是他们并没有远离中东和伊斯兰教的死记硬背式的学习传统。他们的老师是完全胜任的,或者说是太过胜任了。他们持有不切实际的伦敦学位的"标准",我在喀土穆的时候,只有一个学生被授予二级甲等学位。学生的职业预期充满不确定性,因为现状是学生之间存在着竞争,但却几乎没有努力学习或独立学习的文化,政治氛围也动荡不安。我的一些同事(不仅是法学院的)会轻蔑地谈论起他们的学生——懒惰、英语水平低下、只想要课堂讲义——对讲义的需求确实很大。我不接受这样的看法,特别是对成绩较好学生的看法,他们在我看来取得现在的成绩已经做得相当好了。给他们上课是一种挑战,但我下定决心要让他们感到课程有趣,并鼓励他们展开自己的思考。要做到这一点,就需要把他们视为个体来加以了解。所以我就会和他们打交道,尝试各种各样的教学手段。

我一安顿下来,主要的私人交往就是我的学生,特别是年长的。大部分大三或大四的学生与我年龄相仿,或者比我大一些。他们总会和我说,我太年轻,无法教导他们,所以我就和他们交朋友。有三届学生与我关系密切。我到来后,给大三和大四的学生建立了班级名单。我知道他们所有人的名字,知道他们当中大部分人的性格,也知道其中一些人的昵称——不过他们从来不知道我的。我几乎依旧能够回忆出所有这些信息。我和他们一起实地考察,在咖啡厅喝东西,很多人会在大概下午五点钟的时候到咖啡厅喝杯咖啡或柠檬水。他们毕业后,我也和他们保持着联系,并且在美国和英国见到了其中的几位。1981—1982年,我返回苏丹时,一位记者问我为什么回来,我回答说:"来看我的女儿和学生。"他告诉我说,我来错国家了,因为我的大部分学生都在沙特阿拉伯或海湾诸国。

我主要负责三门课程,还有一些零碎的事务,其中就有给脱产进修的公务员讲授当地政务法(Local Government Law),他们对此非常了解,而我则一无所知。在这门法律的导论中,我大部分时间都在概述法院体系,并把苏丹的法律置入更为广阔的地理语境之中。不过,我有了一点儿进步。为了给研习苏丹法律体系提供一些语境,我开始给全班展示整个世界的法律地图。[12] 这幅地图表明,几乎所有国家要么隶属于普通法系,要么隶属于民法法系。它显示出一些民法法系国家是社会主义国家(当时正值冷战时期),并且许多国家(主要是殖民地和前殖民地)会出于有限的目的(主要是考虑

第 5 章 喀土穆（1958—1961 年）

到属人法，比如家庭和继承）而承认宗教法与习惯法。

这幅简单的地图在以下几个方面很有帮助：为研究苏丹法律提供了宽广的语境，从冷战角度解释法律模式，还有就是它特别强调了殖民主义对法律传播的影响。它解释却并未尝试证成我们为何主要在学习基于英国的法律。它也将苏丹的法律体系视为国家法律多元主义（官方承认了部分伊斯兰教法和习惯法）的一个示例，并成为讨论本地法律的未来发展的起点。

这幅地图在今天看来很原始，一部分原因是这 50 年来世界发生了改变，另一部分原因则是地图绘制更为精致复杂了，但主要原因在于它建立在即便是在当时也受到质疑的假设之上。比如，依据正统的观点，作为对国内国家法律体系的描绘，它可以说夸大了民法/普通法之分的重要性；它没有足够重视普通法与罗马法传统内不同法律体系之间的差异；它具有私法的偏见；它几乎没有关注混合型法律体系。我的地图从法律输出者的视角，将世界上所有国家的法律体系差不多描述为要么完全属于普通法"法系"，要么完全属于民法"法系"。这是一幅假定了大规模法律移植的图景。不过除了我地图所绘内容的幼稚之外，我毫无批判性地接受了同样幼稚的有关法律继受的学说。我的第一篇文章，幸运地、默默无闻地发表在《苏丹法律杂志与报告》（*Sudan Law Journal and Reports*）上，它的题目是："法律继受的一些内容"（Some Aspects of Reception）；大概五十年后，我批评这篇文章基于一种幼稚的有关法律继受/传播的学说，由此开启了自我批判的法学研究运动（第 19 章）。

课程的其他部分就非常传统，相较于语境性而言，它更具描述性，不过我确实尝试囊括一些有关习惯法的内容，其中既包括数量有限的被承认为国内法（municipal law）的一部分的习惯法，也包括在农村地区已然极具重要性的更为广泛的传统习俗。① 我要求学生在回家后，带回有关自己家乡的报告；整体来看，南方学生做得不错；但即使习惯法中的土地占有和一些其他议题在北方依旧重要，除了少数例外，没有在北方学生中引起什么兴趣。我的继任者克里夫·汤普森（Cliff Thompson）在这方面就要做得更好，就如奥利弗·法兰在家庭法方面所做的一样。后来弗朗西斯·登继续写了几本有关"丁卡族法律"的著作。

这些经历告诉我，把"法律"等同于国家法或国内法是远远不够的，在像苏丹这样的国家中尤其如此。如果我今天尝试对苏丹法律体系加以描述，它会与我在1959—1961年的肤浅工作极为不同，这与法律体系已经发生改变（它确实有所变化）没有太多关系，而是因为我对法律体系的看法改变了。当时我不过是从表面论述了国家法律制度，主要是法院；今天我的论述就会更类似于马克·法特希·马苏德（Mark Fathi Massoud）的深刻论断，更具历史性、政治性以及语境性，极为强调国家法律体系的人事因素。[13]

---

① "municipal law" 也包含有市镇法的含义，即非农村地区或较为"现代化"地区的法律，本书中统一译为国内法，突出它与国家法之间的重叠性。作者在这一句中有一个重要的表述，即习惯法（customary law）和传统习俗（traditional customs）之间的区分。在与作者的交流中，我向他询问这两者的差别是否体现为"习惯法"是被承认为法律的"习俗"？作者的回应是，在苏丹当时的语境中，"习俗"的数量非常少且国家承认的是"宗教法"，而法官思考的"习惯法"往往会包含对于"正义、衡平以及良知"这类事物的考量。换言之，得到国家承认且作为国家正式法律渊源的"习惯法"并不多，但法官会在裁判中考虑诸多在我们生活中被视为具有义务属性的规范。在这个意义上，作者也认为"国家承认"是习惯法和习俗之间的重要差别，但强调两者的界限非常模糊，因为"现实是复杂的"（作者原话）。

第5章 喀土穆（1958—1961年）

在法理学课堂上，我竭力找到一种方法，以便让这门课与苏丹学生有关。我们开心地讨论着有关法律与道德的议题，我在习俗与其他当地法律渊源方面投入了更多时间，不过我没有偏离西方法律理论的传统历史方法太远。我借用了乔治·H. 萨拜因（George H. Sabine）经典的《政治理论史》（*A History of Political Theory*）中的一些内容，[14] 还包含一些法律人类学，不过这里缺乏南部的声音，几乎没有关于宗教传统、法律多元主义抑或殖民法的基础的内容。虽然法理学是我的主要专长，但我需要努力调整，尝试教授不那么以北部为中心的、与南部法学学生更直接相关的法律与政治理论。在达累斯萨拉姆，我才做得稍好一些。

我也负责侵权法课程。尽管经历了萨尔蒙德教科书的插曲（第3章），我依旧喜爱这个科目，甚至将萨尔蒙德教科书与一本加拿大案例集搭配使用。这门课讲授起来不难，主要是因为学生喜欢（主要是英国的）案例中大量的有趣故事。在苏丹，几乎没有得到报道的有关侵权法的案例，只有一些源自非洲其他地区的相关案例。我的主要问题不是本地化我的教学内容，而是准备工作要跟得上。在我第一年讲这门课的时候，为了拖住进度，我在诽谤以及深奥难懂的动物责任法方面花费了过多的时间。有一次，我只有30分钟来从头准备一节有关严格责任的课程。匆忙中，我大部分时间都在用一张棕色的纸给我的萨尔蒙德教科书包上封皮，好像它里面有软色情内容。之后我就一字一句地慢慢念着赖兰兹诉弗莱彻案（*Rylands v. Fletcher*）中的规则，好像它是一部制定法一样，中间补充几句显而易见的评论，然后就早早下课了。之后两个学生过来说，这是我所讲授的课程中最棒的一节。我为什么不这样继续下去？我几乎要放弃了——但所幸,我坚持下来了。

之后我们就讨论到荒谬的部分,英国法中动物所引起的伤害责任:我们乐此不疲地讨论奶牛和绵羊是否属于"牛";学生们喜欢费尔本诉人民宫案(Filburn v. People's Palace),该案中马戏团的一头大象踩伤了一个侏儒;他们激动于一只会说话的鹦鹉的主人,是否要为这只鹦鹉的中伤诽谤负责这个问题;接着我们就遇到伦敦动物园中一头骆驼咬了孩子的手这个案例。这种情况大部分会取决于骆驼是经过驯养还是野生的。喀土穆有一个动物园,苏丹人了解骆驼。"啊,我认为这要比马在没有篱笆的时候越过篱笆好多了。"不同寻常的是,有位学生举手:"老师,请问一下,为什么是一个在动物园里的骆驼?"我直接的回应是这位学生没有抓住重点。但随后我便豁然开朗了:这个案子以及其他我们已经学习过的大部分侵权法案例中的事实,都不会在苏丹语境中发生诉讼。当然,苏丹有公路、工厂以及事故,但几乎没有任何侵权案件在法院起诉——实际上,我有一整篇文章在讨论一个孤案,在该案中,一位侨民法官在前往聚会的途中跌入地面上挖开的渠道,他于是起诉喀土穆的市议会存在过失,主张几乎是等同于后者每年道路预算的损害补偿。[15]我的结论是,英国侵权法大体上与苏丹无关。

后来,我以"动物园中的骆驼"(The Camel in the Zoo)为题写了一篇文章。[16]这是我公开出版的著作中首次明确尝试勾勒"语境中的法律"这一视角。它提出了有关苏丹人如何处理不法侵害以及其他风险的问题。学生对此的回答是"它受到习俗的支配"。如何能够发现这些习俗?我问道。他们回答说"问当地人啊"。我鼓励学生回家时去做的,正是这个,它取得了不同程度的成功。我甚至

第 5 章 喀土穆(1958—1961 年)

在喀土穆外的沙漠里的一个村庄中，尝试了一下愚蠢的田野调查，但这只不过让我明白，自己并没有比我的宗师(guru)——卡尔·卢埃林——更适合做严肃的经验研究。与此同时，我按照要求，继续讲授着萨尔蒙德教科书中的英国侵权法。经过一段时间，我意识到体现在真主阿拉(上帝意愿如此)中的伊斯兰文化里的宿命论，为适合于苏丹的责任法提供了融贯的基础："真主阿拉——损失由遭受它的人承担。"

语境，语境，还是语境。只要我睁开眼，就可以看到它无处不在。当火车司机撞死位于开阔平原的铁轨上的几头牛时，对于拥有牛的巴加拉人来说，这构成一种充分刺激，让他们的行为从谋杀降级为非预谋杀人罪。按照当时的英国法，财产损失并不构成对杀人行为中刺激行为进行辩护的基础，但在此语境中，检验标准却是"理性的巴加拉人"。首席大法官阿布·兰纳特(Abu Rannat)明确区分了一位部长杀死损坏他崭新凯迪拉克轿车的人的案件，[1]但没有具体表述如何对被告加以分类(城市居民？受过西欧教育的非洲人？西方化的居民？)。[17]

《苏丹法律杂志与报告》以及苏丹法项目

《苏丹法律杂志与报告》(SLJR)由我教席的前任——埃贡·古特曼(Egon Guttmann)在 1956 年创办，刚到苏丹的时候，我和他有几天都在。这个刊物源自一项开明的协议，根据协议，政府

---

[1] 区分(distinguish)是普通法中的常用技术，法官以此来表明手头待决案件和先例并不构成类案。

承担全部出版费用,法学院的教职工编辑法律报告,并在自愿基础上创办一份专门讨论苏丹法的杂志。[18]帕特里克·阿蒂亚从古特曼手中接管了这个杂志,在1959年前往加纳时又交给了我。我没有编辑刊物和制作法律报告的经验,只发表过一篇文章(在《苏丹法律杂志与报告》中)。但最终至少从三方面证明,这是一段宝贵的学习经历。

首先,我需要在最高法院投入大量时间,与首席大法官阿布·兰纳特紧密合作,下文中我会更详细地谈到他。长达两年的时间里,我的地位都类似于现在给联邦法官做助手的美国法学院毕业生。其次,我需要做的事情要比写标题、核查引用以及编辑索引多得多。我需要催促沉默寡言的法官,又要对寻求公众关注的法官加以约束。他们都想让我来督导他们的英文,有一些想让我核查他们的法律,甚至有几位试图让我给他们写判决书。一周内我要在最高法院进进出出四五天,对其运作方式有了实际的了解。第三,我很快意识到《苏丹法律杂志与报告》发布的案例不具代表性。我收到或摘选的几乎所有判决书都源自刑事案件,其中非常高比例地都与杀人行为相关。对于杀人行为指控的主要辩护就是刺激,这会将谋杀罪降等为较轻的犯罪,减轻判刑。我们正积累起有关刺激的丰富先例,却几乎对其他问题没有任何积累。我说服首席大法官扩宽我们可以选择案例的法庭范围,以便激发他的同僚和下属为了出版而撰写其他法律议题的判决书。

有一次,我几乎都称得上是在鼓励诉讼。我发现对于以《印度刑法典》(Indian Penal Code)中"房屋侵入"(House Trespass)为蓝本的违法行为,三个镇的不同法院有不同解释:在乌木杜尔曼,

"房屋"包括霍什（hosh）——围住财产的墙（非常类似于英语中的"围地"）；但在喀土穆，侵入指的是进入一处建筑——类似于英国法中的闯入和进入；而在北喀土穆，判决认为，在有屋顶但无墙壁的仓库或工厂，闯入和进入并非必要条件。这可能广泛地体现出阿拉伯城区、侨民区以及工业区的不同文化。这意味着当我们在自家花园睡觉，如果有人过来开始挠我们的脚心——都知道的一种活动——这并不构成房屋侵入。同样，当人们白天抄近路通过我们的花园，好像他有权如此一样，也不构成违法。这个问题并没有形成统一的法律。我的兴趣是改善司法系统内的沟通，并发布用作先例的案例。所以我说服先前的一位学生，时任三等地方法官，去获得有关一些房屋侵入案件的管辖权，并撰写了一份分析这种违法行为的严肃判决书。他这么做了，可他的上级吓坏了，坚持认为一位三级地方法官擅自认为能够撰写判决书超越了他的权限，更别提要让它发表了。编辑《苏丹法律杂志与报告》让我非常清楚地意识到，法律报告总体来说且不可避免地一定会不具代表性且缺乏信息量。它们并不代表法律，更遑论代表社会了，它们鲜有讲述争议或事件全貌的，这个主题后来由布莱恩·辛普森极为出色地加以发展。[19] 这些报告可能是精彩的故事与论证汇编，却典型地不具有典型性。

第四点考虑强化了我对文献的终生兴趣。《苏丹法律杂志与报告》处理1956年以来近期的案例。在苏丹独立前，有两卷经过严格筛选的法律报告。他们是沮丧的公务员私人倡议行动下的产物。我提出一项计划，用来出版自共管时期以来积压的未经报告的先例。这个倡议得到了强烈支持，可是如何获得这些案例呢？退休法官手中有一些个人收集的案例。一些辩护律师收藏案例，将之作为

"小手枪式法律"(pocket pistol law)的"弹药",用它们来让对手措手不及。大部分素材散落在遍布整个苏丹的收藏室中。我启动了一个试点项目。首席大法官授权我去查验,以及如果必要的话,去整理瓦德迈达尼省级法院的收藏室。省级法院的法官心不甘情不愿——这或许是因为他害怕这个收藏室会对他不利——但命令就是命令。我带着两位法官助理在收藏室中奋战。乱七八糟的大量档案、松散的文件以及其他残留物件将收藏室塞得满满当当直至天花板,它们被扔在这里,没有人尝试加以整理。我们首先发现的东西之一,就是包裹在血迹斑斑的布料当中的非洲砍刀(panga,一种弯刀)——杀人案中的呈堂证供?我们遇到许多昆虫和几只蝎子,不过没有蛇。当我们清空收藏室,发现有许多年前的几乎完整的文件夹,以及一批珍贵的博迪利(Bodilly)法官——先前省级法官——所作的判决。这次试点研究使得奥利弗·法兰和我草拟了一个雄心勃勃的计划,要创建国家法律档案,首先它可以作为法律报告的基础,但也可以作为法学教师、历史学家以及社会科学家的资源。我们得到了首席大法官的支持,并且和福特基金会取得了联系,后者在不久前开始对非洲的法学教育感兴趣。在惊人的极短时间内,我们获得了十万美元以上的资助——在我们看来是一个难以置信的数字。接下来的岁月中,我在法学院事实上的继任者克里夫·汤普森出色地开展着苏丹法项目。不仅苏丹的法律报告得到了转变,许多法学院学生和司法系统中的初级成员也投身于此项目,这成为他们实务培训的一部分。

虽然在刚刚获得福特基金资助后我就离开了喀土穆,但苏丹法项目对我个人来说有两个重要的间接影响。首先,这是我与福特基金会长期关系的开始。[20]除此之外,这使我加入了纽约的一个有关全球法学教育的委员会,从此以后它影响了我有关法学教育的思考与写作(第17章)。其次,这让我对档案更加着迷(第2章)。在我接下来的人生中,我一直被各种各样的档案工作吸引:在达累斯萨拉姆的档案、在芝加哥的卢埃林论文、在伦敦的边沁项目、英联邦法律记录项目、小管辖区内法律文献与法律记录(在爱尔兰共和国、苏格兰以及北爱尔兰),之后又是我的文件,包括我自己的"奥吉亚斯的马厩",①以及英格兰和威尔士的"面临危险的法律记录"项目。[21]尽管我的主要目标是使之免于毁坏,但我的兴趣则指引我去阅读它们——这是一位真正的档案管理员一定不会去做的事!

首席大法官穆罕默德·阿布·兰纳特

埃尔·赛义德·穆罕默德·阿布·兰纳特(El Sayed Mohammed Abu Rannat),曾是1934年被选中参加由一位开明的司法官讲授的密集培训课程的第一批初级官员中的一位。苏丹的司法系统大体来说是职业化的,他就沿着这条道路向前,在1950年成为了最高法院法官,并在苏丹独立的前一年,也即1955年,成为首位苏丹籍首席大法官。

---

① "奥吉亚斯的马厩"(Augean stables)出自古希腊神话中的一个故事。奥吉亚斯是厄利斯城的国王,是太阳神赫利俄斯的儿子。他喜欢养马,但是马厩从不打扫,脏乱不堪。赫拉克勒斯(神话中的大力士)奉命去清扫这个马厩。奥吉亚斯觉得赫拉克勒斯无法在一天之内完成这个任务,就承诺如果赫拉克勒斯果真在一天之内打扫完毕,就把自己1/10的马匹送给他。赫拉克勒斯就引入阿尔甫斯河的水,把马厩清理得一干二净。但是奥吉亚斯却反悔了。后来,赫拉克勒斯攻打厄利斯,杀掉了奥吉亚斯。"奥吉亚斯的马厩"就成为了一个典故,指的是需要耗费大量时间精力去打理的地方。

阿布·兰纳特是阿扎里（Azhari）政府任命的，当该政府在1958年11月将权力交接给军方时，他接受了这一让渡。阿布·兰纳特作为一名有能力、公平且正直的法官而广受尊敬，但在思想上并不自负。他考虑周到，谦逊而且和善，我从他身上学到很多。他也有两三次让我充当演讲稿写手这类角色，包括起草一篇有关伊斯兰教法和习惯法关系的文章初稿。

作为一名法官，首席大法官阿布·兰纳特因如下观点而知名：他使用有争议的"抵触条款"来修正引入的普通法学说，他认为后者不适合本地情况，因此就有悖于"正义、公平与良知"——这个惯用语使得英国法官有权宣布他们不赞成的习惯法与宗教法规则无效。[22] 他在改革法院体系中发挥了主要作用，并推动了在当地政府中引入（适中的）民主元素。他是真诚的伊斯兰教徒，青睐法律的谨慎渐进演化，而非激进的伊斯兰化。他在阿布德（Abboud）时期坚持着司法系统的独立，确保了1964年革命中权力的顺利交接，这次革命终止了他的司法生涯。我在法律报告和相关事务中与他有紧密合作，他总是让人感到平易近人、和善可亲和乐于助人。他的支持让我直接接触到所有高级法官。我受益匪浅。

剪　贴　簿

第一次革命

1958年11月，我们还在等待房子，就被安排与法学院院长埃尔卡纳·特南鲍姆住在一起。11月17日这天，我早上8点钟有课，

第5章 喀土穆(1958—1961年)

所以我们7点钟就吃了早饭。电话铃响了。埃尔卡纳接听。"发生革命了；军方接管。"对于我们所有人来说，这是我们的第一次革命——所以我们不知道如何是好。对于第一要务，特南鲍姆毫不迟疑："我必须告诉彼得·凯尔纳"（Peter Kellner，一位记者，是伦敦《泰晤士报》的特约通讯员）。这是彼得·凯尔纳第一次听闻革命。我的首要问题是："会上课吗？"院长回答，"为啥不上？"

所以我动身步行前往大概半英里之外的法学院。通向喀土穆市中心的主要道路——沙利亚·阿尔·加姆胡里亚——空无一人且寂静无声。当我走到法学院，我看到一些学生正站在外边——大概是班级人数的1/3。他们激动地告诉我发生革命了。"我知道"，我说。"会上课吗？"他们问。"为什么不上？"我回复到，然后昂首阔步地走进教室。[23]

有关革命的早先描述成为不同来源的信息的大杂烩："你把坦克派往青尼罗河大桥，把装甲车派到白尼罗河大桥，你拦下一辆出租车，带着演讲稿前往广播台。"这个说法中有一些是真的——在将近一年后的一次未遂政变中，我的一个法学院毕业生在出租车中被捕，身上带着他打印工整的讲稿。他（尚）未掌控坦克或装甲车。据说阿布德将军——一个身材矮小、安静少言且公认随和的人——在午夜被叫醒，人家告诉他："将军，您现在是总统啦。"不论是否准确，这个说法显然也包含着真相的精髓。阿布德是一个非常训练有素的军政府的有名无实的领袖，这个军政府掌管国家将近七年，直到在1964年被民众抗议推翻。抗议的形式就是在喀土穆进行大规模游行——另一种不流血的政变。民选政府是不好对付的保守分子联盟，在1958年将权力让与军方，也不愿进行后者可能会输掉的选举。

立法、司法以及行政的一切权力都在最高军事委员会名下，再被授予给总统。在接下来的三个月中，法院依旧运作，仿佛无事发生。之后，阿布德将军具有回溯性效力地授权给"首席大法官"。在这段时期内，没有人公开挑战法院的权威或管辖权。将军通过命令继续统治了几年，并且这个政权自一开始就得到了广泛接受。学生作出反应是有延迟的，所以学生年度游行并没有在既定的月份也即 11 月进行。

焚书

午睡后我们常常坐在露台，眺望自己的花园并品茶。在这个时间，学生会经常过来寻求建议或只是聊天。他们会喝杯茶或来杯柠檬水，然后离去。有一天下午，我们认识的一位学生过来，他似乎不同于以往地沉默寡言，甚至有些尴尬。他甚至推辞了柠檬水，并且在几分钟后就离开了。接着过来了另一位学生，行为举止与他相同。然后更多学生过来，每位都是自己前来。有事情发生，但他们不会告诉我。有人泄露，他们正要去焚书。军政府为了转移注意力，再一次地激起反犹太复国主义者的怒火。学生们决定烧掉图书馆中有所在以色列出版的书籍，即使这些学术著作得到进口限制的特别豁免。当我听到这个消息，我想起曾遇到哈桑·奥马尔·艾哈迈德（Hassan Omer Ahmed）——近来我们最聪明的学生之一，现在是大学助教——正从图书馆走出来，手里挥舞着一本在以色列出版的有关先例的著作。他生气地问道，"谁订购的？""我"，我情绪激动地说道。"你登记借出了吗？"

第5章 喀土穆(1958—1961年)

在学生们围猎更大目标——学校图书馆馆员是犹太人——之前,我的书是第一本被烧掉的。我们先前来访的学生们在参加这次活动的途中打电话给我,以表明这并非针对个人的攻击。这次事件非常明显地影响到了我:首先,我对焚书发自内心的厌恶,不仅是因为纳粹,还因为我们与书籍之间有独特的联系。焚书是在摧毁观点,当图书不可取代时尤为如此,所以它具有不同于扔掉印刷品或我们多余书刊的意义。其次,我无法应对苏丹人在个人与政治关系之间划清界限的方式。我也因此意识到,学生和图书、焚书,抑或如我已经知道的,和游行的仪式性意义之间的文化联系与我完全不同。[24]

第一次考官会议

1958年,作为讲师,我参加了自己的第一次考官会议。会议在伦敦召开。我最独特的记忆是所有英国国内考官都是伦敦大学的资深学者,他们当中大部分人的名字我都熟悉,并且几乎他们所有人都不辞劳苦地前来。此外,他们投入大量时间讲评考卷的草稿,读了相当多比例的答卷,并对同样身为考官的老师们提出建议、给予鼓励。学生们都在正式攻读伦敦法学学士学位,伦敦标准得到统一适用。我们的评分几乎都到了确认——偶尔会被伦敦考官升等,这极大地增强了我们的信心。我在喀土穆的时期,没有一位学生获得一等荣誉学位;只有一位被授予二级甲等;最优秀的学生几乎总是得到二级乙等,这至少限制了一些人继续念研究生。有一位资深的"国内"考官在背后盯着我这个事实,促使我非常细致甚至相当严格地打分。这是非常有益的学习训练。[25]

在牛津的夏季学期

总体而言,喀土穆的一切以及我个人都处于非常不确定的状态。1960年夏天休假时,我又代替巴里·尼古拉斯在布雷齐诺斯学院教授法理学,某种程度上也是为了决定是否申请牛津的研究岗位。眼前有三个岗位。我对大学(法理学学院)的岗位特别感兴趣。我依旧对牛津爱恨交织——教师们的假恭维、例行常规以及课程大纲的保守,都是学院导师几乎无法掌控的。我热爱教学,包括热爱在布雷齐诺斯学院的指导课,但讲授任务繁重的指导课的狭隘大纲这个苦差事——通常一周有14到16小时——却令人生畏。主要是由于这个原因,我决定不申请。[26] 结果证明这个决定不错,它所基于的理由也是正确的。接下来在我的职业生涯中——在达累斯萨拉姆、贝尔法斯特、华威、伦敦大学学院以及几所美国法学院——我设计并考核自己的课程。牛津自吹它的优势在于学生由不教授他们的人考核这个事实。这可能对维持标准有用,但几乎完全阻碍了创新。

第一篇文章

1959年3月的日记:"……卧床,有疟疾的症状(医师坚持说'喀土穆没有疟疾')。我完成了第一篇学术论文,题目是'法律继受的一些内容'。它在1957年发表于《苏丹法学杂志和报告》,落后于原计划两年——行动中的"法律预测理论"?帕特里克·阿蒂亚质疑,对于继受这样一个主题是否有许多要谈的。"我同意,这篇文章是关于影响的,类似于艺术或文学影响,没有说出太多有启发性的东西。研究梵高的影响不如研究梵高有趣。不过,我对这个议题的兴趣则延续下来。[27]

美国人对非洲法律感兴趣的开端

大约在1960年,通过与吉姆·保罗(Jim Paul,宾夕法尼亚大学)结识和成为朋友,我最初感受到美国人对非洲法律的兴趣。他当时承担的任务是考虑美国参与东非法学教育的前景。他的报告指出,英国已经在苏丹(并且将要在坦噶尼喀)建立了势力范围,并建议美国的工作应当聚焦于埃塞俄比亚。[28]1963年,保罗成为亚的斯亚贝巴法学院的创始院长。作为芝加哥大学的毕业生,并且反对英国狭隘的法学研究观念,我整体上是欢迎美国参与的;实际上,从20世纪60年代早期一直到20世纪70年代末,我可以称得上是美国法律与发展运动中次要但深具疑虑的参与者。[29]自苏丹法项目开始,我与福特基金会有将近二十年的紧密联系,主要是在非洲法学教育和研究机构人员配备(SAILER)项目以及纽约的国际法律中心方面。不时会有谣言传播,认为这些机构是美国中央情报局(CIA)或美国国务院设立或渗透的,抑或它们是伪装下的殖民主义工具。[30]显然,人们担心它们在传播美国的影响力,但它们似乎秉持合作理念,通过独立政府来运作。因为它们以我所同意的方式支持我的工作,并且帮助喀土穆和达累斯萨拉姆的法学院,我欢迎它们的建议和资助。就我的体会来说,正是一些美国学者要比基金会官员更能传教——他们通常粗略地假定美国宪法和美国法学教育无与伦比,并且不太关注地方性历史与条件。其中一些人仅仅在非洲待了一两年,回去后就被视为有关"非洲"的"专家",与此同时,为数不多的在一个或更多非洲国家待了许多年的学者,比如克里夫·汤普森和吉姆·保罗,都充分认识到我们了解的是多么少。除此之外,我没有证据表明美国中央情报局或其他邪恶力量的介入。如果有的话,也是以非常间接的方式运作的。

之后许多年里,我主要通过苏丹的朋友和新闻报道与苏丹保持联系;我们女儿在毕业后——大概是她离开苏丹21年后——回到这个她出生的国家,我们去看望了她两次。她起先是在阿法德工作,这主要是个女子精修学校;之后短暂地作为公务员监管非政府组织(她离开时认为六十多个组织中只有三个不错);接着在帮助流亡的提格雷人之后,她获得了牛津饥荒救济委员会的任命,又在苏丹待了一些年。此后,我对苏丹的兴趣时断时续,主要是通过和弗朗西斯·登以及阿卜杜拉希·安-纳伊姆(Abdullahi An-Na'im)的联系,有关他们,我写了一些他们作为"南方法学家"所发挥的作用。[31] 因此,在那段动荡且常常是悲剧性的历史中,苏丹一直是我遥远关注的焦点,我的记忆在某种程度上与后来的流言、谣言以及对灾难、政变、镇压和公然大屠杀的新闻的阅读及心惊胆战地追踪混杂在一起。

在苏丹的最后一夜

1961年9月日记:

> 身处朱巴,位于曾经且现在依旧因其不舒适而闻名的旅店中。我真的对将要离开喀土穆感到伤感,不过对在达累斯萨拉姆的大学学院(UCD)的就职机会感到兴奋,这所大学将在一个月内成立。

第5章 喀土穆(1958—1961年)

在酒吧，我和一位苏丹医生攀谈起来，他是北部人。我告诉他，这是我最后一天在苏丹，告诉他，我对于将要离开的复杂感受。他说："当你快离开的时候，你现在可以流利地说苏丹语了。你觉得我们怎么样？"此时我已经习惯了这种直接提问的方式，于是就重复了我与苏丹人个人接触中的友善、慷慨、体贴这套絮语。"可是你的学生没有懒散、粗鲁且总是制造麻烦吗？"他问道。我承认很难让他们工作，大学也遭受了地方上的罢工、游行与封锁。不过总体来看，我准备在他的指控面前为我的学生们辩护。他非要我说些批判性的东西；所以我就还击说，有一件事让我困惑，这就是苏丹人在公共姿态与私人关系之间所作的明确区分，这甚至要比在下议院议员席上彼此攻讦之后又友善同饮的英国议员们更甚……我曾是这类事件中的一个小目标，我觉得这难以忍受。焚书时期就是一个例子。但此前最知名的一个场合，就是在苏丹快要独立的时候，爆发了一场大规模游行，人们要求即刻遣返所有外国侨民，并且将大学中的所有高级职位立即苏丹化。学生会的干事作为游行的领导者，在前一晚花了整晚的时间给教职工中每位外国侨民写了私人信件，上面实际上说的是："我们认为你很棒，工作优秀；我们非常喜爱你，我们希望你会待很多年。"我指出，许多外国侨民觉得这种行为不可理喻。他看起来既心怀关切又洋洋自得："那时我曾是学生会主席，这是我们组织过的最棒的游行。我可以很简单地给你解释我们的态度：我们喜欢你们，同时/抑或讨厌你们，这两种情感我们都想表达。为什么不呢？"

回　顾

帕特里克·柯林森（Patrick Collinson）是我在喀土穆的好友，与我年龄相仿，在他的自传中，他认为自己在苏丹的五年不值一提，这是一段"错误、徒劳且自我欺骗"的时光。帕特里克·柯林森是位虔诚的信奉基督教的社会主义者，是位惊人的竞走人士，是剑桥杰出且受欢迎的雷格斯现代史教授，是位和善可爱的人。我对他否定自己在喀土穆时光的程度感到讶异。

在我几乎完成这一章的初稿后，我偶然读到他的回忆录《历史学人的历史》(*The History of a History Man*, 2011)。他早我两年去苏丹教授历史，并且和我大概在相同时间离开苏丹。我觉得非常害怕。我们对自己这段时期内在苏丹经历的叙述，重点为何如此不同？我想他的看法值得比较详细地引用：

> 抽离出来追叙苏丹在随后几十年间难以言说的悲惨历史，就是在持续不断地让我想起我们在苏丹的那段岁月是充满了错误、徒劳以及自我欺骗的时光。我们，以及特别是如此多族群和语言身份的苏丹人（共有175个这样的群体，以及325个更小的群体），都没有对下述问题达成一致，即一个国家——如果它是一个国家的话（更准确说，这是殖民历史的反常结果）——如何以及是否能够运转起来；可是那些无论何时掌权的人们明白，这个问题的答案就是——为了他们自己。[32]

第5章 喀土穆(1958—1961年)

在概述了罄竹难书、骇人听闻的军政府的情况、无情的伊斯兰化、达尔富尔的饥荒与种族灭绝、掩盖了争夺石油控制权战争的马基雅维利式"和平协议"、南方以不同解放策略的名义进行的部落间屠杀后，柯林森总结道：

21世纪初，朱莉·弗林特(Julie Flint)和亚历克斯·德·瓦尔(Alex de Waal)对苏丹的裁决令人感到恐惧：

身居当前苏丹政府核心的连环战犯，曾经在追求伊斯兰国家时寻求绝对权力。现在他们为了自身目的寻求权力。一如往昔，如今他们认为挑战该权力的人不值一提。这些人可以被毫无愧疚地征服、射杀抑或饿死。如果地方同盟有不同的猎杀目标，他们就不受约束地去猎杀，无论会带来多少流血牺牲。大规模的屠杀变得如此常态化，以至于不再需要共谋或思考。这就是高枕无忧(security)的精英们所作所为的方式。这在他们的意图中根深蒂固，是习惯的力量所导致的暴行。

仔细想想，在长达五年的时间里，帕特里克·柯林森兴高采烈地工作在孕育这种令人生畏的未来的地方，这同样是令人感到恐惧的。

我赞同柯林森认为宏观层面的政治与其他灾难在许多方面都是令人恐惧和悲剧性的。相较他来说，我可能通过自己在那里担任援助工作者的女儿与先前的学生，特别是欧贝德·哈吉·阿里(Obeid

Hag Ali)、弗朗西斯·登以及穆罕默德·阿布·哈雷拉(Mohamed Abu Hareira,他在华威大学的博士导师是我),更紧密地追踪着20世纪70年代和80年代的事件。不过我在喀土穆的三年是"错误、徒劳且自我欺骗"的吗?错误?当时我对国家政治一无所知且很幼稚,隔绝于可靠的信息,相较于宏观政治,我更在意微观层面的关切。我通常会感到迷惑,但还没有到如我朋友所说的,我现在觉得自己受到欺骗的程度。徒劳?不——我不认为我在教学与友谊方面与学生的接触是徒劳的。我教授了许多东西,也学到了许多。我依旧认为在当时还有之后的一段时期内,《苏丹法律杂志与报告》以及苏丹法项目都是有价值的。无论宏观状况如何不乐观,这并不都是徒劳的。自我欺骗?只是在后来,我才意识到自己在许多层面缺乏理解的程度。在苏丹的时候,我总会经历文化冲击;我知道自己困惑不已,没有意识到许多正在发生的事情。教师需要理解他们正在谈论的事物:如果今天我要教授苏丹法律体系,我会用马苏德(Massoud)的书,而非埃贡·古特曼的文章;[33]但我对基本事实的理解是无误的,即便这些事实没有告诉我们苏丹法律实际上是怎样的。这是相当稀少的图书中的唯一一本法学书。通过我的法律报告活动以及关于专业方面的八卦和学生的传言,我在行动中的法律方面只得到了很少启发。但我尽了自己最大的努力。

我们对于自己在苏丹时期最深刻的印象就是友谊,这在之后长时间中都保持着,我拒绝将这种关系否定为欺骗。我不认为我的大部分轶事,特别是记录在我日记中的,都仅仅是自我欺骗,尽管他们向多种解释保持开放。我自认是一名"现实主义者",但人类无法承受太多现实。[34]

第6章 达累斯萨拉姆
（1961—1965年）

Hekima ni Uhuru（智慧即自由）

（达累斯萨拉姆大学校训）

导　　论

1961年5月，我作为达累斯萨拉姆大学学院（UCD）法学院的创始人之一，被任命为高级讲师。我从1961年9月开始履职，到1965年离开。如果说我在喀土穆作为学者的见习期的第一阶段主要和教学相关，在达累斯萨拉姆的第二阶段就和大学行政有关。第一年我们是在一个全新的机构中工作，它有3位法学教师，14位学生以及几位行政人员。这足够激动人心了，但坦桑尼亚在这一年的独立使得这种兴奋加倍。[1]

坦噶尼喀（后来的坦桑尼亚）在1960年实现了自治，在相当迅速且顺利的权力交接中，独立时间被安排在了1961年的12月。坦噶尼喀非洲民族联盟（Tanganyika African National Union, TANU）的领袖朱利叶斯·尼雷尔担任总理，接着在自治时期以及独立的第一年担任首席部长（First Minister），后来在1962年成立共和国时担任坦噶尼喀的首位总统。1964年,坦噶尼喀与桑给巴尔合并成为坦桑尼亚联合共和国。

尼雷尔作为首席部长,在1960年实施的最初的举措之一,就是宣布坦噶尼喀需要有自己的大学。1961年2月16日,立法委员会通过了《达累斯萨拉姆大学学院法案(临时委员会)条例》[The University College Dar es Salaam Act (Provisional Council) Ordinance]。3月或4月认命了首位校长。这就是克兰福德·普拉特,那位在1955年招待我前往麦克雷雷大学的加拿大政治科学家。他和首位教务长乔克·斯奈思(Jock Snaith)在7月开始工作。我教授完最后一学期课程,在9月从喀土穆前来。第一届学生在10月初到校,正好两个月后坦噶尼喀独立。在那时,教师聘任已经完毕,住宿也安排好了,学位规则已经起草,第一个学院(法学院)的课程设置也得到了批准。挑选自坦噶尼喀、乌干达和肯尼亚的14位学生在10月份来校,其中有一些人是从海外学习项目转来的。

法学院为何被选择为第一个学院有许多原因。丹宁勋爵(Lord Denning)在一个有关非洲学生法学教育的英国政府委员会担任主席,该委员会在1960年12月发布了报告。[2]这份报告激烈批评了将非洲学生送往律师公会去获得出庭律师资格的活动,并建议在一些非洲国家,将建立当地的法学教育机构作为紧急事项。这份报告特别建议,坦噶尼喀应当尽快设立法学院。对于尼雷尔来说,一个吸引他的地方是,法学是麦克雷雷大学或内罗比大学没有设立的主要学科之一,所以达累斯萨拉姆大学学院可以从头开始建设这门学科。殖民时期,法学教育的地位不高,一部分原因是法律被认为"与发展无关",另一部分原因则是法学学生与律师被视为潜在的麻

第6章 达累斯萨拉姆(1961—1965年)

烦制造者——他们在印度和西非的独立中发挥着重要作用。结果就是在独立时，坦噶尼喀只有两名非洲籍律师，肯尼亚和乌干达的律师数量也没有多出多少。还有一个因素就是法学在过去和现在都被视为一门廉价的学科，不需要实验室，不需要专门设备，也不需要特别场所。依照这种看法，法学需要的所有东西，就是一间教室、一块黑板和几支粉笔（以及需要时，一台带着模板的复印机）。其实，我们刚开始的许多努力都投入到建设优良的法学图书馆之中了，高等教育规划者往往低估了对于它的需求。大学学院先前并没有自己的办公场所，直到执政党坦噶尼喀非洲民族联盟同意把自己全新且尚未投入使用的党派总部租给大学学院委员会三年——这个举动象征着政府赋予教育高度优先性，以及与新上台的政治领导人之间的紧密关系。

一开始，我们的学生都在"特殊安排"下注册着伦敦大学的学位，这一安排已经在麦克雷雷大学与内罗毕大学得到实施。它有一些明显的优势：它从一开始就在事实上保证了国际承认，并且许多活动与规则能够照搬而非从零开始创设。它提供了一个框架，但允许在合理范围内讲授地方法。不过，达累斯萨拉姆大学学院有志于别具一格。这种想法的主要灵感源自首席部长朱利叶斯·尼雷尔。

创办一所大学是尼雷尔优先要办的事项之一。大学是国家意识的象征，是国家建设中的重要组成部分，尼雷尔坚定地认为，受过教育的精英应当会共享着他有关独立的坦噶尼喀的精神气质的看法。尼雷尔既是位社会主义者，也是位忠诚的平等主义者，但他承认受过良好教育的精英对于引领、管理和发展国家来说至关重要。他也是位学者和教师。他曾在爱丁堡学习,并且推崇苏格兰式大学传统;他相信卓越的学术研究、程度合理的学术自由以及尤为重要的教学和科研,与非洲的问题和需求直接相连。尼雷尔也阐述了一种法哲学,有人认为相较于社会主义立场而言其更具自由主义色彩。在达累斯萨拉姆大学学院落成典礼时,他说:

> 我相信,法律位列那些只有在其得到使用的环境下才能被有效研习的学科之列。目前来看,政府一直坚持,在英格兰取得律师资格的人士,在他们开始在坦噶尼喀律师行业执业之前,应当在他们回到坦噶尼喀后有一段时间接受再培训。尽管我们许多毕业生都觉得这个规定令人生厌且沮丧,但我认为它的背后有许多合理理由。不过当一切训练都在本国之内完成时,这些理由就不再适用了……我们正在完成一项赫拉克勒斯式的任务,就是构建一个统一、民主且自由的国度。我们国家哲学的一个重要组成部分,必然是颇为正直的法律职业,这个职业不仅了解法律的形式,还通晓作为我们社会根基的基础性哲学。换言之,我们的律师和我们的司法系统,必须不仅能够承认法律在我们的社会中是至高无上的,还要了解这些法律体现的哲学。在民主社会中,至关重要的是每个个体都相信国家的所有公民之间是彼此平等的,每个人都应当服从于法律。此外,最为重要的是,法律的实施应当是公正无私的。我们每个层次的司法系统都必须独立于国家的行政分支……[3]

对于达累斯萨拉姆大学学院以及法学院的指令很明确。大学

第6章 达累斯萨拉姆(1961—1965年)

应当追求国际标准下的卓越,追求传统(西方)学术上的法律价值,但它必须服务于国家建设,聚焦于非洲问题和境况,在其本土语境中研习法律。这并不是一些空话,而且尼雷尔是富有魅力的领袖。不可避免的是,随着时间推移,在精英主义和平等主义之间会出现紧张;在学术自由和在"向贫困、愚昧与疾病宣战"的语境下忠诚于国家意识形态之间会出现矛盾;在保卫安全和国家主权与自由主义法治理念之间会存在张力。在基于先前殖民地政权的高等教育传统上建设大学与发展真正的非洲教育制度之间一直存在矛盾。所有这些压力在一开始就有,并且不时浮现出来,但在早期,大学学院的创始人们拥有明确且鼓舞人心的指令。此外,尼雷尔的声名与魅力吸引了充满活力和敢于创新的人,他们可能在诸如麦克雷雷大学这样更为古板和传统的地方会感到不太舒服。几乎所有招聘入达累斯萨拉姆大学学院的学者都契合这所大学的目标与气质,都试图摆脱狭隘且形式化的法学教育。[4]尼雷尔对于独立、国家建设、语境中的法律、法治、学术自由、博雅教育以及卓越的强调,都非常吸引人,而且投身于一所全新的富有创新性的大学的创始阶段,是极为激动人心的。后来,当达累斯萨拉姆大学学院成为对尼雷尔的实用社会主义展开马克思主义批判的中心时,我如果还在,就会感到不那么舒服。实际上,1975年之后有一段时间,教师们尖锐地分裂为马克思主义者和其他人士,教师的人事变动非常迅速。

达累斯萨拉姆大学学院法学院的历史学家——一直有几位[5]——将这些早期岁月分类为"民族主义时期",言下之意就是当时没有明显的政治意识形态,这和接下来的《阿鲁沙宣言》(Arusha Declaration)[6]以及后来喧闹的马克思主义阶段、结构调整的阶段形成了鲜明对比。从强调独立、国家建构以及国家认同来说,这可能是一个合适的分类。但这不止于此。帕特里克·麦考斯兰(Patrick McAuslan)和我在1963—1964年被指派为法学起草一份在现在可以称为"宗旨说明"的东西,以便将法学纳入学校的简章之中。我们是这样写的:

> 达累斯萨拉姆法学院的课程设置、教学大纲安排以及教学方法设计中,唯一重要的考量是如下事实,即东非的法律人不仅仅需要成为有能力的法律技术人员。随着国家独立,许多困扰发展中国家的问题需要得到处理,在此过程中,社会的框架将会出现巨大改变。法律人在这些发展中发挥着关键作用,因为他们会肩负起将政治、经济以及科学领域中他们同事的原则与理念付诸实践的大量工作,并要确保因此而形成的系统公平且有效地运转。法学教育必须考虑这些事实,认识到要让学生了解自己未来的角色并为之做好准备。

> 因此,东非法律人的法学教育一定不仅仅包含着有关法律规则知识的累积——知道许多法律知识并不必然等同于成为一位优秀的法律人,尽管这是大部分法学教育所依赖的基础。优秀的法律人也应知晓法律于其中运作的社会,也了解法律改变社会或被社会改变的过程。因此,我们讲授的是东非今天的法律,但我们没有停留于此;我们将这些法律用作未来发展必须要加以考虑的坚实基础。我们希望以这种方式能够培养出透彻掌握法律技艺的法律人,这些技艺包括:如何在特定问题中

第6章 达累斯萨拉姆(1961—1965年)

找出所有相关的权威渊源,并以融贯的形态将之组织起来;如何阅读一个判例以便彻底地理解它;如何分析和解释一部制定法;以及如何在言谈和写作中阐明个人观点。但除了以上这些外,重要的是他们将会在东非司法管辖权的社会与经济背景下学习法律;并在为有关"东非法律将会怎样"作出有益贡献的讨论中处于有利地位。[7]

正是这份说明中的一些关键词,成为我们早期工作的核心主题:技术能力(technical competence)与地方法、地方语境、技艺(skills)、政策,以及政策的实际实施和充满争议的"发展"概念。[8] 回头来看,我们可能是幼稚的、理想化的而且太过匆忙了,但我认为我们可以说是尽了最大努力。我们在地方法律报告中搜寻东非案例,我们为地方法律记录设立了档案计划;我们优先准备地方教学素材并发展出地方法学文献。我们尽力对社会、政治和经济语境保持敏感:我们所教授的大部分法律都是引入的,但每个学说、每个制定法、每个案例或其他移植过来的东西都要加以批判性考察——它是否契合地方条件?

其实,在刚刚独立的那段时间,即便我们想要忽略语境,也不能够。在达累斯萨拉姆大学学院,有一门充满挑战且具批判意味的以发展为主题的"公共课":它是跨学科的,全校通选,有时校长自己会参与。我们的学生来自肯尼亚、乌干达、桑给巴尔和马拉维以及本地这个事实,使得我们的研究都具有比较意味和语境性。教学状况同样是动态变化的。没有教科书,以及我们正在讨论诸多国家与司法管辖区这个事实,还有令人激动却不知所措的政治氛围与迅猛的变化,都实际上使得法律无法作为一个抽象规则构成的静态体系而得到教授与学习。情境所迫,我们的研究是具有语境性、批判性以及比较性的,关心如何思考动态变迁中的问题与价值;教师与学生需要研究一手资料,而非依赖鼓励死记硬背干巴巴的事实与干瘪的规则的教科书。我们感到自己就是先驱,且是真正激进的。但回顾往事,伊萨·斯夫杰(Issa Shivji)是对的——甚至是最坚定的激进主义也有十分严重的局限,对于以传统为核心特征的法律而言,尤为如此。我们受到路径依赖的控制。我们必然会严重依靠英语二手文献——甚至50年后,达累斯萨拉姆的新课程也非常严重地依赖英国和美国的著作。

在接下来的4年中,为了讲授东非法,我一直非常忙碌地对之展开研究,还起草备忘录与规章,参访整个地区的中学以便宣传法学院,帮忙招聘教师并加入了法学院、学院以及大学层面的许多委员会。韦斯顿(A. B. Weston,被称为AB)休假时(总共大约18个月),我就是执行院长。此外,最初的三位教师都参与了同建筑师讨论建筑事项(包括帮助设计教职员工的住房),讨论假期的用途、长袍、考核方法、法律记录以及法律改革。认识到革新的需求,我们作出了许多偏离传统的调整与提议,但回头去看,许多这些观点看起来相当普通和微不足道。我参加的大部分活动都与学术生活的日常有关。它们的文件记录都非常详尽,如果它们有趣的话,这主要是对专业人员来说如此。因此,与其试图加以全面论述,倒不如我只是概述一些轶事,让这种枯燥的学术行政事务生动起来。

第6章 达累斯萨拉姆(1961—1965年)

人　事

A. B. 韦斯顿

我们的第一次学院会议于1961年的5月或6月,在伦敦的罗素广场公园的一个长凳上召开。三位创始人——韦斯顿、帕特里克·麦考斯兰和我——正处于反抗自己的英国法学教育阶段。韦斯顿来自澳大利亚,在牛津求学两年后,前往加拿大,在加拿大他已经因其非正统的观点而知名。帕特里克·麦考斯兰也在牛津待过,但服兵役期间有一段时间在尼日利亚。在芝加哥的一年以及在喀土穆的三年,几乎已经治愈了我的"牛津病"。因此,就是这三位牛津毕业生,坐在伦敦的公园里,为一个我们都还未亲眼见到的新大学设计第一套课程。这是典型的"新殖民主义"场景——不过我们认为自己都是激进主义者。

不到半个小时,我们就草拟好了这个世界上最伟大的课程表——或许这是达累斯萨拉姆法学院有史以来最短的一次会议?我们的对话接下来就陷入了中断。为了填补空白,我恭敬地询问新院长:"您在研究什么?"他回答:"我在写一本有关约翰·奥斯丁(那位19世纪的法学家)的著作。"这就略微有些尴尬且相当令人不安,因为奥斯丁代表着我——以及达累斯萨拉姆大学学院——应当反对的一切,但我想还是站在院长这边比较好。"写到什么程度了?"我问。"明天早上正要开始写呢",韦斯顿说。

18个月后,韦斯顿休假,他在地中海里驾驶着自己的快艇时,和一艘甚至更大的快艇相撞了。损伤不算太大,两位船长包扎好后一起喝了一杯。韦斯顿问,"你是做什么的?""我是作家",小说家利昂·乌里斯(Leon Uris)说。可本应该对此有更多了解的韦斯顿问,"你写了什么?"利昂·乌里斯对于韦斯顿不认识他的名字感到震惊:"哦,圈钱作品啦",从《出埃及记》(*Exodus*)和其他巨著中赚了几百万的乌里斯说道。

"你现在写的这本进度如何?"韦斯顿问。
"嗯,我只写到 250 页",乌里斯回答,"你是做什么的?"
"我也写作",韦斯顿说。
"你写什么?"
"我正在写一部有关法学家约翰·奥斯丁的著作",韦斯顿回答。
乌里斯大笑:"这不会挣太多钱。你写了多少了?"
"我明天早上正要开始写呢",韦斯顿说。
地中海的其他区域也重复着这句话。

这是 A. B. 韦斯顿给自己描绘的诸多传奇之一。[9] 但即便这些故事很奇幻,它们也把握住了韦斯顿的某些性格特征:他是位探险家,富有魅力,不走寻常路,乐观活泼,非常聪明,有感召力,而且是个出众的语言学家。此外,他没有把自己太当回事。他曾是澳大利亚空军飞行员,我清楚地记得,当我们三人代表达累斯萨拉姆大学学院去麦克雷雷参加东非大学的会议时,他试图霸占一架在北部地区上空颠簸的单引擎飞机的控制权。在这场旅途中我们活下来了,但是会议却迟到了，在会议上几乎其他每个人都身着领带和西装，可我们却像穿着旅行衣的三个牛仔。

韦斯顿作为院长以极大热情启动了一些工作，但剩下的则要由我们来完成。

学生

第一届14位学生来自4个国家（其中包括桑给巴尔）。[10]第二届学生数量是第一届的两倍，同样有来自马拉维的学生。他们构成东非第一代接受当地教育的法律人。他们都是受过良好教育的精英，来自这个区域优秀的中学，他们的英语很棒，非常积极。毫不奇怪的是他们大部分人升入了法律与公共生活的重要位置。我想，他们当中有一位总理、一位首席大法官、一位马拉维的总统，以及许多法官、检察官和一些重要学者。作为老师，我们很了解他们，并且之后和他们当中的许多人保持联系。研究最初三四位官员后续的职业生涯，以及他们在各自国家和国际上的表现，会让本书妙趣横生。

比如，朱莉·曼宁（Julie Manning）是第一届14位学生中唯一的女生。她是2011年大学50周年校庆中获得表彰的6人之一。对她的赞词是这么说的：

> 作为当时唯一的女大学生［其他人会说这是男性"群狼"当中唯一的女性］，如果不提及她为了在激流中活下来是如何处理和应对的，那她的教育职业生涯故事就是不完整的！[11]

她曾在行政长官办公室工作，然后搬到检察总长办公室担任议会法案起草者。在1973年，她被任命为第一位女性最高法院法官（代理），但在1975年她被提名为议会议员，并且先后担任司法部部长、坦桑尼亚驻渥太华高级专员公署的全权公使、国家选举委员会成员、法律改革委员会委员长、假释裁决委员会主席等。毫不奇怪的是，她是第一位也常常是唯一一位担任这些职务的女性。索亚·门斯契科夫作为一名法律人，被称为"一切事物的第一位女性"。这个名称也同样适合于朱莉·曼宁，尽管她们的性格非常不同——朱莉安静、沉默且高效。在庆典中，学校宣布一栋学生住宿公寓被命名为朱莉·曼宁公寓。[12]

她许多同学的职业也同样可圈可点。

同事

帕特里克·麦考斯兰对于达累斯萨拉姆大学学院在学术上与政治上既忠诚又投入。[13]他也是不知疲倦的，促使斯瓦希里语中出现了一个新的动词——KuMcAuslan。斯瓦希里语是一种极富发明性的语言，在它使用前缀的时候尤为如此："*mhuru*"指的是一个自由的人；"*kihuru*"说的是自由的语言；"*acha*"或"*weka huru*"（使自由，解放），"*uhuru*"指的是自由（独立）这个概念。学生喜欢给所有教职工起斯瓦希里语的昵称：比如，吉姆·里德（Jim Reid）被合适地称为"Bwana Twiga"（指的是长颈鹿先生）；其他人的就不是那么具有赞美意味了；我从来不知道自己的昵称。不过我的确知道学生们发明了"KuMcAuslan"（也即"去做麦考斯兰"）这个词，指的是把自己关在房间里，聚精会神的工作72小时没有休息。如

第6章 达累斯萨拉姆(1961—1965年)

果他们把这个词扩展为"UMcAuslan"（麦考斯兰的本质），它蕴含的意思就是在长时间内无休止的聚精会神的工作。帕特里克和我在华威大学又继续做了10年关系紧密的同事并且保持着彼此的友谊，直到他在2013年去世。

我们聘请的第一位本地人是来自乌干达的P. J. 恩坎博·穆格瓦（P. J. Nkambo Mugerwa）。他刚从剑桥毕业，不过与在达累斯萨拉姆的牛津人不同，他并没有反抗自己的法学教育。显然，他对我们"激进"的方法感到不安，但我们相处得很好。他声称发现了瑞典，是已知的前去那里的第一位乌干达人。在达累斯萨拉姆后不久，他被任命为乌干达的副检察总长，之后又成为检察总长。在伊迪·阿明（Idi Amin）掌权后，他依旧在位。他度过了一个困难且危险的时期，直到平静地退休，退休后开始务农和私人执业。一些同事成为朋友，并且他们在之后很长时间内保持着紧密联系。吉姆·里德在东方与非洲研究学院（School of Oriental and African Studies, SOAS，位于伦敦）中成为非洲法研究的核心，并因其广交朋友的能力而闻名。索尔·皮乔托（Sol Picciotto）与我一样，曾在布雷齐诺斯学院和芝加哥学习法律。他参与了达累斯萨拉姆大学学院的政治活动，并帮助设计了整个达累斯萨拉姆大学学院群体都想要选修的有关"发展"的跨学科课程。和麦考斯兰一样，他成为华威大学法学院创始人之一。亚什·哥亥（Yash Ghai）是肯尼亚人，牛津毕业生。1963年我被派往哈佛去招聘他。他作为法学院核心成员在1971年之前一直都在达累斯萨拉姆，期间担任教授并在非常困难的时期担任院长。亚什至今仍是我的密友，其职业生涯熠熠生辉，他是公共律师和宪法顾问，许多后独立时期宪法的设计师，以及肯尼亚宪法审查委员会主席(2000—2002年)。他将会在华威再次发挥重要作用。[14]

访客

如果说20世纪50年代的喀土穆要比阿伯丁更为中心,那么1961—1965年的达累斯萨拉姆就要比喀土穆更加中心。除了中东人更少而美国人更多外,它的访客类型与在喀土穆现身的访客别无二致。这正是美国发现"非洲"的时期;但坦桑尼亚本身也是吸引捐赠者、不产生实际效益的学者、不可信任的销售员、政治家、记者以及其他游客的地方。它还吸引了来自更遥远的南部的政治逃亡者:莫桑比克解放阵线党(Mozambique Liberation Front, FRELIMO)在达累斯萨拉姆成立,并由爱德华多·蒙德拉内(Eduardo Mondlane)领导,他常常出现在校园中;特里·兰杰(Terry Ranger)被从南罗德西亚驱逐出来,在1963年成为历史学教授,并且在非洲开创了口述史;[15] 赫伯特·契特波(Herbert Chitepo)是杰出的律师,离开马拉维后处于逃亡中;还有在我离开后,激进的历史学家沃尔特·罗德尼(Walter Rodney),他的《欧洲如何使非洲欠发达》(*How Europe Underdeveloped Africa*, 1972)成为反殖民主义的经典著作。[16]

和在其他语境中一样,当一个地方变得有人光顾,美国人在数量上就占据了优势。我们本来会有被他们吞噬的危险,但只有为数不多的美国人停留了足够久的时间,想要产生长期影响。刚好在我们意识到——或许就是因为这个场合——在这种语境下就连半正式的高桌晚宴制度都是极为不合适的之前,有一晚我们和国际法院法官菲利普·C. 杰赛普(Philip C. Jessup)、美国联邦最高法院大法官瑟古德·马歇尔(Thurgood Marshal)、后来成为加州大学洛杉矶分校法学院的院长默里·施瓦茨(Murray Schwartz)以及许多不太有名的学者、外交官与政客坐在一起。那晚非常有趣,非常令人兴奋,让我觉得不错——但是它在象征意义上并不合适,且会像其他任何观光旅游的例子一样逐渐黯淡。高桌晚宴不再,但伴随着它的共同体的氛围(communitas)却从未被取代。

意义不明的符号象征

长袍:一种有关什么的象征?

达累斯萨拉姆大学学院的第一次争论,并不是明显和新殖民主义、意识形态、"发展"的含义抑或讲授法律的不同方法有关。它与长袍相关。这场争论持续了很久。[17] 简单来说,这个故事是这样的:所有的创始人都决定创办一所适合当地需求与愿望的不同以往的大学,与在坎帕拉和内罗比的精英主义、传统主义的兄弟院校有明显的不同。这种抱负的第一个试验场就集中在学术长袍上。在学者们到来前,高级管理人员曾问:长袍的颜色应当是什么?什么颜色能够清晰地让我们的学生同麦克雷雷大学(在坎帕拉,红色)和内罗毕大学(蓝色)的学生区分开?他们决定是橘黄色——类似于佛教僧侣的长袍——并且订购了五十件。当第一批学者前来后,身着长袍这个想法立刻就受到了挑战——但原因是多种多样的。第一个反对意见来自一位实用主义的英国人(猜猜他是谁?):"达累斯萨拉姆的气候要比坎帕拉和内罗毕热很多——长袍不适于我们的语境。"行政人员让步了，提出长袍应当在讲座与就餐（而非高桌晚宴）时是可选穿的。一位美国教授反对说："长袍不过是过时了的英国习惯——就像假发、细条纹西装、卷好的雨伞以及高桌晚宴一样。没有一个美国学生会在死后身着长袍——所以为什么要把这个施加在非洲？"接下来的反对意见来自一位丹麦的经济学教授："长袍恰恰象征着那种我们坚定反对的新殖民主义和精英主义。它们在政治上不正确。"一位坦桑尼亚高级行政官被这些争吵的侨民逗乐了，指出五颜六色的庆典和服饰是非洲传统的重要组成部分，没有长袍的学位授予仪式会让人觉得非常另类。最后，实用主义胜过了气候学、传统、意识形态和当地习俗。行政官说："我们从公共基金中已经拨款付账了50套长袍，如果我们不用的话，就会是一桩丑闻。"学术委员会达成了一个典型的英国式妥协："长袍仅应在正式和节日场合穿着。"

在一份风趣的备忘录中，经济学家埃里克·斯文森（Eric Svendsen）把握住了这场争论的精髓：

66   在这更宏观的框架中，长袍可能被认为是件小事。但我不同意。在我看来，长袍容易强化学生与社会中其他成员之间的距离。它们所创设出来的归属感，不是归属于整个社会并投身于改变和发展社会的社会活动，而是归属于一群受过高等教育的人们，他们的特权与独特条件在任何意义上都是非常不同于其他年轻人的，以至于不应当再次得到强化。

并且我担心长袍会导致像与之类似的一些不是在非洲土地上生长和成熟起来,而是来自其他地方的举止与行为……

最后,相较于听到他人提出这一点来作为反对我有关长袍立场的准论据,我愿意自己提出这一点——我是一名没有长袍的丹麦大学毕业生。我认为我们源自不同系列的传统是件幸事,即便我需要把古老的丹麦神话故事颠倒过来,① 让没有长袍的学生向头戴假发的国王指出这一切。[18]

这并非故事的结局。当第一届学生到来后,他们对加入一所真正的大学感到极为自豪,他们开心地接受了自己的长袍,只要有机会就穿上它,包括当他们去蹦迪或购物的时候。行政人员禁止如此——这是太过招摇的精英主义。不久之后,坦噶尼喀青年团以绿色衬衫作为一种制服,并且宣布坦桑尼亚学生应当在合适场合穿着。这里的合适场合被解释为包括讲座、购物、看电影、蹦迪以及游行。坦桑尼亚的学生服从照做,但觉得这个制服并非首选。与此同时,对教学人员而言,领带、西装和短裤成为了禁忌。

坦噶尼喀非洲民族联盟大楼,1961—1963 年:民族自豪还是政治附庸?

达累斯萨拉姆大学学院的第一个家就是坦噶尼喀非洲民族联盟大楼,这是执政党崭新的总部。[19] 这个事实本身在现在和过去都

---

① 显然这便是安徒生童话中著名的《皇帝的新装》。

有可能成为一种意义不明的象征：在事实上是一党执政的国家中，一所左翼大学从一开始就在政党的羽翼下——悲观嘲讽者会说，坦噶尼喀非洲民族联盟缺少经费，而无家可归、匆忙筹划的大学真是好骗；抑或它象征着坦噶尼喀人将高度优先性和自豪赋予了拥有自己的大学这件事——理想主义者会如此称赞，认为这是基于信仰的行动；又或者这是一个偶然的概率问题，实用主义者如是说——当大学寻找暂时的场所时，这栋大楼正好空着。作出你自己的选择吧。

这所大楼的选址和设计也充满象征意味。它的正面朝着姆纳济泥熔岩——这是一片开阔地带，独立前一些最重要的集会在这里举行。背面靠着卡里奥考（Kariokoo）——一个典型的非洲棚户区，满是瓦楞铁皮和锈迹斑斑的油罐屋顶，比马戈梅尼和其他"非洲"地区稍高一些。多元种族主义和非种族主义在殖民时期的自吹自擂，没有掩盖住事实上的分区制度——这栋大楼地处界限分明的一个非洲地区，它在正面远眺着的，主要是达累斯萨拉姆的亚洲商业区。坦噶尼喀非洲民族联盟大楼尽管称不上是摩天大楼，甚至都不是高层建筑，但它时尚又整洁，从破旧的周遭房屋和商业建筑中脱颖而出，在各个方向都能一览无余。在大楼的正面，我们正好会看到达累斯萨拉姆港口俯瞰着阿卡恰大道的商店与办公楼；在北边，人们可以看到"非洲区"、房屋、小商店，就在6英里外的观测山的卡里奥卡市场，这里是它的永久驻地——我们好奇的是谁会观测谁？紧靠大学学院后墙的是风月场所一条街中的第一家——这条街是达累斯萨拉姆最经典的红灯区之一——屋顶上的窥望者看下来，会看到水手、许多当地人以及不常见的游客在讨价还价，或许会期

第6章 达累斯萨拉姆(1961—1965年)

待瞥见一位学生,甚至是不谨慎的同事偷偷溜进去。悲观嘲讽者会说,这对学生来说是多么方便啊;道学家会说,太令人震惊了;批评者会说,把这个地方总结一下吧。

坦噶尼喀非洲民族联盟大楼被证明是非常实用的办公大楼——缺少合适的教室,但以之作为学院起点是非常方便的。第二年,法学院从这里搬到了阿卡恰大道上的一家老旧的德国银行大厦中,学生和员工都在抱怨。讲座课就在没有窗户的保险库里,天花板很低,整个空间闷热难耐、密不透风,每个人都尽可能地不在这里待着。对比之下,坦噶尼喀非洲民族联盟大楼凉爽、宽敞而且雅致,搬进去后,很快它就像我们的家一样,以至于我们几乎没有意识到,每周四晚上在非洲港口红灯区边上的社会主义党派顶楼,身穿礼服、举止优雅、品着红酒地举行高桌晚宴,有多么不协调。

建筑与精英主义

观测山距离达累斯萨拉姆市中心有6英里。政府提供给达累斯萨拉姆大学学院的土地有850英亩,位于海拔105英尺到350英尺不等的两个山脊之上。它俯瞰着这座城市与海洋,大部分地方能够感受到凉爽的微风和更为猛烈的劲风。这片土地的规划立刻被启动了。自命为专研热带大学和飞机场的诺曼(Norman)和道巴恩(Dawbarn)被任命为建筑师。他们的任务是设计一所包括教学、行政、图书馆、学生宿舍、员工住宿等在内的设备齐全的校园,并监督其第一阶段的工程,同时尽可能地使用本地材料与本地工匠。毫不夸张地说,这所校园非常完美。第一阶段在1964年竣工,及时迎接了第四届的学生,也即第一届艺术、社会科学以及科学专业的学生的入学——这是个值得称赞的成就。

"只是飞机场的名字变了",卡尔维诺如是说。① 这对现代校园建筑来说也大致如此。建筑师和规划者需要平衡功能性与经济性,卓越而不张扬。结果就是可以被立刻识别为一所现代大学。在经济方面的妥协体现在:几乎没有安装空调,物料使用方面以及将大部分学生安置在高层建筑中——可以理解这是不受欢迎的。我非常喜欢跟着建筑师在这片非常棒的选址上走来走去——当时它依旧是一片荒地(据说在周围有一只母狮子)——参加各种各样的规划委员会,帮助设计第一批员工住所,我或许太过热情了——第一批中就包括我们的,有最好的选址,非常令人开心。后来的就不那么让人羡慕了。

我觉得这项活动非常有意思。建筑都配得上这块出色的地方,最终结果不错,但在建筑外观方面没有别具一格。不过有一个例外。有一天,伊斯玛仪派(Ismailis)领袖阿迦·卡恩(Aga Khan)要求和校长克兰·普拉特会面。在会面中,他隐隐提到想要在这块地方捐资设立一个不属于任何教派的清真寺。这令人尴尬,因为大学应当在何种程度上世俗化是有争议的——这是受伦敦大学学院的影响。小清真寺的想法就被拒绝了。于是克兰对他表示感谢,但却闪烁其词。阿迦·卡恩表明,不管怎样他会请自己的设计师做一些初步的草图。"自己的建筑师"就是沃尔特·格罗皮厄斯(Walter

---

① 这句话来自本书中特文宁一再引用的卡尔维诺的《看不见的城市》。卡尔维诺在这部书中描述了一个叫作特鲁德的城市,他写道:世界被唯一一个特鲁德覆盖着,这个城市无始无终,只是飞机场的名字在变化。这意味着我们虽然选择了一条自以为不一样的道路,但一切都没有改变。

Gropius)。一座格罗皮厄斯式清真寺被适时地修建了起来,一位神父和其他各种宗教要人得到了任命。大学的批评者仍然认为它具有鲜明的精英主义特征——当然,按照当地标准,这是事实。

学 术 事 务

第一堂课

整所大学的第一课是我讲授的。这个故事稍稍有些学生气,但它表明我们并没有一刻不停地认为"自己在创造历史"——至少我们当中一些人没有这样。韦斯顿忙着给图书馆订购书籍,正在向大使和高级专员公署提出请求,这是他坚持要个人完成的任务。他坚定地要建成"非洲最好的法学图书馆"——他依旧在谈及"非洲",好像这是一个地点一样。由于他压力似乎有些大,我就提出在周二为他代课。只是在后来我们才意识到这是整所大学历史上的第一堂课。

第一堂课只是《法律导论》这门课的开头——并不是一次真正的讲座课——就是14位学生和我彼此认识一下。这堂课没有记录。不过,不久之后有关于另一堂课的影片。不用说,第一学期最初的几周有非常多眼花缭乱的活动——开学典礼,摄影记者以及公共关系活动。一家加拿大电视台的摄制组人员要过来为大学的前几周课程拍摄影片,请求获允进入我的课堂。我同意了,条件是他们不会打断课堂教学。尽管我不得不登上讲台三次,重复开始我的讲授四次或五次,我却非常开心。但不幸的是,这堂课——一半讲座,一半讨论——的主题作为传达我们以不同方式教授法律时想要做什么来说,实在是不能更不合适了。它的主题是"权利"概念的霍菲尔德式分析——我依旧认为这是一个重要的议题,但却与我们试图摆脱的那种枯燥、抽象的分析方法联系在一起。我从没看过这部电视影片,但仍有源自它的一张照片出现在一些福特基金会的出版物中,照片上的我坐在研讨班桌子上方,有第一届的14位学生,非常规范的分析框架清晰地呈现在我身后的黑板上。韦斯顿可能是唯一一个注意到这张照片的人,在好长一段时间内他都用这个取笑我(特别是因为我一直对他钟情的另一位分析法学家,也即约翰·奥斯丁,粗鲁无礼),但他总会补充说:"至少你不是在讲座。"值得注意的是,我当时正穿着牛津大学硕士学位长袍,打着领带。

习俗与习惯法

在喀土穆和达累斯萨拉姆,我都试着研究和讲授"习惯法"与习俗,其中既包括被承认为国家法的一部分的数量有限的一些习惯法,也包括仍然极具重要性(在农村地区尤为如此)的更为广泛的传统习俗。做到这一点非常难。在这两个地区,有关这一主题,都有社会人类学家写就的一些不错的著作。[20] 但它们都是地方性的、片段式的,没有对国家法和习俗的互动提出太多洞见。更重要的是,存在着有关习俗和习惯法的概念问题,以及有关如何描述和说明它们的方法论难题。特别是,习惯法是否和人们所认为的现代国家法一样是由规则构成的?

我在达累斯萨拉姆时,肯尼亚和坦桑尼亚政府都在尝试在国家制度内调适习惯法,都给予习惯法更为重要的地位,并试图掌控它。在肯尼亚,非洲法重述计划(基于伦敦大学东方与非洲学院)

第6章 达累斯萨拉姆（1961—1965年）

试图以类似于法典的形式，记录和"重述"特定民族（"部落"）中被选定的法律分支；在乌干达，这种政策不太明确，但多年以来的趋势是在国家制度中同化或取代习俗与习惯法。一些乌干达学生对习俗非常傲慢。在坦桑尼亚——更为激进——他们要求汉斯·克里（Hans Cory）"统一"一百多个民族的习惯法。克里是越南人，二十多岁的时候来到坦噶尼喀的一处剑麻庄园工作。他说自己曾参加过弗洛伊德的课程，但他从没获得过学位。不过，他深深吸引着当地人，写了大量关于他们的习俗、宗教以及活动的笔记。几年过后，他花在真正田野工作上的时间，要比大部分人类学家有机会去做的多很多，不过他是自学成才，方法很原始，但很多年来，他收集了大量素材。最后，克里出版了两部有关苏库马人和哈亚人的法律与习俗的著作，以及一部有关非洲小雕像的作品。[21] 在殖民时期，他受雇为政府的人类学家，当政府的政策遭遇对抗时，其来为官员提供有关当地习俗和公共意见的建议。

政府的人类学家被普遍认为是殖民间谍，但在独立后，朱利叶斯·尼雷尔聘请克里来试图统一习惯法，其方式就是制定一部法典，结合或调和所谓的120个不同民族的彼此有别的价值。这一举动的动机是政治性的：统一法律是构建统一国家的一部分。其手段则充满争议，主要有两个原因。首先，人们对于大量规则的一致性程度或公共共识程度存在疑虑；比如，彩礼是否应当成为有效婚姻的条件，通奸是否应当作为犯罪和民事不法行为而受到处罚，以及继承规则。其次，习惯法的"法典化"既会给一般来说非常具有弹性的一系列规则施加人为的严格性，又会将源于通常以和解为结果的纠纷过程中的习俗转变为包含着程序语境激烈转变的西方司法裁判的"全有"或"全无"形态。如一位司法部长所说:"走出殖民地法庭的人们是仇敌,结束非洲司法程序的人们是朋友。"[22]

我了解克里的计划和相关争议,就邀请他就此主题给我们第一届学生上一次研讨课。我向学生们介绍了相关争议,他们中有一些人,特别是乌干达学生,对于习惯法的统一和法典化非常有敌意。克里从越南沿袭了一派日耳曼教授先生的形象:他的智慧被他的学生们毫无疑问地接受。但当他的演讲结束后,面对尖锐的提问,他感到很不快。他争辩说,非洲习惯法的一般性原则实际上是统一的,差异微不足道,当他走遍全国召开"*barazas*"——公众集会——来讨论自己的草案时,没有遇到什么困难就获得了共识并得到了接受。学生们并不相信,有一刻双方的意见交换变得言辞激烈起来。突然克里开始按照可识别的韵律鼓点敲击桌子;很快学生们就加入进来,每个人都跟着拍子敲击。"看吧,"他似乎是说,"获得共识很简单。"

这个统一计划建立在农村习俗几乎都是一样的这个可质疑的假定之上,同时显然包含着不可靠的方法。1963年我造访芝加哥时,这趟旅程由有关"东非国家法律体系中习惯法的地位"的三次公开讲座资助,在讲座中我对肯尼亚和坦桑尼亚的方法持有非常批判性的态度。[23]主要的理由就是将习惯法"规则"从其传统中运作的社会过程语境中剥离出来,极大地改变了这些"规则"的形式与实质。这些过程几乎不涉及纯粹的第三方裁判这种形式。菲利普·格列佛(Philip Gulliver)惊讶地发现在坦桑尼亚北部的阿鲁沙,判决结果很少符合明确规定的规则。当他回到英格兰后,他意识到这个发现并没有如他所想的那么令人惊讶或具有原创性,因为英格

第6章 达累斯萨拉姆(1961—1965年)

兰的人身伤害诉讼的结果也很少符合《萨尔蒙德论侵权法》中阐述的规则。

在东非,有一个得到公认的政策困境:地方法院在缺乏有关地方习俗的可靠信息时,如何能够适用它?万一地方法官并非本地人会如何?[24] 可是将地方习俗还原为成文的类似于法典的形态,就改变了它们的属性。人们如何阐述、援引、使用或解释规则,取决于语境。我们可以假定一个民族的"习俗"是完整的,抑或是一个融贯体系的一部分吗?比如,在东非一个众所周知的轶事,就和一位研究者在观察一个沿海群体的诉讼过程时的幼稚反应有关,这个群体通常会诉诸两套确立已久的规范:一套(并不总是令人信服地)声称植根于传统,另一套声称植根于宗教,主要是伊斯兰教或基督教。[25] 在这个群体针对诸如缔结婚姻、财产继承以及家庭纠纷等事务的裁判过程中,典型的情形是一方(以及他或她的支持者)会援引"传统"规范,另一方则诉诸宗教规范。裁判结果与规范存在一定联系,但不存在明显的词典优先性或规范规则选择模式。① 通常会出现和解。当被问及这个群体为何不通过确定哪套规范具有优先性抑或将这两套规范整合为单一融贯的法典来简化其社会生活时,解释者充满了惊讶:"如果我们只有一套规则,我们怎么能够生活下去?"如我在贝尔法斯特大学的一位学生所说,这位观察者的问题给人感觉似乎是在问:"在赛季开始之前,他们为什么不去确定哪一个球队是最棒

---

① 词典优先性(lexical priority),指的是编写字典时,在某个字母开头的词收录完毕后才开始收录另一个字母开头的词,这常被用来比喻我们在不同方案中作出选择时遵循的次序。罗尔斯在《正义论》中论述正义的两个原则时,提出自由原则相较于差异原则具有"词典优先性",也即当自由原则得到充分保证后才考虑何种条件下社会资源应当向该社会中最小受益者倾斜。

的?"近来的人类学研究表明,类似的现象非常广泛。[26]

在埃塞俄比亚,我了解到勒内·达维德(René David)教授一方面根据地方立法来"调适"《法国民法典》,但另一方面却主张他"讨厌习惯法"并想要废除它(这怎么可能?)。[27] 一些学者开始提出,"习惯法"主要是一种发明,是殖民地统治者和当地领袖在追求各自利益时通过彼此之间的互动与沟通创造的,而非长久以来确立的传统。[28] 这和我的观点非常契合,但使得这个主题更加难以讲授。这些经历也让我懂得,将"法律"等同于国家或国内法是非常狭隘的,在东非的国家中尤为如此。这是法学家为何要认真对待"非国家法"概念的一个原因。[29]

后来,这些非洲的事例让我更深入地探讨非常具有影响力的美国法律重述,据称非洲法律重述就以此为范本。实际上,两者的语境相当不同。我的结论是美国版的法律重述是一种司法领域的准立法,旨在绕过国家立法机关,产生出一套实际上的"美国私法"。这种法学家团队的产物能够具有影响力,一部分原因是"重述"在法院中作为有说服力的权威得到援引,但或许更重要的原因是精英法学院和倡导者们将之用作在拟制意义上统一的"美国法"的一个渊源,但事实却是在宪法意义上私法主要是 51 个半自治州的事务。这种法律设定希望在美国保持普通法的统一性;精英法学院渴望且实际成为了全国而非地方性机构,其基础则是充满争议的一种法学杂糅——实体法构成的虚拟体(a virtual body)。[30]

法学教育中的连续性与变迁

在达累斯萨拉姆的时光让我涉足了许多和法学教育政策有关

的议题,强化了我对此问题的兴趣。有关长袍的争议就是许多故事中的一个,它们表明摆脱国外模式是多么艰难。在像一所大学这样的机构中,我们可以在长袍这样的边缘问题上作出调整,但基本的机构、态度、惯例性实践以及根深蒂固的传统就更加难以改变,甚至都更加难以进行调整以便符合当地情况。对于教授法律来说,亦复如是。达累斯萨拉姆大学学院和伦敦大学的关系特殊,第一届法学毕业生攻读的是伦敦大学的法学学士学位。身处伦敦的权威们,虽然坚守伦敦大学的"标准",但在其内容方面却令人惊讶地具有弹性。他们积极地鼓励我们,只要可行,就讲授东非的法律体系、宪法以及法律,我们非常努力地这样做。但问题在于方式方法。比如,我们有一门关于东非宪法和法律体系的课程——在1961—1963年,肯尼亚、乌干达和坦噶尼喀都拥有了新宪法,都处于商讨和改革它们法院体系的时期,有时它们的改革方式是极为不同的。在我到这里的第二年,我又教授侵权法——但是在只有少量已经报告的案例且没有书本的情况下,如何讲授东非的侵权法呢?[31] 即便在今天,我们如何有细节、有深度地讲授有关侵权行为的习惯法?这些是客观存在——在某种程度上也是持续存在——的问题。我们尽了自己最大的努力,并且在一些方面,我们是明知不可为而为之。

收集当地材料的任务可不轻松,与习惯法有关的尤为如此,处在刚刚独立后的时期这个事实,让这项任务变得更为复杂,但人们谈论起来,好像一切唾手可得一样。[32] 实际上,我们要比自己所意识到的更加容易受到路径依赖的影响。对我们而言,核心问题是:在剧烈变化的时期,缺乏二手文献,我们如何能够合理地讲授东非法律?我们似乎面临着两个主要的选项:其一,筹备基础性的当地教材与教辅,以便学生能够有一些可靠的信息去学习;或者其二,讲授东非法律的问题,牺牲掉对技术化细节的覆盖,批判性地聚焦于现有的国家法律体系与独立前夕和独立后的余波中的各个国家的环境与需求的适切性。

73　　在尼日利亚,地方各个法学院[它们在吉姆·高尔(Jim Gower)的领导下,于同一时期创立]对于有关尼日利亚法律内容的基本解释性作品与概述的写作赋予高度优先性。但在达累斯萨拉姆,我们采取了一种不同的策略。我们使用英语教科书和案例集,[33] 地方材料则作为补充。当法院体现出独特的地方性要素时,我们就强调这些材料。有时人们会认为,我们遵循的是美国的判例与素材模式,而非英国的教科书模式。这在一定程度上无误:和美国法学教师一样,我们强调一手材料;我们不太关注课程的覆盖度,我们试图通过研讨和讲座一同推进课程——在我们第一届14位学生中做这一点并不难。不过客观环境决定了我们的方法有如下独特之处:首先,它需要是比较性的,因为我们正在讨论的,是我们学生所来自的5个不同的国家;其次,从殖民统治过渡以及伴随而来的改变的压力,与缺乏充足的文献彼此相连,迫使我们采纳一种历史的方法——无论从哪个角度来说,这都与帕特里克和我志趣相合;[34] 最后,由于我们主要讨论的是引进的法律观点、制度以及教义,它们与新语境之间的适切性一直都是一个问题——我们不得不具有语境性。在我们共同讲授的课程中,帕特里克·麦考斯兰讲授宪法,我讲授法院体系以及一些习惯法。我们系统地梳理了当地的法律报告、法律汇编、官方报告以及有关公共论辩的新闻报道,以补充几乎没有的二手文献。

又是路径依赖：西方的学年

作为一名老师，很早开始我就一直对学生如何利用时间——在一个日历年度中他们打算投入到学习中的时间数量——感到烦恼。在牛津，节日和假期之间有明确区分。合理数量的假期要投入到学术工作中，我们通过学期初的检测或"考试"（collections），来检验这一点。在喀土穆我意识到学生在家的生活条件不允许他们在假期有太多时间学习，可是学期的长度和英国的地方性大学又大致相同。这是植根于大学结构当中的。我们尝试鼓励阅读以及针对地方习俗的结果各异的调研。在喀土穆，我退而求其次，支持学位从四年制改为五年制，以便减轻课程压力，减少退学率（在这方面，这个措施很有效）。苏丹的法学毕业生没有实习期和律师资格考试，相较于大部分西方国家的律师，他们能够在更年轻的岁数执业。为什么学生一年的学习时间不到30周？[35] 在达累斯萨拉姆大学学院，我的观点遇到了强烈反对。但是，我的确获得了一些资助，使已经得到法学院录取的学生能够在和法律相关的机构中安顿下来，在离开中学和进入大学之间的六个月空隙中进行一些初步的阅读。

最后，达累斯萨拉姆大学学院的学生得到的是一个三年制的法学学士学位，以及一年职业训练［基于高尔（Gower）模式］的承诺。学生在学术方面应对得当，退学率要比喀土穆大学低。规则中明确，肯尼亚和乌干达的学生要在他们自己国家完成一年的职业训练，但是在达累斯萨拉姆，什么实质性的东西都没有实现。这是个糟糕的错误，但在某种程度上由于以下事实而稍有弥补，即几乎所有坦桑尼亚的法学毕业生都要参与公共服务，所以他们没有马上进入社会(the public)。他们获得了一些在职培训,但不足以达到他们所需要的程度。直到一些年后,韦斯顿回到坦桑尼亚,奉命建立起毕业后的培训项目。

肯尼亚法学教育委员会(KCLE)

我在1962—1965年是肯尼亚法学教育委员会(Kenya Council of Legal Education)成员。这个委员会是掌管一切和肯尼亚律师职业准入相关事务的法定组织,由首席大法官任主席。它包括另一位法官,以及作为当然成员(*ex officio*)的检察总长、四位肯尼亚法律协会的代表和一名法学教师。这是一个高度政治性的组织,处理诸如承认外国法学学位等非常技术化的事务。有三个问题是不断出现的:首先,所有法律协会的代表都通过学徒制而获得资质(我想,在爱尔兰有两种学徒制)。他们对法学深有疑虑。其次,这个委员会是一个法定组织,这些代表并没有构成多数,他们主张法律职业的传统权威。最后,他们都是肯尼亚白人,对一切坦桑尼亚的事务,包括达累斯萨拉姆大学学院在内,都持有怀疑态度,他们认为这所大学是社会主义的温床。他们坚信肯尼亚应当拥有自己的法学院,它建立在学徒制之上,所有肯尼亚人都应当通过该制度获得资质。我还怀疑他们有潜在的种族主义立场,这总体来说被隐藏得挺好。

在所有这些问题中,我可能都是只有一票的少数派[并且除了检察总长查尔斯·恩琼乔(Charles Njonjo),我的年龄是其他所有成员岁数的一半]。可我有一张王牌:我非常了解英国、美国以及非洲的达累斯萨拉姆和其他地区的法学教育。法律协会的成员很

第6章 达累斯萨拉姆(1961—1965年)

无知：他们从没听说过丹宁委员会、吉姆·高尔抑或加纳的发展。当我提出应当对哈佛大学的法学学位给予某种承认时，一位事务律师评论道："美国的犯罪率是对哈佛法学院的充分评价。"[36]这不经意间呼应了当霍姆斯向哈罗德·拉斯基（Harold Laski）建议，英格兰的法学教育可以向哈佛学习时，据说后者对霍姆斯也是如此的失言/失态。不过他可能没有听说过霍姆斯或拉斯基。

我很快就明白如何用智谋对付他们——不是炫耀我自己的学识，而是强调可行性：当已经有许多肯尼亚人在国外，包括在达累斯萨拉姆和莫斯科，学习法律时，学徒制怎么能够成为在肯尼亚获得律师资格的唯一途径呢？这就需要对这类人规定获得学位后的实习。尤其是肯尼亚需要一个安全网来检验律师资质，因为从承认的目的来说，在英格兰、苏格兰、爱尔兰、苏联、澳大利亚、印度和美国的法学学位之间作出区分是不可能的。肯尼亚政府已经承诺会承认达累斯萨拉姆大学学院的学位，但它的毕业生在此基础上需要至少六个月的实务培训。没有人仔细考虑过学徒制的条件和成本，也没有人仔细思考过一所地方性法学院的图书馆或其他需求。关键问题在于，这是律师行业还是政府出钱？加纳提出了一种可能的方案，澳大利亚是另一种，诸如此类等。慢慢地，如果说我没有获得他们的同意，我也赢得了他们的尊重，并且我通常会受到当然成员的支持，特别是首席大法官约翰·安利爵士（Sir John Ainley），他的权力要比决定票的权力还大。最终，一所肯尼亚法学院建立起来，它包括学徒制体系，以及为具有资质的海外学生设立的全日制转换课程的规定。不过斗争并没有停止。当肯尼亚法学院的首位校长得到任命后，他曾有举动让我按照他的心意辞职——因为在这个委员会中只有一个席位留给法学教师。在首席大法官的支持下，我展开了激烈的斗争，并且获胜了——理由好像是，委员会是校长的雇主，所以他不应当成为有表决权的成员，但可以受邀参会。

我非常享受自己在委员会的时光。这个相当具有地方性和神秘气质的组织，让我在政治事务以及法学教育和培训的人际关系中得到很有帮助的训练。甚至自此以后，我担任了专业法学教育者的角色，对于法学教育及其在其他地区发展的了解，要比任何当地从业者能够被合理期待意识到的还多（参见第16章）。

分　　别

回头去看，我觉得几乎不可避免的是，自己会比预料的更早离开达累斯萨拉姆。当我们开始做一件事情的时候，我们甚至对中期的前景都没有太多思考，但这一定是暂时的。尽管我出生在这里也成长于此，但我依旧是一个侨民，只是没有自己情感上的故乡罢了。我原本希望在达累斯萨拉姆待上五六年，但机缘使然。两段主要的经历让我决定寻找别的地方，而第三段经历决定了我该去往何处。

首先，卡尔·卢埃林在1962年2月猝然长逝。不久之后我收到了这个消息。从那时起，我的主要学术关注点就投入在他和他的学说上。从学术角度来看，我仿佛抛弃了非洲。实际上，这主要是机缘使然。我原本没有打算写关于卢埃林的著作，但一篇简短的讣告成为了一篇文章，它引导我在芝加哥整理卢埃林的论文，而这使得撰写一部关于他的著作变得不可避免。下一章我会讲述这个故事。

其次,我不得不作出职业选择。1960年我在牛津的逗留让我作出不去申请那里的导师职位的决定。但接下来我该去哪里,又做些什么呢? 1964年9月,我独自一人待在乞力马扎罗山的山坡上,仔细斟酌,为未来做打算。标记着"基博峰(Kibo)"的文件令人不安地显示出我的困惑和犹疑,但它也表明了我继续学者之路的明确承诺。约吉·贝拉(Yogi Berra)说:"当你走到岔路口时,走下去就好了。"1964年在基博峰,我将非洲和法理学关联或混合在一起:我思忖着"完成"一部有关非洲法理学的重磅作品["在有关卢埃林的著作之后?(哈!)"],[37]我后续并没有跟进它,但真正的问题在于我的学术规划。这之后不久,我就勉勉强强地接受了法理学,而非成为一名非洲研究者,抑或更具学术气质的行政人员(在非洲其他地区有正出现的可能的院长职位),又或是其他可能的活动家。更准确地说,我决心投入到卢埃林身上,将这个计划作为学术写作方面的第一次见习来完成。[38]可是我该在哪里做这个工作呢? 英国从来都不是我的"故乡"。在耶鲁大学待一年似乎是最好的机会。达累斯萨拉姆大学学院和耶鲁大学的联系很多,这意味着一种可能性。于是,我接受了邀请,1965—1966学年将在纽黑文度过。

最后,令人意外的是,我接着收到了申请贝尔法斯特女王大学法理学讲席的邀请。人家发出邀请,我便接受了。这几乎完全就是奇缘。我会在我再次与美国相逢后的那章讲述这段故事。

可是我为何会如此迅速和坚决地放弃非洲? 佩内洛普是这样解释的:在苏丹,我不仅全身心地投入到教学和大学事务,还参与了课外的实践活动——编辑法律报告,筹建档案,写作有关苏丹法包括苏丹法律体系未来的东西(这已经非常具有政治性了)。在达累斯萨拉姆,我投入到大学和法学院之中,但由于我的背景以及担心被攻击为殖民主义者,我有意地——在她看来是过度地——保持着低姿态。[39] 所以和亚什·哥亥与帕特里克·麦考斯兰不同,我并没有针对诸如一党执政的国家以及预防性拘留等有争议的公共议题写作著述。她的说法是有道理的,但我的原因更为复杂。首先,尽管我在苏丹和达累斯萨拉姆发表的几乎所有作品都和当地法律议题有关,我的阅读和思考的关注点却在别处——比如,我在1958—1959年的读书札记主要是关于法理学的(偶尔与教学相关),几乎压根儿与地方法没有关系。更重要的是,我并没有一个长期或中期的研究计划。这并不是那时学术文化的一部分。作为一名学者,我是自学成才的(没有任何研究方面的训练),我的大部分著作和发表都基于活动家的关切。1965年我离开非洲后,我继续着活动家的事务——海外考试,来自非洲的研究生,英联邦法学教育协会项目(档案、机会、技能以及法律意识)(第16章),以及后来有关法学教育和法学院的咨询与报告撰写。我没有将这些事务视为学术性活动。

我也将自己这个时期在非洲的教学视为暂时的。现在我知道自己是位侨民——这把我界定为一个英国人;东非不是我的家乡。但我从来没有想过放弃坦桑尼亚的公民身份。我们的一部分使命是训导他人选择这一身份。在喀土穆和达累斯萨拉姆,我们在大部分时间里都是不安定的。在一次长假中,我离开苏丹在牛津讲课,以便决定是否申请导师职位。在1963—1964年,我先是花了3个月,接着又是用了半年去芝加哥研究卢埃林。在1964年,我正想着离开达累斯萨拉姆。在女王大学的机会出现前,我主要的选择似乎是南安普顿的讲师职位或是拉各斯的教席。这里也有迫切的家庭原因：1965年的时候，卡伦6岁，彼得（Peter）4岁，没有几年就要发愁他们的教育问题，我们不想把他们当作殖民地儿童，打发他们去寄宿学校。在学术方面，我有一个相当严格的标准：反对那些仅仅一两年后就声称自己是速成专家的美国人，我认为要想成为一位严肃的"非洲研究者"，我们需要生活在非洲，否则就会在1个月内丧失和非洲的联系。这是一种极致的纯粹主义，仿佛严肃的学术工作主要取决于地方上的传闻。或许更重要的是如下这个事实：在我作为学者的最初7年里，我还没有时间展开任何持续的研究。

后　　续

1965年的3月或4月，我离开了达累斯萨拉姆，先在耶鲁大学度过了6个月，主要在研究卢埃林，接着就到了贝尔法斯特——在这里我一直待到1972年4月1日，即我接着前往华威的时候，那里有一所全新的法学院，在构想上与达累斯萨拉姆大学学院类似，并且实际上有一点儿像前达累斯萨拉姆大学学院职工的养老院——麦考斯兰和皮乔托当时已经在那里了，其他一些人［特别是亚什·哥亥和阿卜杜尔·帕里瓦拉（Abdul Paliwala）］之前就在华威或之后在达累斯萨拉姆大学学院工作过一段时间。至此之后，我的学术生涯就非常类似于20世纪末学者的学术生涯，它有很多值得记述的东西，但大多都可以在我发表的作品中找到。不过我一直和东非与苏丹保持着联系，并且主要是通过海外考试、咨询、法律记录研究以及一些公开讲座，我将有关非洲的经验拓展到博茨瓦纳、莱索托、斯威士兰、加纳和尼日利亚。我们的女儿卡伦毕业后在肯尼亚度过了"间隔年",她迷上了非洲,在苏丹、卢旺达和肯尼亚主要作为援助工作者生活了 15 年。即便她在英格兰工作,也依旧关切着非洲。所以我们都与非洲保持着断断续续的联系。

第7章 重逢卢埃林：美国间奏曲（芝加哥1963—1964年，耶鲁1965年，费城1971年）

芝加哥（二）：1963年春

自我离开芝加哥后，卢埃林寄给我的一本《普通法传统》(*The Common Law Tradition*, 1960)，几乎成为我与他仅有的直接联系。书上有他典型的慷慨题赠。索亚·门斯契科夫后来寄给我他去世后出版的文集《法理学：理论与实践中的现实主义》(*Jurisprudence—Realism in theory and Practice*, 1962)，也有美好的题赠。总体来说，我忙于在新兴的独立国家中建设大学，按照地方条件对普通法的办事方式加以调适，在授课前做一些准备。但在此时，卢埃林就正在深刻地影响着我的方法，不仅是教授法理学的方式，也与更一般的在社会、政治以及经济语境中思考法律相关。有一段经历例证了这种影响。在牛津，哈特首先激发了我对法理学的兴趣，并让我领略了当时盛行的分析哲学方法。在芝加哥的一年修正却并未削弱我对哈特方法的青睐。当哈特《法律的概念》在

1961年出版时，我意识到这是一部重要著作，但与许多人不同，我没有为之倾倒。我记得在1961年12月，我花了一整晚的时间和一位来自牛津的访客［伊恩·布朗利（Ian Brownlie）］激烈地展开讨论。他断言，很明显自此以后哈特这本书会成为一切严肃法理学讨论的起点。我不记得我争论的具体内容了，但回过头来看，我的观点显然一定是卢埃林式的。不幸的是，他最终被证明是正确的，这本被哈特后来称为"糟糕之作"的书使许多人为之着迷，在50年后依旧如此。[1] 无论这是否是一个顿悟的时刻，它都表明我对两位法理学导师的态度中隐含着一种紧张：有可能同时成为哈特和卢埃林的忠实信徒吗？在《卡尔·卢埃林与现实主义运动》一书的"后记"中，我论述了这个问题。[2]

卡尔·卢埃林在1962年2月13日突然离世。我很快就在达累斯萨拉姆收到了这个消息。在1985年，我是这样来叙述下一个阶段的：

> 可能是在达累斯萨拉姆的一个海滩，我听闻了卡尔·卢埃林离去的消息。很有可能在同一个海滩上，我们和已故的沃尔夫冈·弗里德曼曾一起玩飞盘，他来到这里讲授法律与经济发展……与早年间一直是英国现实主义革命——如果英格兰确实经历了某种可以如此描述的运动的话——先驱的那个弗里德曼是同一个人。

> 这是1962年的2月。在这段岁月中，学术讯息传播得很快，因为这是美国，事实上是西方，对非洲最感兴趣的时刻……

第 7 章 重逢卢埃林：美国间奏曲

这是短暂的新殖民主义蜜月期。这是一个苏格兰哲学家基于"喀土穆要比阿伯丁更加中心"这个理由，来为自己前往苏丹提供正当性辩护的时代。几乎每周我们都会至少款待一位从美国前来的挥金如土的客人，他正记录着里程，购买着当地的雕刻，兜售着美国的法学教育，并在沿途散播着传闻。

我因卢埃林的消息而心烦意乱。我认为他是给人启迪的明师；我喜爱他，我知道他的早逝意味着他永远都不会完成对自己最具一般性的理论的最终表述。当时，我只是将他视为诸多我从他们身上学到许多东西的老师之一。但随着我在东非仔细回想他有关法学的观点的意涵，卢埃林对我的影响就不断增强。在一种并不接受碳酸烟球的社会语境中，不，是气候中，对于正试图理解普通法古怪的非现实性的年轻侨民而言，卢埃林的观点要比其他大多数法学家的立场得到更多的共鸣。

身为英国侨民，我自然订阅了［伦敦］《泰晤士报》的空邮版。在《泰晤士报》显然没有留意卢埃林去世时，我迅速草拟好一份讣告并投递出去。没过太久，我收到一份简短的拒稿信，言下之意是《泰晤士报》的读者对鲜为人知的美国法学家并不感兴趣。我已经非常了解当时英国教科书中对美国现实主义的夸张讽刺与轻蔑批判。愤怒中，我决定通过撰写有关卢埃林的文章来唤起英国读者对他的兴趣。我希望引用他有关"我们社会中的法律"的海量不过有些晦涩的课程资料，但对版权细节保持着绅士性的关心，于是就写信给卢埃林的遗孀，索亚·门斯契科夫，请求惠允引用它们。她以无与伦比的速度几乎立刻回复了我，她说我应当前往芝加哥去查阅"一两份尚未发表的手稿"。她说她会安排这一切的。于是在1963年，我就从达累斯萨拉姆动身前往芝加哥，差旅费来自我有关东非习惯法的一系列讲座，这是扶手椅中的法律人类学的一个近切的例证。[3]

以上源自1985年的论述基本是准确的。轻浮和稍有讽刺的口吻意在表明记忆的不可靠与"现实主义"的晦涩，并向"后现代主义"点头致意，后者当时刚刚流行起来。

再遇文化冲击

在毕业后将近5年的1963年4月，我重抵芝加哥。我碰到的第一个人恰恰不是索亚·门斯契科夫，反而又是亚伦·迪雷克托——这近乎噩梦般地让我想起芝加哥大学与达累斯萨拉姆大学学院之间的差异。在达累斯萨拉姆，我们都是尼雷尔忠诚的支持者。可我一回到美国，我就屈服于芝加哥式的质疑中：坦噶尼喀要比独立前更富有吗？政府一心一意谋发展吗？它的政策合理吗？尼雷尔在冷战中的立场是什么？当我们已经体验到更好的美国法学教育模式后，为何还要实施英国式的法学教育？在抵达芝加哥的第二天，我的不安达到了顶点。这就是与亚伦·迪雷克托的另一次交锋。

为了获得访学经费，我在新兴国家计划（New Nations Program）中有几次演讲。这个计划由丹尼斯·考恩（Denis Cowen）主持，他是开普敦法学院的前任院长，是个不折不扣的法学家。我从达累斯萨拉姆途经欧洲抵达芝加哥，还在倒时差，就赶去迪雷克托有关

"非洲的法律与经济发展"的讲座。这场演讲以我熟悉的那种表述开始:"经济发展只能够在自由市场条件下实现,我认为这是自明之理。"[4] 接着他根据这个前提,构建了一个严格的抽象且理论化的分析。我知道迪雷克托讨厌旅行,从未去过非洲。我身陷倒时差的困倦与文化冲击的夹击之中。我正在昏昏欲睡时,丹尼斯·考恩悄悄走到我身旁,小声说他希望我对此有所回应。提问时间到了,我犹豫地站起身说道:"我没有前往迪雷克托先生所谈到的所有国家,但我可以肯定,我因亲历而熟悉的新近独立的非洲国家中,没有一个曾经或有可能将会接受他的基本前提。"对此,他轻蔑地回应道:"我在讨论经济学,不是政治。"

这是对意识形态的经典否认。我认为自己在这次交锋中获胜,尤其是因为他的回复。不过我也动摇了,因为我开始意识到,在达累斯萨拉姆我们是如此认同自己的工作,以至于我们从未质疑自己的前提假设。芝加哥语境中我在交谈时需要面对的一些问题,在达累斯萨拉姆一直都是政治不正确的。我开始琢磨,自己是不是也被洗脑了。这些经历没有让我彻底改变自己的观点或认同,但也迫使我去思考自己立场的正当性理由。这是一种让人清醒的经历。

卡尔·卢埃林的论文

我迫在眉睫的任务就是如索亚·门斯契科夫所说,查明"一两份尚未发表的手稿"。1962年2月13日晚,卢埃林突然且意外离世。这是开学时间,他第二天早上要去讲一门课。他的逝世让许多人都感到震惊。我认为索亚受到了巨大创伤。14个月后,当卢埃林办公室钥匙被交到我手里时,我得知他去世后,还没有人去过他的办公室，就连清洁员也没有。办公室的确就是他离开时的模样，除了有一层薄薄的芝加哥黑色灰尘覆盖着桌子上的一切。如果说这是一座圣殿，那我的举动就更像是盗墓贼而非考古学家或犯罪现场的警官。直到事物的方位被记录下来，我才试着把它们归位。不过，我的确注意到（黄色便签本的）最上面的一张纸上是以英语和德语写就的手写诗。[5] 我仔细翻查桌面、抽屉以及一个文件柜中的文件，最后我找到正在寻找的东西——未发表作品的两三份草稿，以及一些记录下来的讲座手稿。我把它们带给索亚，言下之意是我的任务完成了。她说卢埃林在他们位于金巴克大道4920号的家中有一间书房，我应该也去那里探察一下。那里有更多的文件，包括几套教学资料。当我向她汇报工作完毕后，她说她认为还有一个壁橱，里面有更多的资料。的确如此。这时，我意识到索亚在一步步地引导我，而我则以一步步前进作为回应。我计划当我独自在这所屋子时，会从地下室到阁楼都细细翻查一遍。果然，地下室中有更多箱子，其中至少有一个没有打开过的茶叶箱，写着"从纽黑文通过铁路运送到纽约"。卢埃林在1924年从耶鲁大学来到哥伦比亚大学。我在这所屋子里逐步摸索着，有条不紊地展开搜寻，而且相对来说不受任何约束，就像是一位专业的窃贼。我发现了更多收纳资料的地方。我走上阁楼，阁楼的门开着，探出来一个身材矮小的老太太的脑袋。我们双方都吓了一跳。她看起来很害怕。我不知道这里有人，但意识到这可能是索亚的母亲。她在1916年从俄国来到这里，不懂（或者是自称不懂）英文。我不懂俄语。我所能做的就是重复"索亚，索亚，索亚"。她没有向我开枪。

我是一位失意落魄的档案保管员（第2章）。我没有受过训练，

第7章 重逢卢埃林：美国间奏曲

但一直在苏丹和坦桑尼亚参与法律记录的保存项目，所以没有花费太多力气，我就被说服去试着整理卢埃林的论文。芝加哥大学法学院资助这个项目，以返还卢埃林的办公室作为交换。[6] 接下来的两年中（1963—1965年）我时断时续地负责着这项任务，并由雷蒙德·埃林伍德（Raymond Ellinwood，卢埃林先前的学生）、多利·德雷斯安德（Dori Dressander，先前的秘书）和我的妻子佩内洛普协助。我没想咨询大学的图书管理员或负责档案的人，他们可能就不会许可这项计划的想法，更别提我们粗糙的方法了。不过至少这项任务完成了。

挖掘检索一个人的论文，特别是那些还不规整的断章残篇，是了解他的最好途径之一。相较于在1957—1958年与卢埃林的直接接触，以及采访甚或对于他的著作的偶然阅读，从这项工作中我对他的了解要更多。当然，这无法取代细致的阅读，但却是深入他内心的一个极具启发的方式。刚完成这项工作不久，我是这样尝试回忆1965年的这段经历的：

> 材料之多令人沮丧。七个大文件柜，塞得满满当当，甚至在清理掉不相关的、重复的以及"这种玩意儿不是文学"的东西后，也没有空间有序地存放这些物件。最初占用的空间是现在的三四倍，极为凌乱。小档案袋是有序的，就像地质层一样出现在不同时期，它们留存下来成为勇敢的秘书将之加以体系化的艰难尝试的证据，但其结果多半是就连这些东西也被一个"喧闹鬼"（poltergeist）搞乱，它微妙的错置乱放有时与天才无异。

如果不能准确把握卢埃林的性格,就无法整理这些论文。他总是充满活力,有时很有支配性,很容易就把人引诱得脱离了传统的法学路径。我承认自己陷得很深,以至于有时我对法学家卢埃林的研究,成为对卢埃林这个人的探寻。在早期,这几乎是不可避免的。文件的无序本身就揭示且产生出突显他人格特质某些方面的并列。在未发表的德语手稿或对《统一商法典》某一节的评论旁摊开的,就是一份有关在律师协会讨论该法典未能满足公共需求的讲座的新闻剪报,或者是一首未写完的诗,又或是一封信的草稿,这封信可能从未寄出,其中他大声抨击一位知名法学家的某些未经确证的白痴行为。

这种并列使得卢埃林更广为人知的一面变得可信:他多才多艺、精神旺盛、喧哗吵闹、"无所不能",是法学院中的"本韦努托·切利尼"(Benvenuto Cellini)。① 他性情多变,产生奇闻异事的速度和他产生观点的速度一样快。有关于他和上级发生激烈冲突的故事;有对着盛开的玉兰花演奏狂想曲耽误了《统一商法典》起草的故事;有他的听众从不会忘记他的演讲的故事。最知名的是他在德国军队中的冒险故事,他在那里获得了铁十字勋章。这个故事有几个相互矛盾的版本,而通常对这一经历保持沉默的卢埃林让两个版本流行起来——一个读起来好像是军旅传奇,另一个倾向于在仿效英雄主义——这个事实并没有使得拼凑一个真实的描述变得更为容易。[7]

---

① 本韦努托·切利尼(1500—1571年)是意大利文艺复兴时期的金匠、画家、雕塑家、战士和音乐家,他的一生充满传奇色彩,有多次死里逃生的经历。

芝加哥（三）：1964年1月至6月

我和家人回到芝加哥生活了6个月，从1964年1月到6月。我靠讲授一门内容相当广泛的有关"非洲法律的问题"的课程维持生计，不过我的大部分时间都和优秀的团队投入到卢埃林论文计划中。我们几乎完成了这项计划，其中还包括一份详细的编目，我着手起草有关这些论文的一部非常热情欢快的小书。[8] 这本书在1965年由芝加哥大学法学院出版，不过菲利普·库尔兰和其他一两位同事看不上它。实际上，尽管芝加哥的同事们都对我很礼貌（这对芝加哥而言可非比寻常），但我却感到一些人对这项计划有所保留。在当时的美国法学院，思想传记几乎还不为人所知，[9] 有一两位资深的学者温和地指出，这种工作不会推进我的学术生涯；其他人则似乎是在问"为什么是卢埃林？"——有时这会带着隐含式的结尾："为什么不是我？"曾和卢埃林一同就《统一商法典》工作过的艾利森·邓纳姆（Alison Dunham）和格兰特·吉尔摩（Grant Gilmore）对起草工作的政治问题三缄其口；但其他人，包括马克斯·莱因施泰因、马尔科姆·夏普以及格哈德·卡斯珀（Gerhard Casper）都非常支持。不过，关键人物当然是索亚。

附记：索亚·门斯契科夫·卢埃林

此时我需要停下来回忆一下卢埃林的第三任妻子与遗孀，索亚·门斯契科夫·卢埃林，她在《卡尔·卢埃林与现实主义运动》

中几乎不突出,且当时主要与《统一商法典》相关,这对那本书来说可能是合适的。[10] 但索亚不仅非凡出众,而且是现在这个故事的一位核心人物:她邀请我到芝加哥来翻阅卢埃林的论文;她解决了资助问题;她引导我整理它们;在写作有关卢埃林的著作时,她是主要的信息源和参照点;她在卢埃林去世后做了许多工作来保留对他的记忆,相当重要的是,她当时是迈阿密大学法学院院长(1974—1982年),并且是卢埃林的一本书的共同作者,此书脱胎于他自己有关"原理"这门课的资料。[11] 我的妻子和她成为亲密无间的朋友。索亚对待我就像对待一个有些任性的儿子一样——这个儿子精神饱满,但会有一些自己的古怪想法。

索亚·门斯契科夫配得上至少一部完完整整的传记,但可惜至今没有一部完成。先介绍基本事实吧:她在1915年生于莫斯科;1918年在纽约定居;1934年获得亨特学院文学学士学位;1937年在哥伦比亚大学法学院获得法学学士学位;①1937—1947年在纽约私人执业[自1994年起与斯彭思(Spence)、霍奇基斯(Hotchkiss)、帕克(Parker)和杜里(Duyree)成为合伙人];担任《统一商法典》起草委员会副主席;[12]1947年与卢埃林结婚;1947—1949年在哈佛大学(担任访问教授);1951—1974年在芝加哥大学(任专业讲师,之后在1962年担任教授);[13]1974—1982年在迈阿密大学法学院(自1967年起担任访问教授,之后担任院长);1984年去世。

---

① 在和作者的交流中,他指出当时美国所有的法学第一学位都是法学学士(LL.B.)。后来,在芝加哥大学的倡导下,许多大学允许拥有法学学士学位的学生在满足特定条件下,可以转换学位。作者说自己没有发现门斯契科夫曾转换过学位。这一点类似于今天美国许多法学院中攻读法学硕士学位(LL.M.)的学生在满足一定条件后,可以转换为法律博士学位(JD.)。

第7章 重逢卢埃林：美国间奏曲

她的公共形象是很夸张的。富兰克林·齐姆林（Franklin Zimring）称她为"一切事物的第一位女性"：[14]尤为值得称道的是，她是第一位在哈佛大学法学院授课的女性；她是美国一家重要律所的第一位女性合伙人；她是美国法学院协会第一位女性主席；她是被列为美国联邦最高法院候选人的第一位女性。[15]在迈阿密，她被称为"女沙皇"和"白雪公主"，她带来"七位小矮人"，主要是芝加哥大学法学院和哈佛大学的年轻毕业生，按照她自己的想法——抑或她对卡尔·卢埃林想法的理解，改造迈阿密大学。她颇具说服力，令人振奋，乾纲独断，意志坚强，而且风趣。她是位杰出的实务律师，是无与伦比的筹划者。她总是被称为"法学中的艺术家"，不过她几乎不写什么东西。[16]1971年，她被《麦卡尔斯》（*McCall's*）杂志评为对美国社会最有贡献的50位女性之一。① 但她拒绝被贴上女性主义者的标签。

她令人敬畏且精明强干，她善于察言观色，并且能够非常有影响力——有人会将此表述为有说服力或令人信服，其他人则会认为她善于摆布别人抑或盛气凌人。据说她最喜欢的格言之一是："在任何交易中，当你按下按钮，你最好知道谁会在那边死去——因为如果你不知道，死的可能就是你。"[17]爱慕她的卢埃林据说是这样来介绍作为发言者的她的："不过你们应该听说过索亚，我的女孩儿能够掌舵领航。"迈阿密的一位同事据称曾这么说："她总是为讨论设定议程，这样一来她就不会输……你需要一直提防她。她可以一边笑着一边生吞活剥了你。"[18]

---

① 本书英文原文误作"*McCalls*"。该杂志是20世纪知名美国女性时尚杂志，在2002年停刊。

当然，我对索亚有不同的看法。作为学生，我对她的第一印象是一位身材高挑、威严、灰白头发的女性，柔声细语，不苟言笑。我很难跟得上她的课程，这既是因为她的嗓音非常低沉，也是因为她的讲授假定了商业背景知识，这是我所匮乏的。卢埃林一家举办的聚会非常不错，在1957—1958年我们前去他们家几次。佩内洛普说她没有着装品位。我没有将她视为法学院的主导人物，对于她传奇般的名声基本一无所知。

后来，特别是在我完成《卡尔·卢埃林与现实主义运动》这本书后，我们成为了一家人。我看到她作为孝顺的女儿的一面，以及作为放松自在的女主人和亲密朋友的一面。许多人将她视为俄国大地母亲。她和她母亲会定期拜访俄国东正教教堂，在一次值得纪念的复活节，我们和他们一同前往。"托亚（Toia）妈妈"让她女儿用俄语和她说话。在爱尔兰，我们和她一起散步，除此之外，我们更多地是跟随而非和她一起散步。索亚渴望重访俄国——自她离开后就从未回去过，卢埃林先前曾担心她会被苏联人逮捕。有一年在她位于科勒尔盖布斯的家中，我们围着一幅俄罗斯地图坐在地板上，计划好了一次盛大的巡游。对于旅行，索亚有非常雄伟的想法，包括从列宁格勒坐车前往塔什干。当我指出这里没有通火车时，她掏出一支铅笔，在地图上画了一条线："现在就有了"，她说。在某种程度上，这代表了索亚。她去世前确实去俄国旅行过，但我们极为遗憾的是未能与她同行。

我喜爱并尊敬索亚。可是会有一个困难——我不得不面对传记作者的如下难题：传记主人公的遗孀尚在人世——既要在专业方面保持客观，又要确保她的合作。她是我打过交道的两位最令人生畏

第7章 重逢卢埃林：美国间奏曲

的女性之一——另一位就是我的母亲。我是如何应对的？首先，她喜欢我而且相信我，让我去完成传记。其次，她没有非常认真地对待档案（抑或历史与传记）。如果我没有介入，她本有可能将卢埃林大部分的论文扔掉。她将这些论文视为"遗迹"，认为我沉迷于此很可笑。再次，她的确尊重我的独立性。她意识到我认同卢埃林，但是我需要对之自由地加以批判，并且重要的是这本书不应当仅仅是部传记。最后，她通常看起来是漠不关心或缺乏兴趣的。她会面对面回答我的问题，几乎从不通过写信的方式；她会对可以联系的人提出一些建议，但她非常不愿意阅读书稿；我怀疑她从未通读全书——当然，她从未对书有过评论，我也没有问过她。我的感受是，在某种重要的意义上，她不想知道这本书的内容。有一段时间，她因卢埃林的离世而极为悲痛，后来她看起来不再想停留在过去。要不是距离，这一切都不是问题。我在芝加哥整理论文和收集资料，但我也会去纽约、纽黑文、费城、明尼阿波利斯、新墨西哥和加利福尼亚展开研究。几乎所有的写作都是在远离芝加哥和科勒尔盖布斯的地方完成的，先是1965年在纽黑文，接着是1965—1971年间在北爱尔兰。这段时间中，我只是在短途旅行中一年看望索亚一两次。此外，我身处写作一部严肃学术作品的压力之下：主要是因为我的承诺，我得到了贝尔法斯特的一个教席，这部作品将是证明我自己的方式。

因此，和索亚打交道反而不如我所面对的问题令我忧虑恐惧。就我被视为太过忠诚的门徒来说，人们无需指责索亚的影响。[19]不过这却有个例外——《统一商法典》的故事。[20]我不是商业律师，商业意识也非常稀薄——索亚曾经对我说，我永远都无法理解信用经济。她和我一样急切地想要把有关《统一商法典》的章节写好。一天，在我问完她一些表明我正在和法典记录纠缠的问题后，她摇摇头，实际上说道："我不懂你为什么要操心这些文件；所有影响法典的重要决定都是在电话上作出的——我在电话的这头儿，坐在那头儿的人现在已经死了。"[21] 我知道这部法典的制定一直以来都有争议，在编纂团队内部以及批准与通过环节都是如此，但我无从核对。我急切地想要听到各个角度的故事，但常常不能如愿。索亚正确地指出，文件并不能为意见分歧提供太多信息，而且一些主要的当事人都去世了。其他关键人物，比如比尔·施纳德（Bill Schnader）、霍默·克里普克（Homer Kripke）和沃尔特·D. 马尔科姆（Walter D. Malcolm）都在我拜访之前谢世或无法取得联系。当我采访其他两位，即格兰特·吉摩尔和艾利森·邓纳姆时，作为芝加哥大学的同事，他们都对意见分歧三缄其口。到了1970—1971年，我一直未能获得有关法典团队内部冲突的足够详细的重要素材，于是我作出两个决定：首先，我会坦率地呈现出卢埃林-门斯契科夫有关这些事件的看法；其次，趁着记忆还清晰且仍有当事人健在，我试图推动一项有关法典制定和通过的口述史项目。在《卡尔·卢埃林与现实主义运动》的第9章和第10章的尾注中，我试图通过重复提及我的主要资料来源是"参见索亚·门斯契科夫·卢埃林"来表明，我正在记叙的是索亚版本的事件。后来在罗伯特·萨默斯（Robert Summers）教授的帮助下，我尝试激发起有关《统一商法典》历史与政治的兴趣，并且在一处脚注中，我敦促健在的参与者记录下他们有关这个项目的记忆。[22] 就我所知，这些努力失败了。[23] 现在已经太迟了，因为几乎所有当事人事实上都已经去世了。如果有足够的关于他们的文献留存下来，就可能将它们组建成另一个故事。商业律师对这个话题没有什么兴趣,甚至直到今天都有人告诉我,有关这部法典制定的一般历史缺乏充分的研究。[24]

写作《卡尔·卢埃林与现实主义运动》: 1963—1973 年

一旦沉浸在整理卢埃林的论文中,我撰写一部有关他的著作或许就没什么稀奇的。我打定主意,这本书不应当是为偶像立传。它会是一部学术性思想传记,聚焦特定作品,并将之置于卢埃林的生活与思想氛围的语境当中。

一直以来,卡尔·卢埃林对我的思考具有最重要的学术影响,关于他我已经发表了超过一千页的作品。这里我不会尝试对它们加以概述:《卡尔·卢埃林论文集》(*The Karl Llewellyn Papers*, KLP, 1968)就是在 1963—1965 年我帮助保存和整理的文集。它现在位于芝加哥大学的特藏馆。在布鲁塞尔大学的佩雷尔曼研究所,有不完整的"少量收藏"。《卡尔·卢埃林和现实主义运动》(KLRM, 1973)详细论述了卢埃林的生平与著作,其语境是从大概 1900 年开始到卢埃林去世的 1962 年间,美国精英法学院的发展。新版(2012 年出版,重印了原文内容,没有修订)具有实质内容的"后记",讲述了我和卢埃林以及索亚·门斯契科夫的关系,勾勒了他去世后 50 年来的相关发展。在 1984 年 10 月于纽约大学法学院举行的以"讨论现实主义"为题的杜威讲座中,[25] 我批判性地考察了对于卢埃林和现实主义运动的诸多解释,并且总结说,对于"(美国)法律现实主义"最一般的概括,要么是错的,要么是琐碎的,要么两者都有。在1993年,为了纪念卢埃林诞辰100周年,我对"法律方法"观点,也即他有关法律技艺的理论和法律技术的学说,展开了广泛分析。[26]还有其他一些文章和百科全书词条。2015年,我总结了自己有关"大/小现实主义"(R/realism)的看法以及看待法律的"现实主义"视角的意涵。后面第13章会加以讨论。

以上大部分发表作品都不难获得,而且在此对卢埃林的生平、主要著作或美国法律现实主义历史加以详细论述,既不合适也没必要。我已经讨论了他对法理学的看法、他在芝加哥的教学风格,以及我和他遗孀的关系。这里我会尝试探究为什么他的想法、思维方式一直且依旧对我来说很重要,以及在他的基础上我的观点如何得到发展或与之有别。他的一些独特洞见和教导遍布全书。不过,本节的确需要一些有关卢埃林的职业生涯、个性、风格与一般方法的背景知识。

我是以这种方式开始《卡尔·卢埃林与现实主义运动》一书的前言的:

> 乍看之下,似乎没有多少法学家能够像卡尔·卢埃林这样如此奇特:他是有史以来唯一一个被授予铁十字勋章的美国人;是他这一代人当中最高产且最具创造力的学者;是自杰里米·边沁以来法律理论中最鲜活有趣的性格;是已知的唯一一位与人类学家成功合著一部巨著的普通法律师;是法学教师诗人的罕见例证;是最浪漫的法律现实主义者,最切中伦常的法律怀疑论者;是最不讲究方法的方法论主义者;最无可争辩的断言,是所有法学文献中拥有最奇特散文风格的教授之一。由

于所有这些独特之处,卢埃林在很大程度上是他这一代美国法学教师中最杰出人物的代表。[27]

原谅我年轻时的热情洋溢和四十多年的跨度,这的确可以解释我为什么会对卢埃林着迷。我们可以这样更循规蹈矩地总结基本事实:卡尔·尼克森·卢埃林(Karl Nickerson Llewellyn, 1893—1962)出生于西雅图,在纽约和德国求学,在1914年曾短暂地为德国而战,在伊普尔受伤并被授予铁十字勋章(二级),毕业于耶鲁学院(1915年)和耶鲁大学法学院(1920年),在纽约执业两年,之后在耶鲁、哥伦比亚和芝加哥教书,直到1962年去世。今时今日,他主要作为《统一商法典》起草委员会主席、法学导论畅销书《荆棘丛》[1951年(1930年)]的作者、美国现实主义运动的一位领袖,以及《夏延人方式》[*The Cheyenne Way*, 1941, 与E. 亚当森·霍贝尔(E. Adamson Hoebel)合著]和《普通法传统:审理上诉案件》(*The Common Law Tradition: Deciding Appeals*, 1960)的作者而活在人们心中。他还用德语写作了一本著作,这本书毁于纳粹,但后来有一部分被译为英文。[28] 他发表了许多文章和讲座,内容主要是商法、法理学、法社会学和各种各样的社会与政治议题。

我撰写的关于卢埃林的著作改变了我的学术轨迹。这是我接受贝尔法斯特的职位而非拉各斯或非洲其他地区职位的主要原因。我先在《现代法学评论》(*Modern Law Review*)中发表了两篇文章,这是关于卢埃林的著作中一些章节的草稿。[29] 我低估了写作这本书的挑战,整个计划花费了将近十年。

在贝尔法斯特撰写有关卢埃林的著作虽然有困难,但它有助于和让我独自完成这项任务的索亚保持一定的距离。协调亲近与相对抽离的两难,很大程度上是由于距离以及索亚对档案与传记的怀疑而得以解决的。我的卢埃林研究需要再去几次美国,包括1965年在耶鲁的半年,以及1971年在宾夕法尼亚大学法学院(Penn)的一个学期。[30] 写作进展缓慢,因为我并不满意自己正在写的东西,而且从1966年1月开始,许多其他事情占用着我的时间。到1967—1968年,我几乎完成了卢埃林生活与作品相关章节的草稿。七年来,只要能从其他事物中抽出时间,我就费力地阅读卢埃林的其他主要著作。这使得我对每个文本的介绍细致而准确,但我明白自己写的东西很乏味。我向耶鲁法学院的一位朋友——亚瑟·莱夫(Arthur Leff)寻求建议。他回信说会把书稿发给他这学期读书小组的成员。这个小组有三个人,除了莱夫,还有邓肯·肯尼迪(Duncan Kennedy),他后来成为批判法学研究(一场将"丢弃"与解构发展为一门艺术的运动)实质上的领袖。几个月后,我收到一封相当礼貌的来信,但确定无疑的是他们认为书稿枯燥无聊。但至少他们没有扔掉它。除了一些详细的评论,他们提出两点建议:首先,应当删掉生平细节,因为它们与法学家的观点无关;其次,我应当把卢埃林的作品放到当时更为宏观的政治、社会与教育语境中。[31] 我拒绝了前一个建议——我是一位忠实的语境主义者,相信卢埃林的每一部作品都应当放到当时他所处的情境与关切的语境中。但我高兴地接受了第二个建议,并且在相对很短的时间内——主要是在莫恩山的小屋中———挥而就地完成了《卡尔·卢埃林与现实主义运动》一书现在的前五章。我对材料驾轻就熟,基本在我脑海中就已写好了融贯的论述。几位评论者曾说,这是此书最棒的几章。[32]

第7章 重逢卢埃林：美国间奏曲

根据莱夫读书小组的批评性意见，我增补了前五章，在保留此书传记性特征的同时，试图激发其他人的兴趣。1971年，在我访问宾夕法尼亚大学法学院的一个学期时，在手稿上写好了最后一笔，然后就把这个重负转移到了韦登菲尔德和尼克尔森（Weidenfeld and Nicolson），他们是"语境中的法律"丛书的出版商。又经过了令人焦急的18个月，这本书最终出版。它的反响不错，但我更愿意引发更多争议。[33] 有关那一代美国法学家中两三位杰出人物之一的研究，是由一位外国人完成的，并且在伦敦出版，人们认为这很奇怪。但这部书在美国成为一个标准的参照点，为我赢得了"如果不是循规蹈矩的也是严肃的法学家"这一名声。

慢慢地，尤其是因为我在一个与卢埃林极为不同的语境中授课，我对法理学的看法就渐渐远离了卢埃林的立场。我想要为概念的澄清与建构保留一个重要的位置；我对法哲学中的一些思潮没有那么不屑一顾，关于边沁和哈特尤为如此；从1962年到今天，法理学领域在这些年间发生了许多事情；自20世纪70年代初，我就对理论和细致的学术研究之间的关系感兴趣，并对"法理学的职能"（第1章和第13章）的多样性发展出了自己的看法，而且自20世纪90年代初，就开始认真对待全球化。但是一般性的方法却是基于卢埃林的：将理论与特定研究以及社会现实紧密相连；认为法理学领域涉及和法律相关的信念与可行假设，其中法律又与其他有关世界、政治、道德与社会的信念相关；认为"现实主义"涵盖从经验科学到我们尽可能地基于能够获得的最佳资源作出自己的判断，这些资源包括经验以及"粗浅实用的知识"（"有用和重要的知识……无需具有科学性"）；[34] 时刻注重法律服务提供者（包括法官）和其他行动者、用户以及受害人的视角、看法与实践;在概念性、规范性、教义性以及经验性方法之间保持连贯(比如卢埃林最喜欢的格言:"没有理念的技术是一种危险;没有技术的理念是一团混沌")。[35]

我对卢埃林不是没有批判。我认为他早年间通过一份涵括广泛的人名清单并通过寻找他们的共同观点来解释现实主义,无意间遮蔽了这场运动的优势;我指出,他在去世前出版的最后一部重要著作《普通法传统》中,本应将对于各州上诉法院的研究放在"法律职能"理论所提出的那种广泛语境当中,我转而尝试解释和改善这种理论,以便应对来自"功能主义"的常见批判;我一方面称赞他在一些语境中有意使用含义模糊的术语(比如,使用"麻烦"而非"纠纷",使用"法律-政府"而非"法律"),另一方面则尝试澄清他的一些概念;我不是他散文风格毫无保留的崇拜者,反而我一直被批评没有足够认真对待他的诗歌或美学思想。但我希望自己没有像吉卜林(Kipling)的"门徒"那样,[①] "会带给他最严重的伤害"。[36] 我的著作的索引,证明了我在多大程度上将卢埃林作为自己最常用的参照点。

其他美国韵事

我的工作生涯中有大概 20% 到 30% 的时间是在美国度过的,

---

① 约瑟夫·鲁德亚德·吉卜林(Joseph Rudyard Kipling, 1865—1936),英国作家、诗人。《门徒》是吉卜林的一首诗。作者引用的"会给他带来最严重的伤害"是该诗最后一句,在前一节中,吉卜林写道:正是他的门徒,将会告诉我们这位大师本会如何被抛在一旁;如果大师活到现在——那门徒就会告诉我们,大师说出口的话语有哪些本应得到改变。正是他的门徒,会如此这般且远甚于此。

第7章 重逢卢埃林：美国间奏曲

一开始是作为研究生，之后是芝加哥大学（两次）、耶鲁大学、宾夕法尼亚大学、弗吉尼亚大学、西北大学、波士顿学院、斯坦福大学的访问学者，再后来是自1981年起，成为频繁出入迈阿密大学法学院的常客。[37]1963—1971年间，我多次造访美国，这都与我对卢埃林的研究相关。当然，还有其他要做的事情，不过只有几段经历与这个故事相关。

初遇特里·安德森

1964年，当我通过讲授非洲的法律问题来资助自己有关卢埃林论文的工作时，我第一次结识特里·安德森（Terry Anderson），他会成为与我关系最为紧密的两位男性朋友之一。当时，他是法学院三年级的学生。他就在由于卢埃林去世而突然中断的那门"原理"课上——那时他改变了自己的信念，因此而成为索亚·门斯契科夫的门徒。特里那时刚刚被授予在马拉维的检察总长办公室工作的奖学金，而马拉维当时是由班达（Banda）总统统治，这位总统似乎一直都身穿晚礼服，与尼雷尔治下敞开衣领的达累斯萨拉姆截然相反。特里得到一笔"礼服津贴"——这是个英国词汇——他想咨询一下如何使用这笔经费。索亚告诉他去咨询特文宁。我们就邀请安德森一家来喝茶。这次会面相当正式，身为学生的特里甚至都打着领带。我的建议是："买套半正式礼服。"特里错将这个建议理解为一个傲慢自大的英国人而非冷嘲热讽的达累斯萨拉姆人的建议，但他还是照做了。他这件衣服在马拉维大有用处，直到他此后再也穿不下为止。后来我们成为同开一门课的人、合作者与亲密的朋友。我们之间的纽带是卢埃林和索亚，而不是非洲。这代表了卢埃林当然会赞许的理论与实践之间的结合——安德森是意志顽强、坚韧的诉讼律师,而特文宁是个随心所欲的理论家。这不仅是一桩思想上的联姻。早年间,我总是在他家寄宿。我们关系非常亲密,以至于若非特里以热情洋溢的异性恋而闻名于世,我们可能被认为是古怪的情侣。我们一直合作了将近40年,且依旧保持着友谊。[38]

耶鲁大学:1965年

1964年10月,我被任命为贝尔法斯特女王大学(女王大学)法理学教授。那时我在达累斯萨拉姆盼望着旅行,已经接受了耶鲁法学院为期一年的访问学者的职位。女王大学慷慨地允许我推后六个月前往贝尔法斯特(1965年的6月到12月)。在纽黑文,我紧张地准备着女王大学的课程(我真的配得上这个教席吗?);不过我的主要工作计划是撰写有关卢埃林的著作,并且在那段时间,我对卢埃林在芝加哥、华盛顿特区、纽约以及加利福尼亚的一些同辈展开了不太熟练的访谈。

科尔宾

迄今为止,这些访谈中最有价值的是与亚瑟·科尔宾(Arthur Corbin)进行的两次访谈,他是卢埃林的老师,是卢埃林"法律意义上的父亲"。当时他年近九旬,几乎全盲,非常耳背,坐着轮椅,但他不仅答应了访谈,还就他与卢埃林的关系撰写了一份重要的记录,并且评论了我所准备的一份粗略的草稿。[39]

我写过非常多有关科尔宾的东西,这不仅因为他是对卢埃林有最重要影响的人物之一,还因为他在将耶鲁法学院转变为今天可以称为"现实主义"的方向中发挥着主要作用。[40] 作为一位撰写过重要著作的美国法律现实主义先驱,他非常有意思。他开创了一种与此前不同的、革命性的方法来研究合同法学说。"当然,简化原则注定是……法律……但我几乎不会认为我在书本中找到的法律就是法律。"[41] 在他看来,每一个崭新的案件都检验着先前对一个规则或原则的各种表述。他自己有关合同法的论著,最初的副标题中写着"尝试性可行规则",但出版方出于商业理由把它删去了。论著需要作出信心满满的陈述。科尔宾是白纸黑字解释立场最具颠覆性的解释者。[42]

在耶鲁大学,我也了解到哈罗德·拉斯韦尔(Harold Lasswell)的"政治科学"[《谁在什么时间以何种方式得到什么?》(*Who Gets What When and How?*)]以及拉斯韦尔和麦克杜格尔(McDougal)的法律与政策科学——法律现实主义非常迷人的一个分支。这是一种奇特的混合:以"尊严"为其核心价值的自由市场版的美国梦和修正后的功利主义,被麦克杜格尔转变为一种教条,并且在我看来,夹杂着技术官僚式(technocratic)方法,不过非常有新意。在纽黑文,我还记录下我先前的学生弗朗西斯·登的童年和青少年记忆,以及丁卡族的歌谣。[43]

在这个令人激动、纷繁多样但充满焦虑的时期,我和查尔斯·布莱克(Charles Black,一位民权偶像)及其家人成为朋友,并从牵涉其中的同事那里听闻了许多有关布朗诉教育局案(*Brown v. Board of Education*, 1964)和格里斯沃尔德诉美国康狄涅格州案[*Griswold v. Connecticut* 381 US 479 (1965), 罗伊诉韦德案(*Roe v. Wade*)的先驱]的事情。我的交往又扩展到学院中几位杰出的成员

[包括从罗伯特·博克（Robert Bork）这里获得有关税务的建议——他后来因拒绝美国联邦最高法院提名而闻名]。我也结识了一些从事非常乏味的美国式法律与发展研究的年轻学者，其中有几位成为批判法学研究运动最重要的成员［阿贝尔（Abel）、菲尔斯蒂纳（Felstiner）、楚贝克（Trubek）和桑托斯（Santos）］。芝加哥的新兴国家计划的政治意味有所减少。[44]

"语境中的法律"丛书

我在耶鲁的时期，或许最重要的经历就是开始了一场出版方面的冒险。[45]罗伯特·史蒂文斯是我在耶鲁的东道主。我在纽黑文的时候，他和我一同说服了韦登菲尔德和尼克尔森出版社涉足法学方面的出版，作为动摇"释义正统"（Expository Orthodoxy）的一部分。它的缘起值得一讲。

1965年的时候，我正从反思教义学传统（这几乎不存在于耶鲁）转变为了解和提出有关理论、学术和教学的新方法。这一年我到耶鲁时，已经认同于"在语境中"研习法律。当一位苏丹学生问道，"为什么是在动物园里的骆驼？"我豁然开朗——不仅是这个案件，而是我们学习的其他大部分侵权法案件的事实都和苏丹语境不相符（第5章）。在达累斯萨拉姆，无论是大学还是法学院，其宗旨是明确的。我们需要语境化（第6章）。

在罗伯特·史蒂文斯从耶鲁造访达累斯萨拉姆时，我就与他相识，他对邀请我去纽黑文发挥了作用。他当时已经是英国法律资格考试以及英国法学教育的破除陋习式的批判者，不久之后就和社会学家布莱恩·阿贝尔-史密斯（Brian Abel-Smith）合作了两本

第7章 重逢卢埃林：美国间奏曲

著作。[46]他和我说服韦登菲尔德和尼克尔森出版社通过启动一系列"反教科书"，来尝试打破巴特沃斯（Butterworths）出版社以及斯威特和麦克斯维尔（Sweet and Maxwell）出版社在英国法学领域近乎垄断的地位。我们的目标是"颠覆和革命"（原话如此）英国法学教育中盛行的正统。乔治·韦登菲尔德（George Weidenfeld）很感兴趣，因为他想把业务扩展到学术出版领域，并且一位经济学家［约翰·韦西（John Vaisey）］的建议是，法学出版领域如此枯燥乏味且保守平庸，他几乎不可能不有所作为。起初，罗伯特和我提出创办一份杂志，因为我们对于为丛书找到合适的作者感到悲观。但是韦登菲尔德决定出版著作。

这个丛书大体上是罗伯特的想法。他和韦登菲尔德出版社有联系，他对英国法学的偏见甚至比我更甚。30年来他和我一直都共同主编这套丛书，除此之外，我们一直也是很好的朋友。他给这份工作带来了有关英国法律文化的批判性视角，对美国法学研究的优势与局限的敏锐理解，无拘无束——大西洋让他更容易做到这一点，以及对经济情况的把握和良好的历史感。[47]

最为困难的问题结果是给这套丛书命名，因为其他两个出版商已经选择了"法律与社会"以及"社会中的法律"。这是英国法学界思想觉醒的最初标志之一。[48]为了寻找替代的概念，我从艾迪生·缪勒（Addison Mueller）撰写的一本名为《语境中的合同法》（*Contract in Context*, 1951）的教材中提取出"语境中的法律"这个短语。这本书是通过想要建造自己梦寐以求的房屋的布兰丁斯先生所进行的交易与遇到的问题的个案分析，来介绍主题内容的。[49]罗伯特对此有所疑虑，但也没有替代方案，于是这个标题就被不得已而求其次地接受了。此后它得到了广泛地使用,这或许是因为它含混得恰到好处,成为更为广泛的方法的标签。

"语境中的法律"丛书在今天依旧活跃,有五十多部著作在售,有更多的已经绝版,且依旧在蓬勃发展。1966年罗伯特和我成为共同创始主编;五十多年来我依旧是共同主编之一。这是最让我感到满足的学术活动。这就像接生婆接生了一百多个孩子一样。

宾夕法尼亚:1971年

1971年在宾夕法尼亚大学法学院的一个学期时间让我有余裕完成《卡尔·卢埃林与现实主义运动》一书;也让我体验到了在美国法学院讲授两门完整课程的感觉,其中一门是美国法律现实主义,另一门是有关东非法律问题的跨学科研讨班。[50]最重要的经历是我在康奈尔大学法学院提交了一篇有关霍姆斯"法律的道路"(The Path of the Law)的文章,这篇文章经过大幅修改后,在1973年以"再谈坏人"(The Bad Man Revisited)为题发表在《康奈尔法律评论》(Cornell Law Review)。在接下来的24年里,正是这篇文章详细阐发了法律语境中起点概念的理论意涵。1997年在有关"法律的道路"发表100周年的纪念研讨会上,我进一步发展了这一分析。表面来看这两篇文章都和霍姆斯有关,但本质上它们都是发展我自己观点当中的一个核心内容的工具(第10章)。[51]

接着就到贝尔法斯特了。

第 8 章 贝尔法斯特女王大学（1966—1972 年）

再次机缘巧合

达累斯萨拉姆大学学院由设立在伦敦的大学校际委员会（Inter University Council）监督和辅导，后者在大学学院委员会中有一名代表。1964 年 8 月或 9 月间，贝尔法斯特女王大学法学院院长弗朗西斯·纽瓦克（Francis Newark）教授到访达累斯萨拉姆参加委员会会议。由于新校园附近没有旅店，他就被安排在特文宁家里。我们的客房是我的书房。我觉得诺瓦克传统古板，但我们相处融洽。显然，他对我的法理学图书馆印象深刻——图书馆相当不错。几周后，完全出人意料的是，我收到诺瓦克的一封信，信中邀请我申请女王大学的法理学教席。书本的确会让陋室生辉！

我完全惊讶到不知如何是好。我之前已经开始打算离开这里，仔细思考着拉各斯的研究岗位或是南安普顿的讲师职位，后者的法学院院长——亚瑟·菲利普斯（Arthur Philips），在东非工作过。我有一些犹豫——这是真的吗？我能胜任吗？贝尔法斯特究竟在哪儿——我向女王大学递交了申请。在飞往英国面试前，我了解到莱斯特大学刚刚为新法学院的创始教席贴出招募广告。抱着试一试的心态，我联系了莱斯特大学的教务主任，请求拜访副校长。他说流程还未开始，因为还没有到截止日期。他的语气表明，他觉得一个来自达累斯萨拉姆的年轻人提出这种请求相当自负。我前往女王大学，接受了面试，立刻就得到了工作机会。我很犹豫，说我需要一周来决定，因为我还有另一个机会需要比较。接着我给莱斯特大学的教务主任打电话，告诉他我已经得到了女王大学的教席。他不情不愿地安排了我和副校长的面谈。我对这次面谈的细节记不清楚了。我可能给他宣讲了如何设立一所法学院——当我告诉他，他为法学图书馆拨付的预算不到我们在达累斯萨拉姆图书馆花费的25%时，他开始听进去了。这次面谈的时机不对，所以我接受了女王大学的职位。但我希望这会对莱斯特大学新院长有所帮助。

在我第一次前往贝尔法斯特时，只对空缺的教席的背景稍有了解。自从詹姆斯·刘易斯·蒙特罗斯（James Louis Montrose）辞职以来，这个讲席已经空置了许久。蒙特罗斯自1934年以来是法学院的院长。他以倡导博雅法学教育以及诸多公共活动而在北爱尔兰以及英格兰闻名。他与自己的好友朱利叶斯·斯通（Julius Stone）对法理学和法学研究的看法相近，我认为他的思想遗产非常有用，因为它包含着不列颠群岛中最为开明的法学本科课程。

蒙特罗斯将近三十年的院长生涯——期间由于战时在英国皇家空军服役而中断——以悲剧告终。[1] 学院中每年都有正式的院长年度选举。自1938年以来都无人可与之竞争，但在20世纪60年代初，经过一番激烈的斗争，蒙特罗斯被学院年轻教师以4：3的票数罢免。他再度反击却失败了。之后他就开始了一系列访问性质的工作,包括在新加坡(1956—1966年他是这里的院长)、澳大利亚以及最终的新西兰,在新西兰他于1966年10月因癌症去世。

我后来知道,"蒙特罗斯事件"已经酝酿了一段时间,但颇为讽刺的是,它的爆发是蒙特罗斯"独裁地"恢复了一位学生的学籍,当时这位学生被一个奥威尔式的"进步委员会"因为校外冲突而停学。蒙特罗斯认为这个委员会不该管此事。在持续了一年的激烈斗争后,蒙特罗斯从女王大学辞职。纽瓦克勉强接手。这个事件的苦果还在延续——以至于这个小学院被分成三个系,以保持派系分开。当我前往贝尔法斯特面试时我才了解到这个情况,一直由蒙特罗斯担任重要成员的大学教师协会(Association of University Teachers, AUT),由于"蒙特罗斯事件",曾敦促抵制女王大学,但这里面的是非对错相当复杂。我几乎不知道大学教师协会是什么,但我同情蒙特罗斯。我没有打退堂鼓,也得到了这个工作。于是我发现自己不仅是法理学教授(我觉得很伟大),也是"法律和法理学系"的主任。理论怀疑论者常常错误地引用乌尔比安(Ulpian),认为他曾指出法理学是有关一切人类事务与神圣事务的知识——法律除外。[2] 所以这个职位的权力范围无所不包,只是也有独立的私法系和公法系。

语　　境

接下来七年的背景需要解释一下。总体来说,爱尔兰,特别是北爱尔兰,是复杂且难懂的社会。我的妻子是来自都柏林的新教徒,我一直生活在南方。佩内洛普从小就被教导从不在社会场合谈论宗教或政治。她几乎从不越界,且对于生活在这里感到非常不安。作为一名清教徒,她一直期待能够有自己非常熟悉的环境,但这个希望落空了。我一直都痴迷于都柏林文化且感到眼花缭乱,但相较于我们在贝尔法斯特的缠斗,最终表明这都不算什么。

95　　1966年1月我抵达贝尔法斯特,此时我实际上已经在海外待了将近十年。十年间,在达累斯萨拉姆和喀土穆我们没有电视,我只看过两三部电影大片,也没有接触到任何前卫艺术。我主要是通过英国广播公司国际频道,了解到古巴导弹危机、肯尼迪遇害、披头士乐队、詹姆斯·邦德、摇摆伦敦①、毒品以及玛丽·奎恩特(Marry Quant)②。伊恩·史密斯(Ian Smith)的罗德西亚单方面宣告独立(1965年11月11日),③正好发生在我们抵达贝尔法斯特之前,研究南罗德西亚政治与宪法的历史学家——克莱尔·帕利(Claire Palley)几乎和我同时加盟女王大学。³1963年、1964年和1965年我前往美国,接触到美国政治与文化,但就英国和欧洲而言,我有许多东西需要补上。从1966年起,我就间接地感受到贝尔法斯特之外的许多其他事件:比如,在威斯敏斯特的工党占据多数的政府,对单方面宣告独立的回应、英格兰赢得世界杯、艾伯凡矿难、尼日

---

　　① 摇摆伦敦(Swinging London)指的是20世纪60年代英国伦敦流行的青年文化,涉及时尚、音乐、电影、电视等领域。1966年4月15日《时代》杂志封面主题就是"摇摆伦敦",它指出每年都有标志性城市,60年代的标志性城市就是伦敦。
　　② 英国时装设计师,被誉为"迷你裙之母"。
　　③ 伊恩·道格拉斯·史密斯(Ian Douglas Smith, 1919—2007),津巴布韦及前罗德西亚政治家,在1964—1965年出任英属自治殖民地南罗德西亚总理,他在1965年11月11日发表《单方面独立宣言》,但没有得到国际承认,反而受到国际经济制裁。罗德西亚在1980年更名为津巴布韦。

第8章　贝尔法斯特女王大学(1966—1972年)

利亚内战、"反应停事件"(the Thalidomide Affair)①、1967年戴高乐将英国排除在欧共体之外、登月和神奇的旋转木马②是最吸引我关注的事件。1968年4月马丁·路德·金(Martin Luther King)遇害时我正在芝加哥，学生动乱时我前往纽黑文，"1968年"学生动乱时我在贝尔法斯特，这实际上是在1969年发生的运动。

教派之间的紧张局势在1966年1月开始加剧，但它们依旧相当平静。主要的响动来自伊安·佩斯利牧师(Rev. Ian Paisley)，他激昂的布道和古怪滑稽的举动(包括向在1968年到访贝尔法斯特的爱尔兰共和国总理扔雪球)受到越来越多媒体的关注。在我们到达后不久，佩内洛普和我出于好奇，就前去倾听他的一次布道。人家满腹狐疑地打量着我们，但允许我们入内了，我们对自己听到的内容大为震撼。

在贝尔法斯特，我们几乎就生活在侨民的圈子里。法学院相当具有等级性，与学生的社会交往也要比我之前习惯的那样更受限制。大学非常具有世界主义气息，⁴我们在其中的社会生活主要是和侨民在一起，因为大部分当地中产阶级非常重视家庭，几乎从不在家中招待外人。当北爱尔兰纠纷加剧时，我们就变得更加孤立，我们的孩子抱怨说他们被软禁在家。除了同事和法律机构，我们和当地

---

① 1959年开始，当时的联邦德国各地出现了许多畸形婴儿，调查后发现，女性在妊娠早期为了治疗呕吐服用的"反应停"是罪魁祸首。这个药物当时在20世纪60年代前后得到了广泛使用，据说仅联邦德国就有将近一百万人服用。媒体进一步披露表明，这起事件的起因是有关机构未能仔细检验药物的副作用，这引起了公众极大的愤怒。

② 神奇的旋转木马(The Magic Roundabout)曾被称为"郡岛环形枢纽"(County Islands Ring Junction)，指的是1972年通车的位于英国温斯登著名公路上的环形交叉路。在最初通车的几年，据其设计师指出，这条环形交叉路的通行量达到每小时1100辆。

人没什么联系,除此之外,佩内洛普用一年时间在女王大学修习社会研究后,为"和平线"(the Peace Line)双方做了两年社会工作。[5] 我们作为游客而非居民去探索美丽的乡村以及贝尔法斯特的"安全"地带。佩内洛普在都柏林这个我逐渐爱上的城市中有亲人。有段时间,我们租借了莫恩山中的一个不大且偏远的村舍,有水源,但没有电力或足够的供暖。我们觉得不错,可孩子们和猫咪却不喜欢。

在这些大量的事件与关切中,我会简单关注两个与这一时期尤为相关的事件作为背景:北爱尔兰的教派冲突以及英格兰不断变化的法律样貌。我是前一个事件中心惊胆战的观察者,但稳坐观看台;不过却是后一个事件中的(如果算是边缘的话)积极参与者。

北爱尔兰纠纷

除了在如下重要方面外,我们是真正的外来者:我们主要通过三位重要人物而与教派冲突有了间接的紧密关系。第一位是约翰·格雷厄姆(John Graham),佩内洛普的堂兄弟,我们总是与他同饮并一起吃晚餐。他是《金融时报》(*Financial Times*)的通讯员。1971年后,该报纸的业务也涵盖欧洲,大部分记者团都待在"全欧洲遭受轰炸最多的酒店"——欧罗巴酒店中。① 第二位是汤姆·哈登(Tom Hadden),当地医生的儿子,1969年起他就在我的公寓中。他在试图弥合教派冲突方面发挥着主导作用,特别是通过创办和编辑一份富有影响力的无教派的政治与文化杂志《双周》(*Fortnight*)。对此,据说格里·亚当斯(Gerry Adams)评论道:"没

---

① 欧罗巴酒店(Europa Hotel)是位于贝尔法斯特维多利亚大道的四星级酒店,由于在北爱尔兰纠纷中曾经遭受36枚炸弹袭击而得此名。

有《双周》的一个月,会有两个月那么漫长。"⁶ 第三位是凯文·波义耳(Kevin Boyle),刑法和犯罪学专业的年轻讲师,我们和他关系变得非常紧密。他是民权运动的领袖之一,在因为太过温和而被驱逐出人民民主派之前,他是其发言人和非正式的法律顾问。凯文一直是我的好友,直到2010年他去世。在社会法律研究方面,我与汤姆和凯文的学术兴趣都有重合。我从他们身上学到了很多有关北爱尔兰的行动中的法律,基于事实的政策以及最为重要的,法律与政治之间复杂关系的精微洞见。像"一切法律都是政治"这种过分简化的口头禅并没有意义。

我记述过自己与这三位重要人物的交往,但不愿意放在这里,因为大体上这与本回忆录无关。我只想说由于这些知情人的透露,我开始担忧着冲突和地方政治,但与一些同事不一样,直到我将要离开这里的时候我才从学术角度介入这些问题。我聚精会神地阅读几份报纸,废寝忘食地看《双周》,一天要听三四次当地广播,常常听到凯文接受采访。在贝尔法斯特,我感觉每一天城市当中不同地区的特定房屋的屋顶都会被掀开,以至于我们可以瞥见里面的状况。这构成了对我的三位置身其中非常接近这些行动的知情者的补充。在如此近切的距离中,就如在肯尼亚一样,通常难以分辨政治与传闻。尽管我有途径和机会,我却在学术方面保持着距离,这与我同是侨民的同事哈里·卡尔弗特(Harry Calvert)与克莱尔·帕利不同。事实上,我并没有真的试图作为一名学者来分析北爱尔兰的政治——我觉得大部分参与者,除了我朋友以外,都受到了蒙蔽,他们教条且疯狂。我认为新教领袖们尤其是偏执、沙文主义和不宽容的圣坛中的信徒。这是部落主义,而非我所理解的民族主义。

97　很难讲所有这一切如何影响了我的学术工作。这些情形构成了很大一部分背景,我的"信仰问题"再次浮出水面(第2、3和9章)。在我看来,争论双方的领袖似乎都是不理性和不可说服的。佩内洛普这位通常对政治漠不关心的都柏林新教徒,成为了民族主义十分坚定的支持者;我们出生于都柏林圣哈奇的儿子彼得,在更加温和的立场上也是如此(他在橄榄球六国锦标赛中依旧支持爱尔兰对抗英格兰)。我的女儿卡伦和我无法认同任何一方,感到很隔膜。双方之中的当地人抱怨说,我们英格兰人不理解他们。他们说得没错。我了解的信息足够,但却感到困惑。我从来没有生活在一个像贝尔法斯特这样让我感到自己是一个侨民的地方。

教派冲突、暴力重演、政治与其他方面的回应、在此情形中女王大学的角色、街道上的部队,都构成了我们在1972年3月离开之前的背景与最令人瞩目的事件。这一年的1月发生了"血色星期天"(Bloody Sunday)事件,但它的全部意义,要经过一段时间才能浮现出来。① 即使像在这样极端的冲突中,生活依旧继续:购物,工作,孩子去上学,在大学中授课、科研以及社交,这些都依然在进行着。这些事情只是偶然会被北爱尔兰纠纷中断。我们变得富有街头智慧,因下述准则与神话而聊以慰藉:诸如共和党人起床晚,所以早些购物;这个电影院、剧院或这些酒馆不是目标;如果供电受到攻击,那就是爱尔兰共和军干的;如果供水受到攻击,那就是

---

① 1972年1月30日,在英国北爱尔兰伦敦德里市的博格塞德地区,英国伞兵向正在游行的市民开枪,造成14人死亡和13人受伤。英国政府对此事故进行了两次调查,第一次调查的公正性遭到很多人的质疑,之后展开了第二次调查。2010年6月15日,时任英国首相的卡梅伦发布调查报告,向遭到英国军队枪杀的民众道歉。

第8章 贝尔法斯特女王大学(1966—1972年)

支持大不列颠和北爱尔兰联合的人,诸如此类。

表面来看,我们保持着沉着冷静。但只有当我前往英格兰时才发觉内心潜在的紧张:在利明顿的沃尔沃斯,我看到一个无人看管的包裹,并且发现没有其他任何人注意到它——我该发出警示吗?一天晚上,在伦敦的地铁,我感到自己旅行箱的提手在震动。我检查了一下的确是我的,就在下一站下车,把提箱放在一根柱子后面,我躲在另一根柱子后,蹑手蹑脚地靠近偷看——它确实在震动。我本应该清空这个车站的;可是我却违反了任何指南,打开了箱子。我的电动剃须刀自己启动了。我浑身冒汗又羞愧难当。不过许多人喜欢生活在阿尔斯特。1972年当学生们听到我要离开时,六人左右的一群学生过来追问我:"你钓鱼吗?""不。""你打猎吗?""不。""你玩儿高尔夫吗?""不。""你觉得乡村美不美?""美。""你散步吗?""去啊。""你为什么要走?""人家在华威大学给我了一个令人心动的工作机会。""啊。那么,并不是因为这些令人讨厌的当地事情搅扰你,对吧?""并非如此。"这在一定程度上是这样,因为华威大学的工作非常有前景;但贝尔法斯特绝非抚养孩子的地方,特别是因为这里的学校按宗教、阶级和性别而分隔开来。我们已经勉强把他们送到英格兰的寄宿学校,在这里彼得做噩梦,梦到我们发生了爆炸。不过超过一半的女王大学法学院毕业生选择留在北爱尔兰。

生活继续着,我的许多工作都远离着当地的"麻烦事",但我的确逐渐在思想和情感上介入到它们之中。不过我对这些事务的参与都是在相当一般性的原则层面上,没有太多明确提及北爱尔兰特定事务的地方,我认为这在教学中是必要的。我一直被这些事务吸引,但却没有参与,直到我快要离开的时候,我确实公开介入了紧急权力和"严厉审讯",这塑造了我有关正义、人权和功利主义的看法(第9章)。

英格兰的法律变迁

但是我的确逐渐非常活跃地介入到英格兰不断变化的法律样态当中,特别是法律改革、法学教育与职业培训中。这是法律界思想觉醒与改革的时期,杰拉尔德·加德纳(Gerald Gardiner)和安德鲁·马丁(Andrew Martin)的《当下的法律改革》(*Law Reform Now*, 1963)准确地捕捉到了这一点。这是早于加德纳作为改革派大法官的时期(1964—1970年)的。在这一时期,法律委员会得以确立,议会监察机构得以制度化,英格兰和威尔士的奥姆罗德法学教育委员会开始发挥作用。一些法学家,知名的是迈克尔·赞德(Michael Zander)和罗伯特·史蒂文斯,通过公开批评法律现有制度及其根深蒂固的保守主义而与传统决裂。[7]这也是大学扩张、更加关注社会科学、第一批新("平板玻璃")大学创办以及开放大学(the Open University)的时期;[①]斯威特和麦克斯维尔以及巴特沃斯对法学出版业的垄断开始消退,人们普遍感到智识上的兴奋,我们感觉自己是在"一艘黄色潜水艇"中。[②]和几位同事一道,我逐渐介入到北爱尔兰和英格兰的一些发展中。"语境中的法律"丛书,向英国法

---

　　① 英国开放大学成立于1969年,"开放"在这里指的是向各类人群、各个地区、各种方法以及各种观念敞开大门。它是全球最早一批的远程教学的大学之一,从注册学生的数目来看,它是英国规模最大的大学。

　　② 披头士经典歌曲《黄色潜水艇》讲述了一位老水手住在黄色潜水艇里的奇妙故事。整首乐曲节奏明快欢乐,传达出闲适、快乐以及爱与和平的气息。

律委员会和奥姆罗德委员会提交报告，公共法律教师学会青年成员组、制定法协会和北爱尔兰的阿米蒂奇法学教育委员会是最突出的一些。如我们将会看到的，从很早之前我就一直和杰弗里·威尔逊（Geoffrey Wilson）有长时间的讨论，他成为新建立的华威大学的创始法学教授（第12章）。在贝尔法斯特，我们与斯托蒙特的议会法案起草首席专员比尔·利奇（Bill Leitch）的关系尤为紧密，他在起草和制定立法方面有杰出的技艺和有趣的想法。一位更年轻的同事，阿卜杜勒·帕里瓦拉（Abdul Paliwala）被半工半薪地借调到他的办公室，成为第一个，也可能是唯一一个在北爱尔兰公务员系统中工作的桑给巴尔人。我是制定法协会创始成员之一，参与了它的两份报告。我也和法律委员会的首任主席莱斯利·斯卡曼（Leslie Scarman）爵士（后来是勋爵）有密切联系，英格兰和北爱尔兰的法律改革都是我们议程当中的头等大事。后来，我成为北爱尔兰的阿米蒂奇法学教育委员会的成员，这个委员会学会了避免奥姆罗德运作过程中所犯的一些错误。[8] 在所有这些活动中，我的非洲背景以及有关美国法学院的经验都被证明是与之非常相关的。这是做一名法学学者令人激动的一段时光。

在女王大学教授法理学

生活继续进行着。除了北爱尔兰纠纷和动荡，我在这段时期内的大部分教学与写作都与当地议题没有什么关系。实际上，根据《1908年爱尔兰大学法案》（Irish Universities Act 1908），我被要求不能做或说任何"蓄意冒犯［我的］学生宗教情感"的事情。[9] 这与教授法理学几乎难以兼顾。每个班级的平均比例是,大概50%以上的清教徒,40%以上的天主教徒,其余的不是当地人。我设法应对这些困难,有一些是通过教学上的花招儿,但主要是通过含蓄地表达。我所挑战的假设并不明显是当地的。我有时会令全班发出嘘声或一起鼓掌。

我主要的写作计划就是有关卡尔·卢埃林的著作,我在1971年把它提交给韦登菲尔德出版社(第7章);第二项计划,和社会规则与法律规则的解释有关,直到我离开女王大学后才完成;它基于我在一年级的授课,同样和当地事物联系不紧密(第11章)。我相对少的发表记录主要是关于法学教育以及法理学的。前者在很大程度上针对的是英国的论辩,后者只是在潜意识中受到北爱尔兰经历的影响。

蒙特罗斯的主要遗产是大量之前的忠心耿耿的学生,以及非常进步的本科法学学位:为四年制荣誉学位打造的具有创新性和开明意味的课程(几乎没有人选择三年制的普通学位),诸如劳动法和社会立法等领先于其时代的课程科目,每个学生需要深入学习至少一门或两门课(遗憾的是,如今英国的状况仍是缺乏这一点)并且有三门必修的理论课程——法律技术、法哲学(一学期课程)和高阶法理学——的要求。很少有法理学教授有此机遇。我延续着这种划分,设法继续着蒙特罗斯的精神。

蒙特罗斯在他的课程安排得到实施之前就离开了,所以我实际上可以自由地填充细节。1966—1972年间,有许多非常有能力的年轻同事帮助我,其中包括现在都是知名法学家的凯瑟琳·奥多诺凡(Katherine O'Donovan)、尼尔·奥斯伯勒(Nial Osborough)、戴维·迈尔斯（David Miers）、阿卜杜勒·帕里瓦拉、汤姆·哈登、彼得·菲茨帕特里克（Peter Fitzpatrick），以及雷哲·韦尔（Reg Weir，后来成为北爱尔兰的上诉法院法官）。他们当时几乎都是刚刚开始工作，而我是教授，这意味着我那时是老板。我给他们每个人一些空间，但我无疑是这个团队的领导。

正是在女王大学我有了立足之地和发声平台，但在那段时间我没有发表很多东西。我慢慢发展着自己的观点，主要方法就是教学，所以我认为值得投入在这上面。我把"法律技术"设计成有关法律渊源的课程，它将理论观点和思想方面的技能，特别是阅读案例和制定法并据此推理的技能，融为一体。最后，这形成了一本书，就是与戴维·迈尔斯合著的《如何依规则行事》（*How to Do Things with Rules*），在1976年它第一次出版前已经经历了十多年教学的打磨完善（第10章）。

有关法哲学的一学期课程，是对精选固定文本的高强度学习。文本列表每年都会核订，同事可以提供他们自己选择的文本。有一年我常常去探望一位民族主义学生，他未经审判就被拘禁在克拉姆林路监狱，但被允许继续完成学位。在一次探望他时，我带了固定文本中的两部，密尔的《论自由》（*On Liberty*）和马克思、恩格斯合著的《神圣家族》（*The Holy Family*）。《神圣家族》没有任何问题就通过了检查，但密尔的却被没收了，只是在提出正式抗议后才被允许带进去。在讲授这门课时，我将科林伍德研读哲学文本的方法和卢埃林有关法理学课程的基本理念结合在一起：目的是让每位学生将自己有关宗教、政治、道德和社会的一般信念与他们有关法律的信念整合起来。[10] 阅读既是个人化的，也和训练有关：首先要把文本放到(历史)语境中——特别是作者的关切中:是什么让他感到苦恼?(当时,没有任何女性法学家被奉为经典)第二步:分析——文本解决了什么问题?它们是对所关切问题的合适表达吗?它们会接受以问题形式提出的批判吗?作者提出了何种答案?他对自己的结论提出了何种证成?简言之,这是一种新科林伍德式的文本重构。第三步:应用——那又怎样?在与具体议题或其他思想家的关联中,这个文本的隐含之意与应用是什么?第四步:批判——我同意这些问题吗?我同意这些答案吗?我同意这些理由吗?这是一种卢埃林式的自我定位训练,我认为科林伍德会对此表示赞同。[11]

我对这门课的考试问题往往是个人化的:你是功利主义者吗?你拥有任何自然权利吗?你是实证主义者吗?学生们非常明白我不会把"是"或"否"当作答案,他们需要在阐明问题的意义后,为一种立场提出论证。我在自己的法理学教学中继续使用着这种方法。后来,我把它拓展为包含阅读任何法学研究材料的方法,提炼为《阅读法律食谱》(Reading Law Cookbook),它几乎全部都是由问题构成的。[12]

前两门课(一年级和二年级)都有条理,教起来相对简单。我不记得学生们抱怨说这些课是必修的抑或"太理论化",或许这是因为我给他们每个人一些选择的自由。但是,学生们对名为"高阶法理学"(四年级)的最后一门课有些抵触情绪,这也是必修的。一些反对意见可理解成是不爱思考或有从业者取向的,但有一些是反智的,考虑到女王大学的自由气质与传统,这令人沮丧。我们尝试了一系列方法来应对:以牺牲一些条理性为代价,我们给予学生从范围很广的问题中进行选择的自由,有时是从16个问题中选择4

第8章 贝尔法斯特女王大学(1966—1972年)

个。[13] 在期中考试时,我常常实施一种"俄罗斯式测试"——在课程伊始,我会分发一份两页的文件,上面有大概30个问题,告诉学生期中时会从一个帽子中抽出10个问题,他们需要回答其中的3个;他们喜欢这个帽子,可能会依据获得任何特定问题的概率而读书(他们可以冒险不准备多少个问题?),这样就被引导着关注重要的问题。①

几位同事都对(高阶)法理学课程有贡献;我主要关注边沁、美国法律现实主义(我自己版本的"现实主义"稍后才出现)以及法律经验研究,学生们会接触到一系列其他立场。当我在华威大学和伦敦大学学院时,采纳的方法与此类似,不过在这两个地方的三年本科课程中,只有一门关于法理学/法律理论的必修课,我们因此而不能完全施展拳脚。[14] 我应对的方式是尝试引入子选项和一篇必须完成的论文,其话题每个学生可以提议但必须得到批准。但我已经不复再有在女王大学的空间了,所以在伦敦大学学院我更加关注研究生教学。

每学期中我在女王大学的任务非常重,在假期我依旧保持着自己和非洲的联络,主要途径是海外考试——这将我接触非洲的范围扩展至非洲西部、肯尼亚、乌干达、莱索托、博茨瓦纳和斯威士兰。身为系主任,我有一些行政事务,且由于这些事务而和多个大学机

---

① 这里的逻辑很简单:总计30个问题,最终只会考察其中的3个,从概率角度来说,学生们只需要关注这门课中1/10的内容就可以。从常识推断,教师在抽取的多个问题中,肯定更愿意指定最重要的来让学生们回答。这样,学生们只需要将30个问题中最重要的一些筛选出来准备即可。此外,请读者稍微留意的是,英国大学课程设置与我国和美国的情况有所不同。在英国,许多课程的周期不止一个学期,因此它们的"一整门课"大多是两个学期,而"半门课"则是一个学期。

构有联系。不过主要是多亏了我的两位资深同事李·谢里丹（Lee Sheridan）和弗朗西斯·纽瓦克的好意，我只需要在一年多的时间里担任系主任。当我在女王大学期间，我依旧忧虑着以微薄的发表记录证明自己被任命为教授的合理性。我由于承诺而得到任命，我努力挣扎完成自己有关卢埃林的著作（《卡尔·卢埃林和现实主义运动》）。所以我对卸下这份担子心怀感激。

学　术

在女王大学，几乎我所有的教学、思考和写作都在广义的法理学范围内进行，但都指向应用性目的。除了《卡尔·卢埃林和现实主义运动》，我的写作处理非常一般性的观念，但却是以非常碎片化的方式来进行的：我的就职演讲"伯里克利和管道工"（Pericles and the Plumber）主要是基于美国立场为重新思考英国法学教育的观点奠定基础；[15]1966年，我尝试为"语境中的法律"丛书提出理据，这在一定程度上是通过批判正统法学教科书和"释义传统"而展开的；[16]"摇奖机与蜈蚣"（Ernie and the Centipede）讨论法律领域"基于事实的分类"的观点，它与新近成立的英国法律委员会的长期战略明确相关——将来"法律汇编"可能如何组织？[17]有关法律技术的课程及其成果《如何依规则行事》，有意详尽具体地关注社会规则和法律规则的解释及它们之间的连续性，并主要通过对法律之外的社会生活诸多领域的个案研究的分析，讨论一般性和特殊性之间的张力；我的法理学教学主要包含对所选文本的细读，这些文本并不都是"哲学"的。在所有这些活动中，我都在进行理论阐释，但方式绝对是特殊主义的。正是在我考虑前往华威大学时，为了处理我公开宣称的学科和一个按照计划要致力于"从内部拓展法学研究"的大学之间的关系，我第一次持久不懈地将法理学视为一个学科。[18] 我潜在的关切是，一位法律理论家可以为华威大学的事业提供什么？这在我于华威大学的就职演讲"法理学的一些职能"（Some Jobs of for Jurisprudence）中有所体现，演讲是在 1973 年举办的，并在 1974 年被作为对全国法学状况的更为一般的论述而发表。[19] 这是我第一次尝试思考自己的法理学观念，思考法哲学在其中的位置，思考作为一种活动的理论阐释及其对法律作为一门学科的健康发展所作出的贡献，它们预示了本书第 1 章中提出的观点。所有这些工作都没有明确地涵盖在"法哲学"中，但它们都是理论阐释的工作。因此，显然我在女王大学期间的大部分学术活动都是属于法理学的，而在华威大学我主要关心落实从内部扩展法学研究这项事业。

接下来的三十年左右的时间，我的两个主要计划首先和对证据加以理论阐释有关，接着从 20 世纪 90 年代中期开始，则与全球化和法律的理论阐释相关。这两者都可以被宽泛地理解为中程理论。在这段可以说开始于罗纳德·德沃金在 1969 年被任命为哈特继任者的时间中，法理学总体上变得更为抽象，蜕化为一种自封的"法哲学"，它远离了我的核心关切，并且在我看来，远离了法学学科。法理学成为这之外的一门学科。这种倾向始于牛津，并且通过可以被称为哈特思想上的徒孙（grandchildren）的一代人而广为传播。这一代人中有大部分接受过哈特三位杰出继任者——德沃金、菲尼斯和拉兹——的指导或影响。我尽管尊重他们个人的一些作品，但我不认为这种发展整体上对于作为一门学科的法学的健康发展有好处。我与这些发展保持着联系,但没有太多地参与成为主流的范式。[20]

在女王大学的最后阶段,我逐渐和伦敦大学学院的边沁项目有所联系,并挖掘出两份有关酷刑的手稿,并准备将之付样。大概与此同时,并非偶然的是,我们成立了一个教工-学生工作组,参与到有关紧急权力、审讯手段和相关事务的公共论辩之中。其目的是以适合于大学的"相对抽离的态度"分析这些议题。下一章会详细讨论这两个活动。第9—11章讨论我在女王大学期间得到重要发展的理论观点:规范法理学(第9章),立场、提问与法律推理(第10章),还有社会规则和法律规则、它们如何彼此相关以及解释和处理它们的难题(第11章)。我前往华威大学的故事推后到第12章来讲述。

四年制学位

除了在没有太多发表压力的条件下发展我自己的观点外,对我来说可能最重要的经验教训来自对四年制法学本科学位的体会。在华威大学和伦敦大学学院,法学的第一学位(而非混合学位)只有三年,我发现我们许多约束都源自课程太短以及课程设置过载的压力。此后,我就深信不疑,英格兰(而非苏格兰和北爱尔兰)的法学教育和职业培训的"阿喀琉斯之踵"就是18岁学生的三年制本科学位。有很多年,我一直担任有关四年制法学学位工作组的组长。在华威大学和伦敦大学学院,我都成功地敦促制定一条规定,允许本科生选择四年完成法学学位,但这种努力没有成功,因为很少会有人利用这个机会。但是大部分混合学位(比如,华威大学的法律与社会学)就是四年制。当时,四年制学位可以获得义务性资助,包括基于经济状况的生活补助,所以主要的障碍主要并非经济原因。今天,学生债务反而让人背负了巨大的压力。女王大学将四年制学位保留到了1991—1992年,而苏格兰的大学令人称赞的是一直保留着四年制荣誉学位。在英格兰,这是一项中期来看似乎无法成功的事业,所以在伦敦大学学院时,我将许多经历都投入到研究生法学教育中。但我依旧确信,只要18岁学生接受的法学本科教育还是世界上时间最短的教育之一,大部分难题与冲突就依然无法解决:21岁法学毕业生的越来越难的(creeping)核心课、过载超量的课程设置、平衡知识与技术的争斗、充满压力的职业选择和不成熟——在思想、实践与专业方面皆然。近来在大学财政和法律服务规制方面的变化让事情变得更糟。我们现在处于对高等教育经济基础进行严肃再思考的开端时期。直到四年制法学学位成为规定,否则英国的法学本科教育几乎不会有希望。

第 9 章 规范法理学

在他最好的时候,人是一切动物中最高贵的;远离了法律和正义,他就是最糟糕的。

(亚里士多德)

没有比在法律庇护之下且以正义之名永久存续的暴政更为残忍的事物。

(孟德斯鸠)

没有理念的技术是种威胁;没有技术的理念是一团混沌。

(卡尔·卢埃林)

导 论

在贝尔法斯特的经历对我作为一名法学家的思考的最大影响,就与规范法理学相关。我快要离开那里的时候,我逐渐介入有关紧急权力和酷刑的公共论辩中,这与我越来越对杰里米·边沁在权利、正义以及公共政策方面的功利主义感兴趣有关。近来我在这个领域有广泛的著述,特别是在我的《一般法理学》(General

Jurisprudence, 2009）中，[1] 不过我的许多观点都是在观察和反思发生在北爱尔兰的冲突时形成的，所以这一章隶属于贝尔法斯特时期。本章会概述通过信仰问题、古典功利主义、哈特脆弱的修正式功利主义，我的观点发展为如下立场：总体而言具有不可知论意味，对于普遍主义和"理想化理论"持非常怀疑的态度，并且相较于罗尔斯式的理想主义或德沃金式的客观主义，与阿玛蒂亚·森（Amartya Sen）和亚什·哥亥的实用主义更为接近。或许除了与人权怀疑论相关的内容外，[2] 我没有主张给这些议题加入太多具有原创性或独特性的东西，不过这是我思想之旅的重要组成部分。

规 范 法 理 学

理解法律涉及理解概念、价值、事实以及法律知识。规范法理学是对处理价值这方面活动的一个粗略标签：有关法律和道德、正义、权利、正当性等问题。[3] 一种角度是把它理解为应用于法律的道德哲学和元伦理学。一如人们对边沁、德沃金、菲尼斯、罗尔斯、拉兹以及现代批判理论的关注所表明的那样，规范法理学如今在英美法理学议程中占据着核心地位。有关推理与理性的规范理论，以及有关它们的相对主义或怀疑论问题，是被归属于规范法理学还是分析法理学中，主要是个习惯的问题。①

---

① 分析法理学在这里指的是从描述角度出发对法律现象的解释。该立场大体上源自于奥斯丁，但哈特使之更为著名。哈特在《法律的概念》前言中指出，该书是一部分析性作品，关注法律同强制力、道德以及规则之间的关系。言下之意，这似乎意味着分析法理学并不包含对于正义这类价值或理念的分析。但实际上无论是哈特还是拉兹，都有关于自然法、道德以及正义等规范性议题的论述。他们会认为自己在这些方面的

我认为规范法理学是理解法律的重要组成部分,但如前所述,我的贡献一直都很微小。[4] 这有一个独特的原因:我自己是一个有关价值的温和怀疑论者或不可知论者。我不相信普遍的道德或自然法原则;我对作为理念的人权和正义持有非常实用但温和的怀疑论立场;我不是强烈的相对主义者或无神论者,[5] 但我也不是道德领域的客观主义者。我认为在大部分普遍主义立场中都存有一种强烈的民族优越感的成分。我持有一些原则化的道德与政治认同,但我没有主张它们都建立在坚实的哲学立场之上。我并非强硬的主观主义者,因为我确实有这样一种可行的假定:反思、合乎逻辑的论辩、对话和沟通能在一定程度上有助于增进理解,并达成可行的共识与合理的调和。不过我也接受,根深蒂固的信念不太会受到理性说服或哈贝马斯式对话的影响。信仰多元主义(belief pluralism)是我们需要与之共存的事实。我想要尽力理解这个世界并改变它。出于这种理由,我惋惜如此多的法学研究是规范性的和武断刚愎的。

本章会简要论述这个领域中我的观点的发展,最终我的立场与赫伯特·哈特极为接近,是一种修正的功利主义,(在约翰·斯图尔特·密尔的意义上)以及一种法律实证主义。但这些观点的根源则与哈特的有些不同。

如第 2 章所说,从很小的时候,我就一直有关于信仰、价值和

研究并不属于分析法理学而是道德哲学或伦理学分析。但如果我们将分析法理学理解为运用分析哲学方法对法学现象的考察,德沃金与菲尼斯所代表的学说同属分析法理学之列,但却是规范性的。他们认为对于自然法、道德以及正义的分析,本身就是法理学的一部分。这种有关(分析)法理学范围的讨论,是法哲学内部的重要议题。但特文宁基于现实主义立场,觉得这不过是语词游戏,不必在意。

信念认同（commitments）的问题。尽管我在童子军中的反抗具有恶作剧意味，但隐含在这之中的，可能是对被迫作出自己不打算遵守的承诺的本能抗拒。我不反对帮助老奶奶过马路或日行一善，但在思想、语言和行为上保持纯洁无瑕，既无趣，又强人所难。同样，由于相较于拳击，信仰确证仪式没有那么令人厌恶，我选择了它，于是我们在理论上就可以无拘无束地逃避这个仪式直到它举行的前一天，但在无力地表达了自己的一些怀疑后，我屈服于压力，不得不参加仪式。我发誓自己信仰"英国国教三十九条信纲"。可是一个人如何能够发誓信仰他完全不懂的东西，信仰他认为自己理解却不同意的东西，信仰那些他认为不可知甚或怀疑的东西呢？和边沁一样，我觉得自己被迫说谎。这是教条吗？不见得。死抠字眼？在我看来不是这样。

后来作为一名本科生，我不断回到信仰多元主义这个事实：我们生活在一个人们相信许多不同事物的语境中；这个世界包含许多意识形态、宗教、宇宙论和道德；要不是出生这个偶然事件，我本可能是个犹太人、佛教徒、摩门教徒、某派伊斯兰教徒或彻底的无神论者。大部人无法被说服去改变他们的信仰。信仰多元主义是一个社会事实（第3章）。这是我个人哲学以及探索规范法理学的起点。

有关信仰与接受、信仰与认同、信仰与行动、信仰之跃、神迹、神启、祈祷以及服膺于权威，我感到困惑，有时甚至是苦恼。这种不确定性似乎是一种心理状态，但同样也是哲学困惑的缠结。我及时地接受了有关宗教的不可知论，又更审慎地接受了有关道德的不可知论。我明白为了作出行动或作出选择，为了决定什么才是正确的，我们需要某种可行的假定——一些暂时的价值，一些能让我们漂浮在不确定之海的木板或木筏。[6]这些不可知论的关切在某种程度上抑制了对任何特定意识形态、伦理或事业的无条件认同。在牛津，我尝试各种各样的政治性社团，但远离宗教性的社团；最后没有一个社团能够说服我，所以就加入了自由社团，但我也没有拿它当回事儿。我有某种强烈的本能——保留我的自主、抵抗权威并按自己的方式生活——偶尔会有明显的不合主流的行为。基本上，我觉得自己不了解宗教但不得不忍受它。这是对典型的青春期少年相当侧重思想层面的刻画——也与年轻时的边沁差别不大。

在研习法理学时，我对自然法持怀疑态度；甚至阿奎那对神启和理性精妙的调和也未能说服我。一个人如何能够确定神启呢？理性难道不是另一块摇摇晃晃的木板吗？20世纪50年代牛津的法学教育文化具有非常强烈的实证主义色彩。"法律是什么"应当明确地区分于"它应当是什么"。我们的任务就是学习法律说了什么，然后适用它。我们不应当让自己的价值偏好或政治观点影响自己对法律的解释；我们应当在试图批判法律之前掌握法律。实际上，对于法学学生而言，批判并非真的是一个合适的活动。

在牛津，约翰·奥斯丁以及立场更为温和的边沁，是该文化的一部分，不过人们学习的是奥斯丁的实证主义法律理论，而非他的功利主义。相较于边沁，奥斯丁更受青睐。他是"英国法理学之父"。他主导着当时所讲授的法理学——尽管偶尔会提到其他一些"学派"，诸如历史法学派、自然法学派、社会学法学派、斯堪的纳维亚（而非美国）现实主义——但这主要被认为是分析的。法律是一种社会现象——除此之外，还会有什么？——但理解法律就是理解法律教义——英国法与罗马法中基本的人造概念、原则和详细的规则。哈特是我的宗师,概念分析成为我的起点。

赫伯特·哈特对于道德有自己的关切。[7]这在他和帕特里克·德弗林勋爵(Lord Patrick Devlin)有关道德和刑法,特别是受到《沃尔芬登报告》(Wolfenden Report, 1957)的启发而就卖淫和同性恋的论战中,显露无遗。[①]哈特复兴并改进了约翰·斯图尔特·密尔的观点,认为一些行为如果没有包含对他人或"公共利益"的有害后果,即使被认为是不道德的,也不应当受到法律的禁止或处罚。在他与边沁式功利主义展开斗争的有关惩罚的杰出著述中,他强化了自己的观点。他认为后果论是有吸引力的,在有关公共道德时尤为如此:一般来说,法律应当关切效用的最大化,也即最大多数人的最大幸福。但纯粹功利主义的一些潜在影响与他最深处的直觉相悖:给无辜的人带来伤害,为了多数人的利益和其他形态的未经限定的多数主义而牺牲少数人的权利。在所有这些情形中,纯粹的功利主义都与哈特的直觉相悖,他感到有必要诉诸某些独立于效用的原则来修正自己的功利主义。在极端的情形中,我们可能会证成惩罚无辜的行为,但条件是当且仅当没有任何功利主义考量允许有例外,且我们承认牺牲了一个独立于效用的重要原则(比如,惩罚无辜是不正义的)。哈特从未给自己相当薄弱的道德多元主义

---

① 哈特与德弗林论战是法理学中"法律是否可以强制实施道德"这一主题的经典论辩。该论战的起源就是《沃尔芬登报告》,它主张成年人之间彼此同意的同性性行为不应当受到法律惩罚。德弗林法官认为这种观点有违社会道德,会导致社会的解体。哈特反对这一观点,并计通过法律强制实施道德的立场予以批判。相关论述可参见他的经典作品《法律、自由与道德》(Law, Liberty and Morality, 1963)。

找到令人满意的基础。最后他也承认了这一点:"我们还没有发展出一种可与功利主义理论在清晰性、详尽性以及对现实中人们的吸引力方面相匹敌的有关个人权利的理论……所以和在其他主题中一样,在这个主题中边沁哪里未能说服我们,他就依旧在那里推动着我们思考。"[8]

我被哈特和德弗林有关法律与道德关系的论辩以及哈特对惩罚的分析吸引着,而且有时不知不觉间对他在英国(而非美国自由市场)密尔意义上的政治自由主义底色感兴趣。相较于自由民主主义者,哈特更是一位认同于福利国家的社会民主主义者,但他坚持认为个人是首要的道德单位,并且和约翰·斯图尔特·密尔一道坚持自主的重要性。在几乎所有这些问题上,我和哈特在这个立场上接近,但有一个例外:我个人更加关心西方道德化立场中民族优越感的倾向,并且可能更对社群主义的内容感兴趣。

我主要是通过哈特,特别是有关刑罚的证成中,了解到伦理学中的哲学议题的。在对之展开更为详尽的研究后,我对边沁主义感兴趣,但对其中一些潜在影响感到困扰。我在芝加哥选修了一整门有关功利主义的课程[由施尼温德讲授(J. B. Schneewind)],从这里我了解到边沁的快乐概念能够涵盖人类的一切欲望与满足;财富是这些事物的危险替代品;边沁的幸福计算公式是一种隐喻,不应当像一些人认为的那样,死抠字眼儿地以数学方式解释。芝加哥经济学家将成本-收益分析运用到几乎一切事物中的倾向,给我按下了这种立场的暂停键。我还了解到功利主义大部分更为尖锐的批评集中在个人伦理而非公共道德方面;但在后一个领域中,艾耶尔(A. J. Ayer)对一些主要的攻击加以反驳,巧妙地辩护了边沁主义。[9] 强调法理学和边沁都主要关注公共道德而非个人伦理是很有帮助的。后来，在我讲授边沁时，我督促学生找出他们认为哪一种功利主义是最不易受攻击的，然后再把它与他们自己的直觉、信念以及认同加以比较。此外，即使他们相信自己拥有某种自然或道德权利，他们也应当认真考虑边沁对《法国人权宣言》（French Declarations of Rights）的批判。[10]

酷 刑

我对功利主义的兴趣由于北爱尔兰的事件而变得清晰明确起来。20 世纪 60 年代中期以来北爱尔兰纠纷的重现以及英国的回应，都提出了有关审讯手段和紧急权力的重要议题。1971 年的《康普顿报告》（Compton Report）指出一些残忍的审讯手段，著名的有戴头套、噪音干扰、剥夺睡眠以及面包与白水的伙食等，这些等同于身体虐待，是不可接受的。1972 年的《帕克报告》（Parker Report）确认这些手段是非法的，并从即刻起不再使用。[11] 后来在爱尔兰诉联合王国案（*Ireland v. The United Kingdom*, 1978）中，欧洲人权法院判决指出，"康普顿手段"并不构成酷刑，但却违反了《欧洲人权公约》（European Convention on Human Rights）第 3 条，构成"非人道和有辱人格的对待"。这些手段以及对公民自由的减损，特别是未经审判的监禁，都主要通过与效用和人权的对比具有亲密关系的术语得到公共讨论。

女王大学的一个深厚传统就是在校园中不会容忍宗教不宽容。这个立场总体上在大学内外都得到了理解和尊重。不过，人们期待大学对它们当地社群有所贡献，并以合适的方式介入到当时的重要议题之中。在1971—1972年，一些学生逐渐越来越对女王大学所谓的冷漠持有批判态度。考虑到当地学生大体上分为50%—55%（新教徒）对45%—50%（天主教徒）的比率，一个标准的回应是："拿定主意？——可是站在哪一边呢？"但这太轻浮了。在法学院，我们一些人形成了一个教工-学生组成的非教派式的工作组，从审讯手段和紧急权力入手，"以相对抽离的态度"为饱含争议的议题的公共论辩尽一份力。[12] 我们有意识地将学术价值运用在这项任务的方法中，有的人可能会觉得这将允满争议的政治议题太过知识化了。这是在共识政治方面的一次演练。这个过程具有启发意义，但我对其一些产物则态度暧昧。特别是，我们写作了一个有关紧急权力的小册子，它不可避免地代表着一种平衡的妥协方案。[13] 当一些保守党议员从中精挑细选出脱离语境的特定建议时，我感到失望。不过这次演练对于参与者而言是一次宝贵的经历，它的确代表着学术伦理在政治议题中得到强有力的公开重申和运用。

参与这个工作组让我对这些话题的兴趣更为浓厚，并且我作为学者与公共知识分子，在它们身上投入了大量时间，渐渐地就被拖入有关酷刑的文献的浑水中。1971年我受邀参加边沁委员会，它负责编辑和出版杰里米·边沁在伦敦大学学院的手稿。在这里我发现了两份追溯至18世纪70年代中期到1780年的有关酷刑的未发表手稿。在20世纪中叶，大部分英国道德哲学家已经对酷刑不感兴趣，认为它"超纲"，但这些手稿既具有思想价值又契合时事。在佩内洛普的帮助下——她完成了大部分编辑工作——我们写好一篇包含这两部分在内且有一份评注的长文。[14] 有意思的是，边沁在他对酷刑问题感兴趣前,他一开始承认自己永远无法想象会允许任何被恰当地称为"酷刑"的行为。事实上,他欣然接受酷刑被几个"欧洲最专制的政府"废除……"但在仔细研究的过程中,一个人学会了让自己抵御语词的欺骗性力量,并通过有关效用的更为广泛的考量而修正了感性的第一印象。"

边沁勉强总结说,"在极少数情形中,出于非常特殊的目的,酷刑的使用可能是有利的"。他甚至论证说,在某些情形中,强制性酷刑可能比刑罚更容易获得证成,因为当强制力的目标(痛苦的持续)达成时,痛苦的施加就可以停止。或许边沁论述中最奇怪的一个方面,就是他的如下主张:"对酷刑最重要的反驳就是,它的滥用是要承担责任的。"这并非大多数人对"酷刑何错之有?"这个问题的答案。有人可能会强调痛苦的极端性、对尊严的否定、极端强迫抑或对直接和间接不良后果的计算。边沁有两个重要洞见:酷刑是一个含混和复杂的概念,包含诸多具有不同恐怖程度的行为;[15] 作为一种实践问题,最大的恶在于酷刑的制度化和常态化。

这里没必要总结边沁纷繁复杂、充满洞见且惊世骇俗的分析——在别的作品中已经有了。为他说句公道话,他是不情不愿地得出自己核心结论的,他为酷刑的运用提出了非常严苛的条件,并且将酷刑概念限定为出于强迫的目的而施加身体痛苦——因而排除了酷刑在当下的诸多使用,诸如使政治对手丧失能力资格,恐吓大众等。此外,他并没有发表自己的作品;或许他意识到自己的论点就和酷刑行为本身一样,可能被轻而易举地滥用,他便止步于自我审查之中。

不过,我却要为发表这份手稿负责,因为与边沁相当得意的假设相反,在20世纪酷刑在这个世界上的许多国家远远没有被"废除",反而变得广为流传,甚至常态化了。边沁对酷刑的讨论很容易就受到批判。他有关酷刑的定义一方面太过宽泛,另一方面又太过狭窄:它没有考虑任何极度痛苦的前提要求,失于宽泛;但将酷刑的目的界定为强迫个人去做或不去做某事,典型的就是在审讯中的供认,这又在今天失于狭窄。尽管为酷刑的正当使用设定了一些严格的条件,边沁的论述归根到底与成本-收益分析相差无几。他的结论是,可能在一些情形中,动用酷刑是两种恶中较小的一种,以至于它的使用偶尔会得到证成。

意识到边沁可能被脱离语境地引用或误解,我的评注强调他为酷刑提供的证成范围是极为狭窄的,并且补充了他反对酷刑的论证。我特别指出,除了基于独立于效用原则的论证,就连一位功利主义者都会出于实用性理由而支持对酷刑及类似行为在法律上加以一般性绝对禁止,因为酷刑可能且现在仍然在超出任何貌似合理的证成范围中广为使用。酷刑需要得到研究、分析、报道和反抗,这完全是因为它甚至比奴隶制都要糟,还没有被作为一种制度性实践而废除。它在一些国家仍旧兴旺不绝。[16]

除了这篇有关边沁的文章,1973年我参加了在巴黎召开的有关酷刑的会议,并在1978年向亚里士多德学会提交了一篇论文,[17]呼吁哲学家关注其中包含的概念与哲学议题。这两次经历都让人不愉快。巴黎会议是国际特赦组织举办的,是为《联合国酷刑公约》(UN Convention on Torture)举行的活动的开端。我因下述经历而感到沮丧:不仅有关于个人案件还有关于制度化酷刑程度的骇人听闻的报告;人权活动家们无助地紧攥双手;国际律师从20年的进程出发思考问题(实际上"公约"在1987年生效,"仅仅"12年后)。特设组织本身令人钦佩地处理了单个案件,但却似乎对同酷刑斗争的原因与方式的系统性研究没有太多兴趣,也对不只是在法律而且是在实践中如何阻止抑或更可取地废除酷刑的构想不感兴趣。[18]在亚里士多德学会的会议上,一位知名哲学家认为这个主题根本不用讨论。我坚持认为这里存在具有哲学意味的现实世界问题,但却体谅这位反对者:甚至在这次会议中,一些讨论在我看来让这些议题变得琐碎,以至于我觉得罗马城正被焚毁而我们在虚度光阴。边沁常常被脱离语境地引用,不去提他的犹豫以及严格的条件。他的许多论点都会被滥用,特别是源自极端情形的论点(比如,"定时炸弹"场景),它被引用时,总是忽略了制度化酷刑和极端的一次性选择之间的区分。自"9·11"事件之后,近来美国有关水刑(waterboarding)① 和其他行为的低质量讨论,充分说明了这个问题。[19]

尽管像贫困、不平等、不安全甚至奴隶制一样,酷刑这个主题一直伴随着我们,但1972年离开北爱尔兰后,我逐渐从研究酷刑中脱身。我不再能提出任何有关酷刑的独特知识,也不再致力于废除它。但我的感觉是,尽管大量关注都聚焦在国家、跨国、国际以及超国家层面的法律与单个案件中,文献却是不均衡的,偏离了其中一些最为重要的议题。比如,几乎所有法律文献一直都关注国际法或"酷刑的道德性"。但却一直很少有人系统性地关注如下类似问题:在何种条件下酷刑会兴旺发达?谁要为制度化的酷刑承担责

---

① 水刑是一种刑讯方式,将犯人绑成脚比头高的姿势,脸上盖着毛巾,然后在毛巾上倒水,让犯人产生快要溺水的感受。

任或负责?通过何种程序,酷刑得以常态化?如果有的话,酷刑和民主之间的关联是什么?除了一些例外,对这个现象几乎没有任何严肃的历史论述,但却有许多对酷刑手段和工具的几乎不加掩饰的欲念。一个有趣的例外就是约翰·朗拜因(John Langbein)的《酷刑和证据法》(Torture and the Law of Proof, 1977),它令人信服地表明,证据法的变化,特别是和供认有关的变化,要比诸如贝卡利亚(他影响了边沁)这样的启蒙思想家被夸大的影响,在更大程度上使得教会法实践衰落。爱德华·柯克爵士(Sir Edward Coke)自得地宣称,英国法不会容忍酷刑,但即便是现在,"有浓厚兴趣的游客"在排队买票("晕倒不退")去华威城堡的地下城时——这里满是地下密牢、互动式与参与式机关和自拍("好吓人呀!")——可以仔细想想这个问题。[20]

制度化酷刑缺乏系统性分析的鲜有的几个例外之一,就是防止酷刑协会(Association for the Prevention of Torture, APT)资助的研究。这个协会于1977年在日内瓦成立,是关注防止酷刑和其他残忍、非人道与有辱人格对待的国际非政府性组织。防止酷刑协会建立在如下信念之上,即防止酷刑的最佳实现路径是三种彼此紧密结合的要素:有效的监督、法律与政策框架以及国际和国内行动者持续的决心和能力。在2011—2012年度,它资助了一项为期四年的由牛津布鲁克斯大学理查德·卡弗(Richard Carver)博士领导的防止酷刑的项目,该项目的宗旨是"识别能够降低酷刑和其他虐待风险的关键因素"。[21]这项由低调的团队开展的研究向在瑞士的防止酷刑协会提交了一份杰出的中期报告,接着在2016年出版了与丽莎·汉德利(Lisa Handley)合编的一部价值巨大的著作。此书的

开头仅仅是种假设:

> 在近几十年,诸多条约要求各国采取一系列防范措施以减少酷刑的风险。这些措施——最初受到似乎有效的常识与实践的启发——一直没有得到系统性的检验。[22]

卡弗承认在哲学、心理学、医学和法学(特别是国际法与人权领域)方面有大量关于酷刑的学术文献。但在巴黎会议将近40年后,他发现文献依旧是失衡的:

> 大量作品考察酷刑的身体与心理影响,以及酷刑受害者的治疗。与本研究更相关的是,大量文献描述了国际法领域对酷刑的禁止,以及各国在习惯法、国际人道主义法律、人权法中承担的义务,尤为著名的是两份国际禁止性条约,即《禁止酷刑和其他残忍、不人道或有辱人格的待遇或惩罚的公约》[Convention against Torture and Other Cruel, Inhuman or Degrading Treatment or Punishment,又名《联合国禁止酷刑公约》(UN Convention against Torture, UNCAT]和它的《任择议定书》(the Optional Protocol to the Convention against Torture and other Cruel, Inhuman or Degrading Treatment or Punishment, OPCAT),以及《防止酷刑和不人道或有辱人格的待遇或惩罚的欧洲公约》[European Convention for the Prevention of Torture and Inhuman or Degrading Treatment or Punishment,即《欧洲防止酷刑公约》(European Convention for the Prevention of Torture)]。

心理学研究与本研究相关是因为它揭示了人们在特定条件下具有施加酷刑的倾向,这表明规则和制度是防止酷刑的关键。有关酷刑成因以及防止或减轻酷刑因素的社会科学和历史研究,一直都较为罕见。[23]

国际特赦组织在1984年提出一项总体上减少酷刑概率的策略。尽管这大体立足于一些国家的偶然经验而非系统性的研究和分析,但《卡弗报告》(Carver Report)和上述著作指出,它们的药方总体上是合理的。在过去30年,情况有了实质性改善,这主要发生在政府实际上想要试图处理这个问题的国度。[24] 国际特赦组织的12点纲要并没有正确指出能够有效发挥作用的措施。[25] 它们是种后见之明,和未被问及的人口统计学与制度性酷刑行为分布问题的常识性答案看上去几乎别无二致,这些问题涉及:酷刑在何时何地发生?谁是受害者,谁是施害者?责任人的动机是什么,惧怕什么?诸如此类。出现的一个重要变化是关注的焦点转向了逮捕后前48小时中的警察局,而非更长时段内的监狱。从统计数据来看,酷刑主要的受害人是穷人、无家可归的人以及被怀疑犯有轻微罪行的人,而非"恐怖分子"和跨国犯罪组织的成员。警察局内防止酷刑的措施可能是有效的,比如有记录或有录像的问讯,完善的记录保存,排除不当获取证据的规则,可会见律师,警察培训和纪律的专业化以及整体上更高的透明度等。

回到2016年有关这个主题的讨论,我很惊讶且欣闻的是,卡弗与汉德利令人信服地总结道:

源自我们结论的启示是具有谨慎的乐观主义意味的。显然，防止酷刑会是有效的，并且在过去三四十年来一直赋予国际、区域以及国家层面更高优先性在总体上是正确的。当酷刑发生的机会减少了，酷刑出现的概率就下降了；如果施加酷刑的人受到有效的调查与公诉，概率就会进一步下降。通过判定系统性问题和增进法律与实践的改革，监督也会是有效的。从中收获的经验就是，尽管一些优先级需要重新排列，这些基本防范措施的耐心细致的运用有可能产生效果。26

当然，还存在着巨大的问题，在内战频仍、广泛动荡、不受约束的安全部队或专制政权的国家中尤为如此。可悲的是这类研究没有在20年前或30年前进行。整体来说，学术在这段时期内，除了提出道德化的和形式化的法律举措外，贡献甚微。就"酷刑问题"在过去三四十年间一直吸引着学者的目光而言，从预防的角度来说，大体上是错误的人把精力用在了错误的地方。27

　　我在这里详细论述这个令人苦恼的议题的主要原因，就是我认为有关酷刑的学术文献中的扭曲以及它对酷刑预防这个重要实践问题的相对忽视，呼应了法理学和法学学科在聚精会神地关注分析性的真理以及伦理谜团而忽略了经验现实时出现的类似扭曲。① 我们需要有关酷刑的流行病学和立基于经验的法学。

　　这不是说哲学家没有价值。边沁的手稿阐述了功利主义的某

---

① 分析性的真理指的是法哲学家对于法律性质亦即法律之为法律所具有的本质必然属性的讨论，伦理谜团大体指的是对于道德价值客观性、法律义务是否属于道德义务等问题的分析。

些局限。认为酷刑永远是错误的道德哲学家,以及(像我这样)支持在法律中绝对禁止酷刑的法学家,试图在不同框架内证成各自的立场——有的是后果论的,有的是义务论的,有的诉诸直觉。边沁的论述并非是"酷刑何错之有"这个问题的答案。但它孕育着两个重要洞见的萌芽:首先,他正确地表明酷刑易被滥用,易于在超出任何看似正当的程度中得到使用;其次,这表明了在极端情形中个体所施加的酷刑与作为制度化实践的酷刑之间的重要区分。

如今,人们认识到酷刑被用于许多目的。马修·克雷默(Matthew Kramer)在其著作《酷刑与德行》(*Torture and Moral Integrity*)中,提出了一种有用的酷刑类型学,它包括:怀柔、恐吓、勒索、惩罚、虐待、歧视、羞辱、极度粗鲁、剥夺资格与教导(包括厌恶疗法)。[28]

这很有启发,但我们希望克雷默不是仅限于主要运用假设的案例来证成对酷刑的绝对道德禁止,而是转而关注现实活动中酷刑的程度、动因与条件。他甚至批评苏(Shue)像关心分析性真理一样关心经验议题。[29] 酷刑问题需要结合这两者。概念分析(比如,对于责任、问责、透明性、非人道、有损人格的残酷虐待的概念分析)是有用的;但如果是以隔绝于真实世界中实践问题的方式来处理概念和道德议题,这些议题就会变得无关紧要,可当这些议题并非无关紧要时,这么做就会分散人们对最紧迫和最常见的实践的注意力。[30]

时至今日,酷刑依旧在大多数国家中流行,几乎总是没有任何看似合理的证成或理由。这表明至关重要的"酷刑问题",不是在一系列狭窄的极端情形中对之加以证成,而是关乎对广为存在、根深蒂固且得到广泛容忍的制度化酷刑行为的防止以及从乐观角度来说的废除。如同"美国黑人奴隶制"一样,有关酷刑废除的核心问题并非是否废除，而是如何废除。和奴隶制类似，司空见惯的情形是政治与道德意见已经受到腐蚀——常态化的酷刑并非新闻。和奴隶制类似，在全球、国际、区域以及地方层面的法律具有象征价值，却总是缺乏时效。和奴隶制类似，仅仅通过法律并不意味着实际上的"废除"，也没有解决"酷刑问题"；但与奴隶制不同，废除酷刑尚未成为令公众神往的真正强有力的运动的主题。当下场景的一个独特特征是，世界范围内大部分酷刑受害者都是刑事犯罪嫌疑人，而非所谓的恐怖分子或政治反对派。诸如国际特赦组织和防止酷刑协会这样的机构做了大量令人尊敬的工作，但相较于问题的严重程度，它们的资源实在微小。这与在诸如癌症和痴呆症等其他疾病方面的投入形成鲜明对比，我们可以看到这种失衡。

人 权 与 正 义

　　当然，酷刑并非规范法理学中吸引我关注的唯一话题。多年来，我都在与边沁对人权、道德权利以及自然权利的恶毒但却深刻的抨击作斗争。[31] 在他看来，权利是实证法的产物；谈论非法律的权利是有害的废话。总体来说，出于实用的理由，我认为人权法和人权运动一直以来可能都是一股向善的力量，并且一直支持各种《人权法案》(Bills of Rights)和其他人权措施与活动。不过很难为非法律的权利构建一种稳定的哲学基础，并且有一些人权主张的话语在我看来似乎是夸大的。最后，我目前持有这样一种在智识上令人不满意的立场，即自然权利与人权可能不像道德权利那样存在，但人权话语——好像它们存在一样地展开讨论——从实用角度来说，在令政府承担责任方面，可能会非常有用而且有效。正如我的朋友亚什·哥亥所言，人权话语为辩论和沟通宪法以及其他政治安排提供了可行的语言与一系列论据。把它们当作存在一样来谈论是有用处的。[32]

在教学中，我通常会非常关注正义。同样，对普遍主义和"理想理论"的怀疑和犹豫阻止了我在这个领域作出独特贡献的任何尝试。1971年以来，约翰·罗尔斯（John Rawls）的《正义论》（*A Theory of Justice*）主导着这个领域。这本著作值得尊敬与细致地研究，但它总是让我不安。与哈特和阿玛蒂亚·森类似，罗尔斯最初受到功利主义的吸引，并发展出自己与之相对的立场。他的论证构造得非常细致且富有挑战性，但我却从未被真正说服过。当罗尔斯冒险超越美国文化的流散地并开启"全球化"后，我轻而易举地发现《万民法》（*The Law of Peoples*）天真幼稚、狭隘局限（parochial）且几乎不具备实践的旨趣。[33]

我长期以来都是阿玛蒂亚·森在饥荒、能力进路、性别与人类发展指数方面著述的崇拜者。[34]当他姗姗来迟地于2009年出版《正义的理念》（*The Idea of Justice*）时，我觉得这要比罗尔斯更有吸引力，但我依旧有所保留。[35]卢埃林重视埃德蒙·卡恩（Edmond Cahn）的《不公平感》（*The Sense of Injustice*, 1951），这是一部"扶手椅式心理学"的迷人著作，① 有一段时间，我与认为可能存在一种近乎普遍的不公平感的观点暧昧不清，但我并不认为相关的经验研

---

① "扶手椅式心理学"或"扶手椅式人类学"形容的是本该进行经验研究的学科，反而展开文献梳理、思辨分析和理论建构，就好像学者可以坐在自己屋子中完成一切研究一样。

究非常令人满意。³⁶ 我觉得辛格(Singer)和博格(Pogge)的作品富有启发性,但我依旧是个相对博览群书的不可知论者。① 在讲授分配正义时,我借用一个卢埃林式的幼儿教育的例子:母亲有一个无法切开的蛋糕(或其他独一无二的好东西)。她的六个孩子提出不同的主张,认为自己是拥有蛋糕的人:欲望、优点、年龄、力量、时机、"轮到我了"和"毁掉它"以及公正程序。② 课堂上我们会讨论基于不同程度的欲望、优点以及边沁要素中其他维度的分配,但讨论通常会以抽签这个最公正的分配方式结束。从教学来说,这个方法相当有效,但很难说是一种突破。所以,尽管我的教学有一大部分都投入到规范法理学中,我却无法主张已经提出了非常与众不同的一系列观点:我是一个修正的功利主义者,一个政治自由主义者,相较于罗尔斯式的理想理论,我更青睐阿玛蒂亚·森有关正义的实践能力路径。

---

① 彼得·辛格(Peter Singer)是澳大利亚和美国的著名伦理学家。他倡导动物伦理,将人类社会的正义理念拓展到动物群体,探索人与世界及自然的正义关系。涛慕思·博格(Thomas Pogge)是耶鲁大学的哲学教授,主张将罗尔斯的正义理论从国内层面拓展到全球,倡导全球正义。

② 有趣的是,阿玛蒂亚·森在《正义的理念》一书开篇所举的例子与此类似:不同的人依据不同理由主张一支笛子应当归自己所有。这似乎隐含了特文宁、卢埃林以及阿玛蒂亚·森之间的关联。

第10章 立场、提问与"像法律人那样思考"

> 选择讲述故事的(诸多)视角可能是小说家需要作出的最为重要的一个决定,因为它从根本上影响了读者在情感与道德上将会如何对虚构的人物及其行动作出回应。
>
> (戴维·洛奇)[1]

> 但如果我们从自己的朋友这个坏人的视角出发,就会发现他并不关心公理与演绎这两个没有用的东西,而是想要知道马萨诸塞州或英国的法院实际上有可能会怎么做。我很大程度上与他想的一样。有关法院实际上将要做什么的预测,就是我所说的法律,没有什么更加虚伪矫饰的东西。
>
> (奥利弗·温德尔·霍姆斯)[2]

立　　场

法理学是一种提问与推理的活动。几乎任何研究的一个有用的起点就是:谁在何种语境下问了谁什么问题?这是"澄清立场"

的一种方式。在1955年参加完牛津毕业考后不久,我理解了这个基本观点。此后就一直在运用它。本节会概述这个观点发展的故事。这个概念会在之后几章中再次出现。

哈特教授在1954年的讲座,特别是他的就职演讲,开始让我思考问题与提问,这就让我开始对立场或视角的观点感兴趣。哈特批判"……是什么?这种问题",诸如:什么是艺术?什么是正义?什么是法律?什么是权利?他表明,这些问题通常存在缺陷,在得到合理解答前需要受到挑战。它们之所以会有缺陷,这是因为,首先,它们的含义可能并不明确;其次,如果以某种方式加以解释,它们可能建立在错误或可疑的假设之上。

诸如"什么是艺术?"或"什么是法律?"这类问题的含义,取决于谁在何种语境下出于何种理由提出这个问题。这可能是一个不熟悉英语的外国人,以另一种语言在问一个简单的同义词。在"法律"这个词汇的情形中,这个问题并不简单,因为这个词含义模糊,并且在它的一个基本含义中,英语没有对法/法律(ius/lex, droit/loi, Recht/Gesetz)加以区分。在一些语境中这可能不重要,但在其他语境中这就打开了满是问题的潘多拉魔盒。[3]或者这个提问者可能是在试图澄清如下可能的模糊:在此语境中"艺术"只是在美学意义上使用,还是指代任何种类的技能——就如"沟通是门艺术"这个表述所说那样。不过这个提问者可能是位艺术史学家,她的研究领域就是艺术。她为什么会问这个问题呢?或许她是在出考题?又或者,她正在思考如何在一篇有关巴布亚新几内亚艺术的文章中规定这个词的用法,以便限定自己的研究范围;抑或她是在探究:什么是艺术的性质或本质?对最后这个问题的一种合理回应,就是对该问题背后的假设表达疑虑。为什么要假定艺术具有性质或本质？或许她对自己专业领域背后的哲学问题深感困惑——她正在为一个自己先前认为理所当然的概念发愁。妥当的方式可能是请她更准确地表述自己的问题。她是在说两个（或更多）艺术理论中哪一个最有说服力吗？或许她是在不恰当地寻找"艺术"这个词的普遍定义？又或者我们可以从她的语气中推断出，她丝毫不理会任何这类理论问题，而是像戏谑的彼拉多（jesting Pilate）一样在问"什么是艺术？"，而不期待一个答案。① 简言之，我们需要澄清这个问题的含义，以及该问题背后的关切和提问者的立场。由于分析法学中许多问题都是以"……是什么？"这个形式提出的，哈特的挑战就对这个领域的后续发展至关重要。

哈特的就职演讲对我之后发展有重大影响。不过，慢慢地我逐渐对他狭窄的法理学议程感到越来越不满意——他是否关注了最好的问题呢？尽管他将法律视为一种社会现象，但他继承了自己前辈们在教义方面的假定，关注着诸如法律、权利、义务、规则这些大体相同的概念，没有留意经验研究所需的概念。[4] 他改进了分析法学的方法，但却固守着它的狭窄议程。[5]

在前言中我提到1955年7月，我在凯瑟克的一家书店觅得一本破旧的科林伍德的《自传》，这本书令我顿悟了。这无疑是部伟大

---

① 培根在其《随笔集》中的名作"论真理"的开篇曾说："WHAT is truth? Said jesting Pilate, and would not stay for an answer"（何为真理？彼拉多戏谑地问道，且不等回答便离去）。这个典故源自《新约·约翰福音》。彼拉多在审问耶稣的时候，耶稣对彼拉多说，"我来到世间，特为给真理作见证，凡属真理的人，就听我的话"。彼拉多听后问道："何为真理？"这个故事具有一种反讽意味，似乎是说一个人手握权力就可以不理会真理，又似乎有明知故问的意味。

的文学作品,实际上是部伟大的小说。在我看来,其核心观点就是一切历史都是有关思想的历史:要理解亚里士多德的《尼各马可伦理学》抑或纳尔逊(Nelson)在特拉法尔加海战中的决断,① 我们就需要设身处地从作者抑或行动者的视角来尝试理解他们的处境、关切、角色、概念、信息与感知,以便重构他们的所思所想及其意涵。[6]

在一篇有关因果性的著名文章中,科林伍德提出另一点:"一辆车在转弯时突然打滑,底朝天翻转过来,然后燃烧起来。从这位汽车司机的视角出发,这次事故的原因就是转弯太快,教训是我们必须更加谨慎地驾驶。但从郡测量员的视角出发,原因是路面有缺陷,教训是我们必须修建防滑的道路。从这辆汽车生产商角度出发,原因是设计缺陷,教训是我们必须降低重心。"[7]

这清晰地表明不同类型的专家戴着不同类型的眼镜(lenses):他们从不同职业或其他背景中带来概念、问题与专业化知识。无论在理论还是实践问题中,眼镜概念在立场分析中都非常重要。

阅读科林伍德对我来说是向前迈了一大步,但这并没有消除我所有的困惑。在此之后不久,我读到了福斯特(E. M. Forster)在1927年写的《小说面面观》(Aspects of the Novel)。[8] 两个彼此相关但看上去相互矛盾的观点震撼了我。首先,福斯特称赞珀西·卢伯克(Percy Lubbock)的《小说技巧》(The Craft of Fiction, 1921)并且赞同地引用他的表述:

> 在小说技巧中,所有复杂的方法问题,我认为都取决于视

---

① 特拉法尔加海战(1805年)是英国海军史上的最大胜利,在决战中英国海军中将纳尔逊的指挥与战术皆胜法国海军一等,从而大败法国,阻挡了拿破仑进军英国本土的计划。但不幸的是,纳尔逊也在此战役中牺牲。

角问题——叙述者与故事之间的关系问题。[9]

我如饥似渴地读了卢伯克的著作以及他讨论的大部分小说。他的核心观点是在中立抑或偏颇的观众以及无所不知的作者之间作出区分,并透过一位或多位参与者的眼光来观察一切。这种观点通过区分不同类型的视角,发展了科林伍德的历史观念。它在法学研究中立刻就得到了共鸣。

不过,其次,在《小说面面观》后面的部分,福斯特似乎转变了路线。他激烈地批判亨利·詹姆斯(Henry James)太过严格地执着于一种前后一致的立场——为了美学形式而牺牲了人性与生活。这特别体现在《奉使记》(The Ambassadors)中,詹姆斯构建了一种美学上完整的形式——如同一个沙漏一样:

> 但这样的代价可太大了!……代价是人物非常少——主要就是一个试图影响行动的观察者,以及一个二等的局外人——这些人物……建立在非常吝啬的台词上……为什么对人类如此荒唐?[10]

简言之,詹姆斯的美学形式主义略去了杂乱的生活现实。如我会解释的那样(第13章),这就是我对于法律和教义式形式主义这个主导传统——在今天这种主导地位才稍有松动——的感觉。这种对于不同视角特殊性的强调富有直觉上的吸引力。当我背离哈特——至少我认为如此——而转向某种被称为"现实主义"的事物时,立场和多种视角对我而言成为关键概念。不过,当然,我无法摆脱他有

第10章 立场、提问与"像法律人那样思考"

关内在视角的观点。①

1955年在达累斯萨拉姆的时候,我研习了科林伍德的几本更重要的著作,特别是《历史的观念》(*The Idea of History*)和《艺术原理》(*The Principles of Art*)。有段时间,我不太认真地想要按照科林伍德的路径为法律构建一种"新工具"(*novum organum*),但很快就意识到自己的局限,只是不断返回到《自传》中的两个观点:立场,以及提问与回答的逻辑。[11]

在分析法学与哲学中,立场的分化已经成为一个有力的工具。[12] 比如,边沁对解释者(expositor)和审查者(censor)的区分是其观点的核心。在一篇很有影响力的文章中,约翰·罗尔斯提出消除在证成刑罚时报应主义者和功利主义者之间长期争斗的方法,就是赋予每种理论一个不同的立场:功利主义者处理立法者的问题——在何种条件下[国家]刑罚应当得到证成?报应主义者回答法官的问题——我应当惩罚这个人吗?这就带来行动功利主义和规则功利主义之间充满争议的区分。② 其他一些法学家运用立场的分化来解

---

① 内在视角(internal point of view)是哈特对自己《法律的概念》一书理论立场的定位,它指的是从法律实践参与者的角度出发来描述和理解法律现象。哈特给出的标准界定是,这种视角包含两个要素:首先,某个社会群体存在某种一致性行动;其次,该群体中如果有成员偏离了这种一致性行动,就会受到其他成员的批判性或否定性评价。具体来说,内在视角可能对应现实中的两类群体。第一类群体是真心接受并认同法律的人,会按照法律要求指引自己的行为;第二类群体是理解法律的要求,但未必真心赞同或接受法律,比如法学教师在讲授某一国家的法律时,虽然理解该国法律但对之未必接受或认同。

② 宽泛来说,行动功利主义立场指的是在具体情境中,我们根据一个行为对最大多数人的最大利益的影响来选择是否作出该行为;但是规则功利主义立场指的是我们从所有人都遵循某种规则的角度出发,衡量该规则会带来何种影响,如果带来的影响符合最大多数人的最大利益,我们就应遵循该规则。

决困惑、推进自己的观点,而其方法就是表明源远流长的论辩中的关键人物,不是对同样的问题有所分歧,而是在处理不同的问题。[13] 这有很强的解释力,但有时会过度使用。我们将会看到,立场的澄清也有其他用途,比如,在初期阶段就定位一个研究,阐明法律话语在何种程度上是参与者取向的,以及提出有关于角色的问题。

从很早开始,我就在教学中强调澄清立场的重要性,并在此语境中将它发展为一个关键的思想工具。[14] 它表明了法学在何种程度上是一门参与者取向的学科。相较于行动者立场,法学学生很少被要求采纳观察者的立场。[15] 更准确说,他们被要求去假扮不同类型的参与者:为你的客户提供咨询;我们(立法者)应当怎么办?我(作为上诉法官)应当如何裁判这个法律问题?对我(辩护律师)来说,什么是这个案件最好的理论?这在模拟法庭和模拟审判这类角色扮演中显而易见。并且我注意到在智识训练中,学生通常会不知不觉地转换立场。尼采曾说,愚蠢最常见的形态就是忘记自己正在试图做什么。对于法学学生来说,愚蠢最常见的形态可能就是忘记他们正在假扮什么角色。

澄清立场可能相当简单,但也多少会有些繁琐,这取决于研究的语境和性质。在教学中,我通常会建议学生在开始任何研究时都遵循简单的三步走方案:我是谁?在位于什么过程的何种阶段?我在试图做什么?

第一个问题并不是邀请大家感受存在意义上的忧虑。① 对于法

---

① 这显然是作者的幽默:按照海德格尔的说法,我们现代人在存在主义意义上的忧虑,在于我们具有一种被弃感和无根性,无法诗意地栖居在这个世界上。

第10章 立场、提问与"像法律人那样思考" 223

学学生来说,通常在诸如(当事人一方的)辩护律师或法官这类标准职员类别中选择其一就足矣。第二个问题具体化了场景和即刻的语境。如果这是诉讼,是法学学生通常被要求设想的场景,将从触发事件(诸如死亡、轻微的道路事故抑或酒吧中的冲突等)开始的整个诉讼过程的简单线性模型作为起点,是有用处的。这种模型以简化的方式勾勒出在包含不同行动者的诉讼中出现的典型的一系列决定与事件或阶段,其中包括调查,寻求法律咨询的决定,最初的咨询及随之而来的行动(比如,一封事务律师的信或逮捕),通过决定起诉或控告或放弃案件,或谈判(辩诉交易?和解?调解?),审前决定,审判前夜的准备,法官和其他参与人在法庭上的行动和决定,程序性决定,法律性决定,事实性决定,然后是对处罚(惩罚、损害赔偿或其他救济)的决定,是否上诉的决定,上诉过程中的其他决定,审判后的决定(包括假释、破产、报复)以及和在血亲复仇中一样,上诉过程的结束、恢复或延续。这个模型表明在诉讼或其他纠纷过程的不同阶段,有各种各样的行动者,他们具有不同的角色、优势和目的以及信息需求。它是线性的,但在实践中,纠纷之中的决定和事件的次序会在很大程度上呈现出差异。[16]

当然,在诉讼之外,法律行动者会涉足其他过程与交易:谈判协议、起草合同、面试、职称考核、招徕客户、发明避税方法、破坏证据、洗钱等;同样,这些活动中的每一个都多多少少会有标准程序和模型,但在每种情形中可能会有独特的其他考量。

在为了目的性思考的理性建构或重构而使用立场分析,与为了对一个人的视角(包括他们的态度、感受、直觉等)展开心理学或其他经验研究而使用该分析之间作出区分是重要的。这可以被粗略地描述为"右脑"和"左脑"进路。[17]科林伍德以第一种方式运用立场，被批评为太过理性主义。一开始我以大致相同的方式运用立场澄清，从实用角度将之作为一种有用的思想工具，与科林伍德类似，我通常会设定一个展开目的性思考的理性行动者，会典型地采纳一种有关标准角色的规范模型，而非将立场用作对现实行动者或行动者类型展开经验研究的工具。后来，我开始反思这种观点的意涵。在多年来发表的一系列论文中，我详细阐述了这种一般性方法，但与此同时，我更加关注语用学而非它的哲学意涵。[18]

构造有关立场的理论

1955年我从科林伍德和卢伯克的著作中了解到立场的观点后，就一直在教学中以一种粗略且既定的方式运用着它，并且尝试清理法律理论中的分歧与差异。之后，在1971年访问宾夕法尼亚大学一个学期的日子里，我开始更为系统地发展这个观点。我开设了一门有关美国法律现实主义的课程，我们花费了大约两周的时间专注于奥利弗·温德尔·霍姆斯的经典论文"法律的道路"（1897年）。这是最常被用来表明霍姆斯、卢埃林和其他现实主义者倡导的"法律预测理论"的文本。他们没有提出任何这类理论。[19]我指出，文本的语境是向波士顿大学法学学生所做的一个有关法学教育的演讲，在演讲中霍姆斯敦促打算成为实务工作者的学生要采纳一种比上诉法院法官和辩护律师更具现实主义意味的视角，也即"坏人"和他的法律顾问，一个通常更多地待在自己办公室而非法庭的律师。兰德尔式案例教学法体系的弱点一直在于它让学生关注司法体系中更高的层级，并且完全只关注罕见的客户问题。在霍姆斯诉诸充满修辞意味和名言警句式的表述，反复强调请求学生更加现实地对待法律实践时，其中就有他介绍非道德的"坏人"的一个著名段落：（这个人）"并不关心公理或演绎这两个没有用的东西。"他只对马萨诸塞州法院或英国法院实际上可能将要怎么做感兴趣。

脱离于语境，这一段被广泛视为霍姆斯对于法律甚至法律理论的定义。1971年我写了一篇文章反驳这些没有学术含量的解释来为他辩护，但同时批评他太过关注法院，忽略了一个理性的现实的坏人可能会关心预测的其他决定与事件。[20]不过这个工具适合霍姆斯眼下的目的，这就是说服学生采纳一个典型的办公室律师的立场，并在"愤世嫉俗之酸"中洗涤这个立场，以便区分法律和伦理问题。对霍姆斯而言，"坏人"为明确区分道德与法律的实证主义视角提供了一个有力的形象。"坏人"是非道德的，而非不道德的。[21]

这篇论文主要是关于"法律的道路"的意涵的。转向"坏人"及其顾问的视角，的确会把预测作为核心关切，而且将法律规则仅仅视为诸多辅助预测的手段之一。但预测什么呢？不仅是法院会做的事情。对于一个更具现实主义色彩的方法而言，我们需要超越关注法院的霍姆斯，探究一种有关公民个人的更为详细的风险分析，评估一系列偶然与选项，诸如"他们被怀疑、被捕和被审讯的可能性有多大？

1971年在费城的时候，我逐渐对欧文·戈夫曼（Erving Goffman）的著作感兴趣，特别是《避难所》（*Asylums*, 1961）和《日常生活的自我呈现》（*Presentation of Self in Everyday Life*, 1959）。由于他当时在社会学系，我就联系他，我们在一个酒吧会面长谈。他很鼓励我，但我记住的唯一细节就是他建议我绕开抽象的角色理论，让事情保持具体。我猜他通过自己的作品对我有更深刻的影响。

立场分析成为我的方法中的一个核心要素,在讲授法律规则与社会规则解释(第 11 章)、阅读法学文本(本章,下文中)和证据法(第 14 章)时尤为如此。我这篇 1971 年的论文包含着对立场展开更一般性分析的种子,我在之后的几篇论文中对之加以发展,并在有关规则和证据的教科书中加以系统性运用。[22] 这些文章特别考察了作为有用的思维工具的"自下而上"的视角和诉讼的总体过程模型。

我有时会被问道:你有关立场的概念是什么?如果这指的是,我在澄清立场时会考虑哪些因素,答案就是:取决于语境。"立场"这个词非常含混,而且在不同语境中意义有诸多细微差别。[23] 在抽象层面,通常最好保持非常模糊的状态。诸如有利地位、历史情境、即刻语境、角色、视角和对象等词汇有时需要加以区分。有时认识论或意识形态可能相关。通常一个一般性的立场概念便足矣;但有时它需要详尽的分析,观察这些区分,或者参照即刻的关切、可获得的信息、策略、专业化的眼光等。前文引用的科林伍德有关因果性的论述表明,在实践以及理论研究中,不同类型的专家如何会有不同类型的视角。他们从各自专业背景带来概念与问题以及一系列知识。并且也可能会有其他地方性或特殊性因素影响着一位工程师、郡测量员以及保险公司对特定交通事故因果性的立场和判断。

在教学中,我通常会将立场分析限定在各种各样的主要是以他们角色加以区分的标准人物中:立法者、法官、法学家、辩护律师、顾问、调查员、诉讼当事人、使用者、证人、受害者、受要约人以及

第10章 立场、提问与"像法律人那样思考"

许多其他在法律程序中作为行动者具有固定角色模式的人。他们以不同的目的和资源在不同却相关的语境中行动。主要是以情境和角色刻画的标准立场,具有某种解释力。它能把握住不同行动者类型之间分化的共同方式,但却对其特殊性力有未逮。一位试图解释纳尔逊在特拉法尔加海战中的决断(或每位法国与西班牙海军上将的决断)的历史学家,可以把固定角色模式作为起点,但很快就需要更多的材料——有关他的有利地位、他拥有的信息、他有关敌人意图和能力的看法、天气状况以及他自身的专长、技能、性格、策略和目标。在"现实主义地"分析特定情境中的一位特定法律行动者的立场时,我们可能需要探究许多和这个特定研究相关的他们的情境的细节问题。

值得强调的是,同一个行动者,比如事务律师或原告律师,甚至在代理同一个客户时,在同一个案件中可能会在不同阶段有不同的角色和目标——最初事务律师可能会通常采取一种悲观主义的立场,建议谨慎行事;但如果案件来到法院,辩护律师(这可能与事务律师是一个人,也可能不是)的角色就通常是通过力度恰如其分的论点来赢得案件;同样,在一起刑事案件的减轻刑罚的抗辩中,审判员和辩护律师的角色以及相关信息都会有所不同,并且比如先前不被允许的证据现在可能得到了使用。

有时学生被要求采纳观察者或参与性观察者而非行动者的角色。与行动者的情况一样,有各种各样的观察者。[24] 但这并不总是易于区分。解释者令人费解的角色很巧妙地阐明了这一点。即使是在写教义性文章或讨论一个法律争议点时,学生也通常被委婉地要求采纳解释者的角色。但这个角色究竟是什么?通常认为论著或学术文章的博学作者是法律体系的参与者——他们可能会影响法官和实务工作者，也可能被援引为权威，还可能会塑造舆论抑或直接或间接地改变法律，甚或通过司法立法的方式做到这一点。[25] 简言之，解释者能够具有影响。他们扮演着参与者-观察者这个含混不清的角色。从某种观点来看，并不存在对法律中立或客观的解释这回事。但许多解释者自称是法律科学家或至少是相对抽离的学者（第13章）。这些考量使得解释者的立场要比它乍看上去可能会更成问题。[26]

法官的角色同样是成问题的，在上诉审抑或疑难案件中尤为如此。大部人会赞同边沁的观点，即常规案件中法官应当追求判决的公正清明；这说的是将法律正确地适用于被证明为真的事实中。但大量的英美学术文献都关注的是法律不清晰时的案件。司法裁量的性质和范围是什么？如果法官造法，他们是在缝中立法（interstitial legislation）吗？[①] 疑难案件中法官能够或应当接受道德的指引吗？如果是的话，谁的道德？司法裁量如何能够与法治相协调？司法中的事实发现者类似于一位历史学家吗？"法官作出裁判，历史学家只是总结"（judges decide, historians only conclude）这个格言的意义是什么？在何种程度上所有这些问题都太过笼统了？[27]

许多智识方面的努力都被投入到这类有关司法裁判的议题中，

---

① 根据孟德斯鸠经典的论断，立法机关制定法律，司法机关解释法律；但在现实中，法律往往是不完整的，在法律内部以及不同法律之间会存在漏洞。这些漏洞不算很大时，就被称为法律的缝隙（interstices）。在普通法国家，国会立法如果存在这样的缝隙，法院就可以通过解释来填补漏洞，并将相关判决确立为先例。这些先例也被称为缝隙普通法（interstitial common law）。

第10章 立场、提问与"像法律人那样思考"

且在一般甚或局部层次上都几乎不存在共识。这是显而易见的。不太明显的一点是,采用上诉法官的立场来试图澄清其他理论问题,通常会使有关司法角色的困惑复杂化,并且模糊、遮蔽了其他议题。[28]

我也被问及,我有关立场的方法是否让我拒绝了"无源之见"这种观点。[29] 这提出了有关客观性、知识、自由以及自我等深刻且复杂的哲学问题,我并没有现成的答案。我对立场观点的兴趣和使用,相较于哲学意义,更具实用气息。我的回应是,会有这个方向的倾向,但并不是必然认同这一点,我认为客观性和主观性是彼此相关的事物,作为一名学者我希望相对超然。

最后一点观察:立场分析揭示出许多法学研究的非现实主义色彩——一些基本的数据统计能够表明,与诉讼的其他阶段或非诉讼程序的裁定相比,有关法律问题的有争议的审判和上诉是多么罕见,但法学中的倾向是走向了相反的方向。学生通常被要求假扮司法体系中更高层级的行动者。相较于扮演地方法官、见习律师、事务律师助理、遗产执行人抑或证人,扮演最高法院大法官、检察总长、部长、王室法律顾问或政策制定者要更为有趣。应当承认,模拟法庭要比模拟审判更容易开展,后者常常关注完全例外的实践、有争议的审判。就可见性、重要性和利益而言,将陪审团审判或向最高法院上诉视为典范,是有一些理由的;但强调这些崇高角色的主要推动者,就是法学和法学教育的教义学传统:假定研究教义是法学的一切和最终目的(第13章)。

问题与提问

> 我有六位忠实的仆人;
> (他们教会了我所知道的一切)
> 他们的名字是什么、哪里与何时
> 还有如何、为何与是谁。
>
> (吉卜林)[30]

问题几乎教会了我所知道的一切。我是打破砂锅问到底,在教学、考试、访谈、争辩、解决问题、视察以及当然还有探究和思考中发展出提问的技能。我在法学教育中的许多活动的一个核心目标,一直都是纠正下述不平衡,即重视事实知识(know-what)对于原理知识(know-why)的损害,却忽视了技术知识(know-how)(第16章)。近来,我开始提出有关问题的问题。散落在这整本书中的,都是我对自己已经问出或未能问出的问题的举例。问题甚至吸引且困扰着还是孩童的我:我未能直接问我妈妈"那玩意儿"叫什么,并且浪费了许多时间也没能找到答案;在学校时会有问题令我难堪("拳击还是确证信仰?"),会有问题让我苦恼(《三十九条信纲》中有多少是我真正相信的?)(第2章)。我们已经了解到,赫伯特·哈特是第一位教导我问题可能是含混不清的,是建立在错误假设之上抑或存在加以批判的可能的人(第3章)。我从科林伍德这里学到,一个问题通常是对一种潜在关切或困惑的尝试性表达,[大部分]命题可以被有用地视为问题的答案;一个问题可能就是一个潜在关切的间接性或误导性表达。比如,在阅读文本时,可能从下述提问开始是有益的:她正试图提出什么问题?什么困扰着她?这种想法就引导到立场的澄清:谁在何种语境问什么问题,以及为什么?[31]

在我们的学术文化中,开始读博士的学生得到的建议是在继续方法、假设等类似问题之前,要澄清、提炼和精确地阐明他们的"研究问题"和"子问题"。一个谨慎构造的研究问题能够为一个研究打下基础,但存在着得到修正的可能。在读学位论文时,我通常会先查看结论是否构成最初研究问题的答案,这个最初的研究问题有时会被忘到九霄云外。如果一篇学位论文被构思为证成我们结论的论证,那么它的理想形态就应当符合问题-答案-理由的模型(QAR)。只要学生没有过早地陷入一个或一组狭窄、乏味的问题的困境,或她并不真正感兴趣或没有能力回答的问题,这就是一个明智的建议。有关立场和关切的问题,能够帮助学生阐明她真正关切什么或想要知道什么:是什么在困扰着她?

有关问题与提问的文献数量众多且内容多样。其中有许多都和在特定类型的语境中进行有技巧的提问的实用建议相关:如何在课堂中提问,如何在警察调查与审讯中提问,如何在电视采访抑或面试中提问,以及如何在其他各种各样实践研究中提问。在许多这些提问中,提问者事先知道答案或对之有不错的想法——考官就有此打算,出庭律师也会得到建议,在交叉询问时绝不要问自己不知道答案的问题。关于优秀提问者的技术,有令人神往的描述[比如《对话尼克松》(*Frost-Nixon*)中的戴维·弗罗斯特(David Frost),或者乔恩·斯诺(Jon Snow),又或夏洛克·福尔摩斯(Sherlock Holmes)]。有对辩护律师而言,非常成功的交叉询问卷宗的范本,在美国尤为如此。文学中我最喜欢的段落之一，就是陀思妥耶夫斯基（Dostoyevsky）的《罪与罚》（*Crime and Punishment*）中，波尔菲里·彼得洛维奇（Porfiri Petrovitch）像一位用虫饵钓鱼戏弄鳟鱼的人一样审问拉斯柯尔尼科夫（Raskolnikov）的场面。

在我身为教师、考官以及大学机构（主要是法学院）视察员的角色中，我逐渐变得非常精通于提问。但很久之后我才开始思考和阅读在不同语境中有效提问的理论与实践。其中许多都与心理学相关，但也零零散散地有哲学文献，我对后者感到相当失望。[32] 一个可以接受批评但仍困扰着我的问题是：什么构成了一个好问题？从理智上，我明白在如此一般性的层面中并不存在"良方"，而且整体来说，一个或一系列问题的妥当性取决于语境——也即谁基于何种资源或先在信息，在何种情形中，出于何种目的，问了谁一个有关什么的问题？一些潜在的关切和创造性与发明相关，另一些则与默会知识与可行假定的质疑相关。[33] 有大量关于在比如交叉询问、医学诊断以及社会科学研究中特定提问类型的著述。我想可以谈一些一般性问题。不过，事实是相较于一位提问理论家，我更是一名实践者，有关"好问题"的文章必须留待另一个场合了。

在本书中，我一直有意将问题用作激发兴趣的工具，并且问题要比答案多很多。我认为这对一位法学家的回忆录而言是合适的。不过，我心中谨记着莫里斯·扎普（Morris Zapp）在卢米治英语系对他同事的批评：

> 他们对深刻程度的可怜尝试已经被限制得奄奄一息，且主要是以询问的方式展开。他们喜欢用某种类似于"我想要提

出一些关于某某人或事物的问题"的公式来开始一篇论文,并且似乎认为他们仅仅通过提出这些问题就尽到了自己在智识方面的责任。这种招数让莫里斯·扎普感到荒唐。他认为,任何该死的傻瓜都能够想出问题;但正是答案让成年人不同于孩子。如果你无法回答你自己的问题,这要么是因为你没有足够努力地解答它们,要么是因为它们并非真问题。无论哪种情况,你都应该闭嘴。如今在英语研究中,我们无法避免会遇到一些该死的傻瓜不小心留下的未回答的问题。[34]

"像法律人那样思考":
"法学方法""技能"与"法律推理"

"像法律人那样思考"这句话作为体现美国兰德尔式(Langdellian)案例教学法学习目标的一种方法,变得流行起来。局限于判例法技能,这句话很容易受到批评,因为它假定所有律师都在思考,并且假定他们以同样方式思考同样的问题。按照字面意思来看,这些假定显然是错的,因为法律实践是层级化的,复杂且多样。此外,理解法律进一步要求立场与问题。

现在应当明确,在我整个学术生涯中,我一直都强烈认同英格兰和苏格兰传统中博雅教育的价值。古典和中世纪时期的"七艺"(seven liberal arts)都以发展可转换的思想技能为取向。[35] 我也支持在职业培训中从强调法律知识向诸如谈判、辩护和文书起草等独特职业技能与技术的直接教授与学习转变,不过这需要和发展一般性思想技能有明确区分(第 16 章)。[36]

"法学方法"

身为教师，我的核心宗旨一直就是教导学生去积极地、分析地以及充满想象力地思考。我讲授的"法学方法"(legal method)、法律技术、证据、侵权法甚至法理学（如何阅读文本、概念分析、构建论证、质疑自己的假设和预设[37]），按照自由的学习传统的价值，一直都是技能取向的。尽管我在学校时古典文学的经历并不愉快，但我的确学会了如何阅读、写作、解析语法、翻译甚至写作可传阅的谐趣诗——所有一切都帮了我大忙。这很艰苦又很枯燥。我自己大部分课程的准则都是："艰苦，但有趣。"我的本科法学学位虽然有不足，但教会了我如何在截止日前完稿，也确实培养了我的一些分析力。我在哲学方面的自我教育也是如此。

"技能"

作为一名教育理论家，我一直不得不四线作战：首先，反对死记硬背，强调广度而非深度；其次，倡导事实知识、技术知识以及原理知识（知识、技能、理解）的平衡；再次，当英格兰的职业培训，特别是律师资格培训，转向更注重基本职业技能的直接讲授时，采取防卫行动反对将更多基于知识的材料施加给已经超负的本科课程。在这里的核心论点是，作为学者"我们也处理技能问题"。[38] 最后，我那时不得不持有如下立场，即反对认为强调技能是不自由的、"工具主义"的抑或是机械性的学界同事。我的论点是，这混淆了独特的操作性技能（诸如书信写作或产权转让手续）与可转换的思想技能。

第 10 章 立场、提问与"像法律人那样思考" 235

古典文学、历史学、文学以及人文方面的博雅教育总体上一直以来都是基于技能的：历史学家不仅仅是死记硬背事实，相反，他们学习如何看待历史、如何成为历史学家；逻辑学、修辞学、文学以及纯粹科学与应用科学的大部分研究中也会发现类似的方法。这些方法有时具有粗疏的工具主义色彩，但这既非必须也并不可欲。[39]

作为一名学者，我一直跟进法学教育中的美国技能运动（American Skills Movement），它将兰德尔、卢埃林以及弗兰克放在首要位置。[40] 我主要是从兰德尔由知识向判例法技能的转变这个角度来讲述这个故事的，这种技能主导着美国法学院直到 20 世纪 40 年代及之后的岁月。卢埃林写道，兰德尔的技能"敏锐且精巧，但缺乏必要的想象空间"。[41] 1944 年卢埃林自己当上了课程委员会主席，该委员会倡导将判例法技能扩展为一个由 6 种"律师技能"组成的清单，其中包括起草文书和上诉辩护。20 世纪 50 年代末，卢埃林的一位学生——欧文·拉特（Irving Rutter），以"律师操作的法理学"（A Jurisprudence of Lawyers' Operations）为题，为系统性方法提出一种分析模型。[42] 他指出，这种方法的起点应当是对律师实际上所做的事情的工作分析（job analysis），将每种工作分解为诸种操作（operations），接着是业务（transactions），进而将有关每种"技能集合"（skill set）的技能分析扩展到更为具体的一系列技术中。如我们所见，卢埃林在如下两者之间没有看到任何不一致，也即他一方面强调技术，但另一方面宣称"最好的实习训练，以及最好的人才培养——就是在专业化的学院本身，作为一项博雅艺术来学习法律"。[43] 后来，拉特的方法成为有关"律师基本技能"的《麦克拉特报告》（McCrate Report）的基础，这份报告在美国相当有影响力。[44]

这份报告的主要弱点是它坚持保留如下假定，即美国法律职业是同质性的、铁板一块的且无阶层区分的，经验研究已经表明事实恰恰并非如此。这种错误的假定就隐含在"基本技能"以及"核心科目"的观点之中。[45]

我第一次有关"技能论辩"的公共经验是在1993年英联邦法律会议上。一位杰出的澳大利亚王室法律顾问论证说，"技能只能在实践中习得，法学院的功能就是教授法学教义"。[46]这激起了一些尖锐的反驳。他援引了一位伟大的古典学者作为自己论断的权威。我微小的贡献是指出，古典教育本身主要是对可转换的思想技能的训练。思想技能与职业技术的混淆，继续困扰着有关"法学方法"和"法律技能"的讨论。

在这里打旧仗没必要，而且我在这个领域中大部分略有重复的著作都很容易查阅到。[47]不过"战争"并没有结束，因为科层制、新技术以及学生的漠不关心，都是整体上导向更为方便的选择而非自我思考的力量。不过我确实认为，在当前语境中重新思考我们有关"法学方法"的观点的时机成熟了。这在一定程度上是因为，人们期待的未来不同类型的法学毕业生和律师所拥有的技艺和能力一直都在扩展，我们并没有一个融贯的可行理论来处理它们。

首先，重要的是区分法学本科生所需的技能与"律师技能"。比如，有些关于"法学方法"的课程处理诸如如何使用法学图书馆和其他学习技能的问题。[48]大部分课程强调解释案例和制定法的技能。但有些课程把这个想法扩展为甚至给一年级本科生引入诸如谈判、辩护和起草文书等基本的"律师技能"。尽管在原则上我并不反对这个想法，但我认为重要的是将思想技能在概念层面与非常具体于特定种类实践的学习技能和专业技术区分开。法律实践涵盖了从精心打磨的共通性思想技能与问题解决技能，到各种专业化的操作、表格填写、逐项核查以及剪刀胶水的娴熟运用。

如果思想技能要成为学术性法学教育的核心，就要允许有足够时间来直接学习和巩固。如果"法学方法"的理念被扩展到包含处理事实、处理规则、比较方法（"我们现在都是比较主义者"）、[49]基本的计算能力和科学读写能力（科学与科学证据变得越来越重要）以及语义学和概念分析的一些基本知识，那就尤为如此。不过我们越试图将更多的技能纳入单一模块或课程，所能达到的能力层次也就越低。否则，就如许多"法学方法"课中出现的情况那样，"第一步"将从"如何"退化为对"是什么"的"了解领会"。

那么如何重新思考作为一门学科的"法学方法"呢？首先，重要的是把握住一些基本的区分，其中有许多都是教育理论中的标准区分：情感性／认知性学习目标；事实学习、原因学习和技能学习（知识、理论与技能）；了解领会（learning about）和技能学习（learning how）；思想技能与专门实践技术；掌握基础，提高能力以及巩固；通过直接指导、偶然因素以及控制实验学习，通过实践与反思（"体验式学习"）学习等。

这些区分中有一些有争议或难以理解：比如，有关"技能"和"知识"在何种程度上能够或应当分开就存在争议。如赫伯特·西蒙（Herbert Simon）所说，涉及"问题解决"时，方法"当然必须要在问题丰富的环境所构成的语境中得到教授——这些问题大部分但并非全部源自所讨论的专业领域——并不存在没有知识的专业性"。[50]在我看来，这主要是一个侧重点的问题，重要的是要记住在法律中，大部分详细的知识都是地方性的。

这些和"法学方法"概念相关的区分中,有两个概念经常在法学教育话语中被混淆。第一个是了解领会和技能学习。① 有关"法学方法"的著作通常会讲述先例原则以及所谓的制定法解释规则,但却没有鼓励学生在构建法律论证中学会如何使用先例技术,抑或学会如何阅读制定法或它的某些特定内容。[51]

第二组有时被混淆的区分就是学习一种或一系列技能的基本知识并且在一定能力或优秀水平上掌握它们,以及通过实践来巩固它们。② 我们可以阅读关于驾驶车辆的手册,可以读的多到足以通过驾驶资格考试,但我们只有在具备或不具备额外正式指导的条件下,通过反复练习才能成为优秀的司机。有关法学方法的课程,以及职业阶段中的一些技能课程,只是掌握相关技能的"第一步"。总体来看,我们的法学教育和法学培训文化,并没有非常认真地对待直接的高级技能这个观点。英格兰的律师行业制定规则设立了取得资格后在律师职业方面的培训。但与美国国家审判辩护所(American National Institute of Trial Advocacy)所提供的更为专业化的课程相比,还相去甚远。

我参与的最成功的课程之一,是一门只聚焦于"法学方法"且没有其他单独的实质法律内容的入门课。[52] 通过学习如何阅读以及如何使用案例和制定法,学生事实上掌握了合同法、侵权法以及刑

---

① 可以通过如下例子来理解"了解领会"和"技能学习"的不同:我们在课堂上知道游泳的动作标准和换气方法(了解领会),并不等于我们可以在泳池中自在游行(掌握技能)。

② 同样以游泳为例,我们会游泳,不等于可以娴熟地在深水区运动,也不等于具有专业运动员资质。技能的掌握并非一蹴而就的,而是有不断进步的空间。

法的许多基本概念与原则,因为具体的素材涉及这些学科。

英格兰近来的争论中,"毕业标准"(graduateness)这个概念变得非常流行,但也很有争议。[53] 就这个概念指的是所有毕业生都应当已经学会阅读、写作、分析、论证、综合以及口头和文字沟通(我还会补充一些基本的计算能力)而言,这个概念与博雅的法学教育是一致的。但仍有一个问题就是,法律材料以及运用和争辩它们的法学思维,是否有任何独特或特别之处。这是一个富有争议的领域,将它和通常被称为"法律推理"的话题联系在一起思考是有帮助的。

法律语境中的推理

在整个学术生涯中,我都一直在思考、阅读、讲授和写作法律语境中的推理。随着时间推移,结果就是我的关注点在几个方向上得到了拓展。传统上从有关国内法的争议问题的权威性渊源(主要是案例和立法)开始的推理——就如它们在司法判决中得到报道的案例中所发挥的重要作用那样——其中的每一个要素都逐渐扩展到其他类型的文本(比如,政策文件、审判记录)、其他类型的问题(比如,事实问题、判决中的推理)、其他类型的行动者(比如,警察、侦探、检察官、辩护律师、假释裁决委员会)、与诉讼相关的其他类型的活动(比如,警方调查、法庭外调解、事实发现、上诉、心理健康令①),扩展到非诉讼活动,以及外国和跨国法律体系,还有非国家

---

① 在与作者的交流中,他指出这说的是类似于英国《心理卫生法》(1983年)的内容,这类法律规定了患有精神疾病的人群拥有何种权利,比如在医院的诊疗和社区中的看护等。

性规范秩序。所有这些活动和决定在原则上都会包含推理。

我摆脱传统的第一步，就是将重心从"了解领会"转向"技能学习"。在喀土穆，我将教给学生如何阅读和使用报告案例以及制定法，作为我有关"法律导论"这门课的一部分内容。在达累斯萨拉姆我做的事情也类似，在这里我也开设了一门面向整个公众的有关"清晰思考"的校际（extra-mural）课程——实际上班里有一打左右的学生是以英语为母语的法官助理和学校老师。后来在华威大学，我开设了一门类似的有关"应对规则"的校际课程。在讲课时，我强调法律中的实践推理与日常"常识性"实践推理并没有十分不同，这（特别是非形式逻辑）对校外和法学学生来说，都是最好的起点。

在贝尔法斯特，长达一年的"法律技术"课程，给予我们非比寻常的大量空间来扩展这个主题。早年间，除了高度依赖我在芝加哥和列维与卢埃林那里学到的东西，我对自己任务的解释是相当传统的。在传统课程中，制定法解释得到的关注要比先例少；受到两位同事——戴维·迈尔斯和阿卜杜尔·帕里瓦拉——的激发，我们更加强调立法，包括法案起草、通过过程以及在复杂的制定法中找到自己的解决办法。

法律语境中的推理与日常实践推理之间存在紧密的相似性和一致性的观点，成为我的方法的核心。很容易表明英国的先例原则、证据可采性规则以及制定法解释规则，都只是有关案例和制定法解释以及事实问题等争论中的一小部分。比如，除了下级法院受到上级法院先例的约束以外，先例原则总体上是并非强制的；不过，有一些标准技术来偏离一个不利的上级法院的先例。[54]另一方面，在下级法院或同源法院中存在尊重"仅仅"具有说服力的先例，以

第10章 立场、提问与"像法律人那样思考"

及尊重源自其他一些司法管辖权的先例的惯例——但这些惯例是模糊的。与这种贫乏的原则相对，卡尔·卢埃林从州上诉法院案例的样本中构建出由64个"可用的、无懈可击的先例技术"组成的解释性清单，法官在证成自己的判决时，处理他们喜欢和不喜欢的之前先例中，会用到这些技术。[55] 在这方面，实践要比教义更为丰富和复杂，且在精细度和细微推理方面远远超过了教义。这同样也适用于制定法的解释，此时除了一些非常具体的规则外，解释原则更像是交战的幽灵而非有帮助的指引。简言之，先例要比先例原则更重要；证据要比证据法更重要；处理制定法不只是理解制定法解释的原则和规则，后两者在与复杂制定法斗争时并不是十分有用。教义性内容可能是法律推理和法律解释的一个独特之处，但它们并不是最好的起点。

也很容易表明的是，实践中这些规则的重要性往往被极大地夸大了，这主要是由于如下假定的力量，即最好的起点就是研究教义。通常在解释一个特定法条时，澄清立场后，关注语境或最初被察觉的问题，要比识别规则是更好的下一步操作。当规则似乎缺乏说服力、不起作用抑或怪异可怕时，如下重要的问题就值得处理：如果不存在规则——抑或规则极少，我们要研究什么？这个思路在和关于"法律技术"的课程以及《如何依规则行事》（第11章）的关系中得到了发展。这对我处理证据的方法（第14章）也很重要。

在这个早期发展阶段，立场分析占据了越来越重要的地位，就像不同类型的诉讼或争议处理的总体过程模型一样。在我的教学中，有两个区分变得非常重要。首先，我一直总在强调技能的直接学习，这与认为我们在学习实体法的同时发展出这些技能的同事，形成鲜明对照。偶然习得（Pick-it-up）这种观点混淆了基础知识的巩固与学习。其次，法学教育中"法学方法"这个词经常会和学习领域与技能学习相混淆：学习法官在特定案件中如何推理，抑或学习丹宁勋爵、卡多佐大法官如何推理是一回事；学习像法官或辩护律师那样进行推理的基本知识——就更别说如何效仿伟大的法官或辩护律师了——是另一回事。练习以丹宁勋爵的风格撰写判决书可能会结合起这两者，但这对刚入门的法学学生来说要求太高了。[56]

传统法学教育，甚至一些法学方法著作的偏颇，一直以来体现为关注学习领会而非技能学习。主要的例外就是传统模拟法庭中的角色扮演，此时学生在模拟的上诉法庭前扮演辩护律师的角色，论辩"模拟要点"（也即疑难的法律问题），这个法庭有时是由法学学生同伴、讲师甚或真正的法官组成。模拟法庭可以成为上诉辩护中初步训练的绝佳途径，但在我的经验中，强调礼仪、报告风格、纠正权威素材的引用以及随机应变，往往稀释了论证的核心要素。在与法官讲话时正确的称呼、着装、肢体语言、程序性问题、在大部头多卷本找到自己的观点、应对打断以及其他事情，通常会分散人们对核心思想技能——构建有效、理性和令人信服的论点并极具说服力地加以呈现——的注意力。[57]

摆脱传统"法律推理"方法的第三个主要步骤，就是提问：在哪些类型的活动中，律师和其他行动者需要进行推理？答案当然是许多。在《如何依规则行事》的前言中，我们以如下方式总结出一个答案：

> 那些参与法律程序和业务的人，无论他们是否有执业律师

的职业资格，都被要求完成各种各样的任务。专业的法律实践包括，比如，如下各种不同的活动：就特定行动方案的程序提出建议，收集证据，谈判，辩护，其他各类发言人，起草制定法、规制、合同和其他文件，预测不同类型法院、法庭与官员的裁判，确定事实问题，就法律问题作出决定和提供辩护，传递有关法律规则的信息或设计对法律的完善。[58]

这个对于职业律师所涉足的标准活动的概述，与欧文·拉特的"律师操作的法理学"有紧密关联。[59] "法理学"这个词拉特的标题中非常重要。因为这个方法也指向了一系列规范性和描述性的理论问题。比如：所有这些推理都能够被涵摄在实践推理的标准模式之下吗？就每种标准的操作类型而言，在何种不琐屑的意义上"最佳实践"会偏离于日常实践推理？可以在不同活动中得到普遍化的推理模式吗？比如，诉讼中谈判过程的推理在每个阶段大体上都遵循同样模式吗？民事案件中谈判构成的推理与辩诉交易（同意或不同意）当中的推理有何不同？在这些活动中，成本-收益分析的用处和局限是什么？谨慎的出庭律师会和大胆的事务律师以及困惑的法官以同样方式推理吗？这些人当中有一些会进行明晰的推理，且对他们所有人来说，作出决定的理由可以在理论上得到理性重构。

在伦敦大学学院，20世纪80年代中期，我设计了一个建立在这种方法之上的有关"法律语境中的理性、推理与合理性"的板块，但我转向了其他事务，这门课只开设了两年，结果是我从未把它发展完整。[60] 这些分心的事务中有一项是与这相关的。这就是关注如何构建、改进和批判基于证据推断出的论点。我和特里·安德森与戴维·舒姆在名为"证据和证明"以及"证据分析"的课程讲授和写作中发展了这一点。从这里产生出我们自己版本的"修正的威格摩尔分析"（MWA）以及许多在证据这一章（第14章）讨论的理论表述。[61]

许多年来，我一直都在抱怨将"法律推理"这个词限定为有关法律问题的推理这种做法。这个抱怨遭遇到的大体来说就是充耳不闻，这可能是因为这种做法在教义学传统以及寻找法律与众不同或独特特征的研究中根深蒂固（第13章）。比如，法理学中一些最严肃的讨论涉及"法律推理"是道德推理的分支还是在重要方面具有自身独特性。这可以被理解为实证主义和反实证主义论辩极为聚焦的再现。① 最近我完成了一篇暂时题为"重新思考'法律推理'：一项谦逊的提议"（Rethinking 'Legal Reasoning': A Modest Proposal）的文章初稿。[62] 这是对上述做法的一种批判，提出"许多标准文献存在关注点狭隘、脱离语境、容易出现视野狭窄的情况，对不同主题及其之间关系的关注严重失衡"。在积极的方面，它指出关注"法律语境中的推理"的更为广阔的领域，开启了新的研究并带来了一些可能令人惊讶的结论：比如，有关司法裁判中争议的法律问题和事实问题的推理，在其结构、叙事作用[63]以及潜在的共享概念（比如，相关性、权重、说服力、可采性、融贯性以及逻辑一

---

① 法律实证主义主张自己是一种有关"法律是什么"的学说，强调法律和道德在逻辑上是可分离的。但是在司法实践或法律推理中，法官常常会诉诸道德标准。反法律实证主义立场会通过这一点来反对实证主义的主张，进而主张法律推理是道德推理的一部分。法律实证主义者则会强调法律推理有自身独特性，司法裁判中对于道德的考量不等于法官通过道德推理作出裁判。因此，特文宁会说有关法律推理特征或定位的争论，体现出实证主义和非实证主义的论辩。

致性)方面要比我们通常所认为的更具类似性。[64]

我将自己对传统文献的批判分为两个部分,体现出法律现实主义的温和立场与强立场之间的差异(第13章)。温和命题(The Modest Thesis)详细地指出,显而易见的是,有关可能包含推理的法律问题的决定,是由具有多重立场的行动者在诸多不同语境中作出的;法官、律师和其他行动者也作出其他的包含各种不同类型推理的决定;这些其他类型推理以及它们彼此关联的方式,对法理学与实践而言都是重要的,却在很大程度上一直被忽略了(源自证据的推理是部分例外)。温和命题明确指出这个受到忽视的方面,并提出一些可能以更广泛方法研究法律语境中推理的方法。

当然,温和命题并不温和——因此英语中会首字母大写——因为它开辟了范围巨大的彼此相关的研究思路。我也提到,即便是温和命题都对我们理解有关法律问题的推理具有潜在意义:比如,诸如法律报告中的判决等这些论证的文本,认为某些约束法律报告的管理和标准是理所当然的;更具体来说,辩护律师和法官的交流可能假定了一些特定法律共同体成员所共享的未明言的理解。因此,许多明确的法律论证只能通过参照各种各样需要被摆到明面的潜在知识而得到解释;此外,许多这类知识往往是语境性和地方性的,危及了无关痛痒的去语境化的理论表述的一般性。[65]因此,就连温和命题都挑战了有关"法律推理"的非常抽象的论述。

意识到许多固守于"法律推理"狭义观点的学者甚至可能会反对温和命题,在我初成的文章中,我总结道:

> 本文命题的强立场挑战了任何认为"法律推理"能够脱离

于语境因素考量而得到理解的观点。简言之,有关法律推理去语境化的论述通常会产生扭曲、误导、迷惑甚至欺骗。本文倡导温和命题,但指出更强的主张可以成为对法律推理主流观点更加有力的挑战。这就是我对那些耸耸肩回复说"如这个命题所说,当然有许多关于法律语境中其他推理的有意思的问题,但我只对有关法律问题的推理感兴趣"的人的回应。

这篇文章还在完善中。[66]

立场与让文本面对问题

> 有位年轻学生来自伊灵,
> 乘坐公交要去大吉岭。
> 门上的标识牌说,
> "不要随地吐痰",
> 所以他面朝天躺下,吐向天花板。

这首打油诗一直都是我介绍立场观点的工具。大部分学生记住了这首诗,但不是所有人记得住要点,它的要点主要是引出参与者(在车上)以及观察者(这首打油诗外)之间的差异。[67]在讲授证据法时,我一直广泛运用原始的庭审记录,特别是伊迪丝·汤普森(Edith Thompson)的意识流情书,对此一位学生曾说:"如果你能分析伊迪丝的散文,你就可以分析任何事物。"在伦敦大学学院法学教师项目的多年教学中,我只发现两名学生提出在他们本科法学教育中研究了一份以上的庭审记录,只有一位学习过打油诗,没有任何人分析过情书。这是教义学传统的不利影响,还是说法学教师并不知道在教学中如何使用这么棒的素材?[68]

拓展传统的"法学方法"讲授,已经在与报纸练习和其他法学研究材料以及更系统区分的阅读方法的关系中得到了讨论。像一位有理解力的法学学生那样进行阅读的技巧,应当被补充到作为"法学方法"一部分的"像法律人那样思考"的观点中。不过读什么?许多正统的"法学方法"授课一直都局限在传统的阅读和使用案例与制定法的技术中。它只是强调了两种文本以及数量有限的阅读它们的方式。典型的语境就是司法裁判(甚至不是被视为总体过程的诉讼),假定的立场一直就是研习报告案例的法官或学生。但是为什么只有两种素材和这些数量有限的阅读门类?[69]

后来在伦敦大学学院的法学教师项目中,我会问班上同学:"在你们本科法学教育中,有多少人研究过真正遗嘱的具体样本?或者是复杂的商业合同?或者是重大的公司合并?或者是飞机票(包括上面的附属细则)?或者是公司章程?或者庭审记录?或者是其他的正式法律文件?"答案通常是没有任何人,或者是一两个人中的一个或两个。有些学生研究过小说、电影或戏剧,但不确定这是为什么。很少有人认为报纸或原始文件是法学研究的潜在素材。当然,这并非严肃的调查。但它的确提出一些供特定时期的特定司法管辖权限内经验验证的假设:

(a)如果有的话,法学教师也很少在教授本科生或其他基础法学教育时,使用传统素材(宪法、条约、制定法、报告案例、法学期刊文章)之外的材料。

（b）很少有法学教师教授基于不同目的和不同立场阅读法律报告的体系性方法；很少有法学教师教授阅读法学研究的其他可能材料的体系性方法。

（c）几乎任何文本或人造物，如果得到反思性运用并以训练有素的方式得到利用，就都能被用来推进法学学生的合理学习目标。

在20世纪80年代，我试图将阅读任何类型与研究法律相关的文本的方法系统化，这些文本包括案例、制定法、合同、宪法、审判记录、政策文件、报纸和小说。在澄清立场后，这个方法的核心就是问三个问题：是什么？为什么？怎么做？这个文本的体裁、性质和出处是什么？我现在阅读它的目的是什么？何种阅读方法适合于这些目的？我把这些浓缩为一个12页的小册子，名叫《阅读法律食谱》。它几乎全部由问题组成。我尝试说服一位出版商接受它，但他指出即便删掉一些照片，它也需要卖出几千册才能回本。我把它作为《如何依规则行事》的附录出版，但如同大部分附录一样，它似乎很大程度上被忽略了。一部叫作《读法》(Reading Law)的更长且字数更多的著作，是我未完成的计划的一部分。我一直在延迟完成这本书，因为我更青睐"食谱"的简洁紧凑。提出有关文本的问题的能力，应当成为"法学方法"的核心内容。

第11章 社会规则与法律规则

只要其中一根稍稍收紧，
在夏日变化莫测的空气中，
最轻微的束缚都能被感知？

（罗伯特·弗罗斯特）[1]

墨渍在手，烟尘于肺，
羊皮卷，学者苦追，
收拢苹果，它们源自法律粪肥，
齐集于木板，把它们往上堆。
主的面前，有麻雀在劳累，
栖息的树，它们满围。
这宝贵的贮藏，它们如何应对？
塞壬曲中意："成规不改悔"。

（卡尔·卢埃林）[2]

规范多元主义

扪心自问一下，在过去的24小时内，你已经遇到多少个规则、规范、法规、指示、训诫、法令、命令、指导方针、经验法则、标准、准则以及真言(mantras)的实例?³ 又有多少是你服从、遵从、听从、忽视、规避、躲避、藐视或免除的?你对它们的反应在何种程度上是半有意识的、下意识的抑或如罗伯特·弗罗斯特(Robert Frost)所说?

我们可以否认规则在广义上无所不在于社会生活的各个方面吗?当我让学生列出在过去一周内他们遇到的不同规则与规范的实例,就连懒惰的家伙们都至少想出了一百个。他们的清单包括道德、饮食和法律规则;运动和游戏规则——在英格兰,有板球规则,英式足球规则,以及象棋的构成性规则;① 晨起仪式,医疗处方和指导,饮食管理体系;交通法则,地方驾驶规范,大学停车规则;信息技术协议和算法;语法、句法以及拼写规则;问候,脸书惯例;政治不正确言论的标准;冒犯与禁忌;他们法学院的内部管理。2012年做报纸练习的美国学生(参见前言)可能会遇到美国宪法、世界贸易组织、国际货币基金组织、佛罗里达州法、欧盟指令、以色列法、伊斯兰银行业务活动、网球规则、在巴格达或阿富汗的悼念仪式与葬礼、《反对酷刑国际公约》以及数不胜数的条约、习俗、惯例、习惯、风俗以及"软法"的实例。② 他们在法学著作和自

---

① "构成性规则"指的是界定一种实践之所是的规则;就象棋规则来说,如果我们不遵循该规则,我们就不是在下象棋。与之相对的则是"调节性规则",指的是对已有实践的规制;比如现代社会中的一夫一妻婚姻制度是对婚姻这种社会现象的规制,婚姻现象并非源自该制度。

② "软法"指的是不具有法律约束力的协议、原则和宣言,无法得到国家强制力的背书;与之相对的是"硬法"(hard law),指的是对当事人各方具有约束力的法律义务,可以在法庭中得到执行。

己背着走来走去的课程材料中找到法典、制定法、规制，以及普通法原则和规则；他们留意到课程是如何受到时间、着装、话轮转换、电脑使用以及教学语言方面的潜在或明确的惯例的约束的……一整天都是如此。

学生意识到他们经历了失范①（无规则性）与规则过密（rule density）的极端情形；规则和结果、规则和它们的理由、规则和理念并不总是共外延的；他们无感无觉地穿越几乎所有规则，只是偶然会停下来思考它们。他们也意识到自己有非常丰富的词汇来讨论这些规则。当我提出一个不熟悉的词——"规范多元主义"——来描述这个场景时，尽管我指出一些概念性困难，他们还是几乎毫无困难地把握住了基本观点，他们都同意我们在自己生活中每天都会遇到规范多元主义。[4]我将之视为一种社会事实。在大多数情况下，我都不假思索地与之相处。偶尔它会带来严重的困境或障碍，但总体来说，作为多任务处理的常态，我们会巧妙地穿行绕道于几十种不同类型的规则中，并找到自己的出路。今天早上你可能违背了一些你没意识到但经人提醒的规范，却同时又忽略了一些让你感到不舒服的规范，比如纹身的新时尚，抑或文字简讯中拼写的新惯例。只有当有人问起"你是如何做到的？"你才会有停摆的危险，这就像蜈蚣被问道如何协调自己的腿一样。我们可以与规范多元主义一同生活，只要我们不对它提出太多疑问。

---

① "失范"这个词源自社会学家埃米尔·涂尔干的《自杀论》。他认为现代社会的一个典型特征是个人从原有的社会结构中脱嵌，原有的社会规范不再适用，导致个人层面的人生意义丧失和社会层面的秩序紊乱。这个概念也通常被运用于有关"越轨"也即社会失序状态的研究。

这些简单的例子提出了许多有关一般规范理论的问题。什么是规范？"规则"和"规范"这两个术语是同义词吗？[5]在何种条件下说一个规则实际存在为真？规则一般被假定为法律的核心，但在何种程度上我们理解它们？什么算作一个规范？1893年的《货物买卖法》(The Sale of Goods Act)中有多少规则？整部法案算一部法律、一条规则吗？每一部分是一个规则吗？每个法条算吗？每个子条款算吗？一切规范或规则都属于某种更大的分组（体系、秩序、法典、规则集、规则群）吗？我们能够清晰地区分社会规范和其他类型的规范吗？法律规则只是社会规范这个类下面的一个种吗？规则在何种意义上不同于经验概括、习惯、命令、预测、模式、模型、常规、实践、习俗、惯例？一般规范理论超越了科学、人文与应用学科。它没有得到它应有的充分发展，因为这正如弗里德里克·肖尔(Frederick Schauer)正确所言，它存在于"诸多彼此交叉甚少的不同文献之中"。[6]

我至少会涉及上述话题中的一些，不过先让我们从一些基础要点开始：首先，法理学中许多长久以来的困惑，就是一般规范理论当中的困惑的一部分，或至少与之重合。[7]其次，本章关心规则在法律理论和法学学科之中的地位：它强调法律规范与其他类型社会规范之间的连续性，不对它们作出明确的人为区分；它认为法律理论可以依赖一般规范理论并对之有所贡献，也能从其他学科汲取或为之提供洞见。[8]最后，诸如"规则"和"规范"这类术语在意义上有数不清的细微差别；在不同语境中，也有许多方式来范畴化不同类型的规范/规则（比如，依据渊源、形式、它们管理的活动类型、它们所服务的人或它们的适用对象）。本章中我会将"规范"和"规则"

第11章 社会规则与法律规则

用作同义词,用作广义的一般性术语,指代符合如下逻辑形态的一般性规则,即"如果 X,那么 Y"——如果 X 发生,那么 Y(不)应当(应该、一定)、(不)可能、(不)会发生。[9]

再 现

这些关切的内容已经在先前章节有所涉及,但方式是碎片化的。我在贝尔法斯特时,它们携手而至。简要地重新概述一下其中的一些:从童年起我就一直对规则着迷。在中学的时候,我体验过一个在很大程度上自治的全控机构,即"书院"的内部管理,它的全控性既体现在政治与外交方面,也体现在权威统治方面。应对其中的生活,包括习得粗野的词汇、一些明晰的规则与惯例、许多默示的规则与惯例、"书院精神"的概念以及适应期待、权力竞争、特权、等级、贿赂与强迫之间的微妙结合。在童子军宣誓仪式中扮演(出于良心)拒服兵役者在一定程度上是调皮嬉闹,但也有本能地反抗被迫说谎的成分;在最后,作为确证信仰的一部分,向英国国教三十九条信纲宣誓时,我真切地为焦虑所苦(第2章)。

在牛津,我的关注点主要是教义。[10] 我讲过自己如何感到被《萨尔蒙德论侵权法》背叛,如何对处于行业前列的法律强化补习班的方法感到憎恶;后来,受到科林伍德《自传》的启发,我发展出自己的立场概念(第3章和第10章)。于是我很早就明白,在研究一个法律议题时,比如像侵权法中的严格责任,[11] 要以推动规则制定的关切、问题抑或"损害"为起点,而非从规则本身开始;进而探究规则是否足以回应这些关切——比如,它是否涵盖不足、涵盖过度抑或表述糟糕，规则制定后出现的事件是否在很大程度上改变了语境，以及最后，谁出于何种目的在何种语境下思考、解释抑或评判这个（这些）规则？

正是在芝加哥，我第一次受到启发要严肃地关注规则的性质、制定以及解释。我遇到了温和形态的规则怀疑论，并且在一首诗中讽刺了它的批评者，这首诗在1958年卢埃林法理学诗歌竞赛中胜出：

139
> 我是芝加哥的一位年轻律师，
> 些许青涩，但敏锐坦诚，
> 我所受的训练是伪造数据，
> 给工会或银行服务，
> 并匍匐穿过荆棘丛，
> 有夏延人和他的糟糠陪伴身旁，
> 可事实在法庭中的作用，
> 就是我所说的法律……
>
> 陪审员的宗教
> （我想会是加尔文宗）
> 法官的胃肠消化过程
> （法律摘要明确表明，
> 早饭后的法官，
> 要比饭前更饱）
> 事实在法庭中的作用，

就是我所说的法律。[12]

我解释过卢埃林和我为什么都不可能被合理地解释为强立场的规则怀疑论者；在喀土穆和达累斯萨拉姆我如何不得不同"习惯法"的概念与实践问题斗争；以及1965年在耶鲁的时候我如何痴迷于亚瑟·科尔宾的想法，即认为规则表述是"暂时的可行规则"，在每种新情境中都有可能加以调整。在写作《卡尔·卢埃林与现实主义运动》时，我极为关注卢埃林所谓的规则怀疑论、他在《统一商法典》中有关规则的看法，以及他未完成的著作《规则理论》(The Theory of Rules)，所有这些在前文中都已涉及（第7章）。

1966年我到贝尔法斯特时，有激发我思考规则的非常丰富的背景，但这些思考远远谈不上是一系列融贯的观点。我在女王大学的时候，与人合开一门有关法律技术的一年级课程。[13] 一开始，我们沿袭着关注报告案例与制定法的解释的传统。但我很快就开始偏离标准的路径。我以卢埃林为基础，但超越了他。[14]

走出传统的第一步就是拒绝将先例原则和制定法解释规则作为处理这个领域的起点的这种做法。如果关注点是作为文本的案例和制定法，并且课程和阅读技术相关，我们就需要先来问一问"为什么？""是什么？""怎么做？"这些问题。比如，谁在何种语境中出于什么目的通过什么方式在解释什么文本？起点是立场的澄清；接下来的一步就是去问这些文本属于什么类型？它们如何组织的？谁来这样做的？出于什么目的？什么是它们没有告诉你的？之后，在任何文本的解释中包含着什么？这些文本的法律解释中有任何独特之处吗？什么时候法律语境中的解释是成问题的，为什么会这样？究竟是什么导致了这个难题？在这个语境中这个解释者能够获得什么资源和技术？

只要我们开始仔细思考这些问题，许多要点就变得清晰起来：首先，有许多类型的解释者，他们具有不同角色，会出于不同目的在特定语境中面对各种各样的文本。比如，在解释近期的一个案件时，为一位新客户提供建议的事务律师所处的情境就不同于出庭律师，后者在需要决定采纳何种解释的法庭或法官面前将该案件用作自己论证的内容；也不同于教科书作者，他要将这个案例用作解释法律的一种方法。通过案例来撰写有关一项法律议题的历史发展或关于丹宁勋爵推理风格的论文的法学学生所处的情境，同样不同于针对近来上诉法院的一个判决撰写批判性案例评论的学术写作。文本是一样的，但阅读和使用它的合适方法是彼此不同的，尽管它们之间可能会有重叠。

其次，如果经过细致分析后，我们得出结论，认为先例原则和解释规则只给法律解释者提供了非常有限的指引，我们就会问：法律文本和诸如《圣经》或诗歌、戏剧、小说等其他类型文本的解释有共同的特征吗？[15]

其三，如我们在第10章所见，推理和解释之间有紧密关联，这提出了一系列理论问题，诸如得出判决的推理和对判决的证成之间有何联系？立场和推理的关系是什么？除了有关"法律问题"的推理，通常发生在法律语境中的还有哪类推理，它们之间是如何彼此相关的？在何种程度上法律中解释活动中的推理都可以被有用地视为实践推理的分支？

如何依规则行事

在贝尔法斯特我和一些同事合作讲授法律方法。我和其中的一位同事——戴维·迈尔斯,合著了一本名为《如何依规则行事:有关解释的初级读本》(简称《规则》)[*How to Do Things with Rules: A Primer of Interpretation (Rules)*]的著作。这本书最初出版于1972年,它非常成功,以至于进一步推出了4个版本。[16] 这本书让我身为作者体会到了最大的满足,一部分原因是我喜欢在教学中使用它,另一部分原因是我们在每个新版本中都投入了大量精力,特别是力图让它与时俱进,还有一部分原因是和戴维·迈尔斯紧密合作既富有启发又很有乐趣。[17] 我也认为将法律和其他领域中的规则加以理论化,对许多学科都非常重要,法学作为一个学科对社会规则的一般理论以及法理学和法律实践都有诸多贡献(第20章)。

《规则》是导论性文本,以法学一年级学生和法学预科学生为主要受众。这就对能够放入此书的内容和它以何种方式得到理解施加了巨大限制。这本书的副标题——"有关解释的初级读本",表明这是一本导论性作品,以理论和技能为内容,但限定在解释范围内,是主要关于法律规则和文本的著作。多年来我已经收集好素材,希望写作第二本书,这会是一部跨学科专著,而非面向更广泛读者的进阶性文本,不过这项工作尚未完成(第20章)。

《规则》的前言是这样介绍主题的:

> 我们所有人在我们生活的每一天都会遇到规则。我们大

部分人会制定、解释和适用规则,也会依赖、服从、躲避、规避和抱怨它们;父母、裁判、老师、委员会成员、商人、会计、工会、行政人员、逻辑学家和道德家都身属通过经验可能发展出某些处理规则的精湛技艺之人的行列。律师和法学学生是处理规则的专家,但它们并没有垄断这门艺术。这本书的一个核心主题就是处理规则的大部分基本技能都有非常广泛的运用,并不局限于法律。有一些专门的技术在传统中被视为"法律",比如使用法学图书馆以及处理案例和制定法。但这些技术和一般意义上的规则处理共享着同样的基础:它们的特殊之处只是在于有一些适用于它们的额外考量,在其他语境中要么无从寻觅,要么给予的关注更少。

这本书的目的就是为规则处理的如下方面提供一个相对系统性的导论:解释和适用……法学方面的假定可以用如下简单形式加以表述:法学专家的特点既表现为他们被认为掌握了某些类型的技能,也表现为他们关于法律内容的知识。这是"法律本质上是一门实践技术"这个说法的核心。[18]

以下三个重要的主题是这本书的核心:法律规则和其他类型社会规则之间的连续性,解释中引发怀疑的因素,以及解释作为一项活动所具有的性质。

法律规则和其他社会规则之间的连续性

尽管《规则》的主要关注点是阅读、理解和使用派生自英国案件和立法的法律规则,但一个核心命题是法律规则与许多其他类型的社会规则之间具有重要连续性,并且几乎所有会引发解释困难的因素都会在许许多多各种各样类型的社会情境中出现,几乎会在任何类型的案件中导致困境、挫败或复杂,无论这个案件是大是小,是简单还是复杂,是法律案件还是与法律无关。《规则》的第1章涵盖了许多取材自《圣经》、文学、幼儿教育、板球、人际关系、制度关系(学校、监狱、公园)的具体例证,以及源自人类学、教育和医疗的例子。这些大体上位于传统的法律例证之前,后者包括处理交通、野生动物保护、重婚罪案件、规制与遵从、疏忽、人权等事务,最后结束于九段有关立场和角色的详尽阐述,以及与一部简短的制定法的创制与解释相关的广泛个案研究。[19]

这种具体案例的集锦与强调法律规则的独特性或独特特征的一般做法背道而驰;更准确地说,它强调有关不同类型的明显具有法律性质的规则和边缘情形的例子的解释,以及对显然不具有法律性质的社会规则的解释之间存在着连续性。对并非法律所独有的问题与尝试性解决方案的强调是一以贯之的,在其中,制定法和案例的解释被视为仅有一些例外特征——诸如所谓用来解释规则的规则,以及规则创制的详细程序。存在着有关规则的规则,甚至是有关规则的规则的规则。处理规则是一项基本的人类技能。这是卢埃林式主题的延续,即法学是一门人文学科。

开处方前先诊断:怀疑的条件

《规则》这本书的第二个具有原创性的特征,体现为它是给困惑的解释者(具有几乎任何类型的立场)提供的诊断模型,这个模型提供了一个包含 25 种"怀疑的条件"的阐释性清单,这些条件自身或结合起来,可能构成具有法律和其他许多类型规则的特定情形中解释难题的根源。这个模型给出常见的怀疑条件的例证,并且呈现为一种可以得到常规运用的分析性工具。

我们在《规则》一书中用来介绍这个观点的最常用的例子之一,就是法条主义孩子的例子:妈妈制定了一条规则,即没有她的允许,约翰尼(Johnny)①不应走入食品储藏间。她明确表明的目的是防止约翰尼在三餐之外进食。约翰尼表明这个规则既是涵盖过度的,又是涵盖不足的。首先,他用一把扫帚从食品贮藏间勾出一罐果酱;其次,他看到食品储藏间中的猫给自己找到三文鱼吃;约翰尼拒绝阻止猫的行为,他说自己是不被允许进入食品储藏间的。约翰尼会涉足许多更进一步的事件中,所有这些事件都表明,在问题解决、规则制定、解释和实施方面事情是如何出错的。

让我们假定,约翰尼的父亲到家发现约翰尼的母亲对这两件事感到心烦意乱。父亲相信法治和正当程序,所以他不会武断地站在约翰尼的母亲的立场上或者惩罚约翰尼。他就遇到了一个两难问题。他是一位丈夫,也是一位父亲,又被请求来当不偏不倚的审判员或仲裁员。他意识到自己具有彼此冲突的角色。他不确定接下来要怎么做。相信开处方前先诊断,他首先问的是,我的问题是什么?接着,约翰尼的母亲通过制定这个愚蠢的规则试图解决什么问题?她说是想阻止约翰尼在三餐之外进食。但为什么约翰尼要

---

① "Johnny"在英语的非正式用法中也有"男子""家伙""小伙子"的意思,在举例中类似于中文中的"小明""张三"。

第11章 社会规则与法律规则

一直吃东西呢？这可能有一些原因，但其父亲作为一位心理学爱好者，猜测约翰尼渴望关爱而非零食。所以或许自己应该做的就是拥抱他；但这会惹怒约翰尼的母亲，而且约翰尼可能把这个举动理解为由于他是一个聪明的小家伙而奖赏他。约翰尼的父亲想到这个规则——显然它不足以实现它所表明的目的，与约翰尼的情感问题无关，而且对于猫的事情来说是涵盖过度的。但约翰尼打破规则了吗？使用扫帚可被推定为进入吗？如果答案是肯定的，这就有些夸张了，特别是当我们不想鼓励约翰尼的法条主义立场时。最后，约翰尼的父亲表示不赞同约翰尼的行为，但对他无罪释放，接着给妻子和儿子大大的拥抱。

约翰尼的父亲的分析可以更进一步，不过一些读者可能认为他已经分析过度了。为什么不干脆给约翰尼一个大耳光呢？好吧，在2018年为什么不这样呢？约翰尼的父亲一直在为诊断自己的问题作出例示性分析。他似乎拥有彼此冲突的角色；母亲错误地诊断了最初的问题，并且通过糟糕的规则制定让情况变得更糟；约翰尼根据自己的理解在照规则执行，但在此情形中应当被认为是无辜的。从今以后，不应当鼓励他的法条主义，他需要的是关爱。约翰尼的母亲也一样。有时解决问题的最好方式不是规则而是拥抱。[20]

约翰尼让一些读者恼怒，但这个例子说明了一些要点：在解释规则时，我们需要从最初的关切或感觉到的问题出发；区分立场和角色很重要；从最初的问题到解释和实施的不同阶段的这个过程中的诸种其他因素会联合起来产生困惑与疑虑；开处方前先诊断是个不错的经验法则。这个例子也表明，在看似简单的家庭事务语境中以及复杂的官方法律程序中，有关规则的怀疑是如何产生的。

有关怀疑条件的清单大体上可以被分为四个阶段：首先，出现在规则创制之前的条件，比如对规则所回应的情境或问题的误读（"伤害"），或是缺乏清晰、融贯、一致的政策目标，再或单纯就是最初情境或问题的复杂，又或问题不适合由规则加以处理。[21]

第二阶段，或规则制定阶段，可能会导致不完整、不确定又或不完美的规则；比如，有些规则由于糟糕的起草而是模糊或不清晰的，又或者规则是涵盖不足或涵盖过度的。母亲下令约翰尼未经允许不得进入食品储藏间；这是涵盖不足的，而且约翰尼发现有不止一种绕过这个规则的方法在三餐之外获得并吃到食物。涵盖过度会阻止无伤大雅或有益的活动，抑或引起其他次生损害，就像无人机轰炸一样。[22]

诊断的第三阶段指向规则创制之后的事件，诸如社会语境或价值的改变，新的发明，其他规则后续的改变，抑或仅仅是严格适用该规则会导致在当下情境中的不正义。[23]

最后，第四阶段与当前事例的独特特征有关：比如，边缘情形中的行为是正确的（像约翰尼使用扫帚，或足球比赛中球门线的裁判），或者对后续程序是否公平或合适有所疑虑，又或是一个符合明确规则的裁判会有不良的后果。

怀疑的条件数量众多且多种多样。这个诊断模型有助于回答下述问题：为什么这个规则（或案例）从这个立场来看令人困惑？不幸的是，许多有关解释方法的论述忽略了这一点。它们从先例或制定法解释的规则出发，抑或从规则或案例（比如，"法律议题"）所提出的一般问题出发，又或直接在两个或更多的解释当中选择一个可能的解释，或者是一种直觉性或条件反射式的反应。它们通常低估了怀疑的条件的广阔范围,以及它们彼此关联的可能性。困惑的医生的做法中,谬误的关键在于——先开处方,后诊断(如果可以说有诊断的话)——这是规则制定和解释中常见的错误。

有关怀疑的条件的章节,是《规则》一书的支柱。这本书第一部分在有关规则的例行与成问题的解读中逐步发展出怀疑的条件,这些规则有些具有固定文字形态,有些不具有固定文字形态,还有些是源自文本和情境的。诊断模式在第6章得到解释与阐述,进而被详细地运用于阅读、使用和解释英国国内法以及欧盟和欧洲理事会(《欧洲人权公约》)的立法与案例之中。最后一章为获得这些材料提供了灵活的方案。

这本书的结论是对法律争议问题推理的基本内容的概要介绍,并提供了一些构建这类论证的基本指引。总体来说,这是一种比我们在文献中发现的更系统的解释法律文本的方法。[24]

解释

第三个主题是关于解释的性质,它包括类比与法律文本和文学及神学文本之间的差异——我后来在其他许多文章中进一步阐释了这个议题。[25]为了让主题在这种语境中是可控的,我们主要聚焦于如下这个非常狭窄的情境,即一个困惑的解释者,面临着在将一个既有的规则适用于一个或一类特定情境时要确定该规则范围的问题。要做到这一点,我们遵循了神学对"注释学"(exegesis,对圣经文本的严格语言学解释)和阐释学(hermeneutics,探究文本背后的精神真谛)的区分。困惑的解释者的问题是注释学的:这个情形包含在这个文本的范围内吗?答案可能取决于将精确的意义归属于特定的语词,甚至会查询字典或使用多种辅助解释的工具,包括目的、精神、理据、语境和其他材料。

在其他语境中,"解释"通常被用来包括所使用的语词的范围,以及文本更为广泛或深刻的意义——既有字面意思也有背后的精神。在狭义上理解解释,我们跳过了其他学科中一些棘手的解释议题,它们需要在更具雄心的规则研究中加以详细阐述。[26]这使得我们对严格的文本分析和通过意义、意图、目的和语境来"理解"规则之间的紧张关系采取更为抽离的态度,并且不会假定相较于前者而言,后者总是更可取的。这也依赖于语境。

在《规则》一书中,我们果断拒绝了规则不确定性的极端立场,也即认为一切规则都向多重解释开放的观点。我们区分了常态(routine)与成问题的解释,并将后者界定为指的是在解释或适用一个或一些特定规则时,出现困惑或困难的情境。

我们也对德沃金大而化之的告诫——"从最佳角度理解文本"——持批判态度;[①] 这对贝多芬第五交响曲的指挥或《哈姆雷特》的制片人来说不错,并且在非常典型的语境中,可以运用到法官和图书作者身上;但它遗漏了许多其他类型的解释,包括增进自己或自己客户利益的解释(比如,税务顾问和辩护律师),谨慎的事务律师,"坏人"以及特别是对本文持批评态度的人。我最喜欢的例子就是多尔夫曼(Dorfman)和米特拉特(Mittelart)的《如何阅读唐老

[①] 德沃金认为,解释有两个维度,一个是"适切",即解释应当契合法律或文学文本的类型,另一个是"最佳",即不同解释方案中最能够彰显所解释素材特征的方案是最优的。在某种程度上,可以将德沃金的这个观点视为一种"决疑术",辅助法官在面对多种解释路径时作出选择。

鸭：帝国主义意识形态与迪士尼漫画》(*How to Read Donald Duck: Imperialist Ideology and the Disney Comic*)。[27] 在此书中，两位马克思主义作者揭示了华特·迪士尼的人物与文本——特别是他早期的一些——充满了种族主义、性别主义、帝国主义、法西斯主义以及几乎其他任何类型的政治不正确的"主义"和资产阶级资本主义立场。这个批判很难说是宽容的，但它当然算是一种解释。

《规则》一书的一个独特特征是有两章关于立法的重要内容。它们主要是由戴维·迈尔斯撰写的，他现在已经成为英国这个领域中的优秀专家。[28] 依据这种内部知识，相较于其他法律渊源，我们把更多的空间留给作为一个话题的"立法"，因为在英国和欧盟，立法（包括附属立法）的数量极多、范围极广且重要性极大。[29]

由于这个理由，我们在讨论完立法后处理先例，以便强调如下观点，即目前为止，立法成为英格兰和威尔士最重要的国内法形态，并且如今大部分的报道案例都包含制定法的解释。第9章深入地讨论了先例，在与先例原则的贫乏相对比中，强调先例实践的丰富性。有关"判决理由"(the ratio decidendi)的一节，是对具有不同立场的解释者从案例中提取法律命题时所涉及要素的有力分析，并且简要探索了解释案例与解释《圣经》寓言之间的可能类比——这是我在别处加以详细讨论的另一个议题。[30]

从教师的角度来看，《规则》一书被设计为一种灵活的工具，有充足的素材和练习可供选择。它已经被用作研习法律的一般导论、法理学导论，被用于非法学专业学生的转专业的课程，被用于教授中学六年级学生，被用于有关清晰思考的校外课程，并且被用作将所谓普通法律师独特思维方式介绍给受民法法系训练的律师的导论。特别令人高兴的是,高考生(A level)和高考资格补习班(access courses)中的法学预科学生认为这本书有趣且易读。① 它的主要目的就是通过练习和实例为理论和操作兼备的普通法方法提供实用的导论。

146　　我在《规则》这本书上花了一些时间来阐明在社会生活的大部分场景中,规则会是何等的无所不在、重要无比、变化多端且复杂难懂,同时解释作为一种社会规则的法律规则会如何有助于展现法律与其他社会规则之间的连续性,而非法律解释的独特或与众不同的特征。[31]

---

① "A-Level" 的全称是 "General Certificate of Education Advanced Level"(普通教育高级程度证书),在 1951 年推出,用以取代先前的高等中学毕业会考。它是英国学生的大学入学考试课程,类似于我国的高考。学生在这一阶段的学习被称为大学预科,学制是两年。它包括七十多门课程,学生需要学习 3 至 4 门主科;成绩从高到低分为 A、B、C、D、E、U 六个等级。高考资格补习班通常是为 19 岁以上的学生进入大学本科学习做准备的,主要针对希望接受高等教育但未获得相应资格的人。

第 12 章 华威（1972—1982年）

> 一开始我不得不为新大学——它们不会永远是新的——确定一个通用的名称。迄今尝试的方案没有一个适合。"格林菲尔兹"（Greenfields）只是描述了一个短暂的阶段。"怀特布里克"（Whitebrick）"怀特斯通"（Whitestone）和"平克蒂勒"（Pinktile）很难让人想到这些大学大部分建筑的灰色或淡褐色的混凝土结构，当然也无法让人联想到埃塞克斯的黑塔。"新桥"（Newbridge）从创新性来说不错，但桥究竟在哪儿呢？爱德华·波义耳爵士（Sir Edward Boyle）更贴切地提出"莎士比亚"。但我已经选择将它们称为平板玻璃大学（Plateglass Universities）。从建筑角度来说，它具有唤醒意义；但更重要的是，从象征义来说，它是准确的。
>
> （马克斯·贝洛夫）[1]

> 吃片安定。参加派对。外出游行。枪击士兵。搞个新闻。睡个朋友。这就是你解决问题的方式……可是这一切我们不都试过了吗？
>
> （霍华德·柯克）[2]

> 我讨厌"现实世界"这个词。为什么一个飞机制造厂要比一所大学更现实？对吧？
>
> （理查德·雨果）³

倒叙：杰弗里·威尔逊

我从1966年1月1日起生活于贝尔法斯特。这之后不久就遇到了杰弗里·威尔逊，一开始是从文字中，接着就是九月份一次在剑桥召开的有关"法学学位概念"的会议中，在这次会议上我们成为了同道与好友。在这次活动中，帕特里克·麦考斯兰（之前在达累斯萨拉姆，后来在伦敦政治经济学院，很快会去华威）提交了一篇尖锐批评英格兰法学教育和法学培训关系的文章。这是公共法律教师学会（SPTL）青年组成员（TMG）的第一次会议。这个学会是由剑桥三一学院的托尼·布拉德利（Tony Bradley）发起的，他将会成为达累斯萨拉姆大学的一员。⁴在接下来差不多七年的时间里，杰弗里·威尔逊是我职业生活中的关键人物，并且在很大程度上由于他，我在1972年转到了华威。

威尔逊1966年的文章包含如下段落：

> 思考法律和律师在社会中所发挥的作用的时机成熟了，思考社会科学的进展和日益浓厚的有关法律的社会关系的兴趣，对于法律实施、律师专业技能的性质和范围以及一般意义上法学研究范围正在具有或应当具有的影响的时机成熟了。有关

律师角色的老旧看法,有关司法和立法程序之间边界的妥当位置、有关法院和其他纠纷解决程序之间边界的妥当位置以及法律和社会科学之间边界的妥当位置的老旧看法,都处于熔炉之中。我们所缺乏的是一种严格意义上的法哲学,它会将这些新发展背后的重要影响与动机联系在一起,与此同时又指出未来的道路。特别是在联合王国,终于有机会一劳永逸地摧毁英国律师、学者和实务工作者都是受到规则主导的概念主义者这个形象了。分析实证主义者在律师对其角色的看法以及法学研究范围上所享有的坚定立场和支配地位可能会被永久摧毁。[5]

杰弗里读了"伯里克利和管道工"这篇文章的草稿,这是我在1967年1月份在女王大学发表的就职演讲。[6]它与杰弗里的论辩风格非常不同,但却指向同一个方向。我们论文的一个差异就是,尽管受到美国观点的启发,杰弗里并没有向剑桥的听众提及这一点;但是我的讲座则聚焦于我们可能从美国身上学到的东西,但谨慎地没有提及英国也可以向达累斯萨拉姆学习。杰弗里1966年的论述(他在几年后发表)还有其他一些微妙的区别。他反对剑桥独特版本的教义学(doctrinalism)和他察觉到的英国律师行业的态度与自负。他的主要不满在于法律职业及其文化与英国社会现实无关。言下之意,他认为法学教育是狭隘的、受规则约束的、孤立的和不切实际的。在后来的一篇文章中,他把"英国法学研究"比作"一次性塑料杯……每个形容词都强调如下信息,即我们无法从这个事物身上对质量或长期使用有很多期待"。[7]

杰弗里与我的背景有所重合,但却有很大不同。他要年长四岁；他的父亲曾是正规军，他在温彻斯特的彼得·西蒙兹文法学校安顿下来获得不错成绩之前，作为军人子女曾转过很多次学。在这所学校中，他赢得了前往剑桥女王学院的奖学金。服完兵役后，他在1949年前往剑桥。我们都想要读历史学，却反倒学了法律。但我们的动机不同。我屈服于父母压力。据他的一个儿子说，意识到自己卑微的社会背景，杰弗里选择了法学，因为他觉得法学可以提供一个与上层社会"同龄人"展开竞争的更公平的环境。他很快就被视为优秀的学生。在获得了一系列第一名与奖项后，他立刻被推举获得女王大学的研究职位，接着是在1955年获得全职研究职位和大学讲师席位。

1960—1961年杰弗里在耶鲁和伯克利待了一年，但我们的首次在美国的经历相当不同：他不是那里的学生，他的专业是宪法，他对美国法学教育态度复杂。芝加哥和耶鲁的法学院文化并不一样：芝加哥的取向是芝加哥城和华尔街的重要律所，以及经济学和商业；按照我在1965年的理解，耶鲁更看重华盛顿特区，以及更柔性的社会科学与公共政策。

杰弗里这个人非常有才干，热爱音乐、精美的艺术、仪式和买便宜货。他的家就像是个凌乱的博物馆。魅力、怀疑和具有穿透力的观察，在他身上令人惊讶地混合在一起。我最鲜活的记忆是他会问出很有意义的问题，特别是在工作面试和研讨班中，这个时候他的刨根问底是具有毁灭性的。有人觉得他的观点刺耳。我很快意识到，尽管他对剑桥的法学研究方法展开引发了论辩的攻击，但他真的热爱剑桥，包括它的仪式与荣耀，以及在他看来的悠闲氛围。他文笔很好，但只有当他觉得有充分理由时才会考虑发表。除了有关宪法和行政法的极具颠覆性的案例汇编，在1966年的时候他没有发表许多东西，也没有压力这样做。[8] 他喜爱教学，在本科生中很受欢迎：他在讲座中会分发甜甜圈，把出版物借给学生，在学院生活中发挥着全方位的作用。

大概在我们初次见面一年后，杰弗里被授予华威大学法学创始院长（Chair）的职位，肩负着明确的任务：创新。在接下来的一个阶段，我们关于他的计划有许多讨论。我对在莫恩山中的长途散步和非常广泛的交流记忆犹新。一开始我无法加入华威，因为那里只有一个教席。加之女王大学待我不薄，所以我觉得很难到来后就马上离开了。不过，杰弗里最初团队的两位成员，帕特里克·麦考斯兰和索尔·皮乔托，都是前达累斯萨拉姆成员，所以在一开始的一段时间，杰弗里不得不听到许许多多的"在达累斯萨拉姆，我们……"。

很难说清这个阶段杰弗里和我对彼此有多少影响。我们互相交换想法，让想象力自由驰骋。我已经有建立一所新法学院的经验。我们对美国法学院文化和美国法律现实主义有不同的解释。他对本科生教学非常投入，但我已经对研究生课程越来越感兴趣。几乎可以肯定，我曾试图说服他，让他相信四年制荣誉学位（比如女王大学和爱丁堡大学的学位）的优势，但没有成功。在当时，这类学位会吸引到义务性资助。如果我在这个问题上成功了，华威大学的故事就会非常不同。[9]

杰弗里只是我们这一代中诸多反抗自己最初的法学教育并寻求发展替代方案的英国法学家中的一员。他的贡献与众不同，是因为他抓住了机会，在一个创新型的环境中建立了一所非常不同的法学院,并且贯彻了一套有关大学应当是怎样的分外融贯的立场。华威大学成立两年后,他被任命来这里任教,他几乎花费了三年时间来培养一种精神气质,设计一套具有开拓性的本科生课程,并组建了一个由来自诸多国家的具有类似想法的年轻同事组成的朝气勃勃的团队。

在早年间,华威显然是"威尔逊的法学院"。它以倡导"语境中的法律"这种方法而在今天闻名。杰弗里版的这一立场更具特殊性。关键的要素是以现实生活中的社会与政治问题而非形式化的法律规则为起点;通过强调外国法、欧共体法和国际法,将法学研究从孤立隔绝中解放出来,因此预见了对于"全球化"的关切;并且指出法学能够提供理解社会的独特视角。他坚持华威(法学院)是一所法学院,而非跨学科的"周日增供法律的自助食堂"。尽管对于和社会科学家的合作(他青睐"一个脑袋里有两个学科")持审慎态度,他在发展英国的社会法律研究中发挥着具有全国影响的重要作用。

杰弗里最惊人和重要的离经叛道是华威最初的本科生课程。它强调跨国法,且包含几门当时本科生通常并不修的科目。一些科目是按照社会相关范畴而非法律概念划分的:房屋法、规划法、公司法、劳动关系法、金融与税收法、家庭法、福利和消费者法。[10]当有人挑战必修课数量时,他的标准回击是:"任何人如果没有学过劳动法和公司法,怎么会理解资本主义社会呢?"[11]"任何人"包括不学法律的人。

杰弗里的观点与方法和我的非常类似。早期华威的真言是他赋予诸多含义的"从法学内部拓展法学研究",而非含混的"语境中的法律"这个标题。不过我俩之间也有一些不同,这在适当时候会变得更为明显。他认为自己是在反对受到规则支配的实证主义以及法律建制派的文化;但我的核心关切是"理论"与"实践"之间的关系。我并没有完全拒绝相当狭义上的"实证主义"。我仍然相信,区分法律是什么与法律应当是什么,通常是有用的,而且概念分析是重要的。杰弗里更靠向罗斯科·庞德的社会学法学;我的方法更具卢埃林色彩——特殊主义因素更浓,模式化因素较少。杰弗里偏爱从外国法律体系自身的方式出发研究它们,而非从比较视野加以考察;他的关注点在欧洲;我的关注点依然在东非,并且更一般而言,是在南半球。我准备从英国法律与制度自身的历史、文化和政治语境角度来关注它们;他主要关心从其实算是费边主义[①]的视角来研究当下地方性社会与政治问题。当时我认为英国有关左派和右派的政治态度非常狭隘和具有地方性,我更关心南北问题、殖民主义、新殖民主义、"发展"和法律的扩散。杰弗里认为自己既是一个公共律师,也是一个永不停歇的兴趣广泛且有时古怪的知识分子。他通常非常看不上"理论"以及法理学(这门学科在剑桥很薄弱);但我认为自己是一个在私法领域有些专长的理论家。这些主要是侧重点的差异,但也体现出非常强的性格对比。不过我们相处得非常友善,直到他突然从院长职位辞职,我不情不愿地接手。

1973年,杰弗里已经和第一任妻子分手,开始和一位年轻貌

[①] 公元前217年,古罗马大将费边迎战迦太基的名将汉尼拔,通过迂回前进的方式最终获胜,从此费边主义具有缓步前进、谋而后动的含义。1883年,一群知识分子在英国成立了费边社,主张渐进实现社会改革。作者在本书中提及的费边主义,指的是知识分子以渐进的方式,身份独立而非附庸于政治地参与到社会改良之中。

美且富有知性的女士交往。当时，这种关系得到了普遍接受——韦斯顿在达累斯萨拉姆的奇遇比这更令人震惊。但不幸的是，玛西娅（Marcia）也即这位女士，当时是一位资历较浅的同事的妻子，这件事就被视为一桩丑闻，至少在年轻教职员工的伴侣眼中是如此。我记不清楚细节了。1973年2月份，杰弗里告假离开，但直到1974年他才正式从院长职位引退。可喜的是，他的婚姻成功了；他们夫妻生了三个天赋非凡的儿子，组成了一个联系紧密、几乎是不与外人联系的家庭。杰弗里从一个朝气勃勃的年轻同事群体的家长的角色，转变为真正的、投入的父亲。他作为教授在华威一直待到1997年退休，但自1973年后他在法学院发展中的作用就越来越边缘化。

不情不愿的院长

我发现自己是在动荡时期坚守着岗位的，这不仅仅是与杰弗里个人生活有关。1973—1974年，国家层面上有大规模罢工、有关"血色星期天事件"（Bloody Sunday）的喧闹、越来越多的爱尔兰共和军的炸弹、两次大选、通货膨胀、经济衰退、每周三天工作日、加入欧洲经济共同体（EEC）、石油危机、南非种族隔离、冷战和其他许多事情。几乎唯一的好消息，就是华威最著名的校友史蒂夫·海韦（Steve Heighway）在他们赢得1974年足总杯决赛时为利物浦队射门得分。在华威大学，事情的动荡程度也不遑多让；有早先校园问题的残留，[12] 以及学院内部的一些令人不安的分裂。

短时间内从杰弗里手中接过工作令我感到十分不便。我刚刚

第12章 华威（1972—1982年）

开启有关证据的研究项目，申请了一个重要的研究资助。我认为自己在达累斯萨拉姆和贝尔法斯特已经做了足够多的行政工作。我当时是执行院长，接着就是从1973年2月到1975年9月担任法学院院长，然后在1977—1978年再度担任，加在一起共有大概30个月。我的朋友与同道帕特里克·麦考斯兰在这期间接替我担任过一段时间的院长，条件是我回来后会再当一年院长。在1975—1977年我离开了华威，因为我为自己有关证据的工作设法获得了一笔重要的研究资助，并且在牛津的沃弗森学院作为访问研究员待了一年，接着是以访问的身份待在弗吉尼亚大学和西北大学法学院。

作为院长，我的许多精力都放在维持法学院运转（尽管并不总是顺利）、招聘教师、裁员期间在学校层面为学院争取利益，以及保持良好的公共关系。整体来说，教学工作开展得不错，研究工作则相形见绌。相较于严肃的研究，我的一些年轻同事对微观政治更感兴趣：甚至有观点认为研究和发表是"事业心过重"，这个观点与大学和我自己的精神气质截然相反。另一方面，他们都是热情洋溢的老师，而且我觉得对学生来说，那段时间在华威度过了非常美好的时光。

一些人会认为委员会的工作是权力的来源，直到我将一些行政任务重新命名为"杂事"为止——或许这是我最伟大的成就。这在大部分行政工作中都有效，但人事任命除外，这是我任职期间竞争最激烈的领域。从形式上看，任命过程集中在学校层面，通常还有院长和另一个在讲师及以上职称的任免委员会中任职的同事。但是法学院设立了自己的经由非官方选举的任免委员会，它会草拟一个长名单，面试一下候选人，再送交一个简单的短名单给中心。这就有机会引发竞争激烈的选举、密谋和阴谋，也提供了一个论辩对立观点的场所。它一直在大学没有留意的状况下存续着，直到一位候选人向使用了来访演讲者资金的学校教务主任而非法学院申请差旅费报销。学校因此宣布院系的任免委员会不合校规，但我们的委员会依旧在地下状态继续运转了一段时间。

后来，我把这个故事用作寓言，以阐明什么是介入性规范（interposed norms）——我们的选举要比学校层面的章程和规章更"真实"，后者是"表面法"（surface law）。[13] 不过，非法组织的权力也是假想的，因为很快我就明白对于许多同事来说，他们的权力感来自于进行面试，而非影响结果——以至于在使候选人遭受一天的严厉质疑后，面试官通常无法汇报面试情况。当院长参加学校委员会时，他认为法学院非正式的委员会纯粹是建议性的而且该委员会不是非常愿意提供自己的建议。

我接任院长后不久，同意了年轻同事提出的讨论修改课程设置的建议。他们提出这个动议的名义是"学生选择这样"，但显然他们也是想进行革新的。结果是威尔逊喜欢的一些课程成了选修课，一些新课得到引入。在我看来，这是不可避免的，因为学院在扩张，同事们想要设计自己的课程。但是我忘不掉的是，杰弗里指责我淡化了他有关本科学位的整体立场。我同意有一些重要的东西丢失了，但在一个不断扩张的学院中，这种特有的精神气质和有限的课程设置是不可持续的。如果我们有四年制的法学本科学位，这个问题的严重程度就要小很多。这样我就能够做到在保持公司法和劳动法是必修课的同时，也提供一些高阶选项。

第 12 章 华威（1972—1982 年）

不过我们确实在某种程度上保留了一些基于事实分类的科目——也即一些传统课程是基于非法律或社会范畴而非法律范畴加以再分配的；比如，有关财产法的土地使用、房屋法以及住房信贷，或者有关证据法的证据和证明。[14] 这就提出了认证华威的法学本科学位以免除出庭律师和事务律师资格考试第一部分的问题。[15] 在处理法律职业相关问题时，我选择运用外交手腕而非正面对抗。第一个问题是我们没有一门叫作"侵权法"的课程——"侵权条款"已经被分配到公民自由（诽谤）、土地与房屋（侵入和妨害）和公司法（经济侵权），还有证据和证明（证据法）以及有关事故（accidents）的一门课程。[16] 我们也没有一门关于衡平和信托的课程。在一瓶红葡萄酒的觥筹交错中，我和王室法律顾问罗伯特·戈夫（Robert Goff，后来的戈夫勋爵）——我参加了他在牛津的有关诽谤的讲座——达成了一份交易。[17] 他当时同时代表出庭律师和事务律师。他明确表示，自己并不担心华威学位的质量，而是更密切监督当时兴起的理工专业院校中的法学院。我们都认识到这个认证法学第一学位的工作就是做做样子——就我所知，法学中没有任何一个单一荣誉学位的申请在后奥姆罗德时代① 遭到拒绝的事实表明了这一点。只有混合学位（像法律与政治）会带来问题。但是由于这项规定，特别多法学学者经受了不必要的焦虑或不该有的懒散（没有新课）。后来，由于核心科目的数量悄然扩张，学位认证就成了一个重要的政治问题。这个冲突持续到 2017 年，此时事务律师监管局

---

① 在与作者交流中，他指出"后奥姆罗德时代"是 1971 年发布的《奥姆罗德报告》（The Ormrod Report）之后的时期。这份报告的发布，标志着英格兰和威尔士的法学教育或培训的重要改变。

试图强制推行的实际上就是华威之前的制度。[18]

这里不是试图重构华威法学院早期历史的地方,这吸引了一些法律史学者的关注。在此我会将注意力集中在两个主题上:"华威化"(重新思考传统领域),以及这一时期当中我的一些外部活动。"语境中的法律"和"大小现实主义"的理念会在第 13 章讨论。

诸般重思

在我看来,华威最有意思的方面,可能就是劝告每位教学人员以更广阔的方式重新思考他们的学科。这首先运用于教学之中,而后更广泛地在研究和学术中得到推广。作为"语境中的法律"丛书的编委,我慢慢地汇集了一批华威作者,其中有一些始终都没有完成他们的计划。有十人写出了优秀的著作。[19] 其中三位,帕特里克·阿蒂亚、帕特里克·麦考斯兰以及迈克尔·切斯特曼(Michael Chesterman)值得在此关注;第 14 章会论述我在拓展法学中证据研究方面的努力。

一些年前,我以"重新思考"为关键词在迈阿密大学法学图书馆目录搜索,结果出来 138 本著作,其中大概有一百本在标题中就实际上有这个词。这些著作中的绝大部分都是在最近二十年间出版的。文章的数量当然更多。任何学术研究都需要某种重新思考,但这些书主要指的是整个子学科,诸如国际法或比较法,抑或像证据或过失这样不那么广泛和基本的学科。这些书的标题中有许多都隐隐承诺了一种多少有些激进的方法。这种大规模的重新思考,可能是在回应对于传统的或固定的思维方法的不满,也可能是回应在就如"全球化"这样不断变化的环境中感受到的挑战,还可能是回应自我批评或各种因素更为复杂的关联。这些标题通常含有自我推销的意味。

值得考察一些有关重新思考的具体例子,我对它们有非常近切的体验,而且它们也与本书主题直接相关。我描述过哈特如何将"哲学中的革命"引入了法理学。在芝加哥,美国法学院的体验让我对自己的英国法学教育的不满的一些根本方面变得明确起来;在喀土穆,更明显的是在达累斯萨拉姆,在这两个刚刚独立的国家的极为不同的语境中,我们几乎不得不重新思考我们习得的有关法律的一切。后面我会讨论自己有关全球化如何挑战了有关具体议题以及整个西方法学传统既定假设的思考(第18章),我也描述过一些文化冲击。不过正如这三位同事的工作所表明的那样,华威所采纳的这种纲领性方法具有某种特殊性。

帕特里克·阿蒂亚

第一部及时出现的著作是帕特里克·阿蒂亚完成的,他是我在喀土穆的同事,是我邀请来为"语境中的法律"丛书撰稿的第一位学者。我请他写一本有关实践中的规制或商业法的著作;可是他说自己对合同与商业感到厌倦。他想给侵权法搞点儿破坏。我没有忘记《萨尔蒙德论侵权法》对我的"背叛",就立刻答应了。在相对很短的时间内,帕特里克就写出一本书,即《事故、赔偿与法律》(*Accidents, Compensation and the Law*, 1970),[20] 它满足了我对《萨尔蒙德论侵权法》的一切抱怨。帕特里克在社会中事故的总体图景以及对不同类型赔偿制度的概览语境中,批判性地分析了普通法中有关过失的诉讼。他主要聚焦于过失,讨论了保险、庭外和解以及损害赔偿的不可预见性[对此,他后来写了一本书《损害赔偿彩票》(*The Damages Lottery*)][21]——简言之,这都是《萨尔蒙德论侵权法》中的重大遗漏。他论证了侵权法制度内部以及和其他赔偿制度(诸如私人保险、刑事伤害赔偿和社会保险收益等)之间的不融贯与不一致——这些所谓的"制度"都建立在不同且通常是混乱的意识形态之上。这本书对规划层面和实际操作层面的现行侵权法制度展开了极具批判性的分析,提出了非常激进的改革主张。将近五十年后,这本书写作到了第 8 版(2013 年)。但阿蒂亚的主张依旧没有得到实施,正是由于如此(而非尽管如此),一代又一代学生(绝非全部)免于遭受我做学生时误导我的那种有关过失的论述的荼毒。这部令人拍手叫好的著作没有取代教义性文本,而是将它们置于非常不同的框架当中,从此之后的大部分著作至少承认了这些教义之外的因素的相关性。[22]《事故、赔偿与法律》出版于我招募帕特里克来到华威之前的 1973 年。在华威,他致力于一部有关合同的语境性历史的著作,即《合同自由的兴起与衰落》(*The Rise and Fall of Freedom of Contract*, 1979),这本书在 1977 年他前往牛津执掌英国法教席时已经完成得差不多了。

与传统侵权法教科书相比,阿蒂亚的方法很有趣。首先,他的立场是一个在整体上谈论侵权法体系而非详细阐明其规则的温和的费边主义法学家。其次,它是批判的,对潜在的政治价值和理据有明确认识。第三,它关注相关法律的现实运作;第四,它用"事故赔偿"(并非教义概念)取代"侵权法",并把"过失"作为组织性概念,这就为比较不同的赔偿制度、展现侵权法的不正义、不融贯与反常状况提供了基础。第五,他主要通过不带有任何融贯指引原则或意识形态的渐进性发展史来解释侵权法的状况。最后,这本书明显面向法学学生,以辅助他们理解现行的制度;明确的批判与建议主要限定在篇幅相对简短的最后一章。1987年后,这本书一直都由彼得·凯恩(Peter Cane)来出色地编辑与更新,在我看来,这是"语境性"著作的典范。这类作品没有理想的形态,但对任何想要重新思考教义领域的人来说,都会从这部书中获益良多。[23]

麦考斯兰传奇

帕特里克·麦考斯兰和我是达累斯萨拉姆大学学院法学院三位联合创立者中的两位;我们共同起草了学校简章中有关法学的条目(第5章);我认为这是"语境中的法律"的第一份宣言;帕特里克也是华威法学院的创立成员之一;他比我去得早,已经占据了土地法和规划的职位;证据是我相对于土地的第二选项;帕特里克先到是件好事,因为他要比我做得更好;他开拓出两门非常具有原创性的课程,后来成为主要在南半球的(据他估计)42个国家中的土地改革与城市规划方面的重要顾问。[24]

我没有试图描述帕特里克实际上如何构造自己在土地法和土地使用规划方面的开创性课程,而是尝试将他的方法重构为一种理想类型。我将之称为"麦考斯兰传奇"。[25]这个方法是这样的。第一步,与阿蒂亚一样,选择一个合适的组织性范畴,最好是基于事实的,[26]它与某类社会现象或一系列社会-政治问题直接相关:比如,土地或土地使用,而非不动产、财产或一些更为抽象的法律概念。第二步,就是构建相关社会现象的总体图景。在我的描述里,帕特里克掏出一幅英格兰和威尔士的地图,他会问有那里多少土地,它们的主要用途是什么?这些土地在统计学和地理学上的分布如何(人口现实主义)?土地使用可以被大致划分为工业、商业、农业、住房、交通、生活设施(包括运动)、安全(包括武装部队)、管理和行政。针对每种用途他会问:谁是受到影响的主要行动者与法人?在每类土地使用中主要制度与业务是什么?什么导致了纠纷?诸如此类。第三步,就是承认尽管这种对于土地及其使用的总体图景的构造提供了一个广泛的语境,但它也立即表明就设计一门课程或学生作业这些目的而言,必须要作出艰难的取舍。

帕特里克决定关注两个范畴,一个是传统的(住房),另一个几乎在当时的英国法学教育中完全没有得到发展(土地使用规划问题)。[27]这两个话题的社会重要性、利害关系、它们对有意成为实务工作者的学生的实践价值以及与传统的关联,为从更广泛的范围中选择它们提供了辩护。传统的不动产课程很大程度上聚焦于住房,"房屋"典型的就是一个叫作黑地(Blackacre)的宅邸,①楼上的阁楼中有管家卧室、男仆卧室和六个女仆卧室。华威的学生被期待熟悉这些财产法的基本概念、原则、规则和交易;住房是在语境中学习

---

① 在普通法的不动产法中,"黑地"通常用来指代虚构意义上的一片土地或不动产,它常被用于法学院课堂上的虚构案例中。当有不止一处土地或不动产时,黑地通常指的是第一处,而"白地"(Whiteacre)指的是第二处。黑地这个词的使用可以追溯到1628年爱德华·柯克爵士的作品。他并没有明确提及为什么用"黑地"这个词,但人们推断可能和土地上特定谷物的颜色相关。我们可以把这个词理解为指代人名的"张三""李四",是对"某处有某个人所有的不动产"的简称,并非实际生活中某形态的不动产。在法学教学中使用这个词汇,给人的直观感受是,人们大体上都可以拥有自己的房屋,但显然英国的社会条件无法实现这一点。因此,特文宁在下一段会说,这个词会让人觉得不符合实际。

这些内容的有效工具。

在这个例子中,依旧有让它更具人口现实主义色彩的空间;比如,这些房屋在哪里,这些人们又在哪里?这些问题的答案显露出传统处理方式当中的一些重要漏洞,在传统处理方式中几乎没有提到无家可归者、擅自占地者、旅居者("吉卜赛人")和地方政府出租住房的租客,他们在撒切尔夫人改革之前,占据了英格兰和威尔士居住者中50%以上的份额。难怪在20世纪60年代末,人们会觉得黑地有些"不真实"——这就像唐顿庄园没有地下室一样。这些群体每一种的类型都与复杂的问题和法律回应相关,包含诸多法律领域——比如,与公共住房相关的歧视议题,就成为重燃北爱尔兰纠纷的导火索。[28]

同样,这种方法体现出问题的复杂性、不同法律领域的交织以及选举的重要议题。帕特里克纵享横跨两年的两门为期一学年的必修课,但他已然不得不在关注点和教育方面作出一些艰难选择。完全采用同样方法的人,可能会为他们的课程或语境性著作作出非常不同的设计。[29]

迈克尔·切斯特曼

迈克尔·切斯特曼是位杰出的澳大利亚律师,为"语境中的法律"丛书贡献了两部著作。第一部《慈善、信托与社会福利》(*Charities, Trusts and Social Welfare*)是有关慈善法社会史的杰出著作;第二部,现今由新编者出版到了第五版,已经成为信托领域最受尊敬的教科书之一,同时又保留着以商务为焦点的语境性方法。[30] 他的立场与方法在每本书中都不同,与阿蒂亚和麦考斯兰的方法也不一样。

这三个例子展示了语境方法可以具有何种程度的灵活性与相关性，以及它们是如何同时被认为具有学术性和创新性而得到接受的。我会在下一章讨论"语境中的法律"的含义及其与大小现实主义的关系，并在第14章讨论我自己重新思考证据的努力。

校外工作

几乎所有学者都会承担他们正式职责之外的工作。[31] 一些人是有偿的，但大部分人做了许多无偿工作或是为了名义上的工作量而如此，这就和校外主考一样。20世纪70年代，我继续在非洲和英国理工院校担任校外主考官，主要是为了支持这些学校。这也是建立人际网和保持接入八卦渠道的好方法。作为唯一对考文垂社会责任委员会（Coventry's Council for Social Responsibility）的主教持有怀疑态度的人（这是所有业余事务中最具智识性的），我多次在当地参与考文垂华威街区社区关系委员会的课外教学（担任了两年主席），还参加了各种法学教育和出版活动，包括一些咨询工作。我出席会议，在公共法律教师学会和英国法律与政治哲学协会尤为活跃。我还深度介入边沁项目中，这在下文中将会讨论。[32]

在我加盟时，华威还是一所"新"大学。它是一个令人智识上感到兴奋的地方，也会让人在政治上感到撕裂。第一位副校长杰克·巴特沃斯（Jack Butterworth）从一开始就偏好与工业的紧密联系；这并不为左派所青睐，就导致了爱德华·汤普森在我到来前不久出版的论战性著作《华威大学有限公司》（*Warwick University*

第12章 华威（1972—1982年）

Ltd）中所描述的冲突。华威从来都是那一代"平板玻璃大学"中排名最高的学校；这个功劳有一些必须要归给巴特沃斯，他对创始院长职位作出了一些非常不错的任命，并且让他们取得了很好的成效：数学、英语、生物化学、历史与社会史（它们几乎不相互对话）还有经济学都很出色，并且成为创新方面的引领者。特别是在当院长的时候，我参与了学校和其他层面的各种委员会和工作组，有的非常有意义，有的工作经常会出现言辞激烈的情况，但很少会令人感到无聊。所有这些对于一个中年法学教授来说都是相当典型的工作，除了20世纪70年代的华威是一个让人在智识方面感到兴奋的地方。

尽管有这些活动，我想方设法完成了相当数量的研究与写作。在华威和伦敦大学学院，有时候人们会对我说，我在学校外的活动和自己写作的主题范围方面过于分散。在一定程度上的确如此，但在减轻罪行的辩护中我可以说的是，我的思想兴趣并不像他们看上去的那么多样：边沁和法理学、证据以及酷刑相关；我将自己有关证据的工作视为拓展任何领域以及"语境中的法律"方法所包含的要素的一种个案研究；有关法律出版和法律信息的计划旨在强化法学研究的基础建设，我在这个领域的著述主要将法学教育与法学研究同高阶和中阶理论联系起来。重点是我有一项主要计划：从1972年开始贯穿了我在华威的十年以及这之后的许多年。证据是我的头等工作。边沁、大小法律现实主义、语境化方法、法律语境的推理和比较程序（这方面我浅尝辄止），都是该计划的一部分。在我快离开华威的时候，发表了许多"小山丘"式（foothill）的文章，在具体的议题中尝试阐述我的想法；其中有一些成为我在这个主题的三本主要著作中的组成部分,[33]有关证据的章节会讨论到这几部作品。它们都是在我离开华威后出版的,但基础性工作是我在华威时完成的。我兴趣广泛但并非票友。接下来的两章会讨论我有关证据的计划(第13章)以及法学教育(第14章),一个具有学术性,一个主要具有活动家色彩。它们都属于华威时期,但也会与我在1983年前往伦敦大学学院后的下一阶段生活有所重合(第14章)。

我在华威的日子既非常刺激也很有压力。我很看好这所大学与其法学院。不过,在1980年后我觉得自己的学术工作受到学术行政事务与政治的干扰,我害怕自己可能被迫又要担任院长很多年。1982年初,伦敦大学学院法律系主任和主管杰弗里·乔韦尔(Jeffrey Jowell),打探我接替汉普斯特德的劳埃德勋爵教授(Professor Lord Lloyd of Hampstead)担任法理学奎恩讲席教授的可能意愿。我犹豫不决,因为伦敦大学学院的法律系以非常传统而出名,而且相当自负,尽管乔韦尔正在努力改变这一点。最终,在职位应聘信息发出后,我递交了申请,经过面试后获得了工作机会,在确保自己不会被迫至少担任几年系主任后,我接受了这个机会。1983年1月我开始任职。第15—19章将会讨论下一阶段(1983—1999年)。

第 13 章　法理学、语境中的法律、现实主义和教义

各种各样的当地人和外国人；商人和享乐的人；客厅里的人和边远地区的人；农场围猎者和追求名誉的人；女继承人猎人，黄金猎人，水牛猎人，蜜蜂猎人，幸福猎人，真相猎人，还有围猎所有这些猎人的更敏锐的猎人……穿着拖鞋的漂亮女士和穿着麂皮大衣的女士；北方的投机者和东方的哲学家；英格兰人、爱尔兰人、德国人、苏格兰人、丹麦人……时髦的年轻西班牙克里奥人，老式的法国犹太人；摩门教徒和天主教徒……简言之，一个驳杂多样的议会，一个由各种各样的朝圣者组成的无政府主义者的议会。

（赫尔曼·梅尔维尔）[1]

使法理学理论化

看看像弗里曼（Freeman）和劳埃德的《法理学导论》(*Introduction to Jurisprudence*)这样给学生阅读的全景式法理学读本的索引，我们就会在赫尔曼·梅尔维尔（Herman Melville）对码头人

群的回忆中认出许多人物。这本书就像是个巴别塔(Babel);难怪学生会感到困惑。① 本章旨在论述我为作为一个领域和一种活动的法理学发展出一套融贯观点,并受此启发来考察语境中的法律、现实主义、法律教义这些观点的第一次努力尝试。这些观点大部分都形成于我打算从贝尔法斯特到华威的时期以及我在1972年达到华威之后。我对于这些议题的思考在此后有所发展,但基本观点是在这个时期形成的。

在我学术生涯大概前20年中,我一直都在学习和讲授法理学各种各样的子领域,却没有对这个领域整体上的性质、范围和目的有太多思考。我是在进行理论化工作,但却是提出一种理论而非对理论化本身展开反思。我接受卢埃林对法理学的看法:法理学处理有关法律的一般性问题,包括"对任何具有法律意味的事物阶段展开的任何细致与持续的思考,如果思考(意味着)试图超越对手头儿迫切问题的实际解决方案的话"。² 我非常喜欢朱利叶斯·斯通出于说明的目的,将学科主题分为三部分的大体可行的分类,这三部分我现在称为分析的、规范的以及经验的。但即使在当年,我也意识到理解法律现象与观点涉及概念、价值与事实,并且对于这样一个广袤且界定不明确的领域进行任何粗略的分类都有将"学派"或"主义"视为彼此竞争而非相互补充的方法的危险。

我的有关作为一个领域的法理学的可行假定,是慢慢随着时间发展起来的。这个过程可以概述如下:受到哈特方法的启发,但却从未对其议程感到满意。³ 我从卢埃林"我们社会中的法律"这门课

---

① 该典故源自《圣经》中的"创世记"。巴比伦人想要建造一座高塔通向天堂,上帝为了挫败这个计划就使得不同工人使用不同语言,他们彼此之间无法相互理解。

中带走的是一种有关理论化的广泛视野,理论化是一种活动,在这种活动中卢埃林强调面向"成千上万人"的、将法理学视为一种粗浅实用知识的立场,而非构建一种严格且抽象的法律哲学或科学。我最喜爱的是如下观点:这样一门课的主要目标就是让学生将他们有关法律的信念、态度和可行假设与他们有关政治、道德以及宇宙的观点联系起来,并在朝向一种有关法律与人生的可行整体观念中对之展开批判性反思。此后,在教授法理学时,我尝试采纳卢埃林的学习目标,但将文本细读和与原典对话(自我定义方面的练习)作为实现这一点的主要手段。我们在喀土穆和达累斯萨拉姆的经历每时每刻都会对地方性的普通法假定构成挑战,而且随着时间流逝,也对一些西方法学的主流假定构成了挑战(第19章),不过还不到放弃哈特或卢埃林的程度,也不到放弃我在他们两者建立沟通桥梁的努力的程度。[4] 在贝尔法斯特,在天资聪颖但保有个人主义气息的团队的加持下,我们在三门课程中探索了许多法学文本、议题与领域,但没有尝试发展出一种有关这个广袤领域和传统的包罗万象的融贯立场。更准确地说,我将法理学视为一个有许多公寓的大楼,或是像麦尔维尔所回忆的码头边的人群,我在"伟大的法学市集"(The Great Juristic Bazaar)中讽刺地提出了这个观点。[5]

从贝尔法斯特到华威促使我反思法理学的主流以及卢埃林对它的独特理解,可能对华威"从内部拓展法学研究"的计划有何贡献。成果就是我在华威大学的就职演讲,"法理学的一些职能"(Some Jobs for Jurisprudence)。[6] 这次讲座值得停下来加以思考,因为它是我第一次尝试将自己有关理论的看法加以理论化——也即思考和阐述我的法理学观、法哲学在其中的地位、作为一种活动的理论化以及它对作为一门学科的法学的健康发展可能具有的贡献，这大体上预示了我在本书第 1 章中提出的观点。

对于我的华威听众，我有如下几个目的：首先，重新确认自己对法学院精神气质的认同——特别是这是一个认同横跨一切法律领域的更为广阔的方法的法学院；[7] 其次，强调从内部拓展法学研究这个抱负的开放性与流动性：它不认同于任何特定意识形态（华威被认为是非常左翼的），我们也不寻求用一种正统立场取代另一种；毋宁说我们应当在相邻的社会科学之间建起沟通的桥梁，但依旧与主流的法理学和法哲学保持关联；第三，警示如下这一点，即相较于我们希望建立关联的邻近社会科学与人文学科，法学更具有参与者取向的色彩；最后，"语境中的法律"的观点并不否定教义阐释或概念分析的重要性。

我也想要明确地解决如下问题：法理学能够为从内部拓展法学研究这个事业做些什么？在发表的版本中，这一点是以法律理论化的五种功能来表达的：管道功能[8]、宏大理论（high theory）、服务于参与者的可行理论的发展、中阶理论（默顿学派意义上的）以及综合功能。[9] 我指出后三种功能一直都被忽略了。

这次讲座的讲稿是在四十多年前发表的。我有大概二十年没有完整读过它了。当我重读时，它似乎是对我现在观点的一种不错的表述。[10] 如今我接受了一种全球性视角，更加强调非国家法、法律多元主义以及对于自己和他人的可行假定与预设的批判性考察；我当时对证据的看法并不成熟；[11] 但有关理论化的功能、对立场和参与者视角的强调以及英国和美国对"形式主义"的回应，还有对"语境中的法律"的解释，都可以在 2018 年得到非常类似的表述。

我倡导法律是一门潜在的伟大人文学科的理由亦复如是。[12]

美国法律现实主义（ALR）和语境中的法律

这里是谈谈"语境中的法律"这个概念及其和美国法律现实主义关系的好地方。这个概念一直被用在以此命名的丛书中，用在华威所开创的方法中，用在一场被宽泛地称为"运动"的事物中，且被用在我自己的一般性方法中。这些用法都彼此相关，但却在意义上有微妙的差别。它并非像"社会法律研究"或"法律社会学"是一个领域概念，它要比这两者更广泛。更准确地说，它适用于和狭隘的教义学方法相对的一般性方法或视角中。

我们已经看到，这个概念是丛书标题的第三选项。[13] 我非常喜欢它，主要是因为它意思含混且结局开放，但又并非毫无意义。如果一套丛书的编者们让这个概念更为精确，那会很愚蠢。我们想要的不是传统作品，而是范围更广的著作，它超越了纯粹的解释性或教义性作品，不过在哪些方面更为广泛则是开放的。

尽管有边缘情形，这是当然的，但作为编者我们不用费许多力气就能够决定哪一个研究计划是足够"语境化"的。我们确实了解到的是作者——还有其他人——以许多方式来解释"语境中的法律"。有人认为只是插入或涉及一点儿"语境"，作为阐明教义的前奏便足矣，但这不是我们所设想的。在20世纪70年代和80年代，有一种将语境方法和政策取向相等同的独特倾向。很多优秀的改良主义著作一直都是语境化的，在循证决策变得流行之后，尤为如此。不过许多语境化著作是描述性、说明性和解释性的，不必然具有规定性。有人认为阿蒂亚的《事故、赔偿与法律》很激进甚至极端,但这本书的核心是看待和对比不同赔偿制度的一套全新框架。[14] 政策与改革在丛书的许多部著作中都发挥着作用,但通常并不是核心作用。对于很多书来说,这两个因素是边缘化的。"语境中的法律"不应当等同于"工具主义"或"法律自由主义";就意识形态而言,"语境中的法律"这个概念和丛书不与任何一种意识形态绑定。

华威的使命口号,就是"从内部拓展法学研究"。这要比语境中的法律更精确一些,并且指向的是目标而非方法。我不确定是杰弗里·威尔逊还是自己发明了这个短语。我认为"内部"非常巧妙地把握住了杰弗里的构想:华威(法学院)要成为一个法学院;尽管有人手中会有两个或更多学科(背景),但教师要几乎全都具备法律资质并且毕业生获得的是法学学士学位,该学位会被认证为获得专业豁免。

在第 12 章讨论的三个"重新思考"中,阿蒂亚和麦考斯兰所运用的方法之间存在某种亲和性,但切斯特曼的方法非常不同。我重新思考证据的策略,会如我们将看到的那样(第 14 章),也是不一样的。我不喜欢被贴标签,但"语境中的法律"要比大部分标签好:我倡导通过"总体图景"来思考,主要是为了设置一个广泛的语境;我认为司法判决和其他相关决定最好在一种总体的诉讼过程模式的语境中加以研究,这个方法不仅适用于诉讼和纠纷解决过程,而且适用于一切类型的法律"行动"。通常来说,规则应当参照语境得到解释、适用、研究和使用。[15] 相关"语境"主要是历史的、社会的、政治的还是其他什么,都取决于特定研究及其立场;[16] 我很小心地没有将法学视为语境,而是让教义各安其位;在我看来,"语境中的法律"作为一种方法，挑战了法学是一门自主学科或存在纯粹的法律知识形态的观点；我认为理解法律要求向其他学科开放，但我是一名法学家，而非哲学家、社会科学家或历史学家；就如大部分主张运用这一方法的其他人一样，法律是我的首要科目。

在法学中，"运动"要比"学派"更含混，但却比潮流（trend）更具体。[17] "语境中的法律运动"与美国现实主义运动（American Realist Movement, ALR）的相似之处在于，它们都集中于大学的法学院，都主要包括新一代年轻法学教师，以及都主张反抗居于主导地位的正统学说。在美国，少数个别学者更早就倡导采用更广泛的方法研究法律。[18] 但是，20世纪60年代英国的语境和思想氛围与美国法律现实主义兴盛时美国的语境和思想氛围截然不同。"二战"后的福利国家、帝国的终结、高等教育的快速扩张、外在于大学的职业形成传统、对社会主义和马克思主义观念更有敌意的学术氛围和其他许多因素，构成了一个与美国形成强烈对比的背景。更广泛方法的倡导者中，有一些曾在美国法学院学习，但其他人，像我自己，是从新近独立的国家中返回英国的，在新兴国家中这些人需要面对在极为不同的政治、经济和社会条件下调适或替代英国法的问题。他们自然而然会强调"语境"。

从思想上看，美国法律现实主义和英国语境化方法之间存在一些重要差异。两者大体上都通过反抗被戏谑歪曲的"形式主义"来界定自身：在美国，盛行的正统学说（"兰德尔主义"）被控告有三个主要缺陷：对演绎逻辑的盲目强调，过于关注高等法院，以及缺乏对行动中法律的诸种现实的经验性关切。这导致了如下两伙人之间的分道扬镳：一些人想要发展出针对案例教学法的更具怀疑论和政策取向的方法，另一些人则想要将法学研究发展为一种经验性社会科学——这是两个不同的事业。在 20 世纪 60 年代和 70 年代，英国式的"形式主义"也被批评为与"行动中的法律"（既包括法律职业活动，也包括法律在社会中的运作）无关；它还被指责关注点狭隘，教育上不自由且在政治方面保守。按照我的理解，在英国，不同的诊断推动了各式各样的"处方"：更具人文主义的教育、跨学科的合作、经验研究、进步主义的法律改革以及激进的社会理论批判。[19] 如果法律现实主义的核心立场是关注行动中的法律至关重要，那么可被归属于语境化方法的主要命题就是，对于研究法律的大部分目的而言，研究规则或教义本身并不够。[20] "什么是足够的"则见仁见智。

标签含义模糊，但并非空洞无物。"语境中的法律"不是一种法律理论或关于法律的理论，也不是法哲学的一个学派或分支。它与"现实主义"重合，又与美国法律现实主义有松散的历史关联。"何者作为'语境'是重要的"，本身就取决于语境。比如，在写作一份独特的法学文本时，作者的关切与情境几乎总是彼此相关；历史与文化背景通常很重要；这个文本可能属于某种特定文学或学术体裁；这个文本可能介入当下论辩；等等。何种语境重要则取决于研究。"*Contexere*"（编织）意味着跨学科视角，但"语境中的法律"要比之更广泛；比如，它包括但不限于运用社会科学方法，主要适用于经验研究的社会法律研究。[21]

"语境中的法律"这个观点并不基于特定或独特的一般法律理论或有关法律的一般理论。这个概念可以被限定在国家法或正式法，也可以得到更为广义的使用。它容纳了实证主义者和非实证主义者、法律多元主义的研究者，以及自由的法学教育的倡导者和开明的职业培训的倡导者。尽管它具有"进步主义"倾向，但可以容纳范围广泛的政治立场。它不是一种"主义"。[22] 就如阿蒂亚和麦考斯兰所阐明的那样，这种方法青睐从总体图景和总体过程出发展开思考。同样，民事诉讼与刑事诉讼的研究者在总体程序模式的语境中，对有争议的判决和上诉展开详细研究，强调诉讼过程中不同阶段之间的交互关系，有争议的判决与成功上诉的相对罕见性，以及庭外和解与辩诉交易还有其他纠纷解决方式的重要性。[23]

有人认为，华威法学院、"语境中的法律"丛书以及法律社会学属于左翼。在 20 世纪 60 年代，无聊的笑话将社会学等同于社会主义。或许存在一种普遍的左派偏见：吉尔·柏林格（Gil Boehringer）这位马克思主义者（前贝尔法斯特和达累斯萨拉姆教师）在将"语境中的法律"研究背后的意识形态假设判定为"费边主义法理学"，也即认为这些研究含混且自相矛盾时，他与这种偏见相距不远。[24] 不过，"语境中的法律"并不是一种意识形态或政治纲领；它只是为各种各样从狭隘传统中突出重围的方法提供了灵活的框架。"语境中的法律"丛书中的一些著作可以被理解为具有右翼或女性主义，或其他政治倾向，但特定政治取向并不是语境化方法的必然要素。缺乏明确的意识形态或政治基础使得一些批评建议指出，语境中的法律、社会法律研究以及大小现实主义都是"非理论化"或"非政治性"的。这没有抓住重点。在我个人看来，潜在的意识形态是对学术伦理的一种自由主义解释。那些认为学术和教育的所有目的不是理解世界而是改变世界的人，显然与此立场不同，但即便是他们也被涵盖在这个广泛的运动当中。

在过去的 40 年间，"语境中的法律"在很大程度上被吸收进英国和其他大部分普通法国家的法学研究主流之中。它变得相当重要。如今,最明显的标志体现在法学文献中:在2017年,现在由剑桥大学出版社出版的"语境中的法律"丛书,有50部以上著作在发行,有50多部著作绝版;《法律与社会杂志》(Journal of Law and Society)历史悠久又享有盛誉,而且有《语境中的法律》(Law in Context,加拿大)、《语境中的法律国际期刊》(The International Journal of Law in Context,伦敦)和其他期刊加入其阵营。"语境"常常出现在著作和文章的标题中。正是由于它得到了广泛接受,其核心理念就对诸多不同解释保持开放。

我已经对比了"语境中的法律"和美国法律现实主义运动,尽管两种"运动"之间存在历史关联,但却有一些重要的差别,特别是在它们的发展过程和语境方面。下一节解释我为什么近来强调区分作为一种历史现象的美国法律现实主义,以及作为一种法理学概念的"法律现实主义"——为了说明后者,需要将它从其历史关系以及纯粹的美国关联中抽离出来。①

大现实主义和小现实主义:认真对待法律理论中的现实主义

我在早期著述中,会遵循传统将美国法律现实主义视为一种

---

① 作为历史现象的美国法律现实主义作者用"Realism"来表示,本书将之译为"大现实主义";作为法理学概念的法律现实主义作者用"realism"来表示,本书将之译为"小现实主义"。在教科书中谈及"法律现实主义"时,一般会讲述斯堪的纳维亚法律现实主义(以阿尔夫·罗斯为代表,他是凯尔森的主要对话对象)以及美国法律现实主义。特文宁强调"法律现实主义"作为一种视角,并不局限于特定地域。

历史现象，将它等同于美国精英法学院发展过程中出现在特定时期的零星几个学者。[25] 我批评将他们的观点划归为单一"主义"的尝试，认为这忽略了不同个体多种多样且非常具有原创性的贡献。我对认为美国法律现实主义只关注疑难案件中有关法律问题的司法裁判的观点提出异议，但承认大量后续的解释和争论都主要集中在这个特别具有美国色彩的令人关注的问题上。回顾一下，美国法律现实主义在英国并没有被严肃地视为对法理学的一种贡献，这并不十分令人惊讶：C. K. 艾伦（C. K. Allen）将它戏谑地称为"爵士乐法理学"，[26] 哈特误导性地误以为现实主义者相信"有关规则的话语是一种神话"；[27] 并且对于诸如批判法学研究的主导者是不是美国法律现实主义真正继承人这类问题，没有太多关注。[28] 20 世纪 80 年代之后，美国法律现实主义就从英国法理学阅读书目中渐渐消失了；或许在美国情况稍好，因为它被广泛视为最具美国色彩的一种法理学。人们承认美国法律现实主义影响了美国法学院文化，并将之视为法律与社会运动、社会法律研究和其他经验方法的先驱，在美国尤为如此。但如施莱格尔（Schlegel）所说，卢埃林或许是公开承认自己是该运动成员的学者中，唯一一个将现实主义思想发展为一种法理学的人。

近来，通过对一些文本有所取舍且宽容的解读，美国对于美国法律现实主义的兴趣开始复兴。布莱恩·莱特（Brian Leiter）提出一种与哲学中的自然主义相关的对美国法律现实主义的有趣重构，将之解释为以如下"核心命题"为中心的在哲学上可辩护的立场："法官在根本上是对事实的刺激作出反应。"[29] 重视美国的以色列人汉诺克·达根（Hanoch Dagan）出版了一部杰出的作品：《重构美国法律现实主义和重新思考私法理论》(*Reconstructing American Legal Realism and Rethinking Private Law Theory*, 2013)。在别的地方我对这两者都有详细评论。[30] 这里他们有意思的地方主要在于试图复兴作为一种法理学的美国法律现实主义的理念。但在我看来,将历史中的美国法律现实主义作为他们的起点,破坏了他们各自命题的重要意义。

另一种新发展就是新法律现实主义(New Legal Realism, NLR)的兴起,它以威斯康星的几位学者为首,其中包括斯图尔特·麦考利(Stewart Macaulay)和伊丽莎白·默茨(Elizabeth Mertz),现在正强有力地成为一场以《法律经验研究》(*Empirical Legal Studies*)这个重要期刊为核心的运动。新法律现实主义的引领者主要将它呈现为一场关心"以具体方式将法学经验研究整合入法学实践,特别是法学教学和法学研究当中"的激进主义运动。它试图改变学者的研究方式并推动法学经验研究方法,而非对法理学作出任何持续的贡献。它是令人钦佩的鲜活与多样,所以难以概括。它很明智地将自己与美国法律现实主义拉开距离:它不局限于司法裁判;它对"全球化"流露出暂时的兴趣,但迄今几乎是完全从美国视角出发;它可以被理解为美国法律现实主义中"科学化"阵营的复兴,但方法论并不纯粹。[31] 这是对法学经验研究令人乐见其成的补充与推动。

现实主义地看待法律指的是什么,以及这个观点为何重要?

受到这些美国发展的推动,以及在准备《卡尔·卢埃林与现实主义运动》的"后记"中,我开始重新思考作为一个法学概念的法律现实主义思想。"现实主义"地看待法律指的是什么,抑或希望成为什么?我近来的一些著述试图在理论层面正面处理这个问题,将核心观点表述为如下单一命题:

> 有关法律与正义的经验维度的知识与理解,与理解法律和法律现象相关(弱立场),是其不可分割的一部分(温和立场)抑或是其必然/本质要素(强立场)。

这是一个有关研究和讨论法律的合适视角的准则,但就其本身来说,它并非一种独特的法律理论。它为理解法律规定了一个重要或必然的,而非充分的条件。由于它对各种各样的法教义学提出一些强烈的挑战,这种现实主义值得关注。

让我们回到1955年的顿悟时刻,那时我感到被自己最喜欢的本科生教科书《萨尔蒙德论侵权法》(参见前文第3章)背叛了。我的不满不仅在于它只是不完整的或误导人的,而是让我严重误解了过失和人身伤害赔偿法。它提供给我一幅错误的图景。它只是呈现出脱离语境的教义,只是与该领域中的主张和争议的结果稍有关联。概括来说,这意味着教义仅凭自身无法得到理解。[32] 我们可以将此视为强立场现实主义的一个例子。

其一,"法律现实主义"的理念需要和其美国根源脱钩。对行动中法律的现实状况的关切绝不仅限于美国。这种"现实主义"并不局限于美国,也不主要关注司法裁判,更不用说只关注法律问题的上诉审判了。对于大部分美国之外的法学家来说,立法、规制、服从、实施以及对于法律的态度都像高层级司法裁判一样,是理解法律的一个重要方面。

其二,即使是强立场的法律现实主义也没有否定教义的重要性,没有否定存在清晰或常规案件的可能性,没有否定存在一种有关侵权法教义的内在一致或融贯的证立性理论。[33] 在一般层面,它能够为批判西方法学传统中教义学的主导地位提供基础;它挑战了"法教义学"或"法律科学"① 强立场中有关排他性或自足性的主张;它提出了在理解法律规则、原则或教义"体系"时包含哪些内容的问题。不过对于一位现实主义者而言,承认有关法学教义的知识和理解也是理解法律和法律现象的一个必要却不充分条件,这并不是自相矛盾的。

第三,依据这种观点,法律现实主义不是一种法律理论,不是一种方法,不是一种进路,也没有预设任何特定的法律概念。它只是为理解法律现象和理念规定了一个重要或必要的条件。它的确认为任何忽略了这一规定的法律理论、视角或方法都有可能是有缺陷的。行动与语境中的法律是理解法律的重要或必然组成部分,但并不必然意味着特定的认识论,即使对非认知主义者而言也是如此。② 简言之,诉诸现实主义就是要求关注在意欲发生什么之外,行动中的法律和其他许多事物中实际发生了什么。[34]

---

① 法律科学(legal science)是对德语中"法学"(Rechtswissenschaft)这个词的直译(Recht——法律;Wissenschaft——科学)。凯尔森的"纯粹法理论"尤为强调法学应当是一门科学,也即排除道德与政治对法律的影响,排除经验研究方法,从认知角度把握法律规范。

② 非认知主义,指的是我们在做出一个陈述时,表达的不是信念(这一般指的是我们对于外部世界的认知或描述),而是一种类似于欲望、偏好、肯定或否定的态度。

第13章 法理学、语境中的法律、现实主义和教义 *301*

第四，关注什么？"现实主义"理念与许多短语相关，比如行动中的法律、法律如何运作、期待和现实的对比以及表象和实在之间的关系。显然，这个概念既模糊又在哲学上是成问题的。但法律中的现实主义把握住了一个核心真理：为了理解法学，仅研究教义是不够的。换言之，我们需要考虑社会事实、语境、影响以及在"现实世界"实际发生的事情。

第五，这一表述有意没有处理有关"现实""理解"以及"法律知识"的深刻哲学问题。这是有意为之的回避问题的举动。我个人的见解是，这类问题的合理答案取决于特定研究的语境与条件。从历史来看，卢埃林和弗兰克选择"现实主义"以及"现实主义视角"可能是一个几率问题，或许是为了把新运动同庞德式社会学法学加以区分。幸运的是，除了一些在美国与斯堪的纳维亚式现实主义之间作出的必要区分外，几乎无人关注现实／现实主义／实在这些概念。[35] 我们一直没有很严肃地看待这些标签。否则我们就会落入有关非实在、非现实主义、魔幻现实主义、多重实在、虚拟现实等形而上学与认识论的漩涡中。和本丢·彼拉多（Pontius Pilate）一样，① 总体来看，我们没有停下来等待答案。

如果我们将现实主义地看待法律的关切，用某种哲学或社会实在论抑或自然主义加以解释，我们就会遇到麻烦。不过，绕过这种困境的简单方法，就是避开这些抽象的问题，直到我们已经确定好以某个单一命题为起点，就如前文提出的这个一样。根据这种表

---

① 本丢·彼拉多是罗马帝国犹太行省的总督，根据《新约圣经》的记述，他负责审问耶稣，但没有发现耶稣有什么罪行，也不愿处死耶稣，整个过程中非常消极被动。

述,现实主义理念对于"现实"的性质问题抱持开放态度。这里的"现实主义"是关于着眼点(focus)的,而与"什么算是理解"这些认识论议题无关。我指出,这种"主义"可以被视为从一般角度理解法律的一个必要条件,但其本身却并非理解法律的充分条件。

在此语境中,"弱立场法律现实主义"不外乎指的是如下断言:法学经验研究是一般层面法学研究的一个重要组成部分。[36]"温和的法律现实主义"对于一般意义上狭隘的方法以及"纯粹"或排他的教义学研究,抑或它们的主导地位持有批判态度,但会承认在某些语境中,法律命题甚至大量法学教义可能对特定目的而言,是全面且充分的,比如,在常规案件中如实总结此刻法律的内容。

弱立场和温和立场的现实主义,可能对大部分普通法传统中的法学学者来说是可以接受的,但在民法传统更纯粹或排他性程度更高的地方,或许就不那么能接受它们。强立场的现实主义在理论上显然更有趣。因为它等同于如下命题:只有"在语境中"规则才能得到理解。这可以不同方式来解释。

在讨论"规则怀疑论"时我们已经看到,有人相信规则是虚构的、是幻觉或是不真实的。[37]我个人相信规则与鬼魂或独角兽不一样,是和信念、模型或语词一样真实的。[38]我们可以制定、打破、遵循规则或以其他方式来体验它们。但是我同意有关规则的性质、类型以及在何种条件下认为一个规则存在的观点为真的问题上,存在许多哲学难题。同样,我拒绝一切社会与法律规则都极为不确定的观点,但认为这个领域中的一些怀疑论值得严肃对待。[39]

或许令人惊讶的是,另一种怀疑论是由罗纳德·德沃金提出的,他强调"法律是一系列彼此分离的标准,我们可以在原则上加

第 13 章　法理学、语境中的法律、现实主义和教义

以个体化和计数这一观点,在我看来似乎是一种学究气的虚构"。[40] 与之类似的一种观点认为,一切规则都属于一个更大的体系、法典或规则群,这类事物相应的可能就难以或无法被个体化为彼此分离的实体或单位。

还有一种不同的观点认为,任何规则或规则群都无法在独立于更广泛的语境或层面得到理解。丹尼斯·加利根(Denis Galligan)在有关"社会领域"(social spheres)概念中有趣地提出这一点。社会层面指的是"一个活动领域,其中的参与者共享着有关该活动的理解与惯习,这些理解与惯习影响并指引着参与者参与活动的方式"。[41] 他对比了讲课(它受到宽泛的约束)和精神病治疗活动,后者密度更大,"而密度体现了社会领域在影响其成员时的相对力量"。[42]

一个强立场的现实主义者会强调这些困难。实际上,这些例子是对那些对于规则的存在、范围或理据过于自信而不参照其多种形式的"语境"的观点的重要警告。我在这里不会纠缠这些问题,但在思考对社会规范进行更为复杂的理论化的必要性时,我会再次涉及它们(第 20 章)。温和的现实主义足以满足我当下的目的,也即像我解释的那样,突出它对教义学传统的挑战。特别需要注意的是如下命题:对于理解法律的大部分目的而言:(1)只研究规则并不够,以及(2)应当将法律概念限定在规则或规范的假设,对于该事业具有破坏性。

基于强立场的现实主义命题,如果我们不考虑法律实际上是如何运作的,就无法理解任何法律现象。[43] 这意味着就如帕特里克·阿蒂亚所表明的那样,如果你忽视了保险、庭外和解以及损害赔偿彩票,你就无法理解过失侵权法。不对其语境和运作加以某种

参照的教义是不切实际的;但有关法律的现实主义需要包含教义。它们彼此需要。⁴⁴

反过来,就连强立场和温和立场的现实主义都与"教义也很重要"这个观点相一致:在一般意义上,教义也是理解法律和法律现象的一个必要但不充分的条件。现实主义视角与教义学的关系并不简单。比如,一个强立场或温和立场的现实主义者会拒绝法教义学或法律可能构成了一个自主学科的观点,她会挑战法学学科中整个教义学传统的支配地位;一些现实主义者会拒绝法律仅由规则或教义构成的观点,但会强调制度、程序、人事以及法律技术作为在规则和规范之外理解法律的组成部分的重要性;并且在诸如官员、制度或法律技术是否可以在不参照规则或规范的条件下得以阐明这个问题上,存在差异与分歧的空间。

按照这里的解释,就连温和的现实主义都是对法理学而非法律或关于法律的理论有所贡献,它不是对无所不包的法哲学有所贡献,也不是分析性、理念性或教义性方法的竞争对手或颠覆者,而是理解法律时不可或缺的一部分。基于这种观点,法律现实主义最好被视为一个刺猬式概念,也即它代表着"一件大事"——作为理解法律的一部分的法律与正义的经验维度所具有的重要性。一旦这个命题得到接受,大门就向法学经验研究中一切狐狸式的多样性、争议性、彼此不同的传统以及困境和问题敞开。①

---

① 通过刺猬与狐狸来比喻不同类型的学者或学术风格,因赛亚·伯林《刺猬与狐狸》一文而知名。根据伯林的论述,这一比喻最早源自希腊诗人阿基洛克斯的残篇,原文说的是"狐狸知道许多事情,但刺猬知道一件大事"。法理学家罗纳德·德沃金有关法律、道德和正义的巨作就题为《刺猬的正义》(*Justice for Hedgehogs*),以此表现自己的"整全法"或"价值一体论"立场,即法律是一种特殊的政治道德,可以通过某种统一

教　义

在我对法律的理解中，一直以来的一个核心主题就是强立场的教义学传统太过狭隘、贫乏和抽象到远离"现实生活"的程度。我已经论证，在大部分语境中，只是研究规则是不够的；我不满于白纸黑字的教科书；"语境中的法律"丛书作为一套"反教科书"丛书被建立起来；如果"语境化"和"现实主义者"这类标签不被视为一种独特的"法律理论"的暗示的话，我接受它们；并且我有关"释义正统"的著述向来引发出诸多争论。所以我会被视为形式主义和教义学方法的反对者是不足为奇的。但这是个误解。

这里我会论证，作为释义式或教义学传统的批评者，我的立场是温和的。我从来不是一个规则怀疑论者；我相信规则和教义是理解法律的核心组成部分；教义和语境是彼此互补的；更准确地说，我的一个核心关切一直都是在被分离的两个传统之间搭桥修路。简言之，我的角色非常像《纽伦堡的名歌手》（*Die Meistersinger*）中的汉斯·萨克斯（Hans Sachs，但少些民族主义色彩）；① 我想要

原则加以理解。在德沃金的笔下，与自己立场相对立的一种观点，就是现实主义立场。他将之称为"棋盘式策略"，就是"走一步看一步"，缺乏对宏观原则的考虑。特文宁这里借用这个比喻，有和德沃金"商榷"的意味。

① 原书为"Maestersinger"，应为"Meistersinger"之误。这部歌剧是德国作曲家瓦格纳基于小说《桶匠老大马丁及其弟子们》以及戏剧《汉斯·萨克斯》编剧并谱曲而成。剧情梗概大致说的是德国都市纽伦堡是平民歌手云集的地方，工匠的考核除了技术要求外，还要有歌唱能力。但是这些歌手们所唱的歌曲陷入形式主义误区，过于关注技巧而丧失了艺术的灵魂。男主人公汉斯·萨克斯的演唱改变了这一切，为当时的平民歌手世界导入了新的风格。因此，特文宁会说自己的角色与汉斯·萨克斯相似。

让我的学科从一个局限的传统中解放出来而非放弃它。

赫伯特·哈特在1958年对迪亚斯(Dias)与休斯(Hughes)合著的《法理学》(*Jurisprudence*, 1957)教科书展开了尖锐的批判。[46] 在一些细节性批评意见之外,他的主要目标是如下假设,即法理学是一个易受教科书处理方式影响的学科,学习对其他人观点的简要概述而非直接参与重要的议题与原典,在教育上是可悲的。受到这一批判的鼓舞,并且在1966年为"语境中的法律"丛书撰写备忘录时,我沉浸于某种年轻人反对白纸黑字教科书的浮夸之词中:

> 作为教学工具,教科书悍然违背了大学教育的一些根本价值,与此同时它们作为培养有效实务工作者的手段,又显得原始;作为学术著作,它们可能精确无误,但却很少详尽无遗;它们很少全面到足以作为参考文献;作为思想作品,它们缺乏想象力[几乎没有例外];它们并没有成为艺术作品的打算。[47]

"语境中的法律"丛书以一种开放的方式为释义式传统提供了具有建设性的替代方案,而没有以一种正统取代另一种。我在1971年重返这一争论。在评论《迪亚斯论法理学》(*Dias on Jurisprudence*)第三版时,我将哈特的批判扩展到一切教科书上,指出"这种教科书风格,对于任何法学科目来说,都难以和法学教育的价值协调"。[48] 这些批判的核心是教育性的,是对法学研究中死记硬背的学习方法加以批评。

爱丁堡的史密斯(T. B. Smith)教授在他的公共法律教师学会的主席演说中猛烈批评了我的文章,他捍卫释义式传统,以诸如斯泰尔(Stair)、克姆斯(Kames)和厄斯金(Erskine)这些伟大的苏格兰法学阶梯著述家(institutional writers)为例证。[49]他们以一种系统的、批判的和旨在永续的角度理解整个私法和刑法体系。

我作出了回应，主要基于教育理由，强化了我对英国释义式传统的批判。[50]当然，史密斯和我在这里的目的是不一样的。他是一位著名的苏格兰民族主义者，关注的是作为伟大学者的优秀释义者们，他们体系化了苏格兰法。这些论述与我所批判的著作风格有很大不同，史密斯提醒了我们苏格兰传统的优越性。[51]不过，这两种风格共享着一个特征：它们都只关注教义，而我作为一个"现实主义者"和"语境主义者"，反对这一点。

在过去的五十多年里，可以理解的一种倾向就是将"白纸黑字的方法"或"教义形式主义"与社会法律研究、法律社会学以及"语境中的法律"（三个彼此重合的概念）[52]加以对比。如同美国法律现实主义，语境中的法律和社会法律研究有时被刻画为是对形式主义的对抗。这些争论常常降低为歪曲以及有选择的批评。[①]

为了解决一些重要的议题，对"教义"详加论述并将它与"法律是种规则"这类法律观念加以区分，是很有帮助的。如果教义被

[①] 我向作者进一步请教，比如，他对社会法律研究(socio-legal studies)、法律社会学以及社会学法学(sociological jurisprudence)这些概念的看法。他指出虽然这些概念彼此重合，但澄清它们之间的界限还是具有思想史价值的：社会学法学一般指的是和罗斯科·庞德相关的立场；法律社会学大多是比较理论化的研究，比如埃利希、塞尔兹尼克以及科特瑞尔的学说；社会法律研究在20世纪70年代早期诞生于英国，现在被称为"新法律现实主义"，强调严格的经验研究。作者指出，一个常见的错误是人们会用"社会学"宽泛地指代一切社会科学，这在英格兰特别是牛津氛围中尤为明显，他举出德沃金就是这种误用的典型代表。这种误用导致的后果是"社会学"这个概念有时指的不是社会学学科的具体分支，而是一切非教义性的法学研究。

等同为"校规"方法抑或经典的白纸黑字法律,它提供的靶子就太脆弱了。大部分优秀释义者都假定了更为精致的教义观念,而非仅仅报告或描述分类规则。[①] 幸运的是,两位令人尊敬的法学家已经提供了更为丰富的解释。

在对法律的"教义性概念"与"社会学概念"加以大致区分后,[53] 罗纳德·德沃金在他有关教义的思想中很有帮助地在规则之外加入了原则、概念以及它们之间的区分。这个教义概念就允许提供严格且精致的释义形式。更准确地说,他的教义概念是一种有关法律命题以及与其相连的潜在理据的学说。[54] 相较于"法律是规则"这种观念以及诸如形式主义、法教义学、白纸黑字法律、释义正统以及教科书传统这类标签,这为大小现实主义所反对的传统,提出了一种有力的立场。在这种教义学传统中可以找到一些明显的弱点,它们并不必然是该传统的组成部分:法律推理的演绎模式;司法裁判的自动售货机图景(机械法学);教义的解释可以具有"科学性"这个观点的强立场;坚持教义研究是一门独立学科,不受任何非法律因素沾染;释义式传统作为理解法律的唯一有价值的视角和方法的支配地位。我在这里的关切,是将教义分析中的精华要素与经验性和规范性方法整合为一种理解法律现象和观念的更具前景的进路。

[①] 教义性研究的一个核心目标,就是实现法律规则或规范的"体系性"。这里的"体系性"可以从两个角度加以理解。法律的外在体系大体上就是白纸黑字的法律,是法典或制定法;法律的内在体系指的是统合种种法律规则或规范的"灵魂",它可以是法律的目的,也可以法律的价值。教义性研究的学者试图找到可以统合法律规则或规范的事物,呈现出法律规则的内在逻辑序列。因此,教义性研究并不只是对法律规则的转述或分类。

第13章 法理学、语境中的法律、现实主义和教义

安德鲁·哈尔平提出了一种有关法律教义的甚至"更加丰富的概念",教义不仅包括规则的表述,还有原则、有关解释性角色的彼此分化的观念以及有关法律素材性质的可靠观念,所有这一切通常都在"表面之下"。[55] 这种对于"教义"构成要素的扩展,把握住了诸如斯托里(Story)、威格摩尔、科尔宾、格雷以及苏格兰法学阶梯著述者等优秀著述作者们最出色的工作,对美国传统而言尤为如此。[56]

就接近德沃金或哈尔平观念中有关教义的论述而言,我承认教义是理解法律的一个重要部分。最出色的释义者会把自己对特定规则的解释置入由概念、区分、原则、规则以及理由构成的复杂网络之中。普通法传统中的许多优秀释义者,实际上一直都是成功的实务家,虽然通常并未明言,但他们至少拥有关于法律实践的默会知识以及有关司法角色和其他相关问题的精微看法。这防止了他们变得太过抽象而脱离地方性法律实践以及"行动中的法律"。简言之,他们通常都是隐秘的现实主义者。格雷、霍姆斯以及科尔宾,都是优秀的释义者,但也一直被视为美国法律现实主义的先驱。这些有关教条主义和现实主义视角之间关联的例证,支持了它们可以彼此互补而非竞争对手的观点。[57]

普通法向来没有接受严格意义上的"法律科学"和更为纯粹的释义形态的观点。一些理由如下:如果我们接受下述观点,即普通法的发展是一种经由实务家和法官中介的习俗,那么就连布莱克斯通和柯克这样的体系化学者也并没有一种真正清晰的有关体系建构的观念;立法作为一种法律渊源的重要性,再加上法律实证主义的强劲传统以及对自然法的反感,意味着居于主导地位的思维特征是实用主义和特殊主义的。

在民法传统中,可以找到有关经典的教义性释义的一种更明显的理想类型。比如,近来一篇文章试图解释社会法律研究为什么在法国大学中几乎没有得到承认:[58]

> 法国的法学院依旧受到教义分析的主导……[一种]有关"以规范的体系化为其特定目的的基础性法律科学"的传统观念,被法学家而非法官或立法者掌握在手中;一种独特且自主的法律科学,得到中央集权国家为大学提供的结构性框架的支持,该框架旨在"确保大学系统内部的学科制度化再生产"。教义性研究被设想为类似于建筑学而非仅仅是描述。经验性方法被排除在这一传统之外,社会法律研究还未被视为一个独特的领域。有关法律的学术话语向来与社会科学的话语截然不同。

法国的大部分法学经验研究都是在法学院之外开展的。[59]

普通法的教义学形态可能质量不高或不纯粹;或许这是它的优势。不过英国的释义传统依然被其批评者视为"形式主义"的。如同其他"主义","形式主义"是一个在意义方面有许多细微差别的模糊概念。比如,美国法律现实主义被理解为更广泛的"反抗形式主义"的一部分,后者以哲学中的约翰·杜威(John Dewey)、历史学中的查尔斯·比尔德(Charles Beard)、经济学中的索尔斯坦·凡勃仑(Thorstein Veblen)和法学中的奥利弗·温德尔·霍姆斯为代表。按照默顿·怀特(Morton White)的解释,所有这些人物"都渴望认真对待生活、经验、过程、成长、语境和功能"。[60]他们都反对在自己各自学科中过分强调抽象的逻辑、数学以及"科学主义"。这是将美国法律现实主义置于更为广泛的美国思想史思潮中的一个非常富有启发的角度。不幸的是,"形式主义"有时被用作一个得到滥用的意义含混的一般性概念。萨默斯、塔玛纳哈(Tamanaha)和其他人近来的著作表明,将法律现实主义的前代人贬低为"形式主义者"是对历史的歪曲与过分简化;存在多种"形式主义";法律中的形式性可以发挥值得保护的重要功能。比如,仪式与标准格式对法律现象来说至关重要。[61]

如果我早先对于释义正统展开批判的口吻是有争议的,那么我的观点则向来是非常温和的。我从没有认为教义不重要。我从没有怀疑过规则与原则的存在或重要性,我也没有在教义或规则的解释方面认同强立场的不确定性。[62] "语境中的法律"这一概念中的"法律"包括教义,也包含制度、程序、结构、实践、人事以及技艺传统。尽管在法律和语境之间作出明确区分通常是不明智的,但将"语境"解释为指向任何教义之外的因素,有时是有道理的。

我对教义性形式主义的精致理想型的主要反对意见是什么?首先,我拒斥强立场的自主学科观点。我不认为局限在一个封闭的学科内可以增进对法律的理解。法学作为一门学科,一定程度上是在大学法学院中得到制度化的,但法学研究、法律创制与法学教育则不局限于法学院内。比如,许多法官和实务工作者是真正的学者。其他制度化的学科直接抑或间接对理解法律现象与法律观念这项事业有所襄助。法学院或许具有独特的文化,但并没有自主的认识论。

第二个反对意见是,就如据说法国法学院在今天的样子,这也和我在学术生涯中常常遇到的情况一样,有时认同教义学传统的学者想要保持教义解释的纯粹性和排他性。"这是社会学,不是法律"是拒绝更广泛方法的常见真言。"语境中的法律"丛书刚刚问世时,有报告说一些法学图书管理员拒绝订购丛书中的一些著作,因为它们并非法学图书。司法实践通常保持了这种排他性,没有具体诉诸教义学之外的其他方法。白纸黑字的法律文本被保留下来。现实主义的主旨,就是教义并非自足的,无法像物自体一样在孤立隔绝中加以讨论,而且对于大部分实践与理论目的来说,仅仅研究教义是不够的。

第三个反对意见是,"科学性"的教义学很难与立法、规制以及现代政府样态调和。即使在法典化国家,法律制度往往是保守的、特设的(ad hoc)、凌乱的、碎片的以及特殊主义的。存在清理法律汇编、探究原则以及使得成文法更加系统化的持久努力的空间。不过,据卡尔·卢埃林说,一位德国"法律科学家"感叹道,立法可以在一整夜间废止他的整个体系与终生的工作。[①] 这听起来像是在落潮时建筑沙堡。

现实主义的基本反对意见,针对的是教义研究的支配地位或是排他性地关注教义研究的立场,而非针对教义研究本身。这种支配地位以及排他性倾向在西方法学体系中至少渗透弥漫了两个世纪。教义是理解法律的必要而非充分条件。这种不充分性不仅是不完整性;如我对《萨尔蒙德教科书》的抱怨所表明的那样,它通常还

---

① 这位德国法学家就是著名的冯·基尔希曼,这句名言出自他的作品《作为科学的法学的无价值性》。

包含着扭曲（参见上文，第3章）。

讽刺的是，汉斯·凯尔森（Hans Kelsen）被视为"形式主义"的首要代表，但他的纯粹理论却明确表明，法律知识只能是清除了所有非纯粹性的规范的形式结构。此外，凯尔森可以被用来削弱释义者对纯粹性或科学提出的任何主张，因为一旦实质法律规则得到阐明，非纯粹性就不可避免地混入其中了。简言之，凯尔森的"纯粹理论"是关于形式和结构而非实质的，所以并没有为法律规范的内容的"科学"抑或"纯粹"解释提供理论基础。[63]

在许多普通法管辖范围内，教义学传统不再像往昔那样具有支配地位。比如，菲奥娜·考尼（Fiona Cownie）在2004年报道中说，她采访的大部分英国法学家声称更青睐语境中的法律。[64] 其中一些可能是嘴上说说，但语境化方法已经成为主流的一部分。然而在教义学传统中，只有一小部分实践满足德沃金或哈尔平提出的意涵丰富的观念。可即便是它们，也是将太多东西排除在外的。

或许不那么明显但非常重要的是，法律是一种教义或规则的观点在何种程度上在我们公认的理论家中居于主导地位。几乎所有19世纪和20世纪的主流法学家都是教义性的理论家，倡导通过规则、原则以及形式化的规范结构来概念化法律的观念与理论。凯尔森、哈特、德沃金、菲尼斯和拉兹都是植根于教义学传统的法学家的首要代表。实证主义者和非实证主义者的论辩主要在此传统中展开。无论是否有意为之，他们将理论的体面地位赋予一系列有限且不切实际的实践。

一直以来，我对大部分分析法哲学家工作的一个反对意见就是，他们对非教义性概念关注太少——对谈论法律的概念以及法律话语的概念(也就是教义)关注太少。⁶⁵ 甚至是批判法学研究运动的引领者,比如邓肯·肯尼迪,都将"自由主义的法条主义"作为他们主要关注的目标,占据像合同法这样的主流课程,对更具经验性的方法不感兴趣或心存鄙视。一些法理学的相关学生习作涵盖的范围非常广泛,但被视为主流的法学家几乎都处于教义性传统内部。

有段时间,我将哈特认为《法律的概念》是"描述社会学著作"的著名主张,解释为他向正在兴起的社会法律研究领域抛出"橄榄枝"。⁶⁶ 当然,哈特并不做社会学,但他指出社会学家(和其他经验研究学者)需要以概念作为其描述、说明和解释社会事实工作的一部分。后来,尼古拉·莱西,在为分析法学与法学经验研究建立沟通桥梁这一事业中我雄辩的同道,说服我认为哈特共享着对社会学的牛津式鄙夷,而且真的相信扶手椅式概念分析能够在不牵涉社会实在的条件下展开。哈特的失败以及他的追随者在分析诸如制度、纠纷、功能、职业以及律师等概念上的失败,一定程度上源自如下观点,即这些概念与从教义角度理解的法哲学无关。

第 14 章　重新思考证据

证据领域不过是知识领域。

(杰里米·边沁)[1]

法律对逻辑能力没有约束力。

(詹姆士·布拉德利·塞耶)[2]

在任何推断工作中,我们的证据总是不完整的,很少是终局性的,通常是不精确或含混的;它源于可信度各异的来源。

(戴维·舒姆)[3]

在法学学科中,证据学应当占据更为核心的位置。

(威廉·特文宁)[4]

证据对我们所有人来说都是重要的。每个人都会在他们生命中的每一天和证据以及推理活动(inferential reasoning)打交道,在每种工作情境、专业领域、学术和历史研究中,以及作为普通人在决定是否步入婚姻殿堂、选择旅游套餐、购物、其他日常决策以及倾听观点或论辩议题中无不如此。英国的司法体系高度依赖非专业的地方法官、陪审员、法庭成员、仲裁员、公断人和其他人以便基于证据作出决定。就成年公民来说,这假定了一种"认知能力"的普遍观点——这就是说,社会中几乎所有成年成员都能通过运用基于证据的日常实践性推理活动,对事实问题作出理性判断。[5]

近年来,证据作为一个话题变得非常热门。生活的诸多领域中循证医学(evidence-based medicine)、循证政策以及循证决策的多少有些简化的形态,[①] 是这个科层制与审计社会(audit society)[②] 的鲜明特征。如果我们把报纸练习运用在证据方面,就会发现证据出现在每一个版面,而且诸如相关性、说服力、似真性(plausibility)以及合理性等证据概念是其话语的重要组成部分。运动员的兴奋剂检查、运动中决策方面新技术的运用、艺术品的真伪鉴定、种族灭绝的证明问题、基因、"假新闻"以及"专家"的可信度都是耳熟能详的主题。在大众文化中,侦探小说已经将自己的视野扩展到包含法医学[派翠西亚·康韦尔(Patricia Cornwell)]、法医人类学[凯西·莱克斯(Kathy Reichs)]、犯罪现场警官(在电视中尤为如此)

---

① 循证医学起源于加拿大的麦克马斯特大学,并在英国得到广泛接受。它的核心主张是,认真、明确和明智地运用当前最好的证据来作出有关个体患者诊疗的决策。这种主张表面看起来万无一失,但在实际操作中往往认为,医务人员个人的知识、技能和经验在相关诊疗决策的作出中并不发挥最重要的作用,处于证据序列较低的位置当中。受到循证医学的启发,循证政策应运而生,指的是政策制定应当基于严格的客观证据;言下之意,政策制定不应受到意识形态或"常识"的影响。循证决策与循证政策紧密相关,英国政府在1999年的《现代化政府白皮书》中,明确提出将"证据"纳入政府决策的理念。同年,英国政府内阁发布的《21世纪专业政策制定》中明确提出采纳了循证决策的理念。

② 审计社会指的是自20世纪80年代以来,英国和北美的审计活动出现了爆炸式增长。除了金融领域的审计外,医疗、技术、环境、质量、教学和其他许多领域都涌现出审计制度。这种现象的出现和社会公众对于负责制以及管控的政治需求有关。

第14章 重新思考证据

以及各种各样的情报分析。在"9·11"事件后,事后反思的起点就是如下判断,即"美国情报机构并不具备分析的深度抑或精确评估[可能威胁]的正确方法"。[6]

每个人都关注证据;证据对大部分生活领域来说是重要的,在决策中尤为如此,它在当下公共生活中具有独特的重要意义。此外,证据作为研究的主题是令人心驰神往的。不过悖谬的是,在法学中,它被广泛认为是一个越来越不重要的狭隘专业领域,晦涩、技术化、内行才懂且矫揉造作。这种看法符合很多有关证据的研究、教学以及话语的实践。这是因为这类实践建立在一个根本的错误上:"证据法和法律语境中的证据领域"同外延。这种粗略的混同是教义学传统具有扭曲性影响力的一个鲜明例证。证据专家,至少直到最近,几乎完全只关注证据法(主要是可采性规则)。将充满争议的陪审团审判视为诉讼和上诉法院(它在英美法中力量有限)的典范情境以及证据教义发展的主要场所,则更进一步扭曲了人们对证据的看法。

通过我重新思考证据项目(始于1972年)的故事,本章有助于解释这种糟糕的状况。1972年以来我取得了一些进展,但项目却尚未完成,因为战斗远没有胜利。特别是我在说服所有法学学者"认真对待事实",将之作为他们一般性思想储备以及不同专业领域组成部分时,取得的成功有限。为了有所改变,这里总结一下我的观点是值得的。[7]

证据、证明与事实发现(Evidence, Proof and Fact-finding, EPF),不仅对专家而且对所有法学学者来说都是重要的,因为:

1. 理解证据是理解法律的重要组成部分。

（1）EPF 对于法律理论而言是重要的，因为它提出了一整套在主流法理学议程中被普遍边缘化的理论问题。[8]

（2）EPF 在许多法学专业领域中应当发挥着重要作用，比如，我们如何证明阴谋、种族屠杀抑或海难的因果性。

2. EPF 对于法律实践而言是重要的，在诉讼与非诉业务中皆然。

3. EPF 是发展某些基础的可转换的思想技能的好工具。特别是它应当被视为基本法学方法的重要组成部分。[9]

4. 随着法学学科对"全球化"的回应，有关跨国关系、比较、一般化以及混杂融合方面的有趣的新理论与实践议题出现。[10]

5. 证据议题作为一个独特的多学科领域获得了承认。[11]

重新思考证据：项目的故事

杰里米·边沁和美国现实主义者杰罗姆·弗兰克（Jerome Frank）最早激发了我对证据的兴趣，这个主题我几乎在自己正式的法学教育中都没有遇到过。1972年我来到华威，让我下定决心将重新思考这个主题作为我对法学院"从内部拓展法学研究"这一任务的贡献。在接下来的大概十六年里，在法律语境中研究证据，成为我的主要项目。此后，我一直保持着兴趣并开设"证据分析"课程，直到2011年我不再讲授该课程。[12]

在华威时期，我认为自己正在做的就是回应杰罗姆·弗兰克认真对待事实与事实发现这一请求。[13] 他很有道理地指出，远超 90% 以上的法律实践都涉及事实问题，[14] 但几乎所有的学术注意力都过多地放在上级法院的法律问题中——这便是被称为"上诉法院症"的疾病。[15] 这个疾病在今天依旧存在。注意力焦点需要得到校正。弗兰克的命题是正确的，但他却从未发展出一种令人满意的方法在自己的教学或写作中加以贯彻。因此，有关法律中证据这个主题的标准论述，几乎一直没有反映出律师和下级法院与法庭的实际问题与实践，更别提其他法律语境中证据领域这些更广泛的观念了。

第二个激发我的因素是我意识到，相较于其他主题，杰里米·边沁有关程序法（adjective law，证据和程序）的著述更多，但他在很大程度上被现代证据学者忽视了。[16] 第三个吸引力是在一些特定的所谓正义流产的例子中，这些例子包括萨科-万泽蒂事件（Sacco-Vanzetti case）、伊迪丝·汤普森悲剧以及和爱尔兰共和军相关的暴行事件。① 一个核心问题是：我们如何系统地分析这些指控？[17]

我对证据的兴趣，大体上与美国"新证据研究"的发展开始于同一时间。在早期，这个运动主要关注有关或然性和证明的议题，

---

① "萨科-万泽蒂事件"指的是 1920 年，美国警察指控参加工人运动的萨科和万泽蒂是波士顿地区一起抢劫杀人案的主犯，并加以逮捕。萨科和万泽蒂提出充分证据证明自己无罪，但仍被判处死刑。萨科和万泽蒂的辩护律师在判决后，一再要求复审，并提出新的人证和物证，但均被法庭拒绝。1927 年两人被处决。1977 年马萨诸塞州州长组织法学专家对该案进行复审后宣布萨科和万泽蒂无罪。

"伊迪丝·汤普森悲剧"中，伊迪丝是一位女士，她的丈夫是珀西·汤普森（Percy Thompson）。一次偶然，伊迪丝与她结识的弗里德里克·拜沃特斯（Frederick Bywaters）发展出婚外恋情。拜沃特斯认为伊迪丝的婚姻非常不幸，就在一个夜晚杀害了珀西。警方在拜沃特斯的家中搜寻出他与伊迪丝的往来信件，其中伊迪丝描述过自己如何尝试杀死自己的丈夫，所以伊迪丝也随后被捕。虽然没有证据表明伊迪丝实际参与了拜沃特斯的谋杀，但她最后依旧被判处死刑。

在培根派(归纳主义者)和帕斯卡尔派(他们相信,一切或然主义推理原则上都是数学性的)之间有非常明确的区分——进一步还在贝叶斯派、频率主义者以及其他统计学派之间作出区分。就如我对后来有关法律事实发现中叙事与论证之间关系问题所做的那样,我加入了这些论辩,不过我的核心关切则更为广泛。[18]

有关证据的项目大体上分为五个在时间与主题方面彼此重合的阶段。[19]第一个阶段是为20世纪将证据作为学科的法学研究建立一个理想型,以便对其优势与局限加以批判性评估。第二阶段是对将证据研究作为一个独特领域的英美研究方法的思想史加以重构,这从1754年首席法官吉尔伯特(Chief Baron Gilbert)发表的第一篇论文开始直到20世纪70年代。第三个阶段是对证据法的基本概念、威格摩尔所说的"证明逻辑"的基本概念,还有他们之间关系的基本概念展开分析。[20]第四个阶段是思考构建法律语境中一般证据理论的先前尝试的哲学基础。最后是探索证据在其他学科、在公共生活以及一般文化中的角色,并思考证据作为一个完整的跨学科领域的潜质。

教义学传统中的狭隘正统

第一步是构建英美证据研究进路的正统立场的理想型,以阐明它们潜在的假设,并对之展开批判性评价。比如,法律中的证据这个学科被认为与证据法是同外延的,主要是规制可采性的规则;将充满争议的陪审员审判(一种完全例外的事件)[21]视为排除规则适用的典范情境;教义构成了证据的全部主题内容;教义主要在上诉法院中得到发展,但大部分诉讼在更低层级法院和审前出现;在法理

第14章 重新思考证据

学中,"法律推理"概念被限定在有关法律问题(特别是在"疑难案件"中)的论证,有关事实问题的推理通常被忽视或贬低为仅仅是常识。这种理想型的构想是狭隘的,且很容易加以批判。真正的挑战是构建一种有关法律语境中证据主题的融贯观念来取代正统立场。

1972年,在我加入华威后不久,在公共法律教师学会有关英格兰刑事证据改革的年会上的一次气氛激烈的论辩中,我听到最重要的证据学者鲁珀特·克洛斯(Rupert Cross)爵士说:"我为自己的学科被废除的那一天而工作。"这为我的工作提供了极佳的反衬——学者如何废除法律中的证据这个学科?如果没有规则,我们有关证据会学些什么?证据教义在何种程度上由规则构成?在法律语境中证据研究的广义观念中,证据法的地位是什么?在规则之外,有关证据或"证据+"我们应当研究什么?依据何种标准,我们可以判定证据教育的遗产中哪一部分可能值得保留或扩展?难道重新思考证据——这个在英格兰学术研究中被狭隘地构想、充斥着技术性、相对受到忽视的科目,这个容易引发周期性、重复性以及深深令人不满的政治争论的科目——的时机还不成熟吗?

早先,我对有关证据的二手文献和课程中的当下正统英美研究进路,发展出了几个主要的批评思路。首先,这种进路太过狭隘。因为它几乎完全只关注可采性规则,它基本上系统性地忽视了所有其他问题,诸如证明的逻辑与心理学问题,还有与比如法医学、刑事程序和统计学等其他学科的关系。其次,它是非理论化的:重要的证据理论家在近年来大体上都受到了忽略,并且大部分有关证据议题的讨论,都是在没有任何描述、解释或评价现有规则、实践以及制度的明确与融贯的理论框架下进行的。几乎所有的证据研究,都假定了一种相当幼稚且常识化的经验主义，没有多参考认识论或哲学中的逻辑。它也未能应对各种针对正统立场假定的怀疑论挑战，这包括从杰罗姆·弗兰克的事实怀疑论，到政治意识形态批判，再到各种各样的认识论相对主义。它几乎完全隔绝于相关哲学领域的发展。第三，就正统立场的学术话语已经超越了简单释义而言，它总是不融贯的，因为证据教义的概念框架并没有为证据与其他类型话语的联系提供充分的框架。比如，它并没有轻而易举地容纳有关法医学语境中或然性推理的问题，这个话题自20世纪60年代末以来在美国和澳大利业变得非常重要。它也没有激发起有关事实问题的推理与法律和法律语境中其他推理之间关系的兴趣（第10章）。

第四，单纯的释义会导致对核心证据议题与现象的扭曲和误解。弱立场认为，由于关注一些议题而忽略了其他议题，就会给整个学科造成一种误导人的印象。强一些的立场认为，这种不均衡实际上会导致误解与错误。[22] 比如，几乎所有关于供认的现有文献都将撤回供认视为规范；但实践中，撤回供认仅代表所有供认中的一小部分，在接受辩诉交易的司法管辖区内尤为如此——这与主流的民法传统不同。不出所料的是，学术文献或公共论辩都不是建立在对刑事程序中供认角色的均衡且现实主义的总体图景之上——比如供认作为通向辩诉交易的一个重要阶段的重要意义。[23] 证据研究未能对刑事程序中作为现象的供认加以系统论述。它对诸如谁在何种条件下以何种形式、具有何种结果地向谁作出供认等问题没有提出明确的答案。可是如果至少连这些问题的暂时可行的答案都没有，我们如何能够对有关供认与审讯的政策问题作出合理和有根据的判断呢?

这些批评提出了某种标准,由于反对意见是有理有据的,研究证据的更宽泛的方法要想回应这些反对意见就要满足该标准。在1978年,我把自己的回应总结如下:

> 要应对狭隘性的指责,就有必要至少识别出应当以系统、全面的证据研究方法加以处理的最为重要的问题。这就要求一个充分的理论与概念框架。
>
> 要应对不融贯性的指责,不同研究思路之间的关系就需要得到细致和明确的描绘——比如,有关证明的逻辑与心理学之间的关联,存在一些令人困惑的问题;或者一方面是证据与证明研究,另一方面是刑事与民事程序研究之间,同样存在令人困惑的问题。
>
> 要应对理论幼稚的指责,就需要识别和思考重要的理论困惑与分歧。无论怀疑论者的观点可能多么夸张,通过假装他们不存在或他们所说的东西不相关来驱散怀疑论者,并不够好。
>
> 要应对扭曲和误解的指责,重要的是尽可能描绘出所思考现象的现实主义总体图景,以便特定议题能够被置入某种合理的有关整体的均衡与现实主义的视角之中。这就是在语境中研究法律的一部分含义。[24]

一些思想史

由于我倾向于历史视角,接下来的问题就是:在普通法传统中有人之前这样尝试过吗？答案是在吉尔伯特首席法官发表了第一部著述《证据法》(The Law of Evidence, 1754)后，有许许多多发展"证据法理论"的尝试；其中一些限定在证据教义，但另一些则有非常广泛的构想。我不是全部从头再来，而是对思想史有所关注。主要的工作是考察从1754年到20世纪70年代有关证据的重要著作中所隐含的假定，再进一步构建有关"证据研究的理性主义传统"(The Rationalist Tradition of Evidence Scholarship)中所蕴含假定的理想型，几乎所有普通法专家著作的观点都与该传统相近。这个传统受到边沁的很大影响——特别是其前提，即司法裁判的直接目的是裁判的公正——这指的是将规则正确地适用于可能为真的事实中。简言之，这个工作意味着基于源自证据的推理活动，通过理性方法来追求真理。边沁指出，不应当存在任何证据规则。这被认为太过极端，但随着时间流逝，证据法的范围大幅缩水。不过，在英国和美国的学术传统中，如下假定依旧存在，即规则(或更广义的教义)构成了法学学科的主题，证据法构成了法律语境中证据的主题。

英美传统的两位杰出人物是杰里米·边沁和约翰·亨利·威格摩尔(John Henry Wigmore)。我写了一部关于他们的著作[《证据理论：边沁和威格摩尔》(Theories of Evidence: Bentham and Wigmore, 1985)]，[25]并将他们每个人都作为发展我自己立场的参照点。边沁启发了理性主义传统的模式。他的改革动议被认为太激进了，但接下来两个世纪中，几乎每个改革都是向他指出的方向移动着，只是以他会谴责的更缓慢的速度与渐进方式完成罢了。边沁还为思考非功利主义以及各种怀疑论视角提供了背景。[26]在这里

第14章 重新思考证据

相关的是要多说一些有关塞耶（Thayer）的证据法观念、边沁的反规则命题以及威格摩尔的"证明原则"观念。

塞耶和威格摩尔都强调证据法有限的范围。他们的观点可以被扩展为"夸大重要性论证"：需要被证明的事物（重要性）是由实体法而非证据规则规定的；几乎不存在有关定量、优先性、权重或相关性的形式规则。诸如"最佳证据规则"等一些教义，不过就是"证据幽灵"；传闻规则是一系列例外的例外的例外，并且由于普通法司法管辖区中（除了美国）民事陪审团几乎消失不见了，它在民事诉讼中也近乎绝迹；先前严格的规则已经变为具有裁量性的指引；继续存在的规则在实践中通常被免除或忽略，许多法庭都"受它们指引而非约束"。[27]

不过大部分证据学者，包括我自己，都认为一些排除性规则、证明标准和推定是值得捍卫的。另一方面，边沁进一步对证据的所有强行性规则展开批评，认为任何有拘束力的证据规则都必然会涵盖过度或涵盖不足，因为在日常事实发现中，包含着大量各种各样的情境之间的关联。这个"反规则命题"尽管夸张，但在规范理论中提出了有关规则支配活动的重要议题（第11章和第20章）。

边沁的反规则命题在普通法律师听起来是激进的，但在实际生活中的几乎其他一切领域，我们都是在"自由证明"制度下活动的——也即没有关于权重、可信性、定量以及可采性的正式规则。[28]边沁的理由是有启发性的：

> 要找到不可错的证据规则、确保公正判决的规则，从事理

(the nature of things)来说,是绝对不可能的;但是人类的头脑太易于建立只会增加糟糕判决可能性的规则了。在这方面,一个不偏不倚的真相调查官所能做的一切事情,就是让立法者和法官提防这些匆忙草率的规则。[29]

在科层化、机械化以及审计时代,这一警告应当依然不乏共鸣。简单化、标准化以及法典化的压力要比以往更甚,这样做的一些主要工具就是正式的规则、其他形式化表达以及算法。比如,更为极端的循证医学常常向优先性与权重的规则和协议的方向进发(比如,重复性临床试验胜过单一实验室研究,后者胜过质性研究,质性研究又胜过患者"特殊的意见")。[30]这个方法类似于吉尔伯特首席法官的方法(1754年,盖章的公文胜过公文,后者胜过非正式文件,非正式文件又胜过证言)。边沁在19世纪初摧毁了吉尔伯特的理论。[31]

有趣的是,两个伟大的证据法释义者确认了边沁命题的这个方面,认为相关性和权重的关键问题无法也不应标榜受到正式规则的支配。如塞耶所说,"法律对逻辑能力没有约束力"。[32]威格摩尔甚至走到说(诉诸权重规则的)律师是"道德上的不忠"的地步。[33]

不过,塞耶和威格摩尔承认且支持保留一些证据规则。塞耶对于"证据法是什么"这个问题的答案是,保留下来的规则是自由证明原则(指的是缺乏形式规则)的各种各样的例外。威格摩尔赞同这个立场,并承认留存下来的规则的重要性越来越小。

塞耶的命题提出了如下问题:证明自由的性质、含义、程度以及正当性是什么?他的回答是从每天生活的实践决策中运用的日

第 14 章 重新思考证据 *327*

常推理活动展开的。这很重要，因为首先，它是普通成年公民可获得的，他们因此有能力参与基于证据的司法判决；其次，这是大部分情形中能够获得的最好的一种理性。简言之，日常的常识和实践推理尽管有明显的缺陷，却是大部分情形中我们所拥有的最好的工具。这引发了一系列理论议题。[34]

塞耶的证据法观念依然支撑着普通法传统中大部分证据法。它是美国联邦证据规则以及其他几种这类法规的基础。可悲的是，大部分释义者和教师关注的是例外情形——也即形式化规则——并没有足够强调如下观点，即理解法律中证据的关键，就是推理活动抑或威格摩尔所说的"证明逻辑"。

威格摩尔依赖且发展了塞耶的观点。他将证据学科分为两个部分，即证明原则与审判规则，并指出前者是后者的条件且更为重要，但却在法律思想中被边缘化了，对前者的忽视会扭曲对后者的认识。威格摩尔以《论普通法审判中的证据体系》(*A Treatise on the System of Evidence in Trials at Common Law*, 1904) 而知名，这部著作显然是关于规则的，并且在大约五十年里主导并领先于美国的证据研究与实践。这些观点作为"新威格摩尔派"仍留存至今，不过是与一些良性的竞争相伴。[35]

不幸的是，威格摩尔发展证明原则的尝试失败了。它的表述方式相当独特，便就没有得到学者或实务工作者的认真对待。它首次出版于 1913 年，标题是《逻辑、心理学与一般经验提出的司法证明原则》(*The Principles of Judicial Proof, as Given by Logic, Psychology and General Experience*)，这似乎意味着出版方只同意再出两个版本来迁就它们的明星作者，并且它们坚持将第三版

(1937年)重新命名为《司法证明科学》(*The Science of Judicial Proof*),这可能是为了表明这是一部新书。[36]

证据法

塞耶依旧为理解美国和大部分普通法国家的证据法提供了关键要素。尽管我论证说律师常常会夸大证据中排他性规则的重要性,但我的结论是人为的证据规则,如果狭隘的话,却也能够且的确在司法裁判、诉讼以及更一般领域的事实问题的裁定和推理中,发挥着重要作用。[37] 讽刺的是,在提出一项貌似激进的纲领后,我发现自己在复兴和捍卫已经被遗忘的英美传统中的一些关键内容:边沁对司法裁判目的的看法,塞耶认为证据法是自由证明原则的一系列各式各样例外的观点,威格摩尔的图示法还有以美国教师为主的发展有关事实发现和证明逻辑课程的一些尝试。后者中的一些尝试都超越了将法律中的证据领域仅仅或主要视为规则的观点。这一切都夭折了。[38]

复兴证据规则的细节,依旧是美国、英格兰以及这一领域中大部分专家有关"证据"的课程与职业考试的主要焦点。我并没有追随边沁,支持废除全部形式规则。我的立场是,一些排除性规则、原则和标准非常重要,但它们只是这个主题的一小部分,而且需要在有关整个领域的更广泛观念的语境中加以研究。在这个项目的早期,是我讲授证据法中所选定的主题,[39] 但后来我把许多东西都交给了更有兴趣的同事。特里·安德森将缩减版的"证据分析"整合入自己有关证据法的课中,获得了一定成功。[40] 在讲授修正的威格摩尔分析时(见下文),我们使用了教义中的例子,在阐明逻辑要素与规则的关系时,更是如此。在著作中,我对处理证据识别、供认以及非法获得的证据的标准方式展开了有针对性的批评,不过对传统的专家型同事来说,对一部标准的释义性作品的更加全面和详细的批评,可能会更令人信服。但我的主要关切是试图说服所有学者"认真对待事实",并将证据和证明视为和规则、推理以及法学方法一样,都构成法律学科的核心——易言之,认为证据和证明并不局限于实体法的主要领域。这个倡议看起来总体上一直都是不成功的,这可能是因为大部分学者认为证据是与他们无关的高度技术化和相当神秘的学科,同时许多专家觉得他们是我批判的靶子。[41]我的观点需要一次又一次的论证。[42]

证据和法律理论

塞耶和威格摩尔为我后续有关证据的大部分工作提供了起点。我以他们的观点为基础,又以许多方式对之加以发展。不过,我在很多关键地方与他们不同:我将关注点从充满争议的陪审员审判扩展到有关诉讼的总体程序模式,进而又扩展到对其他语境中证据的分析。这源自我对立场的关切以及如下观点:法律程序中,在法官和陪审员之外,有多种关心证据的参与者。他们拥有不同的有利地位、角色、关切、目标、技术和数据。也有具备类似关切的不同类型的观察者,特别是不同类型的历史学家,尤其是那些主要关注过去特定事件中所发生的事情的人(简言之,是确定历史事实,而不是解释或概括)。[43]

对塞耶和威格摩尔的另一处偏离,就是思考认识论与逻辑假设的某些替代方案,这些假设植根于一种独特的非形式逻辑的认知主义传统中,[①] 以弗朗西斯·培根、约翰·斯图尔特·密尔以及斯坦利·杰文斯(Stanley Jevons)为代表,并在当代由斯蒂芬·图尔敏(Stephen Toulmin)、乔纳森·科恩(Jonathan Cohen)以及道格拉斯·沃尔顿(Douglas Walton)继承。尽管我自己通常在这个传统中工作,也会思考对于其不同侧面的一些挑战,这些挑战以各种各样的哲学怀疑论者、史料编纂者、概率论者(帕斯卡主义者[②],特别是贝叶斯主义者[③])、整体论主义者、叙述学家以及后现代主义者为代表。[44] 我的工作的这个方面可以更进一步深入,不过我的结论是,威格摩尔的假设植根于一个强有力的传统之中,在其中我可以针对一些特定目的展开工作,而且这个传统符合一些有关司法以及实务工作者的实践推理的"最佳实践"的模型。这里我不会详细讨论这个问题。[45]

一些我在和立场、过程思维、概念分析以及理性的关系中发展出来的观点,在我的证据研究中得到了运用和完善。我也运用理想型来帮助挖掘证据学者稳定却大体上并未明确的可行假定,并揭示

[①] 非形式逻辑(informal logic)是从工具性角度对论证、证据、证明以及证成的分析,强调它们在分析现实生活论证活动中的用处。一般来说,非形式逻辑有两个核心任务:一个是从意见交换中提取或识别论点;一个是提出可以被用来评估论点强度和说服力的方法与指引。

[②] 在概率逻辑中,分为帕斯卡概率逻辑和非帕斯卡概率逻辑。帕斯卡概率逻辑的基本公理,就是我们都熟悉的如下规定:任何事件的概率都大于等于0,必然事件的概率等于1,互斥事件的概率之和等于发生了其中某个事件的概率。或者更一般地说,这种观点将概率视为介于0到1之间的精确数字。非帕斯卡概率逻辑会否定一项或多项帕斯卡概率逻辑中的规定。

[③] 贝叶斯主义是一种认知证明理论,认为一个信念得以证明的条件是,当且仅当这个信念的概率高到合理的程度;这种概率会随着新论据的出现而发生变化,可以依据贝叶斯定理加以计算和预测。

第14章 重新思考证据

出我所称为"理性主义传统"的两个世纪证据研究中蕴含的异乎寻常的共识程度。[46]

证据和法律理论的关系密切。我已经提及,教义的引力如何使得证据研究变得贫乏且扭曲,并且使得这个领域在法学学科中边缘化了。同样,分析法学家相对很少关注证据和法律理论之间的关联。对法律中的证据加以理论化,不可避免地包含有关认识论、认知-逻辑怀疑论、推理活动、证明以及或然性这些一般来说不属于法理学主流范围的哲学问题。有关过去特定事件的历史研究与法学研究的相似性和差异尤为有趣。不那么明显的是,叙事在这两种类型的问题中的作用,以及叙事和论证在理性说服与其他说服方法中的复杂关系。[47]一个结果就是这些不同类型的推理之间的关系并没有得到充分探究。[48]分析法学家对于证据学科中的基本概念(诸如相关性、实质性、证明力、或然性、可信性以及推定)的关注是不平衡的。如我们在第10章中所看到的那样,几乎一切有关法律推理和解释的讨论,都关注疑难案件中的法律问题,极少或者没有提到事实问题,也没有更一般地提到诸如调查、谈判以及处罚等其他法律语境中的推理与合理性。

研究证据向我展示了法律理论中相对受到忽视的理论议题的整个议程。这些议题不仅本身有趣,还能够对法理学中传统议题提出新的解释:诸如不同推理类型之间的相似与差异、诸如不同语境中说服力、权重和相关性等概念;以及心理学和社会学中的许多经验问题。[49]

1983年我在伦敦大学学院的就职演讲,是沉浸于这个项目大约十年的成果,题为"证据和法律理论"(Evidence and Legal

Theory)。⁵⁰ 这是从"法理学主要职能"角度组织证据和证明理论内容的一次尝试。⁵¹ 我抵挡住了需要一种适应新时代的全新证据理论的强烈要求，但指出我们可以在"诉讼中的信息"而非"司法证据"这个组织性概念下，勾勒一些相关的研究线索。⁵² 后来，我发展出一些观点，认为证据是一个多学科领域，包括许多视角、专门研究以及实践应用。与菲利普·达维德（Philip Dawid）、戴维·舒姆以及其他人一道，这最终发展成为两个进一步的项目，其中包括在伦敦大学学院的一个看起来很有雄心壮志但结果却并不足够如此的项目，我将会在第20章中讲述到。

除了别人之外，我尤其受到丹尼斯·加利根的批评，他认为我提出了在他们看来无法操作的计划：

> 特文宁似乎认为，如果没有首先掌握——在法律和证据实务之外——有关知识和逻辑的哲学、道德与政治理论、概率论、心理学、常人方法学（ethnomethodology）以及统计学（只是罗列几个相关的学科），我们就无法进入该领域。所有这一切当然和证据有关，就如它们与社会或法学研究任何领域都有关一样；但这并不意味着它们需要被融合为一体……认为对于跨学科事物的广泛概括等同于对所选择的事物加以仔细分析的替代，是错误的。⁵³

这个回应是可以理解的。因为我提出的一些研究思路似乎令人望而生畏。加利根和我都同意许多学科和证据研究相关，一个人不可能掌握许多学科，特别是"对于所选的事物加以仔细分析"是重要的——实际上，我在证据方面的大部分工作都是关于详细的主题的。此外，我可能要比加利根更是一个反还原论者。[54]

但这个批评错失了三个重点：其一，在法律和其他语境中的大部分推理活动都是在没有"更有真凭实据"的时候以"常识"为基础的。[55] 其二，学术与研究总体上是个集体性事业，由每个个体都具备各自不同装备的团队、思想共同体、同盟与战斗者完成。第三，重新思考一个领域、一个子学科或范围更小的事物是一个永不停止的工作，通常更是一项集体性事业，但如我们在第12章中所言，有时它会在很大程度上受到个体的推动。就如法律语境中的证据一样，当一个领域陷在狭窄的空间内——它不仅导致对重要问题的忽视，也使得这个空间中的研究受到扭曲或变得贫乏——这些工作尤为重要。在将二十年来的大部分时间都投入到"重新思考"一个法律"领域"，并以此作为拓展我们学科的个案研究后，我所取得的成就可能只是提出了一些目标，其中有大部分我无法推进得足够远，甚至根本无法实现。

教学：痛却快乐着

> 教学是简单而快乐的
> 学习是痛苦但快乐的
> 大部分学生是容易被改变的[56]

在与特里·安德森以及后来的戴维·舒姆、菲利普·达维德、克里斯托弗·艾伦（Christopher Allen）和其他人的合作下，我讲授了"威格摩尔分析法"长达四十多年,并且我们一起对之在许多重要方面作出了修正。尽管有其他方面,特别是和叙事相关的内容,但我们主要关注教给学生掌握一些基于证据,特别是复杂案件中的混合证据,来建构、重构以及批评双方论点的基本技能。[57] 其中的核心就是"图表法",它可以概述如下:

> 威格摩尔的"图表法"是一系列分析复杂证据的独特技术。就一个给定的案例或争议的事实问题而言,与支持或反对特定结论("最终待证事项")的论点相关或可能有用的一切材料,都被分析为简单的命题,后者被收录于一个命题的"关键清单"中。关键清单中的所有命题之间的关系进而通过使用规定的一系列符号,以图表形式得到重现,所以最终的结果就是有关一个(通常是复杂的)论点的一个或一系列图表。这个方法像大事年表、索引、纪事以及其他方式,因为它有助于"整理"或"管理"复杂的数据,以便它们能够被视为一个整体;它不同于它们是因为其组织原则是论点中命题之间的逻辑关系,而非时间序列、叙事融贯性、来源、字母顺序或其他分类法。[58] 这个方法也有助于识别论断中的强或弱的观点,并将这些关键的观点加以严格、详细和"细微"的分析。[59]

对图表法的部分阐释

下述阐释假定最终待证事项是"X 谋杀了 Y",或者更形式化地表述为"(A)Y 死亡,(B)Y 由于一个不法行为而死,(C)X 犯下了

第 14 章 重新思考证据

引起 Y 死亡的不法行为以及（D）X 有意（i）实施该行为并且（ii）因此导致 Y 死亡"。法医报告以及现场观察都证实，"Y 在 1 月 1 日大概下午四点四十五分于自己家中由于另一个人的不法行为而死亡"。下述关键清单和图表分析了五份证词断言和相关推断，分析者认为它们与最终待证事项有关："是 X 犯下导致 Y 死亡的不法行为。"

图表

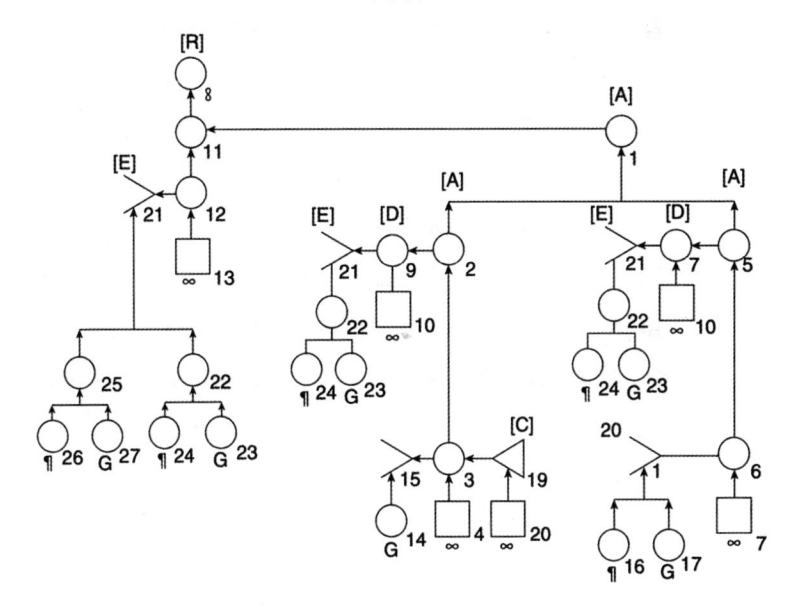

A= 断言；E= 解释；R= 竞合；D= 否认。注意，一个被告会变成竞合性或否定性断言的"支持者"，因此检察官可能会使用"反对者"的解释过程来作出判断。本图表由特里·安德森绘制，在此复制已获其准许。

关键清单

1. 1 月 1 日下午四点四十五分，X 在 Y 的家中。

2. 1月1日下午四点半X进入Y的家。

3. W_1看到X在1月1日下午四点半进入Y的家。

4. W_1：我看到1月1日下午四点半X进入Y的家，因为我正走人行道过马路。

5. 1月1日下午五点X离开Y的家。

6. W_3看到X在1月1日下午五点离开Y的家。

7. W_3：我看到1月1日下午五点X离开Y的家。

8. 1月1日X不在Y的家。

9. 1月1日X没有进入或离开Y的家。

10. X：我在1月1日从没有去过Y的家。

11. X在1月1日下午四点四十五分在她的办公室里。

12. 1月1日X在她的办公室从上午九点工作到下午五点。

13. X：1月1日，我在办公室从上午九点工作到下午五点。

14. 在马路人行道上路过的行人主张的目击指认是可疑的。

15. W_1看到进入Y的家的人可能是X之外的其他某个人。

16. 1月1日下午五点前太阳就落山了。

17. 在日落后作出的目击指认是可疑的。

18. W_3看到离开Y的家的人可能是X之外的其他某个人。

19. W_2看到X在1月1日下午四点半进入Y的家。

20. W_2：我看到1月1日下午四点半X进入Y的家。

21. X的证词不应当被采纳。

22. X对1月1日自己的活动和去向撒谎了。

23. 一个被指控犯罪的人，有强烈动机编造可能使自己脱罪的证词。

24. X 在本案中受到指控。

25. X 在 1 月 1 日可能不在她的办公室里。

26. 1 月 1 日是新年,是本辖区的法定节日。

27. 在这个地区很少有人在新年去自己办公室工作一整天。

多年来,安德森、舒姆和我以许多方式改进、简化和拓展威格摩尔相当笨拙的方法,现在我们的方法被称为"修正的威格摩尔分析法"(Modified Wigmorean Analysis, MWA)。[60]有一些对修正的威格摩尔分析法的误解。首先,依然存在的一个错误观点是"图表法"或"修正的威格摩尔分析法"包含一系列笨拙、太过详尽以及困难的技能,对实务工作者来说用处有限。[61]这个错误通常源自混淆了方法的复杂性以及证据的复杂性。修正的威格摩尔分析法的总体观点简单且上手很快;但像其他任何技术一样,熟练地使用就要花费更长的时间了;它主要有助于处理复杂的证据大杂烩。它规则简单,可以轻松地运用在常规案件中,或是用来检验一个看似简单的案件是否要比表面看上去的更为复杂。

基于多年来的经验,我们已经表明,这个方法可以被法学本科生掌握——他们能够在两到三周内(比如,在有关证据法的传统课程的开始)掌握更简单运用的基础知识。修正的威格摩尔分析法最重要的用处之一,就是将可能的证据大杂烩证立成有自身结构的论点。我们的教学主要集中在让三年级学生或研究生在 6 到 8 周内在复杂案例中出色掌握基本方法。[62]许多我们先前的学生都报告说他们发现这个方法在常规和复杂案件中都有价值。这几乎没什么惊讶的,因为这个方法是类形式化操作的典范。

其次，这是教义学传统保持影响力的另一个最佳例证。"法学方法"这个词与"法律推理"通常都局限在法律问题的论证与分析之中。[63]但如弗兰克所指出的，在法律实践中，事实问题以及事实确定的难题对法官、陪审员和其他人来说是司法裁判中更为常见的。它甚至会更常见地被运用于诉讼的总体过程模型以及其他语境中的实践决策当中。认为证据法和法律中的证据这个主题共外延，导致学者、教师、培训师甚至实务工作者都几乎完全边缘化了威格摩尔所说的"证明的逻辑"。象征着这种忽视的，就是有一次我发现一门培训侦探的课程聚焦于证据法，但它的导师却认真地说"逻辑"对他们而言太过"学术"了。可是夏洛克·福尔摩斯无疑是调查者与证据学者的保护神。

到了1995—1997年的时候，我已经完成了好几部关于证据的著作，正将关注点转向全球化与法律。我的主要观点可以在《重新思考证据》(*Rethinking Evidence*)以及《证据分析》(*Analysis of Evidence*)中找到。直到2012年我都在继续讲授证据分析，主要是修正的威格摩尔分析法，既在伦敦大学学院也在迈阿密，偶尔还会在别的地方。戴维·舒姆也对包含法学在内的许多学科的学生讲授这个方法。他还培训情报分析师。这是在我职业生涯中我最享受的那类教学，并且整体来说，我认为自己一直在进步。和一位好斗的出庭律师一起开课——他也是卢埃林的信徒并且是我的好友——带给我持久的快乐。[64]戴维·舒姆和菲利普·达维德增添了多学科视角。[65]学习掌握基本技术是很难的，这涉及针对越来越复杂的材料加以练习。但是它应该也是有趣的。原始资料非常丰富：不仅有所谓的正义的流产，其他轰动案件，也有取自《圣经》(所罗门和婴儿)、文学、考古学以及情报分析等的文本。此外,我还运用了被法学研究忽视的其他素材,比如五行打油诗和情书。[66] 学生逐渐沉浸于他们的重要练习中,将修正的威格摩尔分析法运用在案例或自己选择的历史谜团中;他们参与角色扮演、模拟审判以及故事讲述,其中最激动人心的就是在迈阿密的安德森家中以及伊夫利的特文宁家中一年一度的威格摩尔日,这时他们会介绍自己的案例。在迈阿密,他们会受到这门课的"课友"的批评与指导。他们似乎很享受。最有意义的部分就是经过几周训练,他们变得非常熟练。[67]

第15章 边沁的学院
（1983—1999年）

导 论

1983年1月起，我成为伦敦大学学院的全职教师，但在此之前的一个学期我就已经每周授课一天了。[1]那时我已经在算是牛津市区范围内的伊夫丽村买了一处房子并搬了进去，从此以后，这里就成为了我们非常喜爱的家。如我所述，我可以俯瞰伊夫丽水闸的泰晤士河，为了进行思考，我们坐在椅子里或躺在床上，观赏这河流与盘旋的飞鸟；或者我可以沿着河岸向南走到伦敦，或向东北走到牛津城，抑或沿着村庄里的其他一些路线行进。决定在牛津安家是非常艰难的：我讨厌通勤，但从性格上来说我绝非伦敦人，且家人偏爱牛津。所以整体结果就是我自己更少在伦敦的一般场合出现了，但著述变得更多了。为了尽到我在伦敦大学学院以及伦敦大学法学院的职责，我作为全职教师时，每个学期中每周至少特意在伦敦住三个晚上，主要是睡在距离法学院三个街区远的宾大俱乐部，这是一个贵格会的朋友介绍给我的。这些每周三天半到四天的日子非常忙乱；所以我大部分的研究与写作是在牛津。

第15章 边沁的学院(1983—1999年)

我已经成为伦敦大学学院的成员将近三十五年了。我依旧有一个信箱。[2] 我结识了许多朋友,而对头只有一些,我享受学院前往俄罗斯、中国以及波兰的"巴特勒之旅",[3] 我从同事与学生身上获得激励,因委员会成员而感到厌倦,赢得了几次"战斗"但输掉的更多,体会到了一个相当正统的学术生涯中期与后期的许多欢乐与苦痛。这些几乎都对我讲述自己思考和写作的发展而言是微不足道的,因为后者有大部分是在伊夫丽的宁静祥和中完成的。本章聚焦于如下最相关的内容:制度语境也即伦敦大学学院、法学院、奎恩法理学讲席以及我通过它所做或没有做的事情;我对大学学院间制度的参与;我访问迈阿密的重要意义;以及1982年到2000年间我的教学与写作之间的关系,其中2000年标志着我和伦敦大学学院的分离。这一章主要是关于语境的。它为有关法学教育、全球化、一般法理学以及"退(而不)休"(第17—20章)的最后四章提供了相关背景。为了增加一些传奇色彩,第16章回忆了我在伦敦大学学院期间和四位法学家之间截然不同的关系:杰里米·边沁和罗纳德·德沃金是萦绕于我心间的两个人;尼尔·麦考密克与我志趣相投;特里·安德森是我在证据领域的兄弟。

边沁的学院

伦敦大学学院通常被称为"边沁的学院",近年来出于公共关系的目的,边沁被用来(有时是过度使用)象征整个机构。他是伦敦大学学院的创立者这个神话已经被彻底揭穿了,因为当时他将近80岁,在学院规划中发挥的作用微乎其微,并且对其两位创始人，亨利·布鲁厄姆（Henry Brougham）与托马斯·坎贝尔（Thomas Campbell）的"贵族式"作风持有非常批判的态度。他可能甚至从未踏入过这片土地。亨利·通克斯（Henry Tonks）在1922年绘制的一幅画作中，杰里米·边沁位于最显著的位置，和建筑师审视着规划，三位形象小一些的创始人隐藏在背景中。这幅悬挂在弗拉克斯曼画廊的作品一直因缺乏历史精确性，甚至更缺乏艺术内涵而被批评。不过，解读边沁轶事却是个棘手的工作：杰里米·边沁以伦敦大学学院的"灵魂上的创立者"而闻名，即使"灵魂"在严格宗教意义上并非他的用语。但这种说法非常合适，因为伦敦大学学院气质的核心显然具有边沁色彩：宗教宽容、教育机会、言论与研究自由、有用的知识与创新曾经是且依然是其重要价值。这一气质中的许多内容在边沁有关教育的著作中显露无遗，特别是在《功利主义示范学校》（Chrestomathia, 1816）中。[4]

将伦敦大学学院称为"边沁的学院"的第二个理由，就是边沁一直有模有样地（material）出现在公众面前——那个闻名于世或臭名昭著的自我肖像，塑造自杰里米·边沁的骨架、他原初的衣服（现在经过"翻新"）、他的手杖以及一些纪念品，还有一颗基于他去世后面部模型的蜡制头颅。[5]今天任何人都可以在工作时间在伦敦大学学院南部回廊的边沁橱柜拜访边沁先生，可以看着他而傻笑，敬畏地凝视，甚或向他讨教。我不会复述围绕在这个令人瞩目的现象周围的故事，也不会拆穿围绕在其周围的神话。对此，我已经写过和说过得够多了。[6]我常常在教学中用到这个自我肖像（它意味着什么；这是功利主义导向我们的地方吗？），强调它的含混意义（这是一种虚荣、傲慢、玩笑，还是说它有严肃的意义？）及其将身体视为

第15章 边沁的学院(1983—1999年)

人或圣物而非物质的微妙嘲讽意涵。

在拜访伦敦大学学院时,爱尔兰共和国前总统(以及前法学教师)玛丽·罗宾逊(Mary Robinson)谈到了"想象的财产"(Imaginative Possessions),这是她借用自叶芝的一个词。[7]对于英格兰,她例举(instanced)普通法、英语以及我们文学中土地的地位,作为对国家认同产生重要影响的事物;对于爱尔兰,她举出的例子是马铃薯大饥荒、谢默思·希尼(Seamus Heaney)的"三心二意"(既是英国人又是爱尔兰人),以及既是爱尔兰人又是欧洲人的嵌套身份——所有例子都表明这一点:民族主义可以是向外开放和富有同理心的。通克斯的画作、自我肖像以及杰里米·边沁手稿的大量馆藏,都是想象的财产,构成了伦敦大学学院认同的核心内容。杰里米·边沁尽管"知道"鬼魂是不存在的,但却惧怕它们;我们有时会觉得这所学院被自我肖像的灵魂夺舍了,这引来了轻浮、玩笑与嘲弄,同时也发出了一些讽刺、神秘的信息。[8]因为边沁是一个严肃、渊博、富有原创性且在一定程度上是具有影响力的人物。他也遭到过严厉的指责与嘲弄。近来持修正论调的研究表明,他要比机械论式的葛擂硬(Gradgrind)或肤浅的成本收益分析师这个广为传播的形象所表明的更为深刻、更为敏锐且更具矛盾性。福柯使得圆形监狱这个想法声名狼藉,在我看来这是其应得的;但边沁作为公开性与透明性的先驱,特别是就民主理论而言,已经在更高抽象层面得到了辩护。在他看来,公开性是区分代议制民主与专制统治的核心要素,因为在前者中"一些有效抵抗的最终能力,以及政府的后续变革,被有意留给,或更准确地说,是赋予人民的"。[9]下文会讨论我自己对杰里米·边沁的矛盾心态。这里我只想说,伦敦大学学院的确很有理由为自己与边沁及其追随者的关系而感到自豪,在它强调容忍、理性、跨国主义以及关注现实世界问题与议题时,尤为如此。

法律学院

伦敦大学和伦敦大学学院的历史向来卓越不凡。[10] 但除了约翰·贝克(John Baker, 1976年)一篇非常有帮助的文章外,法律学院尚未得到充分讨论。[11] 它有进一步挖掘的空间,特别是20世纪70年代以来的扩张阶段。教学机构提出宏大的历史主张需要慎之又慎。但伦敦大学学院的确是第一个提供英国法本科学位的大学机构(1826年),不过直到1900年它只培养了135位拥有法学学士学位的毕业生;伦敦大学学院也可以声称允许第一位女性法学学生进入课堂(1873年)并且培养了第一位女性法学毕业生(1917年)——不同的名字、不同的人。更具重要意义的是对法学教育基本方法的选择。当时可能有三种模式供选择:基于边沁激进观点的立法学院;第一位英国法教授安德鲁·阿摩司(Andrew Amos)是正冉冉升起的执业出庭律师以及全身心投入的教师,据说他已经将"现实诉讼的天雷地火"带到了课堂中;还有约翰·奥斯丁这位羞涩、禁欲、抽象的实证主义思想家,他当时是第一位法理学教授。

边沁没有被采用;阿摩司未能长久。可惜的是奥斯丁的讲座由于听众人数不足而失败,所以他的主要遗产就是《法理学的范围》(*The Province of Jurisprudence Determined*),但他将之视为自己未曾完成的全部讲座的"单纯导论"。奥斯丁是边沁的学生,是个忠实的功利主义者。似乎有可能的是,如果他完成了自己的计划,他也会基于功效但却是比边沁更为保守的方式来处理"立法艺术"(边沁将之称为"审查法学")。就其本身来说,奥斯丁的"范围"一书被视为将"一般法理学"理解成一种局限于澄清一切成熟法律体系必然组成部分的"原则、概念与区分"的抽象分析科学。如果奥斯丁是位更好的演讲人并且保持住自己的听众,他的遗产以及英国法学研究可能会非常不同。他有关确定实证法本质或性质的想法,以及对后来被称为"基本法律概念"的事物的抽象分析的观点,为一种枯燥、严格的教义学传统提供了主要基础,这种传统建立在实证主义保守立场之上,隔绝于批判和行动中的法律。[12]

约翰·奥斯丁的追随者对边沁令人惊讶的取代是一个深刻的历史错误:边沁的审查者本会摆正平庸的解释者的位置——这是一个相当低下的地位,并非法学研究与理解的核心。[①]边沁的著作需要仔细甄选以适合学生使用,这没错,但如伦敦大学学院有关"边沁和功利主义传统"这门优秀的研究生课程所表明的那样,边沁的一些文本成为和一系列论敌、批评者与继承者展开严格的论辩性对话的良好素材;实际上,我不记得我开过更严格、愉快和融贯的课程了。它听起来似乎狭隘,但边沁涉猎非常广泛的同时又总回到一个核心要点。他的立法学院观点或许已经在现实的巨变中得到改进,并且要为处理基本概念和具体规则的方法开辟比他所允许的更多的空间;随着时间推移,语境、可行性以及和当代议题的关联会

---

① 根据边沁的论述,"审查者"指的是讨论法律应当是怎样的人,而"解释者"则是解释法律实际样态以及立法者和法官所作所为的人。

根据伦敦大学学院的总体气质找到自己的位置。

总而言之,奥斯丁继任者们的不利影响(the dead hand)弥漫盛行,伦敦大学学院在法学中的主流传统,成为一种以严格的不加批判的分析法学为支撑的强势教义学实证主义(白纸黑字的法律)。一个传说是杰出的国际法教授乔治·施瓦曾伯格(Georg Schwarzenberger)在向一年级学生讲话时,常常会说:"这不是一个正义学院;这不是一个法学院(a Faculty of Law);这是法律学院(The Faculty of Laws)。"当然,个别人偏离了他的观点,但这个传统的核心就是学生学习的是法律(leges)而非法(ius)。

在1906—1908年,伦敦大学学院、国王学院和新成立的伦敦政经学院同意将它们的许多教学资源集中到伦敦大学的名义下。这种学院间的制度以各种各样形态持续着,在20世纪60年代中期存在于本科生层面,到了20世纪90年代末则存在于研究生层面。这就弱化了奥斯丁主义的影响,使得构建一个强有力的全职教师队伍成为可能,并为多种构成元素提供了平台:全日制与在职的本科生;校外教育制度以及具有开拓性、昂贵且最终是无法无天的研究生项目。我在别的地方已经详细讲述过这个故事。[13]

1982年,杰弗里·乔韦尔成为法学院院长(现在是爵士)。他出生于南非,曾任职于牛津、伦敦政治经济学院和哈佛大学,是反种族隔离主义的活动家,是公法学者与公共知识分子。从一开始,他就关心将伦敦大学学院的法学向更为自由、多元主义、具有社会视野以及改革思维的方向推动。他招聘了一些支持他的"重磅人物"作为教授:鲍勃·赫普尔(Bob Hepple,后来是爵士)来自南非,是反种族隔离的活动家(是曼德拉在瑞弗尼亚审判中的律师之一),是非常有影响力的劳动法与侵权法专家;[14] 马尔科姆·格兰特(Malcolm Grant,现在是爵士)像帕特里克·麦考斯兰一样,是规划法与土地法的专家,且与他想法相近,后来成为一个活力四射但必然充满争议的伦敦大学学院的校长和教务长;我自己则来自所谓激进的华威法学院。后来除了其他人之外,特别重要的是我们得到黑兹尔·盖恩(Hazel Genn)这位优秀的社会法律学者与公共人物(她在2008—2017年担任院长,现在是爵士)的加盟。这是一项艰苦的工作,因为传统根深蒂固,许多同事都成长于此。不过,认为伦敦大学学院的法学慢慢地变得更具多元性和经验取向,则是恰如其分的,这在很大程度上要感谢乔韦尔的领导与选聘。

我并不试图将伦敦大学学院的法学"华威化",但我的确引入了课业评估基本制度、课程内选修内容的想法,以及一些给学生介绍法学研究方法的观点和一种不同的法理学主张。我也试图对国际化文化有所贡献,这个文化始自日益扩张的研究生项目,并且逐渐渗透到本科生中,其契机就是英语和法语、英语和西班牙语、英语和意大利语以及英语和德语法学学位的引进,以及与之相伴的大量来自欧洲大陆的活跃学生成为骨干。[15] 我确实为不分专业方向的学生的四年制法学本科引入了选择性加入的条款,但像在华威大学一样,这个努力由于缺乏同事的理解和热情而悲剧性地失败了。为了伦敦大学的150周年校庆,我在1986年写了一篇非常欢快的文章,题为"1836年和这一切:1836—1986年伦敦的法律"。[16] 它有三个严肃的主题:英格兰的大学法学教育的规模与风格在很大程度上是受需求驱动的;1986年前伦敦法律史中最成功的时期,就是伦敦大学的不同法律系和法学院通过将它们的资源集中于"学院间制度"而展开合作,这个制度从1908年到大概1965年在本科生层面繁荣兴起,并且在大规模的法学硕士中延续下来,它包括5所法学院、80门不同课程(至少1987年在纸面上是如此记载),在1987年有将近五百位学生,不久之后有超过一千位学生。[17]我写了一首散文诗来赞美学院间的法学硕士项目,这是我后来在1993—1994年花了6个月试图加以挽救的,但它却愚蠢地在千禧年前后被解散,导致许多在专业选择方面的不必要冲突、大量重复与衰亡。我也称赞了有关在英国海外攻读伦敦大学法学学位的机会的规定,它在今天依旧是"伦敦大学国际项目"的一部分,且法学本科学位与普通法结业证书仍然是学院间合作的。这在先前一直都不是学术创新的良好工具。因为在它的大部分历史中,英国海外的法学本科学位与法学硕士学位在智识上并不令人感到兴奋,但是它们的社会史是辉煌壮丽的,许多犯人,包括英国战争犯、被拘留的非洲民族主义者以及来自多个地域和国家的许多其他人,都通过远程学习获得了法学学位。

奎恩法理学讲席

伦敦大学学院的法理学讲席是伦敦大学学院法学两个创始讲席之一。法理学和法律理论(原名如此)依旧是法学本科学位的必修课,[18]但它在贝尔法斯特女王大学以及英格兰和威尔士的许多大学中都变成了选修课,不过在优秀的苏格兰法学院中它依然是必修课。19世纪末,根据解剖学前任教授理查德·奎恩(Richard Quain)的遗嘱,人们捐赠了四个教席以纪念他和他的兄弟约翰爵士——一

第15章 边沁的学院（1983—1999年）

位出庭律师和法官。在我被任命为奎恩法理学教授时，对我来说唯一可觉察到的好处就是一年一度的奎恩晚宴，它的食物由缩了水的奎恩基金支付（但我想不包含酒水）。这看起来好像是奎恩家族得到了便宜。我并没有对这个头衔很在意，管我叫奎恩教授的我的孩子们也一样。1983年我加入伦敦大学学院时，我认为华威的法学院更好，自己当时算是落魄了；但其他人（不仅在伦敦大学学院）似乎极为在意这个名头，并且更理性地说，是对伦敦大学学院的声望印象极为深刻；有的人对我的任命感到惊讶，因为有被认为更适合的人选。我的五位前任中有两位骑士，一位勋爵，他们都由于各种各样的公共服务而获得自己的荣誉。他们都是学者与公共知识分子。约翰·奥斯丁是很有影响力的法学家，不过约翰·麦克唐奈（John MacDonnell）爵士、谢尔登·阿摩司（Sheldon Amos）爵士和丹尼斯·劳埃德爵士（如果的确未被遗忘话）主要是作为担任要职的人而非对法理学的贡献而被人铭记。有一位被人遗忘了。另一个例外是格兰维尔·威廉斯（Glanville Williams），他是自己这一代人中杰出的刑法学家，他的主要著作的大部分基础性工作可能是在伦敦大学学院完成的，但它们之中的大部分却是在他于1955年前往剑桥后发表的。[19] 几乎他们所有人都可以在不同意义上被称为中程理论家，因为他们关切的是自己的工作与真实的实践议题之间在当下的相关性。我很乐意追随他们的脚步，因为这是我看待自己的方式。

在1983年，奎恩教授依旧是整个伦敦大学而不仅仅是伦敦大学学院的法理学教授。这意味着它包括协调学院间法学硕士、海外法学学士以及伦敦大学学院各个层次的理论课程教学的责任。[20] 我也通过发起大学范围内的研讨班来构建一个法律理论共同体，它的组织机构在六个法学院中轮换，大约在第六年，它在布赖别克学院搁浅。即便在1983年，也有迹象表明伦敦大学可能会破碎为一系列独立的机构，因为较大的机构——伦敦大学学院、帝国理工学院、伦敦政经学院以及玛丽皇后·威斯特费尔学院——已经具有中等大学的规模，而且正在扩张。从一开始我就致力于保存伦敦大学，尽管它的中央科层制度相当庞杂，因为在合作而非竞争中会有独特的优势，并且参议院保护更小的机构，诸如东方与非洲研究学院、皇家霍洛威大学、戈德史密斯学院和许多其他有价值的单位，其中包括参议院研究所——高等法律研究所（IALS）就是其中的一个。因此，我对大学事务的投入就如我对伦敦大学学院的投入一样。在1993—1994年，我被短期调任到参议院［格雷厄姆·格林（Graham Greene）的"恐怖内阁"］工作六个月，① 试图挽救学院间的法学硕士项目，它正处于令人愤慨的资金不足的危机之中。[21]

作为奎恩讲席教授，我最初的举措之一就是为了法学本科、法学硕士以及海外法学本科的"理论课程"而审核课程安排。每个项目都有不同的问题。不幸的是，在伦敦大学学院，法学本科课程的法理学是在最后一年。有些学生反对上一门关于"理论"的必修课并且非常担心，因为它似乎与他们所习惯的课程非常不同。这有一些挑战：为一批渴望教授理论但非常多样的同事确保团队合作与个人空间；[22] 尝试帮助以从事专业工作为导向的学生理解理论为什

---

① "恐怖内阁"（Ministry of Fear）是格雷厄姆的小说，在1944年由弗里茨·朗执导上映。故事讲述的是男主角在从精神病院释放后准备回到伦敦，但却误入国际间谍组织并遭受纳粹追杀的故事。

第15章 边沁的学院(1983—1999年)

么与他们相关,并帮助他们学会用比他们自己习以为常的方式更加抽象地展开思考;尝试将法理学移到它所属的第二学年,以便它能够从其他课程中汲取营养或为之反哺且有助于为本科学位提供某种融贯性。我具有理论取向的同事构成了一个杰出、有天赋且个人主义式的群体,但很难说是一个团队。我们决定以研讨课形式来讲授几乎所有的课程,不过要在法学本科课程中每周开设一次讲座作为补充。这是我将奎恩讲席用作推广自己观点的平台或布道坛的最好机会,但我的同事想要参与,所以讲座项目也成为了一种妥协。几乎我的所有继任者都更倾向于将奎恩讲席视为一个平台而非工作。

与这些热切的教师截然相反的是,本科生在我看来似乎整体上对课程呈现出一种沉闷甚至怨怼的模样,至少在十月份是如此。①尽管并非所有人都注定要从事法律实务,伦敦大学学院的法学学生文化似乎被那些已经在市里的事务律师的律所获得培训职位或希望如此的人主导着。"理论"与他们的相关性在哪里呢?有些学生是反智的,更多就是毫无智识可言,有人只想做对于获得良好的学位等级而言是必要的事情。大部分获得伦敦大学学院的入学资格,是因为他们是非常不错的做题家。对于他们来说,一个困难就是他们习惯了实体法课程是以三个小时即席考试来考核的,而法理学在诸多方面有所不同。在这个学年的晚些时候,显而易见的是一些学生有或变得有真正的兴趣了。

我对教师的热情以及学生的抵制这两个孪生问题的尝试性解

---

① 英国每个学年是在秋季十月份开学的,因此特文宁会强调这一点。

决方案,就是在法理学课程中引入相当程度的选择:第一部分是对该领域的一般性介绍。我们每个人带一两个研讨小组。我坚持学生应当有机会阅读原始文本,但在哈特的《法律的概念》、一些边沁的作品以及一些德沃金的作品外,留给老师一些弹性去选择使用什么文本。追随哈特的示范,[23] 我将考试中问题的数量从9选4扩展为12选3(一个问题中会有一些替代选项)。我们将课程的第二部分划分为一系列选项:三周集中于从四五个文本中选择的一部"重要著作"(通常被视为"巨作"),在考试中每部书都有一个必答题。许多年里,我使用的是《夏延人方式》或杰里米·沃尔德伦(Jeremy Waldron)的《高跷上的胡言乱语》(*Nonsense Upon Stilts*,边沁、伯克和马克思对自然权利的批判),曾经有一次不是非常成功地使用过柏拉图的《高尔吉亚篇》(*Gorgias*)。我正式表明的理由是,任何一位从伦敦大学学院以法学学位毕业的学生都至少应当读过一整本书;许多人认同这对我们的课程设置以及实务工作是提出了合理的观点。接下来的六周集中于一个专题,同样是从四五个方案中选择的,每一个由一位不同的同事指导,并通过一篇实质性论文(最多八千字)加以考核,占总成绩的25%。因此,我的同事们会在第一部分有一些选择余地,在第二部分中会有两组非常开放的选择。一开始对于学生来说,在一门课之中有所选择是革命性的,或至少是前所未有的,就如写一篇实质性论文来考核一样。他们过于担心这些选择。在第二学期开始时,大部分人不再抵触课程了,但是对一些人来说就连考核论文这个想法都是令他们担忧的。但这个方法有效。多年来,我一次又一次地在5月份因为自己在去年10月份见到的充满抵触的学生能够写出如此优秀的作业而感到惊讶

第15章 边沁的学院(1983—1999年)

与高兴。[24]

在我看来,法学理论以不同形式属于每一个学年,但在三年制的项目中主要的法理学课程应当放在第二年,以"谋生课程"为基础又为之提供启发。[25] 我很快就想方设法掌控了一些领地,方式是组织一年级本科生导论课程以及为刚入门的法学生至少介绍一些一般性视角和基本技能。[26] 我强调他们都已经与法律相遇,掌握术语并不比去意大利或西班牙度假前学习一百个单词困难,法律绝非枯燥、晦涩和神秘的,而是激动人心、重要无比的人文主义学科。[27] 这门课受到了削弱,因为一年级科目的教师急切上阵,反对允许导论性部分的长度超过两周或三周。当然,第一周通常是新生周,所以启发式教学的听众主要是宿醉未消、思乡成疾且充满困惑的十几岁孩子。

在研究生层次,我拥有更多的空间。硕士学位的候选人如果在一个学科组的四门课中选修了三门,他们就可以表明自己确定了专业方向。我们创设了一个法律理论组:伦敦大学学院主要负责法理学;伦敦政经学院负责一门关于法律和社会理论的新课;我们承认了其他一些课程作为该专业组的组成部分,并且慢慢地我们加入了替代性纠纷解决、"杰里米·边沁和功利主义传统"以及我有关证据和证明的半学年课程。我负责法理学课程,并且像在法学本科学位教学中一样,我引入了学生可以选择的"专题",从我的"理性、推理与法律语境中的合理性?"开始,这几乎成为我接下来的主要项目。[28] 我也定期讲授证据和证明,通常有克里斯托弗·艾伦以及来自统计学的菲利普·达维德教授的协助。

博士学位(PhD degree)也由伦敦大学提供奖学金。我没有收很多博士生,部分原因是直到近来,法学中的博士学位都很罕见——这个情况现在改变了——但也是因为我并不赞同当时伦敦的培养模式:没有研究生共同体;没有方法课程;参差不齐的指导——结果就是大部分博士生是孤独的长跑运动员,将他们三年或更多的人生集中在一个很少得到支持的狭窄问题上。在两次会议场合,我提出书面动议,认为英格兰的法学博士培养是"非人道和有辱人格的对待",违反了《欧洲人权公约》第3条。这从来没有被提交投票,但许多同事承认这一点。今天的博士生培养有了极大改善,如果我是从现在开始的话,会招收更多的博士学生。

海外的法学本科学位的教授中也有法理学课程。在担任此教席后不久,我就召集了一次伦敦大学理论教师会议来讨论这个问题。如果我记忆准确,大概有十五人出席,大家表达了强烈冲突的观点,这体现出伦敦法律理论的多元主义。很快显而易见的是不会有共识出现。所以作为主席,我请求一位志愿者来设计课程大纲。只有斯蒂芬·格斯特(Stephen Guest)提出愿意帮忙,他接手这项任务并在很多年里负责组织工作。他以自己的方式做得非常好,但很快我就后悔没有自己来做,因为它本会是一个设计一门体现自己法理学观点且适宜于远程学习的课程的好机会。但在当时我自己由于英国国内课程而感到忙得不可开交。[29]

研究生事务

在又一个财政紧缩时期的1988年,伦敦大学学院引入了一项残酷的政策,中止未交费学生的学业。我是两位获得政府奖学金的

第15章 边沁的学院(1983—1999年)

乌干达学生的研究生导师。当时正是在阿明和奥博特时期之后，与圣主抵抗军的内战已经开始，乌干达处于动荡之中，几乎毫不令人意外的是政府未能如期支付奖学金。两次警示后，教务主任在没有进行听证的情况下。中止了这两个学生（还有其他人）的学业。我极为愤怒。在尝试无效的申诉以及和行政部门进行尖刻的往来通信后，我决定采取更强硬的行动。这个时期，海外学生的学费正成为重要的收入来源。我一直为帮助伦敦大学学院招收海外学生做了许多工作（法学教师项目是这个的一部分——第17章）；我拿起相关文档，怒气冲冲地走进院长的办公室，把它们摔到他的桌子上，说（嗯，不是那么大声地喊）当伦敦大学学院在这样对待学生时，我无法向海外学生推荐它，所以我也不会再为学院招生了。院长杰弗里·乔韦尔支持了我；或许他唯一的其他选择就是命令我继续完成自己的任务，要么就面临着走人，即使我的招生活动主要是自愿的。延迟一段时间后，这对乌干达学生被中止的学业终于得到了恢复，但他们已经失去了一年时间。这里涉及原则问题并且其他学生也受到了影响，所以我坚持认为应当在学校层面设立一个临时委员会。这个委员会被不情不愿、拖拖拉拉地成立了。我通常并不具有对抗性，但我很生气以至于准备好离开伦敦大学学院。杰弗里同情我，但对我反应的程度感到意外。我认为这不是真的因为我出生在乌干达，而是因为"我的"学生受到不公正待遇。

这段插曲有诸多后果：学生被重新注册学籍，并得到纾困基金的帮助，但他们失去了一年时间。我在学校核心行政管理部门结下几个仇敌，但程序可能是得到了软化；建立了一个委员会，但他们的第一次会议推迟到秋天才召开；我没有受邀与他们碰面，而且最终他们似乎没有认真对待这个事情。最重要的是,我被说服去担任法学院的研究生指导教师,负责整个研究生项目,包括录取、师生关系以及课程设置发展。我从没有这样喜欢行政工作。

我从安德鲁·刘易斯(Andrew Lewis)这里接手,他以相当形式化的方式完成着富有同情心的工作。我惊讶地发现这个职位被赋予许多权力和裁量。我坚持建立一个有学生代表的研究生委员会,以便赋予重要决定以权威。我也说服杰弗里·乔韦尔,我需要一个副手。艾利森·克拉克(Alison Clarke)加入了我的工作,他对待学生有一套。再加上高效的行政人员罗雷莱·图伦(Lorely Teulon),我们三人组开始着手改善整个制度。从一开始我就在研究生中很受欢迎,这或许是因为我对乌干达学生的支持。我的目标是强化学术项目,改善设施装备,并从整体上将研究生整合入学院生活。

一个象征性的举措,就是我从地下室到屋顶花园将边沁学院(Bentham House)观察个遍,审视在"流通区域"的图片。它们几乎都是肖像或照片。我的调查结论是他们只描绘了两类人:几乎都是上年纪(尽管并非都是白人)的单个男性(著名校友和杰出教授)以及本科生群体,也几乎都是男性。甚至连一张研究生图片都没有。这不是因为他们不太上相;而是因为他们在大部分场合都不见踪影;本科生被认为代表了学院整体,但并非如此;正如我们在芝加哥过去常常说的那样,学生的法律协会实际上是为"胆小鬼"开放的;在边沁学院没有为研究生提供的专门物理空间,所以他们被吸引到设有研究生法学图书馆的英国高等法律研究院,并且大部分人很少去法学院。他们还有自己独处的其他方式。一些同事选择

第15章 边沁的学院(1983—1999年)

不涉足研究生教学,理由是标准变得更低,因为研究生的入学是缺乏竞争性的,这些同事认为研究生水平低下且地位边缘。实际上,法学硕士学位的常态入学标准是二级甲等成绩,许多学生都成熟地拥有包括法律实务在内的各种生活阅历,大部分都积极学习——不然为什么要读研究生呢?另一方面,本科生的录取青睐18岁的优秀做题家,他们被制度化了"一辈子"[除了少数一些"成熟的"(23岁以上)或选择间隔年的学生]。有时他们的主要动机似乎就是尽可能快地熬出头去完成一个过渡仪式(rite de passage),以便踏入法律界。这种说法当然对许多聪颖且兴趣盎然的人是不公平的。这不是学生的错;更准确说,这是18—21岁人士的三年制法学学位制度(世界上最短的时间)的结构性缺陷,这个制度包含着主要是由实务工作者讲授的负担过重的课程,他们会迫使这些孩子作出不够成熟的职业选择并生吞活剥下大量教义,只是后来才会告诉他们,最好的律所更青睐历史系毕业生,因为他们有清晰的头脑。[30]

在1993—1994年我被短暂借调到参议院六个月,承担评审广泛且繁重的学院间法学硕士项目的任务,这是拯救因经费不足及其导致的潜在公愤而行将解体的伦敦大学的一部分工作。[31]那时这个项目有1500多位学生,但实际上没有任何中央管理部门。结果是这个工作没有我预料的那么棘手,因为新兴的、深奥的以及不那么受欢迎的学科的教师都明白,如果每个学校提供自己的法学硕士课程,自己可能就不会有开课的机会。他们被证明是正确的。在我的贝尔法斯特大学的前同事李·谢里丹的协助下,我们规定了一些秩序并改善了资源。这个学院间的学位项目维系了一些年。这是一头笨拙的野兽,质量参差不齐,但在智识方面令人感到兴奋,而且它开拓出一些重要的新进展。不过学院间的竞争最终胜过了创新与专家的飞地,①法学硕士项目被一些总体上相互模仿复制、关注点更为狭隘的项目愚蠢地取代。

研究与写作

伦敦大学学院是非常棒的学术研究中心,对于创新性和跨学科工作同样如此。我感到学院和学校在这方面都非常支持。我把时间分散在伦敦和伊夫利,并在特定季节进行相当多的旅行,这要求我有效管理自己的时间和排出优先级。每年从10月到第二年3月,每周有忙碌的四天在伦敦备课、讲课以及做行政工作;周末以及每年4月到9月的大部分时间都主要在牛津,以更从容的节奏在图书馆中收集资料、思考、交谈以及写作。

从1982年到2000年,我的研究、写作与发表分为四大领域。首先,我在华威花费了十年时间完成有关证据的基础性工作,发表不是很多,我在这个领域几乎所有的主要发表,都是在伦敦大学学院前十年出现的。我在更长一段时期内依旧活跃在这个领域,但主要著作(《重新思考证据》《证据分析》《证据理论:边沁与威格摩尔》)属于这个时期(参见前文第14章)。我在1983年成为英联邦法学教育协会(CLEA)的主席,我担任这个职务将近十年,与此

---

① 飞地(enclaves)指的是一个区域属于某一行政区域管辖,但是该区域与之并不毗连,需要经过其他行政主体的属地才能到达。飞地一般具有政府控制力相对薄弱、行政管理相对松弛的特征。

第15章 边沁的学院(1983—1999年)

同时我也发表了大量有关法学教育及其基础建设的著作,不过如第17章所描述的,它们更多的是"活动家"的计划。1994年我的哈姆林讲座文稿"布莱克斯通之塔"(Blackstone's Tower)是我有关法学教育著述中最具学术性的。此后我对这个主题几乎不着一笔,直到2013年《法学教育和培训评论》(LETR)的灾难后,我的兴趣才有短暂的复苏。同样,我有关边沁的主要著作追溯自我担任边沁委员会主席的时期(1982—2000年),它们主要是解释性或庆贺性的,而非对边沁研究的原创性贡献。当我在1990年代中期搞定有关证据的工作后,全球化和法律成为我最重要的工作(第18和19章)。与之相似的是,我为此项目展开的主要研究和阅读是在20世纪90年代,但三部主要著作则属于"退(而不)休"的阶段。

证据、法学教育、全球化以及边沁——"一个法理学教授为什么要写关于这些话题的著述,而非对当下法哲学内的论辩有所贡献?"有人可能会这么问。确实有人这样问过。简单的回答就是我不是那种法学家。《重新思考证据》总是被视为阐明"从内部扩展法学"包含哪些要素的个案研究。这当然是一项理论研究。我的"全球化与法律"计划的核心问题是:"全球化"对作为一门学科的法律以及作为该学科理论部分的法理学可能有何意涵?法学的任务就是增进对其主题亦即法律观念与现象的理解。或许除了我有关法学教育的一些更具争论性的论文外,大部分我的著作在这个意义上都是理论性的。我在做我自己的事儿。

我在伦敦大学学院仍有一个信箱,但出于健康原因,我很少去查看。对于伦敦大学学院,我最喜欢的是它的世界主义氛围。在20世纪90年代中期,有来自60多个国家的研究生,以及来自欧洲大陆的朝气蓬勃的本科生和研究生,还有来自非洲多个地区想要成为法学教师的人、后种族隔离时期的南非人、班加罗尔的毕业生,后来甚至有几位来自北美和拉美的人加入希腊航运律师这个由来已久的队伍之中。这让我想起赫尔曼·麦尔维尔的《骗子》(*The Confidence Man*)中我用来象征伟大的法学市集的段落。[32] 我喜欢这种氛围与活力,我坚信杰里米·边沁这个世界公民的灵魂会从中得到最大程度的欢乐。

美国间奏曲(二)(迈阿密1971—2011年)

> 当我们到了迈阿密,我们要做的就是获得某个工作,你懂的;因为见鬼的是,我根本不是皮条客。我指的是那里肯定有比这个更容易的谋生之道。
> [《午夜牛郎》(*Midnight Cowboy*, 1969)中拉茨对乔所说的话]

我与佛罗里达、迈阿密大学法学院以及好朋友兼合作者特里·安德森的关系开始于1978年。但它实际上是伦敦大学学院时期和刚退休的那些年,并且在这里很合适。

我第一次去佛罗里达是在1971年,带着关于《卡尔·卢埃林和现实主义运动》最后的一些问题去拜访索亚·门斯契科夫。我对这本书感到压力重重。那时我刚刚看过《午夜牛郎》(电影)。电影中,乔和一位叫作拉茨[达斯汀·霍夫曼(Dustin Hoffman)]的德州牛郎在体验过纽约市的底层生活后,陪着他乘坐灰狗巴士从纽约前往迈阿密。电影的结尾,在他们到达目的地时,乔将死去的拉茨

第15章 边沁的学院(1983—1999年)

轻轻抱在怀里。1971年我在费城坐上一辆灰狗巴士。在整个看起来确实非常漫长的佛罗里达之行中,我一直斜视着自己昏昏欲睡的同伴,确认他还活着。

这是我与科拉尔·盖博斯(Coral Gables)40年交情的开始,最初我作为索亚的私人访客,后来就成为迈阿密大学法学院(英文简称"UM")常见的访问教授。自1969年起,索亚每个学期会在这个法学院定期授课。她说自己喜欢这里,因为"他们的鞋子里有沙子"。不过,她在1974年接受任命成为院长;这里成为索亚的学院,并且在她于1983年退休甚至于1985年去世后的一段时间内,依旧如此。

1978年的另一次短期访问中,我在教师研讨会报告了威格摩尔的图表法,在询问我的卢埃林著作后,我受邀成为访问教授。但我直到1981年才能够接受邀请,此时我前来与院长合开几周有关"纠纷解决"的研讨班。这指的是她会出席课程开始和结束的部分。在谈及《夏延人方式》(The Cheyenne Way)以及一些人类学个案研究后,我把威格摩尔图表法,包括分析伊迪丝·汤普森写给她爱人的沉闷无聊的信,介绍给他们。最后,我们在索亚家门外的小艇甲板上举办了第一次也是有史以来最欢乐的威格摩尔日;学生们配着20世纪20年代的音乐表演了一个拜沃特斯和汤普森的节目,同时还分析了一些证据。索亚全程都慵懒地戴着棒球帽坐在帆布长椅中,只有一次插话问及伊迪丝的信件:"谁说这是情书的?"[33]

到了1981年,特里·安德森和我同意合作一部关于证据分析的著作。[34]从此之后,除了他把截止日期抛诸脑后外,我们一直都是合作伙伴、共同开课的教师以及亲密的朋友。特里值得在下一章为他自己专设一节，但在此之前，我必须谈谈我和法学院的关系。

从1978年到2011年，我承蒙公开邀请，成为迈阿密大学法学院的访问教授。最初我只能在伦敦大学学院的假期（飓风季）离开，但接着在"刚退休后"的大部分年份里，整个春季学期（从1月到5月，是一年中最好的日子）我能够都在那里，从而避开了英国冬天最糟糕的一段时光。我们应该会记得法学家孟德斯鸠强调法律文化中气候的重要性。通常我会讲授证据分析和一门研讨课；谈论我的经历（包括安德鲁飓风，为伊拉克战争作准备以及"9·11"事件），佛罗里达的休闲活动（佩内洛普在两个宜人的植物园做志愿者，我们都是比特摩尔著名游泳池的常客）以及一些值得纪念且温暖的友谊，这些可以写满一整本书——内容太多，以致无法做到公平对待。所以我这里反而会关注这个安排如何增进了我的教学、研究与写作。

在我看来，这些访问的成果极为丰富。我的全球化研讨课滋养、拓展并增进了我在这个领域的工作（第18和19章）。证据课程基本上也是一样，我自己开设的是如此，与特里·安德森合开的尤为如此。图书馆非常棒，使用便利，图书管理员、学院助理和其他人的支持令人赞叹；我充分利用了影印的服务。美国的法学教师直到他们去其他国家的大学访问时，才意识到拥有这种支持是多么幸运。如果我来作出选择，就如拉茨所说的，我本可以让自己的工作比"拉客"（hustling）更为容易些，没有行政职务或微观政治上的分心，我抓住机会在最好的条件下阅读、研究、交谈和写作。

对我而言，法学院的思想中心就是几乎每周举行的教师研讨会项目，来访的演讲人在这里会受到挑战，同事特别是年轻人，受到的对待只会稍微更温和些。论文通常会提前得到分发传阅,无论何种主题,都会得到一群定期参加的核心成员的认真阅读以及早有准备的问题。演讲人通常被分配有 15 分钟,但根据惯例他们可以在任何时间被打断演讲。我第一次演讲的时候,被一个很早出现的打断"撞晕"了。[35] 我努力效法那些每周都勤勉地准备的同事所做的示范,因为我觉得这就是学院内共同合作的最好状态。这虽花费时间,但有双重回报。几乎每次访问,我都自愿在教师研讨会以及某个研讨班或会议上报告一篇论文;我的初期草稿除了得到特里的猛烈批评外,我可以自由地向每个同事征求意见,他们几乎总会照办。[36] 我没有计算,但我估计我后续发表的作品中有超过 20 个都历经过迈阿密磨坊(Miami mill)。这种活动在法学领域广泛存在,但这是我所遇到的最棒的一种。所以,非常感谢。

  成为一个永久性访问人员有一点不足。我没有归属感,而且一些同事不确定如何对待我。我是常年访客?还是全职人员?抑或有趣的外国人?又或只是个闲人?大部分时间里这种不确定的地位不会让我感到困扰。可是,我有时会对当地的行为或惯例持有批评态度,但觉得无论如何委婉,表达自己的观点可能会被人认为是不合适的。有关学术方面的议题,没问题;但关于惯例和政策,就不是我的事了。最重要的例子,就是我感到法学院正在错失成为一个甚至唯一一个有关拉美以及/或加勒比地区法律事务的全国性研究与教育中心的机会。迈阿密通常被称为经济与文化方面的"拉美首都",在邮轮与购物方面也是如此。法学院有几位学者对拉美或其他区域研究感兴趣,但这并非学院的优先项目。早些时候,我问道,为什么没有用西班牙语讲授的课程,并且没有法学院板球队?

回答是，美国法学院协会（或美国律师协会）不允许前者，而板球在迈阿密不为人所知。这两个借口都不是真的。[37]大概二十年后，一门西班牙语讲授的课程被大张旗鼓地引入，而且没有任何反对意见。我和加勒比地区交情不错，提出旅行一趟以便建立一些联系，但这被视为微不足道的小事而遭到耸肩拒绝（我在拉皮条吗？）。

按照我的理解，索亚·门斯契科夫将一个低调但有口碑的地方性专业学院转变成一个全国性学院并鼓励一种外向型视角，不过其取向则是国际化与欧洲化的，而非区域性的。索亚去世时，《美国新闻与报道》(US News and Report)的法学院排名刚刚开始（1983年），还没有被认真看待。慢慢地，随着这类指标影响的持续增长，非常有争议的"排名游戏"涌现出来。当我在20世纪80年代第一次遇到这类现象时，我最初是觉得好笑，之后就是持非常批判的态度。[38]最终真正让我震惊不已的是，几乎所有"利益相关人"——家长、学生、校友、管理者、资助者和其他人，特别是记者，以及就连学者也是不情不愿的——都如此认真对待它们。这个故事漫长、复杂，且在我看来是悲剧性的。非常简单地说：迈阿密大学法学院本可能尝试成为区域法学研究的重要中心；但它反而选择进入全国联赛排行榜模式，在与政府资助和资金充足的常春藤大学相比有巨大经济劣势的情况下，它奋力保住自己在乙级联赛的位置。这些大学的竞争优势之前是且现在依旧是区位、区位以及区位。

如果我要是美国法学院获得终身教职的成员，即使并非全职，我也会觉得有责任投身到说服自己学校摆脱"足球联赛模式"束缚的战斗中，[39]由于这个模式，法学院已经被迫服从一系列目标和标准。美国朋友告诉我说，我会输掉这场战斗，这场游戏注定会毫无意义,对于一个外国人而言尤为如此。[40] 他们可能是正确的。事实上,我根本没有努力去获得这样一个职位,因为我更喜欢将英国作为居住地。[41]

第 16 章　对比鲜明的四重关系
（边沁、德沃金、麦考密克与安德森）

在伦敦和迈阿密的三十五年多的时间里，我自然收获了很多朋友和重要的同事、优秀的学生以及来自图书管理员和其他工作人员很大的帮助，但没有太多的公开批评者，因为我最与之有所不同的那批人的主要处世方式就是忽略。这有时会让我愤怒，但总体来说，我是开心的，因为我有许多讨论共同问题的人，而且我与之在法理学的性质与角色方面有最深刻差异的那些人不愿离开他们自己划定的领地。在伦敦大学学院时期，有四位人士总是出现，有时是在最显著的位置，但更常见的只是在那里作为我思想背景的重要组成部分。态度矛盾标志着我和边沁的关系；罗纳德·德沃金和我观点之间的巨大差异是显而易见的；尼尔·麦考密克和我志趣相投，我享受与他的亲密关系；作为合著者、一起开课的人、讨论共同问题的人以及朋友，我和特里·安德森的关系甚至更紧密了。[1] 这些人，包括杰里米·边沁在内，与哈特、科林伍德以及卢埃林不同，都是同时代人。

与杰里米·边沁论辩

> 我正是态度矛盾的边沁主义者的典范——充满敬畏地看待他,但以各种方式将他视为灵感来源、令人敬畏的对手、有帮助的讨论共同问题的人以及一个怪人。
>
> (威廉·特文宁)[2]

我是一个法学家而非专家式的边沁研究者。我和杰里米·边沁的第一次相遇是通过赫伯特·哈特于1954年在牛津的就职演讲。至2017年,我依旧在跟踪边沁项目的网站。这些年间,我对边沁大量著述中的一些著作有了深入的了解,大概是其100万字当中的10%。我甚至试过亲手参与编辑工作,但明智地判定这并非我的专长。在本科生与研究生课程中,我会定期讲授边沁的观点,主要侧重于功效原则、谬误、拟制以及证据。边沁委员会成立于1959年,旨在监督他的学术版《全集》(*Collected Works*)的出版。我在1971年加入该委员会,在1976—1982年担任该委员会的副主席(当时哈特是主席),又在1982—2000年担任主席。

我已经写作和谈论过边沁观点的诸多内容,但除了作为一个管理者和相当没用的资金筹集者外,我对专业性边沁研究的贡献一直有限。我编辑、出版并评论了两部他关于酷刑的手稿;[3]我对他在证据和法理学方面的著述撰写了大量作品;[4]我将无政府主义谬误(*Anarchical Fallacies*)作为探索各种各样有关人权的怀疑论立场的起点;[5]在20世纪80年代和90年代,我主讲过一些有关边沁及其思想的公共讲座，特别是在1998年庆祝他诞辰150周年的时候。第二位主编约翰·丁威迪（John Dinwiddy）不幸英年早逝，我编辑了一本收录他有关边沁的主要著述的文集。[6] 除了有时将边沁放在某些更为广泛的语境之中，我的许多著作涉及向非专业读者解释边沁的一些核心观点与怪癖，而非对专业性边沁研究有很多贡献。

我同边沁——这个人、这个自我肖像以及他的手稿和观点——的关系有一些令人费解。一个朋友将之称为"深情的爱恨交织（ambivalence）"。我能够理解赫伯特·哈特由于我对边沁和卢埃林这两个难以置信的思想伴侣都感到着迷而困惑不解。我可以试着给出一点解释。我非常尊崇边沁——他永不缺席的理性、他的敏锐、他的远见、他的博学、他的原创性、他的那些体现在伦敦大学学院宗旨中的价值、他一直从一般层面向具体特殊层面的进发以及回返、他的一般性观点在如此多不同的议题中持久不断的运用以及他的气节，甚至他的小缺点，但我并非边沁主义者。我对他的态度总是深深地矛盾着，对卢埃林的态度就要少很多矛盾。像哈特一样，我是一个不坚定的改良功利主义者，我非常赞同哈特的概括："边沁未能说服我们的地方，依旧迫使我们去思考。"[7] 在评注他关于酷刑的手稿以及对非法律权利的批评时，我很明显让自己与他的立场拉开了距离。我不认为酷刑主要错在易于受到滥用；我不认为一切有关非法律权利的言说都是有害的胡言乱语——人权话语和人权法可以是有用的，有时可能会带来好结果——但我赞同边沁对不严谨的权利话语的大部分批判，而且我也不喜欢不可剥夺的、普遍的或绝对的人权这类观点。[8] 从更深层次来看，对我而言，边沁的吸引力之一，就是他的思想中存在着重要的矛盾，而且他与之展开了斗争。[9]

他是个行动功利主义者还是规则功利主义者——或者说他打破了这个毕竟算是现代建构的区分？他认为法官应当受到他理想中法典规则的约束，还是说在一个案件特定情境中的裁判应当总是有一些后果主义的空间？[10] 他真的相信不应当有任何证据或程序的强制性规则吗？早年间他支持法国大革命（他被授予法国荣誉公民的称号），但他非常尖锐地批判革命者的宣言——特别是1791—1795年的各个宣言。他是赞同他们的价值但却因其话语而感到震撼，还是说在他思想中存在更深刻的暧昧？还算明确的是，边沁是一个激进分子而非革命者，通常会更看重安全，但他在这个领域的立场存在着不同解释的空间。当安全、生存、平等以及充裕（都是服从功效的原则）彼此竞争时，我们能够按照字面意思计算何者为最佳行动方式吗？还是说这只是一种比喻？自由如何融入其中？他有关民主的立宪主义的观点激起了各种不同解释。在边沁研究中有很多富有启发的论辩，他改变了想法或他的一些核心观点并不融贯甚至并不一致的可能性，总是存在的。[11]

　　边沁研究的第一个任务一直都是尽可能地确立"权威性"文本（边沁本人厌恶权威）。边沁项目在1959年低调地启动，直到最近都是在勉强维系着。截至2018年6月，它已经出版了《全集》的33卷（计划80卷），并且为更多的分册作品做好了准备工作。它已经完成了大半，且势头喜人。如果边沁"属于"法国或德国，这个项目就会由国家资助，现在就已经完成了。当然，边沁研究永远不会终止。其次，《全集》的出版以及跨国边沁共同体的演化带来了另一种研究——修正式解释与论辩。边沁自己有时会区分他的"晦涩"与"通俗"的写作；比如，《道德和立法原理导论》（*An*

Introduction to the Principles of Morals and Legislation)这个可能是得到最多研究的功利主义文本,要比他有关功效的更为晦涩的著述更加粗糙且更易受到批评。这些文本现在都可以在网上看到,不过并非都经过了编辑。一个崭新的、更为复杂且对一些人来说不那么不讨人喜欢的边沁形象正在出现,但我们还需要一些时间才能够完全重构一个神秘晦涩的边沁。[12] 其三,有关边沁思想发展的全面语境化叙述尚有待完成。历史性与文本性内容丰富广阔,横扫学科之间的现代边界,大量问题有待详细研究。边沁研究面临的挑战与莎士比亚研究所面对的挑战不一样,但几乎同样令人望而生畏。[13]

我常常和自我肖像展开想象中的对话,有时会站在它/他面前,有时是在公交或飞机上,有时是躺在床上,我会问道:"杰里米·边沁,对这个问题你会怎么看?"快速翻看鲍林版或为《全集》出版的更昂贵的版本的索引,会发现一些对边沁已发表作品的明确提及,并且现在有更多资料可以在网上查阅。但运用自己的想象,去问这个问题也很有趣:"杰里米·边沁会怎么看这个问题?"比如,推断(而不仅是猜测)诸如下述问题的可能答案是很有意思的:"对于使用具有引发附带损害风险的无人机去轰炸所怀疑的恐怖主义目标,杰里米·边沁会怎么看?"(一种简单的风险分析?)或是"杰里米·边沁会对英国脱欧、脸书抑或特朗普总统使用推特作何反应?"有一些边沁博客,许多其他博客中也都会提到边沁,杰里米·边沁本人对此有所贡献。博客容易带来轻浮或谩骂,抑或别样事实(alternative facts)。① 它们主要被用于公共关系的目的。杰里米·边

---

① 别样事实这个词变得流行,源自唐纳德·特朗普总统的就职典礼。当时白宫的

沁会喜欢这种花招，毕竟他是一个相当古怪的人，但他几乎肯定会因有意或无意地忽视真相而感到惊骇。另一方面，我们可以很容易地想到他对"誊抄边沁"感到开心，这是一个可以获奖的学术众包项目，由边沁项目发起，截至2018年5月，志愿者已经誊抄了两万页以上的边沁手稿。这无疑符合边沁的许多快乐源泉：虚荣、小玩意儿、省钱/经济、大众参与以及至关重要的公众关注。[14]

对我而言，边沁项目的完成一直都是一项事业。1982年我因伦敦大学学院教席接受面试时，我说在自己有生之年完成这个项目是我在思想方面主要的目标。这个大胆的抱负不会实现了，但它可能帮我获得了工作。至少我们可以说，在它本可能会因缺乏经费而流产的一段时间内，我们使它能周转得开。

彼此擦肩而过：罗纳德·德沃金

在伦敦大学学院时期，另一位无所不在且声若洪钟，而非沉思寡言的人物，就是罗纳德·德沃金，他几乎完全和我同龄。他1931年出生于罗德岛，1953年作为罗德学者来到牛津。1955年我们都参加了文学学士学位最终考试的法理学科目考。赫伯特·哈特对德沃金的法理学论文印象很深，以至于偷走了他的答卷。[15] 他给了我A，但没有偷走我的。德沃金的答卷是对哈特的第一次正面攻击，哈特陷于这种无休止的批判中以至于他从未对其他批评者，特别是

新闻秘书在提及典礼参加人数时有所夸大。在一档新闻节目，即"面对媒体"（Meet the Press）中，记者采访当时的特朗普顾问时，问及该新闻秘书为何会如此，特朗普顾问辩解道，这不是错误的事实，而是一种别样事实。

更具社会取向的法学家,多加留意。

当哈特在1968年从法理学讲席的宝位上辞职后,他鼓励并帮助德沃金(当时他在耶鲁,但依旧相对不为人知)成为自己的继任者。[16]德沃金智慧过人、说服力强而且目中无人。他是个很好的辩论家,但我发现除了用他自己的话语外,几乎无法和他讨论。[17]在很多年间,当他依旧在牛津的时候,我邀请他来伦敦大学学院和我们的本科生与研究生面对面讨论。我们事先要求学生有充分的准备,他和缓地应对着学生,这是一场不错的表演。不过论辩从未远离德沃金的大本营——法律是基于道德基本原则的论辩性实践。

我和罗尼第一次见面,差不多是在1969年他被任命为法理学讲席教授后不久的牛津纳菲尔德学院的一个研讨会上。他出人意料地以如下内容开始,他说法理学中的核心问题就是:"谁是主要人物?"抛开"这是一个期待答案为'我'的问题的例证"这种不敬的想法,我们可以推断,政治道德是他对这个有歧义问题的答案,这对于他的追随者来说仍然如此。他的所有著述都源自这个前提。有关法律教义的推理和解释是基于道德原则的一系列论辩性实践,它们存在于美国的高级法院,或许也在其他一些普通法国家的高级法院中。理想中的法官就是赫拉克勒斯(Hercules),所有法官都应当追求他的方法。[18]

尽管具有美国特征,赫拉克勒斯的方法是普遍的,不过他的运用则是特殊的,因为一个正确的法律论证的种种前提取决于特定制度中蕴含的意识形态:

> 如果一位法官接受了他的制度中的既定实践——也即,如

果他接受该制度独特的构成性规则与调节性规则所提供的自主性——根据政治义务的学说,他必须接受某种证成这些实践的一般性政治理论。[19]

这是一个充满困难的重要观点,并且是许多争论的主题。它的理想型可能是一种关于普通法法官面对疑难法律问题时应当如何推理的强有力的模型。我觉得这是有帮助的,但它并非唯一的模型;它并不是对普通法法官在疑难案件中实际上如何进行推理的准确描述,只是它的某种近似物;它并不是对普通法上诉法官的地位与角色的充分论述,后者要比这个模型所包含的内容复杂得多;它几乎没有讨论普通法世界中别的地方的上级法院法官的不同情境、历史语境、角色以及问题,更别提其他传统中"法官"(无论以何种概念加以表述)了;[20]它将法律等同于法律教义;它不理会其他类型的理论研究,认为其不具有哲学意味且没有实践重要性。[21]

德沃金以其典型的肆无忌惮(*chutzpah*),主张自己的理论是最好的法律理论。但这是一个法律理论吗?它甚至都不是一个上诉法院裁判的理论,就更不是司法裁判理论,也远非法律理论。[①] 如果这算一个理论,它就是关于在某些特定制度语境下,什么构成了疑难案件中法律问题的有效论证的启发式理论。它声称是"实践

---

① 特文宁作出这一判断的背景,是德沃金与法律实证主义立场学者将近四十年的论辩。德沃金的学说可以被概括为从某种价值融贯的立场来解释和理解宪法、制定法和普通法。在这个意义上,许多实证主义者认为德沃金的理论不是有关于"法律是什么"的法律理论,而是有关于"法官应当/实际上如何裁判"的裁判理论。同时,德沃金在早年批判哈特时,集中从疑难案件这个角度入手,这类案件一般出现于上诉审阶段,所以会有人认为德沃金的理论是一种关于上诉法院裁判的学说。

的",但对什么而言是实践的呢?它并没有主张是现实主义的。它并没有主张为特定传统或制度如何形成提供历史解释。它也没有多加考虑不同法律传统、文化以及国内法律体系中不同的制度结构和惯例。政治道德是"重要人物",理解法律就是仅从这个角度看问题。[22]

德沃金的主要成就是强调并提出一种不同于古典自然法的规范理论。这是一个重要的贡献。德沃金一些具体的观点是很有启发的,就连在判断错误时也是如此:比如,唯一正解命题,教义整全性的想法,原则与政策之间鲜明但在我看来是不稳定的区分。[23] 他复兴了有关实证主义的论辩,这很快就变得重复且乏味;拜他所赐,赫伯特·哈特没有严肃涉足经验性和语境性的法学研究;[24] 他强化了认为抽象的(实证主义和反实证主义)法哲学和法理学共外延或是后者唯一在智识上值得尊敬的部分的倾向。[25] 最令人惊讶的是,他暗示除了道德议题外,在理解法律时不存在任何有"哲学"意味的问题。[26] 其他一切事物都隶属于、寄生于最重要的人物,或比之意义低下。这是一种对法学学科及其理论部分的法理学的一种很贫乏的看法。① 当然,像大部分其他经典的法学家一样,德沃金

---

① 唯一正解命题,指的是德沃金认为在裁判疑难案件时,法官虽然会面临诸多彼此不同或竞争的方案,但在作出选择判断时,不是任意为之的,而是有某种根据的。构成法官选择根据的,就是德沃金所说的整全性(integrity),它是一种二阶价值或者说关于价值的价值,强调不同道德与法律价值之间应当构成彼此支撑且内在无矛盾的整体。原则与政策之间的区分,是德沃金讨论自己立场与现实主义立场的一个关键点。根据德沃金的看法,原则指的是可以被一致地运用于类似案件中且以保护公民权利为核心的法官作出裁判的依据,政策是立法者在制定法律时对公共福利的考量;现实主义立场质疑立法和司法之间存在如此明晰的分工。德沃金对哈特的批判,给哈特造成了很大困扰。特别是当哈特认为自己可以充分回应德沃金的批评时,德沃金的重要著作《法律

的法律观念和法理学议程深深植根于实体法的教义学传统之中。[27] 但德沃金法律帝国的"阿喀琉斯之踵",是对其法律观念至关重要的司法裁判持有一种扭曲的观点。[28] 这个批评听起来非常尖锐,但对他大部分的观点而言的确如此,我没有不尊敬的意思——我们只是在政治自由主义广袤疆域内的两种不同居民而已。

依据我个人的看法,相较于学术写作者,德沃金是更优秀的表演者;他在纽约大学和伦敦大学学院高强度/马拉松式的法哲学学术研讨会,或许是他最伟大的成就;他为《纽约书评》(*New York Review of Books*)贡献了一些引发争论的绝妙文章。他的书卖得不错,他的引用率很高,但他的文风非常缠绕,且通常似乎是在以不同词语重复同样的基本观点。对我来说,他似乎作为道德哲学家是令人印象深刻的,尽管我不同意他的看法,但作为法学家他就没那么有说服力了:他是一个自称知道一件大事的"刺猬",以微妙且几乎难以辨识的变化持续不断地重复这件事。从关心法学学科健康发展并将法理学视为其理论部分的法学家的角度来看,德沃金的贡献最多不过是理解法律(特别是在加速"全球化"的时代)时所要考虑的因素的一部分,且不能完全让人信服。

我和罗尼在职业与个人方面的关系可以非常简洁地叙述一下。作为法学家,我们显然是不同的物种。我们在空间上与思想上都一直是擦肩而过:他在牛津授课,住在伦敦;我住在牛津,在伦敦授课。他在伦敦大学学院主持学术研讨会时,我通常在迈阿密;当我

帝国》出版,哈特发现德沃金批判的重点又发生了转变,于是不得不重新思考应对之道。他对于德沃金的回应直到去世都未完成,这些文字由拉兹等人整理为《法律的概念》第二版的附录于1994年出版。

在伦敦大学学院时，他却在纽约大学。我们当面遇到是很礼貌的；我鼓励他在伦敦大学学院的工作；他在思想上无视我。[29] 总体上来说，我对此更多感到的是释然而非愤怒。我们只是有不同的目标与风格。曾经在喝酒的时候，他对我说了一些话，大意是："你知道吗，我觉得我们对这个时代的重大议题有不同的看法。"这无疑千真万确。对他来说，这个重大议题在很大程度上指的是美国有关种族、不平等、堕胎、安乐死以及分裂美国联邦最高法院的其他问题的政治议题。他的哲学关切是平等和公正；他的法学关注点基本上完全在对法律问题的司法裁判上。我并没有从"时代的重大议题"角度展开思考，我所关切的更多的是殖民主义和去殖民化、民族主义、民族优越感、世界贫困、恐怖主义以及人类的生存。我们的法学目标也非常不同。经过几次让他接受我想法的努力后，我停止了尝试。他是一个糟糕的倾听者，一个阅读能力为零的人，并且非常善于将讨论或论辩转向他自己的主场。不过我确实关注罗尼——谁能够回避这一点呢？——并且从他身上学到了一些东西。[30]

尼尔·麦考密克：志趣相投，又是朋友

尽管我和罗尼·德沃金的关系是我们在思想方面水火不容、社交方面敬而远之，但尼尔·麦考密克和我却逐渐在思想上彼此亲近，友情深厚。我在别的地方详细论述过我们之间的私交。[31] 这里我会侧重于我们思想方面的类似与差异，以及这份关系在我思想发展中所发挥的作用。

我们的背景极为不同。他的家人是坚定的苏格兰民族主义者。

第 16 章　对比鲜明的四重关系（边沁、德沃金、麦考密克与安德森）

他的父亲既在 1928 年参与创立了苏格兰国家党（National Party of Scotland），又参与创立了它的接任者苏格兰民族党（Scottish National Party, SNP, 1934）。尼尔很早就积极地投身于民族政治活动之中，在威斯敏斯特的选举中竞选毫无希望的席位，后来当选为欧洲议会苏格兰民族党成员，并热情地为之工作了五年（1999—2005 年）。他在去牛津念法学之前，在格拉斯哥获得了哲学与文学学位。他的教育、文化、热情以及口音几乎全部都是苏格兰风味的；他会在节日穿上短褶裙演奏自己的风笛；我们都喜欢单一麦芽威士忌的味道。我想说我们的性格相仿，因为他广受钦佩，且真正受到爱戴，他将才智、勤奋、活力、潇洒，以及对教学、交谈和写作的热爱，还有美好的生活乐趣（*joie de vivre*）融为一体；但这未免要求太多了。

我们都受到哈特的影响，但尼尔比我更甚。1966 年我回到英国后，我们的职业道路很相似，只是他在 31 岁当选爱丁堡自然法与国际法敕命讲席教授（the Regius Chair of the Law of Nature and the Law of Nations in Edinburgh）后，一直保留着这里作为自己的大本营，直到退休及之后。我对他的最初记忆是在 1972 年（不久后我就去了华威）一次有关宪法的会议中，他是两位在贝尔法斯特城堡场地上玩飞盘的年轻教授之一。我们立刻就建立了紧密的联系。此后我们在学术活动中尽可能地保持紧密联络，彼此评论论文初稿、征求建议并在考核彼此学生时住在彼此的家中。

我们对许多问题看法相同：我们都认同博雅教育，[32] 我们都启发学生去思考，启发学生拥有一种包含与某种情商相结合的，包含概念、价值、事实以及理性话语的理解法律的观念。我共情他的政治认同，并且从他身上学到了"民族主义的阴暗面"与富有同理心的民族主义之间的区别,后者构成了承认"他人对他们自己的爱同样正当(因为类型相同)"的基础。[33] 尼尔要比我更具哲学家色彩。我们似乎对"法哲学"有不同的看法:我把这个概念限定为最抽象的思考方式,并认为法哲学只是法律理论化的一部分;尼尔对"哲学"持有一种苏格兰式立场,拒绝在理论与实践、一般与特殊或者抽象与具体之间作出明确划分。在他担任公共法律教师学会主席的1984年,他批评一些"法哲学家"会招致"他们对现实法律缺乏任何现实兴趣"的批判。[34] 我们共同合作的唯一一篇论文表明,我们在教育方面持有类似观点;在讲授法理学意味着什么、为什么要讲授法理学以及如何讲授方面;在理论化是一种活动方面;以及在许多其他问题上我们都持有类似观点。[35] 尼尔和奥塔·魏因贝格尔(Ota Weinberger)合作,发展出一种制度法理论,这是他有关"法律、国家与实践理性"(Law, State and Practical Reason, 1999—2008)这个雄心勃勃的四部曲的起点,该四部曲在他于2009年4月去世的前不久完成。他承认自己的制度化方法与卢埃林的法律职能理论非常接近。[36] 最后,尽管尼尔坚定不移的关注点是欧盟或欧共体,他承认全球化的重要意义,并在我开展这项计划中给予了宝贵的鼓励。

当然有一些观点是我们有所不同的,其中有两个方面非常重要,并促使我澄清自己的立场。[37] 首先,在他后期的著作中,尼尔称自己为"后实证主义者"。他说自己已经离开了哈特的实证主义,并且更趋近于德沃金对法律和道德之间任何明确区分的拒绝。的确在他优秀的著作《哈特》(H. L. A. Hart, 1981)一书的第一版中,麦考密克捍卫自己导师的立场反驳德沃金的批评,而在第二版

（2008年）中他对哈特却有更强的批评色彩，似乎走向了德沃金。[38] 实际上，在《修辞与法治》（*Rhetoric and the Rule of Law*）中，他很接近德沃金的命题，即几乎每个有争议的法律问题都有一个正确答案，甚至在疑难案件中也是如此。[①] 但在我看来，尼尔夸大了转变的程度。一方面，当他回到爱丁堡后，他重新发现了自己在苏格兰启蒙传统特别是斯密、斯泰尔（Stair）以及休谟之中的根源。这个传统完全不适宜大部分实证主义/反实证主义二分法。另一方面，尽管在牛津他可以采取一种超然的观察者姿态，但我已经指出，他表面上观点的转变，代表着从该立场向更强调参与者立场的观点的渐变，这体现出他在晚年对政治活动（activist affairs）更大程度的参与。[39] 尼尔曾经和我说，通常在刮胡子的时候，他照着镜子问自己："我真的是个实证主义者吗？"这个问题显然在很长时间内困扰着他。如果在他刮胡子的时候我站在他身旁，我会评论到："愚蠢的问题。"按照我的看法，如果实证主义/反实证主义的区分是迷魂烟雾，他对自己的重新定位除了会模糊掉他回到自己在新康德主义和苏格兰思想传统的根源这一点外，并不十分重要。

第二个不同是我未能说服尼尔认真对待如下命题，即有关"法律推理"的主流文献不仅关注点过分狭隘，而且对实践理性在法律中的地位与角色具有误导性。在《法律推理与法律理论》（*Legal Reasoning and Legal Theory*）第二版中，他通过收录有关事实问题

[①] 麦考密克对哈特理论的批评或发展，主要是在"内在视角"这个问题上。哈特认为，内在视角意味着一种社会实践中参与者所持有的立场。但是麦考密克认为，这种视角可以细分为两种立场，一种如哈特所说，另一种是观察者或研究者立场，也即虽然不投身于特定社会实践，但是理解实践中参与者的态度和观点。在《修辞与法治》中，麦考密克重点考察了德沃金笔下的"融贯性"在司法裁判中有何具体要求。

的简短讨论向我作出了微小的妥协。[40] 在他去世不久前，他写了一些有关融贯性的初步概述，这本是会指引他更深入地探讨实践理性中叙事与论证之间关系的，但天不假年。我认为这很重要，因为在他有关推理的著作中隐含着教义学的印迹，这与其制度法理论格格不入。

尼尔未能活到评论阿玛蒂亚·森的《正义的理念》(2009)的年纪，但我肯定他会同情森对罗尔斯所代表的"理想理论"的批判，后者与苏格兰对介入"现实世界"议题的实践理性的强调形成鲜明对比。他最后一部著作《法律和道德中的实践理性》(*Practical Reason in Law and Morality*, 2009)的核心问题是："理性能够是实践性的吗？"麦考密克毫不含混地回答说："绝对可以！"[41]

特里·安德森

1978年，我在迈阿密大学的教师研讨会中足够鲁莽地说，自己是约翰·亨利·威格摩尔本人之外唯一尝试不止一次讲授他的图表法的人。[42] 在桌子的末端发出一声愤怒的抱怨，听起来好像说的是："错了。我四年来都是这样做的，并且此时此地我就在这么做。"[43] 这个人就是特里·安德森，1964年我在芝加哥短暂地与之碰过面。我们团结起来，很快同意就一系列基于我们在迈阿密和英格兰的教学材料展开合作。我认为我们可以在几个月内一蹴而就地完成；17年后的1991年，这项合作以著作的形式出版，2005年经过实质修订后推出了第二版（戴维·舒姆作为第三作者）——合作这个项目总计27年。[44]1978年是我们到现在依旧维持得特别要好的关系的开端。

我们的合作拓展到包括一起合开课程（主要是证据分析，但也有两次是基础课），共享他的住所以及他单身时的公寓，在1994—1995年成为位于荷兰的研究荷兰刑事程序的团队的两个英美成员，屡屡外出就餐、痛饮以及激烈比拼乒乓球将近三十年——后面会更详细谈这一点。从1978年至今，几乎我们有关证据的一切著述一直都是合著，或是为共同项目写作相关的论文，又或者是在漫长的讨论后，至少彼此严格且无情地批评初稿。

当然，我们与"双胞胎"无缘，这不仅体现在身高相貌方面。特里是矮胖结实的中西部人，是个实用主义者，是无休无止的诉讼律师，而且内心中则是个浪漫派和理性主义者；我个子高一些，是英国知识分子，是倾向于保持中立态度的顽固不化的理论家，且对靴子持有相当怀疑的态度。我们的教学风格不同。我们的文化品位——特别是在文学方面——鲜有重叠，不过特里确实让我转而欣赏约翰·格里沙姆（John Grisham）、罗伯特·帕克（Robert Parker）以及其他犯罪小说作家。我喜欢埃尔莫·伦纳德（Elmore Leonard），但特里并不喜欢。[1]有一次我尝试这样总结我们的关系：

> 我们的乒乓球风格是我们之间差异的缩影：特里在比赛中

---

[1] 约翰·格里沙姆，生于1955年，美国当代畅销小说家，作品中有对美国法律政治世界娓娓道来、深入细致的描绘。

罗伯特·帕克（1932—2010年），美国犯罪小说领域中地位举足轻重的人物，在2002年被美国推理作家协会评选为"宗师"。

埃尔莫·伦纳德（1925—2013年），美国小说家、编剧，作品以形态各异的角色和富有意味的对话著称，是20世纪80年代全美最具影响力的畅销书作家之一。

用直拍横打，稳扎稳打，直到他看到了一个机会，他［可以］无情地像一个优秀辩护律师一样，直击要害。我喜欢转向、旋转和漂亮的走位，有时会狂野地扣球。我们都非常有竞争性，但在擦网球和得分方面都很绅士。多年来，彼此都没有长期占据对方的优势——在瓦森纳的厨房桌子上——我们唯一平整的比赛场地，但有点儿小——我们成功地进行了合作式乒乓球比赛，试图延长每个回合的时间。[45]

对一些人来说，我们之间关系中最不可能的部分就是在一个实用主义的、充满竞争性的美国诉讼律师与［在有的人看来］牛津"法哲学家"之间有长期合作。

当然，关键在于我们都是卢埃林和门斯契科夫的学生，他们俩都拒绝在理论和实践之间作出鲜明区分——我们也一样。由于这个背景，我们彼此互补，同声相和，并从这个经历中获益良多。

或许最富成效的合作阶段，就是我们 1994—1995 年一起在荷兰高等研究所的几个月。抛开行政、教学、诉讼和其他分心的事务，特里来到荷兰。他痴迷地学习荷兰语，骑着自行车长途跋涉，并且一次又一次地遭遇并调适着文化冲击：[46] 他惊讶地发现在荷兰没有陪审员，法官积极主动地介入，辩护律师令人沮丧地被动，几乎所有严重的刑事定罪都会受到上诉法院的再审，方法主要是通过卷宗，其中包含先前定罪以及被转换为法言法语的证词等内容。1994 年 11 月，当所有当地人似乎都紧紧盯着电视机追踪辛普森（O. J. Simpson）审判时，特里通过进行（参与者众多的）公开演讲来调适文化冲击,在讲座中他尝试解释美国的刑事程序,同时正确预测了辛普森会被无罪释放。荷兰人觉得这难以置信。特里花了几周时间对伦敦大学学院亚述学教授马克·盖勒(Mark Geller)的就职演讲展开"威格摩尔分析"。[47] 荷兰高等研究所的日子也让特里成为一位比较法学者,使他提出一种"审计模式",后者出色地解释了荷兰刑事程序制度如何不同于美国的对抗制体系但并不必然比之逊色。[48]

我们关系的高光时刻就是阿尔塞·黑斯廷斯案(*Alcee Hastings case*)。在该案中,第一批联邦黑人法官中的一位在1981年遭到控告并之后受到弹劾,理由是密谋索取和接受贿赂。[49] 特里在十多年间无偿为他做代理律师,通常是他的唯一律师,只有一些来自朋友的自愿帮忙。[50] 在1989年参议院的诉讼程序中,我是他法律团队中的一员,所以我参与的唯一重大案件就是对一位联邦法官的弹劾,后者得到陪审团的无罪开释,并且几乎被研究证据的参议院弹劾审判委员会宣告无罪,但被没有研究过证据的参议员中的明显多数认为有罪。甚至参议院委员会的主席杰夫·宾加曼(Jeff Bingaman,新墨西哥州民主党人士)议员都支持他无罪释放。不同寻常的是,黑斯廷斯并没有被取消担任联邦职务的资格(也没有被剥夺在佛罗里达州的律师资格),在他被定罪后不久就在1994年当选为众议员,且之后一直获选。阿尔塞·黑斯廷斯的性格与故事几乎和他的案件一样引人注目。

这里我无法详述这个漫长而艰难的历史。十多年来有多轮诉讼。有复杂的宪法、程序法、刑法问题,以及争论极为激烈的事实问题;有政治与种族的潜在影响,在陪审团宣布无罪释放后寻求弹劾时尤为如此,还有在弹劾程序中未解决的证明标准问题——

我个人猜测，许多参议员投票赞同定罪是基于"不容怀疑之人"（Caesar's wife）的考虑；[①] 我依旧深信这是正义非比寻常地流产。

在我访问迈阿密时，我能够近距离地观察特里作为诉讼律师在工作，他起草和整理大量文件，讨论策略，作出有战略的决定，提出论点且从不忽视案件的政治与个人维度，即使讨论的是宪法教义这些深奥的问题。在我的预料中，他专注、坚韧、缜密且有匠人精神。这些事物他全都有，但不止于此。他常常显得偏执，但很少作出偏颇的判断。我从未见过对诉讼事业如此不屈不挠的投入，这一部分是因为他受到不公平感的驱动，一部分是出于他作为律师拼尽全力的想法。卡尔·卢埃林会为他感到骄傲。

[①] 英语中"恺撒的妻子"这个短语指的是被要求不受怀疑的人。这个典故源自普鲁塔克对恺撒决定和妻子离婚的描述。一个人爱上了恺撒的妻子，并偷偷溜进恺撒家的女人们正在庆祝节日的房子里，引发了一桩丑闻。恺撒没有起诉此人，而是选择离婚。当被问及此事时，恺撒说，我认为我的妻子甚至都不应该受到怀疑。

第 17 章 法学教育

看看我——我没接受过法学教育。

(D 勋爵)

如果法律并非科学,一所大学最好是在拒绝讲授它中寻找自己的尊严。

(克里斯托弗·哥伦布·兰德尔,1870)

一个伟大而高贵的职业。

(亨利·古迪,公共法律教师学会首任主席,1909—1910)

导　　论

我早年接受法学教育的生活是由那些认为我没有一份像样工作的法律界人士的态度来衡量的。"看看我——我没接受过法学教育"是 20 世纪中叶以字母 D 开头的高级法官们——丹宁、德弗林以及迪普洛克(Diplock)勋爵们——常说的一句话。[1] 其他的冷嘲热讽就更直接了。不过法学教育作为一个研究和论辩领域,占据了作为学生、老师、学者、行政、政策制定者以及鼓动者的我的大量精力。这有一部分原因是我在对法律感兴趣前,就对非洲、教育以及高等教育感兴趣。

身为活动家和学者,我对作为一个领域的法学教育,以及作为一系列观念、制度和实践的法学教育著述颇多,或许有点儿太多了,而且是非常具有批判性的。[2]有关教育的主题遍布在先前各章中。我在1994年前的作品汇集为两本书。《语境中的法律:扩展一门学科》(*Law in Context: Enlarging a Discipline*, 1997)收录了在一般层面和以具体方式推动拓展法学研究这项事业的17篇文章(比如,涉及博雅教育、教育机会、技能以及语境化方法)。《布莱克斯通之塔》(*Blackstone's Tower*, 1994)是一部聚焦于作为制度的英国法学院的历史、传统以及前景的更为融贯的著作。它为法学实现其隶属于人文学科与社会科学这一潜质、为整个文化作出更大贡献提出了充分理由。

本章主要是对这两部书的阐发,强调它们的背景,并为仍然值得阅读的章节提供连接。我这么做是因为1994年以来世界有所改变,高等教育和法学教育在回应诸多挑战中发生转变,而且我自己的看法有所发展,在一些方面变化相当大。1994年后的大约二十年间,我的关注点聚焦在别的地方,特别是证据和全球化方面,我只是应邀参与教育事务或提供咨询。我依然坚持自己先前著作中表述的大部分想法,但我或许留下太多未经挑战的可行假定,支撑着令人不满意的论辩和文献。

《法学教育和培训评论》(LETR)在2013年发布后,我逐渐更积极地再次投身于这个领域。[3]最后一章(第20章)中"重新思考法学教育"这一节,标志着我在晚年对下述问题看法的重要转变:当我们进入一个在信息技术、法律服务、高等教育和整体教育方面发生迅速且可能是革命性变革的时代，对于一个作为反思、研究与政策领域的法学教育，我们如何能够重构有关它的思考与言说？这仍然是个未竟的事业。

为了简化复杂且可能是重复的叙述，本章中我会侧重于对我的故事重要且我会承担某些责任的四段经历。首先是1967年我在贝尔法斯特的就职演讲；其次是一个以《变化世界中的法学教育》（Legal Education in a Changing World, New York, 1975）为题的报告；第三是1977年澳大利亚有关"非法律人的法学教育"会议；第四是我参与的两个职业协会以及针对未来法学教师的项目。

伯里克利和管道工

我第一次就教育领域展开广泛论述，是1967年在贝尔法斯特的就职演讲中。它的完整标题是："伯里克利与管道工：法律人教育的可行理论导言"（Pericles and the Plumber: Prolegomena to a Working Theory of Lawyer Education，下文称为"伯里克利"）。[4] 关注点是大学法学院在为法律实践作准备时的角色，但核心观点遵循着卢埃林1960年在"法学研究是一门博雅艺术"（The Study of Law as a Liberal Art）这个讲座中的看法：

> 因此，真相就是一所大学能够给任何法律人——他们是不情愿的或者是没天赋的，注定要成为打工仔或讼棍——提供的最佳实践性训练，这个最佳的实践性训练以及最佳的人文训练，

就是在职业化法学院自身之内的、一门博雅艺术的法学研究。[5]"伯里克利"在1967年1月于贝尔法斯特举行。这是我第一次公开尝试挑战英国盛行的正统观点。它有时被解读为有关美国法学院优越性的游说说辞。我有意侧重于美国，是因为指出达累斯萨拉姆有许多可以传授给英国法学院的地方是不委婉的。我没有改变有关法学中博雅教育价值的看法，但我在这个讲座中的论断通常被误解为是说大学需要在两种理想型中作出选择，但我的观点是启蒙政治家形象与能干的打着零工的管道工形象都不适合指引有关法律人教育的决策。这两种志向之间的紧张关系依然延续着。[6]

由于语境、法律实践以及正式法学教育在后来得到了拓展，变得多样化且发生了巨大改变，我自己的观点也有了发展。我们正步入一个有更大变化的时期。我依旧坚信法律可能是博雅教育非常出色的路径，并且博雅教育对于未来的实务工作者很重要；但在倡导美国观点应当在英国得到认真对待时，我现在认为自己低估了两国在资金、高等教育体制、法律文化、法律服务组织以及法学教育政治方面的差异。[7]一些美国观点得到引进和采纳，比如法学院的法律诊所以及案例与材料书，但总体来看这已经被证明是一种无法融入的移植。[8]不过，美国法学院的声望为批判我们自己的制度安排提供了有用的背景。

国际法律中心，1970—1975年：接近全球视野

我在1970—1975年加入位于纽约的国际法律中心(International Legal Center, ILC）委员会，这对我来说是一个极大的改变。我们最终完成一份题为《变化世界中的法学教育》（1975）的报告。[9] 这个委员会是国际法律中心设立的两大委员会之一，宗旨是从全球视野思考主要是"南半球"的法学教育与研究的未来。它由福特基金会资助，并且在长达五年多的时间里在纽约开会。主席豪尔赫·阿文达诺（Jorge Avendano）教授来自秘鲁，成员招募自五大洲。他们超越了普通法/民法、北半球/南半球、实务工作者/学者的分野，但一些成员要比另一些更为活跃。整个流程是在英国，最终的报告结果是由英美普通法态度和观点主导的。[10] 大量质性信息（qualitative information）和意见被提供给我们，但统计数据和其他硬材料难以获取。[①] 尽管我们的视野是"全球化"的，但许多国家都没有被覆盖到——比如，苏联阵营以及亚洲一些地区。此时正值"文化大革命"时期，我们收到的有关中国的报告非常简洁："没有法学教育。"[11]

虽然有这些局限，但整个流程是非常有启发性的，委员会制作出了一份经受住时间检验的有说服力、精致、简洁以及具有前瞻性的报告。[12] 在接下来的二十年间，我将之视为分析法学教育政策以及一些具体项目的起点与框架。[13]

我们的工作范围覆盖全球，但这是在"全球化"话语变得时髦之前。我们的信息是不完整的，我们的关注点几乎完全集中在各国

---

① 硬材料或硬数据（hard data）指的是数字或图表形态的资料，与质性材料相对。在"大数据和物联网"的意义上，硬材料指的是源自设备与应用的资料，比如电话、电脑、传感器、智能仪表、交通检测设备、银行转账记录等。与之相对的软材料（soft data）指的是与人相关的资料，其中包含了人们的意见、建议、解释、矛盾和不确定性。

的规定上。法学院的文化在某种程度上是具有跨国色彩的,主要存在于法律传统或法系之内,但也会受到地方性因素的影响。国际法律中心报告的一个优点,就是它承认历史的特殊性、文化和传统,特别是高等教育结构和资金、法律服务提供者、意识形态以及权力和特权的分配都会影响当地的教育模式,在利益相互冲突的地区,尤为如此。在提出大胆的一般性观点的同时,它也强调地方性语境的重要性,并且谨慎提出具体的一般性建议。不过,它为分析和思考区域、国家以及更具体层次的法学教育体系并指出发展的可能性提供了融贯的框架。这为我之后有关全球化的工作打下了良好的基础。我们采纳的是一种全球视野,但我们对国家和地区的覆盖是不均衡的。

国际法律中心的工作的一个主要经验,就是如果我们从跨国或比较视角展开讨论,为了思考在不同地方性语境中出现的学习法律的不同方式,必须从法学教育的国家"制度"(或其他宏观元素)角度进行思考。一些较小的国家有单一的全国性法学院,但在许多国家,正式法学教育是在不同地区各种机构间极为零散地分布着。比如,一个关于20世纪90年代末大伦敦地区法学教育记录的项目发现,有一百多家机构在大量开展法学教育。其中包括大学和理工院校的法学院、司法研究委员会、律师学院的法学院、商学院、警察学院、律师助理机构以及私人补习学校,还有为高中生提供的法学教育和大量成人教育项目。[14]

为了阐明有关主要受到西方影响的大学法学院在"这个世界"中所可能具有的作用的大胆构想,国际法律中心委员会就要摆脱"法学教育"是某种几乎完全在大学中出现的事物这个观点,但它却几乎只关注了机构而对非正式的法律学习几乎未置一词。它虽然承认了正式法学教育提供者的多样性,但它强调大学法学院的关键作用,这表明就整个体系的健康而言,大学法学院应当成为国家法学教育体系中最重要的组成部分。[15]

法学教师是教育工作者

国际法律中心的报告指出,全职法学教师应当在国家法学教育体系中发挥主要作用:

> 在任何国家法律教育体系中,唯一最重要的资源就是法学教师……全职的法学教师——学者作为一名职业人士,可能需要在下述三个方面有更好的准备:作为一名律师,作为一名研究者以及作为一名教育工作者。[16]

多年来,我一直将这一段用作分析法学教师角色与职业的起点,特别会指出他们应当将自己视为专业的教育工作者、学者以及律师。[17]这个观点认为,法学专业及其代表在整体上是且应当是他们国家法学教育和培训体系中教育性专业知识的中心。这包括教育学、教育理论、高等教育体系的知识,以及它的历史和经费,与其他管辖区和其他工作中职业形成的对比——这些事情在大部分执业律师与法官的职务范围之外。这里的重点是,就法学教师在集体和个人层面认真看待自己的教育工作者身份而言,以及被认真视为几乎垄断专业知识的法学教育专业人士而言,专业知识应当扩展到他们自己国家国情的各个重要方面，特别是职业的形成以及从摇篮到坟墓的发展。这个可能听起来要比它事实上的要求更高。[18]但实际上，近年来一直都有进展：一些政策更加基于证据，文献更为成熟，主要由法学学者展开的研究现在也发展得非常不错。英格兰和威尔士在过去的四十余年间，总体上低调地采取了一些朝向这个方向的重要举动。20世纪90年代以来，法学学者包括一些法学教育专业的教授，实际上做了大量工作来撰写有关专业性法学教育和培训的评论文章。这在《法学教育和培训评论》报告中尤为明显，对这份报告而言，评论文章的四位主要作者完全可以主张拥有这类专业知识。[19]但如果法学共同体要对他们国家"法学教育"体系的健康承担许多责任，还有很长一段路要走。

有关认真看待教育的怀疑论立场依旧非常盛行。比如，法学教育研究通过漫长的斗争才在英国的学术考核工作中被承认为是值得认可的。这种不认可的态度已经过时了，因为不知不觉间法学教育和教育方法的文献甚至都要比十年前更为成熟。神经科学预示了重要的新的洞见。教育语境也比过往更为复杂。

当然，有一种广为流传但并非完全没道理的观点认为，教师是天生的而非培养出来的——或至少好的教学既是人格魅力问题，也是专业知识问题。在法学教师中似乎同样广为流传的一个观点是，教育专家很少或根本没什么可以传授给法学教育者的，法学教育并非一个值得尊敬的学习和研究主题。[20]在我看来，教育的专业化总体而言是值得欢迎的，但抵制这些发展背后的一些怀疑论却是健康的。[21]的确，我们应当认真对待教育理论，但当前最流行的那种教育理论在我看来与科层化和管理主义的关系太过紧密。此外，对教育理论和教育方法的熟悉,并不能取代在自己专业方面的能力与热情。

两个组织与一个项目

在 1976 年到 1993 年间,我的许多法学教育活动都是在两个组织的赞助下举办的:公共法律教师学会(1976—1979 年)以及英联邦法学教育协会(1983—1993 年)。我还在伦敦大学学院启动了法学教师项目,并在其中授课(1983 年至今)。这些事情值得简单聊聊。

公共法律教师学会

雷蒙德·科克斯(Raymond Cocks)和菲奥娜·考尼(Fiona Cownie)书写了公共法律教师学会(SPTL)的绚烂历史,包括将它从一个绅士社交俱乐部扩展和转型为一个学术团体和专业协会。[22] 它现在被称为法学研究者协会(Society of Legal Scholars),截至 2006 年它有超过 3000 名成员。在这一转型中,我积极参与了相当短的一段时间(1974—1979 年),这一节只是对科克斯和考尼的描述的注解。

在该协会 1966 年的年会中,青年成员组成立,在接下来的日子中,它为讨论法学教育提供了一个生气勃勃的舞台。[23] 我已经任教 7 年,资历"太老"无法加入,但我参与了他们的一些活动,而且在一些年里承担了许多有关法学出版以及在一些小司法管辖区内将法律文献地方化的项目。[24] 由于这些活动,我在 1974 年被任命为公共法律教师学会出版委员会主席。因此,我就和年轻的鼓动者以及乏味空洞的专业项目产生了联系。

公共法律教师学会的副主席和主席职位是以轮值原则运作的。一年后,每个副主席被选为主席,他的主要职责就是召开大体上属于社交活动的年会,以及主持理事会会议。1977年青年成员组意外地提名我担任副主席,更资深的成员,包括我自己,都很惊讶。一些人都感到恐慌。我太过年长无法加入青年组,但太过年轻无法轮值副主席。要不是我是一个相当活跃的公共法律教师学会委员会的主席,很可能本来就会有一场(前所未有的)竞选,因为这显然轮不到我。当然,轮值原则的主要弱点是担任主席被视为一种尊荣而非工作;没有什么连续性,领导力就更少。这一点连同自愿式成员身份,一直以来都是英格兰和威尔士的注册律师协会以及其他法律协会的弱点。

我认为青年成员组的提名意味着我的职责就是重组这个学会,并将担任职务视为一项工作。我只有两年时间。我的计划是将公共法律教师学会改造为一个学术团体和专业组织。我认为这会包含一些非常激进的变革:首先,合并公共法律教师学会和法学教师协会(Association of Law Teachers, ALT),后者主要针对的是理工院校和继续教育的法学教师,方法则是将前者的成员身份扩展为全职大学教师之外;[25] 其次,由于几乎所有法学教师都是专家,就扩展并强化专业小组并使之成为学术讨论和动议的主要场合;第三,将学会的杂志《公共法律教师学会学报》(*Journal of the Society of Public Teachers of Law*, JSPTL)转变为一份真正的学术刊物,变更它的名称并将有关法学教育的论文吸纳到法学教师协会的刊物《法学教师》(*The Law Teacher*)中,这样两者就都得到了加强;第四,整体上帮助加强法学基础建设，方法是继续法律出版项目，启动一套公共法律教师学会丛书并为一些法学出版物，比如专业性的专著，寻求补助；最后，设立一个有关四年制法学本科学位的工作组。

我的继任者，来自诺丁汉的约翰·史密斯（John Smith），在年会晚宴的演讲中著名地评论道："过去的一年是特文宁的一年；这一年是没有特文宁的一年。"这很风趣但只说对了一半。有一些令人沮丧的事：与法学教师协会的合并惜败于未能获得2/3的多数赞成票；专业小组进展缓慢，大部分主要是把它们的会议重组为年会上的专门环节——我想要的不止于此。公共法律教师学会丛书持续的时间不长，而且遇上"已经出版太多东西"这种观点，出版资助几乎没有；[26]最令青年成员痛苦的打击是，他们以舞会取代正式年会的请求被拒绝了。[27]

不过，我在任期中并非完全失败：两本刊物得到了强化；法学教师对出版有了更多认识；[28]在华威的会议思想氛围活跃，还包括去斯特拉特福德欣赏《奥赛罗》（Othello）——其中有一个极为邪恶的埃古（Iago）——的一次大巴旅行；这让一位主要的"批评者"和梅尔斯·麦克杜格尔（Myres McDougal）这个激昂的"反批评者"由于不同理由而心情愉悦，所以我的两位贵客都很开心。[①]可以想象一下当2002年公共法律教师学会改名为法学研究者学会（SLS）时我的喜悦心情。今天仍有的一个不足就是如下事实：法学研究者

---

① 《奥赛罗》是莎士比亚的著名悲剧，大概创作于1603年。作品讲述的是威尼斯公国的一名将领奥赛罗和元老的女儿苔丝狄蒙娜相爱，但是婚事未获准许，两人只好私下成婚。大反派埃古一心想要除掉奥赛罗，但是他的告密反而促成了两人的婚事。后来他又挑拨两人感情，导致奥赛罗在愤怒中掐死妻子。当奥赛罗得知真相后，在悔恨中拔剑自刎。在充满激烈争斗的学会事务中，大家观看这一悲剧，显得颇有深意。

学会的成员身份还是个人化和选择性的,而非像美国法学院协会那样具有制度性,在后者中所有全职法学学者和教师都由于他们所属的机构而自动成为其成员。这样一种举动会在很大程度上加强法学研究者学会作为代表性机构和压力群体的地位。

或许我最重要的成就就是设立了一个我担任主席的四年制学位委员会。当时,由于公共财政方面的一个怪癖,教育与科学部无法阻止选择四年制本科学位的学生获得义务性地方政府资助。自我在贝尔法斯特时期起,我就认为针对18岁以上的三年制标准法学学位是英国法学教育的"阿喀琉斯之踵"。[29] 我们的确推动了几个这样的四年制学位(主要是混合型的,比如,法律与政治学,还有英语和外国法的),并且在很长一段时间内维持着这个委员会。[30] 最后我们在没有正式报告的情况下逐渐消失了,因为我们并不想给中央政府一个明确的攻击目标。这要比工党政府的《1998年教学和高等教育法案》(Teaching and Higher Education Act 1998)早20年,后者彻底改变了高等教育的经费筹措方式。

英联邦法学教育协会

在1983年于中国香港召开的英联邦法律会议中,我接受提名,成为英联邦法学教育协会(CLEA)的主席,并继续担任主席,继而是执行主席(此时主席是亚什·哥亥),直到1993年。

除了与反常的"英联邦"相联系的政治上的含混不清与矛盾心理外,我对接受这个职位没有太多疑虑。英联邦法学教育协会由拉克希米·辛维(Lakshmi Singhvi)于1971年在新德里召开的英联邦法律会议中设立,他后来成为印度派往英国的高级专员。这是一个专业性协会，本质上是英联邦法律人协会（commonwealth Lawyers' Association, CLA）的分支，最初只是负责组织英联邦法律会议的法学教育部门，包括英联邦模拟法庭竞赛。慢慢地它就有了自己的生命。

英联邦法学教育协会由英联邦资金资助，并且由英联邦秘书处提供行政支持。[31] 实际上，英联邦法学教育协会的主要功能就是建立工作联系，这一点它做得特别好，一部分原因是各成员国的法律界认为协会的会议与专业群体与自己意气相投，他们会与来自将近五十个国家的首席大法官、检察官、法官以及重要实务工作者联系；这是职业交流、试探深浅，当然还有八卦的胜地。我参与的期间，参加了在奥乔里奥斯、奥克兰、尼科西亚、吉隆坡、科伦坡、内罗毕、马恩岛（the Isle of Man）以及夸祖鲁-纳塔尔的活动。这非常有趣，非常有收获。

英联邦法学教育协会当时正处在扩张阶段。在尼尔·戈尔德（Neil Gold）的领导下，它涉足一系列在各种国家开展的基于加拿大模式的法律诊所教学。起初，主席的角色不过就是协助策划和举办英联邦法律会议的一个环节——这个会议召开的频率越来越高（一开始是四年一次，后来就是三年一次，再后来就是两年一次）。我们也在温莎大公园的坎伯兰大酒店召开了一次年会，主要是为了碰巧在这个地方的海外法学生与法学教师而举办的。此外，我个人还参与了一系列项目，主题多种多样，包括法律档案的保存、获得法学教育和法学职业的机会、小司法管辖区内的法学出版与法律信息，技能培养，培训教员，多语言社会中的法律，人权教育，非法律人的法学以及其他一些和法学教育、培训以及学术的基础建设相关的事务。[32]

就我个人来说,我有一些贡献但收获则更多。就像国际法律中心的经历一样,这是我通向有关全球化项目的补给站。一个重要的经验教训就是这两个活动的视野都有局限性。尽管国际法律中心据说超越了西方法律的分歧,英联邦法学教育协会确实对伊斯兰法、习惯法以及混合法律体系(毛里求斯、斯里兰卡和加拿大)有所关注,但它们本质上都是英美与普通法取向的。[33]我学习到的一个经验教训,就是这些原荷兰、法国、德国、意大利以及伊比利亚附属国的后独立历史彼此之间有很大差异,在普通法"世界"之外进行推断是非常冒险的。我意识到自己的无知,但却依旧无知下去。这有助于我提出如下观点,即许多所谓全球层面的法律模式和理解都是次全球性的,和语言、移民以及经济因素外的帝国的其他遗产密不可分。[34]

法学教师项目

最后,自1984年以来我们就在伦敦大学学院进行着一项针对我们研究生中现任以及未来法学教师的自选性项目,这就是法学教师项目(Law Teachers' Programme, LTP)。事实证明,它要比我们起初设想的更受欢迎,而且该项目依旧在进行着。我每年还会开一些会议。有趣的是,在一个强调以学生为中心的学习的时代,我发现自己正和班里的学生展开持续的拔河比赛:他们想要的(或认为自己想要的)几乎完全只限于课堂上的教学方法(如何讲课,如何处理幻灯片,等等)。我运用自己身为老师的权力和权威坚持两个主题:在你对什么是法律教学以及为什么要进行法律教学有所思考前，仓促学习如何进行法律教学是没有用的——不仅要思考一般性教育理论以及有关法学教育可能目标的争论，还要思考法律学习活动发生时的特殊语境：作为机构的法学院的各种各样的历史与文化，以及诸如律所、出庭律师事务所和继续职业教育的（以前是醉醺醺的）半天时间等其他语境。法学教师项目与大学层面为刚进入职业生涯的学者开设的一般性短课非常不同，后者抽离于特定的学科文化且通常主要关注教学法。我们试图在伦敦大学学院法学教师项目中所做的事情，比如，与大学新教师的入门性课程或更为重要的高等教育学习与教学证书（Certificate of Learning and Teaching in Higher Education, CLTHE）之间，几乎没有任何重合之处。前者强调法学教育的语境、历史以及传统假设的独特性，后者强调一般意义上的教育理论、教学方法，并且没有在一系列有关大学的相当科层化的假定中对学科作出太多区分。在许多方面，它们的观点趋同且无疑是彼此互补的，但法学教师项目的风格一直与之非常不同。

非法律人的法律

在20世纪70年代末，我对被含混地称为"非法律人的法律"的事物开始感兴趣，这个概括性的术语包括了街头法律、法律认知（awareness）、法律素养、法定日、法律意识（consciousness）、法学研究、服务教学、学校中的法律以及更晚近的法律的公众理解（Public Understanding of Law, PUL）。[35] 这些普遍相关的活动与研究，也和法律与大众文化，有关法律的知识与意见，以及人权教育相重叠。我偶尔产生兴趣的主要原因,就是1977年在纽卡斯尔(新南威尔士州)举办的有关"非法律人的法律"的会议。[36] 这让我意识到,尤其是在美国和澳大利亚,在各种各样的标签下,已经有多少工作主要是在大学法学院之外展开的。这也推动我将法律视为"整体文化"的一部分,这是我后来在《布莱克斯通之塔》(Blackstone's Tower)中发展的主题。

我自己的论文,"为一切人的法学教育"(Legal Education for All),很微不足道。它以讽刺"为了学习某个事物,你需要一门关于它的课程"的观点为起点,提出在克里·帕克(Kerry Packer)改组后,① 所有板球运动员都要接受法学教育,并且考虑到所涉及的法学领域的范围,这不可能是少于四年的学位项目。[37] 核心要点是将会议的主旨同法学教育传统讨论中受到忽视的一些领域联系起来,但后者在国际法律中心的报告中已经得到了强调。[38]

这篇相当零散的文章的"点评人"是吉尔·柏林格(Gil Boehringer),他当时在麦考瑞(Macquarie),是位马克思人文主义者,我十分了解他。[39] 他的评议并没有直接针对我的文章,他可能还没有读。他反倒是以此机会批评"语境中的法律"是"新费边法学",他说这种研究在拓展了法学研究的同时却毫无深度。他指出,华威很广博,但麦考瑞有深度:

> 直到我们的学生发展出如下深入研究的思想习惯后———即

---

① 克里·帕克是澳洲原首富与传媒大亨,他率先将电视传媒与体育赛事结合,以高价买下世界板球联赛的播映权,又创立了世界板球锦标赛,给板球项目带来了革命性的变化,让它起死回生。

探究法律是什么，法律做了什么，有众多附加功能的合法性观念如何、为何以及何时出现和变化的结构性分析——我们才会说完成了自己的教育任务，才会说尽到了自己的社会责任。

发现对"语境中的法律"的批评出现在这个会议中，很令人惊讶，但柏林格通过把自己的评论和公民责任与民主联系起来，使得它们看起来既相关又富有挑战。我当时从未对马克思主义感兴趣，并且作为一名教育工作者，我将自己的方法划分为体现着自由主义教育传统的基本价值，但我们似乎对许多问题持有一致态度，即一切法学教育应当被视为整个教育的一部分，应当教导学生为他们自己思考并提出批判性问题，以及通过思想上令人兴奋的方法给非法律人讲授法律是重要的。我在这里提到这些，是因为柏林格的评论促使我思考，非法律人的法律可能和大学法学教育一样重要，并且出于某种原因，这对发展一种有关作为一个领域和学科的法学教育的全面视角而言，是更好的起点。认真思考这个问题，为我对于有关"法学教育"的对话和论辩方式如此不满的原因提供了重要线索——最后一章我会回到这个议题。

第18章 全球化和法律

威廉·特文宁,

"船",

车站路,

菲尼克斯,

瓦科阿,

毛里求斯,

印度洋,

南半球,

全世界,

宇宙,等等。

导　　论

这个常见的孩子气的幻想在两方面体现出我们如何思考。首先,将我们的世界描述为一个在单一层级次序中整齐排列的同心圆是很简单的——地方、地区、国家、区域、全球,等等。可是事情通常要比这更复杂。其次,一个孩子可能会认为宇宙的中心就是他正

第 18 章 全球化和法律

好所处的地方。但是我们的宇宙或世界可能并没有中心。有关全球化的文献常常落入这两个陷阱。

我大概是在 1990 年开始关注所谓的"全球化"对法律的可能影响。不过全景式视角是我成长的一部分。我的殖民主义童年、第二次世界大战、青春期的集邮〔大英帝国、斯坦利·吉本斯世界邮票目录(Stanley Gibbons World Catalogue)〕、我父亲将自己的具体思考置于世界历史语境中的吉本斯倾向以及卢埃林对"从整体来看"的关注,都让我有从"总体图景"和"全局视角"思考的倾向。

1958—1959 年我在喀土穆的早期讲座中,将苏丹法律体系置于一个有关世界各国法律体系的粗糙地图的语境中,以便介绍一些有关殖民主义、法律传统以及多元主义的思想(第 5 章)。我的喀土穆地图实际上是英国(普通法)、欧洲大陆(民法)以及苏维埃/马克思主义(苏联和东欧)三个国家的地图。它有关中国的情况是不明确的。它的目的实现了,但我却对描绘法律地图这个想法有了零星的疑虑。

20 世纪 60 年代在喀土穆和达累斯萨拉姆的时候,刚刚独立的国家非常有"中心感",因为它们得到世界领袖、外国投资者以及许多其他前来访问的"救火队员"的拜访;它们是国际关系中的焦点,这尤其是因为冷战的缘故,不过在当时人们尚未有意识地从"全球化"角度来思考。1964 年在芝加哥,通过索亚·门斯契科夫,我加入了人类研究理事会,这是一个超越了国际法和国际关系视角的早期多学科论坛。在这里我遇到许多学者,有些已经很有名气,领先于他们的时代。我记得和一位罗马天主教牧师托马斯·达维特(Thomas Davitt)神父的长谈,他当时正试图从经验角度证明(主要是通过民族志文献）存在普遍的人类价值。我并没有被说服。[1]

在20世纪60年代末和70年代初，我自己的大部分工作都侧重于诸如证据、英美法理学以及对北爱尔兰冲突的回应等具体事务。不过在国际法律中心（ILC）有关法学教育和研究的项目之外，在20世纪70年代和80年代，我对和英联邦机构有关的一系列活动越来越有兴趣——英联邦律师协会（Commonwealth Lawyers Association, CLA）、英联邦秘书处、英联邦人权倡议（Commonwealth Human Rights Initiative, CHRI）以及特别是英联邦法学教育协会（Commonwealth Legal Education Association, CLEA），我在1983年到1993年是后者的高级职员。[2] 这些几乎完全都是针对讲英语的人（anglophone）的，并且是新殖民主义、反殖民主义以及后殖民主义态度与实践的令人困惑的混杂糅合，但它们的确推动我走向了"全球化"思考的道路。

在1985年，我不得不对自己学科的地方化倾向展开反思。在米兰和贝拉吉奥的长达一周的有关法律与人类学的研讨会中，包括伊丽莎白·科尔森（Elizabeth Colson）和菲利普·格列佛（Philip Gulliver）在内的几位著名人类学家，均否定了人类学的当下状况以及将"部落"作为自足且孤立的元素（units）的观点。有些人已经鲜明地转向将非常具体的研究置于世界历史或国际贸易的语境之中。[3] 几天之后，在意大利，我发现了美国人类学家的错误，他们谈论起"这个国家"就好像回到了美国一样。这个经历让我思考，如果从全球角度来看，民族优越感是法学的一种强大倾向。国际法律中心和英联邦法学教育协会（第17章）促使我们采纳在地理学意义上的广泛视角，但还没有（至少不是有意识地）从全球化这个看起来影响了几乎一切事物的一系列过程的角度展开思考。在这方面或许更重要的一个刺激,就是批判性地介入"法律与发展"的理念。

法律与发展

对于东非以及更一般意义上的"南半球",我这辈子都一直感兴趣、关心且某种程度上在职业方面投身于此。殖民主义、反殖民主义、新殖民主义以及后殖民主义一直都是我从未完全走出的背景的一部分。我有时会将"法律与发展"列为我的兴趣之一,但我对这个标签一直都不满意。[4]

在《一般法理学》第11章,我详细地总结了这种不满的理由,大部分不需要在这里重复。[5]我不认为自己在喀土穆和达累斯萨拉姆的职业活动——教学、研究、写作、法律报告、法律记录保存,等等——是对"发展"的贡献。[6]这同样适用于我后来的工作——有关法学教育的考核、咨询以及建议,[7]或是作为英联邦法学教育协会高级职员的时期(1983—1993年)。[8]这些都是英国法学学者的标准活动;除此之外,它们与"南半球"相关。这里有两个例外直接与我的全球化项目有关。首先,我对"法律与发展"理论表述的批评,预示了我后来对全球化理论的怀疑立场的许多观点。其次,我参与了一些明显和结构性调整相关的顾问工作。

"法律与发展"的理念在后独立时期在英语法学界变得非常有影响力。它是美国法律人,主要是学者及其资助者所构建的。[9]大概是在1964—1965年,我在耶鲁第一次听到了"法律在发展中发挥什么作用?"这个问题。在我看来,这似乎是一种奇怪的并置。[10]这种反应可能体现了当时对非洲感兴趣的大部分英国法律人和非法律人的看法。他们的可行假定是社会秩序是发展的前提，但除此之外，法律不过是实施特定政策的一系列技术性规则或具有弹性的工具。在《一般法理学》中，我将这种观点描述为"法律与秩序理论"，是法律在发展中所发挥作用的五种理论之一，它们都被我批评为过于简化和过于泛化。后来，我在认为宏大的全球化理论是充满危险的还原论学说中，采用了同样的方法。

20世纪90年代末，我参与了三份顾问工作，坦桑尼亚的一个，乌干达的两个。它们显然都与"结构性调整"有关，对此我深表怀疑。我也对国外顾问一直非常谨慎，他们通常看起来都很傲慢，薪酬过多且对地方具体事务不敏感。不过在1994年，我同意领导一支在坦桑尼亚的有关法学教育和培训的团队，这是从整体上处理财政管理和法律部门（Financial Management and Legal sectors, FILMUP）的一个雄心勃勃的项目的一部分，该项目由许多国外政府和机构联合资助。[11]我接受这个工作是因为这涉及资助者的合作而非竞争，将法律部门视为整体又是有所进步的，并且我有一些地方性知识（虽然已经过时了），此外重要的是，我和先前的学生关系不错。在这个项目中，我们有一支强大的团队和无与伦比的支持，我对结果相当满意。这使我在1995—2000年间接受了乌干达的两个类似的委任，但结果却喜忧参半，此后我就决定拒绝进一步的邀请了。[12]对于这些充满吸引力、充满挑战并且对我来说有启发意义的经验的详细论述，必须留待在其他场合展开。在思考全球化时，我运用在这一时期有关坦桑尼亚和乌干达的了解作为详细的参照点。但我对这三项工作的态度都是矛盾的。这里要说的是，我认为这是推动我法学教育的一种奢侈的方式。

全球化与法律项目（1990年至今）

当"全球化"于20世纪70年代在英国学术界流行起来的时候，我很容易就对此产生了兴趣。但只是在大概1990年时，我才开始了一项有关"全球化和法律"的专门项目。那时，热情洋溢甚至有时是狂热的全球化学者已经侵入到邻近的学科，但法学似乎被他们抛诸脑后了。我起初有意识地重新唤起自己对非洲的兴趣。包括卢旺达、埃塞俄比亚和苏丹在内的东非国家，在它们大部分历史中都经历着极为糟糕的时期。它们和英国、美国以及欧洲大陆的许多国家，一同成为我在彼此的依赖性迅速加深的时期，来检验一般法律理论与有关法律的一般性结论的主要范本。

接触这个地区使得我对他们的前景以及事实上是对人性有非常悲观的看法。我们很难保持自己早期的乐观态度，因为除了别的事情之外，它们这里还有苏丹内战、1973年石油危机、阿明和奥博特治下的乌干达、门格斯图的埃塞俄比亚、莫伊的肯尼亚、卢旺达大屠杀、饥荒以及圣主抵抗军在乌干达的"肮脏战争"。腐败的增加以及贫困的积重难返，出现在其他方面很稳定的坦桑尼亚，也是使得对"进步"或"发展"很难持有乐观态度的一个背景。它们使我倾向于对大部分有关"全球化"的讨论持怀疑态度。但尽管如此，我仍然对有关民主、人权、法治以及善治的真正长期愿望抱有残留的信念，同时对法律是压迫、无政府状态与腐败也是为善的潜在工具抱有残留的信念。像罗伯特·弗罗斯特一样，我相信世界会在冰或火中终结，但我仍然认为在这到来之前，坚持下去以便减少苦痛是值得的。①

"全球化"与"全球性"

有关"全球化"这个词所指称的领域、范围或现象，存在一个重要的语义学问题。它包含两个方面：首先，在许多定义与约定中，有两个具有非常稳定但却不同的用法。对许多人来说，这是一个意识形态性词汇，指的是"经济全球化"或者是由资本主义力量、自由市场意识形态抑或任何反全球化运动一直所反对的事物，对于想象中的世界经济的支配。这是马克思所开创的具有明确政治意涵的用法。[13]对于桑托斯来说，世界是一个霸权与反霸权斗争的场域；[14]这个词也被其他许多人以类似方式使用。这种意识形态用法主导着政治论辩和媒体。但对我的目的来说，这太过狭隘。

更准确地说，如果我们认为"全球化"是一大群倾向于使人们变得越来越相互依赖的碎片化过程，它就包含经济之外的许多现象：气候、流行病、战争、结盟、区域联合、贸易集团、科学进步、文化传播、移民、语言以及诸如移动电话、通信技术等的发明。这些相互依赖的领域以复杂的方式彼此交织；经济状况是其中大部分领域的一个侧面，但将它们都划归为经济关系就太过简单了，认为它们是资本主义或美国霸权的结果就更具还原论色彩了。

---

① 特文宁曾在本书第 11 章题记中引用过他的《丝绸帐篷》这首诗。这里说的是弗罗斯特另一首知名的诗作《火与冰》(Fire and Ice)。著名的《冰与火之歌》系列的灵感便源自于此。与正文相关的是这首诗的前两句：有人说世界终结于火；有人说世界终结于冰(Some say the world will end in fire; some say in ice)。

其次，改动一下特蕾莎·梅（Theresa May）有关英国脱欧的论述："大部分的'全球化'并非全球化。"我的关切与研究并不局限于严格意义上具有世界性甚或广泛存在的现象——它们和各种社会、政治、经济、文化、法律关系及其强化相关。减少炒作，我们当中有许多人都对重要的跨国或越境过程感兴趣——甚至两三个元素之间的关系（比如，国民、国家、民族、跨国公司、国际运动联合会、群体、大家族）。地理、历史、语言以及网络方面的邻近性易于使得这些关系要比真正或近乎全球化的关系更为密集或更加常见。重点是对于法律而言，一些最重要的跨国模式是次全球化的（*sub-global*）——法律传统、帝国、移民、语言、贸易关系、冲突、区域和其他协议、同盟、势力范围等。没有任何帝国、语言、区域、移民、战争、流行病或法律传统曾覆盖了全球。[15]

像"全球性"（global）这样以字母 G 打头的词，提出了真正的两难：它们可以指真正意义上的世界范围内、广泛存在或跨国的；通常第一种意义太狭隘，第二种意义太模糊，而第三种意义又太广泛。按照字面意义理解，"全球化"这个词对于我们的目的而言通常太过狭窄。但是"跨国化"（transantionalisation）很糟糕，并且太过强调国家边界了。全球化研究现在是得到承认的领域。"全球法"最好被视为"全球化和法律"的简称，它是一个几乎没有实际法律作为指称的领域概念。[16] 被宽泛地用作分析性概念的全球化，易于随意地扩展或限缩"全球性"这个理念。

全球化理论

在 20 世纪 90 年代初，我非常广泛地详细研究了有关"全球化"的整体跨学科文献。我感到大失所望。其中有许多文献都是易于激动的、夸张的、重复的、过于抽象且高度思辨的。有一种与生俱来的过度概括性的倾向。在1995年初,我试图让自己相当没有条理的阅读变得有序,就在波士顿的一个图书馆的联合目录中输入"全球性"和"全球化"这两个词。在发现有超过250本书的标题中有这两个词之一时,我停下了。大部分著作回溯至1980年。许多是跨学科的,且难以归类。几乎没有对法律的任何关注。有一个重要的运动叫作"通过世界法律实现世界和平",并且有一些20世纪特别是1945年之后的法学经典著作,其中令人印象最深刻的是菲利普·杰赛普(Philip Jessup)很有影响力的《跨国法》(*Transnational Law*, 1956);有大量关于具体跨国领域的文献,比如国际公法,但几乎没有符合我目的的著作。对我来说,显然第一部有关全球化和法律的重要著作,就是葡萄牙的法律社会学家博温托·迪·苏萨·桑托斯所写的《迈向新常识》(*Toward a New Common Sense*, 1995)。[17] 起初,这本书看起来像是一个奇特、博学又引发论辩的大杂烩或葡式鲜鱼烩(*caldeirada*)。[18] 它声称是"后现代主义的"和"反霸权的"。我受它吸引,便埋头苦读,在教学中有所选择地借用,并以之为重要的参照点。大概在五年后,我写了一篇有关它的东拉西扯的冗长文章,试图处理一些我自己对"后现代主义"和宏观理论表述的矛盾态度。[19]

整体文献仍在增长。在过多的语义学争议、大胆的猜测、经济学家的预测以及一再重复的争论中,我倒是发现了有关一些重要问题的某种共识:简言之,全球化有非常漫长的历史,但自第二次世界大战以来,这个过程加速了而且变得更为复杂;这些过程不是单方面或直线发展的;在过去,边界、国界和司法管辖区易于被视为确定无疑的界限,为把民族国家、社会和"部落"视为自足且去语境化的元素提供了正当理由;"国际化"(边沁发明的词汇,今天被人们不加选择地加以运用)使得许多其他类型的超越简单地理区分的跨越国家的关系黯然失色;国际关系包含主权国家之外的许多其他类型的行动者,其中有跨国公司、国际金融机构(IFIs),以及其他"官方"国际组织、非政府组织、国家机构(比如美国国际开发署)、志愿性协会、没有国家的国民和民族、大规模的移民、社会运动甚至是真正的全球集聚;还有挑战了社会科学和人文科学中几乎每个学科的传统假设、概念、议程、优先性与理论的全球化过程。这似乎也形成了广泛的共识,即在可预见的将来,集权的世界政府既不可能也不可欲。

在20世纪90年代我对全球化整体文献的第一次探索,使我像保罗·赫斯特(Paul Hirst)和格雷厄姆·汤普森(Grahame Thompson)一样,趋向于"全球化怀疑论者"的阵营。我尤为抵触宏大的全球化理论。[20]近来,我很高兴找到威廉·罗宾逊(William Robinson)的一篇重要文章(2007)。该文没有自称无所不包,而是很有帮助地将全球化理论分为五种类型并对每一种展开了事后反思,认为到了2000年它们都走向了衰亡。[21]这说出了我长期以来的感受。主要的理由是,在脱离了既定语境后,"全球化"指的不过是日益增长的彼此依赖或互动。彼此依赖是一个相对性的事物。这些现象在如此多的层面呈现出如此多的形态,以至于它们无法被满意地还原为一种单一的全面理论或硬塞入一个单一的框架。全球化理论可以类比为一种关于一切事物的还原论理论,甚至作为一种启发都没有什么用处。不过,"全球化"现在被确立为一个广泛的领域概念。它有助于包含大部分有关日益增长的彼此依赖的复杂过程的研究。除此之外,它几乎受到了系统性地误用。

含混的全球化(Globababble)

至少这些尝试为探讨法学研究全球化的影响提供了一些起点。但不幸的是,并不存在有关全球化词汇及其相连概念的共识。如我们所见,一个困难就是"全球化"极为含混:它被宽泛地用于指称真正世界范围内的现象,或相当广泛存在的现象,抑或仅仅是任何跨国现象。[22] 我们或许可以通过认为体育"世界"比赛的例子指的是特定运动中地球上最强的团队或个人,而为之提供正当性,但全球、区域以及国家的"排行榜"越来越受欢迎和有影响力,让这种比喻注定失败。现在有如此多的"世界级"大学和其他机构,以至于这个词现在膨胀到没有任何范围、质量或意义标准。在法律领域,我们已经有"全球法学院"(讲授每个国家的法律体系和伊斯兰法?);全球法律事务所(服务于许多、大多数以及所有国家?);全球律师(他们知道什么?有多少人?他们服务于谁?)以及全球法律学位(学习什么?)。

"全球法"这个短语在机构、课程甚至理论的名称中变得根深蒂固。一些重要的理论家给他们自己的理论贴上这个标签是无可厚非的:比如,拉斐尔·多明戈(Raphael Domingo)显然只用这个词来指代一个只限于影响全人类议题的雄心勃勃的法律体系。这是真正全世界的,但其范围相当有限。[23] 尼尔·沃克(Neil Walker)认为"全球法"指的是"亲密的"概念、原则与规则体系,会在合适的时候具备（近乎）世界范围内法律体系的地位；[24] 伯努瓦·弗里德曼（Benoît Frydman）指出国际指标和标准正成为一种新型全球法。[25] 其他学者将这个词等同于扩展的"国际法"；还有一些学者，包括我自己在内，希望将它的使用限定在一个非常含混且没有得到充分界定的关注点上，它包含许多次全球化以及跨国现象——简言之，这是一个宽泛、模糊且含混的领域概念，几乎没有任何分析方面的价值。

知识上的滞后

我认为有关全球化的一般性理论表述非常没有意义。不过，在不那么抽象的层面，在许多学科中有汗牛充栋且变化万千的文献，我几乎所有关于中阶主题——比如传播、多元主义、贫困、移民和发展——的阅读都是跨学科的。总体而言，我认为这些文献是参差不齐且包罗万象的，但有许多文献都要比法学领域的更为先进。比如，有关"硬数据"（hard data）方面的，就有许多国际机构的研究以及在诸如经济状况、贫困、农业、教育、健康和人口领域等领域中高度发达的全球和区域统计数据，但在 20 世纪 90 年代初，除了零星的比如关于儿童、家庭和犯罪的，几乎没有关于法律本身的统计数据。在 20 世纪 70 年代，斯坦福的一个雄心勃勃的项目（SLADE）开始倡导统计比较法，[26] 但却因缺乏资金而夭折。法学和一些相邻学科间显然存在着知识上的滞后。

从那以后，主要是因为世界银行、经济合作与发展组织、联合国开发计划署、欧盟以及其他这类机构的活动，人们认为法律历经了一次数字转向。[27] 无论是否喜欢，我们现在就处于大数据、排行榜和跨国指标之中，并且大部分这类和法律有关的全球性或次全球性的统计数据与指标，需要细加审查，在涉及概念、过度简化和可疑的证据时尤为如此。[28]

策略

我逐渐给成为我接下来20年主要项目的工作，发展出一种四管齐下的策略。首先，研究有关"全球化"的整体文献；其次，从全球视角重新批判性地考察我自己的英美法理学传统；第三，通过细致的个案研究以及看起来和全球化与法律领域尤为相关的许多主题的中程理论表述来具体化该计划并为之奠定基础；[29]第四，对采取全球视角看待法律提出一些暂时的一般性结论。根据我的研究与教学，有三本书依次出版：《全球化和法律理论：探索性文集》（*Globalisation and Legal Theory: Exploratory Essays*, 1999/2000, GLT）确实是探索性的；十年后，最厚的一部著作《一般法理学：从全球视角理解法律》（*General Jurisprudence: Understanding Law from a Global Perspective*, 2009, GJP）以及后来的《全球化和法学研究》（*Globalisation and Legal Scholarship*, 2011, GLS），为学者个人如何思考全球化对他们自己工作的潜在影响提供了指引。

有关全球化与法律的教学和学习

如其他项目一样，我将自己的教学作为一种发展自己观点的工具，并将这些观点置于广泛的框架之中。从20世纪90年代中期开始，发展我的观点的主要工具，即主要在迈阿密的关于"全球化与法律"的研讨班。[30] 我以"报纸练习"（前言）的一种变体开始，要求每位学生在一份工作日版的《迈阿密先驱报》(Miami Herald)或《纽约时报》(New York Times)中标记出所有提及外国法和跨国法的地方。他们发现跨国关系、跨国法和外国法的例子随处可见，包括在运动、艺术和金融版面中。这就达到了预期的效果，让他们意识到自己不能仅仅有意识地关注"美国法"，他们已经在许多语境中与外国法照面，而且法律在美国得到理解与实施的方式在别的地方"未必如此"。[31] 对每位学生来说，主要任务是在课堂中作两次报告，其中一次与他们自选主题的实质性学期论文有关，主要是相当具体的主题或个案研究。[32] 在十几年的时间里，我指导了一百多篇论文，从中获益良多。这门课除了扩展我的一般性知识外，还促使我以四种具体方式发展了自己的观点：(1)"以 g 字母打头的词语"；(2)描绘法律；(3)宏观历史视角；以及(4)再次是立场。

"以 g 字母打头的词语"

我们首先从一些不同学科的视角来思考"全球化"，对整体文献及其质量不高的词汇进行非常基本的介绍。愤怒于含混的全球化，即便这门课被称为"全球化与法律"，我禁止学生在课堂中使用任何"以 g 字母打头的词语"——特别是全球法、全球律师、全球法律学位以及全球法律多元主义——除非有精确和清晰的证成。学生领会了这一点，非常容易地照做了。我对自己的禁令设立了第二个例外。全班不时地被要求采纳"全球视角"，并想象作为整体的世界之中的法律现象的总体图景——特别是为更具体的研究建立一个语境。

描绘法律

> "其他的地图是这个样子的,它们有岛屿和海角!
> 但我们感谢英勇的船长"
> (所以船员会表示反对)"他给我们买了最好的地图——
> 一幅完美而绝对的空空如也!"
>
> (刘易斯·卡罗尔,《猎鲨记》)[33]

在一次小组作业中,我们开始构建世界上所有他们认为重要的"法律现象"的假想地图,并探索这样做的困难。主要的目的是描绘它们的多样与复杂。在展开心理上的"描绘"之前,我们从传统的物理意义的描绘——也即描述诸如国家法律体系、帝国法律移植和施加、时间空间之中的法律传统等元素的分配与规模。我们没有预设有关法律的一般性定义,而是首先讨论在许多选项中,他们会将哪些法律秩序和其他现象纳入自己的地图:比如,如果我们从有关联合国成员(主权国家)的标准地图出发,答案似乎就很直接,但也没有什么信息量和意义——几乎和贝尔曼的地图一样。① 这难道

---

① 这里所说的贝尔曼是本节题记中特文宁提到的《猎鲨记》这部诗作的主人公,他的地图没有任何实质内容,空空如也,只有一些关于赤道、南极、热带地区等标记。在题记所引这句诗之前,还有一句:"And the crew were much pleased when they found it to be a map they could all understand"——"地图空空如也,可是船员们很开心,因为他们都可以看得懂"。有关《猎鲨记》的主旨,读者多有争论。对此,卡罗尔曾说,文字所表达的含义要比作者想要表达的意思更为丰富。因此,他并没有明确表述这篇诗作的主旨。但他说自己最喜欢的一种解读是有人认为这首诗是一部有关追寻幸福的寓言。或许我们可以将之理解为,想要追寻的东西并非固定不变的事物,而是取决于我们每个人的看法、理解以及兴趣和目的。绘制法律地图也一样。"法律"并不是一种有待我们描述的客观事物,不同的研究目的使得我们对法律的理解和看法也不尽相同。

没有遗漏许多事物吗？比如，世界上的历史法律图册会遗漏所有提及宗教法、法律传统、习惯法、人权、欧盟法、国际公法或美洲土著法的内容吗？商人法（lex mercatoria）呢？① 人们认为它通常适用于许多跨国商事贸易中，有时涉及上百万甚至数十亿美元，但恰恰是它的存在受到了一些人的质疑，理由是它没有权威性渊源和形成共识的内容。人性法（ius humanitatis）呢？② 它主张陆地与海洋中所有尚未被任何特定国家利用的区域由全人类托管，其中就包括大部分的海洋与海底，还有南极洲和北极的大部分区域。[34]随意跨越国家边界的游牧民族法呢？拥有他们自己的法律语言而且现在能够通过电子邮件实现跨国交往的罗姆人呢？③ 简言之，如果我们只把国家法涵盖在内，我们是否能够拥有一幅合理、包容又切题的有关世界中法律的图景呢？在这个语境中，大部分人会同意，我们需要某种"非国家法"的概念，它与有关全球化对于我们学科意义的严肃讨论相关。[35]

这只是一个开始。比如，如何描绘伊斯兰法？[36] 如果每位虔

---

① 商人法指的是商业领域中通过习俗惯例发展出的一套国际商业规则，并得到各国法院的承认。"lex mercatoria"是拉丁文，对应的英文是"merchant law"。有关商人法的承认，最典型的体现在《美国统一商法典》（也即本书中讨论过的卢埃林主导编纂的法典）中。该法典不仅明确承认习惯，也承认普通法、衡平法以及在此之外的商人法（section 1-103）。

② 人性法指的是国际法在其核心要素中吸纳了人权和人文主义伦理学的发展与关切。

③ 罗姆人就是我们通常所说的吉卜赛人。他们起源于印度北部，散居于全世界，并没有自己的国家。在汉语中之所以会将之称为吉卜赛人，据说是和英汉音译有关：罗姆人刚到欧洲时，欧洲人认为他们来自埃及，就以"Egyptian"（埃及人）称呼，英语中的"Gypsy"（吉卜赛）是该词的音变。世界各地对罗姆人的称呼并不相同，法国将之称为波希米亚人，俄罗斯将之称为茨冈人。

诚的伊斯兰教徒自身都携带着沙利亚,我们可能会发现这个法律现象出现在大部分国家而且四处流动。询问"伊斯兰法在哪里"是合理的吗?的确,用空间性词汇描绘法律是合理的吗?——这个问题如今在新兴的法律与地理学领域中得到了详细讨论,后者的发展已经超出了我的关注范围。[37] 历史因素呢?我们可以用时间和空间概念"描绘"法律传统吗?难道大部分法律不是传统的吗?我们可以想象一个伟大的历史世界地图集,处理跨越时间和空间的法律现象吗?[38] 我们如何获得所需的材料?如果过去的一些法律秩序,抑或隐藏或隐秘的法律秩序,几乎或根本没有残存的证据,那该怎么办?我们是否可以绘制出关于我们的无知、不公或权力分配的地图?地图可以是不涉及政治的吗?不仅从物理制图方面,还有从心理制图方面,都有很多可以讨论的。因为绘制地图是一个许多学科中都会使用的隐喻。我们从桑托斯的一篇经典论文开始,[39] 对现代制图学有所涉足,并欣赏爱德华·塔夫特(Edward Tufte)关于可视化观点与信息的迷人建议。[40] 我的结论是,在这种背景下,即使是非常传统的地图依旧会提出有意思的问题。[41]

绘图练习表明,在相同时空语境中彼此共存的规范秩序和法律秩序几乎无所不在,一幅有关法律传统的地图表明,法律、法律传统以及法律方法(legal devices)在整体历史中是如何彼此互动的。这就使得三个主题显现出来:规范多元主义与法律多元主义;法律的传播/继受/移植;以及法律传统。每个主题都表明了次全球化模式在构建世界法律概览时的重要性与复杂性。[42] 有关帝国的地图以某种方式解释了殖民主义和帝国主义在传播法律时的重要性,但有关移居人口、宗教、技术创新、语言传播、商业模式和战争的地图也能够有助于阐明法律传播的复杂性。它们都强调的一点是，从这个角度来看，大部分重要的模式都不符合如下整齐的几何学隐喻：同心圆、垂直等级结构、水平或对角线；也不符合地质学的类比、地层、分层或层级。我们的法律传统要更为复杂。

当然，传统地图绘制的价值，特别是其理念，是有局限的。其中一个局限是传统的地图有静态的倾向，但我们学科的主题却并非如此。另一个重要的教训是，对于物理绘图而言，我们可以绘制出实践（给定充分的材料），并且能够推断出实践背后的信念、规范和态度——人们的行为、互动、纠纷、敬神、作战、旅行、迁徙、写作、雕刻、烹饪，等等。但绘制抽象的理念就不那么容易，可是法律是由实践也是由理念构成的。我们可以大规模地绘制伊斯兰法得到实践的区域，但我们如何能够描绘作为理念的伊斯兰法？并且现实主义问题又出现了，在不了解相关实践的信息时，我们能够真正理解伊斯兰法吗？凭借现代技术，我们可以在多个方向上拓展这种绘制活动，但我们依旧需要明确概念。[43]

如果从全球视角描绘法律的主要目的，就是为特定研究建立语境，那么粗略的勾勒，没有太多细节，还有模糊的边界就足够了。但还有其他目的吗？可能会有——这难道不像询问一幅优良的世界地图册的用途与局限吗？

宏观历史视角

我坚持学生应当将他们的学期论文置于适当的历史语境中，但在那时，我没找到可以作为这门课令人满意的导论的简要历史概述。世界历史或世界体系理论可能为研究全球化与法律提供了一个不错的组织框架或至少是一个起点,这是有可能的。[44]在20世纪90年代项目研究之初,我重新查阅了这样一些著作,但认为没有一本著作适合作为起点。尽管如此,我仍坚持这样的观点,即从历史视角来研究这个领域是至关重要的。因此,就有了历史地图集的想法。[45]

我作为特殊主义者和语境主义者的程度太深,对作为一个领域的"世界历史"感到心有余而力不足。就它试图识别出广泛的模式而言,如果它所使用的概念流传得足够广而且能够在具体时间与空间中得到验证,它作为大胆假设的一个来源是有用的。但这种风格太易于沦为如下情况了:过度简化、不充分概念化、还原论倾向以及太过超出材料的概括。幸运的是,帕特里克·格伦(Patrick Glenn)的《世界法律传统》(*Legal Traditions of the World*)第一版在2000年及时出版,能够让我加以借鉴。这本书可以被理解为以梅因为最佳代表的历史法学这个大胆传统的令人欣慰的复兴。[46]或许无法避免的是,格伦的著作受到了许许多多的具体批评,但很快它就被承认为是对法理学和比较法的重要贡献。[47]它的优点在于采纳了真正的全球历史视角;围绕一个复杂的概念展开,即传统是理念的传播(因此不同于"文化"且比之范围更窄,因为后者通常包含实践、态度以及理念);将"传统"视为核心概念,因此将历史视为比较法的中心;提出一种社会理论启发下的有力论点;讨论了许多在正统比较法中几乎没有得到任何关注的话题和议题,其中包括一些至少是直到最近几乎都不出现于正统文本中的当代话题。[48]尽管格伦明智地拒绝他倡导一种关于传统的一般性理论,但他的分析提供了一种具有强大解释力的可用概念。

随着"世界历史"在概念上更为精致和更有知识含量,它就有希望成为"全球化与法律"研究的重要驱动力。它已经能够平衡该领域中的非历史性方法,甚至能够平衡全球化理论的铺张泛滥。但它所承诺的不止于此。

还是立场

在思考全球化的可能影响时,最好先从特定立场开始。在我迈阿密的课堂上,全球化理论和法律理论都无法为实务取向的学生提供令人满意的入门需求,他们可能在佛罗里达或其他地方从事法律工作时会遇到具体的、即时的以及主要是地方性的问题。有关世界法律的广泛概览足以使他们认识到潜在的跨国维度以及这些问题的复杂性。一种更有成效的方法就是以设想多种多样的个别机构、行动者和观察者的立场为起点,其中包括具体语境中的律所、教师、法官以及学者,并且在提出"我/我们工作中有多少内容具有或有可能具有跨国维度?"这个问题之前,让他们澄清自己的语境和立场。

"全球化"触及了每个人,但它以许多不同的方式对个人、机构和群体产生影响。在抽象层面问及全球化的意涵,无法获得一般性的答案,因为它取决于谁在什么语境下,出于何种目的,在关于日益增加的互动或彼此依赖的哪些方面提出了问题。通常最好先阐明语境、情境、角色和目的,然后再问"全球化对我(或我们)——对这篇论文、我的课程、我的子学科、我的案例、我的工作有什么影响?"对一些人来说,答案可能会非常微不足道;但对另一些人来说这可能就意味着某种彻底的重新思考。有的人可能会将这类挑战视为对他们既定方式的令人不快的威胁;另一些人则可能会欢迎这些挑战。许多人会处于这两者之间。比如，在2017年一位英国家庭法教师可能会提出与她教授侵权法、合同法或宪法的邻居非常不同的答案，这又会与在巴恩斯特珀尔办理产权转让的实务工作者、坦桑尼亚的检察总长抑或思索着对自己来说在何种程度上考虑美国之外的发展是合适的美国联邦最高法院大法官的看法非常不同。他们身处不同的环境，而且他们的答案将在很大程度上取决于澄清他们立场所指出的相关性标准。这个主题成为我在蒂尔堡有关"全球化和法学研究"的孟德斯鸠讲座的基础，[49]它与本书一样，面向所有法学学者。

这门课以及我更为聚焦的研究产生出三本著作和多篇论文，后者中有一些被收录入著作中。我会在下一章再谈《全球化和法学研究》。这里我简单谈谈另外两部代表我至今在此领域中最重要著述的作品。

《全球化和法律理论》（2000年）

对我的项目来说，源自其他学科的文献除了作为背景或服务于特定研究以外，太过广泛以至于无法把握。我发现我们的西方传统一直都非常狭隘，无法成为探讨"全球化"对法学学科的意义的不错起点。我们的西方传统，至少直到最近，大体来说都一直是单一司法管辖区的、教义性的并且忽视了其他传统与文化。我的策略的第二个分支，就是细致地重新考察我所具备一些专业知识的领域，也即英美法理学传统。我开始在我自己的传统中深入研究自己项目的思想起源，再一次地又问出这个问题："以前研究过吗？"

令我相当惊讶的是，一些经典的英美思想家要比我预期中更能从全球视角出发理解法律。总体上，他们是国家中心的、单一司法管辖区的、植根于教义学的、对其他传统和文化漠不关心，有一种民族优越感的倾向，但却悖论性地体现在伦理学的普遍主义倾向之中。除了一些美国法学家之外，诸如庞德和卢埃林，他们整体上都不是经验取向的。

但是他们拥有某些值得保留的理念，而且他们的局限为年轻一代的修正主义思想家提供了有益的背景。[50] 一些被忽略的相关文本得到了重新发现，譬如康德的《永久和平论》(*Perpetual Peace*, 1795) 以及边沁有关"立法中的空间与时间"(Place and Time in Legislation) 的文章。[51] 十年间，我从这个角度写了一系列解释性的文章，主要处理英美传统中的一些法学家，其中包括边沁、奥斯丁、霍兰德 (Holland)、巴克兰德 (Buckland)、哈特、德沃金、霍姆斯、罗尔斯、卢埃林、桑托斯以及哈克 (Haack)。这些文章经过挑选重新出版于《全球化和法律理论》(1999/2000 年) 之中。

关注法律理论广袤遗产的某个部分，是有所回报的。首先，经典中的一些成员是通才：边沁推动了普遍法理学 (Universal Jurisprudence)；奥斯丁推动了有关"更成熟"的法律体系的一般法理学；霍兰德 (1906 年) 认为法理学像地质学一样，是门"科学"。接着在 20 世纪 50 年代，我在牛津读本科时经历了一段强调"特殊法理学"的时期，当时正值从古德哈特到哈特的转变的交汇点 (第 3 章)。特殊法理学主要关注英国 (或普通法) 的请求权、义务、人、占有等基本概念，直到赫伯特·哈特在其赋予全新含义的"一般法理学"的名义下，将这门学科重新和抽象的分析哲学联系起来。[52] 哈特提出一种一般性的描述法理学。尽管他和他的追随者都没有多加描述，但他们却能声称为描述法律现象提供了一些非常精致的工具。罗纳德·德沃金尽管从未脱离对上诉法院的美国式迷恋，但为在一些地方性语境中将法律从根本上视为一项道德和论证性事业提供了有力的工具和论述。菲尼斯的《自然法和自然权利》(*Natural Law and Natural Rights*, 2011[1980])依然是对某种自然法立场细致且翔实的阐述。我把霍姆斯纳入自己的探索，因为尽管几乎都是美国人（他和拉斯基以及波洛克的通信使得他的影响拓展至伦敦），他为法理学中的立场分析以及从下至上的视角提供了出发点（第10章）。这些理论中每一个都提出了有关它们观点的地理范围的问题。我试图表明，卢埃林式的法律现实主义如何有助于填补我们法学遗产中的空白，并且指出在一些语境中，他的法律职能理论经过适当完善，能够为构建世界整体法律现象的广泛概述以及阐明这些现象的多样性与复杂性，提供一种合理的包容性组织框架。[53]

我在《全球化和法律理论》中总结道，在欧陆经典理论及其当代复兴的补充下，在英美法律理论传统的遗产中，有许多可以依赖与回应的东西。[54]此外，有背离这个传统的新一代思想家，其中包括一些站在他们宗师肩膀上的门徒，他们修正抑或背弃了自己的宗师：博格之于罗尔斯；塔玛纳哈之于哈特；辛格之于边沁；以及特文宁可能之于哈特和卢埃林。但并不是所有人都遵循吉卜林（Kipling）的结论：

> 可他自己的门徒
> 会伤得他最深。[55]

第 18 章 全球化和法律

比如，彼得·辛格（Peter Singer）是令人敬畏的哲学家和成功的哲学普及者，他显然是边沁式古典功利主义的追随者。他将后者的实践伦理学运用到世界贫困、饥荒以及人权等议题中，并在自己有关《我们只有一个世界》（One World）的讲座中对许多全球议题给出了精致的分析。[56] 这相应地激起了比如来自奥诺拉·奥尼尔（Onora O'Neill）的重要回应，并将法学关切同正在发展的国际伦理学领域联系在一起。约翰·罗尔斯姗姗来迟地想要将自己的正义理论扩展到全球范围。[57] 我身属认为这是完全不可能的人之列，但至少它激起了特别是来自他先前追随者的重要批判，其中包括涛慕斯·博格（Thomas Pogge）以及阿玛蒂亚·森。帕特里克·格伦基于更为复杂的传统与世界历史观点，提出了一种新的历史法学和宏观体系理论。桑托斯的工作类似于马克思与韦伯。玛莎·努斯鲍姆（Martha Nussbaum）在发展能力进路的正义观中与阿玛蒂亚·森合作，并且领导了将女性主义关切融入"发展"的运动。[58] 更具争议的是布莱恩·Z.塔玛纳哈，他从哈特的实证主义前提与法律现实主义出发，试图构建一种雄心勃勃的隶属于全球法理学的有关法律的一般社会理论。他最初的努力，特别是他识别法律的标准（标签验证）——运用社会科学和他本人对法律与发展的兴趣——使得人们没有关注到他在阐明不太抽象的概念方面的重要贡献。[59] 此后，他又有力地论证了法律理论的"第三根支柱"，代表着一种社会法律进路的现实主义，我会在第 20 章中谈到这一点。[60] 这只是英美传统中一些同时代人，他们在自己前辈的基础上，从全球视角推动法学与正义研究。

《全球化和法律理论》尽管强调我们传统中一些显而易见的连

续性，但却要比它看上去的更具颠覆性。

《一般法理学》（2009年）

在新千年的第一个十年，我发表了一系列有关法律传播、多元主义、"表层法"（surface law）以及重新思考比较法的具体研究，此外还有一篇最重要的论文，题为"有概念，就会有传播"（Have Concepts, Will Travel），力劝分析法学家转而关注构建和阐明能够在不同法律传统和文化，甚至诸如英格兰和法国这些不同司法管辖区中"广泛传播"的概念。[61] 我会在下一章讨论"一般法理学"这个词的不同用法时，处理这些议题。这些著述都是我在全球化和法律领域的理论工作中最重要的贡献——《一般法理学：从全球视角理解法律》（2009年）的先声。此书分为两个部分，大致各自代表高阶和中阶理论。A部分是对我研究法理学方法的相对体系性的论述，其形式则可被用作在全球化语境下对此一般性领域的一个导引。它的背景是对学科任务的自由主义看法的再次肯定，[62] 开篇是重述我对作为法学学科理论性部分的法理学的看法。[63] 这样看来，任何有关法律的相对抽象的问题和理念都是"理论性"的，因此就是法理学的一部分。在我开始将法律与全球化作为一门学科加以研究之前，我已经发展出了大部分的这些观点。[64]

该书第2—4章主要是关于分析法学的。[65] 第5—7章是关于规范法学的，特别是功利主义、正义以及人权（唯一真正具有原创性的部分是关于人权怀疑论的）。有关"法律和正义的经验维度"从全新视角分析这些研究的跨国化，并非常审慎地考察了"法律的经验科学"这个主张。

此书 B 部分包含对不那么抽象的议题的更为详尽的分析,其目的是在更具体的语境中具体化 A 部分中的一般观点,并阐明中程理论化的重要性。一些相关的议题会在下一章讨论。它们包括有关法律传播、表层法、法律与发展、"非国家法"理念[66]以及对于和人权相关的"南半球主张"的研究。[67]最后是主要指向未来的总结性的一章。

自 2008 年以来,当我完成《一般法理学》后,我一直在"全球化和法律"这个宽广的领域中思考和写作。《全球化和法学研究》(如前所述)中运用了我的一般性方法,旨在为每个学者提供指引。所有这些都至少对我的项目有所累积,它依旧以缓慢的速度进行着。此后我发表了有关现实主义、规范和法律多元主义以及一些其他主题的论文。[68]

结　　论

全球化并非单一的事物;法律并非单一的事物。几乎每个涉足于法律的人都需要认真看待全球化,但其程度、方式、语境各自有别。因此,尽管普遍主义和宏大理论具有强大的吸引力,对于全球化对法律意涵的大多数探索都是恰如其分地在具体层面展开,或至少是通过中程视角,而非借助一般性的法律理论。[69]这就是为什么我在这一领域的自己的著作中,关注诸如法律传播、比较法与规范多元主义和法律多元主义等议题,这些会在下一章加以考察。全球视角下有关世界法律的宽广总体图景,会有助于给更具体的研究提供背景,因为这些心理地图(mental maps)提供了跨越时间和空间的有关规模、分布以及近似性的广义概念——我将之称为"人口统计现实主义"。但它们需要告知复杂性,一幅真正优良的历史性法律世界地图有其用处,但也有诸多局限。出于这些理由,我不愿为这一问题提出一般性答案:"全球化对法律与法学有何潜在影响?"[70]

第 19 章　一般法理学

"大量误解"是窃用另一个文明的过程中,一个典型甚或必然的特征。

(弗朗茨·维亚克尔)[1]

导　　论

自 20 世纪 90 年代初,我一直用"一般法理学"这个词来指全球视角下理论化的传统与活动。[2] 这不是一种新型法理学。它反而是将重心从国内法律体系和典型的国际法("威斯特伐利亚二重奏")拓展到涵盖广泛的跨国家、超国家以及其他的理念与现象中。

"一般法理学"这个词含混暧昧,拥有漫长且多样的历史。[3] 在英国分析传统中,"一般"指的是时间点或空间点的延展:比如,边沁就区分了普遍(universal)法理学和局部法理学,并认为"一般"等同于普遍;奥斯丁区分了更为成熟的法律体系中共同拥有的法律的一般理论(一般法理学)以及有关特定法律体系中法律的理论(特殊法理学)。"一般"与"特殊"相对,通常指的是多于一个——也即,涵盖或超越两个及以上的法律传统、文化、发展阶段甚至司法管辖区。[4]

我对"一般法理学"这个词的使用与英国 19 世纪的用法非常相近,但并不局限于"更成熟的体系"。这种用法在我做学生的时候很流行。[5]在我看来,法理学是法律理论的同义词;理论问题就是在相对更高抽象度上提出来的问题;"一般法理学"包含在不同抽象层次中超越时空边界、法律传统和文化、法系,甚至不同司法管辖区的理论问题。在此语境中,"一般"可与"特殊"的法律体系或传统形成对照;它也可以和全球或普遍的法律体系或传统形成对照,这表明它涵盖了许多介于真正世界范围与相对地方性之间的中间地理层次。这就缓解了"全球化"得到过度使用的压力。重点是在这种用法中,"一般"超越了特殊法律秩序。[6]

一些评论者问道:一般法理学(在我使用的意义上)是否可能?[7]如果这个问题意味着"是否可能形成一种完全整合为一体的无所不包的法律理论,或至少朝这样一种理论努力?",我的答案是我不知道,但对此表示怀疑(第1章和第20章)。如果这个问题指的是作为一种活动的一般法理学,答案为:"是的——许多人正在研究它。"这说的是许多人正在具有相当一般性的抽象层面,同跨越国家、法律传统以及其他学科边界的议题斗争着,从尼尔·沃克与拉斐尔·多明戈试图将"全球法"加以理论化的雄心壮志,到我指引诸多具体理论研究与"重新思考"的略微不那么抽象的层面。[8]

在我关于"全球化和法律"项目的语境中,我扩展了自己关于法理学领域的观点,但并没有实质改变(第13章)。我依旧认为从传统、意识形态和活动角度思考这个领域是有价值的,我强调最后一个维度。我依旧认为,作为一种活动的理论化会对我们这个学科的健康有多种贡献。[9]其中有三类在我的全球化项目中一直尤为重要。首先,我们处理跨国和超国家现象的概念库是欠发达的;我们需要更多广为传播的概念。其次,中程理论表述对于认识全球化之于理解法律的意义有非常重要的作用：大部分重要的跨国理论都是次全球化的，并且许多议题和领域，诸如多元主义、法律传播、人权、国际经济和金融法、区域制度、网络以及比较法，在回应全球化中都变得更为显著。这种理论化为法哲学和专门的特定研究之间提供了重要的沟通桥梁。再次，由于加速的全球化已经对西方法学一些主流可行假定提出了重要挑战，并对处理和思考某些关键议题与跨国领域的方式提出了重要挑战，这就需要更具自我批判性的法学研究。接下来的几节会阐明这些主题。

重 新 思 考

理论化工作最重要的任务之一，就是对一般意义上以及更为具体的领域中的法律话语的概念、可行假定与预设加以澄清和批判性考察。当一个子学科或专业性主题需要在发生变化的情景或视角的语境下加以重新考察时，这变得尤有帮助。我们已经在第12章和第13章中看到了一些这种工作的例子。

由于全球化过程对跨国领域有所影响且使之变得更为重要，相应地就需要将后者的假设与话语加以批判性考察。在子学科中，特别是在更古老的跨国领域中，已经有许多反思以及一些更为彻底的重新思考。[10]但其模式参差不齐。作为我全球化项目的一部分，我通过构建有关特定领域和议题的常规观念的理想型，并指出全球化的意涵之一就是挑战这些理想型中的一些元素而提出了一种批判性方法。本节以范围递增的顺序描述三项这类的工作；第一项是对我所发表的第一篇文章的批判，它是关于法律的继受/传播的；第二项是选择第二次世界大战后第一代比较法学家中重要人物有关比较法的著述,对他们的一些可行的假定展开批判;更为大胆或别具一格的是第三项,识别并挑战法学中西方法律传统有关自己学科的一些主流假定。全球化不仅对我们细致地理解特定主题有影响,也对我们分析这些主题的标准假设提出了可能的挑战。

强调两个基本要点很关键。首先,这些理想型旨在代表一些学者的可行假定及其工作,而非他们的实际操作,后者从整体来说会更加多样、丰富且通常更为复杂。学者做的通常要比他们说的好。其次,我的建构是相当主观和印象派的。如果有人接受这个方面,他当然可以选择建构与我不同的或许更具基于证据的理想型。

传播 / 继受 / 移植

> 我相信自己已经表明,大量成功的借鉴在法律领域是司空见惯的。事实上……我已经暗示,借鉴通常是法律变迁的主要因素。我会将法律借鉴等同于法律移植这个词。我觉得难以想象会有人否认法律借鉴在法律发展中极为重要。同样,我认为难以想象会有人相信借鉴过来的规则会与它在自己的另一个家乡中一模一样地运作着。
>
> (艾伦·沃森)[11]

> 一切传播都是转变。
>
> (布鲁诺·阿图尔)[12]

在这个语境中,"传播"[13]指的是法律现象在不同法律秩序之间以及之中扩散的过程和结果,包括但不限于国内(比如,国家)法律秩序。它之所以重要,是因为在跨国或跨文化层面可以观察到的许多一致性与模式，都可以从整体或部分上通过"传播"加以解释。此外，传播概念可能有助于区分表面的相似性与真正的相似性。社会学研究表明，极少有不经调试的完整传播；但艾伦·沃森指出，这可能对大规模的法律与理念移植不太适用，它们作为表层法存活下来，对地方的社会、政治或经济条件大体上漠不关心。[14]

1999—2000年在斯坦福的时候，我恢复了对"继受"的兴趣，并在一位同事，戴维·斯诺（David Snow，他因有关社会运动的著作而知名）的引领下，投身于社会学文献之中。[15]我对三件事感到惊讶。首先，尽管在早期人类学中它们共享着历史，但是这是两类文献（法学和社会学）彼此不相往来的另一个例子；这是一种相互充耳不闻的状况——比如，近来一份社会学文献概述中对法律鲜有提及。[16]其次，社会学文献数量众多且非常复杂。其三，它描绘了一种我在自己早期作品中尚未设想过的视角。结果就是我展开了某种自我批判。

在采纳内在批判的方法时，我试图表明先前有关法律移植/继受的许多法学文献——其中包含一些绝妙研究——直到当时都一直是基于一些过分简化的假设。[17]借用我发表的第一篇文章"法律继受的一些内容"——它在1957年刊载于《苏丹法学杂志和报告》——我表明自己的论述是基于一种朴素的继受理论之上的，后者预设了具有下述典型假设的范式：

> 两国之间的［一种］两极关系，涉及法律规则或制度通过政府机构的直接单向传递，它涉及在特定时刻（接受日期）的正式颁布或采用，而没有重大变化……人们通常认为，标准情形涉及从一个先进的（母国）民法或普通法体系向一个欠发达

体系的转移,以便通过填补漏洞或取代当地先前法律来实现技术变革(现代化)。[18]

运用源自有关这一主题的标准教科书,埃弗雷特·罗杰斯(Everett Rogers)的《创新的传播》(*Diffusion of Innovations*)中的概念(这本身就体现了岁月的痕迹),[19] 我得以表明,宽泛来说,这些要素中没有一个对于法律传播的过程而言是必要的甚或是典型的。简言之,这种过程要比"朴素理论"所认为的要远为多样和复杂。阐明这种复杂性的最好方法,不是建立一种对位模型(contrapuntal model),而是指出对范式中每种要素的可能偏离。这一点在此相关,不仅是因为传播作为一个主题具有重要性,而且还因为可以用类似的方法来探究采纳全球视角如何可能挑战正统或主流文献中关于某个特定主题的标准假定(参见表1)。[20]

表1:传播:标准情形与一些变化

	标准情形	一些变化
a. 来源—目的地	两极化的单一输出国到单一输入国	单一输出国到多重目的地 源自多种来源的单一输入国 多重来源到多重目的地等
b. 层级	国内法律体系—国内法律体系	跨层级转移 在其他层级(比如,区域的、次国家的、非国家的跨国性)水平转移
c. 路径	直接的单向转移	复杂路径 相互影响 再输出
d. 正式/非正式	正式立法或接受	非正式、半正式或混合型
e. 对象	法律规则、概念和制度	任何法律现象或理念,包括意识形态、理论、人事、"思维方式"、方法、结构、实践(官员、私人执业者、教育工作者等),文学体裁、文件形式、符号、仪式等。

续表

f. 机构	政府—政府	商业机构和其他非政府组织 军队 个人与群体：比如，殖民者、传教士、商人、奴隶、难民、信徒等"随身带着法律的人"。 作家、教师、活动家、说客
g. 时间	一个或多个特定的接受日期	持续性，典型的漫长过程
h. 权力与声望	母国的民法或普通法，欠发达	
i. 对象的变化	不变 微小的调整	"一切传播都是转变"
j. 与先前法律的关系	白板 填补空白，漏洞 完全取代	斗争、抵抗 分层 同化 表层法
k. 技术的/意识形态的/文化的	技术的	意识形态、文化和技术
l. 影响	"有效"	效果评估 经验研究 实施

微观比较法的国家与西方传统

忙碌于自身方法论的科学是病入膏肓的科学。
(古斯塔夫·拉德布鲁赫)[21]

如果今天存在拉德布鲁赫意义上的"病入膏肓的科学"，那它并非比较法，而是法律科学整体……而比较法能够治愈它。
(茨威格特与克茨)[22]

在20世纪90年代中期展开的一项研究中，[23]我运用了一种和在"证据研究的理性主义传统"(The Rationalist Tradition of Evidence Scholarship)中类似的方法来识别单一领域，即比较法的潜在假定。[24]我分析了在1945—1990年间杰出的比较法学家对于自己学科的看法，并强调在实践中，比较法工作要远为丰富和广泛。这个分析产生出一种有关这个领域主流概念模式(conceptualisations)的理想型，我将之称为"国家与西方传统"(参见表2)。

表2：比较法的国家与西方模式，1945—1990年 *

(i) 基本主题是民族国家的实证法与"官方"法律体系(国内法律体系)。

(ii) 它几乎只关注欧洲的西方资本主义社会以及美国，几乎没有或完全没有详细地考虑"东方"(前社会主义国家或包括中国在内的存留下来的社会主义国家)、"南方"(较贫穷的国家)以及太平洋沿岸地区比较富裕的国家。**

(iii) 它主要关注以"母国"传统或制度为例的普通法法系和民法法系之间的相似性与差异，著名的是民法法系中的法国和德国，以及普通法法系中的英国和美国。

(iv) 它几乎完全只关注法律教义。

(v) 它在实践中主要关注私法，特别是债法，后者通常被视为代表着一个法律制度或传统的"核心"。

(vi) 描述与分析而非评价与规定是关切所在，但如下情况除外，即"立法比较法"的主要用途之一，就是通常主张从对"共同问题"的国外解决方案中吸取经验教训——一个在理论上有问题的主张。***

* 《全球化和法律理论》(GLT)，第184—189页。
** 在冷战时期，(ii) 的一个主要例外就是苏联或社会主义法律，它以一种不同于非洲、印第安人、伊斯兰教和印度教法的方式被认为属于"比较法"。
*** 有关"功能主义"比较法，参见E. 奥赫绪和D. 奈尔肯主编(E. Örűcű and D. Nelken)的《比较法手册》(Comparative Law: A Handbook, 2007)全书。

第19章 一般法理学

这个表格的目的是表明,主流微观比较法的关注点在许多方面一直都很狭窄。在极为痛苦的内省阶段,内部批评者[比如,沃森(Watson)、埃瓦尔德(Ewald)和罗格朗(Legrand)][25]对于比较法的哲学基础、方法、目的以及偏见提出了重要问题,但他们是在同一个传统的界限内展开工作的,主要局限于现代西方国家的国内法(特别是私法),主要是对比普通法法系与民法法系。结果是当下学术关切的广大领域被认为不属于"比较法",其中包括宗教法、非洲法、人权以及"法律与发展",并且几乎所有超国家、次国家以及非国家法都类似地受到忽略。在第二次世界大战后的学科开创时期,这种情况是有一定道理的,当时这个相对新颖的学科需要在法学主流中确立自己的相关性、地位以及效用,但这种人为导致的狭隘模式似乎在全球化时代并不合适。

在大约1990年之后,比较法领域得到了拓展,涵盖了更为广泛的法律领域(比如,立宪主义、人权、对恐怖主义的回应)、超国家层面的比较(比如,比较国际法、区域人权制度)、跨层级比较(比如,不同秩序层次的法庭)、法律传统内的比较(比如,比较普通法和比较民法)以及国家和非国家法律甚至国家之间的互动。[26]在同一时期,出现了多重视角——比如,经济分析、差异理论、批判法学理论、女性主义——以及随着法学研究整体上变得更具跨国性,提出了"我们现在都是比较法学者"的主张。[27]这里有一个矛盾:所有法学学者和法学生都需要进行明确或潜在的比较,但要获得身为比较法学家这个称号,就需要十年作为学徒的时间。对于非专业人士而言,最多所能期待的就是对隶属于法学方法的对比方法的缺陷有一些基本的警醒。[28]这个例子表明,这里倡导的方法如何可以按照它在特定时间和地点中所理解和实践的那样,被运用到对于任何专业领域的批判性考察之中。当然,这在从诸如女性主义、经济分析或解构等全新视角"重新思考"一个领域的情形中,是非常常见的。

比较是通向全球化的一个阶段。比较法对于我们学科的发展至关重要,而且比较法理论也有待发展。当20世纪末的优秀比较法学家康拉德·茨威格特(Conrad Zweigert)劝说自己的同事继续比较法研究时,这对20年前的比较法学家而言可能是合理的建议。[29] 近年来,主要由于"全球化",比较法一直都是相当内省的。整体上看,它并没有得到理论的充分指引,不过情况正有所改变。它远没有病入膏肓,反而现在有可能成为我们学科走向跨国化的最重要的引擎。它理应成为下一阶段一般法理学议题中近乎最重要的事项。

法学的西方传统:挑战一些主流假设

对于这种批判性方法更为大胆的运用,就是构建某些关于西方法学主流假定的理想型,如果我们认真看待全球化,这些假定似乎正受到挑战。这种模板的一个例子如下:

(a)法律由两种重要秩序构成:国内国家法和国际公法(被经典地视为国家之间的关系)("威斯特伐利亚双重奏")

(b)民族国家、社会以及法律体系在整体上是相当封闭、自足的实体,可以孤立地加以研究。

(c)现代法律和现代法理学是世俗化的,如今大体上独立于它们在犹太-基督教传统中的历史-文化根源。

(d)现代国家法主要是理性-科层制和工具性的,发挥着某些功能并作为达成特定社会目的的手段。

（e）法律最好通过"自上而下"的统治者、官员、立法者以及经营的视角加以理解，使用者、消费者、受害者和其他主体的视角最多也不过是边缘性的。

（f）法学学科的主要主题是观念和规范，而非对社会事实的经验研究。

（g）现代国家法几乎完全是北半球（欧洲／英美）的创造，通过殖民主义、帝国主义、商业贸易以及日后的后殖民影响而传播到世界的大部分地区。

（h）有关非西方法律传统的研究时西方法学中边缘和不重要的部分。

（i）现代法律背后的基本价值是普遍的，尽管其哲学基础是多样的。[30]

这表明在20世纪及之前，"西方法学文化具有如下倾向，即国家取向的、世俗的、实证主义的、'自上而下的'、北半球为中心的、非经验性的以及在道德方面具有普遍主义色彩的"。[31] 这个模板带来有益的警醒。它是西方法学中某些倾向的一种理想类型。就其本身而言，它几乎是一种夸张式描述。作为概括，上述命题中的每一个都有无数例外，可以得到不同方式的表述和补充。它的核心主张是，就许多当下法律话语存在共同的可行假设或预设而言，它们每一个都在某些语境中受到"全球化"倾向的挑战。这个列表的用处在于给每一个命题在特定语境中提出一些问题：该语境假设了它吗？如果是这样的话，它对这个从全球视角展开的研究仍然有效吗？或者说我们在这里作出这一假定了吗？我需要从这个角度修正、修改、限制或拒绝它吗？

这份独特的列表和每个命题的形成都源自我对接受全球视角所带来的挑战的反思与解释。任何质疑它的人都可以对这个列表以及特定表述加以修正或替代。无论我们如何理解它，它只是对我们思想传统进行批判性思考的方法的一种阐发。它所做的一切都是在一个非常一般性的层面为如下问题的重要方法提出检测："全球化对我的可能影响是什么？"

规范多元主义与法律多元主义

有关这个复杂议题，我撰写过大量著述，但我的整体立场很简单。[32] 其一，缺乏有关国家法律多元主义（这指的是，许多国家将大量宗教法和/或习惯法承认为国家法律体系的一部分）存在的严肃讨论。比如，我在苏丹的时候，官方法律包括宪法、地方立法以及在"正义、平等与良知"这个名义下引入的作为残留法的普通法。它们出于有限的目的，还承认伊斯兰法和习惯法。被人口中不同群体视为"自身的法律"的事物要比这更为广泛，但并非全部都被承认为国家法的一部分。比如，弗朗西斯·登所说的丁卡法（Dinka law）就要比苏丹国家法中所涵盖的有限内容广泛得多。[33] 有许多实践问题和有争议的议题与国家法律多元主义相连，诸如习惯法如何能够得到证明与解释。

其二，规范多元主义是一个社会事实。这指的是，所有人类在他们日常生活中每天都会遇到大量各种各样的规范、规则以及规定。当我问及自己的学生他们在前48小时遇到多少规则时,很少有人列举出少于一百个的。[34]

其三,在我看来,如果我们采纳宽泛的法律观念,法律多元主义也是一个社会事实。这指的是有不止一个法律秩序能够且通常确实共存于相同的时空语境中。这些秩序可能彼此之间没有什么关联,抑或可能会以复杂的方式彼此相连且互动,它们有时彼此冲突,有时和平共处又或相互影响、互补。如桑托斯所言,合法间性(interlegality)[35]就如规范间性(inter-normativity)一样,可能难以确定或描述,且通常相当复杂:当我们购物时,我们的日常家务、交通法则、礼仪惯习以及超市的管理制度之间的关系是怎样的呢?立场在这里就很重要:规范多元主义存在的主要证据就是,我们都体验到它;一个法律体系借由其官员或法官之口可能会否认大部分社会规范类型作为国家法而存在。但同样是这些官员,却无法诚实地否认这些社会规范的存在,因为他们既是官员又是服从这些规范的人,同样感受到了它们。其中有一些规范可能与他们所做的决定相关。如果他们的法律观念限定在他们自己的法律体系和它所属的秩序种类中,那么他们就会否定这属于法律多元主义情形。这是一种自上而下的视角。从服从于社会规范的人的角度来看,这些规范是否属于"法律"通常并不十分重要。不过一位认为英国法和沙利亚都是法律的英国伊斯兰教信徒却处于法律多元主义情境之中。[36]

其四,有关法律多元主义的诸多争议,可以被理解为在特定语境中涌现出来的有关法律观念的熟悉议题。这似乎使得人们不再关注有关多元主义、合法间性、规范与规范制度的个别化以及一般规范理论的其他谜团。我在别的地方详细地处理了这些问题。[37]

在我迈阿密的研讨课中,我们至少花费了两周时间将规范多元主义和法律多元主义作为主题来进行探讨。在说服全班学生他们都已经经历过规范多元主义,并且任何否认这一点的人近乎认为地球是平的人一样后,每个学生会展示两个有关法律多元主义潜力的实际例证的个案研究。桑托斯有关里约(帕萨尔加德)贫民窟的论述,与美国的普通法运动(不满的民兵的"法律体系")形成了绝妙对比,因为它们大体上都将自己界定为反对"沥青法"(也即国家法);肯尼亚的奥蒂埃诺案(Otieno case)中,一位"城市化"的内罗毕律师的遗孀与她丈夫的宗族就埋藏权展开争夺;苏丹政府诉巴拉·厄尔·巴拉·巴雷拉案(*Sudan Government v. Balla el Balla Baleila*)提出如下问题,即一辆火车的司机撞死了牧牛的游牧民的数百头牛时,他们在杀掉这个司机时,是否可以主张以合理的刺激作为辩护(判决:标准是合乎理性的巴加拉部落成员)。[38] 后两个案例表明,"国家法律多元主义"在承认习俗和宗教的一些内容属于国家法的国家中是很盛行的。

从自下而上的视角思考"多元主义"是尤有启发的——比如,布拉德福德的伊斯兰教徒是否由于萨尔曼·拉什迪(Salman Rushdie)的小说《魔鬼诗篇》(*The Satanic Verses*)中的段落而受到杀死后者的法特瓦(*fatwa*)的约束;或是英国伊斯兰教妇女和英国伊斯兰教男子订婚时的两难境地:关于举行婚礼的最佳顺序(他们应该先登记民事婚姻还是同时进行?),是否有婚前协议(如果有,以什么形式)以及以何种顺位向家人、同龄人、伊玛目、律师以及当地咨询机构咨询?[39] 我们只有在详细思考这些具体案例后才讨论理论化"多元主义"的问题,并且就整体而言,我们发现大部分理论文献是没有帮助的。

全球视角下的分析法学

我主要是位分析法学家。我在别的地方已经总结过我对于这个议题的主要观点:[40]其中尤为重要的是,英国分析法学传统是欧洲诸多传统中的一个;概念对于分析性、规范性、经验性研究以及法学研究都至关重要;英国传统中的分析法学家在很大程度上将自己的注意力投入在教义性概念以及有关法律问题的推理上,如果我们接受更广泛的有关法律这门学科的观念,他们留下了大量和法律相关的概念没有加以分析。[41]这一点就如我自己在有关法律传播的著作中所做的那样,只是在一定程度上由于借用临近学科的概念而稍有缓解。

在"有概念,就会有传播"(2001)这篇文章中,[42]我力劝分析法学家将他们的注意力转向构建和阐明能够在不同法律传统和文化甚或诸如英格兰和法律这样不同司法管辖区内"广泛传播"的概念。这个观点的核心是,历史使然,西方法学传统在法律话语或有关法律的话语中,产生的这类概念非常稀少。有关法律的话语可以在某种程度上借鉴临近学科发展出来的概念,但正在兴起的各种各样的跨国法(包括跨国标准,以及所谓"全球化"的标准和指标)需要新概念与词汇来加以阐明,尽管我们无法期待一种无所不包的法律世界语言。

一个没有得到广泛传播的概念的简单例子,就是法官这个概念:在近来一份有关欧洲司法体系中性别平衡的"排行榜"的新闻报道中,[43]英格兰和威尔士在女性"法官"数量与男性法官数量比方面近乎垫底；法国的排名则要高很多。在这个语境中谁属于"法官"没有得到媒体报道。在原本的报告中，这被限定为专业上有资质的人士，但没有具体为在哪类审判庭中的人士。如果非专业的治安法官被包括在内，排行榜就会有所不同，因为英格兰和威尔士有超过50%的治安法官都是女性。她们处理将近90%的刑事案件，这些案件最接近的对应物在几乎所有其他经济合作与发展组织的国家中大体上都是由受过专业训练的人士处理的。这并非只是语词游戏；更准确地说，在英格兰谁负责处理刑事审判的安排，非常不同于比如说我们的邻居法国。在这些方面，它们是不可比较的；不存在能够有助于这一对比的令人满意的概念。排行榜、指标和许多跨国统计数据充满了这类错讹百出、令人生疑且引人误解的对比。在此语境中，法官这个概念并没有得到广泛传播。

这是一个广泛的主题，议程宏大且艰巨。在《一般法理学》的附录中，我收录了有关一些概念的启发式迷你研究，这些概念若要用于对比和概括，就需要在跨国法律话语中加以完善。[44] 任何做比较工作的人都熟悉这个问题。在比较法领域内，有大量文献都在和教义概念缠斗，但其范围程度非常不均衡。关于展开有效的经验比较与概括所需的概念的分析非常罕见。其他一些学科更为先进，有时可用的概念可以被（审慎地）借鉴以用于法学研究。但认真对待全球化的意涵之一，就是极为需要可用的概念以便进行比较和概括。

如果我们像边沁、杜威和卢埃林那样，将概念实用主义地视为思考的工具，显然法学经验研究需要合适且可用的工具来解释、描述和说明法律现象。跨国数据统计也需要它们。乍看之下，这似乎是概念澄清与建构领域专家的一项工作。但许多这类语境被认为或假定为缺乏"哲学意义",因此就不在分析法哲学家的视野范围内。尽管我们会同意,一些实践性概念问题能够通过细致地为特定语境制作或设定而得到解决,但其他问题就需要基于对相关事实、价值和概念网络的理解的更有技术性的构建了。许多这些问题无论是否具有哲学意义,都是具有法理学意义的。

弥合分析性、规范性以及经验性研究的分裂

我花了很多精力试图在分析法学和法学经验研究的不同思想传统之间建立桥梁。[46]调和我从哈特和卢埃林身上学到的东西是一个起点;[47]然后是邀请分析法学家将他们的关注点从法律话语的教义概念扩展到涵盖诸如制度、纠纷以及社会规则等有关法律的话语的基本概念;或是帮助构建在不同法律传统和法律体系中广泛传播的概念;或是帮助提炼恰当表述假设、跨国比较以及影响力与日俱增的指标所需的概念。反过来,我一直试图说服社会法律研究学者和人权理论家不要将分析法学贬低为仅仅是形式主义或实证主义的流溢。[48]我把将分析法理学、规范法理学以及经验法理学视为半自主领域的倾向批判为"筒仓思维"(silo thinking)(第1章和第13章)。①在不太抽象的层面,我一直强调理解证据、比较法、法律语境中的推理或酷刑,都涉及关注概念、价值、事实以及教义;并且现实主义态度是理解法律的必要条件(或至少非常重要的因素)

---

① "筒仓思维"指的是死板和过于简化地思考问题,或者说这种心态与思维方式无法灵活地突破既有框架去思考问题。

而非充分条件（第13章）。

当然，在这些努力中我并非踽踽独行。在同时代人中，布莱恩·莱特通过挑战分析视角和经验视角之间的清晰区分而试图"自然化"法学；[49] 尼古拉·莱西已然表明，理解刑事责任或因果性的教义概念在何种程度上需要和它们的历史、制度以及程序语境相关；[50] 哈罗德·伯尔曼（Harold Berman）和其他人倡导整合性法理学；[51] 尼尔·麦考密克有关法理学的方法，在一定程度上受到弥合法律与正义的分析性、规范性以及经验性维度的持续关切的推动；[52] 还有布莱恩·Z.塔玛纳哈为将社会历史视角承认为法理学的"第三根支柱"而展开的斗争的最新尝试，也是共同事业中的同盟。[53] 在更具体和应用性的层面，许多学者都明确接受了"语境中的法律"这个方法，并以许多方式对之作出解释。

在一些群体中，这种方法一直受到持续的、总体而言是沉默无声的抵制。举三个例子：认同以强立场"科学"方法对待法律教义的学者；试图通过概念分析或说明推断法律本质属性的分析法学家，抑或认为这类分析最好或完全不需要有关社会或历史"现实"的直接关切的分析法学家；以及像罗纳德·德沃金这样的人，认为理解法律本质上是一项道德而非立足于经验的事业。[54]

这里并非重温这些古老论辩的地方，但值得简要评论一下他们捍卫自己立场的主要策略：一种方法就是忽视——也即不回应他们的批评者；另一种方法就是躲到某种强立场的自主学科这个理念下；第三种方法就是诉诸某种个人主义式的对于研究自由的解释："我追求我感兴趣的问题；你也有追求你感兴趣的问题的自由。"尽管每个学者都以自己的方式追寻真理的自由是我们学术传统中的重要内容，但这不应当阻碍对于他们事业的思想挑战，也不应当让那些认为在科学和其他学术事业的健康中存在着重要集体利益，特别是在制度化教育方面，存在着超越个人职业、热情或爱好的责任的人噤声。[55]

本书关切制度化的法学学科的健康发展，尤为关注这个学科及其许多构成性子学科和事业正在或可能如何回应，特别是就全球化而言，它当下的状况以及未来的挑战。谈论一个学科的健康可能会引起许多哲学上的纷扰，但在此语境中"健康"的含义是非常简单的：重点在于，我们对于一个学科的理解以及它实际上得到实践的方式，都易于受到批评和理性论辩的影响，在此，这指的是它在推进和传播知识以及对其主题的理解方面的任务。有关对于各种子学科以及话题的"重新思考"的讨论，一直都是从某个对目前状况不甚满意的人的立场出发的；比如，当"教义学传统"在法学研究或法学教育中太过排他或太过居于主导地位时，去批评它的可行假设与实践。在先前章节中还有许多其他建议。[56]

核心问题是我们作为21世纪第二个十年①中的法学家，与我们的前辈以及其他传统和地区的法学家处于不同的情景中。有太多东西发生了变化：各种各样的全球化；世界经济（如果说只有一个经济体系的话）；新技术的影响；气候变迁的威胁；陈旧意识形态一再重复的论辩与装腔作势；以及宗教、经济或政治上极端化的原教旨主义的兴起。我们需要为法律理论构建新的议程以及装备，这包括新的概念、新的假设、（新的）理论以及概括，将信仰多元化作为恒定事实加以处理的更新的（refreshed）想法或更可信的方式。

---

① 本书成书于2019年，故作者说是21世纪的第二个十年。

第 20 章 "退（而不）休"

导　　论

本书论述了我思想的发展以及我诸多著述的语境——对不断移动的书架有所贡献。与科林伍德一样，我没有预料到会写这么多，但与之不同，我觉得我已经说出了自己想说的话。所以与其用一曲高潮结尾，本章倒不如谈谈高产且愉快的退休生活，指出一些未竟的议程或事务的内容并澄清我最近的一些观点。

正式退休（Retirement）、完全退休（retirement）、"完全退休"和"正式退休"以及"退（而不）休"（R/retirement）——在这个并非线性发展的过程中有许多区别。① 叫作"人力资源"的行政人员可能已经记录我正式退休了三次或四次。1989 年后，我正式领取非全职人员的薪水，退休金少得可怜，但却全职工作着。后来在迈阿密，从 20 世纪 90 年代末到 2011 年，我在每年的 1 月份到 4 月份（春

---

① 在和作者的交流中，作者指出，他在这里是一种讽刺的语气，想要表明自己虽然根据规定已经退休，但是还在进行学术工作且为学校服务时并不会领到薪水。"R/retirement"这个词指的就是这种状态，所以译文用"退（而不）休"来表达这种含义。正式退休指的是根据英国大学规定，作者不再担任特定职务。完全退休是说作者不再参与学术事务。

第 20 章 "退（而不）休"

季——一个孟德斯鸠式的选择）定期满负荷授课（一门课程和一门研讨课），因此我的工资非常丰厚。实际上，"退而不休"是一个和行政机关、学术政治、公共活动以及教学逐渐分别的缓慢过程。结果就是我写作了更多东西，不过速度却是循序渐进的。

在退休之初，我向一位同事说道，"11 月份我要去马达加斯加"。他震惊地回应："11 月？"他如此询问时间，却丝毫没提马达加斯加。自此之后，我意识到我能够掌控自己的时间安排，尽管仍然容易受到截止日期和其他承诺的影响。我在"退（而不）休"中给自己放了两次假：没有截止日期的六个月。这需要细致的规划，但却是一种解放和启示。我有时间去阅读并进行闲适的交谈，最后也不需要任何报告。我作为一名"退（而不）休"的咨询者，开始给 60 岁接着是 70 岁的"孩子"提供免费建议：比如，你如果想避免撰写讣告和参与庆贺文集，就英年早逝。

五十多岁的时候，我以为自己会在 65 岁正式退休，70 岁以后的所有日子都应被视为一种奖赏。最近回顾了一下，我意识到自己自从卸去机构中几乎所有的职务开始，我撰写的著作数量和我其余职业生涯的撰写的著作数量相差无几。其中有一些属于我最重要的作品；有一些是我对一个主题的最终论断。这的确是种奖赏。如霍姆斯所说，晚年是法学家最好的年华。

分别是一个逐渐发生的过程，但 1999 年的 9 月算是一个便利的标志：在我 65 岁生日这天，我正在社会科学家的天堂——斯坦福高等行为研究中心开始为期一年的假期。一位哲学家、一位小说家和我（唯一的法学家）是 45 位成员中的局外人，他们主要是行为科学家，还有零星的几位人类学家与历史学家。除了做自己的工作，我们的唯一职责几乎就是和其他成员交往,我乐此不疲且对之充满民族志式兴趣。[1]一些社会科学家难以脱离指导研究生和准备基金申请的工作。我们三位单打独斗的人就免此负担。结果是这成为非常开心和高产的一个学年,探寻加利福尼亚、交友、聊天、阅读以及写作,样样都不落。这一年在如下两种意义上成为一个分水岭:我开始沉浸于跨学科研究,并且开始更为广泛地思考。

在20世纪50年代末,特雷弗·拉特曾说我会成为一位散文家而非小说家或学者-政治家。[2]他说的没错。我尽管有润色真实轶事的天赋,但很早就意识到自己没有虚构的天赋。到1999年,我已经出版或接近完成四部文集:《重新思考证据》,副标题是"探索性文集"(1990年第1版);《语境中的法律》(Law in Context),副标题是"扩展一门学科"(Enlarging a Discipline, 1997);《伟大的法学市集》,副标题是"法学家的文本与法律人的故事"(Jurists' Texts and Lawyers' Stories, 2002);以及《全球化和法律理论》(2000年),它也可以被视为一部探索性文集。甚至《卡尔·卢埃林和现实主义运动》都可以被理解为有关被置于卢埃林职业生涯语境中的精选文本的一系列研究,而且序幕则是对三所美国东海岸法学院——哈佛、哥伦比亚、耶鲁——发展史的叙述。

1999年以来,我的大部分著述集中于四个主要议题:作为跨学科领域的证据、法学教育、全球化和法律以及一般法理学。我在先前章节已经讨论了主要作品。[3]这里我会侧重一些未竟的事业并尝试简要地阐明我最新的一般性立场或看法。最后,我将提出一些我认为可以帮助我们的学科及其构成性子学科适应日益加速的全球化,并更接近实现其作为人文学科与社会科学的核心部分的潜力的方法。

未竟的事业

研究与思考永无止境。和大部分学者一样,我有放弃了的项目、未完成的事业以及一些让我眼前一亮的工作,其中包括只有其他人才能够完成的研究。我的这个清单要比科林伍德的更短,在思想上也没有他那么大的雄心壮志。科林伍德的《自传》出版于1939年,那时他50岁。他切实地预计自己会早早死去,并开始着手自己非凡的未完成的计划。事实上,他去世时53岁。他的一些最重要的著作是死后才出版的。我84岁了,预计自己不会英年早逝,所以我自己未完成的计划要更为低调。我已经在第10章和第14章涉及了其中一些内容。最近我重新启动了一项有关多语言社会中法律的项目,这是我在20世纪80年代未能取得进展的,也是希望在华威能以更为聚焦的题目"语言多样性与社会非正义"(Linguistic Diversity and Social Injustice)再次启动的;[4] 同样在华威,提出有关"人权:南半球声音"(*Human Rights: Southern Voices*)后续活动的方案;[5] 通过参与有关"面临危险的法律记录"(Legal Records at Risk)这个持续性项目[6] 以及一些家庭档案,我一直保持着自己在档案方面的终生兴趣,当然这更多是一个副业与爱好。[7] 其他一些就不那么值得一提,[8] 但其中有三个可能具有更一般的意义,我会加以简要论述。第一个是《如何依规则行事》("规则")的后续;第二个是伦敦大学学院证据项目的延续,我认为这是一项未竟的事业;第三个就是"法律推理"领域的扩展。

有关规范与社会规则的一般理论

在我的整个职业生涯中——如果把我十几岁时最初的法条主义表现算进去,时间就更长了——我一直从许多不同角度对规则感兴趣。[9]这几乎毫不令人惊讶,因为规则在日常生活中无所不在,在教义学传统中至关重要,有关规则的观点在哈特、卢埃林及其继任者的著作中居于核心地位。我在这个领域的早期教学和写作中,有三个主题尤为关键。首先,对于把法律等同于规则和教义感到不满。我对大小现实主义的最初解释侧重于如下主题,即"对于大部分目的而言,仅仅研究规则是不够的"——因此,语境、制度、过程、权力、影响以及规则和现实实践之间的关系具有重要性(第13章)。其次,受到卢埃林的直接影响,相较于法律解释为数不多的独特特征——诸如解释和运用先例与立法时的教义学面向,我对解释法律和解释社会规则之间的连续性印象更为深刻。在此,除了一些非常特定的语境,比如一个实践问题取决于"法律"的意义的情形(譬如,谁是丁卡法的专家?),法律与非法律之间的区分不应当有太多意义。[10](法律)解释中怀疑条件的理想型,适用于社会规则和道德规则;在法律语境中,可能会有一些额外的考量,这主要和现代国家法律的复杂性相关。第三个主题,如"法条主义孩子的例子"(The Case of the Legalistic Child)所述,关心对待规则的态度,它和文化、个体心理学特别是不同的立场与角色相关,后者不仅包括规则制度、解释以及使用语境中的专业参与者,也包括作为使用者、"坏人"、受害人、目击者等的规则服从者。

这三个主题都在《如何依规则行事》中占有一席之地,但身为

第20章 "退(而不)休" 453

作者,我们受到如下事实的约束,即该书被设想和理解为刚入门的法科学生的导论性作品——有关解释的初级读本。这个形式束缚了重要主题的发展,只有一些同事认为它是对学术研究或理论的严肃贡献。不过,我们觉得其中一些内容是相当具有原创性的,并且包含可以得到进一步发展的其他有益的洞见与暗示。不是我冒昧,但我确实认为"规则"包含可以引发出20篇博士论文的问题的"种子"。

我们这类理论化工作的传统特别包含来自道德哲学、逻辑学、言语行为理论、社会学、博弈论、经济学、决策理论和法理学的重要贡献,更不用说人工智能与神经科学了。[11]尽管有大卫·刘易斯(David Lewis)、约瑟夫·拉兹、弗里德里克·肖尔以及其他人勇敢无畏的努力,我们距离拥有一种有关规范的确定的基本概念框架还有很长一段距离,就更别说一种关于规范的无所不包的综合性一般理论了。[①]没有达成共识的词汇,没有确定的有关规则或规范类型的分类学,对于令人眼花缭乱的大量议题的理论化工作也是参差不齐的。

我对教科书形式的约束感到不满足,希望能再写一部有关一般意义上规则的著作。多年来,我收集着突然出现的著作、复印件、

---

① 大卫·刘易斯从语言哲学角度提出了有关社会合作和社会惯习的论断,在引入法理学后逐渐成为学者从社会惯习(social conventions)角度理解法律的立场。虽然在细节方面有所不同,晚年的哈特、波斯特玛以及安德瑞·马默(Andrei Marmor)都持有该立场。约瑟夫·拉兹对于法律规则的贡献主要体现为他将实践哲学中的理由论引入法理学,认为法律规范构成了人们行动的二阶排他性理由。弗里德里克·肖尔不仅阐述了自己有关规则的观点,即规则是对其背景性理由的一种替代,还整理编辑出版了卢埃林生前有关规则理论的文字。

事例、案例、剪报、想法、卡通以及引文。我那不可思议的图书馆中，有礼仪和宣传手册、体育和赛事百科全书、机场书摊中的商人手册、育儿指南以及诸如以《看看英国人：英国人行为的隐藏规则》(*Watching the English: The Hidden Rules of English Behaviour*)为题的著作，[12] 还有标准的学术作品。[13] 其中一些材料已经被融入"规则"的五个前后相继的版本中。在20世纪70年代末，和一位社会心理学家萨莉·劳埃德-博斯托克（Sally Lloyd-Bostock）一道，我发起了一项关于"法条主义"的项目，由于我们的兴趣不同，这个项目没有什么结果。我曾不太认真地思考过用民族志的方法研究法律考试的考官在考试规则、评分标准以及决策方面的态度和行为；考官会议可以按照和《是，大臣》(*Yes, Minister*)一样的风格加以理解。[14] 我写过大量关于现实主义和教义学方法的作品，也写过关于特殊议题的作品，诸如规范多元主义和法律多元主义；法律的移植（到底是什么得到了传播？是教义、概念、假发、建筑、意识形态吗？）；边沁有关程序法（证据与程序）的反规则命题（第14章）；以及其他许多话题。近来在牛津，我关注有关"法条主义"的跨学科系列研讨班，其中包括历史学家、法学家以及人类学家，它迄今已经产生出三卷重要的作品；[15] 我在证据法的性质、范围、局限以及功能方面花费了大量时间，既牢记着塞耶的格言，即"法律对逻辑能力没有任何约束力"，又记着威格摩尔愤怒的吼叫，他说谈论可信赖性或权重的规则无异于道德上的不忠。[16]

如前所述，我希望再写一部有关规则的著作，这是一部面向更广泛读者的跨学科专著。这个计划我推进的不太多，因为我被这项艰巨的任务吓倒了。即使我们将注意力限定在作为更广泛类型规

第20章 "退(而不)休"

则中的社会规则这一类,它也跨越了许多学科和语境,被哲学和概念谜团重重包围着,涉及导向不同方向的许多研究路径。有关规则和规范的理念,不仅与一切人文学科以及社会科学相关,而且也需要涉猎多样化的学科,如语言学、神经科学和信息科学等其他学科。

现在我自己或作为团队一员开始一个重要项目已经太晚了。但我可以指出一些可能的研究思路,它们有助于形成跨学科领域的基础,或许能够包含有关社会规范的理论与实践的研究。这或许甚至比伦敦大学学院雄心勃勃的有关证据的项目都要广泛。[17] 一个人单凭一己之力甚至都无法勾勒出有关社会规范研究的真正跨学科领域所可能涵盖的内容的轮廓。

不过我能够开始回应如下问题:法学学科对这样一个事业有何帮助?

首先,有大量精致的理论文献,涵盖从技术方面(比如,有关起草、通俗易懂的语言、规制)到对哲学理论的一般贡献(比如,拉兹、肖尔);有关形式主义、文义主义、建构主义、从宽解释(liberal interpretation)以及原初意图的论辩,其中一些与神学关系密切;有关规制和服从的法学、社会学以及管理学著作;诸如此类。法律可能不仅事关规则,但所有这些在专业方面与法律相关的学科都必须至少认识到处理规则的基本知识。

其次,法学文献就规则的性质、规则的类型以及规则和同源概念之间的差异有大量的探索。日常语言比如在规则、原则、指引(guidelines)、标准和准则之间作出某种细微的区分;我短小精悍的《柯林斯同义词词典》(*Collins Thesaurus*)在其主词条中列出了"规则"(名词)的18个同义词,并且在之后的章节中列出了更多。"规则"补充了其他同义词,而且讨论了规则分类的困难,并探究了规则、命令、习惯、预测以及价值之间的区分;我们被正确地批评说没有对标准给予足够的关注;[18] 罗纳德·德沃金激发了有关原则及其相关概念的丰富论辩;有越来越多的文献是关于"软法"和助推的;弗里德里克·肖尔阐释了"经验规则"(rules of thumb)这个概念;有关立法起草的工作,比如,扩展了词语;有一些关于立法的精彩文献。[19]

再次,法律提供了源自制定法、法律报告、审判记录以及其他现实案例中丰富的一手资料、文本、具体的现实生活以及假想的例子(比如,模拟法庭、模拟审判和考试中假设的案例)。如前所述,法学学科的优势之一,就是法学研究的许多原始素材是在现实世界中不请自来的,而非源自学者头脑臆想中的虚假事例。在这里现实常常超乎想象。

最后,在围绕一般意义上的社会规范发展跨学科领域时,法学学科可以为大量值得追求的话题提供素材。即使《规则》一书中最精简的章节,也有宏大的题目"论一般规则",它讨论规则及其同源概念,规则和价值,规则和结果,规则分类的困难,规则、体系、秩序、法典以及其他规则群之间的关系(每一个规则都属于一个体系吗?英国法是体系性的吗?什么算是一部法典?),还有解释与适用的不同意涵。这只是一个开始。

法律语境中的推理 [20]

1983—1984年,我在伦敦大学学院任教时,设计了一门叫作"法律语境中的理性、合理性以及推理"的课程。这是法学硕士法理学课程中为期八周的选择模块。这是我证据项目的副产品。它是两个观念彼此相连的产物：首先，法律人（以及其他相关行动者）并不只是就法律问题展开推理——我的证据项目的许多内容都与事实议题以及事实确定问题的推理相关；其次，司法裁判最好是在广义理解下的诉讼整体过程模型的语境中加以研究。[21] 每个行动者都有一个会随着过程转变而改变的独特视角。许多这些决定或选择典型地与纯粹的法律或事实问题无关：比如，检察官需要决定是否提起公诉以及基于何种理由公诉；刑事案件中的辩护人可能是在辩诉交易后需要决定是否服罪，抑或决定是否要基于何种理由对定罪或宣判提起上诉；假释裁决委员会需要决定一个罪犯是否有可能给社区带来持续的风险。在现实生活中，各种各样的法官需要作出属于他们工作中的一部分的各种各样的决定——比如，有关证据可采性、程序、审判、成本抑或损害的决定。只有对上诉法官（以及为数不多的其他人，诸如立法起草者）来说，法律问题整体而言才是最重要的。一些行动者可以自己组织这些议题；还有一些人，包括法官在内，必须接受他人组织好的（诸）议题。[22] 诉讼中行动者所作出的许多决定都多多少少是常规性的，但它们在理论上都涉及针对每个决定的推理，以及/或对于每个决定的证成。原则上，它们都是"理性的"，并且服从于理性重构。显而易见的是，甚至诉讼中的标准操作都包含各种不同的决定，后者可能包含各种各样但通常彼此相连的推理。当然，法律人和其他行动者会在许多其他类型的非诉讼语境中展开推理。这就是教义学传统由于几乎完全将"法律推理"这个词汇及学者的注意力限定在法律问题，特别是"疑难"——亦即例外——案件中，而使得法律理论与法学研究变得贫乏的领域。

这个领域中关注点与认识的不均衡的明确证据，就是普通法和民法传统中大量文献都是关于法律问题的推理与论证的。这些文献很少关注事实问题与法律问题之间区分的脆弱性，以及制度语境和角色观念以何种方式如何影响了议题的形成与展开、案例如何被视为"值得起诉"和数不胜数的其他语境因素。当我在20世纪80年代着手研究这个问题时，有关法律语境中推理的其他内容的文献最多不过是零星出现。关于公诉的决定、民事与刑事程序中的谈判以及诉讼中减轻刑罚的辩护等问题有一些有趣的研究，但在广度或复杂度方面与有关法律问题的研究不可相提并论。此后，学术研究在这些领域中的大部分领域取得了重要进展，但很大程度上是和有关"法律推理"的法理学文献缺乏相关联的。这同样适用于20世纪70年代末开始的有关或然性和证明的激烈论辩。此外，几乎没有任何系统性的有关这些不同类型的决定和推理的相似性、差异以及彼此关联的论述。

不仅对在每种语境中什么构成了一个有效、令人信服或有说服力的论证，而且对这些不同的法律人（以及其他人）的推理如何彼此相关，都可以提出许多有意思的问题。比如，所有推理都可以被涵摄进一种单一的"实践推理"的一般规范性模型中吗？二值的法律问题、事实问题以及同源的其他问题具有结构上的相似性吗？[23] 考虑到法律与事实之间区分的含混性，为什么它们被认为是不同的问题？也有许多关于行动者实际上在这些不同语境中如何"推理"、他们如何阐明这些推理以及修辞、叙事和机会如何与这个更广泛的图景相调适的经验性问题。[24]

我的法学硕士模块通过探究标准的理论与实践低调展开，它涉及调查，公诉决定，辩诉交易，民事诉讼中的和解，有关事实、法律、程序以及审判的调解和司法裁判决定。学生被要求针对精选出来的活动展开个案研究。尽管这对于开阔眼界非常有效，但我很快明白，即使我有能力讲授它，这个领域也无法在单一模块中得到满意的处理。我在警察调查、公诉决定、司法以及陪审团事实发现还有或然性以及证明方面做了一些基础性工作，并且以非常基础的方式撰写了有关传统意义上的"法律推理"的作品。[25] 但显而易见的是，要妥当地处理这个领域，就要下大力气投入进去，并且涉及许多领域的重要帮助。我不太情愿地转而决定继续关注证据、证明与事实发现，并在这个题目下开设了为期一学年的课程。这需要明确聚焦于不同语境中源自证据的推断，但不会铺开到更广泛的主题。

如果我没有在20世纪90年代着手研究"全球化和法律"，我自己就可能会专注于"法律语境中的推理"。在这个项目中，我所做的不过是深化我有关证据推理的研究，并请伦敦大学学院统计学教授菲利普·达维德这位开明的贝叶斯主义者讲授和思考诉讼以及循证政策和立法之中的或然性和证明。他后来主持着下一节会谈到的伦敦大学学院证据项目。我有时后悔没有对法律中的推理的这些更广阔的内容有更多投入，因为这个领域被忽略，是狭隘的教义学传统居于主导地位所带来的影响的一个最好例证。隔绝于相邻制度与程序语境中其他类型的实践推理，我们如何能够理解有关法律问题的推理呢？

证据（二）

从很早的时候开始，显而易见的就是在法律语境中重新思考证据会涉及跨学科工作。在早期,这对我来说主要包含或然性理论(包括归纳逻辑)[26]和历史编纂学。[27]在20世纪70年代末和80年代初,我是牛津社会法律研究中心有关法律和心理学的顾问,和萨莉·劳埃德-博斯托克一起工作,她是一位社会心理学家,组织了出色的系列研讨班,其中有各式各样的实务工作者以及来自各个学科的学者。[28]在那个时期,有关目击辨认的心理学研究是最重要的。[29]一开始我和特里·安德森致力于修正威格摩尔的"证明原则";就和历史学一样,关注点是有关过往特定事件的证据。之后在大约1980年的时候,我们遇到了戴维·舒姆,在他的影响下,我们拓宽了范围,将更多学科涵盖进来,并且延伸到当下和指向未来的研究。

戴夫·舒姆成为现在已经持续将近五十年的三方合作中的第三方。作为莱斯大学的一名社会心理学家和统计学家,他偶然遇到过威格摩尔的《科学》(*Science*, 1937)并且在为美国中央情报局培训情报分析时运用过"图表法"。这促使他写出了两卷本的杰出著作,《情报分析的证据与推断》(*Evidence and Inference for Intelligence Analysts*, 1987)。这部作品可能被情报界认为太过艰深,未能引起外界的注意。不过舒姆坚持不懈,在1994年推出了另一部重要作品——《概率推理的证据基础》(*Evidential Foundations of Probabilistic Reasoning*, 1994)。在该书中,他综合了更多学科中有关证据和推断的基本观点,其中包括逻辑学、哲学、符号学、人工智能以及心理学,它们构成了不限于理论研究的多学科"无关于内容"(substance blind)的方法的基础。① 舒姆指出,会

---

① 这表明有关证据与推理的研究是不局限于具体内容或主题的,而是一种方法层面的讨论。

计师、精算师、空中交通管制员和其他从业人员都需要在源自证据的推断的基础上作出决定。

舒姆的力作正好在特里·安德森和我都是作为位于瓦萨那的荷兰高等研究院（NIAS）研究员（1994—1995年）之前推出的。我们的集体项目与荷兰刑事司法体系有关，但我们从其他成员中额外设立了一个跨学科小组来研究和证据、推断以及解释相关的方法论问题。我将下述假设正式阐发为一个起点：

> 尽管存在如下方面的差异，即（1）我们具体研究的对象；（2）可使用的原始资料的属性与范围；（3）我们各自学科的文化（包括它们的历史、惯例、发展状态等）；（4）国家背景；以及（5）其他因素，但我们的所有项目作为他们事业的一部分，都是从证据中作出推断以检验假设并证成结论的，这种研究的逻辑受到共同原则的支配。[30]

这逐渐被称为"特文宁假设"，不过这个项目则是基于舒姆的方法。在这一年末，我们邀请舒姆来到瓦萨那主持最后一个阶段的工作，并且在适当的时机，将此项目汇编的论文集出版，并由舒姆加以概述和评论。[31]

自20世纪90年代以来，证据变得尤为具有新闻价值。[32] 如今，假新闻、病毒般传播的谣言以及对专家的诋毁依旧很流行。[33] 今天我们可以将报纸练习运用到谈论证据的新闻条目中，我们可能会发现有关证据的话语出现在每一版中。这种发展可能是利弗休姆基金会（Leverhulme Foundation）在2002年以100万英镑的资助招标有关证据项目的一个主要刺激因素。菲利普·达维德发起倡议，邀请伦敦大学学院内的学者的项目意向书。超过20个院系的学者作出回应，一份跨学科的研究计划和一份来自伦敦政治经济学院的计划获得了资助（由经济与社会研究委员会加以完善），这笔资助对于人文学科和一些社会科学学科的学者而言似乎数额巨大，他们并不习惯于这么大手笔的经费。在菲利普·达维德巧妙地领导下，以及将近20个院系的参与者的配合下，这个项目与跨学科工作这个持久难题展开了"英勇战斗"。[34] 这个项目以2007年在英国科学院召开的一次重要会议，以及2011年描述和评价这个项目的一部重要作品而告终。[35]

我对这个项目的结果稍感失望。在我看来，主要理由是四年时间对于建立一个真正全新的领域来说太短暂了。实际上，似乎有合理的机会获得更进一步的资助，但菲利普·达维德可以理解地想要卸任，而且参与这个项目的人中没有谁准备负责协调第二阶段这个要求很高的工作。我们之中有人想要复原这个项目，但除了在伦敦大学学院研究生院的跨学科研讨班外，这个项目最终还是失败了。我认为从这些最初的项目中有许多可资进一步发展的东西，但如果类似这个项目这样的事物要想复原，就需要更为清晰地聚焦于且基于对目的、方法以及可行假设的明确共识。[36]

2009年以来这个领域中出现了许多其他项目的发展。或许最重要的一个项目就是皇家统计学会有关统计学和法律的工作组所资助的一个关于法医科学家、律师以及专家证人的项目。这为实务工作者提供了四个非常有用的指导。[37]

人权：南半球声音

2005年我开始了一个更有前景的项目。作为一位采纳全球视角的法律理论家，我关心大部分西方法理学主流传统的狭隘主义或孤立状态，及其实践中与之相伴的种族中心主义和欧洲中心论普遍主义的危险。比如，就连内容更为广泛的学生教材的索引中都几乎不包括任何"南半球"法学家的名字。于是核心的问题就是：可以采取何种措施得以尝试在全球化时代思考、谈论、争辩以及讲授法律的理论问题时，拓展我们西方式实践？

我详细讨论了有关起点的选项。这包括推动一系列像一部著作这样篇幅的有关非西方法学家的研究；[38] 推动翻译以英语为母语的语言能力不足的人所无法获得的文本的项目；鼓励设立更多致力于相关学科的学术职位。我最后决定从这样一个低调的方案开始，即试图使得特定几位法学家和文本在西方英语世界更为人所知。[39]

在考虑过许多备选方案后，我把自己的列表缩减为我尊敬的四个人，他们的背景我已经熟悉，而且我作为同事和朋友在个人意义上了解他们。我将此称为"我的密友项目"。尽管我并非人权领域的专家，但我从包含七八位学者的短名单中挑选出的四位，还具有一个伟大的优点，即他们都是有关人权的活动家和著述者，不过虽然有某种惊人的相似性，他们每一位都对人权问题持有独特的看法。

经过一些初步研究后，2005年在亚伯达的一次公开讲座成为这个项目的起点。如下就是这次活动的摘要：

在"全球化"语境中，西方法理学在很大程度上忽视了非西方的视角、旨趣以及传统。本文通过引入四位"南半球"法学家有关人权的著作，向我们法学经典的去狭隘化特征迈出微小的一步。这四位法学家是：弗朗西斯·登（南苏丹）、阿卜杜拉希·安-那伊姆（Abdullahi An-Na'im，苏丹）、亚什·哥亥（肯尼亚）以及乌彭德拉·巴克西（Upendra Baxi，印度）。他们接受的都是普通法训练，并且以英语发表众多作品，所以他们的著作是已经可以读到的，但他们的视角向我展示出令人惊讶的差异。登指出，南苏丹丁卡族的传统价值基本上与国际人权制度背后的价值是相容的。在安-那伊姆看来，对于伊斯兰教的"现代主义"解释大部分是与国际人权法相容的，但这些观点的接受更加取决于伊斯兰教内部的对话，而非跨文化对话或外部努力。哥亥质疑有关普遍人权的主张；不过从他的物质论立场以及后殖民时期宪法制定的经验来看，人权话语可以为多种族社会中沟通宪法安排提供框架。巴克西指出，由于人权话语受到有权势群体的专业化或挟持，它就有和穷苦大众以及受压迫群体的苦难与需求脱节的风险，但后者才是人权的主体。他们构成了一个非常吸引人的大相径庭的研究。不过尽管他们彼此有别，但却在最基本的方面没有分歧；毋宁说他们是彼此互补的。[40]

近年来，他们的观点似乎以某些重要方式趋于一致。首先，四个人都敏锐地意识到我们生活在一个以信仰和文化多样性为特征的世界中。据我所知，他们每一位都会选择帕特里克·格伦所说的"可持续的多样性",而非某种一种尺寸适合所有人的乏味的同质性。[41]其次,他们将(信仰、文化、传统)多元主义接受为一种难以根除的社会事实,提出了一些议题,它们从普遍主义和文化相对主义之间的对比中得到了广泛讨论,在人权方面尤为如此。我的感觉是四位都对这类论辩感到厌倦。每个人都从强立场的普遍主义和特殊主义之间开辟出一条道路。他们四人都拒绝强立场的文化相对主义。[42]他们都没有认为有关信仰的多元主义这个事实会成为放弃道德认同或拒绝批判特殊文化实践的理由。关于伦理普遍主义,他们的立场有些不同:他们都在政治上认同为《世界人权宣言》(Universal Declaration of Human Rights)中体现的基本价值而奋斗。安-那伊姆接近于支持一种基于宗教的伦理普遍主义;登强调人类尊严是一种基本价值,但似乎将国际人权文件用作共识性的可行前提,而非将之视为包含着单一系列的普遍道德观点;哥亥与巴克西在他们的职业生涯中很晚才实用性地投身于人权话语,因为后者在他们活动的领域中非常具有优势。哥亥认为,人权话语是通过真正的民主构成性过程,沟通宪法与政治安排以及发展宪法的一种历史性偶然的可操作框架,但是他强调物质利益而非文化差异是冲突的持久不息的主要基础。巴克西也将人权视为一种话语,并强调它受到滥用和混淆的可能,他强烈地支持人权应当被允许成为一种媒介,表达"苦难的声音",尤其是世界上被剥夺了食物、水源、健康、教育以及有价值的生活的其他必需品的另一半人的声音。

亚伯达的讲座效果不错。从这次讲座我明白,对于地理上和思想上与讲座主题相去甚远的人而言,讲座主题也可以是妙趣横生与通俗易懂的。不过,发表在优秀但晦涩的加拿大期刊上的一次讲座发言,对于推动使得这些作者与文本更为人所知的项目而言并没有太多贡献。如果想要他们的声音被听到,他们需要直接向所意图的基本观众、西方法学家以及人权领域的专家发声。所以我设计了一本书,旨在为类似的项目提供一个范例。它的形式是在教学中既可以用作素材也可以用作教材。其内容是对这四位学者中每个人的关键文本的重要节选;对整个项目的导论;对每个文本的简短传记性和语境性介绍;以及一个总结性的章节,它不是对每个文本展开细致批评或分析,而是指出它们如何彼此相关并且与西方主流人权文献这个更广泛的语境相关。它还勾勒了一些有关这个项目可以如何加以拓展的初步想法。[43]

身为编者,我有诸多优势。在个人层面,我了解这四位思想家中的每一个,知道他们来自哪里。我采访了其中的三位,并给第四位发去一些问题。我有一笔关于这个项目的研究经费。我们想方设法在2008年6月让他们齐聚于贝尔法斯特的研讨会上,在此他们彼此交换意见,讨论关于这个项目的一些议题:在这个语境中"南半球"与"声音"意味着什么。他们都赞同自己不代表任何人,自己都是文化上的混血儿,但都关切"南半球"利益与视角,并且都具有处理现实发生的实际问题的广泛经验。这些优势中有一些难以复制,这个范本也难以准确参照。不过,我相信语境性内容以及这几个人构成的群体共同增加了我所编的这本书的价值。

项目的下一步会是什么?我充分意识到第一步工作的彻底的局限性。这就是它基本的听众是西方世界。其次,声音都来自男性;他们都是接受过普通法训练的来自前英国属国的后独立时期(生于1938—1946年)的第一代人,用英语写作有关人权方面的作品,面向以英语为母语的听众。[44]这些因素中每一个都可以加以改变。我试图激发一些朋友和同事来接受这个挑战。[45]当然,尝试的可能性是无止境的,因为除了复刻我的范本,我们还可以从不同路径入手,改变约束最初项目的诸多因素中的某一个:为什么将听众局限在母语是英语的法学家以及人权律师呢?为什么只是用英语写作的文本呢?更早或更晚近的几代人如何?等等。当然,相比于这些可能性,任何从华威提出的项目都会更为谦逊,但它会成为颇有帮助的下一步行动,我希望其他人会跟着做。

重新思考法学教育

> 本书第一版的核心主张之一,就是在接下来的二十年间,法律世界会比它在过往两百年中发生更多的改变。三年了,我相信我们正在朝这个方向发展。
>
> (理查德·萨斯坎德)[46]

在完成《布莱克斯通之塔》并将我有关法学(法学研究、法学教育和培训、法律理论化工作以及解读法律文本)的一些论文汇集为《法律中的语境:扩展一门学科》(1997年)后,我决定关注别的问题,并且在大概十五年的时间里,我没有将此视为自己的一个兴趣点。不过,我有时会受邀作为"专家"来传播自己的观点。这个决定是深思熟虑的,因为我对整个领域中有关思考、写作以及论辩的主导模式感到严重不满,但我无法确切指出自己不满的地方。我不自信我知道自己正在讨论什么——抑或其他任何人在政策层面做什么。在《法学教育和培训评论》(LETR)发表报告后,我非常迟疑地主要作为一位活动家而非学者重新回到了这个领域。这份报告在一些重要方面是对先前在英格兰和威尔士的报告的改进：它对2007年《法律服务法案》(Legal Services Act)之后规制政策变动语境中的法学教育政策，采取了一种基于证据的分析方法；它研究深入且比之前所有报告在教育方面更为成熟；主要的基础性工作是由四位法学学者完成的，他们都是这个领域中的专家；有传播非常广泛的咨询意见。不过，我不仅对于这份报告及其灾难性后果（这自然而然地受到其狭义的指称词的约束），还对整个领域中的一般性话语，同样微微感到不满。大概从2016年起，我就开始思考如何重新组织整个"法学教育""法学教育与培训"抑或"法律学习"领域，为预示或警示着将会是极为迅速变革时期的未来几年中的思考、研究和政策制定提供基础。

在我暂时从这个领域"退休"前，我已经向彻底重新思考的方向迈出了几步。在20世纪90年代我开始思考"全球化"时，我在几篇论文中运用了有关"上都法学教育"(Legal Education in Xanadu)的假想报告这个技巧，以便挑战这个领域的一些传统思考模式。基于国际法律中心的报告，我将下述可行假定与假设作为从全球视角观察该领域的一个起点：

（几乎）在所有社会中：

几乎每个人都会获得一些法学教育。
这个过程从摇篮持续到坟墓。
非正式法学教育（比如，法学项目之外的教育）的数量大大超过正式法学教育的数量,甚至对职业律师而言也是如此。

对于正式法学教育的现实和潜在需求几乎始终超过供给。

大部分正式法学教育是在机构而非大学法学院中展开的。

在大部分国家中,被称为"法学院"的专业机构间会有相当大的差异。[48]

在20世纪90年代,我在诸如"法学院的目的是什么?"抑或"近来英联邦法学教育趋势"等题目的论文中使用了这些命题,并且跟随国际法律中心报告的观点,力劝读者从"国家法学教育体系"角度展开思考。我依旧赞同自己大部分的论证细节,但15年后重读这些作品,一种自我批判准确地定位出我自"伯里克利与管道工"以来自己思考中的一个主要缺陷。这就是在有关"法学教育"的大部分话语中,我们只是对终生学习以及将注意力从教学转向学习这一组孪生理念动动嘴皮子。相反,我们一直以边缘化这两个理念的方式在关注着机构、教师以及课程,这与我自己的假设并不一致。[49] 甚至"法学教育"这个词都与正式学习具有强烈关联;"为非法律人的法律"无意间泄露出——我们为他们这样做。但事实是,正式教学和讲授是法律学习中非常小的一部分,甚至对职业律师、法官以及法学学者而言都是如此。

采取一种关注学习而非讲授法律,关注终生学习法律而非正式法学教育(在学习发生于专业化机构和结构化课程的意义上)的视角,有大量需要详细阐发的意涵。[50] 这可以通过对比有关"法学教育"或"作为一个领域的法学学习"的三种模式而得以阐明。

以一种非常基础的方式,我们可以通过三种非常简化的理想型

表 3

	小学模式	职业模式	弗里德曼模式
谁来学习？	"法科学生"	法学职业人士（对他们而言，法律是工作的重要内容）	每一个人
何时学习？	18—25 岁	终生	从摇篮到坟墓（"终生学习"）
在哪里学习？	大学和/或专业法学院	大学+，工作，自我学习（生活）	家庭、工作地点、纠纷等*
他们学什么？	事实知识："核心课程" 技术知识：[（一些）知识技能；基本职业技能] 原理知识（一些理论；法学博雅教育）	法律适用，理论的了解，等等	与实践相关的内容（比如，驾驶规则；消费者法；离婚法）或偶然的事务，比如，通过媒体
他们如何学习？	正式学习	正式+	非正式（加上一些正式的）**

　　*对比桑托斯的"结构化场所"：家庭场所、工作场所、市场场所、社群场所、公民场所、世界场所。B. 迪·苏萨·桑托斯（B. de Sousa Santos），《迈向新常识》（*Toward a New Common Sense*, 1995），第 417 页。

　　**非正式教育是通过如下方式：直接经验（定期的/偶然的）；间接的/替代的经验；前台观察；"一般文化"（比如，电视、其他媒体；口述传统）。

将一些意涵做成图表：（1）"小学模式"直到最近都几乎主导了所有法学话语、研究和论辩；[51]（2）职业法律人模式，包括"具有反思性的实务工作者",他们通过"经验"、后续职业培训(Continuing Professional Development,CPD)以及许多不同语境中的诸多非正式与正式的过程进行学习;(3)劳伦斯·弗里德曼(Lawrence Friedman)认为西方社会是一个包含所有人类(和其他法人)的大法学院的模型。[52] 参见表3。

这些理想型可以加以改善和扩展,但即便是在这种粗糙的形态中,它们也表明了认真对待终生学习而非机构规定的一些意涵。

首先,是部分和整体。前两种模型都可以被涵盖在第三种中。这表明前两个模型涵盖了学习法律的总体图景中的非常小的一部分。我们已经看到,在大部分"法学教育"的话语中,为法律提供重要指导的占据相当比例的机构都不在其范围内。[53] 同样,几乎所有关于法学教育和培训的重要报告的关注点都非常狭隘,但却获得了法学教育者的大量关注。它们只是分析了整个正式法学教育中的一小部分。比如,下述内容在《法学教育与培训报告》中鲜有提及:学术研究、研究生学习、公众对法律的理解、学校中的法律、人权教育、私法研究、其他类型的职业(比如,警察培训、法医学、医学、工程学、信息技术)形成中法律与跨学科内容的输入。几乎所有这些都不在《法学教育与培训评论》报告的范围内,但是有关职业法学教育和培训的决定会对其他教育部门产生不良影响。法律服务提供者最初职业形成中的变化(以及职业持续发展的加强)不应对整个领域其他方面的发展产生不适当的影响,在基础层面和更一般的法学教育研究方面尤为如此。

不那么显而易见的是,由于这类报告关注点的有限,一些事物易于被忽略。比如,不同教育部门在功能和优先级方面的差异,可以通过对比《法学教育与培训评论》与英格兰及威尔士精英法学院的假设得以阐明：

> 有关职业形成的规制，得到正确关注的是基本的第一天的能力而非卓越，并被正确地理解为是对能力的必要要求而非许多实务工作者的可欲特征，诸如计算能力，社会科学意识，事实技能，语言能力，熟悉外国法律传统、法律跨国化的影响，以及专长等。这对规制而言再自然不过，但对整个法学教育和培训的总体制度而言是狭隘的。大学法学院的任务要比基本法学教育（针对日后的实务工作者以及其他人）的规定更为广泛，有关学术、专业化、高级研究、跨学科工作尤为如此。有关专业能力的规制，应当鼓励而非破坏这个任务。[54]

还有，就讨论和研究集中于教学和机构（即狭义的正式教育）而言，这几乎忽略了所有非正式学习，其中就包括通过经验而学习这个难以把握的范畴。然而对于几乎所有从事法律相关职业的人来说，他们的时间中可能只有一小部分是投入到"正式"法学教育中的。就我所知，我们没有关于这方面的数据（我猜除了学者外，平均值是4到5年）。对于教师来说，有关教学的研究会比关于学习的研究更为简单且更令人满足，在这个意义上，我们需要来自专业教育者和其他学科——比如，管理学和医学——的更多帮助，在这些学科中通过经验来学习似乎得到了更多关注。

这是一个正在进行中的工作，我眼下的项目之一就是进一步探索在思考这个领域中运用弗里德曼模型的意义。比如，尽管对法学教育感兴趣的法学学者已经选取了一些有关教育理论的专门概念，但这个领域需要更为精致的概念分析。有关法律人终生学习的经验研究打开了另一个潘多拉的魔盒，在此我们再次需要迄今似乎在整体上避开法律的专业教育家的帮助。[55] 另一个主题是法律意识/公众理解以及正式法律教育之间的关系。当我写作有关这一主题的作品时，我大体上一直将之视为非常独立的领域。但其关联可能要比我们所设想的更为紧密。比如，自学成才的法律人、法律和媒体以及法律服务供给方面的变化都与理解个人、公司以及群体如何学习法律相关，其中也包括错误信息以及信息滞后。[56]

这就引出了另一点，它强调对学习法律的各个方面进行彻底的重新思考是多么的迫切。我们已经处于一个在信息技术、教育、高等教育（包括金融）、法律服务和学习法律的语境的其他方面发生迅速变化的时期。教育学家说，几乎无法预测十年后的学校教育会是什么样子。这同样适用于学习法律。因此，我们所接受的许多智慧与知识很可能被取代，即使它们是正式法学教育中得到研究最多的方面。思考我自己的工作，我必须面对的是，在未来几年的时间里，我的工作中有多少是值得关注的。我有信心坚持博雅教育的基本价值观。但除此之外，让我们拭目以待。[57]

一 些 澄 清

作者抱怨自己被误解或曲解，对大部分读者来说是很乏味的。几乎所有法学家都易于成为贴标签的受害者，因为评论者想要将他们"安放"在一个学派、一场运动、一种"主义"或某些其他类型的分门别类之中，好像每位思想家仅仅应当由于一种思想而被铭记。我不抱怨这些对于我著作的曲解，而是尝试澄清与本书有关的两点可能的误解。首先，当我强调其他学科在理解法律观念和现象中的重要性时，我为什么要聚焦于作为一门学科的法律？其次，我清除一些有关"法律理论"（a theory of law）这个观念的混淆。[58]

为什么关注作为一门学科的法学？

在我的许多著作中，我一直关注法学学科，它被理解为是对制度、观念（包括教义）、时间和文本的研究，其宗旨是推进和传播有关其主题的知识和理解，无论这些主题在特定的时间和地点碰巧是什么。这并不意味着我在认识论意义上相信学科的自主性——它在知识、理解或方法的一些典型形态方面可以和其他形态加以区分。但一些同事确实是这么认为的。更准确地说，我向来强调作为一门学科的法学这个观点，是因为从历史和民族志角度出发，现代西方法学院、法律教学职业、法律图书馆以及法科学生事实上一直都以独特方式被制度化，并且通常相对孤立于其他制度化的学科，后者也倾向于拥有或多或少具有独特特征的部落与领地。[59]考虑到时间、地点以及传统方面的巨大多样性，英美法学院为这一叙事提供了主要语境——包括塑造它们的历史、经济、文化、政治、活动、趋势、潮流以及争议。

通过选择将我的许多著作（包括本书在内）聚焦于作为一门学科的法学的健康，我有时会招致下述批评，即我似乎将法学孤立于其他相邻学科，进而强化了"筒仓"（silo）版强立场的知识组织的系科制度。[60]但我既不认同任何学科自主性的强立场，也不认同法

第20章 "退（而不）休"

理学不同学派、传统或领域之间的明确分野。此外，作为一个领域概念，法学学科没有固定的边界；它随着时间、空间以及专业化而变迁，通常会与其他领域有实质性重合。比如，有关罗尔斯正义论的研究就不"属于"哲学、政治理论或法理学——它是所有这些学科的重要关注点，这些学科有许多共同的问题以及整体上共同的文献传统。并且法学学科的范围是不断变化的，就如在"哈佛大学法学院"这类词语中"法"这个词难以把握的指称所阐明的一样（第1章）。

不过，这个解释就其本身来说是不够的。如下问题依旧存在：如果目的是理解法律现象和观念，为什么聚焦于单一学科？对本书而言，答案很简单：这是对我自己思想发展的叙述。我自认是一位法学家，而非哲学家、社会科学家或历史学家。基本的听众是法学学者，特别是那些制度语境是英美法学院的人。他们的学生几乎都是法科学生；他们声称对法学研究、法律理论或专业化的法学子学科作出贡献，并对他们学科的整体健康作出贡献。他们的基本语言是英语，并且对于其中大部分人来说，他们的职业形成一直都是在普通法传统中。与我类似，他们通常被视为法学学者—教师。这些因素会与我们的教育背景、我们有所作为的制度语境以及文化、我们的职位描述、我们的职业身份以及许多其他事物相关。我自己觉得认为"法学知识"具有独特的认识论形态，是毫无用处的；但一些同事却不这么看。即使我确实承认法律科学或教义学强立场的独特性与相对自主性，这一叙事的整体要点则是理解法律需要多重视角，我们的学科需要保持开放性、外向性，旨在理解法律的许多研究最好由其他类型的机构中的其他类型的专家来完成：比如，行为和态度方面的"法条主义"是心理学家和神经科学家提出的问题，与它对法学家、历史学家或人类学家提出的问题相比不遑多让。我后悔的是：如此之少的社会法律研究在法学院之外开展，并且在英格兰（要比美国多）几乎所有关于法律的心理学研究都在法学院而非心理学系进行；[61] 一些历史学家倾向于逃避从内在视角分析法律，这或许是因为这种视角看起来非常"技术化"，又或许是因为他们没有充分认识到法律观念和现象对于他们研究的重要意义。

我们学科整体状况中的一些不平衡的典型表征，就是"法律与X"（Law and ...）潮流及运动的兴盛，当主要的倡议来自法律人时，尤为如此。在这个语境中，通过用"的"来替换"与"，就会很容易地讽刺一些研究活动：法律人的经济学（Economics by lawyers）可能和经济学家的经济学一样有害；法律人的文学可能是无害的，但它对其他学科或文学本身没什么贡献；[62] 法律人的心理学或精神病治疗学可能和法律人所做的手术一样危险。法律人的社会学与"语境中的法律"都受到了法律社会学家，特别是罗杰·科特瑞尔以及西蒙·罗伯茨（Simon Roberts）（他们本身都是法学教师）的批判，理由是没有走出狭隘的法律人思维模式；我没有资格评价在何种程度上法律人的哲学对哲学有许多贡献，但我承认大量哲学家对于理解法律作出了很大贡献，特别是当他们具备充足的地方性知识时。当然，一些人拥有杰弗里·威尔逊所说的"一个脑袋中有两个学科"，并且有些人在两个院系中教学，但在大部分情况下，法学学者都深深植根于他们的制度语境即法学院并被其环绕。如我在第 16 章中所言，法学学者要集体为他们学科的健康负责。所有这一切与认为理解法律是一项多学科事业没有不一致之处。

法律诸理论

> 让我摆脱无边无尽的爱:
> 让我在具体情况具体对待中感怀。
>
> (佚名)

在先前的章节中,我们已经看到我的法理学观念拒绝如下立场:这是一个单一问题的学科,它可以被健康地从日常法学研究中抽象出来,理论是理论化活动唯一甚或主要的产物,法学家只应当关注具有哲学价值的问题,教义可以不涉及语境地得到解释,法理学或法律作为领域概念具有明确边界、可被视为自主的或自足的(第1章)。基于这个背景,我希望重述自己有关法律诸理论的立场,以便澄清一些错误观念。

"法律理论"或"法律诸理论"这些词语是含混暧昧的。① 它们受到了广泛的过度使用。如果它们指的是对于"法律"这个词的一般性定义,我赞同其他许多人的观点,即这是一项徒劳的工作,因为这个词在如此不同的众多语境中有如此众多的含义和关联。甚至尝试将法语或德语简单翻译为英语都会面临困难,因为我们的英语并没有在"ius"和"lex","droit"和"loi"或"Rechts"和"Gesetze"之间作出区分。②

---

① 这里请注意,特文宁强调我们可以拥有关于法律的"诸种"而非"单一"理论。这与约瑟夫·拉兹所代表的法哲学立场截然不同,后者讨论法律理论的一篇著名文章题为"一种法律理论是可能的吗?"(Can There Be a Theory of Law?)

② 这六个词两个为一组,分别是拉丁文、法文和德文。每一组中的前者都指的法律、权利与正义;后者都指的是制定法。原文中德语词首字母没有大写,本中译本中加以修正。

正如对一些人而言显而易见的那样，如果这些词指的是试图发现、推测、建构或强加符合所有现存以及可能的法律体系的法律或法律概念的本质、真实属性或核心，[64]我不确定这属于哪类问题，而且我怀疑这个问题的任何标准形态所具有的价值或可行性。[65]我怀疑法律具有一种本质、性质或核心；①如果它有的话，我们如何知道这个问题是否成功得到解答？我同样怀疑这种研究结论的效用。它如何有益于我们学科的健康？什么时候法律是一个不错的组织性概念？对于法律的理解可以被还原为单一视角以及对于一系列问题的一系列解答吗？一种单一的无所不包的法律观念难道不会人为地限制研究吗？[66]正如一些人似乎预设的那样，如果法理学/法律理论/法哲学的唯一或主要目的，被指向了法理学的这个最终目标，我们学科之中不那么抽象的研究的意义是什么呢？改变一下标签？[67]

如同罗纳德·德沃金在牛津的继任者——约翰·加德纳一样，我没有也不希冀这样一种理论。[68]我是一个反还原论者。在我看来，法学研究涉及各种各样的问题，这些问题与从各种不同的立场和视角理解我们学科中各种各样、复杂且流动的主题相关。人们会怀疑，有时在理解法律的概念和理解包含在这一概念下的所有观念和现象之间，存在着一种基本的混淆。

如果"法律理论"这个词指的是对于单个法学家（主要）观点的

---

① 在这句表述中，特文宁暗指哈特、拉兹以及菲尼斯所代表的分析法哲学理论：哈特和拉兹强调法律理论就是有关法律本质或性质的理论，菲尼斯认为法律理论是对法律"核心情形"的关注；他们三者的学说都有一个明显的问题，就是没有澄清他们有关本质、性质以及"核心情形"的讨论是关于法律现象的还是关于法律概念的，抑或两者兼而有之的。

总结，将之重述或浓缩为融贯的整体（他或她对自己的问题或一些共同问题的回答），一些思想家要比另一些更容易受到这种方法的影响。[69] 这是思想史的一个任务，有许多形态且满是缺憾。最常见的不足——可以在导论性教科书中看到的——往往是过分简化的后果：法学家的观点往往不止一个，反对清晰明了地分门别类，他们可能会改变自己的想法，或自相矛盾，又或对不同解释保持开放，等等。[70]

一些学者假定，界定"法律"是任何与法律相关的研究所必须的，或是其最佳起点。另一些学者假定，一切中程理论工作都取决于这样一种理论。或者说不追求这种理论就是缺乏雄心壮志。[71] 但执着于单一问题的探索被认为比无休止地寻求更好地理解极其复杂、多元和不断变化的现象更有野心——这些现象正是我们学科的主题，这看起来令人感到奇怪。即使找到圣杯，它也煮不了多少卷心菜。①

与这些实践相关的，就是将"法律"用作特定探索或项目研究的组织性概念的倾向。我们需要组织性概念来提供有关研究范围的指示，以及特定研究、项目或其他思想事业的关注点。有时"法律"堪当此任，但需要小心处理。组织性概念有时候被期待去组织太多东西。一个特定的组织性概念（抑或概念框架）的充分性取决

---

① "追寻圣杯"指的是这样一段往事：相传圣杯是基督在最后的晚餐中使用的杯子，耶稣受难时，他的门徒曾用这只杯子接住耶稣身上留下的血；亚瑟王在击溃罗马帝国后，对这一圣杯的下落很感兴趣，这是因为一天晚上，亚瑟王和骑士在饮宴时，圣杯出现，闪耀出炫目的光芒，很快圣杯又随着强光而消失无踪；于是骑士们发誓要找到圣杯。如何界定或定义法律这个问题，成为法理学的"圣杯"，几乎所有学者都为此倾尽全力。第一次提出这个比喻的学者，可能是人类学家霍贝尔（他与卢埃林合著过一部作品，即《夏延人方式》），他认为探究法律的概念就是追寻圣杯的游戏。特文宁借此指出，即使找到了圣杯，似乎也意义不大（典型的实用主义立场！）。

于特定研究。它将什么包括在内、排除在外，或又视为灰色地带？"法律"对于这个目的而言是涵盖过度还是涵盖不足？更具体的范畴会更合适吗？这个语境中的这个概念被期待去组织什么东西？选择法律（或诸如"法律的"等相关的词汇）会受到上一段中的假设还是宏大理论的吸引力的影响？还是说这只是一种懒惰的选择？[72] 比如，有一些讨论"法律多元主义"的学者坚持认为，首要的问题就是在"法律"和"非法律"之间划分界限。[73] 在我看来，这导致的结果就是非常没必要地将整个有关法律概念的讨论拖入一个已经毫无头绪的场景中。[74] 在这种情景中，我通常会采纳宽泛的非国家法概念，以便指出每个人都经历着且从广义上理解着各种各样的"规范多元主义"，对于许多（但并非所有）研究而言，澄清立场是一个更好的开始，因为从规则制定者、执行者、投资者和其他主体、用户和受害者的角度出发，这个话题看起来就会非常不同（第10章）。

一些评论家，包括和我同一立场的人，假定法理学是单一问题的学科（第1章），[75] 就会归属给我于"一种法律理论"，或严厉批评我声称没有这样一种理论又或没有澄清该理论。我重复一遍：我并没有关于法律的一般理论，也不希冀拥有这样一种理论。我并不认同脱离于一个或诸多特定语境的有关法律的一般定义。尽管有这些否认以及一再重复的断言，即取决于语境，我使用了一些法律概念，但这种归属依旧不停。[76]《一般法理学》的第4章提供了一个明显的靶子。在那里我提出一种经过完善的卢埃林的法律职能理论（这是一种关于群体而非法律的理论），这可能是从全球视角构建重要法律现象"总体图景"的具体活动的有用起点。但我表明，这种概述会假定一种有关法律的可行概念,但并不打算成为通向一般法律理论的路径。[77] 或许在评论者作出这种归属时,他们屈服于了宏大理论的万有引力。

在一次主要聚焦于我的著作《一般法理学》的讲座中,丹尼斯·加里根提出如下问题:为什么特文宁在发展一般法理学的理念时没有更多地运用社会理论,而是以分析法学为起点呢?[78] 实际上,我是以有关学科任务的经典观念而非分析法学为起点的,加里根将一种我并不拥有的有关法理学的看法归属给我。[79] 不过这个问题的前半部分很好,它也被其他人提了出来。一个简短的回答是,就如世界史一样,我一直反对宏观社会理论且理由与之类似。我阅读了大量马克思、韦伯以及涂尔干的作品,以及更晚近的作家诸如塞尔兹尼克、科特瑞尔和桑托斯的大量作品,我从中受益良多。和加里根一样,我尤为崇敬马克斯·韦伯(Max Weber)。我间接地通过哈特、卢埃林以及加里根本人而受到韦伯的影响,在诸如理解(verstehen)以及内在视角等问题上尤为如此,这是我思考立场问题的一个渊源。我直接借鉴了韦伯的一些特定观点,比如科层制、法律精英(honoratiores)、科学作为志业[80],以及最重要的,作为我常常使用的工具的理想型。[81] 但我对韦伯更为宏观的理念一直都感到不认同,特别是现代性和形式法律理性以及实质法律理性(以及非理性)思维之间的区分。将我有关理解法律和法律现象的观点涵摄进纯粹或大体上是韦伯的框架中,这几乎就等同于屈从于另一个铁笼。① 然而,在《一般法理学》中我完全可以更为深入地讨论韦伯的。

---

① 韦伯在《新教伦理与资本主义精神》中指出,理性化是披在新教徒身上可以轻

在思考我们这个学科的当下状态时,我发现许多被丹尼尔·丹尼特(Daniel Dennett)称为"贪婪的还原论"的例子:[82] 比如,不考虑诸如区域或更复杂的次全球化模式等中间环节,从地方性向全球性飞跃的倾向(体现在"全球化"这个术语中);将法哲学还原为对单调乏味的圣杯的追寻;越来越多地运用指标、排行榜以及其他排名;主张道德原则和人权的普遍性但同时忽略了其他信仰体系与文化;从抽象梯度的最底层飞跃到最高层而没有涉及中间环节;对整个世界中的法律作出经验概括但却缺乏充分的概念、证据或其他数据。

在此,让我建立两种有关法理学研究观念(还有许多其他观念)的理想类型。让我们将我接近的类型称为——马可·波罗端。我们可以建立一个与之相对的理想型——忽必烈端,也即:法律理论的主要目标就是构建有关法律的一般理论——或至少在思想上掌控法律世界。在一段精彩的文字中,他们在思考一个棋盘。大汗想要将他的帝国变得井然有序以便真正控制它。他是一个系统主义者,一个还原论者。但对马可·波罗来说,棋盘上的一个正方形就是一个潜在的无穷无尽的探索起点:

> 通过把自己的胜利进行肢解,使之还原为本质,忽必烈便

轻抖落的斗篷,却注定成为我们现代人命运的铁笼(iron cage)。这说的是教徒为了获得救赎而以理性的生活方式规划自己在尘世的生活,但造成的不期而至的结果却是人类社会从此走上了理性化的轨道,开始以目的-手段关系以及利益最大化的方式看待这个世界,并将一切与此不相符的事物视为非理性的。特文宁以此表达用韦伯的学说来概括自己的观点是削足适履。

得到了最极端的运算：帝国国库里的奇珍异宝不过是虚幻的表象，最终的胜利被化约为棋盘上的一块方格[意味着虚无]。[83]

于是马可·波罗说："陛下，你的棋盘是两种木头镶嵌的：乌木和枫木。你现在注视的方格子，是一个干旱年份里生长的树干上的一段：你看到它的纹理了吗？这里是勉强可见的一个结节：早春萌生的树芽被夜间一场霜给打坏了……"①

（卡尔维诺）

波罗继续谈论着"乌木林、顺流而下运木材的木排、码头和窗口的女人……"[84]

在这个语境中，马可·波罗与忽必烈可汗都是理想类型。任何法学学者或法学家都不可能与两者中任何一个模型完美适配，但他们大部分都倾向于沿着一个连续统被吸引向其中的一端或另一端。我倾向于马可·波罗这一端，但这并不意味着我拒绝诸如模型、假设、组织性概念或启发性命题等一切简化性工具；我认为奥卡姆的剃刀可以作为有用的启发性工具，也可以作为一种经验法则；简言之，我是一位立场温和的特殊主义者。[85]凯瑟琳·休谟（Katherine Hume）指出，波罗和忽必烈可汗之间的交流可以被视为在一个复合心灵中发生的对话。[86]这把握住了法学学科内部的一个基本矛盾。

---

① 这两段译文参考伊塔洛·卡尔维诺：《看不见的城市》，张密译，译林出版社2012年版中相应章节。

尾 声

> 别问这本书剩下的部分在何处。这是书架中不确定的地方传来的一声尖叫。所有的书都在此之外继续着。
>
> （卡尔维诺）

我属于在"世界大战""冷战"以及公认的帝国终结的阴影下成长起来的那一代人。国内、国际以及跨国战争层出不穷；现在有被视为新威胁的气候变化、核扩散、恐怖主义、愤怒的民粹主义以及可能的新冷战；不平等在加剧。但有一些好消息，甚至对悲观主义者亦复如是。贫困在一些地方有所缓解；核战争得以避免；医学在进步；性别平等的斗争声势浩大，等等。[87]本书中，我一直试图讲述有关自己思想与著述的故事，作为一位大西洋中部的法学家，我从未完全远离后殖民主义的阴影，从未完全远离塞伦盖蒂平原与月亮山脉的浪漫；也未彻底告别青少年时期的不可知论、牛津的魔咒、卢埃林和门斯契科夫理性的、粗浅实用的知识，以及对于图书的热爱和有关写作的强烈欲望。

开始时我是冷淡的，之后我变成自己学科的热烈支持者。这门学科的伟大优势包括它的广度，它的活力，它的回应性，它有关可获得的一手素材的丰富传统，它与律师、法官、立法者、越轨者、受害者和好公民的日常实践的紧密联系；以及它持续不断地受到现实议题和想象问题的激发的这个事实。

1990年，我能够如此写道："在过去30年间，英联邦的法学学科经历了一个前所未有的扩张、试验以及发展时期。它已经从一个小规模、低声望的学科转变为难以辨认的更为复杂、多元以及雄心勃勃的事业。"[88] 这个趋势此后一直延续着。从我在伊夫丽的住所，我每天都可以看到法律以及牛津的法学，在城镇中、在法庭上以及在媒体里，都以许多方式迥异于它们在20世纪50年代初时的样子。这种情况在国内和跨国层面一再出现。我们的学科要比当时的规模更大、更专业化、范围更广、更具全球性且更为多样。甚至在法学中也有实现合理的性别平衡的势头。我们可以期待在接下来的二十年间甚至会有更大的转变。

我在第1章中指出，我相信作为一门学科的法学潜在地是一门重要、鲜活且迷人的学科，但它尚未完全实现这个潜质。我继续一再指出，从20世纪的全球视角来看，西方法学传统的一些主流可行假设往往倾向于"国家导向、世俗化、实证主义、'自上而下'、北半球为中心、非经验性以及道德普遍主义立场"（第18章）。[89] 这并没有它听上去的那么消极或悲观。其中一些倾向可以被合理辩护为适宜于它们自身的时代或依旧值得保留。如果我们阅读法律分类名录、说明书、网络搜索引擎，或参加"全球法律周"等活动，就会对未来两代人的活力、多样性和热情具有深刻印象。与他们在英国的前辈不同，他们精通信息科学技术而且大多数人会拥有博士学位，他们似乎比我们更有能力处理将要面临的问题。

尽管有这些确定无疑的进步，我认为有两个重要理由使得法学作为一门学科尚未实现其潜质：它还没有从过往的某些束缚中解脱出来，却又已经面临着正在不断加剧的令人生畏的挑战。

我强调过源自我们过往传统的三个制约性因素：几乎只关注

单一国家和传统的国内法；狭隘的教义学形态居于主导；以及主流的法学理论化工作的关注点是不均衡的，且在很大程度上是地方性的。

除了罗马法之外，在整个20世纪及之前的时期，大部分法学研究都是关注单一司法管辖区的（mono-jurisdictional）。跨国法律关系主要从主权民族国家之间的关系角度得到理解。比较法、法律史以及其他法律传统和体系的研究一直都处于边缘状态。主流西方传统并没有足够能力应对不断加速的全球化的挑战。有必要改进工具和提高理论的复杂性以便处理跨越法律体系、文化以及传统的比较和概括。大体上受到粗糙指标驱动的法律统计学尚处于起步阶段。西方教义学传统强立场的主导地位和狭隘的排他性已经有所缓解，但教义的研究与发展需要和更为广泛且通常是跨学科的方法加以完全整合。主流的法律学术和研究在过去的二十年中发展迅速，尽管其覆盖范围有些参差不齐并充满偶然，但正如在英国法学学者广泛参与英国脱欧过程所表明的那样，它在总体上显示出对不断变化的条件和语境非常具有回应性。

本书主要讨论在充满挑战的条件下保持我们学科健康发展时，法理学以及理论工作所发挥的作用。作为一种多层次活动，它在此情境中大有可为。由于哈特及其继任者，这门学科在20世纪50年代得以重生并且走入一个非常具有活力的时期。它吸引了大量有天赋的人加入。但分析传统的主导地位导致了一些扭曲。将这个领域粗略地划分为分析的、规范的以及经验的，鼓励了筒仓式思维的倾向。法律与社会理论以及哲学的其他内容——诸如认识论、逻辑学、美学、认知理论以及实践推理——一直相对受到忽略。狭隘的关注点阻碍了学科发展：法哲学尚未足够认真对待跨国化与全球化；它尚未打破狭隘的教义学假设的束缚，以便将有关法律的话语和法律话语以及更为广泛的概念涵盖进来；[90] 它可以挑战需要加以重新思考的根深蒂固的假设；并且将注意力从本质化法律概念转变到对理解法律现象和观念有所贡献上来。它可以和前沿法学研究以及其他各种前沿研究重建紧密关联。

近来我在和由年轻法学家组成的多国听众讨论全球化和法律之后，最有意思的一个反馈是我对糟糕的学术研究的批判似乎是有理有据的，但我太过谨慎，没有给他们提出如何作出回应的积极指引。对这个场合来说这个评论是恰如其分的。在那天我会如何应对这个批评？摆脱教义学假设的束缚，将有关法律的话语以及法律话语和对更为广泛概念的解释涵盖进来；更为认真地看待跨国化和全球化；从全球视角挑战根深蒂固的假设并检验它们是否具有民族优越感；对跨越边界和传统的概括谨慎为之，但要提出大胆的假设和命题；以怀疑的眼光看待一切有关法律的"全球化"概括和几乎一切普遍性规定；理论化比较法并帮助它变得更为重要；培养与前沿法学研究更为紧密的常态关系；对宏大理论的万有引力保持警觉。时刻牢记，我们的学科历史悠久，但其制度化则相对年轻和不成熟。[91] 清楚自己的价值和认同，但要认真对待信仰多元主义；记住卢埃林的格言：没有理念的技术是一种危险；没有技术的理念是一团混沌。在抽象梯度中游刃有余地上上下下。当心流行的风潮，但要对神经科学、认知心理学以及人体生物学有所关注，特别是在教育、证据以及一般规范理论方面。

"倾听每一个人的意见，可是只对极少数人发表你的见解"，这些笼统的说法对我来说有点儿太像波洛尼厄斯(Polonius)了。[①]在我看来,这些似乎都是常识,或至少是粗浅但实用的知识。我希望在本书中,人们能够找到一些更为具体的建设性的意见:比如,法学经验研究和"语境中的法律"运动为从更广泛的角度处理传统议题提供了许多范本;有关证据的一章提出了一种方法,可以在不夸大排除规则的重要性的情况下,处理从法律语境中的证据展开论证的实践问题(第14章);阿蒂亚和麦考斯兰为重新思考一个法律领域提供了例示(第12章);书中有如何讲授特定议题和如何从更一般层面思考法学教育的建议(第16章),以及如何思考全球化对我们自己工作的影响。

我有时自称为"法律民族主义者"。我已经指出,法学作为一门学科理应获得尊重,理应获得合理程度的资源;它的主题无所不在、引人入胜且重要无比;它有关概念、文本、事例以及论辩的传统对其他学科多有助益,如果它实现其作为人文主义学科的潜质,法律就应当在我们的一般文化中居于更为核心的地位,而非继续躲藏在几家大型书店的深处。[92]

[①] 波洛尼厄斯,又译为普罗尼尔斯,是莎士比亚戏剧《哈姆雷特》中的一个人物,他因其充满格言的演讲而闻名,但他多管闲事的唠叨最终让他付出了生命的代价。在该戏剧第一幕第三场中,他对自己孩子雷欧提斯说出正文中的这句话。

正 文 注 释

以下是本书作者著作目录精选，其中有许多已经在本书正文及其注释中得到深入讨论，在这些地方它们都是以缩略形式出现的。佩内洛普·特文宁整理的本书作者截至2014—2015年完整的著述目录收录于《法律的伦理、全球与理论语境》（LEGTC），第367—378页。一些文章与论文的全文可以通过诸如律商联讯（LexisNexis）以及法律全文数据库（Heinonline）等标准提供方获得。有一些可以通过作者在伦敦大学学院的个人主页与链接下载。[1]

ACD	"一门世界性学科？法学教育'全球化'的一些影响"（A Cosmopolitan Discipline? Some Implications of 'Globalisation' for Legal Education），载于《国际法律职业杂志》（*Int'l J Legal Profession*）第8卷（2001年），第23—36页［也见于：《英联邦法律与法学教育杂志》（*Commwh L & Leg Ed*）第1卷（2001年），第13—29页］［意大利译文为：(2001/3) XXVII *Sociologica Del Diritto* 17-36］。
'Afterword'	《卡尔·卢埃林与法律现实主义运动》（KLRM）第2版（2012年），"后记"，第388—443页。

---

[1] 英文原书中给出的链接有许多并不稳定，中译本中统一删去并以文字提示查询路径。注释中出现此处的著作缩写时，译文不再标注原文，直接以其对应的中文信息表示。另，本部分内容中所提及的原书页码，即本中译本边码，特此说明。

Analysis	《证据分析》(*Analysis of Evidence*)第2版,与特伦斯·安德森(Terence Anderson)、戴维·舒姆(David Schum)合著(剑桥大学出版社2005年版);第1版,与特伦斯·安德森合著[利特尔、布朗以及韦登菲尔德与尼克尔森出版社(Little, Brown, and Weidenfeld and Nicolson)1991年版];教师增补版[西北大学出版社(Northwestern University Press)1998年版]。
Bernstein Lecture	"规范多元主义与法律多元主义"(Normative and Legal Pluralism, 2009年伯恩斯坦讲座),载于《杜克比较法与国际法杂志》(*Duke J Comp & Int'l L*)第20卷(2011—2012年),第473—517页。
BMR	"再谈坏人"(The Bad Man Revisited),载于《康奈尔法律评论》(*Cornell LR*)第58卷(1975年),第275页[重印于《伟大的法学市集》(GJB),第三章]。
BT	《布莱克斯通之塔:英国法学院》(*Blackstone's Tower: The English Law School*),哈姆林讲座[斯威特与马克斯韦尔出版社(Sweet & Maxwell)1994年版],参见埃克塞特(exeter)大学法学院网站。
EIE	《证据、推断与研究》(*Evidence, Inference and Enquiry*),与P. 达维德和M. 瓦什拉齐(P. Dawid and M. Vasilaki)合编(牛津大学出版社2011年版)。
EIHL	《历史与法律中的证据和推断》(*Evidence and Inference in History and Law*),与I. 汉普歇尔-蒙克(I. Hampsher-Monk)合编(西北大学出版社2003年版)。
EK	《论凯尔森文集》(*Essays on Kelsen*),与R. 图尔(R. Tur)合编(牛津大学出版社1986年版)。
'Intellectual Journey'	恩特维斯塔·M. 阿蒂恩扎与R. 伽马(Entrevista M. Atienza and R. Gama),"与威廉·特文宁的思想之旅:访谈"(An Intellectual Journey with William Twining: An Interview),载于《法律的伦理、全球和理论语境》

	(LEGTC)第1章[西班牙语版参见:(2010) 32 Doxa 713-727]。
EMS	"作为多学科主题的证据"(Evidence as a Multidisciplinary Subject),卡多佐会议,纽约,载于《法律、或然性与风险》(Law, Probability and Risk)第2卷(2003年),第91—107页,修订版载于《重新思考证据》第2版,第15章。
FiL	《法律中的事实》(Facts in Law)[弗朗茨·斯坦纳出版社(Franz Steiner Verlag)1983年版]。
GCompL	"全球化与比较法"(Globalisation and Comparative Law),载于奥赫绪论和奈尔肯(E. Őrűcű and D. Nelken)主编,《比较法手册》(Comparative Law: A Handbook)[哈特出版社(Hart)2007年版],第3章。
GJB	《伟大的法学市集》(The Great Juristic Bazaar)[阿什盖特出版社(Ashgate)2002年版]。
GJP	《一般法理学:从全球视角理解法律》(General Jurisprudence: Understanding Law from a Global Perspective)(剑桥大学出版社2009年版)。
GLL	"全球化和法律文献"(Globalization and Legal Literature),载于《奥斯古德法学杂志》(Osgoode LJ)(2011年),第353—373页[是对R. 多明戈(R. Domingo)的评论文章]。
GLS	《全球化与法学研究》(Globalisation and Legal Scholarship),孟德斯鸠研讨班(蒂尔堡,2011年)。
GLS	"威廉·特文宁的孟德斯鸠讲座研讨会"(Symposium on William Twining's Montesquieu Lecture),载于《跨国法律理论》(Transnat'l Leg Theory)第5卷,第4期(2013年)。
GLT	《全球化与法律理论》(Globalisation and Legal Theory)[巴特沃斯出版社(Butterworth)2000年版]。

Granada	"一般法理学"(General Jurisprudence),载于 M. 埃斯卡米利亚和 M. 萨韦德拉(M. Escamilla and M. Saavedra)主编,《全球社会中的法律和正义》(*Law and Justice in Global Society*),第 22 届法哲学与社会哲学大会(格拉纳达,2005 年),第 645—688 页[修订版载于《迈阿密大学国际法与比较法评论》(*U Miami Int'l & Comp LR*)第 15 卷(2007 年),第 1—59 页]。
HCWT	"有概念,就会有传播:全球语境中的分析法学"(Have Concepts, Will Travel: Analytical Jurisprudence in a Global Context),载于《国际法杂志与语境中的法律》(*Int'l J Law in Context*)第 1 卷(2005 年),第 5—40 页。
HRSV	《人权:南半球声音》(*Human Rights: Southern Voices*)(剑桥大学出版社 2009 年版)(也参见麦科唐纳讲座)。
HTDTWR	《如何依规则行事》(*How to Do Things with Rules*),与戴维·迈尔斯(David Miers)合著,第 1 版(韦登菲尔德与尼克尔森出版社 1976 年版);第 2 版(1982 年);第 3 版(1991 年);第 4 版(1999 年);卡诺·格伯雷诺(Carlo Garbarino)的意大利语译本题目准确直译为:*Come far Cose con Regole* (1990)。
JJM	"卡尔·卢埃林未完成的计划:法律与社会以及法学方法的职能"(Karl Llewellyn's Unfinished Agenda: Law and Society and the Job of Juristic Method),芝加哥大学法律史论文,卢埃林百年华诞讲座(芝加哥大学法学院,1993 年),重印于《伟大的法学市集》,第 6 章。
KLP	《卡尔·卢埃林论文集》(*The Karl Llewellyn Papers*)(芝加哥大学法学院出版社 1968 年版)。
KLRM	《卡尔·卢埃林与现实主义运动》(*Karl Llewellyn and the Realist Movement*),第 1 版(韦登菲尔德与尼克尔森出版社 1973 年版);重印版(1985 年);第 2 版,附"后记"(2012 年)。

LEGTC	《法律的伦理、全球和理论语境：致敬威廉·特文宁》(*Law's Ethical, Global and Theoretical Contexts: Essays in Honour of William Twining*)，U. 巴克西、C. 麦克拉登与 A. 帕里瓦拉(U. Baxi, C. McCrudden and A. Paliwala)编(剑桥大学出版社 2015 年版)。
LFTP	《理论与实践中的法律拟制》(*Legal Fictions in Theory and Practice*)，与 M. 戴尔·马尔(M. Del Mar)合编(斯普林格出版社 2015 年版)。
LiC	《语境中的法律：扩展一门学科》(*Law in Context: Enlarging a Discipline*)(牛津大学出版社 1997 年版)。
LRIC	《英联邦法律记录》(*Legal Records in the Commonwealth*)，与艾玛·V. 奎克(Emma V. Quick)合编[达特茅斯出版社(Dartmouth)1994 年版]。
LRJ	"大小法律现实主义和法理学：十个命题"(Legal R/realism and Jurisprudence: Ten Theses)，载于伊丽莎白·默茨、斯图尔特·麦考利和托马斯·W. 米切尔(Elizabeth Mertz, Stewart Macaulay and Thomas W. Mitchell)合编，《新法律现实主义》(*The New Legal Realism*)(剑桥大学出版社 2016 年版)第 1 卷，第 6 章。
LTCL	《法律理论和普通法》(*Legal Theory and Common Law*)，威廉·特文宁主编[巴泽尔·布莱克威尔(Basil Blackwell)出版社 1986 年版]。
LTV	"以讲授法律为业"(Law Teaching as a Vocation)，载于《法律之镜》(*Speculum Iuris*)第 1 卷(2003 年)，第 161—180 页，重印于《一般法理学》，第 17 章。
Macdonald	"人权：南半球声音"(Human Rights: Southern Voices)讲座(阿尔伯塔大学麦克唐纳讲座)，载于《宪法研究评论》(*R Const Stud*)第 11 卷(2007 年)，第 203—279 页，重印于阿卜杜尔·帕里瓦拉主编，《法律、正义与社会发展》(*Law, Justice and Social Development*, LGD)第 1 期，缩略版参见《一般法理学》第 13 章(参见 HRSV)。

MBL	"超越法律:跨学科与证据研究"(Moving Beyond Law: Interdisciplinarity and the Study of Evidence),载于《证据·推断与研究》,第73—118页。
OPP	"其他人的力量:坏人与1897—1997年的英国实证主义"(Other People's Power: The Bad Man and English Positivism 1897-1997),载于《布鲁克林法律评论》(*Brooklyn LR*)第63卷(1997年),第189页(缩略版收录于《全球化与法律理论》,第5章)。
PCLEA	《东非国家法律体系中习惯法的地位》(*The Place of Customary Law in the National Legal Systems of East Africa*)(芝加哥大学法学院出版社1964年版)。
RDPS	"浪子寓言的判决理由"(The Ratio Decidendi of the Parable of the Prodigal Son),载于K.奥多诺凡和G.鲁宾(K. O'Donovan and G. Rubin)合编,《人权与法律史:献给布莱恩·辛普森的文集》(*Human Rights and Legal History: Essays for Brian Simpson*)(牛津大学出版社2000年版),第149—171页,重印于《重新思考证据》第2版。
RE1	《重新思考证据》(*Rethinking Evidence*)(布莱克威尔出版社1990年版/西北大学出版社1994年版)。
RE2	《重新思考证据》,第2版(剑桥大学出版社2006年版)。
SSDL	"社会科学和法律的扩散"(Social Science and Diffusion of Law),载于《法律与社会杂志》(*JL & Soc*)第32卷(2005年),第203—240页。
TEWB	《证据理论:边沁和威格摩尔》(*Theories of Evidence: Bentham and Wigmore*)(韦登菲尔德与尼克尔森,以及斯坦福大学出版社1985年版)。
TFS	"认真对待事实"(Taking Facts Seriously),载于N.戈尔德(N. Gold)编,《法学教育文集》(*Essays on Legal Education*)(巴特沃斯出版社1982年版),重印于《法学教育杂志》(*J Leg Ed*)第34卷(1984年),第2242

	页；《重新思考证据》第2版，第2章；以及《语境中的法律》，第5章。
TFSA	"重申认真对待事实"（Taking Facts Seriously-Again），载于 P. 罗伯茨和 M. 雷德梅因（P. Roberts and M. Redmayne）合编，《证据和证明中的创新》（*Innovations in Evidence and Proof*）（哈特出版社2007年版），第65—86页，重印于《法学教育杂志》（*J Leg Ed*）第55卷（2005年），第360—380页；以及《重新思考证据》第2版，第14章。

前言

1. 有关领域概念，进一步参见原书第 xiv 页，以及"威廉·特文宁的孟德斯鸠讲座研讨会"，第714—720页。

2. "法律并非艺术家或诗人的领域……法律是思想家的志业。""法律的道路"（The Path of the Law），载于《哈佛法律评论》（*Harvard LR*）第10卷（1897年），第457页。

3. 与卡多佐（Cardozo）、勒尼德·汉德（Learned Hand）以及更具争议的杰罗姆·弗兰克（Jerome Frank）法官一样，霍姆斯是一位美国法官兼法学家。在英格兰，法官兼法学家的传统不那么盛行，但布莱克斯通（Blackstone）以及德弗林（Devlin）和戈夫（Goff）勋爵皆属此列，或许还有丹宁（Denning）和宾厄姆（Bingham）。像波洛克（Pollock）、萨尔蒙德（Salmond）、戴雪（Dicey）或其他类型的反思性实务工作者这样的法理学并非其主要兴趣的有影响力的论述作者，也位列其中。

4. 安德鲁·哈尔平（Andrew Halpin）提醒我说，"法学家"这个词有漫长的历史和几种细微有别的含义。它与"法律专家"(jurisconsult)不同,后者指的是某个有资质提供法律建议的人。"法学家"这个词有时被用来区分进行思考和并无反思的法律人(jurisperiti)。它有时也在一些语境中被以贬抑的口吻用来指称太过学术、太过抽象或不立足于实践的方法。在本书的语境中,一位法学家就是某个反思法律事务的人,是一类思想家。

5. 这并没有它看上去的那样充满自嘲意味。它尤其影射的是约翰·斯图尔特·密尔(John Stuart Mill),密尔在自己非常著名的《自传》(*Autobiography*, 1873)中以类似的免责声明开篇:他说,除了有关自己哲学信念的起源和发展之外,自己没有什么可以提供的,并且"对这些东西不感兴趣的读者,如果继续读下去,那就要自负其责了"。

6. 艾伦·班内特(Alan Bennett),《历史系男生》(*The History Boys*, 2004)。

第1章 法理学:个人观点

1. 罗伯特·K. 默顿(Robert K. Merton),"中程理论"(Theories of the Middle Range),载于《论理论社会学》(*On Theoretical Sociology*, 1949),第47页。

2. I. 卡尔维诺(I. Calvino),《帕洛马尔先生》(*Mr Palomar*),威廉·韦弗(William Weaver)译(1983年),第1、47页。

3. 同上注。

4. I. 卡尔维诺(I. Calvino),《看不见的城市》(*Invisible Cit-*

ies),威廉·韦弗(William Weaver)译(1974年),第121—123页。

5. 当然,我们需要运用大胆但却是可验证的假设、推测模型和学说,以及其他方法论工具,只要我们是以妥当的怀疑论态度处理它们。今天的法学家需要努力掌握整体观点和地方性实践知识以及大量处于两者之间的知识。这也是信息科学技术以及大数据的简单化倾向构成独特威胁的一个时代。

6. 在伦敦,一些课程被称为"法理学和法律理论",但其差别却从未明确。

7. 什么构成了"理解",取决于语境。一个被命令"向右转"的士兵如果能够服从命令,就说明他足够理解了这个命令,即使他不知道服从的理由。对于命令的执行而言这已足够。但在更一般的语境中,这个概念会带来困难;比如,哲学中的科学解释或心理学中的理解(comprehension)的观点。在此我们可以简单一些。约翰·亚当斯(John Adams)和罗杰·布朗斯沃德(Roger Brownsword)指出,在英国法学教育的语境中,"对于法律的'理解'主要是由概念化法律现象……论述法律运作的方式以及评价其运作的能力提供的"。J. 亚当斯和 R. 布朗斯沃德,《理解法律》(*Understanding Law*, 1992)。在我看来,这里的关键点是"理解法律"包含所有这些要素,如果关注点排除了上述三个要素(也即概念、价值和社会事实)中的任何一个,它就是不完整的——事实上很可能是具有误导性的。进一步参见本书下文第13章。

8. 有关"领域概念"参见原书第 xiv 页。有关"法律推理"参见本书第 10 章。

9. 有关"抽象梯度"参见《如何依规则行事》,第 299—304、

386—387页。

10. 有关"主义"参见《一般法理学》第 16 章。

11. 布莱恩·Z. 塔玛纳哈在他重要的著作《法律的概念：一种现实主义视角》(*A Realistic Theory of Law*, 2017)中提醒我们，自柏拉图的《米诺斯》(*Minos*)以来，体现着法理学三大分支的三类法律概念得到了普遍承认，但在现代被他描述为"历史社会"法学的分支一直有被边缘化的倾向。他这本书的目的就是重申法理学的这个"第三根支柱"，并且以现实主义"法律理论"的形式对之加以发展。如我们将会看到的，塔玛纳哈和我在将经验性理解整合进法学学科方面是紧密的同道，但我们有不同的策略，参见原书下文第 255—256 页。

12. 描述法理学活动图景的另一个比喻就是它是一个巨大的市集(bazaar)，由多少有些非正式的且通常是彼此重叠的许多群体构成，这些群体之间彼此竞争、对话、论辩和争论，有时联合或攻击其他群体，主张更多的领地，或像实证主义者和自然法学家（以及其他反实证主义者）之间为人熟知的状态一样，投身于没有明显结果的几乎算得上是永恒的战争之中——这是一个由彼此不理解的观点构成的令人眼花缭乱的巴别塔，我在一篇题为"伟大的法学市集"(1977 年，重印于《伟大的法学市集》第 11 章)的文章中讽刺过；进一步参见原书下文第 160 页。

13. 有关"法律诸理论"，参见原书第 276—279 页。有关不同类型的理论化活动，参见《语境中的法律》第 6 章，特别是第 129—130 页。

14. 比较约翰·加德纳(John Gardner)，《法律是信念之跃》

(*Law as a Leap of Faith*, 2012），前言。"我并没有一种法律理论……我有许多关于法律的一般性思考，我只能希望它们最终可以相互融贯。它们形成比这种样态更为完美的统一体既非必要也不可欲。"更进一步参见本书下文第 20 章，注释 68。

15. 直到 20 世纪 60 年代末我才读到罗伯特·默顿的著作，但我立刻就感到一种强烈的亲近感。《论理论社会学》[*On Theoretical Sociology*, 1967(1949)]给我留下的印象尤为深刻。渐渐地，我吸收了他的一些最为知名的观点，包括中程理论、自我批判的功能主义、显功能和潜功能、意外的后果、自我实现的预言、社会角色、角色丛以及参照群体。我不知道这些观点中有多少源自于默顿或因他而流行。有关卢埃林和默顿表面上似乎缺乏关联这一点，参见《一般法理学》第 4 章。我从"弱功能主义"（thin functionalism）角度对卢埃林的"法律职能理论"的解释和改进，是有意带有默顿色彩的。

16. 参见原书第 246—248 页。

17. 参见本书第 14 章。

18. 参见本书第 12 章。

19. 参见本书第 12 章。

20. 参见本书第 18 章。

21. 有关"木板"参见原书第 2 页。

22. 默顿的"中程理论"概念是限定在经验理论范围内的。但在法理学中，概念和价值也可以被理解为具有不同抽象程度、一般性以及适切性的可行假定。

23. "法理学的一些职能"（Some Jobs for Jurisprudence）（华威

大学就职演讲），载于《英国法律与社会杂志》(*Br J Law & Soc*)第1卷(1974年)，第149页，下文的讨论参见本书第13章。

24. 参见"卡尔·卢埃林未完成的计划：法律与社会以及法学方法的职能"。

25. 这段文字最终（稍加修改后）被收录于国际法律中心出版的一份报告中：《变化世界中的法学教育》(*Legal Education in a Changing World*, 1975)。下文的讨论参见原书第219—221页。

第2章 童年与求学(1934—1952年)

1. 婴儿福利与公共健康项目展，于1934年5月28日、29日和30日，在坎帕拉举办。H. M. 特文宁博士(Dr H. M. Twining, 总务委员会秘书长，执行委员会荣誉秘书长)。

2. 参见安妮·贝克(Anne Baker)，《荣誉问题》(*A Question of Honour*, 1996)以及《晨星：弗洛伦斯·贝克的日记》(*Morning Star: Florence Baker's Diary*, 1972)。也参见布莱恩·汤普森(Brian Thompson)，《帝国浮华：贝克兄弟的奇遇与喀土穆的英雄》(*Imperial Vanities: The Adventures of the Baker Brothers and Gordon of Khartoum*, 2014)；苏珊娜·霍(Susanna Hoe)，《畅游坦德姆》(*Travels in Tandem*, 2012)。

3. 这包括四五位接受过医师培训的女士，还有我的母亲、被我父亲视为思想上友好辩论对象的伊芙琳·杜比森(Evelyn DuBuisson，我的教母和监护人)，以及其他几位拥有职业或在公共生活中非常出彩抑或两者兼而有之的女性；比如，西塞莉·威廉斯博士(Dr

Cicely Williams)和玛丽·特里维廉(Mary Trevelyan)。她们的共同点是,她们都会抵抗我相当专横跋扈的父亲,有时将他视为一个过度发育的小学生。在我的童年、青少年以及之后的岁月中,我大概假定她们是更优越的性别。我并不认为这个观点发生了改变。"威廉和姑母姨妈们相处得很好"这一点在家里是毫无疑问的。

4. 我有时会说"我有一个"殖民主义"的童年、一个"反殖民主义"的青少年、一个"新殖民主义"的职业开端以及一个"后殖民主义"的中年"。这简洁地捕捉到了我人生中的一个重要主题,但它太过轻浮。首先,这是因为这些词既模糊又含混;其次,这是因为特别从文学角度来说,(殖民主义)这个词拥有一种不同于我最初设想的特定政治意涵。有关前三个词,根据语境我的用法应当是清晰的:我的父亲曾是殖民地的总督,我的成长在这类孩子中是相当典型的;拒绝我父母慈爱的家长主义的过程是一个在我21岁时达到顶点的漫长旅途,它既与逐渐萌生觉醒的政治意识和对个人自主性的关切相连,也与在伦敦和巴黎的心怀怨怼的非洲学生相关(第3章);身为侨民,在两个新近独立的国家中工作时所具有的暧昧与爱恨交织的心情(其中包含了热切的"民族主义",以及对于路径依赖的力量和不同事物杂糅混合的程度与复杂性的低估),会在第5章和第6章中加以明确讨论。在我最初的主张中,我是在非政治意涵上使用"后殖民主义"这个词的,这个意涵现在象征着"后后殖民主义"(post-post-colonial),比如布克奖得主马龙·詹姆斯(Marlon James)在《七次谋杀简史》(*A Brief History of Seven Killings*, 2015)中就是如此使用的,他以此同具有更强烈的反殖民主义形态的"后殖民主义"文学拉开距离,但同时又承认殖民主义和新殖民主义的残余依旧伴随着我们。我所能主张的就是大概从21岁起,我就一直致力于为去殖民化过程做出微小贡献(《人权:南半球声音》第5、6和20章;以及本书插图12,"降旗")。

5. 阿什利·杰克逊(Ashley Jackson),《毛里求斯与印度洋中的战争和帝国》(*War and Empire in Mauritius and the Indian Ocean*, 2001),第6章,"审查、广播宣传与破译密码"(Censorship, Radio Propaganda and Code-breaking)。

6. "二战"刚结束后有许多关于查特豪斯的回忆录。与我记忆最相符的一部回忆录是弗里德里克·拉斐尔(Frederick Raphael)的《宠坏的男孩:童年回忆录》(*Spoilt Boy: A Memoir of Childhood*, 2003),只不过他在不同的书院而我不是犹太人。这个引用在该书第164页。最著名的描述是西蒙·雷文(Simon Raven)的半虚构作品,他几乎算是我哥哥严格意义上的同龄人,几乎刚好在我前往查特豪斯时离开了那里。他对威廉·里兹-莫格(William Rees-Mogg)尤有敌意,后者后来是《泰晤士报》(*The Times*)的编辑,有个甚至更引人注目的儿子。

7. 为什么这么怕羞?这个活动让我明白自己在何种程度上仿效着自己的父母:早起、午睡、其他例行活动;喜爱不错的威士忌;幽默感;列清单。就连写作都是家族传统。伟大的萨姆(Sam)和瓦尔·贝克(Val Baker)叔叔都出版过书;我的祖母阿加莎(Agatha)出版过《儿童版威斯特敏斯特教堂史》(*A Child's History of Westminster Abbey*, 1910)及类似的作品;她的长兄吉尔伯特·伯恩(Gilbert Bourne)教授出版过关于动物学和解剖学的著作,以及《七十年代伊顿公学中一位爱划艇学生的回忆录》(*Memoirs of an*

Eton Wet-bob of the Seventies,1933）；我的祖父威廉·特文宁出版过一些有关家族历史的作品，他的长子斯蒂芬（Stephen）悄悄对之加以修正；我的父亲作为一种爱好，写过一些关于加冕礼和王权的令人印象深刻的著作；他也喜好钻入文献中搜寻失落的王冠，进而去挑战博物馆的管理员来阐明他们的疏漏；我的母亲出版过一些有关儿童福利、如何挖茅厕这类事务的平实的实用小册子；我的哥哥写过谐趣诗和一部音乐喜剧（未出版）。基于这些背景，确实非常令人困惑的是作为一个青少年，我为什么要竭力隐藏自己想要成为一名"作家"的雄心。是因为对于我的家人来说写作并非正业而我却想要成为作家？又或是因为我暗暗地想要写小说抑或对观念感兴趣？还是说这不过是普普通通的同辈压力？

8. 拉斐尔在他的《宠坏的男孩》（*Spoilt Boy*）中详细解释了他所经历的反犹主义；我遭遇过歧视，但（或许值得注意的是）不知道这意味着什么；非白人太少以至于肤色不是一个问题，在我离开后理查德·索拉布吉（Richard Sorabji）是我唯一保持联系的同龄人。他在另一个学院，但不妨碍我们成为好友。

第3章 牛津及之后（1952—1957年）

1. A. J. 艾耶尔（A. J. Ayer）编，《哲学中的革命》（*The Revolution in Philosophy*, 1956）。尼古拉·莱西（Nicola Lacey）的《哈特的一生：噩梦与美梦》（*A Life of H. L. A. Hart: The Nightmare and the Noble Dream*, 2004）绝妙地把握住了整体语境及哈特人生的私密（对一些人来说，是太过私密了）细节。

2. 该文刊载于《法律评论季刊》(*LQR*)第 70 卷(1954 年),重印于《法理学和哲学论文集》(*Essays in Jurisprudence and Philosophy*, 1983),第 1 章。

3. 有关"教义",更进一步参见本书第 13 章。

4. A. W. B. 辛普森(A. W. B. Simpson),《反思〈法律的概念〉》(*Reflections on the Concept of Law*, 2011)。

5. 有关麦考密克,参见第 15 章。

6. 引自莱西,《哈特的一生》(*A Life of H. L. A. Hart*),第 157 页。

7. 在林肯律师公会这些遭遇的一个结果,就是我开启了一项计划或运动来提升在伦敦的大量海外学生的能力,特别是那些为律师资格考试而攻读学位的学生。我甚至和大法官法院的主事官见面,掀起了一些波澜,但我不知道如何使得这个项目有效,慢慢地它就结束了。玛丽·特里维廉(Mary Trevelyan)是我父母的一个朋友,是为海外学生开设的国际学生家庭(International Students House)与山羊俱乐部(Goats Club)的知名创始人。她批评我,说我有不错的想法,然后却把它们交给其他人来执行。她说的没错,但我不是一个行动派。

8. 在 1954—1957 年间,我逐渐不再支持父亲的多种族政策,一部分原因是我对民族主义有了更深入的了解,另一部分原因是我觉得"花哨的特许经营权"行不通,还有一部分原因是我在巴黎和伦敦遇到过痛苦不堪的非洲学生;也是由于迅速走向独立的不可避免,变革之风势不可挡。在个人观点方面,我父亲转向了这个方向〔参见科林·贝克(Colin Baker),《走出帝国》(*Exit from Empire*,

2010），第 186—192 页］，但在 1957 年我对非洲民族主义的共情要更强烈。

9. 如果我的观点转变可以被定位在 1956—1957 年，我"反殖民主义的青少年"就在 21 岁开始。我又是晚熟的。我的朋友尼古拉·莱西承认她在理解女性主义时有类似的迟缓［"意外之旅中的同伴"（Companions on a Serendipitous Journey），载于《法律与社会杂志》（JL & Soc）第 44 卷（2017 年），第 283 页］。对比另一位朋友，尼尔·麦考密克，有关民族主义的观点，参见原书下文第 212 页。

10. C. K. 艾伦（C. K. Allen），《制定中的法律》（Law in the Making），第 4 版（1946 年），第 45 页。

第 4 章　芝加哥大学（一）（1957—1958 年）

1. 在芝加哥，法学第一学位（JD，法律博士）要比法学硕士（LL.M）更有声望，后者主要是面向非美国人的。我后来发现，法学院的政策就是让国外研究生转向芝加哥独一无二或具有特色的课程。英联邦奖学金学员拥有在一年内完成法律博士学位的特权，他们需要选修与"真正"法律博士学生竞争的一些主流课程，特别是像侵权法、财产法这样我认为自己已经选修过的第一年基础课。

2. 回头来看，我很惊讶自己会在"学术自由"这个小问题上采取强硬立场，因为我直到忍无可忍才会坚持原则。我提出反对没有错，但现在后悔没有选修这门课，理由有如下三点：首先，我错失了打好微观经济学基础的机会，这个不足我一直没有真正地弥补上，我在职业以及更一般层面受到了它的牵绊，因为我认为经济学是理解法律和政治的重要组成部分；其次，迪雷克托（Director）是法律与经济学运动首屈一指的先驱，该运动已经成为美国法学界主导力量之一。他是米尔顿·弗里德曼（Milton Friedman）的推广者和护法，我错过了近距离见证这场运动兴起的机会；其三，当芝加哥大学法学院和经济学院崭露头角时，我没准备好在它自己的领地上与它斗争——值得注意的是，多年后罗纳德·德沃金为了以这种方式武装自己，修习了经济学方面的私人指导课。研究对手是值得的，而我错过了一个难得的机会。

3. 有关与迪雷克托进一步的冲突，参见原书第79—80页。

4. 我选修了尼古拉斯·德·贝尔维尔·卡岑巴赫（Nicholas de Belleville Katzenbach）、爱德华·希尔斯（Edward Shils）、爱德华·列维（Edward Levi）、马尔科姆·夏普（Malcolm Sharp）、J. B. 施尼温德（J. B. Schneewind）、威廉·温斯洛·克洛斯基（William Winslow Crosskey）、阿利森·邓纳姆（Alison Dunham）和马克斯·莱茵施泰因（Max Rheinstein）的课程，以及由卡岑巴赫（Katzenbach）、卢埃林（Llewellyn）、门斯契科夫（Mentschikoff）和斯蒂芬（Steffen）组成的令人敬畏的教师阵容讲授的国际商业交易课程。后来，几位杰出的联邦法官［斯卡利亚（Scalia）、波斯纳（Posner）、伊斯特布鲁克（Easterbrook）和博克（Bork）］，两位美国司法部长（卡岑巴赫与列维）以及一位美国总统（奥巴马）在转行前都是芝加哥大学法学院的教工。

5. 亚伦·迪雷克托和威廉·温斯洛·克洛斯基（William Winslow Crosskey）除外，后者是一个卡索邦（Casaubon）式的法律史学家,① 将毕生精力都投入在"证明"有关美国宪法原初意图的一个可疑前提之中。他是我在法学教育中接触过的最糟糕的老师。他让我们购买并阅读他的专著的第一卷,但他读的却是第二卷手稿中的内容,后者他并不让我们拿到手。他几乎拒绝回答问题。所有这一切都让他令人难忘。

6. 乔治·W. 李普曼(George W. Liebmann),《普通法传统:五位法学家的集体肖像》(*The Common Law Tradition: A Collective Portrait of Five Legal Scholars*, 2005),第 305 页。

7. 同上注,第 304—306 页。

8.《语境中的法律》,第 6 页。

9.《卡尔·卢埃林论文集》,第 7 页。

10. 改写自《卡尔·卢埃林论文集》,第 7—8 页。

11. "我们社会中的法律:法律制度的粗浅实用的知识"(Law in Our Society: A Horse-sense Theory of the Institution of Law, 1950 年版)。对于这份非凡手稿的长篇幅的节选,发表于《卡尔·卢埃林与现实主义运动》,附录 B 与 C。

12.《卡尔·卢埃林论文集》,第 9 页。

13.《卡尔·卢埃林与现实主义运动》,第 173 页。

14. 引自《卡尔·卢埃林与现实主义运动》,第 172 页;源自"我们社会中的法律",第 11 页,重印于《卡尔·卢埃林与现实主义运动》,第 2 版,第 560 页。

---

① 伊萨克·卡索邦(Isaac Casaubon, 1559—1614),法国古典文学家、神学家,他的巨作就是对古希腊与法学家阿忒那奥斯作品的编辑和评注。特文宁在此想表明,试图"读"出美国宪法原意的立场是靠不住的。

15. 有关"法律理论"和可行假设,参见原书 276—279 页;也参见原书第 2 页和第 20 页的"木板"。

16.《卡尔·卢埃林与现实主义运动》,第 264—266 页。

17. J. 吉利斯·韦特尔(J. Gillis Wetter)这位博士生做了一些类似的工作,就是比较五个国家最高法院判决风格。在我看来,他太过想要形式化自己的分析了。在 1957—1958 年,我猜测韦特尔和我是卢埃林最心爱的学生这个角色的竞争者。我对他立刻就产生了反感,从他对我的态度上,我也能感受到这一点。他在社交和思想方面都很形式化,我认为他试图把卢埃林自由流动的思想挤入一个形式主义的黑箱里。在他的著作中就有这种迹象[J. 吉利斯·韦特尔,《司法上诉判决的风格》(*The Styles of Appellate Judicial Decisions*, 1960)],但此书依旧颇值一读。我们彼此都很礼貌,他是我在 20 世纪 70 年代去瑞典演讲之行的东道主。他成为瑞典国际商事仲裁方面首屈一指的人物,特别是成为皇家律师。他在 1995 年 63 岁时猝然离世。

18. 改写自"卡尔·卢埃林未完成的计划:法律与社会以及法学方法的职能";更详细的讨论参见《卡尔·卢埃林与现实主义运动》,第 15—84 页。

19. 有关卢埃林颇有启发的选择"麻烦"而非"纠纷"这个词,参见《一般法理学》,第 105 页注释 79。

20. 参见 K. N. 卢埃林(K. N. Llewelyn),载于《哥伦比亚法律评论》(*Columbia LR*)第 34 卷(1934 年),第 1 页。缩略版重印于卢埃林的《法理学:理论与实践中的现实主义》(*Jurisprudence: Realism in Theory and Practice*, 1962),第 233—262 页。更进一步

可参见 W. 特文宁,"宪法、宪制主义以及宪法传播"(Constitutions, Constitutionalism and Constitution-mongering),载于 I. 斯特兹基(I. Stotzky)编,《拉丁美洲向民主的转型》(Transition to Democracy in Latin America, 1993)。

21. 参见原书第 86 页以及"卡尔·卢埃林未完成的计划:法律与社会以及法学方法的职能"。哈特后来使得如下谬误变得风行,即美国现实主义者都是认为"有关规则的话语是一种神话"的"规则怀疑论者"。我在许多地方都针对这种荒谬的指责为卢埃林辩护(特别是在《卡尔·卢埃林与现实主义运动》及其"后记"中)。卢埃林认为规则是完成法律职能的方式,但只是其中一种;他反对激进的不确定性,但会谈到解释的"余地"以及这些余地的界限;他起草了包括《统一商法典》在内的多部法典;他的著作《规则理论》(The Theory of Rules, ed. F. Schauer, 2011)在他去世后出版;任何认为卢埃林是一个哈特意义上的"规则怀疑论者"的人都是缺乏学者素养的。

22.《一般法理学》,第 184 页,以及"卡尔·卢埃林未完成的计划:法律与社会以及法学方法的职能"。

23. 有关法律职能观点的启发价值,参见《一般法理学》,第 184 页和"卡尔·卢埃林未完成的计划:法律与社会以及法学方法的职能"。

24. 有关"法律方法的职能"参见"卡尔·卢埃林未完成的计划:法律与社会以及法学方法的职能"。

25. "不得不如此"(Can't-helps)是奥利弗·温德尔·霍姆斯(Oliver Wendell Holmes Jr)喜欢的一个表述;比如,可参见 M. 勒纳(M. Lerner),《霍姆斯大法官的心灵与信念》(The Mind and Faith of Justice Holmes, 1923)。

第5章 喀土穆(1958—1961年)

1. 穆罕默德·奥马尔·巴希尔(Mohamed Omer Beshir, 1926—1992)是位重要的学者和公共知识分子,也是喀土穆大学以及后来在乌木杜尔曼的阿赫利亚大学的管理者,其中他帮助建立了后者。他一般被人熟知为 M. O. B.,是喀土穆大学的侨民教工和更广泛的当地知识分子共同体的关键联络人。我们一直保持着密友关系,直到1992年他去世。

2. 爱德华·阿蒂亚(Edward Atiyah),《黑色先锋》(Black Vanguard, 1952)。在一次访谈中,迈克尔·阿蒂亚爵士(Sir Michael Atiyah)是这样谈论自己父亲的:"我父亲的主要梦想就是去牛津。他想要把自己转变为一个英国人。但效果很不好。当他回到苏丹后,他发现自己并不属于英国人阶层,尽管他接受了牛津教育并且在文化上认为自己是英国人,但是他被视为属于更低的阶层。这在一定程度上让他发生了转变。在某种程度上他成为了一个阿拉伯民族主义者。终其一生,他都处于非常渴望成为英国人但又共情在大英帝国中的阿拉伯人的政治立场这两者的分裂之中。"1986年访谈,引自维基百科。

3.《合同法导论》[An Introduction to the Law of Contract, 1961年第1版;2006年与 S. A. 史密斯(S. A. Smith)合著第六版]。正文中对他所说的话的重构,基于在时间上和实际事件非常接近的记忆。

4.《合同自由的兴衰》(The Rise and Fall of the Freedom of Contract, 1979)。更进一步参见本书下文,第 12 章。

5. 更进一步参见本书第 7 章"耶鲁大学:1965 年"。

6. 我写于 1960 年的笔记是这样记录的:"真主阿拉,1960 年 9 月,在我前往哈勒法的一个傍晚,我们坐在房顶,喝着柠檬水,看着夕阳下落。在旁边的屋子中有人开始哭泣;哭声传遍其他几个屋子,人们——主要是女士们——冲到街上也开始哭泣。扎基(Zaki)走上前去问出了什么事儿,他回来说一个父亲在午饭时打了自己的儿子,这个孩子逃向了城镇边缘的沙漠,此后就消失不见了。女士们对孩子的死感到无比伤痛。我问扎基,'他们找到遗体了吗?搜寻队出动了吗'?'没有,他们认为他已经死了就放弃了。'天色逐渐变暗,但夜幕尚未降临。我很震惊。我提议我们——扎基和我——应当拿上火把和灯组织一个搜救队。扎基说,不,真主阿拉,他要么会露面,要么就不会。这就是命运。我将此理解为命定论的一个极端例证——被动地接受,轻易地放弃,我认为这很令人沮丧——甚至令人恼火。我在自己爱尔兰姻亲身上发现了这种态度的更温和的立场,这与我'做点儿什么'的本能形成了鲜明对比。那天晚上稍晚一些的时候,这个孩子悄悄回到了家。他一直躲在铁路支线里。"有趣的是,我的日记中有四页都是访问哈勒法的记录,但却没有提到这一点。

7. 有许多阿尔图拉比撰写的或关于他的文献,主要是阿拉伯文,但英语和法语的资料已经足以比较详细地重构他的一生与观点了。

8. 这与阿尔图拉比公开表达的观点几乎是不一致的:"喀土穆

的酒吧和迪斯科舞厅都关门了。敢穿着宽松裤子或不戴头巾上街的妇女经常会被前线的安全部队拦下并带到警局。公众场合求爱的年轻情侣说他们也经常受到骚扰。大学生们说,'警察会破坏私人住宅中举行的聚会,没收酒,有时还会用鞭子抽打组织者'。"

国家的法律现在支持沙利亚,这是一种《古兰经》式的法典,包含着对一些犯罪的严厉刑罚,诸如奸夫被吊死,盗贼被砍断一只手。

对此,一些人说伊斯兰化在很大程度上只是表面现象。事实证明,法官不愿实施伊斯兰教法规定的惩罚,而且很难根据该法证明犯罪。例如,要证明通奸,必须有四个成年男子同时目睹性行为。首席大法官欧贝德·哈吉·阿里(Obeid Hag Ali)指出,"我未曾听说有人因奸淫而被吊死或被石头砸死",他解释说沙利亚"更像是一种旨在规制社会的威胁"。

9. W. J. 贝里奇(W. J. Berridge)的《哈桑·阿尔图拉比,苏丹的伊斯兰教主义政治与民主》(Hasan al-Turabi, Islamist Politics and Democracy in Sudan, 2017)包含了对于阿尔图拉比的意识形态、学术著作以及在苏丹政治中的非凡作用的有趣论述。这部书在他的观点和公共政治立场方面信息非常丰富,但却在人生历程和个人详情方面着墨甚少。它证实了如下观点:难以协调他的伊斯兰教主义意识形态(有些人认为这是"自由主义的")和他非比寻常的政治生涯、进出监狱、转变同盟、获得以及失去军政府的青睐以及对法律的严厉伊斯兰化的责任。

10. 作者是位苏格兰古典文学家,他曾求学于格拉斯哥和牛津,并且在纽约的哥伦比亚大学度过了大部分学术生涯。这种苏格兰、牛津、美国式人文传统的综合[在芝加哥的罗伯特·梅纳德·哈钦斯（Robert Maynard Hutchins）的影响下］吸引着我，我几乎将之作为案头书。

11. "东非的法学教育"（Legal Education Within East Africa），收录于《当下东非的法律》（*East African Law Today*, 1966），第 115 页。

12. 更详细的论述参见《全球化与法律理论》，第 142 页前后。

13. M. F. 马苏德（M. F. Massoud），《法律的脆弱状态：苏丹的殖民主义、威权主义与人文主义遗产》（*Law's Fragile State: Colonial, Authoritarian, and Humanitarian Legacies in Sudan*, 2013）。

14. 第 1 版出版于 1937 年（在 1973 年时仍在重印）。一个核心主题就是政治理论本身就是政治行动的一部分。

15. 喀土穆市议会诉米歇尔·科特兰案（*KMC v Michel Cotran*），载于《苏丹法律杂志与报告》（*SLJR*）（1958 年），第 85 页；该案在下文中得到讨论：W. 特文宁，"喀土穆市议会诉米歇尔·科特兰案——法学技术研究"（Khartoum Municipal Council v Cotran – a study in judicial techniques），载于《苏丹法律杂志与报告》（*SLJR*）（1959 年），第 229 页。尽管这只是我发表的第二篇文章，在将近六十年后回过头来读它，我觉得自己非常喜欢它——有些啰唆，但提出一些有趣的观点。

16. 收录于伊萨·斯夫杰（Issa Shivji）编，《法律激进主义的局限》（*Limits of Legal Radicalism*, 1986）（达累斯萨拉姆法学院 25 周年），重印于《语境中的法律》，第 2 章。

17. 苏丹政府诉巴拉·厄尔·巴拉·巴雷拉和其他人案（*Sudan Govt v. El Baleila Bala Baleila and others*），载于《苏丹法律杂志与报告》（*SLJR*）（1958 年），第 2 页。

18. "苏丹的法律报告"(Law Reporting in the Sudan),载于《非洲法杂志》(J Afr L)第 3 卷(1959 年),第 176 页。

19. 比如,A. W. B. 辛普森,《嗜食同类与普通法》(Cannibalism and the Common Law, 1985);对比 W. 特文宁,"法律考古学的目的是什么?"(What Is the Point of Legal Archeology?),载于《跨国法律理论》(Transnat' Leg Theory)第 3 卷(2012 年),第 166 页。

20. 主要是通过"非洲法学教育与研究机构的员工安置项目"(Staffing of African Institutions for Legal Education and Research, SAILER Program)。有关这个项目可以参见加亚斯·K. 克里希南(Jayanth K. Krishnan),"学术中的非洲法学教育与研究机构的员工安置:福特基金会与塑造非洲法学教育的努力,1957—1977 年"(Academic SAILERS: The Ford Foundation and the Efforts to Shape Legal Education in Africa, 1957–77),载于《美国法律史杂志》(Am J Leg Hist)第 52 卷(2012 年),第 262 页。

21. 参见原书第 260 页。

22. 参见本章注释 17。

23. 记录自二十多年后的记忆。

24. 我认为他的这段故事发生于 1960 年,但这段论述在经过无数次重述后被记录下来时已经超过 10 年了。

25. 在 1959 年我们的共同主考官有科尔森(Coulson)、鲍威尔(Powell)、菲茨杰拉德(Fitzgerald)、戴维·休斯·帕里爵士(Sir David Hughes Parry)、德·史密斯(de Smith)、高尔(Gower)、克兰(Crane)、基顿(Keeton)、施瓦曾伯格(Schwarzenberger)、诺克斯(Nokes)、劳埃德(Llyod)、格拉维森(Graveson)和布兰德

(Bland)。货真价实的一个团队。

26. 事实上，伦尼·霍夫曼（Lennie Hoffman，后来成为霍夫曼勋爵，是他这一代人中最具思想性的法官）获得了学校的斯托厄尔研究院职位，所以我几乎肯定不会申请到。

27. 我写了一篇文章批判性地考察它有关"继受"的潜在预设来纪念这篇第一次发表的文章的50周年。（进一步参见原书第246—248页。）

28. 有关细节参见克里希南（Krishnan），"学术中的非洲法学教育与研究机构的员工安置"（Academic SAILERS）。

29. 参见原书第230页。

30. 这一点在克里希南（Krishnan）的"学术中的非洲法学教育与研究机构的员工安置"（Academic SAILERS）中得到讨论和质疑，但谁知道真相呢？

31.《人权：南半球声音》。

32. P. 柯林森（P. Collinson），《一个历史人的历史》（*The History of a History Man*, 2011），第160页。

33. 参见本章注释13。

34. T. S. 艾略特（T. S. Elliot），"焚毁的诺顿"［Burnt Norton，是《四个四重奏》（*Four Quartets*）之一］，以及《大教堂谋杀案》（*Murder in the Cathedral*, 1935）。

第6章 达累斯萨拉姆（1961—1965年）

1. 有关我在达累斯萨拉姆的早年岁月更详细的论述，参见我的"东非的法学教育"(Legal Education Within East Africa),收录于《当下东非的法律》(*East African Law Today*, 1966),第114—151页。

2. J. 哈林顿和 A. 曼日(J. Harrington and A. Manji),"'心与心,灵与灵':丹宁勋爵和非洲法学教育"("Mind with Mind and Spirit with Spirit": Lord Denning and African Legal Education),载于《法律与社会杂志》(*Journal of Law and Society*)(2003年),第376—399页。

3. 在达累斯萨拉姆大学学院开学典礼的讲话,1961年10月25日,第12页,重印于 J. K. 尼雷尔(J. K. Nyerere),《自由与统一》(*Freedom and Unity*, 1966)。

4. 在我的论文中,我注意到一份早期员工表显示,在11位资深员工中,院长 A. B. 韦斯顿(A. B. Weston)是唯一一位先前没有非洲经历的人。早期的法学院员工中大部分都有牛津法学学位,有一些也在北美工作过。

5. 法学院庆祝了成立25周年、40周年以及50周年,每一次都产生出大量作品,其中就有伊萨·斯夫杰(Issa Shivji)的《法律激进主义的局限》(*The Limits of Legal Radicalism*, 1986)。① 安布里纳·曼日(Ambreena Manji)与约翰·哈林顿(John Harrington)教授正在对包括达累斯萨拉姆在内的非洲英美法学院展开历史性研究。

6. 在《阿鲁沙宣言》(Arusha Declaration, 1967)中,尼雷尔总

---

① 原文中作者将时间错标为1985年,译文中加以改正。

统提出了坦噶尼喀非洲民族同盟的纲领及其社会主义与自力更生（合作经济，Ujamaa）的政策。这标志着坦噶尼喀非洲民族同盟和政府开始采取更为激进的方法，包括对公共服务和部分私营部门的广泛国有化，以及事与愿违的充满争议的"村庄化"政策。

7. 达累斯萨拉姆大学学院，《学院介绍》(A Guide for Schools, 1964)，第16—17页。这本书有时被认为是院长A. B. 韦斯顿写的，他当然读过且提出建议，但实际上第一稿是由麦考斯兰（McAuslan）撰写的（这一版我收藏着！）。对比20世纪70年代为华威法学院简章准备的类似的表述。

8. 有关"语境"参见本书第13章；有关"技能"参见本书第17章；有关"发展"参见本书第18章。

9. 这基于有一次我在听完韦斯顿重述这个故事后很快做的笔记。实际的对话是想象中的，但接近他所描述的样子。

10. 参见插图3。

11. 参见T. 扎塔卢里迪斯（T. Zartaloulidis）编，《语境中的土地法和城市政策：有关帕特里克·麦考斯兰贡献的文集》(Land Law and Urban Policy in Context: Essays on the Contributions of Patrick McAuslan, 2016)。该书中包含更进一步的细节以及对朱莉·曼宁（Julie Manning）的称赞。

12. 同上注。

13. 进一步的细节参见上注，全书各处。

14. 亚什（Yash）和我同时且一同在纽约、乌普萨拉、华威以及英联邦法学教育协会、英联邦人权倡议中工作（本书第17章）；他是我的四位"南半球声音"中的一位（本书第20章；以及《一般法理学》,第406—423页),除此之外我们一直是好友。他获得很多荣誉(包括授自英国的二等勋位爵士以及英国科学院院士)。他依旧飞往全球各地平息冲突,沟通宪法解决方案。他有关肯尼亚宪法改革的著作一直都极具影响力。

15. T. 兰杰(T. Ranger),《记述反抗:参与非洲民族主义(1957—1967)》(*Writing Revolt: An Engagement with African Nationalism* 1957-67, 2013)。

16. 罗德尼(Rodney)于1966—1967年在达累斯萨拉姆大学学院执教,在1968年被宣告为在牙买加不受欢迎的人(*persona non grata*),直到1975年才回到达累斯萨拉姆大学学院担任历史教授。1980年,他在圭亚那因自己汽车中的炸弹身亡。对于20世纪60年代和70年代达累斯萨拉姆作为全球革命者"灯塔"的角色的有趣总结是:"当达累斯萨拉姆这个平静的避风港曾是革命者的麦加时"(When Dar, the Haven of Peace, was the Mecca for Revolutionaries),载于《东非》(*The East African*)2013年1月刊,第5—11页,报道于《英国-坦桑尼亚协会简讯》(*Bulletin of the Britain-Tanzania Society*)。

17. 据说亨利·基辛格(Henry Kissinger)指出:"大学政治如此恶毒恰恰是因为利益是如此微不足道";在长袍的故事中,争论是彬彬有礼的,但主角们把这个议题视为新殖民语境下工作的矛盾与困惑的象征。

18. K. E. 斯文森(K. E. Svendsen),经济学教授,达累斯萨拉姆大学学院学术委员会备忘录(1964年7月8日特别会议记录)。

19. 参见插图2。

20. 我和 E. E. 埃文斯-普理查德(E. E. Evans-Pritchard)、戈弗雷·林哈特(Godfrey Lienhardt)、汤姆·法勒斯(Tom Fallers)、菲利普·格列佛(Philip Gulliver)、莎利·法尔克·穆尔(Sally Falk Moore)、保罗·博安南(Paul Bohannan)以及诸如内维尔·戴森-哈德森(Neville Dyson-Hudson)等年轻一代中的一些人有个人交往；在喀土穆，我与伊丽莎白·霍普金斯(Elizabeth Hopkins)、玛格丽特·约翰斯顿(Marguerite Johnston)以及玛丽·尼科尔森(Mary Nicholson)有过交往。在其他语境中，我也结识了阿德·霍贝尔(Ad Hoebel)、劳拉·内德(Laura Nader)以及马克斯·格鲁克曼(Max Gluckman)。马克斯访问麦克雷雷大学时，他的邀请人是位年轻的经济学家——西里尔·埃利希(Cyril Ehrlich)。他很快就邀请到格鲁克曼在乌干达学会(我父亲在 20 世纪 30 年代曾协助其成立)的会议上的演讲。马克斯宣读了一篇风趣且成熟的(polished)的文章。效果非常好。西里尔问他可否将之发表在《乌干达杂志》(*Uganda Journal*)上。他说，"年轻人，你从事学术工作多久了？……你不知道我这样的游荡漂泊型学者(wandering scholar)的首要原则就是：'永远别发表你的拿手好戏(party piece)'"(根据埃利希对我所言)。我试图遵循这个原则，但总体来说失败了。

21. H. 克里(H. Cory)的《苏库马人的法律与习俗》(*Sukuma Law and Custom*, 1953)、《哈亚部落的习惯法》[*Customary Law of the Haya Tribe*, 与 M. 哈特诺尔(M. Hartnoll)合著，1945 年]以及《非洲小雕像》(*African Figurines*, 1956)。在他于姆万扎的家中有大量小雕像藏品，有些太过色情以至于我 16 岁的时候母亲曾失败地试图让我不要看到它们。对照 N. 米勒(N. Miller)，"汉斯·克里的藏品"(Hans Cory Collection),载于《非洲研究简讯》(*Afr Stud Bull*)第 11 期(1968 年),第 195 页。

22. 这被归属于时任司法部长的阿姆里·阿贝丁酋长(Sheikh Amri Abedi)在 1963 年有关地方法院和习惯法的一个会议上的讲话。有关这个格言的精确表述有各种各样的报道。参见 W. T. 麦克莱恩(W. T. McLain)编,《有关地方法院和习惯法的非洲会议》(*African Conference on Local Courts and Customary Law*, 1963)。此书是 1963 年 9 月在坦噶尼喀的达累斯萨拉姆召开的会议议程的记录,该会议由坦噶尼喀的司法部长阿姆里·阿贝丁酋长担任主席(我是大会报告起草人之一)。

23. 发表为"东非国家法律体系中习惯法的地位"(*The Place of Customary Law in the National Legal Systems of East Africa*, 1964)。

24. 在一些非洲国家,政府的政策是不将地方法官派往他们所属的地区。

25. 这个故事我听过好几次,但一直没看到发表的版本。它可能和肯尼亚海岸省的吉莱玛人有关,但我无法确证。

26. 改写自我的伯恩斯坦讲座,第 289 页前后。

27. 对比鲁珀特·克罗斯爵士(Sir Rupert Cross)论"废除"他的学科(证据),参见原书第 178 页。

28. 这个观点最完整的发展,就是后来的,比如,马丁·沙诺克(Martin Chanock),《法律、习俗与社会秩序:马拉维和赞比亚的殖民经历》(*Law, Custom and Social Order: The Colonial Experience in Malawi and Zambia*, 1985)。

29.《一般法理学》,第 12 章。

30. 有关美国的法律重述以及包含着美国现实主义者对其激烈批评的相关争议,参见《一般法理学》,第 306—312 页。

31. 参见特文宁,"东非国家法律体系中习惯法的地位"(The Place of Customary Law in the National Legal Systems of East Africa),第 16—17 页。

32. 这一段改写自"语境中的麦考斯兰——在达累斯萨拉姆和华威的早年岁月"(McAuslan in Context-Early Days at Dar es Salaam and Warwick),载于扎塔卢里迪斯(Zartaloulidis)编,《语境中的土地法和城市政策》(Land Law and Urban Policy in Context)。

33. 在讲授侵权法时,我所使用的优秀的加拿大案例与素材书是多伦多出版的 A. 塞西尔(A. Cecil)、("恺撒")·赖特("Caesar" Wright),《侵权法案例》[Cases on the Law of Torts, 1963 (1954 and 1958)],并以东非案例为补充。这要早于 E. 维奇(E. Vietch)编的《东非侵权法案例》(East African Cases on the Law of Tort, 1972)。

34. 在激烈变革时代以历史方法研究法律的优势的一个经典例证,就是克莱尔·帕利(Claire Palley),《南罗德西亚宪法史(1888—1965):以帝国掌控为特别参照》(The Constitutional History of Southern Rhodesia 1888-1965: with special reference to imperial control, 1966)。伊恩·史密斯(Ian Smith)在此书处于校对阶段单方面宣布独立。出版方允许作者补充一章来更新论述。据说此书成为三位民族主义领袖——穆加比(Mugabe)、恩科莫(Nkomo)以及西索尔(Sithole)——在同一间牢房时的"圣经"。一个常见的笑话是:"今晚谁会和帕利博士一起睡?"这与关于非洲宪法的阐释性作品形成鲜明对比,后者一直植根于特定文本,很快就会过时,有时甚至还没有出版就过时了。

35. 在抵达达累斯萨拉姆之前,我督促韦斯顿推动四年制法学学士学位,并认真思考假期的用处以及学生对时间的利用。我依旧保留着这封信,写于1961年7月的喀土穆。它的开头是"亲爱的亚瑟"——这可能是我唯一一次使用这样的称呼。他支持了我的游说,但我们的两个主张都失败了。有关英国的四年制本科学位,参见本书第17章。1963年福特基金会资助我一趟短期的美国研究之旅来了解安提俄克和其他地方的工作-研究项目。这给我留下了深刻印象,但却从未能够说服同事认真对待一学年每周学习40小时的观点。在英国,白金汉大学和英博夏尔大学(BPP)这样更常用自然年度的商业机构通常一直都被蔑视为不是"正常大学",但几乎所有"正常大学"都是从它们的结构、资金、期待、学期长度以及学术研究的便利角度设立的。有人运用这个方法将学位的时限削减到三年。后来,在华威大学,一些行政人员提出缩短学期长度以便增加会议收入;我提出一项修正案,建议我们彻底废除学期,变成一个会议中心。原初的动议遭到了否定,但我的基本观点却在同事中有一些共鸣——科层化当时尚未完成。

36. 拉斯基在给霍姆斯的信(15. X. 32)中写道:"我的(一个)评论是,我们应当看看哈佛的工作,按照一位杰出王室律师的说法,美国人无法应对犯罪问题这个评论,是对哈佛充分的评价;我认为这个评论属于历史上最没根据的观点之列。"M. 豪(M. Howe)编,《霍姆斯-拉斯基通信》(*Holmes-Laski Letters*, 1953),第2卷,第

1410 页。内罗毕的语境是哈佛法学学位是否应当在肯尼亚得到部分承认。

37. 非洲式法理学(African Jurisprudence)、非洲语境中的法理学、非洲的法理学(Jurisprudence for Africa)抑或非洲法学院教科书?这从未得到清晰或充分的彻底思考。

38. 实际上我在伦敦大学学院注册了一个有关卢埃林的海外博士学位,丹尼斯·劳埃德(Dennis Lloyd)任导师,但我却从未坚持完成。

39. 当我回到达累斯萨拉姆时,一些人认为我没有忠实于自己的父亲。但尽管我们在政治方面有分歧,父亲并没有认为我不忠实于他,在他晚年,我们的关系依旧非常不错。

第7章 重逢卢埃林:美国间奏曲(芝加哥 1963—1964 年,耶鲁 1965 年,费城 1971 年)

1. 哈特致信特文宁,引自尼古拉·莱西(Nicola Lacey),《哈特的一生:噩梦与美梦》(*H. L. A. Hart: The Nightmare and the Noble Dream*, 2004),第 233 页。语境是当他暗示他愿意讨论"除了那本破书"之外的任何事物时,我在 1967 年邀请他前往贝尔法斯特做一些讲座。

2. "后记",第 404—409 页。这一章许多内容在很大程度上都与《卡尔·卢埃林与现实主义运动》(2012 年)"后记"中有关 1963 年(我第二次前往芝加哥)到 1973 年(《卡尔·卢埃林与现实主义运动》出版)间我在芝加哥和其他地方的关于卢埃林的著作的详细论述重叠。我改写了此书的第 390—404 页，只有微小的改动和删减，因为这与我在这里的论述直接相关。不过此书第 404—443 页主要讨论《卡尔·卢埃林与现实主义运动》的余波——因为它与卢埃林著作在其身后出版相关，讨论 1971 年到 2011 年之间有关卢埃林和美国法律现实主义的著述，在这一时期《统一商法典》(UCC)相关的发展，以及有关卢埃林与哈特和"原理"这门课的详细补充论述。这些话题大部分都至少在本书其他章节有所涉及，但不那么详细。

3. 重印自"谈谈现实主义"(Talk about Realism, 杜威讲座，1984 年 10 月 23 日)，载于《纽约大学法学院评论》(NYU L Sch R) 第 60 卷 (1985 年)，第 329—284 页，重印于《伟大的法学市集》，第 6 章。

4. 当然，我无法担保这个场合所使用的确切语词，但这个重构是基于我当时即刻的笔记。

5. 尽管格哈特·卡斯珀 (Gerhard Casper) 的建议是这首诗令人尴尬的糟糕且无法发表，但我把这它收录于《卡尔·卢埃林论文集》中。

6. 1964 年我也得到来自福特基金会和洛克菲勒基金会的资助，去参访美国和我在达累斯萨拉姆相关的机构和工作-研究项目。

7. 《卡尔·卢埃林论文集》，第 11—13 页。《卡尔·卢埃林与现实主义运动》的附录 A 讲述了卢埃林的"战争传奇"故事。

8. 与这个文集相关的有两部作品：W. 特文宁，《卡尔·卢埃林论文集》(The Karl Llewellyn Papers, 1968, KLP) 以及 R. 埃林伍德 (R. Ellinwood Jr)，《卡尔·卢埃林论文集：文集导读》(The Karl

Llewellyn Papers: A Guide to the Collection, 1967）。这两部作品都由芝加哥大学法学院出版。现在芝加哥大学特藏品中有卢埃林和门斯契科夫论文的完整目录。

9. 哈佛法学院的马克·德·乌尔夫·豪（Mark de Wolfe Howe）是个主要例外。他以写作奥利弗·温德尔·霍姆斯的多卷本传记而知名，出版的两部是：《奥利弗·温德尔·霍姆斯大法官：成长时期，1841—1870年》[*Justice Oliver Wendell Holmes: The Shaping Years, 1841–1870*（1957）]以及《崭露头角 1879—1882》[*The Proving Years 1870–1882*（1963）]。不幸的是他在1967年去世，享年60岁，没有完成这个计划。我安排在哈佛与他见面，但他似乎对我的计划不感兴趣，没有给我建议。

10. 这个附记重印自《卡尔·卢埃林与现实主义运动》的"后记"。在职业场合索亚被称为索亚·门斯契科夫，但在社交场合她喜欢被称为卡尔·卢埃林夫人。主要的参考资源，除了一手知识和数不清的讣告外，就是康妮·布鲁克（Connie Bruck），"索亚·门斯契科夫：一切事物的第一位女性"（Soia Mentschikoff, The First Woman Everything），载于《美国法律人》（*The American Lawyer*）1982年10月刊，第36页；纪念索亚·门斯契科夫院长研讨会（Symposium in Honor of Dean Soia Mentschikoff），载于《迈阿密大学法律评论》（*U. Miami L. Rev.*）第37卷（1983年）；西坡拉·怀斯曼（Zipporah Wiseman），"索亚·门斯契科夫"（Soia Mentschikoff），载于R. M. 萨克拉（R. M. Sakolar）和M. L. 沃尔坎赛克（M. L. Volcansek）编，《法律中的女性》（*Women in Law*, 1996）以及《美国国家传记》（*American National Biography*, 1998）。也参见罗伯特·惠特曼（Robert Whitman），"索亚·门斯契科夫和卡尔·卢埃林：一起前往芝加哥大学法学院"（Soia Mentschikoff and Karl Llewellyn: Moving Together to the University of Chicago Law School），载于《康狄涅格州法律评论》（*Connecticut LR*）第 24 卷（1992 年），第 1119 页。门斯契科夫发表的主要著述目录参见怀斯曼的著述（Wiseman 1996）。她的一些专业论文收录于芝加哥大学图书馆的特藏馆，其他的都归迈阿密大学法学图书馆所有。相关内容可以在芝加哥大学图书馆页面中的"门斯契科夫"条目下找到。

11. S. 门斯契科夫（S. Mentschikoff）与 I. 斯托茨基（I. Stotsky），《美国法律的理论与技艺——原理》（*The Theory and Craft of American Law-Elements*, 1981）。卢埃林在来到芝加哥时接手了一年级"原理"课，并一直教授这门课直到去世。索亚将自己版本的这门课输出到了迈阿密（在这里，这门课被保留了下来，至少在名称上如此，有时甚至不止于此）。进一步参见"后记"，第 411—418 页。我们在贝尔法斯特有关"法律技术"的课程具有类似的功能，但与之非常不同，正如对比门斯契科夫-斯托茨基的著作与《如何依规则行事》（参见本书下文，第 11 章）时显而易见的那样。

12. 从 1942 年到 20 世纪 70 年代，门斯契科夫在多个职位中与达累斯萨拉姆大学学院项目有关。

13. 芝加哥大学禁止一同聘任夫妻（禁止裙带关系规则），所以索亚直到卢埃林去世才成为拥有终身教职的教授。这似乎没有给她带来困扰。

14. 引自布鲁克（Bruck）的"索亚·门斯契科夫：一切事物的第一位女性"（Soia Mentschikoff, The First Woman Everything）。

15. 她的前同事尼古拉斯·德·贝尔维尔·卡岑巴赫（Nicholas de Belleville Katzenbach）两次提名她。

16. 她的个人风格在如下这篇文章中表露无遗："一位起草者的反思"（Reflections of a Drafter），载于《俄亥俄州法律期刊》（Ohio State LJ）第 43 卷（1982 年），第 537 页。在这篇文章中，"胡闹"（horsing around）这个词被不止一次地用来描述筹备《统一商法典》中法律精英团队成员的所作所为。也参见她去世后发表的讲稿［由欧文·斯托茨基（Irwin Stotzky）重构］，"最后一个普遍学科"（The Last Universal Discipline），载于《辛辛那提大学法律评论》（U Cincinnati LR）第 54 卷（1986 年），第 695 页；以及 I. 斯托茨基（I. Stotzky），"索亚的道路：在普通法传统中辛苦耕耘"（Soia's Way: Toiling in the Common Law Tradition），载于《迈阿密大学法律评论》（U. Miami L. Rev.）第 38 卷（1984 年），第 373 页。

17. 引自布鲁克（Bruck）的"索亚·门斯契科夫：一切事物的第一位女性"（Soia Mentschikoff, The First Woman Everything）。

18. 同上注。

19. 比如曼弗雷德·韦斯（Manfred Weis），"《卡尔·卢埃林与现实主义运动》书评"，（Review of KLRM），载于《文明主义实践期刊》（Archiv für civilistische Praxis）(1990 年)，第 90 页前后；对比科林·塔珀（Colin Tapper），"值得一提的抽离态度"（remarkably detached）［评论文章，载于《公共法律教师学会学报》（JSPTL）（新序列）(1973 年)，第 168—169 页］。

20. 她也对传记性的一章（《卡尔·卢埃林与现实主义运动》，第 6 章）有很大贡献。这里是我最初提议的。我缠着她提问关于卢埃林童年和家庭的问题（这些事情在论文中几乎没有）以及怪癖，我将她视为检验我的事实是否准确以及我的判断是否方向正确的标准。最后我咨询了欧尼·哈格德（Ernie Haggard）这位和卢埃林与索亚有过密切工作往来的心理学家，我对卢埃林人格的呈现是否合理。他提出了一些有益的建议，且不带有丝毫弗洛伊德式解读的蛛丝马迹。我没有见过卢埃林的第一任妻子贝蒂（Betty），只是匆匆采访过他的第二任妻子爱玛·考斯特韦特（Emma Corstvet），后者可以理解地未能让我接触她的论文。所以我对卢埃林的婚姻关系的了解是不完整的——不过这不太重要，因为我没有打算写一部完整的传记。后来，施莱格尔（Schlegel）从对考斯特韦特的访谈中了解到了许多信息［约翰·亨利·施莱格尔（John Henry Schlegel），《美国现实主义和经验社会科学》（*American Realism and Empirical Social Science*, 1995），索引"考斯特韦特"中］。有关罗伯特·惠特曼等人以及考斯特韦特的论文，参见"后记"，第 427—429 页。

21. 当然，我无法回忆起她确切的用词，但对这句妙语很有信心。

22.《卡尔·卢埃林与现实主义运动》，第 458 页，注释 6。

23. 不过请参见，"专题论文：起源和演进：起草者对《统一商法典》的反思"（Symposium: Origins and Evolution: Drafters Reflect Upon the Uniform Commercial Code），载于《俄亥俄州法律期刊》（*Ohio State LJ*）第 43 卷（1982 年），第 535 页。也参见荷马·克里普克（Homer Kripke），"法典的重要性"（The Importance of the Code），载于《托莱多大学法律评论》（*U Toledo LR*）第 21 卷（1990 年），第 591 页以及美国法律协会视听历史资料第 2 号，"荷马·克

里普克"(美国法律协会，1991年)。我认为《卡尔·卢埃林与现实主义运动》第9章是不完整的，特别是在其有关内部分歧方面，不过它却可以主张是从索亚角度对事件的真实描述，尽管有些单薄。更进一步可参见索亚的"一位起草者的反思"(Reflections of a Drafter)。

24. 不过南卫理公会大学的彼得·温希普(Peter Winship)开展有关这一问题的项目已经有些年头了。

25. "谈谈现实主义"(Talk About Realism)，载于《纽约大学法律评论》(*NYU LR*)第60卷(1985年)，第329—384页，重印于《伟大的法学市集》，第5章。

26. "卡尔·卢埃林未完成的计划：法律与社会以及法学方法的职能"，重印于《伟大的法学市集》，第6章。

27. 《卡尔·卢埃林与现实主义运动》，"前言"，第 xxiv 页。

28. 《美国的判例法与裁判》(*Präjudizienrecht und Rechtssprechung in Amerika*, 1933)。正文已经被译为英语，发表为葛维宝(Paul Gewirtz)编，《美国的判例法体系》(*The Case Law System in America*)，M. 安萨尔迪(M. Ansaldi)译(1989)，其书评参见《耶鲁法学杂志》(*Yale LJ*)第100卷(1991年)，第1093页。

29. 《现代法学评论》(*MLR*)第30卷(1967—1968年)，第165页。

30. 参见原书第88—92页。

31. 除了莱夫签署的源自读书小组的联名信，我面见了小组三位成员中的两位，邓肯·肯尼迪(Duncan Kennedy)和理查德·但泽(Richard Danzig)。他们都很友好，很有礼貌，但都表明这本书很枯燥。

32. 不幸的是亚瑟·莱夫英年早逝，不过这却是和邓肯·肯尼迪长久但破碎的友谊的开始——我第一次见到他是在1968年耶鲁校园的动乱之中。

33. 当我将一本《卡尔·卢埃林与现实主义运动》送给我们的母亲时，她似乎很惊讶自己的儿子能够写出这样一部著作来；她明确表示自己不想试着读它。不过她把这本书放在起居室，装饰成一本桌边书的样子，我可能有一次逮到她偷偷地抚摸着这本书。

34.《卡尔·卢埃林与现实主义运动》，第190—193页。一些评论者将社会法律调查（research）视为经验理解的主要或唯一基础；但研究证据的任何人都知道这类发现不过是实践中背景性概括以及许多具体实践决策所依赖的"知识库"和"一般经验"中的很小一部分。参见《重新思考证据》第2版，第438—446页以及《证据分析》，第273—279页。

35. K. 卢埃林（K. Llewellyn），"罗洛的冒险"（The Adventures of Rollo），载于《芝加哥大学法学院记录》（U Chicago L Sch Record）第2卷第1期（1953年），第3—4、20—24页。

36. R. 吉卜林（R. Kipling），"门徒"（The Disciple, 1932），相关讨论参见本书下文，第18章。

37. 很多次我们都想移居到美国，特别是在我们孩子青春期过后，但佩内洛普不想去"寒冷的地方"。碰巧那个时候只有寒冷的地方表露出让我成为常规职员的兴趣，所以我们从未付诸行动。我有几次和迈阿密大学接洽，但还是决定放弃。身为访问学者有许多优势——我仅有的义务就是教学以及腾出时间；没有委员会的会议，没有学术政治，在教学方面自己往往可以自行决定。我的薪水非常不错，但往往没有具有终身教职的职工所拥有的丰厚利益，比如在失能前的养老金和其他权利、健康保险以及债券。获得签证以及每次都要重新注册很让人感到乏味，我会感到像是一个常年访客而非大家庭的一员。并且在小乡村里作为一个学者有非常大的优势。

38. 更进一步参见本书第14章和第15章。

39. 不久后我是这样尝试报道这次访谈的："1965年作者前往科尔宾在哈姆登的家中拜访他，以便采访他有关卢埃林的事情。那时科尔宾已经九十[多]岁了；他听力不好且只能吃力地阅读。他刚刚补充完毕他有关合同的不朽巨著。在他椅子旁边是一盒表格卡纸(manila cards)，当法院判例先行本(advance sheets)出来后，每一个影响合同的新判决都在上面以手写的方式小心翼翼地得到注明。科尔宾说，在之前的6个月中，他以这种方式记录了将近两千个案例。在大部分学者将这种'机械性'工作(科尔宾肯定会拒绝这个描述)都交给年轻人很久之后，他却一直坚持下去，直到身体不再允许为止。这种耐心、细致的坚持就是科尔宾最主要的美德。"有关科尔宾，参见《卡尔·卢埃林与现实主义运动》，特别是第2章，以及《耶鲁法律与人文杂志》(*Yale JL & Humanities*)第47卷(2015年)，第101页。

40.《卡尔·卢埃林与现实主义运动》，第27—34、395—397页；"回眸与展望：亚瑟·科尔宾致索亚·门斯契科夫的一封有关卡尔·卢埃林逝世的信"(Looking Back, Looking Forward: A Letter from Arthur Corbin to Soia Mentschikoff on the Death of Karl

Llewellyn),载于《耶鲁法律与人文杂志》(*Yale JL & Humanities*)第 47 卷(2015 年),第 101 页。

41. 科尔宾致信卢埃林(信件标记的日期是 1960 年 12 月 1 日,信件副本由作者保存)。

42. 有关"规则怀疑论"参见原书第 139 页。

43. 参见原书第 42 页。

44. 参见原书第 230 页。

45. 更详细的讨论参见 W. 特文宁(W. Twining),"反思语境中的法律"(Reflections on Law in Context),载于彼得·凯恩(Peter Cane)和简·斯泰普尔顿(Jane Stapleton)编,《献给帕特里克·阿蒂亚的文集》(*Essays for Patrick Atiyah*, 1991);更进一步参见本书下文,注释 47。

46. B. 阿贝尔-史密斯(B. Abel-Smith)和 R. B. 史蒂文斯(R. B. Stevens),《律师与法院》(*Lawyers and the Courts*, 1967)和《追寻正义》(*In Search of Justice*, 1968)。史蒂文斯也和一位经济学家合作,R. 史蒂文斯与 B. 耶迈(B. Yamey),《实施限制性措施的法院》(*The Restrictive Practices Court*, 1965)。在英格兰,20 世纪 60 年代时他是跨学科法学研究的引领者。

47.《语境中的法律》第 3 章讲述了有关这个丛书的启动及其背后的考虑的故事。有关罗伯特·史蒂文斯,参见载于《法律职业国际杂志》(*Int'l J Legal Profession*)第 16 卷第 1 期(2009 年)的专题论文。

48. 参见原书第 98 页。

49. 取自如下小说:艾里克·霍金斯(Eric Hodgins),《布兰丁斯先生建造自己梦寐以求的房子》(*Mr Blandings Builds his Dreamhouse*, 1946)。这部小说后来成为一部受欢迎的电影。但这本案例集则不那么受欢迎。

50. 这产生出一组主要是由学生写作的专题论文,讨论近期有关东非法律的文学[载于《宾夕法尼亚大学法律评论》(*U Penn LR*)第 119 卷(1971 年),第 1062 页]。

51. 有关在宾夕法尼亚大学和欧文·戈夫曼(Erving Goffman)的邂逅,参见原书下文第 121 页。

第 8 章 贝尔法斯特女王大学(1966—1972 年)

1. 这个论述主要基于来自三四位信息源的传闻。我一直未能调查"蒙特罗斯事件"的背景,这肯定要更为复杂。

2. 参见原书第 2 页。

3. 参见原书第 300—301 页。当克莱尔·帕利(Claire Palley)在 1972 年得到女王大学教席的任命时,她是英国第一位被任命为法学教授的女性。后来她成为英格兰第一位女性法学教授。在 1972 年,我听到有人问:"一位女性能够成为法学教授吗?"我们肯定地回答说,可以。事实上,弗郎西丝·莫兰(Frances Moran)从 1944 年以来一直都是都柏林圣三一学院的敕命法学教授。进一步参见菲奥娜·考尼(Fiona Cownie),"英国第一位女性法学教授:一个阿奇尔式分析"(The United Kingdom's First Woman Law Professor: An Archerian Analysis),载于《法律与社会杂志》(*JL & Soc*)第 42 卷(2015 年),第 127 页。

4. 有关这所大学的历史参见布莱恩·沃克(Brian Waler)和阿尔夫·麦克里里(Alf McCreary),《卓越的程度:贝尔法斯特女王大学的故事,1845—1995年》[Degrees of Excellence: The Story of Queen's, Belfast, 1845-1995(1994)]。

5. 从佩内洛普的课程,我了解到讲授它的7个院系有各自不同的文化与风格:医学生是最好的沟通者;农学生向一位经济学助理讲师身上扔雪球;法学院外聘的非全职教工根本不管学生没有理解。这些学术部落似乎都不属于同一所大学。从佩内洛普在"和平线"两方的社会工作来看,似乎对新教徒和天主教徒来说,贫困问题是非常类似的。

6. 我买入了《双周》50英镑的股票,当我被要求归还时,我拒绝了,因为我觉得这是一段历史。有人质疑,《双周》是否与哈登在女王大学的全职工作相协调。这些批评有一些是政治上的,有一些是行政管理方面的。身为他所在院系的领导,我站在汤姆这边,强调他非比寻常的精力以及学术发表记录,并指出女王大学亟需公共知识分子。我与汤姆以及凯文密切合作,并且成为后者的导师和密友。这两人现在的名声都超出了北爱尔兰,不过这是另一个故事了。

7. 伦敦政治经济学院的一位名叫赞德(Zander)的讲师是《卫报》的常驻专栏作家;在耶鲁的伯罗特·史蒂文斯与一位社会学家合著了两本书,都激烈批判了当时的法学界(参见原书第306页)。

8. 《北爱尔兰法学教育委员会报告》(Report of the Committee on Legal Education in Northern Ireland)(阿米蒂奇委员会报告,Armitage Committee Report)(丛书编号:Cmnd 579, 1973年)。参

见《布莱克斯通之塔》全书各处以及《法学教师》(The Law Teacher)第48卷(2014年),第94页。

9. 这是我那个年代女王大学誓言的形式。这个法案实际用词是:"每一位教授在就职时应当签署一份由委员们根据本法案共同批准的声明,以确保他班级中的任何人的宗教观点都得到尊重。"我在履职6个月后不情不愿地签署了这个声明;后来我挑战了向讲师执行这一誓言的实践。

10. 发表于《法律理论和普通法》,第14章。

11. 扩展版为"阅读边沁"(Reading Bentham,麦克白讲座),载于《英国科学院会议》(Proceedings of the British Academy)第LXV卷(1989年),第97页,重印于《伟大的法学市集》,第7章。

12. 《语境中的法律》,第12章,参见本书下文讨论,第10章。

13. 借用自赫伯特·哈特的一个观点,参见原书第21页。

14. 参见原书第103页。

15. 参见原书第218—219页的讨论。

16. 现在可参见《语境中的法律》,第3章。

17. "摇奖机与蜈蚣"(Ernie and the Centipede)[与凯瑟琳·奥多诺凡(Katherine O'Donovan)和阿卜杜尔·帕里瓦拉(Abdul Paliwala)合著,载于托尼·杰洛维兹(Tony Jolowicz)编,《法律的分化与分类》(The Division and Classification, 1970)]。有关法学教育中学科的分类,更进一步参见原书下文,第152—166页。

18. 参见本书第12章。

19. "法理学的一些职能"(Some Jobs for Jurisprudence),载于《英国法律与社会杂志》(Br JL & Soc)第1卷(1974年),第149

页;也参见《新社会》(*New Society*),1974 年 6 月 27 日刊。

20. 更进一步参见原书下文第 174 页。

第 9 章 规范法理学

1.《一般法理学》,特别是第 1 章第 7 节(实证主义)、第 5 章(功利主义和正义理论)、第 6 章(作为道德、政治和法律权利的人权)、第 7 章(面对有关人权的挑战:格里芬、塔西拉斯和森)、第 11 章第 4 节(千禧年发展目标)以及第 13 章(人权:南半球声音)。

2.《一般法理学》,第 6 章和第 7 章。

3. 规范法理学作为一个广阔的领域涵盖有关价值和法律的一般问题。它处理法律、政治以及道德之间的关系,包括实证主义者和其他人之间以及他们之内的有关法律与道德关系的论辩,法律就其核心而言是否算是一项道德事业的论辩,以及有关政治义务与公民不服从的论辩。它包含自然、道德以及非法律权利的存在、范围和地位的问题;需要、权利、利益以及资格(entitlements)之间的关系;正义理论;立宪主义和民主;指引和评价法律制度、规则、实践以及决定的标准(参见《一般法理学》,第 122 页)。

4. 我有关这一领域最广泛的一般性讨论就是《一般法理学》,第 5—7 章。

5. 有关文化相对主义,参见《一般法理学》,第 129—132 页。作为一个例证,尽管存在一些关于女性生殖器切割(female genital mutilation, FGM)的语境知识,但我一直确信谴责这一行为的观点,并且近年来我的一部分慈善捐赠都旨在减少这一活动。

6. 对比卢埃林的"彼此争斗的信念"以及霍姆斯的"不得不如此"(第 4 章)。有关作为"木板"的可行假设的观点,更进一步参见原书第 2 页和第 20 页。

7. 我研究的主要文本是构成如下著述的大部分文章的内容:《惩罚与责任》(*Punishment and Responsibility*, 1968);"不道德和叛国罪"(Immorality and Treason),载于《倾听者》(*The Listener*)1959 年 7 月 30 日刊(哈特作为公共知识分子的最佳状态);以及《法律、自由和道德》(*Law, Liberty and Morality*, 1963)。

8. 哈特,"边沁和法律的去神秘化"(Bentham and the Demystification of the Law),载于《现代法律评论》(*MLR*)第 36 卷(1973 年),第 16—17 页,重印于《论边沁》(*Essays on Bentham*, 1982),第 1 章。

9. A. J. 艾耶尔(A. J. Ayer),"功效原则"(The Principle of Utility),载于 G. W. 基顿(G. W. Keeton)和 G. 施瓦曾伯格(G. Schwarzenberger)编,《杰里米·边沁和法律》(*Jeremy Bentham and the Law*, 1948)。

10. 参见 W. 特文宁(W. Twining),"边沁无政府主义谬误在当下的重要性"(The Contemporary Significance of Bentham's Anarchical Fallacies),载于《法哲学与社会哲学期刊》(*Archiv Für Rechts-und Sozialphilosophie*)第 61 卷(1975 年),第 325 页。先前被称为"无政府主义谬误"的文章的新版,现在题为《高跷上的谬论》(*Nonsense Upon Stilts*),是《边沁全集》(*Collected Works*)的一部分,载于 P. 斯科菲尔德(P. Schofield)等人编,《权利、代表制与改革》(*Rights, Representation and Reform*, 2002)。

11. 丛书编号：Cmd 4901（1972 年）。《帕克报告》（The Parker Report）总结说这五种技术是不合法的，但并不是没有正当性的，并且在虐待和残忍之间作出了可疑区分。加德纳法官（Lord Gardiner）撰写了少数意见，基于道德和法律理由反对这些技术。对这一点我感激理查德·卡维尔（Richard Carver）。

12. 这个小组包括汤姆·哈登（Tom Hadden）、德斯蒙德·格里尔（Desmond Greer）、雷金纳德·韦尔（Reginald Weir），以及学生当中特别是克里斯托弗·麦克拉登（Christopher McCrudden）和玛丽·玲尼汉［Mary Leneghan，她就是后来的爱尔兰总统玛丽·麦亚烈斯（Mary McAleese）］，这两位之后在边境两边的爱尔兰政治中都发挥着重要作用。两位同事，戴维·特林布（David Trimble）和凯文·波义耳（Kevin Boyle）分别效忠于激进主义者的两方，彼此敬而远之。

13.《紧急权力：新的起点》（Emergency Powers: A Fresh Start），费边主义小册子，1972 年，第 416 页。

14. 威廉·特文宁和佩内洛普·特文宁（W. and P. Twining），"边沁论酷刑"（Bentham on Torture），载于《北爱尔兰法学季刊》（NILQ）第 24 卷（1973 年），第 305 页，重印于 M. 詹姆斯（M. James）编，《边沁和法律理论》（Bentham and Legal Theory, 1973）。

15. 有关酷刑概念的复杂性，参见《如何依规则行事》，第 162—164 页。在一些批评者的眼中，边沁的观点受到他自己对酷刑定义的扭曲，这个定义在没有将酷刑概念限定于施加痛苦（他所说的"剧烈痛苦"）时是宽泛的，在将之限定为出于强制目的而施加身体痛苦时又是狭隘的。他以掐住婴儿来阻止婴儿伤害自己作为强制酷刑的一个例子。这种用法不同于该术语在现代法律和论辩中的用法。然而，在为边沁辩护时，他意识到痛苦的强度，就像在惩罚中一样，是持续变化的，就像痛苦的其他方面一样，比如持续性、成效和纯度——简言之，酷刑是一个模糊而复杂的概念。边沁关注的是将酷刑和惩罚进行比较，依据目的而非其他方面来区分它们。

16. 有关更有效的组织作为一种制度化实践的酷刑的手段，参见原书第112—113页。

17. "酷刑与哲学"（Torture and Philosophy），载于《亚里士多德学会增刊》（Aristotelian Society, Supp.）第LII卷（1978年），第143—168页。

18. 我可能对国际特赦组织不够公正。当时他们发展出严格的程序来确保他们在独立、准确和客观方面的声誉。优先要做的事项是关注一些国家中单个案件的严格文件记录。渐渐地，就出现了有关他们在两个彼此竞争的主要工作模式中应当扮演何种角色的持续不断的内部与外部争议：在事实报道的基础上，维护他们认真调查的声誉并为个人奔走呼号，抑或扩展为一个关注点更为广泛的政治组织，为更广泛的人权谱系斗争。据我所知，引入社会视角和技术对于这些分歧中的双方而言都没有太多作用。我担心自己会被轻视为"学院派"，就没有加入国际特赦组织。回头去看，我或许本应当加入进去，从内部更有力地提出我的主张。国际特赦组织实际上没有讨论（废除酷刑的）"议题"，但在1984年提出了一项策略，被证明对阻止酷刑一直是非常契合实际的，但是它主要基于传闻性证据以及来自几个国家的印象(参见下文)。

19. 有关美国情况的严肃研究包括凯伦·格林伯格(Karen Greenberg)和约书亚·德雷克(Joshua Drakel)编,《酷刑文集》(*The Torture Papers*, 2005);菲利普·桑兹(Philippe Sands),《酷刑团队》(*Torture Team*, 2009),此书还有一个后记;以及杰里米·沃尔德伦(Jeremy Waldron),《酷刑、恐怖与权衡:白宫的哲学》(*Torture, Terror and Trade-offs: Philosophy for the White House*, 2010)。

20. 几年前华威城堡地下城的宣传。最近的网络广播似乎没有那么欠考虑了,当我上一次访问时仍说:"出于显而易见的原因,这种可怕的乐趣并不适合每个人……但保证会有互动性、参与式体验……献给最勇敢的人、最坚强的意志。因此,我们建议这个景点不合适10岁以下的儿童。"

21. 卡维尔写过一些报告。主要的来源现在是R.卡维尔(R. Carver)和L.汉德利(L. Handley)编,《禁止酷刑措施有效吗?》(*Does Torture Prevention Work?*, 2006)。

22. 同上注,第1页。

23. 强调符号为本书所加。这一段继续说:"当然,这一表述有很值得关注的例外。朗本(Langbein)和其他人一直在追踪欧洲酷刑史,并试图解释其消亡。埃诺夫(Einolf)强调在过去的两个世纪中,制度的民主程度对酷刑的发生率有积极影响;并指出解释了酷刑在欧洲启蒙运动后衰落的理论未能解释它在20世纪的复兴。雷加利(Rejali)记述了酷刑在现代民主制度中的持续存在。海瑟薇(Hathaway)的作品推动了尝试解释联合国禁止酷刑委员会的影响

(或更常见的是,缺乏影响)的研究风潮。这些研究同国际关系学者间有关国家为什么会服从(或不服从)国际人权法这个更广泛的论辩产生了交互"(同上注,第 11—12 页)。

24. 通过使用新的测量机制(卡维尔-汉德利酷刑评分,Carver-Handley Torture Score, CHATS),卡维尔和汉德利得出结论,在研究期间,酷刑的发生率在 16 个国家稳步下降,但他们谨慎地强调了这个方法的局限性以及进行超出所研究国家的推断的困难(同上注,第 3 章)。不过"我们相信酷刑发生率可能已经出现了总体下降这个结论是合理的"(同上注,第 45—46 页)。但是酷刑在世界上大部分国家中依旧非常普遍(同上注,第 18 页)。简短的概述参见同上注,第 99—101 页。

25. 最近在巴西进行的一项研究要求在逮捕后的一天内进行强制听证会,这使得司法能够对预防和应对警察酷刑有所作为(control)。不过,"禁止作伪证的立法以及巴西刑事程序中的辩诉交易也会通过增进检察官和刑事被告之间真诚的对话而提升警察的控制力"[P. 福特斯(P. Fortes)等人编,《拉丁美洲的法律与政策:转型中的法院、制度和权利》(*Law and Policy in Latin America: Transforming Courts, Institutions, and Rights*, 2017),第 257 页]。

26. 同上注,第 627 页。

27. 卡维尔(Carver)和汉德利(Handley)编的《禁止酷刑措施有效吗?》(*Does Torture Prevention Work?*)中的文献目录表明了近来研究在精细度方面的一些进展,但对其批评仍然有效。

28. M. 克雷默(M. Kramer),《酷刑与德行:一项哲学考察》(*Torture and Moral Integrity: A Philosophical Enquiry*, 2014),第 2

章，第 2 节。

29. 同上注，第 132—149 页，评论苏（Shue）的文章——"梦境中的酷刑：处理定时炸弹"（Torture in Dreamland: Disposing of the Ticking Bomb），载于《凯斯西储大学国际法杂志》（Case Western J Int'l L）第 37 卷（2006 年），第 231 页——以及其他类似的文章。关于"对非正当性的几乎不可避免的过度主张"的可能性的经验主张，人们都承认是不基于证据的，同时又承认这个抽象程度需要一个可靠的经验基础，但至少苏闯入了例行化与制度化酷刑的世界，这是卡维尔与汉德利有关"现实世界问题"论述的核心。他们的论述并没有让他们接受一种关于正当性的后果论以及绝对主义立场，而是使得他们能够诊断出现实问题的非常重要的方面。

30. 脱离现实实践，分析性地看待酷刑，可能就绝对禁止酷刑而言是有哲学价值的，但有许多其他的例证；我的建议是哲学对减少酷刑发生的努力能够有所贡献，但如果对酷刑的分析脱离了实践性，分析就容易受到扭曲。关注极端案例就是这种扭曲的一个例证。

31. 参见《一般法理学》，第 187—189 页；参见边沁的《无政府主义谬误》（Anarchical Fallacies），前文注释 10。

32. 更进一步参见《人权：南半球声音》（特别是第 4 章）以及《一般法理学》第 6、7 章以及 13 章。

33.《一般法理学》，第 159—167 页。

34. 特别是 A. 森（A. Sen）的《论经济不平等》[On Economic Inequality, 1997(1976)]；《贫困与饥荒》（Poverty and Famines, 1982）；《作为自由的发展》（Development as Freedom, 1999）；《正

义的理念》(The Idea of Justice, 2009);以及他与玛莎·努斯鲍姆(Martha Nussbaum)和让·德雷兹(Jean Drèze)合著的作品。

35. 森(Sen),《正义的理念》(The Idea of Justice)。

36. 埃德蒙·卡恩(Edmond Cahn),《不公平感》(The Sense of Injustice, 1949);对比朱迪斯·施克莱(Judith Shklar),《不正义的多重面孔》(The Faces of Injustice, 1990),这是相当抽象的,但却是对不正义的心理学与哲学方面更为细致的论述。在斯坦福时,我和在这个领域展开过有趣经验研究的圭涅米娜·亚索(Guilhelmina Jasso,纽约大学)有过长谈。

第10章 立场、提问与"像法律人那样思考"

1. D. 洛奇(D. Lodge),《小说的艺术》(The Art of Fiction, 1992)。

2. "法律的道路",载于《哈佛法律评论》(Harv LR)第10卷(1897年),第457页。脱离于语境,这篇文章一直被用作主要论据以支持霍姆斯认同一种法律预测理论的观点。语境拒绝这个观点,但如果霍姆斯或其他任何人确实拥有这样一种理论,就非常容易受到批评且几乎不值得加以讨论(参见《一般法理学》,第3章)。

3. 《一般法理学》,第32—35页。

4. 参见本书第13章的"语境中的法律"。

5. W. 特文宁(W. Twining),"法学与法哲学:赫伯特·哈特的重要性"(Academic Law and Legal Philosophy: The Significance of Herbert Hart),载于《法律评论季刊》(LQR)第95卷(1979年),

第 557 页。

    6. 有大量关于科林伍德历史观念的争论。我没有介入这个争论，而是主要选取了重构一位作者或行动者的思想的观点。有关这是否过于理性主义这个问题，以及对于科林伍德一些观点的其他保留意见，参见本章注释 11 以及原书第 120 页。特拉法尔加海战中压倒性的胜利通常被归功于纳尔逊不走寻常路的战术，历史学家极为关注这一点，其中有一些人质疑这种解释。或许一种科林伍德式的历史研究契合理性重构纳尔逊的策略、战术和独特决断的意图，但对于解释这场战争的结果虽然并非不相关，却不是那么有用。

    7. R. G. 科林伍德(R. G. Collingwood)，"论所谓的因果观念"(On the So-called Idea of Causation)，载于《亚里士多德学会会议》(Proceedings of the Aristotelian Society)第 85 卷(1937—1938 年)，第 96 页。

    8. E. M. 福斯特(E. M. Forster)，《小说面面观》(Aspects of the Novel, 1927)。

    9. 珀西·卢伯克(Percy Lubbock)，《小说技巧》[The Craft of Fiction, 1954(1921)]，第 251 页。我读的是 1954 年版；对比洛奇(Lodge)，《小说的艺术》(The Art of Fiction)。

    10. 福斯特(Forster)，《小说面面观》(Aspects of the Novel)，第 147—148 页。亨利·詹姆斯(Henry James)，《奉使记》(The Ambassadors, 初版于 1903 年)。福斯特承认"[珀西·卢伯克]在《小说技巧》(The Craft of Fiction)中有从另一个视角的绝妙分析"[《小说面面观》(Aspects of the Novel)，第 141 页]。我认为福斯特指出了两点：行动者的情绪、偏见以及倾向和他的理性思考一样需要加以考虑；其次，在小说中固守一种立场是不自然的、有局限性的。我同意科林伍德的立场观点是高度智识化的且难以容纳个体行动者的情感状态或直觉；但在我对科林伍德的解释中并没有要将这种分析局限在单一立场。重要的是要区分不同的立场。进一步参见原书第119—120页。

11. 尽管受到科林伍德的强烈影响，我并没有不加反思地接受他所有的观点。比如，我对每个陈述都预设了一个问题——也即所有陈述都可以被解释为是对问题的解答——这个主张保持怀疑（"问题与答案逻辑"）。不过，从启发性的角度来看，去问"这个命题或句子回答了什么问题？"通常是有用的。

12. 有关"立场"的模糊与含混，参见原书第122—130页。

13. J. 边沁，《政府片论》(A Fragment on Government)，J. H. 伯恩斯(J. H. Burns)与 H. L. A. 哈特编(1977)；J. 罗尔斯(J. Rawls)，"规则的两种概念"(Two Concepts of Rules)，载于《哲学评论》(Phil R)第64卷(1955年)，第3页；H. L. A. 哈特，《惩罚与责任》[Punishment and Responsibility, 1968(1959)]，第1章；也参见约翰·加德纳对该书2008年版的有用导读；H. 拉斯韦尔(H. Lasswell)和 M. 麦克道格(M. MacDougal)在一些作品中的论述，比如麦克道格，载于《耶鲁法律杂志》(Yale LJ)第61卷(1962年)，第915页；O. W. 霍姆斯，"法律的道路"(The Path of the Law)，载于《哈佛法律评论》(Harv LR)第10卷(1897年)，第457页——总体可参见《伟大的法学市集》，第3章。

14. 特别是在法学技术(第8章)、证据(第14章)以及与法学文本的"对话"(《伟大的法学市集》，第7章)中。总体来说，我和柯林伍德一样，关注理性的、目的性的行动者，但我也会鼓励学生展开辩证思考并以此意识到他们的偏见。在为理性行动和如何思考提供规范性指引时，我通常关注行动者的类型以及他们被推定的角色，而非特定的个体。

15. 曾经有一位选修过一些我有关功利主义课程的哲学学生告诉我，在此之前他学习这个主题时，从未被要求在课堂上做出一个决定。

16.《重新思考证据》第2版，第249—254页。

17. 参见斯蒂芬·平克（Steven Pinker），《心灵如何运作》（How the Mind Works, 1999）。当然，神经科学家认为这个区分是太过简化的，但在当前语境中它有助于将洛奇和卢伯克这些小说家的关切同更具智识性的用途区分开。

18. 在之后的章节中，我们也会遇到和如下主题相关的特殊运用：规则（第11章），证据、循证政策决策（第14章），文本解释、法学教育中"法学方法"的观点（第17章）以及接受全球视角的潜在影响（第18章）。

19. 参见霍姆斯（Holmes），"法律的道路"（The Path of the Law）。

20. 我本可以从霍姆斯没有现实主义地看待心理学、社会学以及实际偏差情况的角度拓展这个批判。

21. "再谈坏人"和"其他人的力量：坏人与1897—1997年的英国实证主义"。

22. 特别是W. 特文宁（W. Twining），"法律与文学：一个外行的梦？"（Law and Literature: A Dilettante's Dream?），载于《牛津

社会法律研究中心期刊》(*Journal of Oxford Centre for Socio-legal Studies*)第 1 卷(2017 年);《如何依规则行事》,全书各处;《证据分析》,特别是第 117、124—125 页;《语境中的法律》,第 12 章。

23. 参见《伟大的法学市集》,索引"立场"词条下各处。

24. 参见原书第 363—364 页。

25. 比如美国法律协会的法律重述,在《一般法理学》第 306—312 页有所讨论。

26. 有关"解释者的默会知识",参见原书第 122—123 页。

27. 比如,在何种程度上地方性以及制度性因素应当影响对这类问题的回答?

28. 一个很好的例子,就是有关一个案件"判决理由"(*the ratio decidendi*, or holding)——也即一个先例对之构成权威的那个(些)命题——的争论。许多有关判决理由的文献都走偏了,陷入有关司法裁量的谜团中,抑或试图不参照任何立场来解决这个谜团。但如果我们采纳在法庭中论辩的辩护律师的立场,许多谜团都可以得到解决。对于一位辩护律师来说,一切过往的相关先例要么是支持她的案件,要么是不支持她的案件,要么是与之无关。她在解释先例时的角色就是呈现出支持其获胜的最有道理的解释。与此对立的立场适用于她的对手。同样,审慎的事务律师在接手案件时,会对潜在有利的案件的前景采取悲观主义的(比如,狭隘的)立场,但后来在处理案件的过程中可能会持有更为乐观主义的解释(《如何依规则行事》,第 9 章第 6 节)。更进一步参见原书下文第 142—143 页。

29. 参见托马斯·内格尔(Thomas Nagel)绝妙的《无源之见》

(*The View from Nowhere*, 1986），此书深入讨论了这些问题，却没有提出许多确定的答案。①

30. R. 吉卜林（R. Kipling），《大象的孩子》(*The Elephant's Child*, 1900/2）。

31. 这一定程度上在"阅读法律食谱"（The Reading Law Cookbook）中得到发展（《语境中的法律》，第 12 章——也参见第 11 章），它的内容是用各种不同法律文本来回答这个问题。

32. 我发现许多作家，包括 R. G. 科林伍德（R. G. Collingwood）、查尔斯·汉布林（Charles Hamblin）、亚瑟·凯斯特勒（Arthur Koestler）、亚科·辛提卡（Jaakko Hintikka）、米歇尔·迈耶（Michel Meyer）、赫伯特·西蒙（Herbert Simon）、戴维·舒姆（David Schum）和约翰·塞尔（John Seale）都以不同方式略微有所帮助，但都不是非常契合我的关切。近来对于文献的有用检索就是查尔斯·克罗斯（Charles Cross）和弗洛里斯·罗洛夫森（Floris Roelofsen），"问题"（Questions），载于《斯坦福哲学百科》(*Stanford Encyclopedia of Philosophy*, 2016）。

33. 有关"默会知识"，参见原书第 122—123、171 页。

34. 戴维·洛奇（David Lodge），《换位》(*Changing Places*, 1975），第 45 页。

35. "七艺"包括"四学"（算术、几何、音乐、天文）与"三科"（文法、逻辑、修辞）。这些思想技能被认为不同于职业性、技术性技能

---

① 此书中译本题为《本然的观点》，意指一种不依赖于任何立场或视角的观点。本书选择直译书名，突显这一英文表述本身包含的微妙张力：一种不依赖于"观点"的观点如何可能？

或能力。

36. 我是有关律师资格职业教育阶段的霍夫曼工作组(Hoffman Working Party, CLE)中的一员(1987),这个工作组在老式的律师资格考试环境中倡导一种技能取向的课程(BVC)。存档于"法学教育记录"(Records of Legal Education, IALS)(TWIN/02/04/04)。

37. 有关"自我批判",参见原书第245—248页。

38. W. 特文宁(W. Twining),"认真对待技能"(Taking Skills Seriously),载于《英联邦法学教育通讯》(Commonwealth Legal Education Newsletter)第43号,重印于N. 戈尔德(N. Gold)、K. 麦基(K. Mackie)和W. 特文宁编,《学习律师技能》(Learning Lawyers' Skills, 1989);"学术阶段的思想技能:十二论题"(Intellectual Skills at the Academic Stage: Twelve Theses),载于P. 伯克斯(P. Birks)编,《审视法学教学大纲:超越核心课程》(Examining the Law Syllabus: Beyond the Core, 1993);以及《第十届英联邦法学会议论文集》(Papers of the Tenth Commonwealth Law Conference)(尼科西亚,1993年)。

39. 有关"工具主义",参见《一般法理学》,第16章。

40.《语境中的法律》,第10章,"卡尔·卢埃林和现代技能运动"(Karl Llewellyn and the Modern Skills Movement)。

41. K. 卢埃林(K. Llewellyn),"作为博雅教育的法学"(The Study of Law as a Liberal Art),载于《法理学》(Jurisprudence, 1962),第377页。

42. I. 拉特尔(I. Rutter),载于《法学教育杂志》(J Leg Ed)第13卷(1961年),第301页。

43. 卢埃林(Llewellyn),"作为博雅教育的法学"(The Study of Law as a Liberal Art),第376页。

44. 美国律师协会(ABA),《法学教育和职业发展——一个教育连续统》(Legal Education and Professional Development - An Educational Continuum, 1992)[麦克拉特报告(McCrate Report)]。

45. 参见原书第127—132页。

46. R. 马尔·QC(R. Meagher QC),"你如何在理论中学习实践?"(How Can You Learn Practice in Theory?),载于《第七届英联邦法学会议论文集》(Papers of 7th Commonwealth Law Conference),中国香港1983年9月,第173—175页。

47.《语境中的法律》,第4—12章。

48. 即使是在20世纪50年代末的芝加哥,也有专门关于基本写作技巧的课程来弥补学生先前教育中的不足。

49. 参见本书第19章和第20章。

50. H. 西蒙(H. Simon),《思维模式》(Models of Thought, 1989),第3卷,第278页,《语境中的法律》第335页有所讨论。

51. 在处理法律问题时了解德沃金的论证理论是一回事;开始学习如何仿效他理想的法官赫拉克勒斯则是与之非常不同的另一回事。我甚至批评过卡尔·卢埃林混淆了这些观念("后记",第416—418页)。这便是混淆了方法论(对于方法的研究)和自己实际掌握该方法的一个例子。

52. 伦敦大学伯克贝克学院法学方法课证书(海外课程系)。莎伦·汉森(Sharon Hansen)杰出的《法学方法、技能与推理》(Legal

Method, Skills and Reasoning)第 3 版(2009)便源自该课程。

53. 这主要是因为雇主、毕业生和教育者易于对一个新毕业生有不同的期待。比较 R. 哈里斯(R. Harris),"有关什么是一名毕业生的误导性言论"(Misleading Talk of What Is a Graduate),载于《泰晤士报高等教育增刊》(*Times Higher Education Supplement*),1996 年 6 月 21 日刊。

54.《如何依规则行事》,第 9 章。

55. 卡尔·卢埃林,《普通法传统:裁判上诉案件》(*The Common Law Tradition: Deciding Appeals*, 1960),第 62—120 页("先例的空隙",The Leeways of Precedent)。

56. 后来在法理学课上,我通常会让学生为朗·富勒(Lon Fuller)的洞穴探险者案撰写补充判决,以便阐明不同的法律推理方法与风格——不过这更多是一个"习得"的问题。参见《语境中的法律》,第 213—221 页;该案载于《哈佛法律评论》(*Harv LR*)第 62 卷(1949 年),第 616 页。富勒的这篇经典论文激发了大量有关案件本身及之外的进一步观点,特别是一些国家中的女性主义者的观点,其中包括一个女性主义判决计划(Feminist Judgment Project)[参见 C. M. 亨特(C. M. Hunter)与 B. 菲茨帕特里克(B. Fitzpatrick),"女性主义裁判和法律理论"(Feminist Judging and Legal Theory),载于《法学教师》(*The Law Teacher*)第 46 卷(2012 年),第 255 页]。

57. 在达累斯萨拉姆大学学院教授侵权法时,我常常举办长达一小时的有关假设问题的迷你模拟法庭,学生成对地扮演辩护律师,我和其他两位学生坐着担任法官。礼仪、程序和成堆的法律报告被抛在一旁，以便这些练习能够包含每次由六位学生进行的可以积极学会一种适用于侵权法中的推理。这是激发积极学习的一种非常经济的方式。

58.《如何依规则行事》，第 xiii—xiv 页。

59. 参见本章注释 42。

60. 参见原书第 269 页。

61. 在教学中我们关注发展可运用的思想性技能和技术，但一些理论性内容在《重新思考证据》中得到了发展。

62. 我打算和拉克尔·巴拉达斯·德·弗雷塔斯博士（Dr Raquel Barradas de Freitas）一起发展这个观点，以便更详尽地处理在注释 63 和 64 所对应的正文中提到的一些议题。

63.《重新思考证据》第 2 版，第 10 章；《伟大的法学市集》，B 部分。多年来我试图说服尼尔·麦考密克（Neil MacCormick）认真对待证据性推理，并将之同有关法律问题的推理联系起来。在他后来的著作中对此有所提及，并且发展出一些有关融贯性的观点，但他从未非常深入地思考这一点。不过可参见 N. 麦考密克（N. MacCormick），《修辞与法治》（*Rhetoric and the Rule of Law*, 2005），第 9—11 章。

64. 比如，罗纳德·德沃金禁止法官基于政策和后果论的论证［《认真对待权利》（*Taking Rights Seriously*, 1977），第 2 章和第 4 章］，这可以被解读为关于这些论证的可采性的命题。塞耶-威格摩尔认为不存在权重规则的观点（参见本书下文，第 14 章）可以阐明有关权衡、说服力（cogency）、关于法律问题的论证强度等议题。

65. 有关"默会知识"，参见原书第 122—123 页。

66. 本书第 19 章。

67. 有关其用途的更完整的论述参见《法律与社会杂志》(*JL & Soc*)第 25 卷(1999 年),第 603 页。

68.《语境中的法律》,第 203—204 页。

69. 比如,研究合同或继承的学生会抱怨,他们如果有的话也是罕见被要求去阅读实际的合同或遗嘱,抑或分析真正复杂的合同或遗嘱。他们罕见被要求起草这类文件。我这一生中起草的唯一一份遗嘱[与鲍勃·卡斯韦尔(Bob Carswell)合作,他后来成为北爱尔兰的首席大法官]就是在芝加哥时马克斯·莱茵施泰因的遗产课中。在正式的法学教育中,我从未起草过一份复杂合同中的一个条款,更别说是一份完整文件了。

第 11 章　社会规则与法律规则

1. 罗伯特·弗罗斯特(Robert Frost),"丝绸帐篷"(The Silken Tent, 1939)。

2. 卡尔·卢埃林,"规则之光叙事曲"(Ballade of the Glory of Rules),载于《伸进他的手指》(*Put in His Thumb*, 1931)。

3. 这一节改写自伯恩斯坦讲座。

4. 这里,大致假定规范、规则抑或制度性规范秩序的多重系统或体系在同一个时空语境中共存——这些概念需要在与法律多元主义的关系中加以更详细的考察。参见原书第 252—253 页。

5. 这里我认为"规则"和"规范"是同义词(参见原书第 138 页)。一些人认为"规范"是类范畴而"规则"更具体,比如作为绝对行为规则（categorical precepts）。

6. F. 肖尔（F. Schauer），《依规则游戏》[*Playing by the Rules*, 1993(1991)]。

7. 比如，我之后会论证有关"法律多元主义"的一些主要困惑最好在更具一般性的规范多元主义的标题下加以讨论。参见原书第136—138页。

8. 参见原书第262页。

9. 有关一切规范是否都是满足如下逻辑形态的一般性规定：如果X（条件句）则Y（结论句）；有关是否一切社会规则都可以通过霍菲尔德式术语加以重述：我（不）会，我能够/不能（权力）、我必须/应当/或许；其他人必须（我的主张）；其他人能够（不能）；参见《一般法理学》，第49—54页以及安德鲁·哈尔平（Andrew Halpin）即将出版的著作。

10. 有关"教义"概念及其和规则的关系，参见本书第13章。

11. 一个经典的例子就是赖兰兹诉弗莱彻案（*Rylands v. Fletcher*, 1868）在侵权法中引入了严格责任。最初人们关注的问题是如何规制决口的水库；但如布莱恩·辛普森（Brian Simpson）精妙展示的那样，这个规则从未再次用于大坝，而是在其他语境中焕发生命。A. W. B. 辛普森（A. W. B. Simpson），《普通法中的重要案例》（*Leading Cases at Common Law*, 1995），第8章。

12. 整首诗包含四节。它主要是戏谑几位美国现实主义者及其在芝加哥的支持者的名字：格林（Green）、夏普（Sharp）、弗兰克（Frank）、卡尔文（Kalven）、邓纳姆（Dunham）、布鲁姆（Blum）甚至是现实主义的批评者富勒。它也意在讽刺将"规则怀疑论"这个观点归属给包括卢埃林在内的美国法律现实主义者的批评观点。

13. 蒙特罗斯（Montrose）以这个名字而非"法律导论"或"法律渊源"作为自己课程的名称这个事实，显示出他与卢埃林的关联，因为他们两者都强调在处理法律素材时结合理论与技能，但卢埃林的法律方法概念要比蒙特罗斯的更为广泛。卢埃林在案例和制定法的解释空隙与技术及其局限方面提供给我一些洞见。尽管英格兰据称拥有更为严格的先例学说，但细而究之，它并不算很严格；并且大部分所谓的制定法解释规则是否配得上规则的地位是值得怀疑的（更进一步参见本书第8章）。

14. 慢慢地我偏离了教导学生阅读案例、制定法以及后来的法学研究的其他材料的系统化方法的传统。第一步是意识到最佳的起点并非解释规则，而是立场。第二步，解释包含提出有关解释对象的性质的问题；第三步，我们是在阅读、解释并使用某种文本，并且需要对这个文本的特征和局限有一些了解。第四步是意识到解释法律文本和其他类型的文本有许多共享的内容；第五步是法律文本的解释规则并不太重要，但法律解释的语境和技术的一些独特方面与它们得以建构、发布以及使用的目的相关。最后且最重要的，导致对特定解释产生怀疑的因素有许多且种类多样。有关"法学方法"的观点，更进一步参见本书第10章。

15. 《伟大的法学市集》，第16章；《如何依规则行事》，第11章第6节。

16. 五个版本分别出版于1976年、1982年、1991年、1999年和2010年，还有正在筹划中的可能的第六版。

17. 戴维·迈尔斯现在是卡迪夫大学荣休教授，并且作为英国立法方面杰出专家、议会研究小组（the study of Parliament Group）的杰出成员、博彩法以及犯罪受害人赔偿方面的专家而知名。

18.《如何依规则行事》，第 xiii—xiv 页；参见本书上文，第 10 章。

19.《家庭暴力和婚姻诉讼法案》（The Domestic Violence and Matrimonial Proceedings Act, 1976）。在该书第五版中，这被放入网站链接，其中还有两个有关议会议员开支和《捕猎法案》（The Hunting Act, 2004）的个案研究，可在剑桥大学特文宁和迈尔斯（twiningandmiers）页面找到。

20. 这个例子并不是说所有规则都可以被视为对问题的回应，但在这种理性主义分析中，这是一个非常有用的观点。有关规则作为对被关注问题的回应，参见《如何依规则行事》，第 2 章。

21. 同上注。

22. 有关几乎所有规则的次优性（sub-optimality），参见肖尔，"规则和标准的辐辏"（The Convergence of Rules and Standards），载于《新西兰法律评论》（New Zealand LR）第 3 卷（2003 年），第 31—44 页、脚注 86 等各处。

23. 一个很好的例子是，当不系安全带变得越来越普遍时，它如何逐渐被算作共同过失。对此我感谢詹姆斯·古德康（James Goudcamp）。

24. 文献中对实务工作者而言最系统性的文本就是弗朗西斯·本尼恩（Francis Bennion）的《制定法解释大全》[Statutory Interpretation: A Code, 2008(1984)]。本尼恩的方法在一定程度上是以我们的方法为基础的，但他这部书后续版本的主要内容更像是一

25. 特别是"浪子寓言的判决理由"（The Ratio Decidendi of the Parable of the Prodigal Son），重印于《重新思考证据》第 2 版，第 13 章以及《一般法理学》，第 16 章。

26. 有关解释的高度浓缩的论述简洁地讨论了一些主题："解释"的不同意义；法律与事实的区分；解释和适用的区分；其他类型的规则处理，其中一些涉及解释（比如，规避、逃脱和服从）而一些则不涉及（比如，传播、实施与废止）；谁来解释？（立场的延伸）；规则制定者和解释者之间的关系（并不必然是一种合作）；"法条主义"；解释和适用的空隙。在一部理论著作中我们本可以扩展这些主题中的每一个，其中一些可以支持一部或多部博士论文。有关"不完美的规则"的下一章处理法学家非常熟悉的议题：规则的事实语境；解释中的意图、目的和其他理由；规则和语言；规则的开放结构。同样，这个讨论是很凝练的，"非法律"以及"法律"案例都得到了运用。这里已经有非常广泛的文献，其中一些质量绝佳，但却有许多需要进一步探究的研究线索。

27. 英文版，D. 孔泽尔（D. Kunzel）译（1975 年）。

28. 参见本章注释 17。

29. 该书第 7 章详细讨论了英国法律制定的性质、范围与程序。第 8 章将实践建议和对我们方法中的关键理论要素的持续运用结合起来，其中包括常规的和有争议的解读，也即解读立法、立场、怀疑条件的识别以及论点建构的"为什么""是什么""如何做"的解读。

30. 特别是《重新思考证据》第 2 版，第 13 章。参见上文原书第 313—314 页，注释 28。

31. 更进一步参见原书第 259—273 页有关"未竟的事业"。

第12章 华威（1972—1982 年）

1. M. 贝洛夫（M. Beloff），《平板玻璃大学》（*The Plateglass Universitites*, 1968），第 11 页。

2. M. 布拉德伯里（M. Bradbury），《历史人》（*The History Man*, 1975）。

3. R. 雨果（R. Hugo），《此镇一触即发》（*The Triggering Town*, 1979）。

4. 有关 1966 年的回忆，参见 F. 考尼（F. Cownie）和 R. 科克斯（R. Cocks），《伟大和神圣的职业！法学学者协会史》（*A Great and Noble Occupation!: The History of the Society of Legal Scholars*, 2009），第 104—105 页。

5. G. P. 威尔逊（G. P. Wilson），"英国法学院"（The English Law School），载于《剑桥大学法律杂志》（*CLJ*）（1966 年），第 148—149 页。

6. 见本书下文讨论，第 17 章。

7. 杰弗里·威尔逊（Geoffrey Wilson），"英国法学研究"（English Legal Scholarship），载于《现代法律评论》（*MLR*）第 50 卷（1987 年），第 819 页，对此《语境中的法律》第 17 章有讨论。我认为威尔逊的一些论辩言过其实了。就连剑桥都不是铁板一块的：它在国际法和法律史方面很强，它有一个犯罪学研究所，它是梅特兰和梅因的大本营；一些个人，比如格兰维尔·威廉斯（Glan-

ville Williams)和 R. M. 杰克逊(R. M. Jackson)也都偏离了严格的教义学传统。杰弗里在剑桥的一些年轻的同龄人,包括托尼·布拉德利(Tony Bradley,他后来有两年待在达累斯萨拉姆)在内,特别是对本科生课程设置,也都是不耐烦的。

8.《宪法与行政法案例与材料》[*Cases and Materials on Constitutional and Administrative Law*, 1976(1966)]因其比正统案例集使用了更为广泛的资源而知名("与材料"可以被归属于美国的影响)。后来他的《英国法律体系的案例与材料》(*Cases and Materials on the English Legal System*, 1973)超越了法院的正式结构,涵盖了更为广泛的制度,以及它们在实践中如何发挥作用的细节。在他的著作中,杰弗里倾向于隐藏自己的才华。许多洞见都隐藏在两本书是写给学生的选集这一形式背后。第二部书中一个大体上没有得到关注的主题就是如下这个具有怀疑论的问题:英国法律算是一个体系吗?或许他最受尊重的著作就是他在诺兰(Nolan)勋爵和史蒂芬·赛德利(Stephen Sedley)编的《英国宪法的诞生与重生》(*The Making and Remaking of the British Constitution*, 1997)中有关宪法惯例的一章,即第 7 章。

9. 有关四年制学位,参见原书第 223—224 页。

10. 有关"基于事实的分类"的困难,参见下文本章注释 14。

11. 商业和消费者法、国际法以及法理学都是必修课。或许更重要的是一年级课程的名称:英国法律体系的结构与方法;(2)刑法的方法与功能;(3)合同与侵权中普通法的基本技术;(4)财产法导论。讽刺的是,麦考斯兰的一年级课程的标签要比其他三个更为传统。

12. 爱德华·汤普森（Edward Thompson）的《华威大学有限公司》（*Warwick University Limited*, 1970）主要是关于20世纪60年代末校园中的问题的，但在20世纪70年代中期，校园中的政治氛围依旧令人忧虑。

13.《一般法理学》，第10章第1节。

14. 有关"基于事实的分类"参见本章注释17。伯纳德·拉登（Bernard Rudden）在他著名的文章中详细讨论了普通法中侵权法的方法论，并很有名地评论道，"字母表实际上是普通法所运用的思想秩序的唯一工具"："侵权法要件"（Torticles），载于《杜兰大学欧洲与民法论坛》（*Tulane Civ LR*）第6/7卷（1991—1992年），第10页。在华威的前两个课程体系中，在各门课的最佳名称方面花费了大量心思，但接受了一些或许是不可避免的实用性妥协。

15. 有关"迟缓的核心课程"自1970年至今的延续，参见本书第17章以及《布莱克斯通之塔》第7章。值得强调的是，尽管我们反对将衡平法与信托法设置为长达一年的核心课程，但华威最好的著作中由迈克尔·切斯特曼（Michael Chesterman）完成的两部，都是有关信托的且都被视为开创性著作。进一步参见本章下文注释30。

16. 在第一次课程体系修改后，一年级课程的名称是"合同与侵权中普通法的基本技术"，其中包括在"法律和消费者"（必修课）中对更多合同的规定，以及在不同课程中有关具体侵权法的规定。

17. 结果是如果我们在公司法中补充一个有关"董事和受托人的职责比较"的主题，我们就会被承认"涵盖"了侵权法并可以将衡平法保留为一学期的课程。我也获得如下许可，即多达50%

的学生成绩可以基于课堂评估而非看不见的考试。多年后，我意识到并不是我们所有学生都很好地完成了这个协议，主要是因为一些先前的必修课变成了选修课，但也是因为一些学生由于闭卷考试而没有完成他们课堂评估的 50%；似乎一些学生没有从技术角度获得他们的豁免。但没有人注意到这些。

18. 参见有关《法学教育和培训评论》(LETR) 的内容的评论，载于《法学教师》(*Law Teacher*) 第 48 卷 (2014 年)，第 84 页以及《法学教师》(*Law Teacher*) 第 49 卷 (2015 年)，第 38 页。进一步参见原书下文第 269—273 页。

19. "语境中的法律"丛书的作者和身份与华威有重要关联的包括阿蒂亚、克兰斯顿 (Cranston)（2 本）、戴维斯和弗雷德兰 (Davies and Freedland)、莱西、威尔斯和默尔 (Wells and Meure)、莫法特 (Moffat)、切斯特曼 (Chesterman)、诺里 (Norrie)、皮乔托 (Picciotto)、斯奈德 (Snyder)、特文宁 (4 本)——到 1997 年，除了我自己的著作外有十部作品。其中一些出了好几版。

20. P. 阿蒂亚 (P. Atiyah)，《事故、赔偿与法律》(*Accidents, Compensation and the Law*)（伦敦：韦登菲尔德和尼克尔森出版社 1970 年版）；它仍在销售中，现在是它的第 8 版 (2013 年)，第 9 版将要出版 [剑桥大学出版社，彼得·凯恩 (Peter Cane) 和詹姆斯·古德康编]。"维基百科"中在《阿蒂亚的《事故、赔偿与法律》》下有一个有用的词条。由于这本书，帕特里克在 1973 年来到华威，但它是部典型的"华威著作"。可惜的是，帕特里克·阿蒂亚在 2018 年 3 月 30 日去世，当时本书正在编校中。詹姆斯·古德康对其贡献的评价将会发表在《侵权法学者》(*Scholars of Tort Law*, 2019

年即出）一书中。

21.《损害赔偿彩票》(*The Damages Lottery*, 1997)中作者似乎改变了他的想法，提出个人安全保险而非国家经营的体系，但这两种方式都涉及废除大部分损害赔偿法。

22. 这对一些旨在阐明侵权行为（不是侵权法）哲学基础的努力而言并不属实。比如，J. 奥伯迪克（J. Oberdiek）编的《侵权法的哲学基础》(*Philosophical Foundations oft he Law of Torts*, 2014)的文献或索引没有一句提到阿蒂亚或偿付，但却对保险有所讨论。奇怪的是，彼得·凯恩的文献目录中没有提到任何他所编的《事故、赔偿与法律》(*Accidents, Compensation and the Law*)的各个版本的内容。

23. 比较《语境中的法律》，第3章。

24. 他去世后未发表的著作，《土地与帝国》(*Land and Empire*，它有好几个可能的标题)，可能最终逐渐被承认为其最棒的作品。

25. 帕特里克与我是朋友，也是同事；我认为他的课程以及在土地和规划方面的兼职工作成就非凡；不过我所建构的"麦考斯兰传奇"理论化、理想化抑或超出了他在教学和咨询方面的实际活动。我将此传奇用作重新思考一个领域的模型。我认为"传奇"在这里要比"神话"更好，因为这个故事具有事实基础。

26. 有关"基于事实的"分类，参见上文，本章注释14。

27. 1969年麦考斯兰在威斯康星大学法学院教授土地使用规划。他承认自己受到查尔斯·M. 哈尔（Charles M. Haar）、米雷斯·麦克杜格尔（Myrres McDougal）和戴维·哈伯（David Haber）

合著的《财产、财富与土地》(Property, Wealth and Land, 1948)的方法以及已故的杰克·博伊施(Jake Beuscher)所著的"土地使用规划材料"(Land Use Planning)临时版(从未正式出版)的影响。麦考斯兰在"语境中的法律"丛书中有关英国土地规划的作品是《土地、法律与规划》(Land, Law and Planning, 1976)。他现在因有关南半球土地改革与城市规划方面的著作而最为知名；参见T.扎塔卢里迪斯(T. Zartaloulidis)编，《语境中的土地法和城市政策：有关帕特里克·麦考斯兰贡献的文集》(Land Law and Urban Policy in Context: Essays on the Contributions of Patrick McAuslan, 2016)。

28. 1968年在卡列登(邓甘嫩地区)有关简易住宅不公平分配的抗议，通常被认为标志着北爱尔兰民权运动的开始。

29. 更进一步参见《语境中的法律》，第53—58页。

30. 迈克尔·切斯特曼(Michael Chesterman)，《信托法：文本与材料》(Trusts Law: Text and Materials, 1988)，现在是《信托法：文本与材料》(2015年)第6版，由格雷厄姆·莫法特(Graham Moffat)、贝利卡·普罗伯特(Rebecca Probert)、格里·比恩(Gerry Bean)和乔纳森·加顿(Jonathan Garton)合著。《慈善、信托与社会福利》(Charities, Trusts and Social Welfare, 1979)是重新思考的另一个不错的例子。

31. 这个主题在如下文章中得到发展，即W.特文宁(W. Twining)等人，"法律体系中学者的角色"(The Role of Academics in the Legal System)，载于彼得·凯恩(Peter Cane)和马克·图施耐特(Mark Tushnet)编，《牛津法学研究手册》(The Oxford Handbook of Legal Studies, 2003)，第41章。

32. 有关边沁项目以及公共法律教师学会，参见下文，本书第 15 章和第 16 章相应内容。

33.《证据理论：边沁和威格摩尔》《重新思考证据》第 1 版以及《证据分析》。这些都是我在伦敦大学学院时发表的，但大部分的基础性工作是在 20 世纪 70 年代完成的。

第 13 章　法理学、语境中的法律、现实主义和教义

1. H. 梅尔维尔（H. Melville），《骗子》[The Confidence Man, 1966(1857)]，第 16 页。

2. 参见原书第 35—36 页。

3. 哈特认为法哲学是一种解决问题的活动，而不只是一种传统，但他将之引向了一系列狭隘的问题、概念与主题。《法理学与哲学论文集》(Essays in Jurisprudence and Philosophy, 1983) 第 3 章，《伟大的法学市集》第 4 章有讨论。

4. 有关成为哈特与卢埃林共同追随者的张力，参见"后记"，第 404—409 页。

5. 这个观点的最佳表达是在我的这篇文章中："伟大的法学市集"（The Great Juristic Bazaar），载于《公共法律教师学会学报》(JSPTL) 第 14 卷（新序列，1978 年），第 185—200 页（重印于《伟大的法学市集》，第 11 章。它是一篇投给 1977 年悉尼法哲学与社会哲学世界大会的充满讽刺意味的论文。一位组织者将之理解为是对大会的冒犯性攻击，一位马克思主义法官认为这是对一切资产阶级法理学的颠覆性摒弃。但我的意图毋宁说是嘲讽一切宏大理

论的自负与还原论、嘲讽充满争辩的法理学中夸张的反对者的所作所为，以及有意无意之间地对法律理论活动中主要是英美实践的狭隘地方主义的嘲讽。有关这篇文章背后的故事参见《伟大的法学市集》，"导论"，第9—11页。

6. 1973年11月演讲，发表为"法理学的一些职能"（Some Jobs for Jurisprudence），载于《英国法律与社会杂志》（*Br JL & Soc*）第1卷（1974年），第149—174页。

7. "我的思想传统、我们的主要领域（法学院）以及我们的客户群实际上依旧没有改变"（167页）。

8. 管道功能，是说法理学的一个职能就是充当学科与传统之间的管道——斯通的"法律人的外向性（extraversion）"的观点：J. 斯通（J. Stone），《法律体系和法律人的推理》（*Legal System and Lawyers' Reasonings*, 1964），第16页。

9. 发表的版本包含了对于"语境中的法律"的详尽解释，对华威抱负的有意为之的非对抗性论述，以及我认为的对"释义传统"相当克制的批判和反对它的各种各样的回应。我既强调这种传统的支配地位也强调反对它的回应的多样性。进一步参见原书第173页。

10. 很久之后重读，我很惶恐，不大是因为我对所有法学学者都使用了男性代词，也不是因为我相当以法院为中心地考察证据，而是因为我的观点几乎没变。

11. 强调"高阶理论"（比如，抽象的法哲学）的局限性以及"中阶理论活动"的重要性，在一定程度上解释了我研究证据以及美国法律现实主义的进路，并解释了我为什么选择不参与（分析）法理学主流立场大约二十五年，只是在我有关"全球化"的项目的尾声（"有概念，就会有传播：全球语境中的分析法学"），在2005年我回到了这个传统中。参见下文，原书第253—255页。

12. 我在华威的就职演讲，像在贝尔法斯特的"伯里克利与管道工"（Pericles and the Plumber）以及伦敦大学学院的"证据和法律理论"（Evidence and Legal Theory, 1984）一样，是纲领性和断言性的，正是就职演讲应有的样子。它非常好地勾勒出我在职业生涯中期自己观点的样态。我在第5—6页引用了有关"支持法律的理由"（case for law）的充满活力的段落。

13. 参见原书第91—92页。

14. 参见原书第154—155页。

15. D. J. 加利根（D. J. Galligan），《现代社会中的法律》（*Law in Modern Society*, 2007），第3章，有对社会规则与法律规则的"语境偶然性"的非常不错的论述。在一些方面我与之稍有不同（参见下文，本章注释20和42），但该书是非常不错的概述。

16. 有关"语境"的理论表述，参见本章注释21。

17. 以下几段改写自我的条目"语境中的法律运动"（The Law in Context movement），载于彼得·凯恩（Peter Cane）和乔安妮·科纳汉（Joanne Conaghan）编，《新编牛津法律指南》（*The New Oxford Companion to Law*, 2008），第680—682页。

18. 包括沃尔夫冈·弗里德曼（Wolfgang Friedmann）、J. L. 蒙特罗斯（J. L. Montrose）、L. C. B. 高尔（L. C. B. Gower）、奥托·卡恩-弗洛因德（Otto Kahn-Freund）、朱利叶斯·斯通（Julius Stone）和 R. M. 杰克逊（R. M. Jackson）。

19. W. 特文宁（W. Twining），"法律与社会科学：细节的方法"（Law and Social Science: The Method of Detail），载于《新社会》（New Society），1974 年 6 月 27 日刊。

20. 对比加利根，《现代社会中的法律》（Law in Modern Society），第 62—63、67—68 页。在法律从规则和教义角度得到解释的方面，他的解读是有洞见的。但"语境中的法律"中的"法律"如何得到解释，也取决于语境。比如，有关律师、法律服务、法律结构以及著名的审判或重要案件的研究，一直都是语境化研究的主题，都属于法学研究的范围。在这些研究中，教义既非起点也非核心。并且"语境"通常被用来标志着和教义传统的决裂，但没有极端到认为教义不重要的程度。比较菲利普·塞尔兹尼克（Philip Selznick）载于《法律与社会杂志》（JL & Soc）第 30 卷（2003 年），第 177—178 页的文章。

21. 特恩·A. 范·戴克（Teun A. van Dijk）在《话语和语境》（Discourse and Context, 2008）以及《社会与话语》（Society and Discourse, 2009）中考察了社会科学中的语境概念，我关注它们太晚无法在此加以评论。

22. 有关"主义"，参见《一般法理学》，第 16 章。

23. 我记得和戴维·法里尔（David Farrier）与德克·默尔（Dirk Meure）在蓝山（新南威尔士）散步，讨论了好几个小时刑事实体法是否可以最好被理解为更为广泛的刑事正义领域的一部分，后者包含与犯罪学与刑罚学关系紧密的制度与程序；接下来又讨论了如何使得有关这个主题的讲授和写作是可控制的——这是有关对于组织性范畴的自我意识的另一个例证。"语境中的法律"丛书的第一部关于刑法的作品是 N. 莱西、C. 威尔斯以及 D. 默尔,《重构刑法:案例与材料》[Reconstructing Criminal Law: Cases and Materials, 2010(1990)][西莉亚·威尔斯(Celia Wells)是华威毕业生]。

24. 参见原书第 226—227 页。

25. 参见原书第 367、368 页。

26. C. K. 艾伦(C. K. Allen),《生成中的法律》(Law in the Making),第 4 版(1946 年),第 45 页。

27. 本书第 7 章讨论。

28. 沃特·德·贝恩(Wouter de Been),《重拾法律现实主义:从一片赞扬中拯救现实主义》(Legal Realism Regained: Saving Realism from Critical Acclaim, 2008)。

29. 参见"后记",第 431—433,440—441 页;以及"大小法律现实主义和法理学:十个命题",第 128 页注释 25 和第 133 页注释 41。

30. 在"大小法律现实主义和法理学:十个命题"中,我讨论了布莱恩·莱特(Brian Leiter)和汉诺克·达冈(Hanoch Dagan)对"大现实主义"的重新解释。它们都值得加以拓展,但他们主张的地位并不明确:作为对那些通常被视为现实主义者的个体的论断的历史描述,它们都概括过度而且有重大疏漏(比如,弗兰克有关事实发现的观点、卢埃林的法律职能的观点以及有关法律的经验科学的观点等)(《伟大的法学市集》,第 5 章)。作为理论构建的尝试,它们没必要地紧贴历史文本,产生出一种法学上的杂糅,既不是明确历史性的也不是概念性的。他们依旧倾向于将"大小现实主义"视为美国所独有的,并主要关注"司法裁判",将后者解释为仅仅关切法律问题。不受历史本文约束地构建当下"现实主义法理学"的当代尝试无需局限于这些方面。

31. 有关新法律现实主义,大体上可参见伊丽莎白·默茨(Elizabeth Mertz)、斯图尔特·麦考利(Stewart Macaulay)和托马斯·W. 米切尔(Thomas W. Mitchell)编,《新法律现实主义》(The New Legal Realism, 2016)和《莱顿国际法杂志》(Leiden J Int'l L)第2卷(2015年)(特别刊)。

32. 有关这个语境中的"理解",参见原书第288—289页。

33. 参见原书第155页。

34. "行动中的法律"这个词,作为一个指称聚焦于作为社会事实的法律的经验内容的宽泛词汇是有用的。但它的含义模糊是显而易见的。在此语境中(什么是行动中?)不考虑"法律"的不确定性,行动包含什么? 当然,它无需仅局限于行为[比如,唐纳德·布莱克(Donald Black)]或态度,也包括有关法律的信念、价值、技术、技能、知识和看法,以及意料之外的后果、影响,等等。存在没有意义的行动和行为(agency)吗? 规则不是意义的重要渊源吗? 谁的行动? 当然不仅是上诉法官的:无论是关于审判任务,还是关于其他与法律有关的行动者、主体与受害者,例如立法者、法律解释者、适用者、释义者、执行者、使用者、规避者、逃避者、受害者、越轨者、调查者、监管者和观察者、个人、法人以及集体,都必须在"不现实性中名列前茅"(参见本书第10章)。有关书本中的法律和行动中的法律之间"空隙"的这个得到诸多讨论的区分,参见《一般法理学》,第318—320页。现实主义和语境方法的一个目标,就是将更多的行动引入书本。

35. 我通常将"美国现实主义"与"斯堪的纳维亚现实主义"之间的关系仅仅视为一种双关——"现实主义"这个词通常在许多不同意义上得到使用,背后的关切非常不同,直到二手评述将它们相连,才有了历史关联。在认识论层面,可以考察它们之间脆弱的关联,但不清楚美国法律现实主义学者考虑的是什么。当我在隆德采访卡尔·奥利维克罗纳(Karl Olivecrona)时,他区分了他真正的著作(哲学)和"只是挣钱"的有关海上保险的著作,并且在他看来,后者完全与他的法律理论无关。他的一位学生被认为是瑞典法律社会学的先驱,但我并不清楚其中的关联。奥利维科罗纳因其在第二次世界大战中支持纳粹德国而臭名昭著,此后基本上人们对他避之唯恐不及。我采访他的时候还不知道这个事情。

36. 不过请参见如下警告,即形式化的或社会科学的法律经验研究只是通向经验性理解[比如,"经验的教训"(lessons of experience),原书第332页]的一条道路。

37. 参见原书第135页。

38. 参见《理论与实践中的法律拟制》,全书各处。

39.《如何依规则行事》,全书各处。

40. R. 德沃金(R. Dworkin),《身披法袍的正义》(*Justice in Robes*, 2006),第4页,引用了他的《法律帝国》(*Law's Empire*, 1986),第102—108页。

41. D. 加利根(D. Galligan),《现代社会中的法律》(*Law in Modern Society*, 2007),第103页。

42. 同上注,第103页。该书第6章和第347—350页对于社会领域整体特别有启发。加利根正确地提醒,规则在通常情况下,只有在一个包含共享理解的给定社会领域的语境中才能得到理解，但他也允许例外。很容易想到的例子是一个简单的规则陈述在不对语境加以任何阐明的条件下出于给定的目的是可以被理解的。比如，一个写着"不要踩踏草坪"的强制性标志通常无需其他条件就可以产生服从。但是，这个例子打开了可能会涉及理解与误解的边缘情形、默会知识和线索的洪水闸门。

43. 即便强立场的现实主义在这个意义上也会承认，有关特定教义事实上或可能如何运作的语境与意识，可能并不是在所有语境中都是必要的，比如，在常规解释或将特定规则适用于简单情形中就是如此。不过即使在这种情况下，默会知识的问题也会出现；参见原书第 131 页。

44. 有关社会科学中一些标准的二分法和紧张状态，参见《一般法理学》，第 258—262 页。在特定研究的语境中，有时候会直接识别出足以满足该研究（或决策）目的的现实的重要方面。但是，在许多研究中，哪些经验内容是相关的、本质的、重要的、充分的或有用的，是挑战的一部分。

45. 简言之，强现实主义和强教义学难以协调。这里温和的"教义学"指的是如下命题，即有关法律教义的知识和理解是理解法律和法律现象必要但不充分的条件。

46. H. L. A. 哈特，"迪亚斯和修斯论法理学"（Dias and Hughes on Jurisprudence），载于《公共法律教师学会学报》（JSPTL）（新序列，1958 年），第 149 页。

47. "语境中的法律：尝试性的理由"（Law in Context: A Tentative Rationale, 1967），首次出版于 1991 年（收录于给帕特里克·阿

蒂亚的庆祝文集中),重印于 1997 年的《语境中的法律》,第 3 章。

48."你的教科书真正必要吗?"(Is Your Textbook Really Necessary),载于《公共法律教师学会学报》(JSPTL),第 11 卷(新序列,1973 年),第 267 页。

49. T. B. 史密斯(T. B. Smith),"作者与权威"(Authors and Authority),载于《公共法律教师学会学报》(JSPTL)第 12 卷(新序列,1972 年),第 3 页。它包含着对苏格兰传统精彩且微妙的论述。

50."著作与教科书:回应 T. B. 史密斯"(Treatises and Textbooks: A Reply to T. B. Smith),载于《公共法律教师学会学报》(JSPTL)第 12 卷(新序列,1972 年),第 267 页。更进一步参见戴维·休格曼(David Sugarman)高引用量的论文,"法律理论、普通法心智与教科书传统的形成"(Legal Theory, the Common Law Mind and the Making of the Textbook Tradition),载于《法律理论和普通法》,第 3 章。

51. 近来有关苏格兰释义传统的作家及其与布莱克斯通的关系的不错论述,参见迈克尔·洛班(Michael Lobban),《普通法世界的法哲学史》(A History of the Philosophy of Law in the Common Law World, 1600-1900, 2016),第 4 章。

52. 前两个是领域概念,但"语境中的法律"和现实主义在这里都没有被解释为一个领域(或许除了它本身成为研究主题时会如此)。

53.《身披法袍的正义》(Justice in Robes, 2006)和《哈佛法律评论论坛》(Harv LR Forum)(2006 年),第 95 页。

54. 有关德沃金"法律的教义性概念"其他方面的批评，参见本书第 211—212 页。

55. A. 哈尔平（A. Halpin），《刑法中的定义》（*Definition in Criminal Law*, 2004），第 1 章。

56. 苏格兰与美国都比英格兰具有更强的教义性著述的传统，可能是公正的观点。他们的杰出释义者对于教义的理解，要远远丰富于仅仅是对白纸黑字的范畴性规定的组织与描述。我们可以承认，优秀的英国教科书，比如安森（Anson）论《合同》以及波洛克（Pollock）论《侵权》，尽管非常简化，但为大学中学科性的法学研究奠定了基础。

57. 即使被我有时批评为研究先例和证据的方法太过狭隘地集中于教义的鲁伯特·克罗斯勋爵（Sir Rupert Cross），也有一个担任上议院法官的兄弟，并且与从事实务的律师行业关系不错，以至于他被恰如其分地称许为对于杰出的实务工作者和法官认为重要的议题及其默会的可行假定有很好的把握。

58. 雷诺·科尔森（Renaud Colson）和斯图尔特·菲尔德（Stewart Field），"法国的社会法律研究：超越法学院"（Socio-legal Studies in France: Beyond the law Faculty），载于《法律与社会杂志》（*JL & Soc*）第 43 卷（2016 年），第 287—288 页。对比在德国的另一个故事，阿尔方斯·博拉（Alfons Bora），"德国的法律社会学"（Sociology of Law in Germany），载于《法律与社会杂志》（*JL & Soc*）第 43 卷（2016 年），第 619 页。对比 B. 弗里德曼（B. Frydman），《法律的意义》（*Les Sens des Lois*），第 3 版（2011 年）——这是实用主义解释——以及 C. 斯托克（C. Stolker），《重新思考法

学院》(Rethinking Law School, 2014),特别是第 202—204 页。这是在民法传统中有关于法学作为一门学科的科学属性的非常广泛且通常是具有反省意味的文献。近来一位阿根廷法学家有关法教义学和"法律科学"的有趣研究,参见阿尔瓦罗·努涅斯·巴克洛(Alvaro Nunez Vaquero),"法律科学的五种模式"(Five Models of Legal Science),载于《宪法理论与法哲学杂志》(J Const Theory & Phil L)第 19 卷(2013 年),第 53—81 页。他的视角与我非常不同,但我认为他对于"法学学者实际做了什么;他们应当做什么;以及他们能够做什么"的分析是非常有启发的。

59. 科尔森与菲尔德(Colson and Field),"法国的社会法律研究"(Socio-legal Studies in France)。

60. 默顿·怀特(Morton White),《美国的社会思想:反抗形式主义》(Social Thought in America: The Revolt against Formalism),第 2 版(1957 年)。有关美国法律现实主义更细致的解读,参见布莱恩·Z.塔玛纳哈,《超越形式主义/现实主义之分》(Beyond the Formalist-Realist Divide, 2009)。

61. 在美国法律现实主义或现实主义中没有任何否定礼仪、形式或形式性在一些语境中的重要性的因素。比如,人类学领域中强调象征主义的维克托·特纳(Victor Turner)和玛丽·道格拉斯(Mary Douglas)的著作,与现实主义视角并不构成对立。形式具有功能。有关标准形式的无孔不入,参见布莱恩·Z.塔玛纳哈,《法律的概念:一种现实主义视角》(A Realistic Theory of Law, 2017),第 139—142 页。对比 R. S. 萨默斯(R. S. Summers),《法律体系中的形式与功能———项普遍研究》(Form and Function in a Legal

System—A General Study, 2006）。

62.《如何依规则行事》，第 370—375 页。

63.《论凯尔森文集》，导论。与之类似，哈特认为法律是一个规则体系的概念，是关于初级规则的结构和有效性的，而非关于其内容。释义包括内容。有关教义释义的方法论基础，实际上存在着非常难解决的问题，长时间以来都有内部争议，但我不会停留于此，因为我在这里的关切是学术实践而非它们的方法论基础。

64. 菲奥娜·考尼（Fiona Cownie），《法学学者：文化与身份》（Legal Academics: Cultures and Identities, 2004），特别是第 3 章。

65.《一般法理学》，第 24—25、56—70 页。

66. 同上注，第 56—60 页。

67. 赫伯特·哈特在他的朋友让·弗拉德（Jean Floud）这位社会学家的压力下，不情不愿地支持创办了牛津社会法律研究中心，但如尼古拉·莱西在她写作的传记中所表明的那样，哈特对法律的社会学研究方法，如果不是充满敌意，也是高度怀疑的，他共享着牛津学者对于社会学的普遍怀疑态度，并且真的相信"扶手椅式"概念分析能够在不涉及社会科学的前提下独立展开。尼古拉·莱西，《哈特的一生：噩梦与美梦》（H. L. A. Hart: The Nightmare and the Noble Dream, 2004），第 229—231、260—261、322 页。

第 14 章 重新思考证据

1. J. 边沁（J. Bentham），《文集》（Works）［鲍林版（Bowring edn）］，第 VI 卷 5 页。

2. J. B. 塞耶(J. B. Thayer),《文集》(*Treatise*, 1898),下文讨论。

3. D. 舒姆(D. Schum),《概率推理的证据基础》(*Evidential Foundations of Probabilistic Reasoning*, 1994)的前言。

4.《重新思考证据》第2版,第14章,第418页。

5. 认知能力的观点是乔纳森·柯恩(Jonathan Cohen)在他批评"专家崇拜"的运动中提出的,比如 L. J. 柯恩,《可能的与可证明的》(*The Probable and the Provable*, 1977)。近来英国脱欧论者和否认气候变迁者一直运用不同的"论点"来败坏"专家",其中包括最容易受到攻击的群体,也即经济学家、民意调查人以及其他未来学家。大体上可参见苏珊·哈克(Susan Haack),《证据问题》(*Evidence Matters*, 2014)。有关存在争议的"常识"、认知能力以及认知共识的观点,参见《重新思考证据》第2版,第85、334—335、444页;《证据分析》,第265—280页。

6. 杰弗里·戈尔德堡(Jeffrey Goldberg),载于《纽约客》(*The New Yorker*),2003年2月10日刊,第40—47页。更进一步参见《重新思考证据》第2版,第436—438页。

7. 这一段改写自《重新思考证据》第2版,第14章("重申认真对待事实")。我怀疑自己有关"认真对待事实"的两篇文章(《重新思考证据》第2版,第2章和第14章)——它们显然都是针对非专家读者的——被认为是关乎证据的,所以与他们无关——这是一个常见的不合理推断;参见本书下文,注释41。

8. 有关诉讼中(及其之外的)事实问题的推理,是法学语境推理领域中受到忽略的一个话题的基本例证(本书第10章)。

9. 参见本书第 10 章。

10. 参见本书第 18 章。

11. 参见本书第 20 章；《证据、推断与研究》；以及《重新思考证据》第 2 版，第 15 章。

12. 有关法学语境中证据研究跨国化的潜在影响，参见原书第 356 页。

13. 特别参见 J. 弗兰克(J. Frank)，《初审法院》[*Courts on Trail*, 1970(1949)]。我认为杰罗姆·弗兰克(Jerome Frank)是拥有"一件大事"的刺猬。他是一位成功的实务工作者、一位法官、一位公共知识分子以及吸引了许多关注的半个时髦学者。他的著作兼收并蓄、引发争议、又自相矛盾且高度重复。但他的"一件大事"是不错的：这件事由"上级法院神话""事实怀疑论"以及"上诉法院沉迷"各种不同术语表达，其基本观点是法学教育、法律理论和法学文献中的太多关注都被放在美国法律体系上游的法律问题中，但主要的行动和不确定性的来源都是在初级法院。我将这个命题用作自己证据项目的起点，但批评弗兰克的"法院沉迷"，也即太过关注充满争议的审判，以致实际上排除了诉讼的早期阶段、律师的非诉讼活动以及其他法律语境，在后者中事实发现、证据推理、证据调查、建构和推理发挥着重要作用。有关弗兰克，大体上可参见 A. W. B. 辛普森(A. W. B. Simpson)编，《普通法传记辞典》(*A Biographical Dictionary of the Common Law*, 1984)，第 190—193 页；以及《重新思考证据》第 2 版，全书各处以及杰罗姆·弗兰克索引下的内容。

14. 弗兰克也估计初审法院几乎裁决了所有争议案件："一个

占据2%体重的尾巴晃动了占据98%体重的狗",该文载于《法律与当代问题》(L & Contemp Probs)第13卷(1948年),第374页。这典型的是弗兰克天马行空的猜想,没有考虑在诉讼前完结的案件。精确的数字并不重要,因为基本观点不仅真实而且重要。大约在长达十年的时间里,弗兰克在耶鲁讲授一门有关事实发现的课程,这是他发展向"诊所式法律人学院"(clinical lawyer schools)运动的一部分;像这个领域中许许多多倡导者一样,这门课以及整体观点并没有真正地得到广泛接受。"诊所式法律教育"是弗兰克所提出的观点的一个苍白的影子,但在安提俄克法学院早年间,当特里·安德森(Terry Anderson)是副院长时,开展了这种教育(我曾经草拟了一篇不完整的文章来对比试图做些不同事情的安提俄克与达累斯萨拉姆大学学院的法学院)。

15. 不清楚的是,弗兰克是发明了这个词语,还是说仅仅和诸如"上级法院神话"和"事实怀疑论"这样的词语一起使用来表达本质上相同的观点。

16. 在20世纪70年代末,我调查约翰·斯图尔特·密尔(John Stuart Mill)版本的边沁的《司法证据原理》(Rationale of Judicial Evidence, 1827)是否在怀尔迪书店——这是林肯律师学院路上最著名的法学书店——出现过。在查看了一箱待处理订单的卡片索引卡后,他们说他们正在寻找它,但有一个人比我更早——这原来就是鲁珀特·克罗斯(Rupert Cross),英国证据法学者元老——他在"二战"前就已经问问过它。如果日期正确的话,克罗斯当时三十多岁。据我所知,他从未读过或引用过边沁。

17. 这些例子是教学中威格摩尔练习的重要内容。参见《重新思考证据》第2版,全书各处以及诸如刑法案例评论委员会(Criminal Cases Review Commission, 英国)等机构的工作。当然,有大量关于个人案例的和更一般的二手文献。它们质量参差不齐,且没几个采用真正系统的方法,一个部分的例外就是 R. 诺布尔斯(R. Nobles)和 D. 希夫(D. Schiff),《理解正义的流产》(Understanding Miscarriages of Justice, 2000)。

18.《重新思考证据》第2版,第117—122页;以及 W. 特文宁(W. Twining)编,《法律中的事实》(Facts in Law, 1983)。有用的调查,参见 P. 罗伯茨(P. Roberts)和 A. 朱克曼(A. Zuckerman),《刑法证据》(Criminal Evidence, 2004)。1984年以来的许多年间,伦敦大学学院的统计学教授菲利普·达维德(Philip Dawid)会在我有关证据和证明的硕士生课程中关于这个话题做为期三周的导论。参见《证据分析》;附录。在华威大学的课程中,帕特里克·阿蒂亚以较精简的内容对此主题有所贡献。

19. 有关这个项目更完整的论述以及这里涉及的大部分主题,参见《重新思考证据》第2版。

20. 证据法、证据以及法律语境中的证明,共享着一些基本概念(诸如重要性、相关性、证明力和可采性),但其他概念被视为是某一领域所独有,除非有人(像我这样)认为理解推理活动是两个领域中的重要内容。参见《证据分析》,"词汇表",第379—387页。概率和证明这个主题是符合威格摩尔有关"证明的逻辑"的观念的,但他的讨论是非常简化的。

21. 一本有关证据的优秀美国教科书的前言[G. 费舍尔(G. Fisher),《证据》(Evidence, 2002)],是关于该主题这一观点的鲜明例证:"证据法是我们对陪审团听到信息的限制。"参见《重新思考证据》第 2 版,第 440—441 页。

22. 比较原书第 23 页,以及我对《萨尔蒙德论侵权法》(*Salmond on Torts*)的评论。

23. 我将"供认"视为教学中的一个重要话题,但关于它发表的著述很少(参见《重新思考证据》第 2 版,第 268 页注释 79)。我讨论这个话题的方法类似于讨论证据识别的方法(《重新思考证据》第 2 版,第 5 章)。

24. "告别路易斯·艾略特:身为学者的学术性律师"(Goodbye to Lewis Eliot: The Academic Lawyer as Scholar),主席演讲,公共法律教师学会,1978 年,载于《公共法律教师学会杂志》(*JSPTL*)第 15 卷(新序列,1980 年),第 2—19 页;《重新思考证据》第 2 版,"前言",第 3—4 页。

25. 现在可参见 A. 包安彻(A. Powancher),《约翰·亨利·威格摩尔和证据规则:现代法律的隐秘起源》(*John Henry Wigmore and the Rules of Evidence: The Hidden Origins of the Modern Law*,2016)。后来我更关注威格摩尔在哈佛的老师,詹姆斯·布拉德利·塞耶(James Bradley Thayer)的影响;参见《重新思考证据》第 2 版,第 61—63、202—210 页。回头来看,我认为自己本应当更深入地研究他。参见埃莉诺·斯威夫特(Eleanor Swift),"证据法改革百年:塞耶的胜利"(One Hundred Years of Evidence Law Reform: Thayer's Triumph),载于《加利福尼亚法律评论》(*Calif LR*)第 88 卷(2000 年),第 2439 页。

26.《重新思考证据》第 2 版,第 4 章。

27. 同上注,第 6 章;《证据分析》,第 11 章。

28. 有关"自由证明"的不同含义,参见《重新思考证据》第 2 版,第 203—204、241—241 页;以及 W. 特文宁的文章:载于《以色列法律评论》(*Israel LR*)第 31 卷(1996 年),第 439—463 页。

29. J. 边沁(J. Bentham),《司法证据专论》(*A Treatise on Judicial Evidence*),E. 杜蒙特(E. Dumont)编(1825 年),第 180 页。有关他的反规则命题的两个小瑕疵,参见《重新思考证据》第 2 版,第 43—44 页。

30. 比如,M. 托内利(M. Tonnelli),"将证据整合入诊所实践:循证方法的一种替代方案"(Integrating Evidence into Clinical Practice: An Alternative to Evidence-based Approaches),载于《诊所实践评价杂志》(*J Evaluation of Clinical Prac*)第 12 卷(2006 年),第 248—256 页。参见《重新思考证据》第 2 版,第 439 页和 452 页注释 8。在政治语境中,"循证政策"这个相关概念被非常宽泛地运用,但存在着迅速增长且很大程度上是科层化取向的文献。比如可参见《证据、推断与研究》,第 10 章和第 11 章。

31.《重新思考证据》第 2 版,第 39—41 页。

32. 同上注,第 202—206 页。塞耶(Thayer),《文集》(*Treatise*),第 314 页。

33. "如果律师利用这本书[C. C. 摩尔(C. C. Moore),《事实论:证据的权重与价值》(*A Treatise on Facts: On the Weight and Value of Evidence*, 1908)]来诱使法官根据可信性作出法律裁决,就是对我们制度的道德背叛。"威格摩尔,"摩尔《实事论》书评"(Review of Moore's A Treatise on Facts),载于《伊利诺伊法律评

论》(*Illinois LR*)第 3 卷(1908 年),第 477 页,参见《重新思考证据》第 2 版,第 69—71 页。

34.《重新思考证据》第 2 版,第 3 章、第 4 章、第 7 章和第 15 章;以及《法律中的事实》,全书各处。

35. 参见《新威格摩尔:证据原理》(*The New Wigmore: A Treatise on Evidence*)(多卷本和编者)(2001 年至今)。

36. 威格摩尔以如下引用作为此书的前言:"'你的意思是什么?'内政大臣相当困惑但面带忧郁的微笑问道。'我几乎不应该将之称为科学。我将之视为常识'。"

"原谅我,先生。它是一切科学中最艰难的。它实际上毋宁说是科学中的科学。培根(Bacon)和密尔(Mill)提出的归纳逻辑的全部是什么?不过就是评价证据的价值的一种尝试,可以说,这种证据就在造物主留下的痕迹中。

造物主(我是怀着崇敬之心说的)已经抛出大量转移人们注意力的事物。但真正的科学家在探索大自然的秘密时,是不会被表面现象迷惑。"伊斯瑞尔·赞格威尔(Israel Zangwill),《弓区大谜案》(*The Big Bow Mystery*, 1892)。在这个语境中,威格摩尔和赞格威尔都不是在严格意义上使用"科学"这个词的。

37. 特别是《重新思考证据》第 2 版,第 6 章,和《证据分析》,第 3、8、10 和 11 章。

38.《重新思考证据》第 2 版,第 15—19 页。

39. 包括类似的事实、判决标准(包括证明标准)、传闻证据、不当获得的证据和识别证据。

40.《重新思考证据》第 2 版,第 258—269 页,和第 6 章(同

41. 1970年我向非专业听众报告了"认真对待事实",它发表在了许多地方,包括《法学教育杂志》(J Leg Ed)第34卷(1984年),第22页,并重印于《重新思考证据》第2版,第2章。"重审认真对待事实"也发表在了许多地方,包括综合性期刊《法学教育杂志》(J Leg Ed,第55卷第3期,2005年)。最初的讲座和论文受到了礼遇,但未能说服听众,这或许是因为它在听众中受到了忽视:实务工作者非常喜欢它,但它是关于法学教育的;许多法学学者认为它是针对证据专家的,所以与他们无关;一些证据教师认为它是对证据法传统课程激进且不礼貌的批判;其他人则认为它是对不实用的威格摩尔图表的推销。

42. 比如《重新思考证据》第2版,第2章和第14章。

43. 更进一步参见原书第363—364页。

44. "有关某种怀疑论的一些怀疑论"(Some Scepticism about Some Scepticisms),《重新思考证据》第2版,第4章。

45. 参见《重新思考证据》第2版,全书各处,以及何福来(Ho Hock Lai),《证据法哲学——在探究真相的过程中实现正义》(A Philosophy of Evidence Law—Justice in the Search for Truth, 2008),第55—57页。

46.《重新思考证据》第2版,第3章。

47. 如果叙事和叙述只是在司法裁判中有争议的事实问题中得到讨论,法律话语中叙事的角色以及叙事、推理、论证和说服之间关系的问题就会受到扭曲。叙述和叙事性讲述(story-telling)在比如调查、调解、上诉辩护、审判、危险性预测以及二手话语(secondary

discourse，比如写作或历史叙事）中也很重要。它们在关于有争议的法律问题的论证中也发挥着重要作用。如卡尔·卢埃林所强调的那样：在上诉案件中，辩护律师和法官的事实陈述是"论证的核心"［K. 卢埃林（K. Llewellyn），《普通法传统》(The Common Law Tradition, 1962)，第126—128页，《重新思考证据》第2版，第296—306页有讨论］这些话题中有一些已经在"法律与文学"的题目下得到兼收并蓄地详细讨论。参见原书下文第366页注释62，以及比如利奥诺拉·莱德翁（Leonora Ledwon），"证据的诗学：法律与文学的一些应用"（The Poetics of Evidence: Some Applications to Law and Literature），载于《昆尼皮亚克法律评论》(Quinnipiac LR)第21卷（2003年），第1145页。

48. 哲学家苏珊·哈克也深入考察了科学哲学与科学证据、专家意见以及伪科学之间的关系。苏珊·哈克，《证据问题》(Evidence Matters, 2014)。

49. 一些评论者混淆了对行动中的语境中的法律的经验理解以及学科化的社会法律研究的发现。这太狭隘了。《盖恩报告》(The Genn Report)［H. 盖恩等人（H. Genn et al.），《现实世界中的法律：改善我们对于法律如何运作的理解》(Law in the Real World: Improving our Understanding of How Law Works, 2006)］强调，主流法学学者可以模仿和借用社会法律研究以及其他社会科学发现，而无需自己展开研究。当教义学者感兴趣的主题往往没有或很少有经验研究时，他们难免会感到担忧。不过正如卢埃林所强调的，"知识若要有用和重要，并不需要是科学的"（参见《卡尔·卢埃林与现实主义运动》，第188—196页）。在证据领域，人们普遍认为在做出推断时,我们需要依靠我们"知识库"中可获得的最佳信息,这个"知识库"包括重复对照临床试验、各种专家意见、"粗浅实用的知识"以及常识,还有不可靠的、充满偏见的或猜测性的可行假定。如本书第17章中所指出,在法律中我们可以进一步探索"经验教训",因为在政策制定中需要如此多的判断,描述和解释无法基于"科学的"研究。参见《一般法理学》,第238—242页。

50. 载于《现代法律评论》(MLR)第47卷(1984年),第261页,缩略版重印于《语境中的法律》,第6章。

51. 也就是思想史、高阶理论、中程理论、规范性与描述性(包括参与者的可行理论)、跨学科关系(管道功能)以及整合或综合功能(本书第1章)。

52.《重新思考证据》第2版,第248—254页。这在概述与决策理论、信息理论和诉讼理论的联系方面具有潜在的启发作用,但它没有流行起来。此外,它并没有把握住我所追寻的所有研究线索——毕竟,法律所关切的要多于正式的纠纷处理过程;比如,"诉讼"只是法律人活动的一部分,而且这个标签很糟糕。

53. 丹尼斯·加利根(Denis Galligan),"有关怀疑论的更多怀疑论"(More Scepticism about Scepticism),载于《牛津法学研究杂志》(OJSL)第8卷(1988年),第249页,部分回应参见《重新思考证据》第2版,第257—261页。

54. 参见本书第20章。我的许多工作实际上都致力于发展讲授一系列与不同于传统的领域观念密切相连的技能[修正的威格摩尔分析(MWA),参见原书第188页]。下一节中会详细讨论这一点。不过在法律理论和给学生讲授如何构建、重构、组织、批判以及呈现有关事实问题的论点这些非常实用的事务之间,存在着紧密关联。这涉及"对精心选择的一类事物的细致分析",而不仅是对概念如此。

55. 与背景概括相关的常识概念是有问题的,与认知能力和认知共识相关的观点同样如此。

56. 源自对"证据分析"(迈阿密)与"证据和证明"(伦敦)课程的描述。

57. 这个方法在《证据分析》(第2版,2005年)中得到了详细发展。

58. 传统上律师在准备庭审时会运用许多分析性工具来组织材料。这包括大事年表、叙事、依据来源的分类以及详略程度不同的"审判手册"(trail books),会综合多种方法(参见《证据分析》,第4章以及第317—324页)。今天,他们可以运用精致的档案管理、索引和支持系统。威格摩尔的图表法与这些都不相同,因为它只是在论证框架中发挥作用的一种方法。总体来说,这些方法是互补的而非彼此竞争的。

59. 我通常会在教学讲义和其他有关修正的威格摩尔分析法的演讲中使用这个表述。

60. 主要的修正就是减少符号的数量;通过一个弹性的七步思维过程来体系化该方法;强调立场的澄清;将叙事的建构视为一种补充性而非竞争性的方法;将关注点从充满争议的陪审团审判扩展到法律程序的各个阶段;将其运用扩展到对具体过往事件的一切研究(比如,历史、种族灭绝)和一些其他研究中(比如,情报分析、发现保险欺诈)。参见《证据分析》,第2章以及D.舒姆,《情报分析师的证据和推断》(*Evidence and Inference for the Intelligence Analyst*, 两卷本, 1987)。现在参见: G. 泰库奇(G. Tecuci)、D. 舒恩(D. Schurn)、D. 马尔库(D. Marcu)和 M. 博伊库(M. Boicu),《情报分析: 连点成线》(*Intelligence Analysis: Connecting the Dots*, 2016)。有关修正式威格摩尔分析法在考古学中的运用, 参见 T. 安德森和 W. 特文宁的文章, 收录于罗伯特·查普曼(Robert Chapman)和艾利森·怀利(Alison Wylie)编,《物证: 从考古学活动中学习》(*Material Evidence: Learning from Archaeological Practice*, 2015), 第 15 章。

61. 比如彼得·墨菲(Peter Murphy),《证据、证明和事实》(*Evidence, Proof and Facts*, 2003), 第 3—4 页。

62. 戴维·舒姆在一学期课程模块中向工程师、情报分析师以及其他学科的学生讲授过这个技术。在为情报分析师涉及的复杂练习的盲测中, 2/3 的迈阿密法学院学生的成绩要比许多警察、诸多学科的学者甚至有经验的情报分析师的还要好。这是一个值得重复的实验。

63. 有关法学教育中"法学方法"这个观点的扩展, 以及通过训练将源自证据的推理活动涵盖其中, 参见原书第 228 页。

64. 更进一步参见本书第 16 章。

65. 参见《证据、推断与研究》, 全书各处。

66. 参见本书第 10 章, 原书第 130—131 页。

67. 千禧年后, 戴维·舒姆、特里还有我都投身于伦敦大学学院的一个由统计学家菲利普·达维德领导的发展整合性跨学科领域的充满雄心壮志的尝试。这个尝试成败参半。我认为它仍旧是未竟的事业,我会在本书第 20 章中讨论它。

第 15 章 边沁的学院(1983—1999 年)

1. 伦敦大学学院(最初是伦敦大学)获得了"无神论学院"的绰号,因为它是英格兰第一所允许不是英国国教信徒的学生入学的大学机构("伦敦标准社论"),这些学生包括犹太人、天主教徒、伊斯兰教徒、贵格会教徒和印度教徒。这个标签作为"高尔街的无神论机构"而知名。

2. 信箱据称是一个人在学术意义上存在的证明;丧失了信箱就意味着学术上的死亡:一个人就不再是一个人了。几年前,一个行政方面的错误"杀死了"伦敦大学学院法学院系所有荣休教授。我们提出申诉,得到了复活——学说方面的创新。

3. "巴特勒之旅"是伦敦大学学院比较法教授比尔·巴特勒(Bill Butler)组织的,他是英美世界中有关苏联/俄罗斯法以及社会主义法律体系的优秀专家。作为对来访者旁听讲座的交换,我们东道主安排了拜访他们各自国家的不同法律机构。这个高规格的法律之旅很有启发意义,有时充满惊喜,且几乎总是妙趣横生。显然,我们是最划算的。同时,巴特勒教授常常消失不见,去扩充他独特的藏书。

4. 副标题很有启发意义:"本文件辑录了一所院校的设计说明,该院校拟以'功利主义示范走读学校'或'功利主义学校'名义开设,目的是将新教学制度扩展到高等教育,以供中高层人士在生活中使用。"这颠覆了有关消除阶级差别的主张并表明了为什么许多人觉得杰里米·边沁的风格令人反感。伦敦大学学院从一开始就收学费。

5. 参见插图5。

6. 特别是《伟大的法学市集》，第8章。

7. 玛丽·罗宾逊（Mary Robinson）总统，"想象的财产"（Imaginative Possessions），约翰·福斯特·戈尔韦讲座（John Foster Galway Lecture），伦敦大学学院，1995年10月，相关信息可参见该讲座主页。

8. "自我肖像"——杰里米·边沁自己对于它的评价是他幽默感的明证："自我肖像；抑或死者之于生者的进一步用途。"参见菲利普·斯科菲尔德（Philip Schofield），《功效与民主》（Utility and Democracy, 2006），第337—342页。

9. 引用同上注，第10章。

10. 特别是尼格利·哈特（Negley Harte），《伦敦大学（1836—1986）》（The University of London 1836—1986, 1986）；约翰·诺斯（John North）和尼格利·哈特，《伦敦大学学院的世界（1828—2004年）》（The World of UCL 1828—2004）；F. M. L. 汤普森（F. M. L. Thompson）编，《伦敦大学和学习的世界（1856—1986年）》（The University of London and the World of Learning 1856—1986, 1990）。

11. 约翰·贝克（John Baker），"大学学院和法学教育（1826—1976年）"（University College and Legal Education 1826—1976），载于《当下法律问题》（Current Legal Problems, 1977），第1—13页。这一节主要依赖我后续的讲座，"1836年和所有这一切"

(1836 and All That)(1987 年),下文讨论。

12. 有关奥斯丁的解释是充满争议的,特别是他在何种意义上是一个"实证主义者"。有关"奥斯丁式神话"(Austinian Myth),参见 W. L. 莫里森(W. L. Morison),《约翰·奥斯丁》(*John Austin*, 1982),第 170—177 页。莫里森的解释基于澳大利亚哲学家约翰·安德森(John Anderson),这本身就是有争议的。但这不是我们这里关心的问题,这里相关的一点是奥斯丁认为自己作为法理学教授的职责既包括阐明实然意义上属于法律必要组成部分的抽象概念,也包括在应然意义上对法律的功利主义指引与评价(立法的艺术)。这两者要加以区分,但都要考虑。莫里森进一步指出,基于他的解读,奥斯丁也为法律的经验研究提供了哲学基础。

13. 参见"1836 年和所有这一切",以及我在学院之间法学硕士项目的报告(1994 年)。

14. 鲍勃·赫普尔(Bob Hepple),《戴红领带的年轻人:曼德拉回忆录与失败的革命(1960—1963 年)》(*Young Man with a Red Tie: A Memoir of Mandela and the Failed Revolution 1960-1963*, 2013)。

15. 这些联合学位长达四年;我赞同这个学制,但认为课程安排的设计与执行导致这个学制机会受到了浪费,课程有时不过是学习两遍基础科目加上一门外语。不清楚的是,实践中学生在何种程度上被要求在不同抽象程度中时常展开比较,并对这些问题加以理论思考。有关四年制本科法学学位参见本书第 17 章。

16. 参见本章注释 11。

17. 法学硕士整体报告的数字可能是有误导性的,因为这个项目尤其是混合了全日制、在职以及临时学生。

18. 我将"法理学"和"法律理论"视为同义词(第1章)。这个区分意味着什么是模糊不清的。今天它没有任何意义。

19. 格兰维尔·威廉斯(Glanville Williams)是我学术生涯之初的学术偶像之一,这主要是因为他有关侵权法的著述。他对法理学有一些精细巧妙的贡献,但依然主要是因为他关于刑法的著作而被人铭记,不过他有时也被刑法专家批评为不够"理论化"。

20. 这个讲席也带来参与大学委员会的邀请,这些委员会一些是依据职权而定的,一些是自愿参与的,比如英国高等法律研究院的管理委员会和海外学生委员会。

21. 参见原书第200页。

22. 这里我无法公平对待这些具有天赋、性格相投的同事;不过早期的同事值得特别提及。他们包括迈克尔·弗里曼(Michael Freeman),一个充满活力的博学之士,是儿童利益的优秀捍卫者,偏好社会学。他作为讲师非常受欢迎,但对我来说他太投入于知识的广度方面了。他在家庭法和女性主义法律思想方面做出了杰出贡献。参见《社会中的法律:反思儿童、家庭、文化与哲学——纪念迈克尔·弗里曼文集》(*Law in Society: Reflections on Children, Family, Culture and Philosophy: Essays in Honour of Michael Freeman*),A.迪杜克(A. Diduck)等编(2015年)。另一方面史蒂芬·盖斯特(Stephen Guest)是罗纳德·德沃金单纯的信徒,是一丝不苟的教师,是位严谨的学者,是不错的大学职员,他难以逃离自己偶像的视角,但在他对边沁与哈特的研究中则是非常公正的。后来他为"法学家"丛书贡献了一部有关德沃金的优秀著作。妮基·莱西（Niki Lacey）的主要研究领域是刑法，她在第一份工作中受到哈特有关刑罚和责任的著作的强烈影响。到了1982年，她正在摆脱狭隘的哈特视角，并刚刚开始作为优秀的女性主义法学家而崭露头角。她与我在尝试弥合分析法哲学与社会法律研究之间的分裂方面是紧密的战友（参见原书第255页）。有关她写的赫伯特·哈特的传记参见原书第292页。也参见"意外之旅中的同伴"（Companions on a Serendipitous Journey），载于《法律与社会杂志》（JL & Soc）第44卷（2017年），第283—296页。安德鲁·路易斯（Andrew Lewis）是罗马法专家以及法律史学者，对他来说法理学只是业余爱好，他在适应新官上任方面非常灵活，但悄悄地继续做着自己的事情；戴维·哈钦森（David Hutchinson）是位年轻的国际法律师，主要对政治理论感兴趣，在我到这里的第二年后离开，前往联合国开展出色的事业，成为其法律事务部的首席法务官。弗里曼和莱西成为英国科学院成员。后来，边沁项目杰出的编辑和负责人菲利普·斯科菲尔德定期开设法理学课程。

23. 参见原书第21页。

24. 1994年史蒂芬·盖斯特引入并指导着《伦敦大学学院法理学评论》（The UCL Jurisprudence Review），它由学生撰写并编辑，是本科生发起的，后来包括了研究生，从2011年开始，有一些伦敦大学学院之外的作者。现在将近二十周年了，其中最优秀的论文授予史蒂芬·盖斯特奖。它很好地证明了只要有机会，学生可以做些什么（对比在英国法学教育中依旧很常见的愚钝学生谬误）。

25. 尽管有所有法理学教师和院长的强烈支持，我在将法理学移入第二年的战斗中惜败。一些同事对法理学成为必修课的观点抱持敌意，一些同事竭力捍卫着自己的特定领地，一些同事则说着"如果它没坏，就别修理"的话（但我认为它坏了）。就我所知，几乎没有人愿意将课程设置设想为一个整体——在我的经验中，这是法学中课程设置规划的主要难题，因为我们法学教师易于具有领地意识。我们在不止一种情形中惜败，这是我决定从奎恩讲席退下来成为研究岗位教授的一个原因。法理学依旧是必修课，但它现在是在第二个学年了。

26. 我们使用报纸练习（本书第 1 章），尽管一些同事对此并不适应。

27. 我分发了一个词汇表，其中只有一些词汇对于一部字典而言在概念上难度太大，以至于字典不足以满足该目的。我的主要目标是弱化法律话语是一门外国语言这个得到夸大的观点，并鼓励查询法律字典的习惯。在一些年里，我也在通常是由迈克尔·弗里曼组织的法律体系课程中授课。这使我有更多一点儿机会在学生年轻时就吸引住他们。

28. 参见原书第 263 页。

29. 取而代之的是，我后来协助设计和制作一门导论课的材料，它由伦敦大学伯克贝克学院海外校际系（Extra Mural Dept）负责。我认为这门课程是一次真正值得的冒险，它沿着与《如何依规则行事》一样的线索展开，被称为"法学方法证书"，我认为这是一次巨大的成功。这门课仍在继续。

30. 进一步参见本书第 17 章。

31. "法学硕士评估：最终报告（伦敦大学）"（LLM Review: Final Report, University of London, 1993）。在它之前有两份更为详

细的中期报告和一些工作论文。

32.《伟大的法学市集》，第 366 页。

33. 参见《重新思考证据》，第 32 章；和《证据分析》，第 7 章。

34.《证据分析》的一个临时版在 20 世纪 80 年代中期完成，但第一版直到 1991 年才出版。24 年后，召集戴维·舒姆作为共同作者，我们在 2005 年出版了经过实质修订的第二版。

35. 参见原书第 214 页。在此之后，我总是分发传阅一个简短的讲义，以便我可以首先传达自己的想法，这几乎是我一直以来在其他地方参会演讲的一个活动。

36. 我尤为感谢苏珊·哈克、帕特里克·加德里奇（Patrick Gudridge）和肯·凯斯比尔（Ken Casebeer）。

37. 这里我不会讨论在何种程度上美国律师协会的资格认定实际上会限制创新这个问题。比照对英格兰和威尔士的"核心课程"施加的约束的夸大（本书第 12 章）。

38. 有关先前的批判参见《全球化与法律理论》，第 161—165 页。有关指标，大体上参见原书第 204、235 页。

39. 参见《语境中的法律》，第 300 页。

40. 有关美国法学教育经济学非常富有争议的论辩，参见布莱恩·Z. 塔玛纳哈，《失败的法学院》（Failing Law Schools, 2012），它也主张更大的弹性和变化。

41. 有一段时间，迈阿密法学院全体一致投票认为我应当被授予非全职的终身教职职位。我态度暧昧，但我本可能会接受。不过这被当时的院长否定了。我最初的反应是：如果你把我当作一个访问者，那我就应该做出访问者的样子。如果我得到任命，我就会得到经济方面的好处（利益），但我就会有讲授主流课程并提升整个学院的义务感，后者包括努力拼搏让法学院独具特色。对我来说，最主要的积极结果就是我会写更多的著作。

第 16 章 对比鲜明的四重关系（边沁、德沃金、麦考密克与安德森）

1. 日期：杰里米·边沁（1748—1832 年）；罗纳德·德沃金（1931—2013 年）；尼尔·麦考密克爵士（1941—2009 年）；特里·安德森（1939 年—　）。

2.《伟大的法学市集》，第 281 页。

3. 参见本书第 9 章。

4. "无政府主义谬误"（Anarchical Fallacies）是它最为知名的标题，但它现在题为《高跷上的胡言乱语》（Nonsense Upon Stilts），已经作为《权利、代表与改革》（Right, Representation, and Reform）的一部分被收录于《全集》（Collected Works）中，后者由 P. 斯科菲尔德、C. 皮斯-沃特金（C. Pease-Watkin）和 C. 布拉迈尔斯（C. Blamires）编（2002 年）。

5.《一般法理学》，第 6 章第 5 节。

6.《边沁：约翰·丁威迪选集》（Bentham: Selected Writings of John Dinwiddy, 2003）。

7. H. L. A. 哈特，《论边沁》（Essays on Bentham, 1982），第 39 页。不过哈特对于作为一个人以及一种现象的边沁具有更多的共情，且不只是一个顽固的实证主义者（参见原书下文第 342 页）。

我更倾向于以赛亚·伯林（Isaiah Berlin）的"扭曲的人性之材"（the crooked timber of humanity）的多元主义，更加强调历史、传统、直觉和语境（卢埃林）以及复杂性（卡尔维诺）。

8.《一般法理学》，第 6 章。

9.《伟大的法学市集》，第 214—215、262—263 页。

10. 有关杰出边沁学者的三种不同的解释，参见 G. 波斯特玛（G. Postema），《边沁和普通法传统》（*Bentham and the Common Law Tradition*, 1986）；保罗·凯利（Paul Kelly），《功利主义和分配正义》（*Utilitarianism and Distributive Justice*, 1990）；以及《边沁：约翰·丁威迪选集》（*Bentham: Selected Writings of John Dinwiddy*）。

11. 边沁项目非常幸运地拥有四位优秀的学者作为总编：詹姆斯·伯恩斯（James Burns）、约翰·丁威迪、弗雷德·罗森（Fred Rosen）和菲利普·斯科菲尔德（Philip Schofield）。不清楚他们当中是否有人一直是边沁式的功利主义者。但确定无疑的是多亏了所有这些编辑们在编校极为混乱复杂的材料时的专注、聪慧以及文本技术，产生出带有珍贵润色修饰以及二手文献的杰出与精致文本。如前所述，我很久之前就认定自己不适合这类文本研究工作；但我很珍惜与边沁项目的联系，后者一直是我在谨慎治学方面最重要的参照点。

12. 这里还包含着边沁和 21 世纪以及未来问题之间的关联这个棘手的问题。我最初几篇有关边沁的论文中，有一篇题为"无政府主义谬误在当下的重要性"（The Contemporary Significance of Anarchical Fallacies, 1975），但后来我尽力区分文本的、语境的、对话的、反时间顺序的和当下的解读连带非解读的,以及有关边沁可能会如何应对20世纪实践与筹划的思考。我甚至允许富有成效的非解读,它以福柯和马克思为例,他们都没有读几页边沁却都对他变得臭名昭著有所贡献(《伟大的法学市集》,第7章)。马克思晚年或许读了更多边沁的著作。

13. 一个勇敢的努力就是玛丽·麦克(Mary Mack),《杰里米·边沁:观念的奥德赛》(*Jeremy Bentham: An Odyssey of Ideas*, 1963)。我非常喜欢这本书,但它太过创新了。它一直被批评为太过思辨,而且可能会使得下一代学者不愿意承担这项重要的任务。菲利普·斯科菲尔德(Philip Schofield)的《功效与民主:杰里米·边沁的政治思想》(*Utility and Democracy: The Political Thought of Jeremy Bentham*, 2006)最接近完成这一点,但它没有声称是无所不包的,它主要集中于政治观点。

14. 杰里米·边沁看重我们现在称为透明性的公开性。在后来的著作中,他明确地将之同代议制民主联系起来,后者允许"一些最终的抵抗能力和随之而来的政府变革,这些是有意留给或毋宁说是授予人民的"。参见斯科菲尔德(Schofield),《功效与民主》(*Utility and Democracy*),第10章。圆形监狱只是"建筑"通过各种各样机构、避难所、学校、贫民救济院、工厂的监察员,作为"建筑作为确保公开性的手段,而公开性是确保责任的手段"(同上注,第259页)的一个例子。比较杰里米·边沁有关公共舆论法庭和出版自由的讨论(同上注)。

15. 尼古拉·莱西(Nicola Lacey),《哈特的一生:噩梦与美梦》(*H. L. A. Hart: The Nightmare and the Noble Dream*, 2004),

第186页。

16. 在牛津,干涉对于自己继任者的选择被认为是不合常规的;有人可能会觉得提拔自己的主要批判者是自取灭亡或很高尚。但是,选择一个没有多少著作发表的不知名人物并非没有先例:哈特自己就确立了先例。但他与德沃金都被证明是能力卓越的任命。不幸的是,哈特受到德沃金苛责的困扰,从未令人信服地回应这些批评,也忽视了对于他的其他大部分批评。

17. 对比莱西论哈特:"事实上,赫伯特对德沃金批评的敏感受到如下感觉推动,即这是某种有意为之的行为甚或德沃金在对他著作的解读中都缺乏某种诚实"[莱西,《哈特的一生》(*H. L. A. Hart*),第330页]。

18. 对于德沃金而言,司法解释包含两个阶段:与现行权威素材"符合",并且当这一点令人生疑时,根据为体系提供正当性及其整全性的基本原则加以"证成"。"符合"与"证成"都是解释性概念,也即指向"具有目的"的实践的概念;比如,礼仪:在一些文化中,向更高等级的人鞠躬是表达尊敬。参见 S. 盖斯特(S. Guest),《罗纳德·德沃金》(*Ronald Dworkin*),第2版(1997年)对这些概念令人钦佩的清晰解释。这些基本原则就是政治道德原则;核心立场是上诉法院(美国的/普通法的/西方的?)的法官——其他立场都是次要或依赖于此的;法律思维的核心就是法律教义、法律命题的解释和适用。在后来的表述中,他指出"我们的主要问题[就是]:道德是否以及何时在法律命题的真值条件中发挥作用"。对于德沃金来说,这是一个关于教义意义上法律的问题[《身披法袍的正义》(*Justice in Robes*, 2006),第4页]。参见本书下文注释21。

19. 在介绍赫拉克勒斯时,德沃金说:"我假定赫拉克勒斯是在某种意义上代表美国司法裁判的法官"[《认真对待权利》(Taking Rights Seriously, 1977),第 10 页]。这被用来具体阐明"具有超人般技能、知识、耐心与敏锐的法律人"的观念(同上注),而非将赫拉克勒斯观点的适用局限在美国。但是,德沃金声称这种解释理论"就其本性而言,总体而言针对的是一种特定的法律文化,是它们的作者所属的文化"[《法律帝国》(Law's Empire, 1986),第 102 页];对比罗尔斯(Rawls),"政治哲学的目的取决于它所指向的社会"["重叠共识的观念"(The Idea of an Overlapping Consensus),收录于《罗尔斯论文集》(Collected Papers, 1999),第 1 页]。尽管赫拉克勒斯的来源显然是美国,但它可以被解释为至少与欧盟、联邦德国以及肯定还有其他国家的高等法院的具有雄心壮志的推理模式高度一致。它也能够成为法律体系中其他一些参与者所参与的论证模式,只要忽略制度方面的差异。这些复杂的议题在如下著作中有讨论:《全球化与法律理论》,第 44—47 和 71—75 页。比较 J. 拉兹(J. Raz),《在权威和解释之间》(Between Authority and Interpretation, 2009),第 92 页("谈论唯一的法律概念实际上指的是我们的法律概念)。我认为赫拉克勒斯对有关法律问题的推理与解释加以理论化是有重要贡献的。我和德沃金的差异是另一种。

20. 有关"法官"概念并没有在具有不同制度安排的不同法律传统和司法管辖区中广泛传播的主题,参见原书第 360 页注释 45。

21. 德沃金在对"法律的教义概念"以及"法律的社会学概念"的区分中[比如,在《身披法袍的正义》(Justice in Robes),导论],对于后者的区分是如此愚蠢,以至于我们想知道是不是这部分写得不认真或是在紧张匆忙中完成的。我在"大小法律现实主义和法理学"(Legal R/realism and Jurisprudence)中批判了这一点("大小法律现实主义和法理学：十个命题"，第124—128页)，这里就不再重复。

22. 有关针对所有主要批判而为德沃金做的有力辩护，参见盖斯特(Guest)，《罗纳德·德沃金》(Ronald Dworkin)。

23. 我在其他章节中讨论了他的遗产的一些负面内容(参见索引)。

24. 参见《一般法理学》，第56—60页("橄榄枝命题")。

25. 参见盖斯特(Guest)，《罗纳德·德沃金》(Ronald Dworkin)。

26. 参见原书第356—357页注释5。

27. 参见本书第13章。

28. 有关"上诉法院沉迷"，参见原书第121、166页以及原书第329页注释13。

29. 当我对《法律帝国》的手稿写了一些详细的评论后(主要是关注立场的)，他在前言中对此表示感谢，但对这些意见未加留意。我认为他只是在和卢埃林相关时引用了我，但他误解了卢埃林。

30. 罗尼(Ronnie)帮了我忙。伦敦大学学院告诉我，我需要在67岁退休。不过，之后不久他们就任命德沃金担任奎恩教席(非全职)。我获允可以稍微延后一点儿。教训：我总是会被年长的人继任。他后来摇摆不定，并且无疑是不严肃地选择了边沁教授这个头衔。

31. 尼尔·麦考密克(Neil MacCormick, 1941—2009)，《英国科学院院士生平回忆录》(Biographical Memoirs of Fellows of the

British Academy, 2012), 第 XI 卷, 第 449—471 页。

32. 对他来说的一个主要参照点就是 G. 戴维(G. Davie),《民主知识分子》(*The Democratic Intellect*, 1961)。

33. D. N. 麦考密克(D. N. MacCormick),《法律权利和社会民主》(*Legal Right and Social Democracy*, 1982), 第 253 页。尼尔的一些最有趣的作品源自他在认同苏格兰民族主义和欧洲计划之间的张力, 这最体现在被许多人视为他最优秀的著作《探究主权: 欧共体中的法律、国家和民族》(*Questioning Sovereignty: Law, State and Nation in the European Commonwealth*, 1999) 一书中。此书出版于他被推选为欧洲议会议员并被认为在很大程度上提升了他在欧盟内地位的同一年。

34. D. N. 麦考密克(D. N. MacCormick), "民主知识分子和法律"(The Democratic Intellect and the Law)(主席演讲, 公共法律教师学会), 载于《法学研究》(*Leg Stud*)第 5 卷(1985 年), 第 181 页。

35. N. 麦考密克和 W. 特文宁(N. MacCormick and W. Twining), "法律课程设置中的理论"(Theory in the Law Curriculum), 载于《法律理论和普通法》, 第 13 章。我感觉是在这次合作中, 尼尔告诉我说卡尔·卢埃林的"规范的、法律的以及法律职能"(The Normative, the Legal and the Law-jobs), 载于《耶鲁法律杂志》(*Yale LJ*)第 49 卷(1940 年), 第 1355 页——卢埃林对于法律职能理论最完整的表述——在他思想发展中的改变规则者:"当我读它的时候, 你会听到天平刻度砝码的咔哒声。"

这是我们为什么将卢埃林的"法理学中的一门必修课"(A Required Course in Jurisprudence)[载于《美国法学院评论》(*Am L*

Sch R)第 9 卷（1940 年），第 590 页]作为我们在《法律理论和普通法》中合作文章的一个附录。对比卢埃林："我的兄弟帕特森和我多年来相处友好，直到法理学中的一门课这个问题出现。当时我们就像两只在春天搜寻猎物的公猫。'法理学是法哲学！'帕特森这么说。'法理学是法哲学所属的门类！'我这么说，并且准备抄起一把椅子。不过只有两个课时是如此情形。法理学其实是这两者的结合，并且包含更多内容。"卢埃林（同上注），重印于《法律理论和普通法》，第 14 章，第 258 页。尼尔和我在我们合作前就得出了最后一句中的观点。

36. 参见上一个注释的第一段。

37. 在我们有所分歧的不那么重要的议题中，其中一个就是理解一个案件的"判决理由"这个概念（《如何依规则行事》，第 304—312 页）。

38. 按他自己的话说："不过，或许在菲尼斯的影响下，但也按照回溯到我的苏格兰式哲学训练的方式，哈特似乎要比他（哈特）所设想的更具有自然法学家的气质，就如他有一次对威廉·特文宁所说的。《法律的概念》第二版的前言在哈特去世后适时地推出，表明了哈特在自己的思想中强化了实证主义立场。这与我认为是《法律的概念》中某些重要观点最具吸引力的发展线索的观点背道而驰。""麦考密克论麦考密克"（MacCormick on MacCormick），这是一份非正式的自传性残篇，发表于 A. J. 梅嫩德斯（A. J. Menéndez）和 J. E. 福萨姆（J. E. Fossum）编，《尼尔·麦考密克的法律与政治理论中的法律和民主》（*Law and Democracy in Neil MacCor-*

mick's Legal and Political Theory, 2011），第 17—24 页。①

39. W. 特文宁，"法律制度：全球化、国家法和法律多元主义"（Institutions of Law: Globalization, State Law and Legal Pluralism），载于 M. 德·马尔（M. Del Mar）和 Z. 班科夫斯基（Z. Bankowski）编，《作为制度性规范秩序的法律》（Law as Institutional Normative Order, 2009）。尼尔明确指出，《法律、国家和实践理性》（Law, State and Practical Reason）的四卷本都以自己的道德立场为基础。

40.《法律推理和法律理论》（Legal Reasoning and Legal Theory, 1994）。

41.《法律与道德中的实践理论》（Practical Reason in Law and Morality, 2008），第 4 页；对比该书第 209 页。

42. 这一节取材自"恭祝特里·安德森"（Celebrating Terry Anderson）（迈阿密大学法学院，2013 年 11 月 7 日）。

43. 特里和我都无法保证这是确切原话，但这符合他的风格，并且我们都同意他猛拍了桌子。这是我第一次和一早就打断演讲者的迈阿密传统相遇。此后我总会准备一个讲义，以便传达我的想法。

44. 有两个主要原因使得每一版都花费这么长时间：首先，没有截止日期。特里骨子里就是实务工作者，只是在截止日期前工作，如果不涉及惩罚，就不尊重这些期限；所以更即刻的事务具有优先性，比如招生、教学、帮助学生、招聘、少数族裔的事务、学院

---

① 本注释中所谓的《法律的概念》第二版的前言，译者推断应为该书后记；且本注释中的引文并未出现在其所标记的文献中。这段话可能来自麦考密克本人在研讨会中的发言稿，其修订版为"麦考密克论麦考密克"一文。

政治、庭审竞争、公益性法律咨询和代表,以及当然还有史诗般的黑斯廷斯弹劾案(参见本书下文)。其次,特里骨子里是个完美主义者,在被迫停止前会无休止地修改。

45. 不过出于健康原因以及我们在年龄上的差异,我们本可能会参加世界性的80岁以上人群乒乓球比赛,就如优秀的纪录片《乒乓》(Ping Pang, 2013)所描绘的一样。

46. 作为米尔伊安·达玛什卡(Mirjan Damaska)有关比较证据和程序方面著作[M. 达玛什卡,《正义和国家权威的多重面孔》(The Faces of Justice and State Authority, 1986)]的崇拜者,我比特里更有准备,但甚至是在六个月后,我也经历了文化冲击,在参访刑事上诉和复审的制度与调查卷宗时尤为如此。

47. 参见《历史与法律中的证据和推断》,第3章和第4章。

48. T. 安德森(T. Andersen),《黑斯廷斯之战:追寻意义的四个故事》(The Battles of Hastings: Four Stories in Search of a Meaning),于伦贝克讲座第13讲(1996年)。

49. 美利坚合众国诉黑斯廷斯案(United States v Hastings,多轮程序)。有大量的材料,许多都是特里起草的。一些是在公共领域,有许多是在网络上。或许对特里来说,创作一部有关一个值得多本作品描述的案件的融贯著作太迟了。特里发表的主要论述就是《黑斯廷斯之战》。它引人入胜且令人称许地保持中立,但太过简短以至于无法涵盖所有法律传奇的曲折与变化,它们需要得到更多了解且令人信服。

50. 正式来说,"从1981年到1993年,安德森教授担任美国前国会议员阿尔塞·黑斯廷斯的首席法律顾问,处理联邦法院和司法行政机构的诉讼程序、美国众议院和参议院的诉讼程序中影响其作为法官权利的所有问题,以及从1989年起确定其被免去司法职务的有效性和后果的诉讼"。1995年于伦贝克讲座纲目(参见前注)。

第17章 法学教育

1. 对他们来说,在"伟大学科"(Greats)或数学方面的一级成绩,再加上被看不起的律师资格考试就足够了。这仍然体现在艺术或科学专业二级甲等或一级成绩学生为期九个月的转学课中,这不过是在核心课程方面死记硬背,没有许多在理解或思想技能方面的夸耀。

2. 本章讨论了作为学习、研究和学术讨论领域的法学教育(英文大写);"法学教育"(英文小写)指的是与学习法律非常相关的复杂且多样的安排、活动和制度。不可避免地会有一些边缘情形。

3. 《法学教育和培训评论》(LETR)发表了许多重要文件,以及来自专业协会的回应。可以参见其网页。它的最终报告(2013年)发布五年来,议题仍然受到讨论。

4. 重印于《语境中的法律》,第4章。副标题"法律人教育"是有意为之的,作为如下论点的一部分,即对于有意成为法律人的学生来说博雅教育是重要的,甚至在一个所谓的"职业化"的法学院也是如此。

5. K. 卢埃林(K. Llewellyn),《法理学》(*Jurisprudence*, 1962),第376页。这当然是"语境中的法律"、拓展法学研究以及哈里·阿瑟斯（Harry Arthurs）所说的"人文职业主义"的更广泛议题的一部分，其中后者是重要的加拿大阿瑟斯报告——《法律与学习》(Law and Learning, 1983)——背后的核心理念。更进一步参见"作为组织性概念的'全球化'：对法学教育的一些可能影响"('Globalization' as Framing Concept: Some Implications for Legal Education)，载于 S. 阿奇尔（S. Archer）、D. 德拉赫（D. Drache）和 P. 尊巴森（P. Zumbansen）编，《令人沮丧的法律事业：哈里·阿瑟斯庆贺文集》(The Daunting Enterprise of the Law: Essays in Honor of Harry Arthurs, 2017)。

6. 在"重回伯里克利"中得到再次讨论（Pericles Regained?），载于《语境中的法律》，第 16 章 [是对 A. 克罗曼（A. Kronman）的《迷失的法律人》(The Lost Lawyer, 1993) 的评论]。我也一直对其他一些有关法学教育和培训"产品"的简化观点持有温和的批评态度，其中包括"法律人"作为问题解决者和万能的调停者，以及拉斯韦尔（Lasswell）和麦克杜格尔（McDougal）非常浮夸的观点："无需强调，今天的法律人，即便他自己并非政策制定者，但却是我们社会中每个政策制定者不可或缺的顾问" [载于《耶鲁法律杂志》(Yale LJ) 第 52 卷（1947 年），第 1345 页]。每个这种观点都有所夸大，但包含着重要的真理内核（《语境中的法律》，第 194—195、334—335 页）。有关抽象层面的问题解决参见上注，第 128—129 页 [赫伯特·西蒙（Herbert Simon）]。

7. 将理解现代大学制度的多样性作为理解现代法学院的一个重要语境的不错的起点，就是 W. 吕格（W. Rueg）编，《欧洲大学史：第四部分，1945 年以来的大学》(A History of the University in

Europe: IV, Universities since 1945, 2010)。"法学院就其本性而言,倾向于在一定地域内而非全球性地思考":C. 斯托克(C. Stolker),《重新思考法学院》(Rethinking the Law School, 2014)。这部由莱顿大学前任教务长和校长所著的内容丰富的著作充分表明了跨国层面大学法学院的多样性,并倡导了一种更具全球性的视角。很有意思的书评参见 N. 约翰逊(N. Johnson),载于《法学教师》(The Law Teacher)第 51 卷(2017 年),第 107 页。

8. 对比布莱恩·Z. 塔玛纳哈对于现代美国状况的有力批判[《失败的法学院》(Failing Law Schools, 2012)],与《法学教育和培训评论》报告(2013)中有关英格兰和威尔士情况更为乐观的论述。

9. 国际法律中心(ILC),《变迁世界中的法学教育》(Legal Education in a Changing World, 1975)。当然,在普通法世界中,已经有大量观点和实践的传播以及工作网络。我们计划开展一个有趣的项目,从传播角度探讨在所选的普通法和民法司法管辖区内,美国精英法学院(特别是哈佛大学)及其法学教育理念的影响。

10. 国际法律中心报告的起草委员会包括詹姆斯·C. N. 保罗(James C. N. Paul, 美国)、亚什·哥亥(Yash Ghai, 肯尼亚, 牛津与哈佛)、安德烈斯·库尼奥(Andrés Cuneo, 瓦尔帕莱索, 斯坦福与哈佛)以及我自己(牛津与芝加哥)。

11. 就正式的法学教育来说,在十年动荡时期这可能几乎属实;但从更广泛角度来看,就非正式法律学习来说这几乎肯定是错误的,对此可参见原书第 272—273 页。

12. 有关国际法律中心报告的争议,特别是有关研究委员会的争议,参见《语境中的法律》,第 16 页注释 43。

13. 参见原书第 265—271 页。

14. 几乎所有这些制度都不在《法学教育与培训评论》的涵盖范围之内（参见原书第 269—272 页）。有关德国法学教育提供方的多样性，参见《科学建议报告》（Wissenschaftsrat Report，英译本），《德国法学研究前景：现状、分析与建议》（Prospects of Legal Scholarship in Germany: Current Situation, Analyses, Recommendations, 2012）。也参见斯托克（Stolker），《重新思考法学院》（Re-thinking the Law School），第 1 章和第 3 章，主要聚焦于大学以及法律是否归属于"合适"的大学。

15. 国际法律中心报告（《变迁世界中的法学教育》，第 35—39 页）指出，未来的法学院应当被视为处理各个层面法学教育的具有多重目的的资源中心，并由相应的各种各样的专家任职。这种观点被批评为对一所法学院期待过多。但这个报告主要关切只有一所全国性法学院的国家（这现在越来越少见了）。这个理论最好被理解为大学法学院的一个理想型，这些大学法学院集体处于一个更广泛的（国家的、省级的或者地方的）"体系"中，在其中有许多合作、竞争、小众专业主义的空间以及优秀的中心。

16. "由于法学教育被认为是需要大量不同专业技能的项目与教育工作，……法学院的教师可能就最好被视为在一个复杂的教育体系中工作的一队专家"（同上注，第 23—24 页）。

17. W. 特文宁，"法学教育中的职业主义"（Professionalism in Legal Education），载于《国际法律职业杂志》（Int'l J Legal Profession）第 18 卷第 1 期和第 2 期（2011 年），第 165—172 页；"《法学教育与培训评论》——法学教育与培训中学者的角色：十个命题"

(LETR: The Role of Academics in Legal Education and Training; Ten Theses),载于《法学教师》(The Law Teacher)第48卷(2014年),第94—103页。也参见"科层制理性主义和静悄悄的革命"[Bureaucratic Rationalism and the Quiet (R)evolution],载于《法学教育评论》(Legal Education Rev.)第7卷(1996年),第291—308页(书评)。随着高等教育的科层化,院系的教务长和院长越来越被视为中层管理者,向"生产线管理者"负责。其中一些甚至接受了正式的管理培训,这种培训或许并没有包含很多在F. M. 康福德(F. M. Cornford)的经典著作《学院现形记》(Microcosmographia Academica, 1908,现在网络可见)中提出的建议。

18. 如果高等教育大体上是关于自我教育的,法学教师就更有理由应当能够让自身在没有正式指导的条件下充分掌握基本技能。每个法学教师都能够非常轻松地迈出一步,认识到有关教育(包括法学教育)的标准文献,认识到可以追求的可能目标的范围,以及有助于实现这些目标的标准方法和技术的范围。这并不要求正式的资质,后者可能会强化严格的正统观点。它一直以来且能够主要是自我教育,并通过参加课程和活动加以补充。对于英国来说,一个不错的起点就是C. 阿什沃斯(C. Ashworth)和J. 古斯(J. Guth)编,《法学者手册》(The Academic Lawyer's Handbook, 2016)。也参见罗杰·伯里奇(Roger Burridge)、凯伦·希内特(Karen Hinett)、阿卜杜尔·帕里瓦拉(Abdul Paliwala)和特蕾西·瓦尔纳瓦(Tracey Varnava)编,《法律中的有效学习与讲授》(Effective Learning and Teaching in Law, 2002);斯托克(Stolker),《重新思考法学院》(Rethinking the Law School);将这些材料与德国2013

年《科学建议报告》对比非常有趣。

19. 有关英国，参见法学教育研究网（Legal Education Research Network, LERN）的网站。这些研究绝非局限于学位层次的教育。比如，关于公共法律价值、私人伦理、职业和司法的法律伦理学以及职业责任和纪律（这都是经常被混淆的范畴）的文献在世界各国都急速增长。关于需要更加注意的一些议题，参见原书下文第273页。

20. 特别是法学院的历史、政治与文化在重要方面是独特且特殊的，高等教育中"一般性"教学方法错失了这些重要因素。

21. 本章的一位认同博雅教育价值的评论者实际上指出："一些法学学者以作为研究和政策制定领域的法学教育为专长是没有问题的，但作为一名老师，我试图帮助自己的学生学会如何通过法学材料展开独立和批判性思考。我无需经过培训来学习如何这么做，我（非常）擅长于此。"无疑，许多杰出的法学教师符合这个论断；其中一些是具有反思性的实务工作者；就法学教育而言，我自己也是一个自学成才的人；但我觉得在教学技术和与学生打交道方面有一些正式教育会对每个人非常有帮助（除非它太过官僚或教条）；有些人需要这类帮助；但对未来最重要的是，我们临近一些变革的开端，且下一代法学学者需要理解自己的处境，法学教育的历史和他们职业所面临的挑战（本书第20章）。特别是在这些方面，为大学教师开设的标准短期课程似乎与伦敦大学学院法学教师项目有所不同，该课程尤为考虑到不同学科的不同部落与领地而更重视教学技能而非语境意识。

22. R. 科克斯（R. Cocks）和 F. 考尼（F. Cownie），《"伟大和神

圣的职业":法学学者协会史》('A Great and Noble Occupation': The History of the Society of Legal Scholars, 2009),书评参见 W. 特文宁,载于《法律与社会杂志》(JL & Soc)第 37 卷(2010 年),第 542 页。

23. 参见原书第 147 页。

24. 这个"小司法管辖区项目"(或者被称为我的"珊瑚岛项目")涵盖不列颠群岛、一些英联邦国家、加拿大各省的更小司法管辖区,甚至还包括苏丹,它的"小"源自当地法学文献市场规模。这就让人回想起《苏丹法律杂志与报告》,它极为依赖政府资助。源自这些活动的出版物包括 W. 特文宁和 J. 厄格洛(J. Uglow)编,《法律出版与法律信息》(Law Publishing and Legal Information, 1981);W. 特文宁和 J. 厄格洛编,《小司法管辖区的法学文献》(Legal Literature in Small Jurisdictions, 1981)。"为法律体系服务"(Servicing the Legal System,北爱尔兰),由科林·坎贝尔(Colin Campbell)推动,也源自于这个工作。

25. 所提议的融合或至少是成员资格的扩展的政治与外交,变得很复杂的一部分原因,就是我们老成员的保守立场,但也因为法学教师学会中有一些人认为在成员数量更多且更矫揉造作的公共法律教师学会中他们就没有了轻松自在的感觉。这个故事在科克斯(Cocks)和考尼(Cownie)的"伟大和神圣的职业"(A Great and Nobel Occupation)中有精彩讲述。

26. 这在卓越研究考评[研究评估考核(RAE)、卓越研究框架(REF)等]推翻这个观点并创造出近来的"卓越研究框架狂热症"(REFomania)之前。

27. 回过头来看，为了让这次晚宴难忘，我尝试租用了华威城堡（以及其他一些城堡）用以晚宴；但结果是它的地方太小了，我们不得不勉强接受考文垂的一个现代酒店。

28. 主要感谢珍妮·厄格洛（Jenny Uglow），她写出几篇内容丰富的工作论文，并建议（当时还不为人所知）向出版社提交一份著作计划，这份计划我依旧在使用。

29. 我给许多研讨会与会议提交了一篇题为"法学中的四年学制学位"（Four-Year Degrees in Law）的论文，但我不认为我曾发表过它。

30. 我还说服华威（和后来的伦敦大学学院）提供一个可选择的条款，让学生可以在法学学士学位上花费四年时间，并有可能获得义务性资助。但尽管对学生没有严重的经济方面的影响，却很少有人选择这个方案。我对（一些学生甚至同事）有关"有机会在大学度过第四年是个不错的事"这个观点的负面态度感到震惊。华威和伦敦大学学院有非常少的学生选择这个方案，有些人说他们在第四年想要获得硕士学位，但忽视了如下内容，即额外在大学待一年可能本身就是有益的，会提供给他们更好的法学教育，会提供给他们在其学位中更好的一门课程的机会，并且研究生的自主是非常难以获得的。我同事中很少有人鼓励选择这个项目，这在一定程度上体现了他们对于自己工作以及学习价值的态度。随着大学资助和学生债务方面的新安排，情况发生了改变。不过，四年的荣誉学位在苏格兰依旧比三年的普通学位总体上更受到青睐。不幸的是，在1991—1992年，贝尔法斯特女王大学屈服于压力，将他们的荣誉法学学士学位缩减为三年。近来参访华威时，我欣慰地发现四年可选择的规定仍然有效,而且有时会用到。在预计大学资金会有进一步激烈变革时,英格兰、威尔士和北爱尔兰的任何法学院都可以考虑引入这样一种选择。

31. 英联邦秘书处位于伦敦这个事实稍微有些尴尬,因为我们的行政人员和职工都非常小心地应对和英联邦观念相关的敏感实务,并尽力避免被看作是新殖民主义或具有旧日情怀的——成败参半吧。

32. 参见《语境中的法律》,全书各处,以及《法律的伦理、全球和理论语境:致敬威廉·特文宁》中1983—1997年这段时间的文献目录,第373—376页。

33. 有关在某些英联邦范围内的一些对于习惯法非常刺耳的反对意见,参见《一般法理学》,第358页。

34. 参见原书第232页。

35. 参见"发挥我们的能力?法学学术与公共理解"(Punching Our Weight? Legal Scholarship and Public Understanding)(法学研究者学会百年讲座)(2009年),载于《法学研究》(Leg Stud)第29卷(2009年),第519页。

36. 会议论文发表于D. 米歇尔(D. Mitchell)编,《非法律人的法学研究与法学教育》(Legal Studies and Legal Education for Non-lawyers, 1979)。

37. "一切人的法学教育"(Legal Education for All),载于米歇尔编,《非法律人的法学研究与法学教育》(Legal Studies and Legal Education for Non-lawyers),第1—13页。这一年是克里·帕克的世界职业棒球大赛之年,这个赛事的举办被当作官方安排的竞争者。这对于板球的管理以及职业板球运动员的雇佣条件都有非常巨大的可能影响。

38. 包括提出了两种谬误：愚钝学生谬误——假定任何不是大学生的人就无法理解任何事物，除非该事物通俗易懂；枯燥课程谬误，也即你的教育层次越低，你的课程就必须越枯燥。有关教育谬误，参见原书第 365 页注释 48，以及《语境中的法律》，第 89—90、131—132、237—238 页。

39. 吉尔·伯林格（Gil Boehringer）在前往达累斯萨拉姆之前曾在女王大学任教，后来又去了悉尼的麦格理大学。他成功地在所有这三所大学中引起了怒火，我有时因聘用他而受到指责。

第 18 章　全球化和法律

1. 未发表的草稿题为"有关文字出现之前的习俗与法律中的基本价值判断的注释"（Notes on Basic Value Judgments in Preliterate Custom and Law）（1964 年）（9 页），收录于佩雷尔曼中心。

2. 有关英联邦，参见原书第 224—225 页。

3. 简·科利尔（Jane Collier）和琼·斯塔尔（June Starr）编的《法学研究中的历史与权力：法律人类学的新方向》（*History and Power in the Study of Law: New Directions in Legal Anthropology*, 1989），在一定程度上就基于这个研讨班。

4. 在苏丹和达累斯萨拉姆的教学以及其他活动就可以被归类为"能力构建"。大部分相关议题都在上文中以不同标签得到了处理，特别是在第 5、6 和 16 章。

5.《一般法理学》，第 11 章。主要的标题是：第 1 节"导论"；第 2 节"'法律与发展'：一段历史附录"；第 3 节"有关法律在发展中角色的当下看法：五种学说"；第 4 节"千禧年发展目标"（MDGs）；第 5 节"千禧年发展目标和乌干达：个案研究"；第 6 节"非国家法：被遗忘的要素"；第 7 节"结论"。

6. 在坦噶尼喀（后来的坦桑尼亚），我所涉足的事业的最高目标有时被表述为"国家建设"以及"国家法律发展"，比如法律的发展而非借助法律的发展，而且关注点是国家层面的，而非全球性、区域性或跨国性的。我在拉各斯的泰勒讲座的题目是"法学与法律发展"（Academic Law and Legal Development）；讲座假定听众只是法律人。

在 20 世纪 60 年代初的坦噶尼喀/坦桑尼亚，"国家建构"的含义是相当明确的。最高的优先级是安全：对外巩固和捍卫刚刚赢得的国家主权；对内构建国家统一体以便保持稳定并动员人们投身到针对"贫穷、无知与疾病"的战争中。海外侨民如果支持国家工作并且没有引来当局的不欢迎，国家是欢迎他们的帮助的。国外援助只要不威胁国家主权就是可接受的。不过，像"发展""欠发达国家"等词语被认为代表着外国的、高人一等的且通常具有新殖民主义意味的视角。有关我为苏丹法律的未来寻找解决方案的不成熟尝试，参见本书第 5 章。

7. 在 1964 年，我"巡视"亚的斯亚贝巴的法学院；在 1971 年，吉姆·保罗（Jim Paul）和我为了完成有关共有的法学院可能身处何地的报告这个具有高度政治意味的活动，在莱索托、博茨瓦纳和斯威士兰展开了一场冒险之旅；在不同非洲国家担任海外考官时，人们通常请我就大学或其项目的某个方面给出非正式建议；后来我成为针对班加罗尔的国家法学院大学(National Law School University)的评估团队的成员，这是在我经验中最有意思的法学院之一(1996年)。在1977年，我有大约三周时间在巴布亚新几内亚为法律信息，特别是下级法院中的法律信息提供咨询[有关"关于法律的信息"(Information about Law)的报告(法律信息中心，巴布亚新几内亚法律改革委员会，1977年)]。这些活动至少在我的专业领域范围内。我也接手了许多和法律记录保存相关的活动(比如，《英联邦法律记录》)。有关财政管理和法律部门，参见本书下文。

8. 参见原书第224—225页。

9.《一般法理学》第327—328，340—346页。

10.《一般法理学》第330—332页。我惯用的回应是"这就非常像是问：婚礼中水的角色是什么？答案显而易见：必要的前提条件，但除此之外就没有一般答案了，因为水的使用在这个语境中是多种多样、充满意外且不是非常有意思的。"

11. 坦桑尼亚-财政和法律管理升级(FILMUP)项目，华盛顿特区：世界银行，法律特别小组法律部门报告(Legal Task Force Legal Sector Report)[1996年1月，主席M. 博马尼(M. Bomani)]。坦桑尼亚和乌干达报告的副本与背景材料，会和其他东非论文一起收藏于牛津大学伯德雷恩图书馆特藏部。有关财政和法律管理升级项目所开创的方法的评价，参见：Kithinji Kiragu, Tanzania: A Case Study in Comprehensive and Programmatic Approaches to Capacity Building (2005)[讨论坦桑尼亚千禧年发展目标中削减贫困策略的论文(PRSP)]。

12. 乌干达政府/英联邦代办处,《刑事司法制度评价:最终报告》(*Review of the Criminal Justice System: Final Report*),两卷本(1997年12月)。我没有找到第二份报告的副本。

13. 特别是参见伊曼努尔·华勒斯坦(Immanuel Wallerstein)等人,《世界体系分析:理论与方法论》(*World Systems Analysis: Theory and Methodology*, 1982)。有关经济模型,参见注释21以下。

14. B. 迪·苏萨·桑托斯(B. de Sousa Santos),"法律是一幅读错的地图"(Law as a Map of Misreading),重印于《迈向新法律常识》(*Toward a New Common Sense*, 1995)。

15.《全球化与法学研究》,第21—25页。

16. 即使作为一个领域概念,"全球法"也很反常:它包括国际公法吗?伊斯兰教法呢?教会法呢?空间法呢?普通法呢?这些伟大的法律传统没有一个曾是世界性的,只是他们这么主张罢了。

17. 修订版,《迈向新法律常识》(2002年)。

18. 葡式鲜鱼烩(*Caldeirada*):葡萄牙炖巨鱼。

19. "全球化、后现代主义和多元主义:桑托斯、哈克与卡尔维诺"(Globalisation, Post-modernism, and Pluralism: Santos, Haack and Calvino(《全球化与法律理论》,第8章,重印于《伟大的法学市集》,第9章)。很快成为我的密友与同道的布莱恩·Z. 塔玛纳哈的两部重要著作,非常重要地以社会科学为参照系,更直接地与主流法理学相关[特别是《一般法理学:以法律和社会的关系为视角》(*General Jurisprudence of Law and Society*, 2001),讨论该书的长篇的评论性文章参见 W. 特文宁,载于《法律与社会评论》(*Law*

and Society Rev.)第 37 卷(2003 年),第 199 页]。现在可参见布莱恩·Z. 塔玛纳哈,《法律的概念:一种现实主义视角》(*A Realistic Theory of Law*, 2017),在本书下文第 20 章中有讨论。

20. 在保罗·赫斯特(Paul Hirst)和格雷厄姆·汤普森(Grahame Thompson)的《成问题的全球化》[*Globalisation in Question*, 1999(1996)]之前,有一些很有影响力的论文。

21. "第一,是全球性经济的兴起,它包括新的生产、金融与消费体系以及世界性的经济整合。第二,是新的跨国或全球文化模式、活动与流动,以及'全球文化'的理念。第三,是全球政治过程,新的跨国制度的兴起,以及与之相伴的各式各样的全球政府和权威结构的传播。第四,是包括跨国移民、身份与共同体的新模式在内的人口在世界范围内史无前例的多方向流动。第五,是世界范围内以及在整个全球体系中,新的社会阶层、不平等形态和支配关系。"威廉·罗宾逊(William Robinson),"全球化理论"(Theories of Globalization),载于乔治·瑞泽尔(George Ritzer)编,《布莱克维尔全球化指南》(*The Blackwell Companion to Globalization*, 2007/8)。对比《一般法理学》第 330—348 页中有关"法律和发展"理论的讨论。

22. 足球世界杯(几乎是真正的"全球性")、板球世界杯(10 个正式会员,还在扩大)以及世界职业棒球大赛(最近扩展为 2006 年发起的"世界棒球经典大赛")都可以被拿来开玩笑。近来一项历史研究主张,"日本投手野茂秀夫(Hideo Nomo)与洛杉矶道奇队的合同开启了棒球的全球化"[托马斯·W. 蔡勒(Thomas W. Aeiler)载于入江昭(Akila Iriye)编,《全球依赖》(*Global Interdepend-*

ence, 2014)的文章,第 203 页]。

23. 拉斐尔·多明戈(Rafael Domingo),《新全球法》(*The New Global Law*, 2010),书评参见"全球化和法律文献"。

24. 尼尔·沃克(Neil Walker),《全球法的暗示》(*Intimations of Global Law*, 2015),书评参见:W. Twining, (2016) PL 540。

25. B. Frydman and Arnaud van Waeyenberge (eds.), *Gouverner par les standards et les indicateurs: de Hume aux Rankings* (2014).

26. 参见《一般法理学》,第 251—253 页。

27. 有关排名的早期批判,参见《全球化与法律理论》,第 157—165 页,和《一般法理学》,第 251—258 页。从此之后,我受到戴维·雷斯特雷波·阿马里勒斯(David Restrepo Amariles)有关"数字转向"、指标以及管理理论在法学议题中运用的引人入胜且正在进行中的工作的影响,但并没有被完全说服。戴维·雷斯特雷波·阿马里勒斯[和朱利安·麦克拉克伦(Julian McLachlan)],"跨国法律实践中的法律指标:方法论评估"(Legal Indicators in Transnational Law Practice: A Methodological Assessment),载于《法律计量学杂志》(*Jurimetrics J.*)第 58 卷(2018 年),第 163—209 页;"与魔鬼共进晚餐?指标与法学中管理理性的兴起"(Supping with the Devil? Indicators and the Rise of Managerial Rationality in Law),载于《语境中的法律国际杂志》(*Int'l JL in Context*)第 13 卷第 4 期(2017 年),第 465—484 页;"数字转向:世界银行发展政策中的法治指标"(l'indicateur Rule of Law dans la politique du développement de la Banque Mondiale),载于 B. 弗里德曼

和阿诺·万·魏因博格编,《通过标准和指标进行治理:从休谟到排名》(Gouverner par les standards et les indicateurs: de Hume au Rankings, 2014),第 193—234 页。

28. 参见原书第 204 页。

29. 融合于《一般法理学》B 部分中。

30. 这门课我开设了大概有十几次(1998—2012 年),主要在迈阿密,但也在波士顿以及伦敦大学学院的系列讲座中讲授,后者是一年级"世界法律秩序"课程的一部分。在迈阿密时,明确表述的目标是扩展美国法学学生有关美国之外的世界中法律的视野。这个目标受到如下事实的阻碍,即大部分选修这门课的学生都遍游各地或来自美国国外,所以这门课没有接触到最需要它的人。许多学生很成熟。这门课吸收了他们的大量经验,这些经验对于我们所有人来说既有启发性又有趣。一开始我预计这会是一门理论课,但大部分选修这门课的人都不了解抽象的法律理论,并且也不愿意了解。所以我需要让这门课非常具体,聚焦于大量跨国议题,它们在很大程度上都源自学生的兴趣和先前的知识。不过我允许渗透进一些理论。

31. 我让他们从范围广阔的特定议题中选择做报告和写论文,比如商人法、性交易、千禧年发展目标、国际商事仲裁、所谓的"全球律所"、发展权、围绕南极洲和北极洲的法律问题、阿玛蒂亚·森的正义与能力理论,抑或法律传播对他们自己国家法律体系的一些影响。在这个层面他们做得相当不错,并且我希望在课程结束时,他们的视野得到扩展,一些可行假定得到改变。时间允许的时候,我们举行关于这些议题的专门会议,议题每年都有不同,诸如皮诺切特案、人权、南半球声音、商人法以及布莱恩·Z.塔玛纳哈的学说。因此，每个学生都会面对一系列被某些广泛的主题聚拢在一起的诸多议题。

32. 相反，我们在经验意义上使用诸如"跨国的""跨境的""北半球/南半球""超国家的""次国家的""区域的""地方的""洲际的""多国的""广泛的""广布的""一般的""主要的""普遍的"等词汇。但没有一个是完全合适的，比如，从字面意义上理解，有一些词汇夸大了国家的重要性，但它们不那么容易受到以 g 字母打头的词汇的诱惑。这有助于将"全球的"限定在真正全世界的层面而不显得迂腐。

33. 在其他语境中，这可以被用来将汉斯·凯尔森（Hans Kelsen）等同于船长（"贝尔曼"）。①

34.《一般法理学》，第 171 页，现在由于近来在北极的事件而受到极大削弱（比如，可参见巴尔的摩法学院国际法与比较法中心的网页）。

35. 但非国家法的界限定在哪里呢？难道任何定义性终点不是任意的吗？我们会将法律秩序涵盖得太少以至于它们在一幅巨大的世界地图上无法寻觅吗？是具有充满争议的边界的法律秩序还是彼此重叠的司法管辖区？如何描绘法律多元主义（特别是跨境的情形）以及混杂的法律秩序？简言之，许多在分析或界定法律观念时产生的问题在这个语境下又再次出现了。这在《一般法理学》特

---

① 这是因为特文宁认为凯尔森的纯粹法理论是一种有关法律效力和形式的学说，而不涉及任何具体的实质内容。

别是第 2、4 和 12 章中有详细讨论。

36. 参见原书第 238 页。

37. 比如，M. 巴文克（M. Bavinck）和 G. 伍德曼（G. Woodman），"存在法律的地图吗？"（Can There Be Maps of Law?），载于 F. v. 本达-贝克曼（F. v Benda-Bekman）等编，《将法律空间化》（*Spatialising Law*, 2009）；《一般法理学》第 74—76 页有讨论。

38. 有关绘制法律，我已经写了大量著述（比如《全球化与法律理论》，第 136—173、233—239 页；《一般法理学》，第 3 章）。一些评论者和批评者曾错误地假定我认为这种绘制可以提供一种独特的法理论或为之奠定基础。这从来不是我的观点（参见原书第 369 页）。传统的绘制主要是关于描述已经识别出来的元素的范围、分布以及它们之间的关系。一幅有关法律的世界历史地图可能会或明或暗地预设某种法律概念或一些适合于语境的有关法律性质与范围的可行假定。但无论如何，这样一种世界地图究竟会有什么好处？会比美国有线电视新闻网络的世界天气地图更有用吗？我的一般性回答是它主要是为更具体的研究设定了广泛的语境。

39. 桑托斯（Santos），"法律是一幅读错的地图"（Law as a Map of Misreading）。

40. 比如，爱德华·塔夫特（Edward Tufte），《预想信息》（*Envisioning Information*, 1983）。

41. 作为一种课堂练习，它的效果非常不错。从空间和历史角度思考法律会很有启发意义。它也表明了语境如何能够指引我们对法律概念的使用；一些排除性标准主要是实用意义上的——比如，你能再挤进去多少法律？只有在绘制练习后，我们才会花时间讨论在这个语境中不同的法律观念。此时我们就会有大量用来讨论的例子。如果有人像我这样认为将法律秩序、规范秩序以及传统加以个体化是高度有争议的,那么这就会变得更加复杂。参见原书第168页。

42. 我会在下一章中将这些都视为中程理论化活动的例子,并与如下命题相连,即比较法作为子学科,在调适我们的学科以适应这个加速全球化时代挑战的过程中,正迅速地从被视为边缘的专家型学科转变为对所有法学家都发挥着核心作用(更进一步参见原书第250页)。

43. 有关在坦桑尼亚使用众包式地图绘制来协助对抗女性割礼的斗争的一个有趣例子,可以参见该众包式地图网页(crwod2map)。这是我最喜欢的慈善事业之一。

44. 问题与归纳概括的质量以及概念和数据基础有关。在1955—1957年这段被迫延长的间隔年中,我研究和仔细思考了阿诺德·汤因比(Arnold Toynbee)的《历史研究》(*A Study of History*, 缩略版, 而非全本12卷)。我入迷了, 但却对他的主要概念, 特别是"文明", 以及过于笼统的概括感到不安。当时我也读了区域史和非洲与欧洲的研究, 包括约翰·冈瑟(John Gunther)很流行的《非洲内幕》(*Inside Africa*, 1955), 但总体上感觉这些差不多算是高级旅游观光。至少冈瑟没有将"非洲"视为一个地点, 这是我很早就强烈反对的做法。后来我遇到了"世界体系理论", 包括马克思主义或马克思式的观点, 诸如伊曼努尔·华勒斯坦(Immanuel Wallerstein)的作品。同样, 在我看来我觉得它们太过具有还原论意味了。后来我发现费尔南德·布罗代尔(Fernand Braudel)的《文明史》[*A History of Civilisations*, 1993(1987)]和艾瑞克·霍布斯鲍姆(Eric Hobsbawm)涵盖1789—1991年的宏大的欧洲时代三部曲很有帮助，尤其是因为他们相较于其前辈在概念上更为精致而且接触到了更多的材料。或许我本可能更多地运用布罗代尔的观点。我发现于尔根·奥斯特哈默(Jürgen Osterhammel)与他合作者的著作太晚了以至于无法运用它们(参见下一个注释)。如果我的项目晚20年开始，可能就会非常不同，但我依旧会附和罗伯特·默顿(Robert Merton)的观点：法理学尚未准备好迎接它的爱因斯坦，因为它还没有发现自己的开普勒(参见前文注释，原书第1页)。

45. 如果我对第一次进入这个领域的某个人提供建议，我会推荐于尔根·奥斯特哈默的《世界的转型：19世纪全球史》[*Transformation of the World: A global History of the Nineteenth Century*, 2014(2009)]以及他和入江昭(Akire Iriye)编，《全球依赖：1945年后的世界》(*Global Interdependence: The World after 1945*, 2014)作为可能的起点。后者是这两位学者主编的计划中的丛书"世界史"中的第一部。当然，我们需要对他们的主要可行假定加以批判性考察。

46. 布莱恩·Z.塔玛纳哈2017年的著作(原书下文第255—256页有讨论)采取了一种不同于格伦的视角，并且更明确地与历史法学相关。

47. 2005年我在《比较法杂志》(*The Journal of Comparative Law*)2006年第1卷中协助组织了一个关于此书的重要专题。纪念帕特里克·格伦(Patrick Glenn, 1940—2014)的"纪念文集"正由麦吉尔大学法学院在准备出版。

48. 比如，经济和文化全球化；"文明的冲突"；腐败；原教旨主义；传播和趋同；民族主义与身份政治；普遍主义、相对主义和不可测度性；多值逻辑；甚至混沌理论。此外，格伦以有些特殊的方式、无拘无束地摆脱了 20 世纪比较文学学者对社会理论和哲学的厌恶。近来一些作品认真对待了全球化，比如 M. 西姆斯（Siems），《比较法》(Comparative Law, 2014)，以及 W. 门斯基（W. Menski），《全球语境中的比较法：亚洲与非洲的法律体系》(Comparative Law in a Global Context: The Legal Systems of Asia and Africa)，第 3 版（2006 年）。

49.《全球化与法学研究》。

50. 参见原书第 241—242 页。

51. 杰里米·边沁，"立法中的空间与时间"（Place and Time in Legislation），P. 斯特菲尔德编，载于斯蒂芬·恩格尔曼（Stephen Engelmann）编，《杰里米·边沁选集》(Selected Writings by Jeremy Bentham, 2011)。

52. 参见原书第 244 页。

53. 也参见《一般法理学》，第 4 章第 2 节。

54. 特别是康德、莱布尼茨、维科（Vico）、边沁、詹克斯（Jenks）、杰瑟普（Jessup）和其他人被忽视的文本得到了新的关注。

55. 拉迪亚德·吉卜林（Rudyard Kipling），"学徒"（The Disciple, 1932）。

56.《一个世界：全球化的伦理学》(One World: The Ethics of Globalisation)，特里讲座[2004(2002)]，在《全球化与法律理论》第 65—69 页有讨论。

57. 约翰·罗尔斯（John Rawls），《万民法》（*The Law of Peoples*, 1999），在《全球化与法律理论》第 69—75 页有讨论。

58. 比如，玛莎·努斯鲍姆（Martha Nussbaum），《女性与发展：能力进路》（*Women and Development: The Capabilities Approach*, 2001）；阿玛蒂亚·森（Amartya Sen），《作为自由的发展》（*Development as Freedom*, 2001）。

59. 布莱恩·Z. 塔玛纳哈，《一般法理学：以法律和社会的关系为视角》（*A General Jurisprudence of Law and Society*, 2001），书评载于《法律与社会评论》（*L & Soc R*）第 37 卷（2003 年），第 199 页。

60. 布莱恩·Z. 塔玛纳哈，《法律的概念：一种现实主义视角》（*A Realistic Theory of Law*, 2017），在本书第 19 章注释 53 中有讨论。

61. "有概念，就会有传播：全球语境中的分析法学"，概括于《一般法理学》，第 43—54 页。

62. 爱德华·希尔斯（Edward Shils），《学术伦理》（*The Academic Ethic*, 1984）；希尔斯编，《回忆芝加哥大学》（*Remembering the University of Chicago*, 1994）。

63.《一般法理学》，第 1 章第 3 节。

64. 本书第 13 章。

65. 该书第 4 章题为"建构法律观念：超越哈特、塔玛纳哈与卢埃林"。这章让我陷入麻烦。因为它讨论法律概念，我指出这个问题的重要性被夸大了，我的妻子敦促我完全删掉这一章；否则，她指出许多人，特别是分析法学家，或许会集中于这一章而忽略了其他所有内容。她说的没错。在牛津的两个研讨班以及一些评论中，分析法学家试图从第 4 章中推测出"特文宁的法律理论"或"他有关法律的概念或观念"是什么，可我一再否认我拥有一种外在于特定语境的一般法律理论或有关法律的一般观念（参见原书下文第 276—279 页）。如前所述，运用有关卢埃林法律职能理论的微弱功能主义解释，是为了作为设想世界中法律历史地图的框架，而非作为一般法律理论。这带偏了对于此书中特别是 B 部分里更具原创性内容的关注。在一些情形中，批评者明确跳过了前两章；而 B 部分除了专业人士外，没有得到任何关注，这可能是因为它在狭隘的"法理学"观念之外吧。

66. 这主要是对西蒙·罗伯茨（Simon Roberts）富有争议的"反对法律多元主义"（Against Legal Pluralism）和"政府之后？"（After Government?）的一个回应，批评法学家试图通过律师的视角理解社会现象。

67. 除了法律传播之外［比如，《1872 年印度证据法案》（Indian Evidence Act 1872）的故事，《一般法理学》，第 280—285 页］，我对跨国化和全球化对法律语境中证据学科的可能影响没有太多关注。就这个学科与推理活动和"自由心证"联系在一起来说，我对于认识论相关的多元文化主义观点持有怀疑态度，并赞同苏珊·哈克的观点，即"并不真正存在证据标准的相对性［与证明的法律标准形成对比］，但是背景信念方面的分析，以及随之而来的对于证据品质的分析，会使得它看上去仿佛存在"。S. 哈克（S. Haack），《充满激情的温和主义者的宣言》（Manifesto of a Passionate Moderate, 1998），第 144 页。有关和认识论相关的多元文化主义和女性主义,参见上注,第7章和第8章,以及《让哲学生效》(*Putting Philosophy to Work*, 2008),第32—35页。约翰·杰克逊(John Jackson)与合著者关于比较刑事证据的最近的著作很重要;比如可参见J. D. 杰克逊和S. S. 萨默斯(S. S. Summers),《刑事证据的国际化:超越普通法与民法传统》(*The Internationalisation of Criminal Evidence: Beyond the Common Law and Civil Law Traditions*, 2012)。

68. 包括"大小法律现实主义和法理学:十个命题",我的伯恩斯坦讲座,《卡尔·卢埃林与现实主义运动》的"后记"和对拉斐尔·多明戈(Raphael Domingo)与尼尔·沃克(Neil Walker)重要著作(参见上文)的书评。《全球化与法学研究》是多伦多一次研讨会的主题,我在2013年的回应载于《跨国法律理论》(*Transnat'l Leg Theory*)第4卷(2014年),第714页。

69. 更进一步参见原书第232、276—291页。

70. 我在这一领域的思考方向以一些故意挑衅性主张的形式表达出来,这些主张是我在2011年有关"未来的法律和法律的未来"会议上提出的讨论基础。作为在未来学领域的练习,通常的免责声明对之有效。W. 特文宁,"全球化和法律:十个命题"(Globalisation and Law: Ten Theses),载于S. 穆勒(S. Muller)等编,《未来的法律和法律的未来》(*The Law of the Future and the Future of Law*),两卷本,2012年,第2卷,海牙法律创新所(HiiL)筹备。这两卷著作、后来的著述以及海牙法律创新所的网站内容是这个领域中跨国思考的有价值的指示。

第19章 一般法理学

1. F. 维亚克尔（F. Wieacker），载于《波士顿学院国际法与比较法评论》（*Boston Coll Int'l & Comp LR*）第4卷（1981年），注释12。

2. 比如，在我著作的标题，《一般法理学：从全球视角理解法律》。

3.《全球化与法律理论》，第2章。

4. 这与欧洲大陆中常见用法并不十分相同，在那里"一般法理学"（théorie générale du droit, Algemeine Rechtlehre）有时被认为是试图在抽象的法哲学与法教义学之间确立自身地位的一个子学科。在这个民法法系的解读中，"法哲学"是抽象且具有形而上学意味的，去除了现实法律体系的细节，但"一般法理学"是经验性的，关切对现实法律体系的分析[马克·范·胡克（Mark van Hoecke），《什么是法律理论？》（*What Is Legal Thoery?*, 1986）]。在这个语境中，"一般"指的是抽象程度而非地理范围，"一般法理学"被理解为一种中程理论。

5. 哈特的一些继承者们将"一般法理学"这个词运用于如下观点，即一种一般的描述性法理论就是一种适用于一切现实与可能的法律体系的理论（尽管它通常隐隐地被限定在国家法中）。这个观点主张普遍性与概念性而非经验性、规范性或两者兼而有之。有人会认为，一些分析法哲学家由于这么做而枉顾历史，就如大部分其他法学家所认为的那样，要求将这个词运用于法理学领域中非常狭隘和抽象的部分。在学术政治之外，术语并不十分重要，但有必要强调的是我的用法非常不同于狭隘的那种用法。我近来看到戴维·伊诺克（David Enoch）的一篇论文，题为"一般法律学有趣吗？"（Is General Jurisprudence Interesting?）。结果他是在狭义上使用这个词，我乐于发现他的答案是：从哲学角度来说"无趣"。我近来出版了一部题为《一般法理学》（GJP, 2009）的著作，很惊讶但也很开心地发现它在这篇文章中被完全忽略了［该文载于《牛津法哲学研究》（Oxf Stud Phil L）第1期（2011年），第1—38页］。

6. 在学术活动中，有一种倾向是非常无差别地从对单一国内法律体系学说的讨论（比如，英格兰和威尔士、亚拉巴马州），转换到对英美普通法（包括州与联邦的法律），有时是整个普通法的讨论。有关如下假定的危险，即这类概括的制度与其他语境是不同司法管辖区所共享的，参见《一般法理学》，第57—59页。

7. 比如，丹尼斯·加利根，"法律的社会理解思潮中的概念：对威廉·特文宁后期作品的评论"（Concepts in the Currency of Social Understanding of Law: A Review Essay on Later Work of William Twining），载于《牛津法学研究杂志》（OJLS）第35卷（2015年），第373页；布莱恩·Z.塔玛纳哈，"拓展一般法理学的前景"（Enhancing Prospects for General Jurisprudence），载于《迈阿密大学国际法与比较法评论》（U Miami Int'l & Comp LR）第15卷（2007年），第69页。我并没有一般性的法律理论（参见原书下文第276—279页），我也不希望如此，但加利根假定我有这种理论，塔玛纳哈认为我的一般法理学观念是一种规制研究的框架，而非涵盖许多不同研究线索和抽象层次的有意模糊的领域概念。

8. 强调"高阶理论"（比如，抽象的法哲学）的局限以及"中程理论表述"的重要性,对于我的人生来说至关重要,因为它首先解释了我研究证据的方法,以及我对法律现实主义和"语境中的法律"的解释,其次它解释了我为什么选择不参与(分析)法理学主流立场大概二十五年,只是在我有关"全球化"项目的尾声才回到了这个传统中。对于概念分析的再次强调源自于1999—2000年我在斯坦福的时期,在《全球化与法律理论》中已有征兆,后来在《一般法理学》第2章中得到提炼总结。在指出我误将分析法理学作为自己的起点时,丹尼斯·加利根(在"法律的社会理解思潮中的概念"中)忽略了《一般法理学》的导论性章节(其中重述了与他不同的一种法理学观念)并忽视了如下事实,即我是经过一个漫长的间隔后回来做分析法理学的。加利根指出我低估了社会理论的重要性,这更接近事实,有关这方面内容参见原书下文第278页。

9. 参见原书第4—5页。

10. 有时,这类"重新思考"一直是在很大范围内展开的;比如,在20世纪80年代末的人类学家,包括法律人类学家,承认他们错将小型社会视为无时间的、自足的单位,并且自此之后他们就对更为广泛的历史和地理语境更加敏感(参见原书第229页)。在国际法中,特别是菲利普·阿洛特(Philip Allott)、理查德·福尔克(Richard Falk)、马尔蒂·考斯肯涅米(Martii Koskenniemi)、托尼·卡蒂(Tony Carty)以及美国批判理论家们(TWAIL)都很优秀。他们显然都对一般法理学有贡献。

11. A. 沃森(A. Watson),"法律移植和欧洲私法"(Legal Transplants and European Private Law),载于《比较法电子杂志》(*Electronic J Comp L*)第4卷第4期(2000年)。

12. B. 拉图尔(B. Latour),《阿拉密斯或技术之爱》(*Aramis or the Love of Techonology*),凯瑟琳·波特(Catherine Porter)译(1996年)。

13. "传播是个过程,创新以此通过某种渠道随着时间在一个社会体系的成员之间得到传递"[埃弗雷特·罗杰斯(Everett Rogers),《创新的传播》(*Diffusion of Innovations*),第4版(1995年),第5页](对于接受者而言创新意味着有别于从前)。在当前的语境中,大部分有关法律传播的讨论都是跨国的,但早期的传播研究主要限定在美国或人类学领域。

继受/移植/传播都是标签。当我在20世纪50年代末第一次研究它时,这个主题被称为"继受",典型的是对外国法的继受;阿兰·沃森(Alan Watson)有关"模仿是法律变迁的主要动力"这个主题的生动著述,让移植这个比喻流行起来;1999年以来我一直都用"传播"这个词,因为它将法学议题同社会学中有关传播的研究文献联系了起来。一些社会科学家已经抛弃了这个隐含着单一起点或来源的范畴。20世纪70年代以来邻近的"网络分析"(network analysis)在许多领域中呈指数级发展。进一步参见《一般法理学》,第9章以及载于《法律与社会杂志》(*JL & Soc*)第32卷(2005年),第203页的文章。

14. 在《一般法理学》第10章有讨论。

15. R. 本福德(R. Benford)和D. 斯诺(D. Snow),"过程与社会运动的构造:概述与评价"(Framing Processes and Social Movements: An Overview and Assessment),载于《社会学年鉴》(*Ann R Soc*)第26卷(2000年),第1611—1639页。

16. 同上注。

17. 弗朗茨·维亚克尔（Franz Wieacker）的巨著，《欧洲私法史》（*A History of Private Law in Europe*），托尼·韦尔（Tony Weir）译［1995（1952）年］，对罗马法在欧洲的"继受"提供了一种韦伯式的论述。它并不属于有关继受的幼稚理论之列；比如可参见有关"大量误解"的引用，原书前文第244页。有关维亚克尔，可参见《法律与社会杂志》（*JL & Soc*）第32卷（2005年），第203、209和227页。

18.《一般法理学》，第227页；另一种表述可参见该书，第270—271页。

19. 罗杰斯（Rogers），《创新的传播》（*Diffusion of Innovations*）。

20. 乍看之下，图表1由于强调传播过程的多样性和复杂性而看上去是非常令人绝望的。实际上，不止一个人曾经评论我说，这个分析使得传播这个主题无法驾驭。这是混淆了非常直截了当的分析方法与的确复杂且多样的传播现象。更准确说，这个图表为分析传播的特定情形提供了非常简单的工具。基于社会科学传播理论中的标准概念，它提出了学者几乎可以运用到任何例子中的一系列问题。有关一个复杂概念（酷刑）的每个元素都有变化的单一理想型的类似运用，参见《如何依规则行事》（第5版，2010年），第163—164页。

21. 引自K. 茨威格特（K. Zweigert）和H. 克茨（H. Kötz），《比较法导论》（*An Introduction to Comparative Law*），第3版（1998年），第33页。

22. 同上注,第 33—34 页。

23. 这一节改写自"威廉·特文宁的孟德斯鸠讲座研讨会",是多篇论文,特别是《全球化与法律理论》第 7 章和"全球化与比较法"的浓缩版。有关从尼采视角对我关于比较法观点的有趣批判,参见 B. 萨尔曼(B. Salman),"威廉·特文宁论'振兴'比较法:弗里德里希·尼采启发下的一些反思"(William Twining on 'Reviving' Comparative law: Some Reflections Inspired by Friedrich Nietzsche),博科尼大学法学论文,编号 2009-09/EN (2009)。我对尼采的熟知程度不足以作出评论。

24.《法律理论和普通法》,第 21 页;① 比较《全球化与法律理论》,第 7 章。尽管它首次出版于 2000 年,但基本的工作完成于 1995—1997 年。

25. A. 沃森(A. Watson),《法律移植》[*Legal Transplants*, 1993(1974)];W. 埃瓦尔德(W. Ewald),载于《美国比较法杂志》(*Am J Comp L*)第 43 卷(1995 年),第 489 页;P. 罗格朗(P. Legrand),《断章:作为文化的法律》(*Fragments on Law-as-Culture*, 1999)。

26. 我们在女王大学做比较普通法项目已经一些年了,但并没有太多进展。

27. 我提出了这样一个主张[比如,特文宁,"比较法和法律理论,乡村与西方传统"(Comparative Law and Legal Theory, the Country and Western Tradition),第 70 页],但它有时会被误解为

---

① 英文原版有误,经作者确认后,此处作品缩写应当是 LTCL,即《法律理论和普通法》一书。

指的是没有关于比较法的专业课课程、组织或文献的空间。

28. 参见原书第 128 页。

29. 参见原书第 249 页的引用。

30. 这一版源自《一般法理学》，第 5—7 页。

31.《一般法理学》，第 6 页。

32. 这是对于如下两篇文章观点的概要性表述："规范多元主义和法律多元主义"（Normative and Legal Pluralism，伯恩斯坦讲座）以及"法律多元主义 101"（Legal Pluralism 101），载于布莱恩·Z. 塔玛纳哈等编，《法律多元主义：学者与实务工作者的对话》（*Legal Pluralism: Scholars and Practitioners in Dialogue*，2012），第 112—128 页。① 所有这些都是在完成《一般法理学》后撰写的。这些都算增补和注释，但没有完全超越在《一般法理学》和《全球化与法律理论》中对多元主义的讨论。

33. 比如，F. M. 登（F. M. Deng），《传统与现代化：对苏丹丁卡族法律的挑战》（*Tradition and Modernization: A Challenge for Law among the Dinka of the Sudan*，1971）；以及《人权：南半球声音》，第 2 章［特别是对《苏丹民主报》（*Sudan Democratic Gazette*）的援引］。

34. 参见原书第 136—137 页。

35. B. 迪·苏萨·桑托斯（B. de Sousa Santos），《迈向新常识》（*Toward a New Common Sense*，1995），第 385、473 页。

36. 同样，一位思考这种情境的观察者或其他行动者会认为这

---

① "101" 在这里指的是 "基础而重要的事务"。

是法律多元主义的情形。关于这个议题的"从下至上的视角",比如,采纳一位行动者或使用者的立场,有时会被视为"激进的法律多元主义"。在我看来,规范多元主义和法律多元主义的议题是最没有争议的,而且从这个立场出发是易于把握的。所以为什么"激进"呢?

37. 有关更详细的论述和引用,参见伯恩斯坦讲座。

38. 参见原书第47页。

39. 在英国的穆斯林女性已经经历了"尼卡布"(niquab)仪式,但尚未正式登记民事婚姻时所处的境况,在一位名为艾娜·卡恩(Aina Khan)的事务律师领导下的"登记我们的婚姻"的运动中得到了广泛讨论。

40. 特别是《一般法理学》,第2—4章;《全球化与法律理论》,第2章。

41. 参见原书第211页。

42. "有概念,就会有传播:全球语境中的分析法学",概括于《一般法理学》,第43—54页。

43. 比如,在此标题下:"英国位列于欧洲雇佣女性法官情况最糟的国家中吗?"(Is Britain among Europe's worst for employing female judges?)"只有阿塞拜疆的女性法官比例低于英国"(Only Azerbaijan has a lower proportion of women judges than Britain),《独立报》(The Independent),2012年9月20日版。这个排行榜的来源是经济合作与发展组织有关公共生活中性别平等的项目,它在这个领域推出的数据总体上都非常不错。如黑尔女男爵(Baroness Hale)非常明确地指出,英国的高级法官(judiciary)群体中存在着严重的性别不平等。这里的关键点在于,不同国家中"法官"这个概念指的是不同的事情。女性主义者不需要糟糕的论证来说明自己的观点。如例子所示,媒体常常将英格兰、不列颠(Britain)与联合王国搞混。在苏格兰和北爱尔兰的法官的组织是不同于英格兰和威尔士的。

44.《一般法理学》,第 15 章,包括人、主体、群体、共同体和相关的概念,参见剑桥大学特文宁主页。

45. 参见原书第 211 页。

46. 我有关"法律和正义的经验维度"的观点在《一般法理学》的第 8 章和第 11 章中提及了,这里就不再赘述。

47. 参见"后记",第 404—409 页。

48. 有关"形式主义",参见原书第 172 页。

49. 参见原书第 325 页。

50. 这向来是尼古拉·莱西著述的一个持久主题,比如,N. 莱西(N. Lacey),"再论分析法学与描述性社会学"(Analytical Jurisprudence versus Descriptive Sociology Revisited),载于《得克萨斯法律评论》(*Texas LR*)第 88 卷(2006 年),第 945 页;也参见《一般法理学》,第 57—59 页。

51. H. 伯尔曼(H. Berman),《法律与革命 I:西方传统的形成》(*Law and Revolution I: The Formation of the Western Tradition*, 1983);《法律与革命 II:新教改革对西方法律传统的影响》(*Law and Revolution II: The Impact of the Protestant Reformations on the Western Legal Tradition*, 2004)。

52. 参见原书第 255—257 页。

53. 布莱恩·Z. 塔玛纳哈，《法律的概念：一种现实主义视角》(*A Realistic Theory of Law*, 2017)。作者将此呈现为"第三根支柱"，仿佛这是与其他两个分支（被描述为实证主义和自然法）不同的一种可与之分离的理论，但他的观点是所有这三者对于理解法律这项事业而言都至关重要的。

54. 参见原书第 209—211 页。

55. 参见原书第 260 页。

56. 其他的例子包括将研究建立在错误、过时抑或可疑的可行假定之上；忽视学术研究其他分支或其他法律传统中的发展；以英语为母语的单一语言的人无法阅读大量"外文"文献（本书第 20 章，注释 5）；以及表面法与行动中的法律之间参差不一的差距（《一般法理学》，第 10 章）。

第 20 章　"退（而不）休"

1.《一般法理学》，第 258—262 页。

2. 实际上，拉特曾说，我本可能会成为一位散文家，"就像戈兹沃西·洛斯-迪金森（Goldsworthy Lowes-Dickinson）"。当时我和他都沉浸于布鲁斯伯里团体。"戈迪"（Goldie）曾是一位门客——我近来从"维基百科"知道他有恋足癖且是个秘密的同性恋者，人们一直将国际联盟的理念归属于他，但除此之外就没有别的什么了。我当时感到很受冒犯；我希望成为更像弗吉尼亚·伍尔夫（Virginia Woolf）和约翰·梅纳德·凯恩斯（John Maynard Keynes）的结合体，而非一个三流的散文家，只是因为 E. M. 福斯特（E. M.

Forster)在他的传记而未提及他的性取向与恋足癖而让人记住。

3. 在前面的章节中讨论过,特别是第14、17、18和19章。自1999年以来发表的著作包括:新版的《如何依规则行事》《重新思考证据》《证据分析》《卡尔·卢埃林与现实主义运动》的"后记",《全球化与法律理论》《伟大的法学市集》《人权:南半球声音》,"威廉·特文宁的孟德斯鸠讲座研讨会"与《一般法理学》,以及几部主编的著作和许多论文。

4. 这旨在提炼并开始检验如下常识性的假设,即一半以上的人们并没有关于他们国家法律体系(包括非诉法律交易在内)的官方或操作性语言的可行知识。

5. 有关语言多样性和南半球声音的项目得到阿卜杜尔·帕里瓦拉和本书作者的讨论,收录于 S. 阿德尔曼(A. Adelman)和 A. 帕里瓦拉(A. Paliwala)编,《法律与发展的局限》(*The Limits of Law and Development*)。

6. 参见该项目主页。这个项目的主要目标就是建立一个英格兰和威尔士的私人部门法律记录的国家战略,与国家档案馆更为系统地保存私人部门记录的新战略计划相结合。参见克莱尔·考林(Clare Cowling),《面临危险的法律记录:法律记录策略》(*Legal Records at Risk: A strategy for legal records*,2019)。

7. 参见原书第10—11页。也参见《英联邦法律记录》,在高等法学研究所和各种各样其他出版物中的"法学教育文献记录"。

8. 这包括一份关于《读法》(*Reading Law*)[在瓦尔帕索莱西格斯讲座的拓展版(1988/9)以及《阅读法律菜谱》(*The Reading Law Cookbook*,《语境中的法律》,第11章和第12章)]的半成品手稿以及其他一些写作计划。

9. 我偏好将规范和规则用作指代各种类型规定的一般意义上的同义词。一些人认为规则要比规范更为具体；比如罗纳德·德沃金认为"规则"是强制性的诫命且在我看来他将这种用法不公正地归属于哈特。

10. 我曾经受邀作为一起谋杀案中有关丁卡族法律的专家证人；我拒绝了，理由是我缺乏专业知识，而非拒绝丁卡族法律的观念。

11. 截止到1990年前后一个很有帮助的文献目录，参见肖尔（Schauer），《依规则游戏》（*Playing by the Rules*），第234—247页；《斯坦福哲学百科》（*Stanford Encyclopedia of Philosophy*）关于"社会规范"的词条［C. 伯奇里（C. Bicchieri）和R. 马尔登（R. Muldoon），2011］包含了一个相当简短的社会科学文献目录和一些有用的链接。今天，在诸如人工智能、认知心理学和神经科学等领域中的一些文献正变得越来越相关。

12. 凯特·福克斯（Kate Fox），《看看英国人：英国人行为的隐藏规则》（*Watching the English: The Hidden Rules of English Behaviour*, 2004）。这类作品至少可以追溯至杰弗里·戈尔（Geoffrey Gorer）充满讽刺的作品《美国人》（*The Americans*, 1948），我在去芝加哥前刚好读完；它减缓了我融入美国文化的速度。

13. 这些材料（包括著作）将会收藏于我在布鲁塞尔的佩雷尔曼中心的专业论文档案中。

14. 这个观点是F. M. 康福德（F. M. Cornford）的《学院现形记》（*Microcosmographia Academica*, 1908）中提出的。大体假设是法律

考官可以被分为四类：那些需要规则、从字面上解释它们并严格实施它们的人（"有序状态"）；那些需要规则，但自由地驾驶它们，寻找绕过它们的方法或以其他方式将它们抛到一边的人；那些不怎么需要规则，或许因为他们会按照字面解释并严格实施它们的人；以及那些不需要规则且忽略存在着的规则的人（"无序状态"）。他们可以被进一步按照态度和行为加以细分。根据我的经验，大学的法律考官是规则操纵者的例证，他们相较于诸如美国学业能力倾向检测（SATS）和英国普通中等教育证书（GCSEs）这类制度上得到规定的考试阅卷人来说，具有很大的权力与裁量空间。在讨论法条主义时并不总是被留意到的关键区分，就是规则制定者和标准设立者这方面的立场，以及规则解释者、使用者、实施者、使用者或遵从者在另一方面的立场。

15. 保罗·德雷施（Paul Dresch）和汉娜·斯柯达（Hannah Skoda）编，《法条主义：人类学与历史》（*Legalism: Anthropology and History*，2012）；费尔南达·皮里（Fernanda Pirie）和朱迪斯·舍勒（Judith Scheele）编，《法条主义：社群与争议》（*Legalism: Community and Justice*，2014）；保罗·德雷施和朱迪斯·舍勒编，《法条主义：规则与范畴》（*Legalism: Rules and Categories*，2015）。这一系列研讨班在2018年仍在继续。

16. 参见原书第182页。

17. 参见原书第266页。

18. 杰里米·沃尔德伦，"如何依标准行事"（How to Do Things with Standards），载于《法律的伦理、全球和理论语境：致敬威廉·特文宁》，第16章。在一定程度上凯思琳·沙利文（Kathleen

Sullivan)的文章推动了美国有关标准的广泛讨论:凯思琳·沙利文,"最高法院,1991年开庭期-前言:规则与标准的公正"(The Supreme Court, 1991 Term Foreword: The Justices of Rules and Standards),载于《哈佛法律评论》(Harv LR)第106卷(1992年),第22页。这场争论的许多内容都可以回溯到亨利·M.哈特(Henry M. Hart)和阿尔伯特·M.萨克斯(Albert M. Sacks)在他们有关《法律过程》(The Legal Process,最终在1994年出版)第102—158页的材料中的"合理细化"(reasoned elaboration)观点。有关指标,参见原书上文第235页。

19. 比如,A.巴罗斯(A. Burrows),《改进制定法》(Improving Statutes),哈姆林讲座(2017年)。

20. 这是对"重新思考'法律推理':温和的提议"(Rethinking 'Legal Reasoning': A Modest Proposal)这篇论文的扩展,在第1302—1304页有讨论。

21. 这可以被表述为一个简单的线性理想型或总体过程模型,参见原书第119—121页。[①]有关诉讼和纠纷的非线性过程,参见《重新思考证据》第2版,第353—358页。

22. 有关问题,参见本书第10章,原书第24—26页。

23. 《如何依规则行事》(第5版,2010年),第11章,特别是第353—358页。

24. 接近我兴趣的最近的重要著作就是哈伊姆·佩雷尔曼(Chaim Perelman)和其他人的"新修辞学"(New Rhetoric),并且

[①] 原文为第19—21页,查考正文,应当是原书第119—121页。

我非常开心在近几年与布鲁塞尔的佩雷尔曼研究所取得联系。特别是参见 Ch. 佩雷尔曼(Ch. Perelman)和 L. 奥尔布雷希茨-特蒂卡(L. Olbrechts-Tyteca),《新修辞学:论证文集》(*A New Rhetoric: A Treatise on Argumentation*),J. 威尔金森(J. Wilkinson)和 W. 韦弗(W. Weaver)译(1973 年)。也参见 J. L. 戈尔登(J. L. Golden)和 J. J. 皮洛塔(J. J. Pilotta)编,《人类事务中的实践推理》(*Practical Reasoning in Human Affairs*, 1986)。

25.《如何依规则行事》,特别是第 356—358 页,"法律推理和论证"(Legal Reasoning and Argumentation)词条,载于《社会科学与行为科学网络百科全书》(*IESBS*)第 2 卷(2001 年),第 1145—1151 页。

26.《法律中的事实》。

27.《重新思考证据》第 2 版,第 4 章。

28. 比如,S. 劳埃德-博斯托克(S. Lloyd-Bostock)编,《法律语境中的心理学》(*Psychology in Legal Contexts*, 1980);《法律和心理学》(*Law and Psychology*, 1981);《评估证人证据》(*Evaluating Witness Evidence*, 1983);《实践中的法律》(*Law in Practice*, 1988)。

29.《重新思考证据》第 2 版,第 5 章。

30. 这个表述是有意充满挑衅的,但我不记得荷兰高等研究院有任何成员曾认真挑战过它;这与伦敦大学学院项目形成鲜明对比,在后者这里并不存在有关可行假定的共识,舒姆的方法受到了挑战(参见本书下文)。

31. W. 特文宁和 I. 汉普歇尔-蒙克(Hampsher-Monk)编,《历

史与法律中的证据与推断》(*Evidence and Inference in History and Law*, 2003)(EIHL)。标题反映出如下事实,即几乎每位作者都采纳了"历史学家"的立场,但各篇文章例示了历史学研究的多样性,包括有关剧院肖像、音乐学、观念史、劳工史、亚述学以及法学的论文。

32. 参见原书第175—176页。

33.《重新思考证据》第2版第15章以及《证据分析》第46—55页,阐明了证据在理解美国"9·11"事件中具有多么重要的地位,特别是在美国情报服务的再造中。

34. 参见约翰·戴维斯(John Davis),"学科中的学科训练"(Disciplining the Disciplines),载于《证据、推断与研究》,第3章。

35.《证据、推断与研究》。

36.《证据、推断与研究》,第4章(我对这个项目的事后反思)。当我列出我认为这样一个项目应当解决的14个问题时,苏珊·哈克实际上评论道:"你为什么需要资助来完成它呢?你自己解答它们呗。"这是个好问题,但这个项目需要一个团队。我并没有如我期待的那样深入参与伦敦大学学院的项目。身体不好以及我在迈阿密的工作这两个因素构成了一部分原因,但会议时间也不方便,而且我不同意一些研究方向。

37. 科林·埃特金(Colin Aitken)、保罗·罗伯茨(Paul Roberts)、格雷厄姆·杰克逊(Graham Jackson)和罗伯托·普奇–索利斯(Roberto Puch-Solis):1.《形式程序中或然性和统计证据的基本原理:法官、律师、法医科学家与专家证人指南》(*Fundamentals of Probability and Statistical Evidence in Criminal Proceedings: Guid-*

ance for Judges, Lawyers, Forensic Scientists and Expert Witnesses, 2010); 2.《评价基因证据的证明价值》[Assessing the Probative Value of DNA Evidence(PDF, 2012)]; 3.《法医证据的逻辑:刑事证据与法医科学中的推理活动》(The Logic of Forensic Proof: Inferential Reasoning in Criminal Evidence and Forensic Science, 2014); 4.《案例评估和专家证据解释》(Case Assessment and Interpretation of Expert Evidence, 2015)。它们都由皇家统计学会出版。

38. 作为"法学家"书丛的主编,我对有关非西方法学家的著作计划进行约稿;我收到了许多计划甚至更多的承诺,但迄今为止只有一部书出版:科林·因伯(Colin Imber),《伊布斯-苏德:伊斯兰法律传统》(Ebu's-Suud: The Islamic Legal Tradition, 1997);也参见 J. M. 巴雷托(J. M. Barreto)编,《第三世界视角中的人权》(Human Rights from a Third World Perspective, 2013)。

39. 我在专业知识和语言能力方面的局限限制了选择的可能。或许在我能力范围内的是主编一部由非洲民族主义领袖的重要文本构成的文集——诸如恩克鲁玛(Nkrumah)、尼雷尔(Nyerere)、卡翁达(Kaunda)、曼德拉(Mandela),还有黑人文化认同(négritude)运动的发起者,包括利奥波德·桑戈尔(Léopold Senghor)和艾梅·塞泽尔(Aimé Césaire)。

40. 麦科唐纳讲座。

41. H. 帕特里克·格伦(H. Patrick Glenn),《世界法律传统:法律中可持续的多样性》(Legal Traditions of the World: Sustainable Diversity in Law),第 3 版(2007 年),第 10 章。

42. "他们尊敬文化多样性与价值宽容,但这不包括赞同'容忍不可容忍的'。每个人都相信对话的价值,但各有侧重:登作为外交官总是依赖说服和调解;安-纳伊姆强调内部对话的重要性;哥亥指出人权话语的价值:它是具有不同利益、关切和种族身份的人们之间展开政治沟通与妥协的框架;巴克西更加好斗,认为对话性人权是斗争中较为温和的部分。"《人权:南半球声音》,第218页。

43. 出版时题为《人权:南半球声音》(2009)。

44. 我想纳入希琳·阿巴迪(Shireen Ebadi)和昂山素季(Aung San Suu Kyi)① 这两位诺贝尔奖得主的获奖演说,但最后决定这不过是在装点门面。我反而试图至少推动一部该书的姊妹篇,并依旧希望在合适的时候这本书会出现——很容易就会有几部。

45. 奥斯卡·瓜迪奥拉·里韦拉(Oscar Guardiola Rivera)以一篇令人心驰神往的将此方法运用于拉丁美洲的文章作出回应(《法律的伦理、全球和理论语境:致敬威廉·特文宁》,第5章)。参见巴雷托编,《第三世界视角中的人权》。阿卜杜尔·帕里瓦拉曾计划了一个基于华威的后续项目,包括一个网站、一个小型图书馆以及档案室。更进一步参见 S. 阿德尔曼(A. Delman)和 A. 帕里瓦拉(A. Paliwala)编,《法律与发展的局限:新自由主义、统治与社会正义》(*The Limits of Law and Development: Neoliberalism, Governance and Social Justice*)。在同一个脉络下,但或许限定于对欧洲语言的翻译的是由劳特里奇出版社["玻璃屋"出版社(Glasshouse Press)]出版,马丽亚诺·克罗斯(Mariano Croce)和马可·哥尔

---

① 原文误作 "Aung Sang Suu Kyi",译文加以修正。

多尼（Marco Goldoni）主编的一套新丛书。第一卷是桑蒂·罗马诺（Santi Romanno）的《法律秩序》（*The Legal Order*, 2007），M. 克罗斯编，这本书填补了法律多元主义方面文献的重要空白。

46. R. 萨斯坎德（R. Susskind），《明日的律师》（*Tomorrow's Lawyers*, 2017），引用的是第一版（2013 年）。

47. 除了作为一个委员会的成员并做一些游说工作外，我写了一些文章，参见《法律教师》（*The Law Teacher*）第 48 卷（2014 年），第 94 页；《法律教师》（*The Law Teacher*）第 49 卷（2015 年），第 388—406 页（这一节的先导）；以及"基础学科非走不可"（Foundation Subjects Must Go），这篇论辩文章得到广泛传阅并且被吸纳在第二篇论文中。一篇用于法学教师协会年度厄普约翰勋爵讲座的更重要的论文题为"重新思考法学教育"（Rethinking Legal Education），载于《法律教师》（*The Law Teacher*）第 52 卷（2018 年），第 241 页。本节是这篇文章的先导。

48. 比如参见《语境中的法律》，第 15 章。"上都报告"也批评了法学教育话语中一些常见的谬误或错误的可行假定：1. 足球联赛模式；2. 小学样态；3. 私人学徒制样态；4. 数字游戏；5. 专业上自命不凡症；6. 低贱专业谬误（《语境中的法律》，第 300—301 页；比较同前注，第 294—296 页）。

49. 比如，"伯里克利"（Pericles, 1967），《国际法律中心报告》（*ILC Report*, 1975），甚至"非法律人的法律会议"（Law for non-lawyers conference, 1977）（前文讨论过）都没有贯彻"重学轻教"的理念，没有观察"从出生到坟墓"的非正式法律教育理念。"伯里克利"主要是关于美国法学院的；《国际法律中心报告》关注制度、教师和课程；甚至有关公共法律理解的讨论也是关注于"我们为他们"的活动。

50. "正式"与"非正式"之间的区分是非常成问题的。在当下语境中，"正式"被限定为讲授的课程以及专门的机构，但这需要更进一步的概念完善。参见原书第273页。

51. 《语境中的法律》，第15章。

52. L. 弗里德曼（L. Friedman），"法律、法律人和大众文化"（Law, Lawyers and Popular Culture），载于《耶鲁法律杂志》（*Yale LJ*）第98卷（1989年），第1598页。感谢彼得·特文宁帮助我整理这些理想型，但我文责自负。

53. 参见原书第220页。

54. 改写自《法律教师》（*The Law Teacher*）第48卷（2014年），第97页。

55. 当我使用教育研究所（IOE）的图书馆在准备《布莱克斯通之塔》时，我找到许多有关高等教育的文献，但实际上却没有关于法学教育的。当然，隔壁的英国高等法律研究院有一些馆藏以及法学教育记录档案，但我猜测两栋大楼间几乎没有交流往来。

56. 值得记住的是，从事实务的法律人通常从非法律人那里寻找信息，比如通过给当地规划官员、不懂法律的会计或保险专员打电话、发邮件。

57. 现在可参见"重新思考法学教育"（参见上文本章注释47）。

58. 有关我对一些常见"主义"的立场，参见《一般法理学》第16页，以及《伟大的法学市集》，第11章，特别是第370页。

59. 这句话源自托尼·比彻（Tony Becher）的《学术部落与领

地》(*Academic Tribes and Territories*),第 1 版(1989 年),它影响了我特别是在《布莱克斯通之塔》中所运用的方法。

60. 参见本书第 1 章;以及《语境中的法律》,第 24—25 页。

61. 比较格伦的报告(2006 年),它令人遗憾地指出:"英国大部分经验研究源自于法学院内部,并且法学院内部正是大部分英国法律经验研究开展的场所"(《一般法理学》第 238—242 页有讨论)。

62. 这个主题在"法律与文学:一个外行的梦"(Law and Literature: A Dilettante's Dream),牛津大学沃弗森学院 2013 年 11 月的讲座中得到发展。A 部分是对"法律与文学"中一些一般性讨论的批判;目前它还没有发表,因为我觉得它夸大了怀疑论。B 部分取材于本书的草稿,讨论立场、叙事和事实发现中的论证,以及对法学家有所启发的伊塔洛·卡尔维诺。现在可参见《牛津社会法律研究中心杂志》(*J Oxf Centre for Socio-leg Stud*)第 1 卷(2017 年)。

63. S. 罗伯茨(S. Roberts),"政府之后?论在没有国家的条件下呈现法律"(After Government? On Representing Law without the State),载于《现代法律评论》(*MLR*)第 68 卷(2005 年),第 1 页,在《一般法理学》第 12 章中有讨论;以及 R. 科特瑞尔(R. Cotterrell),《法律、文化与社会:社会理论镜像中的法律观念》(*Law, Culture and Society: Legal Ideas in the Mirror of Social Theory*, 2006)。

64. "解释法哲学在何种意义上是普遍的并不难。它的命题如果为真,就会普遍适用,也即他们对于一切法律、一切法律体系的谈论;对于存在、将要存在甚或可能存在但永远不会存在的一切法律和法律体系的谈论都能普遍适用……此外，它的命题由于必然具有普遍性而是高级的……对必然性的主张属于这个事业的性质。"J. 拉兹（J. Raz），《在权威和解释之间》（*Between Authority and Interpretation*, 2009），第 91—92 页，也参见第 17、24、97 页。比较 J. 拉兹，《法律的权威》（*The Authority of Law*, 2009），第 104—105 页。精彩的讨论参见迈克尔·朱迪切（Michael Guidice），《理解法律性质》（*Understanding the Nature of Law*, 2015），导论，引用了约瑟夫·拉兹、斯科特·夏皮罗（Scott Shapiro）和朱莉·迪克森（Julie Dickson）的观点，作为这种观点的例证。这使得法哲学似乎是一项范围相当有限的事业；所幸的是，在他们的学术活动中，他们运用分析方法处理许多问题，并不是所有问题都必然是走向无所不包的宏大理论的环节。有关拉兹对于法学家也应当关注非国家法的迟来的承认，以及"谈论唯一的法律概念实际上意味着我们的法律概念"（《在权威和解释之间》（2009 年），第 32、95—98 页），也参见 J. 拉兹，"为什么是国家？"（Why the State?），载于 N. 拉夫（N. Roughan）和 A. 哈尔平（A. Halpin）编，《追寻多元主义法学》（*In Pursuit of Pluralist Jurisprudence*, 2017），第 7 章；布莱恩·Z. 塔玛纳哈对此的讨论收录于《法律的伦理、全球和理论语境：致敬威廉·特文宁》，第 17 章；以及弗里德里克·肖尔的几篇论文，比如"法律概念的社会建构"（The Social Construction of the Concept of Law），载于《牛津法学研究杂志》（*OJLS*）第 25 卷（2005 年），第 493 页。很容易将拉兹近来的这些举动视为他改变了立场，但许多都可以通过人类学中的主位/客位（emic/etic）这个充满争议的区分加以解释（参见《一般法理学》，第 41—43、372 页），这里我无法对这一点展开讨论。

65. 参见《一般法理学》,第3、4和12章。

66. 罗杰·科特瑞尔(Roger Cotterrell),"全球法律多元主义需要法律概念吗?"(Does global Legal Pluralism Need a Concept of Law?),载于《法律的伦理、全球和理论语境:致敬威廉·特文宁》,第14章。

67. 约瑟夫·拉兹承认除了他自己关注点狭隘且具文化相对性的法律理论,还有其他类型的"法律理论"。进一步参见本书上文本章注释64。

68. 比较 J. 加德纳(J. Gardner),《法律是信念之跃》(*Law as a Leap of Faith*, 2012),"前言"。如同在许多其他方面一样,加德纳和我在这个问题上的观点是非常接近的,只是他主要的兴趣是法哲学。后来他指责我有时认为所有理论家都应当具有和我一样的独特兴趣这一观点。"特文宁危险地转向了一种接近于德沃金式的对于何为'有趣'的绝对律令",概述第296—297页注释75。我的观点不是关于个体研究自由的。也存在有关每个人的学科的健康发展以及我们给学生提供什么和如何提供的集体责任或"职责"。加德纳和我可能有分歧的地方就是什么构成了法学研究、法学理论以及或许特别是法学教育中的"健康发展"。

69.《卡尔·卢埃林与现实主义运动》的一位德国评论者批评我没有澄清什么是卢埃林的"体系"[M. 韦斯(M. Weis),载于《文明主义实践期刊》(*Archiv für Civilistische Praxis*)第174期(1974年),第90—92页]。我下意识的反应是卢埃林并非体系性的思想家,他值得关注的是一系列特定的观点、独特的洞见以及对于不同话题的贡献。他已经开始勾勒自己的"整体观点",但即便他完成了,这也无法将他所有的思想呈现为融贯的整体。在我看来,体系化卢埃林是一种扭曲,这就非常类似于将莎士比亚归结为一种单一的世界观并没有什么启发性一样。

70. 这就是为什么在向本科生介绍这个领域时,我像其他许多人一样,追随科林伍德的方法关注语境中设定的特定文本,而非"学派""主义"或"章节"。如果每位思想家和他们的著作难以被准确概述,那么,概括学派、倾向或趋势的危险就更大。有时这类归纳会是有益的,如果必要的限制性条件得以明确的话。有关"主义"和"主义者",一种朴素而实用的活动就是像哈特对"实证主义"以及我对"现实主义"(原书上文第166页)那样将之用一个或多个离散命题加以具体化。有关"主义"和"主义者"参见《一般法理学》,第16章;以及《伟大的法学市集》,第11章,特别是第370页。

71. 近来在牛津的闲谈中,我听到一个有关"雄心壮志的法理论"与"谦逊温和的法理论"之间的区分,前者似乎指的是旨在达到一种关于法律性质(一个哲学问题)的宏大理论高度的活动,而后者指的是满足于在中程理论的山脚下徘徊的活动(它们几乎无法配得上理论之名,且不具有哲学意味)。有个段子是说鲁珀特·克罗斯(Rupert Cross)和布莱恩·辛普森(Brian Simpson)曾经要开设一门关于"庸俗法理学"的研讨课,但这个名称被管理者否定了。

72. 更进一步参见《一般法理学》,第4章和第12章,第64—66、84—85页。

73. 很少有人关注诸如"何种事物的多样性?"或"这是何种'主义'?"等问题。参见伯恩斯坦讲座,第477—478、482—483页。

74. 显然，如果有人将国家法视为适合这个目的的可行概念，这就缩减了主题并排除了许多文献；但在一些语境中可能是非常合理的；比如，如果一个人作为官员或法学学者，其主要关注点是国家法律多元主义，或一个特定国家如何处理或应当处理非国家的规范秩序。如果有人出于特定目的采纳了某种"非国家法"，这可能会也可能不会涉及详细阐明以及定义的目标——对于一些目的而言，一个特定的规范秩序是否属于"法律"可能会也可能不会具有理论或实践重要性。

75. 假定法理学的目的是产生法律理论的这种倾向，与一种不情愿去讨论或争辩作为一个领域的法理学的性质与角色相连。本书认为，法理学可以在诸多方面对我们学科的健康有所贡献，并且在一个剧烈变革的时代，会有许多重要工作可做。

76. 一些评论者可能会认同如下由菲尔默·诺斯罗普（Filmer Northrop）精彩表述的观点，即每个人都有一种哲学，但不是每个人都知道自己的哲学是什么。F. 诺斯罗普（F. Northrop），《法律与伦理经验的复杂性》(*The Complexity of Legal and Ethical Experience*, 1959)，第 6 页。换言之，在谈论、思考和写作法律时，我们都有某种可行假定，即使我们并没有意识到它们。当然，我有可行假定，但它们在不同语境中并不是统一的。比较加德纳（Gardner），《法律是信念之跃》(*Law as a Leap of Faith*)。

77. 我在《一般法理学》中思考了我们如何可以着手编纂一幅世界法律历史地图册。我认为这样一种地图册会主要有助于为更具体的研究设定广泛语境、阐明法律现象的多样性及其关系的复杂性。一些评论者假定，这被设想为通往构建一种一般性法律理论的一个环节。但这种绘制会出于该目的而假定一种可行的法律概念。一本不错的世界法律历史地图册会有其用处,但也有许多局限。它不应被视为一个一般性法律理论的基础、替代或起点。一本地图册预设了适合其目的(无论它们是什么)的某种准入与排除标准,并且对于一幅特定的地图或地图册来说,避免非常实用的准入与排除标准是很难的。参见原书第353页。

78. D. 加利根(D. Galligan),"法律的社会理解思潮中的概念:对威廉·特文宁后期作品的评论"(Concepts in the Currency of Social Understanding of Law: A Review Essay on Later Work of William Twining),载于《牛津法学研究杂志》(OJLS)第35卷(2015年),第373页。

79. 参见原书第257—258页。

80. "以讲授法律为业"(Law Teaching as a Vocation),载于《法律之镜》(Speculum Iuris)第1卷(2003年),第161页。

81. 比如,理性主义传统(《重新思考证据》第2版,第3章);酷刑的概念(《如何依规则行事》,第123—124页);作为一个领域的法学教育的观念(原书前文第271—272页,厄普约翰勋爵讲座,本书前文本章注释47);《伟大的法学市集》,第9章;人权"学派"(《人权:南半球声音》,第6章);可行假定的集合(本书前文第19章)。进一步参见索引"理想型"条目。

82. D. 丹尼特(D. Dennett),《达尔文的危险观点》(Darwin's Dangerous Idea, 1995)。

83. 比较贝尔曼的地图,原书前文第236页。

84. 伊塔洛·卡尔维诺(Italo Calvino),《看不见的城市》(In-

visible Cities)(1974年),威廉·韦弗(William Weaver)译,第131—132页。

85. 和卢埃林一样,就教义而言,美国法律现实主义的一个主要观点就是"相比较于过去的做法,相信把案件和法律情形分为更细的范畴是有价值的"[卡尔·卢埃林,《法理学》(*Jurisprudence*, 1962),第55—57页]。不过,他对于这种细化议题的思维并不教条,并且在《统一商法典》的第Ⅸ条(担保交易)中,他做出相反的行为,用一个宽泛的范畴取代了一系列狭义的范畴(《卡尔·卢埃林与现实主义运动》,第79、331—335页)。

86. 凯瑟琳·休谟(Katherine Hume),"物体海洋中的沙粒:作为散文家的伊塔洛·卡尔维诺"(Grains of Sand in a Sea of Objects: Italo Calvino as Essayist),载于《现代法律评论》(*MLR*)第87卷(1992年),第75页;以及《卡尔维诺的小说:我思与宇宙》(*Calvino's Fictions: Cogito and Cosmos*, 1992)。

87. 斯蒂芬·平克(Stephen Pinker)近来的著作[《人性中的善良天使》(*The Better Angels of Our Nature*, 2011)和《当下的启蒙》(*Enlightenment Now*, 2018)]有帮助地综合了对于未来持有乐观主义态度的理由。我对未来学更持怀疑主义态度,并且更倾向于认为世界会相对迅速地终结于火(或冰)之中。

88.《语境中的法律》,第281页。

89. 引用的是《一般法理学》,第5—7页。

90. 参见原书第255页。

91. 比照:"采用全球视角显示了西方比较法的丰富传统在许多方面的一些局限。它还提醒我们集体无知的程度,并警告我们不要对法律问题进行毫无根据的、往往带有种族优越感的概括。这种观点提醒我们,法律现象的多样性和复杂性,但它的主要用处是为更具体的研究设置了一个广泛的语境。大多数'全球化'进程发生在次全球化层面。即使在一个相互依存的世界中,法律的比较研究也需要主要关注当地的、实际的、嵌入特定文化语境的细节"("全球化与比较法",第 85 页 [①])(也参见《一般法理学》,第 14 章)。

92. 比照《布莱克斯通之塔》第 1 章和该书第 199 页。

[①] 原书英文误作"GCL",经译者与作者沟通确认,应当为"全球化与比较法"(GCompL)一文。

插图及其注释

1. 作者本人

卡伦·特文宁·富克斯(Karen Twining Fooks)拍摄。

2. 坦噶尼喀非洲联盟大厦

政党政治总部，达累斯萨拉姆大学学院的第一个家。拍摄于20世纪60年代早期，摄影者不详。

3. 1961 年达累斯萨拉姆大学学院第一届的 14 位学生

这 14 位学生分别是：巴基拉纳（Bakilana）先生、奇蓬代（Chiponde）先生、埃尔·金迪（El Kind）先生、卡库巴（Kakuba）先生、哈敏瓦（Khaminwa）先生、基塞斯（Kisese）先生、基伏图（Kivuitu）先生、奎基玛（Kwikima）先生、米卢卡（Miruka）先生、津卡（Njenga）先生、欧玛（Ouma）先生、提巴曼亚（Tibamanya）先生以及另一位男士，还有曼宁女士。侨民职工包括：（前排起）作者本人、克兰福德·普拉特（达累斯萨拉姆大学学院校长）、A. B. 韦斯顿和 J. 鲁辛（J. Russin）；（第二排侧面）A. 斯利（A. Slee，校外人士）博士；（后排）J. P. W. B. 麦考斯兰。我从着装推断，这是在达累斯萨拉姆大学学院生活的早期拍摄的，因为领带、长袍和短裤在之后很快就不流行了。有那么几年间，几乎所有职工都是东非人。

4. 尼雷尔总统为达累斯萨拉姆大学校园揭幕

同时,这场活动又是首届学位典礼,总统兼来宾正将学位授予坦桑尼亚第一位女性法律学位获得者朱莉·曼宁。

5. H. L. A. 哈特①

尼尔·麦考密克所著的《哈特》(2008年第二版)一书的封面（法学家丛书）。拉姆塞（Ramsay）和马斯普拉特（Muspratt）拍摄，图片印于书中已获斯坦福大学出版社的授权。

---

① 英文原书中哈特与边沁的图片位置有误，中译本译者在和作者沟通确认后，加以调整修正。

6. 杰里米·边沁。自我肖像的侧面图
版权归属伦敦大学学院。

7. 卡尔·卢埃林

这张照片是卢埃林半身像，它由俄罗斯雕刻家谢尔盖·科年科夫（Sergei Konenkov）创作，科年科夫后来身居20世纪俄罗斯优秀艺术家之列。卡尔·卢埃林以及贝蒂·卢埃林在1924年于纽约和科年科夫成为朋友，并且帮助他获得制作美国重要名人半身像的委托授权，其中包括三位美国联邦最高法院大法官〔参见M. T. 兰帕德（M. T. Lampard）、J. E. 鲍尔特（J. E. Bowlt）和W. R. 萨尔蒙德（W. R. Salmond），《谢尔盖·科年科夫非比寻常的眼光（1874—1971年）：一位德国雕塑家和他的时代》(*The Uncommon Vision of Sergei Konenkov 1874-1971: A Russian Sculptor and His Times*, 2001);①《卡尔·卢埃林和现实主义运动》(KLRM)，第421、447页〕。卢埃林半身像的原件收藏于芝加哥大学法学院，摹本收藏于迈阿密大学法学院。图片版权归属剑桥大学出版社。

---

① 原文误将时间写为1974年，核对后应为1874年。

8. 索亚·门斯契科夫

拍摄者不详。拍摄时间大概是 20 世纪 70 年代中期。

9. 特里·安德森

特里·安德森从20世纪80年代初开始，在美利坚合众国诉黑斯廷斯案（*United States v. Hastings*）中无偿为联邦法官阿尔塞·黑斯廷斯辩护长达十年以上。这张照片中的他正在作一场有关该案的报告。这张照片有黑斯廷斯的签名，以此表达他对自己最重要的辩护律师的感激。图片由特里·安德森惠允复印于此。

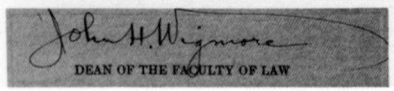

10. 约翰·亨利·威格摩尔

这张照片拍摄于威格摩尔在西北大学卸任院长（1901—1929年）之后不久。有关他的生平、性格以及著作，参见威廉·特文宁，《证据理论：边沁与威格摩尔》（*Theories of Evidence: Bentham and Wigmore*, 1986）。感谢西北大学普利兹克法学院免费提供图片。

11. 人权议题的南半球声音, 乔丹校区(Jordanstown), 2008年南半球的四种声音: 转型正义机构研讨会(Four Southern Voices: Symposium Transitional Justice Institute, TJI), 乔丹校区(2008年6月)。从左至右依次是:(后排)阿卜杜拉希·安·纳伊姆、作者本人、弗朗西斯·登、乌彭德拉·巴克西以及亚什·哥亥;(坐着的人)菲奥诺拉·尼·奥拉因(Fionnuala Ní Aoláin, 该机构的主任), 凯瑟琳·特纳(Catherine Turner, TJI)。图片印于此已获阿尔斯特大学转型正义机构的授权。

12. 降旗——一种后殖民主义场景

伊夫利村有一个几乎完全是由志愿者运营的商店，作者的妻子就是志愿者中的一位。在下午 3:30 到 5:30 这段时间，她不得不关闭店铺。外面悬挂的旗子由于一些原因需要取下来，作者的妻子佩内洛普够不到，所以作者站在浴盆上帮她把旗子降下来。

卡伦·特文宁·富克斯拍摄。

索 引

（索引部分所涉页码均为原书页码，即本书边码）

Abboud, Ibrahim, General 易卜拉欣·阿布德将军 39

Abdullah Mohd Abdullah 阿卜杜拉·穆罕默德·阿卜杜拉 41

abstraction, ladders/levels 抽象梯度/层次 278, 282, 见: middle order theory

Abu Rannat, M., Chief Justice 首席大法官阿布·兰纳特 47, 49–50

academic gowns, symbolism of 学术长袍的象征 65–66

academic lawyers 法学学者 xiv–xv, xviii–xx, 220–222, 274–275, 345–346

academic values 学术价值 32, 108, 191

access to legal education and legal profession 法学教育和法律职业的机会 15, 129, 337

adjudication 司法裁判

court-centrism, court-itis 法庭中心主义, 沉迷于法院 121, 210–211, 363–364

Hercules 赫拉克勒斯 340–341, 参见: Dworkin

job of judging 裁判的职责 123, 263

judge, concept of 法官的概念 210, 341, 360

lay participation in 素人参与 175, 254, 328

参见: disputes, fact-finding, Frank, reasoning

African Jurisprudence 非洲法理学 76, 301, 参见: Southern Voices

African nationalism 非洲民族主义, 参见: nationalism

Aga Kahn 阿迦·卡恩 68

Ahmed, Hassan Omer 哈桑·奥马尔·艾哈迈德 51

Ainley, Sir John, Chief Justice 首席大法官约翰·安利爵士 75

Ali, Obeid Hag, Chief Justice 首席大法官欧贝德·哈吉·阿里 56, 296

Al Turabi, Hasan 哈桑·阿尔图拉比 42–43, 296

Allen, Christopher 克里斯托弗·艾伦 198

ambiguous symbols 模糊的符号 65–68

American Legal Realism (ALR) 美国法律现实主义（ALR） 79, 86, 90, 161–166, 324

参见：New Legal Realism, realism, Socio-Legal Studies

Amnesty International 国际特赦组织 110–112, 114, 309–310

Amos, Andrew 安德鲁·阿摩司 192

Analytical Jurisprudence 分析法学 163–164, 171, 191–193, 278

and doctrinal positivism 和教义性实证主义 193

and Empirical Legal Studies 和经验性法学研究 174

参见：Jurisprudence, Law in context

Anderson, Terry 特里·安德森 89–90, 132, 182–189, 202–206, 214–216, 265–266, 284, 329, 342–343

animals, liability for 动物的责任 46–47

An-Na'im, Abdullahi 阿卜杜拉希·安-那伊姆 267–269, 364

anomie 失范 137

Anthropology 人类学 69–71, 229, 299, 327, 358, 367, 参见：custom, customary law

anti-colonialism 反殖民主义，见：colonialism

anti-reductionism 反还原论 1, 276, 333

Antioch Law School 安提俄克法学院 329

Archaeology 考古学 334

archives 档案 10–11, 48–49, 260, 361

Armitage Committee (Legal Education in Northern Ireland) 阿米蒂奇委员会（北爱尔兰法学教育） 98

Arthurs, Harry 哈里·阿图斯 344

Arusha (people) 阿鲁沙（人） 71

Association of Law Teachers (ALT) 法学教师协会（ALT） 223

Association for the Prevention of Torture (APT) 防止酷刑协会（APT） 111, 114

assumptions 假定，见：working assumptions

Atiyah, Edward 爱德华·阿蒂亚 295

Atiyah, Patrick 帕特里克·阿蒂亚 24, 40–41, 47, 53, 154–155, 157, 161–163, 282, 321

audit model 审计模式 215

audit society 审计社会，见：indicators

Austin, John 约翰·奥斯丁 106–115, 192–195, 241, 244, 335

Auto-icon 自我肖像，见：Bentham

Awadalla, Babiker Chief Justice 首席大法官巴比克·阿瓦达拉 40

Ayer, A. J. A. J. 艾耶尔 107

Bad Man 坏人，见：Holmes

Baker, Sir John 约翰·贝克勋爵 192

Baxi, Upendra 乌彭德拉·巴克西 267–269, 365

Beccaria, Cesare 切萨雷·贝卡利亚 111

Becher, Tony 托尼·比彻 366

Belfast 贝尔法斯特，见：Northern Ireland

belief pluralism 信仰多元主义 105–106, 256, 268

belief, problem of 信仰问题 xvi, 14–15, 18, 97, 257

Beloff, Max 马克斯·贝洛夫 147

Bennett, Alan 艾伦·班内特 xx

Bentham, Jeremy Bentham 边沁, 杰里米·边沁 xvi, 104–113, 119, 199, 233, 338–339

    auto-icon 自我肖像 191–193, 206–209, 283

Chrestomathia 《功利主义示范学校》 335

on General Jurisprudence 论一般法理学 244

on concepts 论概念 255

on evidence 论证据 180–183, 201

on publicity 论公开性 192, 339–340

on rights 论权利 114, 115, 338–339

on torture 论酷刑 109–110, 113

Panopticon 圆形监狱 192, 339–340

Transcribe Bentham 誊抄边沁 209

参见：utilitarianism

Bentham House 边沁学院 199–200

Bentham Project, Committee 边沁项目委员会 102, 206, 339

Berman, Harold 哈罗德·伯尔曼 255

Beshir, Mohamed Omer 穆罕默德·奥马尔·巴希尔 41, 295

bin Laden, Osama 奥萨玛·本拉登 43

Blackacre 黑地 156

Black, Charles 查尔斯·布莱克 91

blackletter law 白纸黑字法律，见：doctrine

Boehringer, Gil 吉尔·柏林格 164, 226–227, 348

book burning 焚书 51–52, 54
Bork, Robert 罗伯特·博克 91
Boyle, Kevin 凯文·波义耳 96
Braudel, Fernand 费尔南德·布罗代尔 354
broadening the study of law from within 从内部拓展法学研究，见：law in context
Brownlie, Ian 伊恩·布朗利 78
bureaucracy 科层制 175, 221, 278, 346
Burns, James 詹姆斯·伯恩斯 339
Butler, William, E. 威廉·E. 巴特勒 334
Butterworth, Jack (Lord) 杰克·巴特沃斯（勋爵） 22

Cahn, Edmond 埃德蒙·卡恩 115, 311
Calvert, Harry 哈里·卡尔弗特 96
Calvino, Italo 伊塔洛·卡尔维诺 1, 67, 279
camel in a zoo 动物园中的骆驼 46–47
Cane, Peter 彼得·凯恩 155, 321
Carroll, Lewis 刘易斯·卡罗尔 236–237
Carver, Richard 理查德·卡弗 111–113, 310–311
Casebeer, Kenneth 肯尼斯·凯斯比尔 338
Casper, Gerhard 格哈德·卡斯珀 82
causation, standpoint and 和因果性、立场 117–120
charities 慈善 156–157
Charterhouse School 查特豪斯学校 11–16, 105, 138, 291–292
Chesterman, Michael 迈克尔·切斯特曼 156–157, 320, 322
Chitepo, Herbert 赫伯特·契特波 64
civil law systems, traditions 民法体系传统 44–45, 160, 168, 172–173, 263–264, 327
Clarke, Alison 艾利森·克拉克 199
classical education 古典教育，见：Charterhouse, skills
classification 分类
  fact-based 基于事实 150, 152–156, 307, 320, 369
  -isms 主义 3, 159, 273, 367–368
  organising concepts 组织性概念 155–158, 241, 324
  参见：concepts
Cocks, Raymond 雷蒙德·科克斯 222, 347
cognitive competence 认知能力 175, 182, 328，参见：adjudication: lay participation
Cohen, L. Jonathan 乔纳森·L. 柯

索 引

恩 328
collegiality 学院间合作 203–204
Collingwood, R. G. R. G. 科林伍德 xv, xx, 23, 34, 100, 117–122, 124, 138, 258–260, 312–313, 367–368
　critics 批评者 120, 312
Collinson, Patrick 帕特里克·柯林森 55–56
colonialism, anti-, neo-, post- 反殖民主义、新殖民主义、后殖民主义 xvii, 7–9, 25, 29, 65–68, 79, 228–230 238, 290–291, 参见: decolonisation, nationalism, postcolonial
Common Law Movement (USA) 普通法运动（USA） 53
Commonwealth 英联邦 229, 348, 参见: CLEA
Commonwealth Legal Education Association (CLEA) 英联邦法学教育协会（CLEA） 201, 224–225, 229
Comparative Law 比较法 xix, 4–5, 215, 246–250, 281, 353
　Historical Jurisprudence and 和历史法学 239
　rethinking 重新思考 153, 242
　statistical 统计学的 235
　参见: concepts travelling
Compton Report (1971) 《康普顿报告》(1971年) 108
conceptions of law 法律的观念，见: law as a field concept, theories of law
concepts 概念
　as thinking tools 作为思想工具 241, 255
　field concepts 领域概念 xiv, 2–3, 234, 274, 350
　organising 组织性概念 224, 254–255, 见: classification travelling well/badly
　参见: abstraction
conceptual analysis 概念分析 34–35, 242–243
conditions of doubt 怀疑的条件 142–144, 260, 参见: interpretation
confessions 供认 179, 183
consultancies 咨询机构 230–231, 349–350
context, as concept 作为概念的语境 162–163, 173,
　参见: global perspectives, law in context, litigation, total pictures
Contract, law of, contracting 合同法, 订立合同 20, 41, 90, 92, 129, 174, 317, 321
Corbin, Arthur L. 亚瑟·科尔宾 90, 305–306
Cory, Hans 汉斯·克里 69–70, 300
Cotterrell, Roger 罗杰·科特瑞尔 275, 278, 参见: Social Theory

Council for the Study of Mankind 人类研究理事会 229

Country and Western Tradition 乡村与西方传统 249–250, 参见: Comparative Law

Cowen, Denis 丹尼斯·考恩 80

Cownie, Fiona 菲奥娜·考尼 174, 222, 347

crammers 补习学校 23–24

Cramton, Roger 罗杰·克拉姆顿 32–33

critical legal studies 批判法学研究 87, 165, 223, 250, 参见: Kennedy

Cross, Sir Rupert 鲁珀特·克罗斯勋爵 178, 327, 329

Crosskey, W. W.　W. W. 克洛斯基 294

Crumlin Road Gaol 克拉姆林路监狱 100

cultural relativism 文化相对主义 268

culture shock 文化冲击 24, 51–52, 56, 69–72, 79–80, 295–296

custom/customary law 习俗/习惯法 34, 45, 47, 73, 252

Dagan, Hanoch 汉诺克·达根 165, 324

Damaska, Mirjan 米尔伊安·达玛什卡 343

Dar es Salaam, University College 达累斯萨拉姆大学学院 57–77, 283

David, René 勒内·达维德 71

Davidge, Vere 维尔·戴维奇 20, 22–23

Davies, John 约翰·戴维斯 26

Davis, Kenneth C. 肯尼斯·C. 戴维斯 33

Dawid, Philip 菲利普·达维德 198, 264–266, 330

decolonisation 去殖民化 28–29, 54–55, 58–60, 72–74, 211, 228–231, 349, 参见: colonialism

demographic realism 人口现实主义 155–156, 243, 参见: total pictures

Deng, Francis 弗朗西斯·登 42, 45, 54, 56, 90, 252, 267–269, 364

Dennett, Daniel 丹尼尔·丹尼特 278

Denning, Alfred, Lord 阿尔弗雷德·丹宁勋爵 57–58

Devlin, Patrick, Lord 帕特里克·德弗林勋爵 106–107

de Waal, Alex 亚历克斯·德·瓦尔 55

Dias, R. W. M., [and Hughes, G.], *Jurisprudence* R. W. M. 迪亚斯[和 G. 休斯],《法理学》169–170

diffusion of law 法律的传播 45, 53, 238, 246–248, 251, 345, 355, 358–359

dignity 尊严 268

Dinka 丁卡族 45, 252, 362

Dinwiddy, John 约翰·丁威迪 207, 339

Director, Aaron 亚伦·迪雷克托 31–32, 79–80, 293

Diplock, Kenneth, Lord 肯尼斯·迪普洛克勋爵 217

discipline of Law 法学学科 xiii–xx, 169–174, 228–243, 254

    as field concept 作为领域概念 xiv, 2, 274

    as part of general culture 作为整体文化的一部分 282 等各处

    focus on 关注法学学科 xiv, 2, 256, 274–275, 369

    globalisation and 法学学科和全球化 xviii, 176, 201, 228–243

    health of 法学学科的健康发展 2, 102, 160, 274

    institutional context of 法学学科的制度语境 xviii, 173, 参见: law schools

    Jurisprudence as sub-discipline 作为子学科的法理学 xiv, 2–6, 102, 242, 369

    mission of 法学学科的任务 xiv, 2–4, 201, 256, 274, 277

    participant orientation 参与者取向 160, 213

    scientific credentials of 法学学科的科学属性 327, 参见: doctrine, legal science

    tensions within 内部张力 279

    unrealised potential of 未意识到的潜力 xvii, 6, 280–282

    what it can offer to 对其他领域的可能贡献

        Evidence as a multi-disciplinary field 作为多学科领域的证据 265–266

        general theory of norms 规范的一般理论 136–146, 262–263, 参见: broadening the study of law from within, concepts of law, legal nationalism

disciplines 学科

    autonomy 学科自主性 162, 173, 256, 274–275

    cross-disciplinarity 跨学科 260–269 和全书各处

    cultures 文化 274–275, 307, 346, 366, 参见: tribalism

    missions 任务 xiv, 256, 参见: understanding

disillusion 幻灭的见: Collinson

Disney, Walt 华特·迪士尼 145

dispute processes 纠纷过程 70–71, 参见: Llewellyn, law jobs theory

disputes 纠纷 36–37

doctorates in law 法学博士 124–125, 198

doctrine 教义 169–174, 参见: exposition, jurists, social and legal rules

dogmatics 教义学, 见: doctrine

Domingo, Raphael 拉斐尔·多明戈 234, 245

Dostoyevsky, Fyodor 费奥尔多·陀思妥耶夫斯基 125

doubt, conditions of 怀疑的条件, 见: interpretation

Dressander, Dori 多利·德雷斯安德 81

Dublin 都柏林 94–95, 97

DuBuisson 杜比森, 见: Twining, family

Dunham, Alison 艾利森·邓纳姆 82, 85

Dworkin, Ronald 罗纳德·德沃金 20, 23, 102, 145, 168, 171, 174, 206, 209–212, 241, 293, 315, 316, 340–341, 参见: adjudication, Hercules

economic analysis of law 法律的经济分析 31–33, 80, 107, 250, 293

Eliot, Lewis 路易斯·艾略特 22

elitism 精英主义 58–59, 65–68

Ellinwood, Raymond Jr. 雷蒙德·埃林伍德 81

emergency powers 紧急权力 98, 102, 108–109, 309

Empirical Jurisprudence 经验法理学, 见: realism, 参见: Comparative Law, Social Theory, Socio-Legal Studies, Tamanaha

Empirical Legal Studies and Analytical Jurisprudence 法学经验研究和分析法学 174, 255

English law reform in 1960s 20世纪60年代英国法律改革 98

Enoch, David 戴维·伊诺克 357

epistemology, legal knowledge 认识论, 法学知识 179, 184, 275

essentialism 本质主义 256, 276, 291

ethnocentrism 民族优越感 105, 107, 229

European Community/Union 欧共体/欧盟 212–213, 281, 341–342

Evidence 证据 155, 158, 175–189, 265–266, 329–334

    Law of Evidence 证据法 176, 178–186

    memoirists as witnesses 作为证人的回忆录作者 xix

    Principles of Proof 证明原则 180–182, 185

    参见: Anderson, Bentham, Schum, Wigmore

Evidence as a multidisciplinary field 作为跨学科领域的证据 265–266

evidence-based medicine (EBM) 循

证医学（EBM） 181, 330–331
evidence-based policy 循证政策 175, 331
Ewald, W. W. 埃瓦尔德 250
Examiners' Meeting, The 考官会议 261, 362
examining 考核 52, 157, 349
experience, lessons of 经验教训 272–273, 332, 参见: horse sense
exposition of doctrine 教义释义 101, 119, 122–123, 193, 326–327

fact-management 事实管理, 见: chart method, skills
fact-scepticism 事实怀疑论, 见: Frank
fallacies 谬误 176, 204–205, 144, 337, 348, 365
Farran, C. d'Olivier C. 德奥利维尔·法兰 40, 42, 45
female genital mutilation (FGM) 女性割礼（FGM） 353
feminism 女性主义, 见: gender field concepts, 见: concepts
FILMUP 财政管理和法律部门, 见: consultancies
Finnis, John 约翰·菲尼斯 23, 102, 241
Ford Foundation 福特基金 53
formalism 形式主义 163, 169–170, 172, 327

Forster, E. M. E. M. 福斯特 118, 312, 361
Fortnight (magazine) 《双周》（杂志） 96
Foucault, M. M. 福柯 192, 339
four-year degrees 四年制学位 103, 149, 152, 194, 200, 223–224, 301, 335–336, 347–348
Frank, Jerome 杰罗姆·弗兰克 127, 167, 179, 189, 328–329
Freeman, M. D. A. M. D. A. 弗里曼 336, 337
free market ideology 自由市场意识形态 33, 231, 参见: Director
Friedman, Lawrence 劳伦斯·弗里德曼 271–273
Friedman, Milton 弥尔顿·弗里德曼 31–32
Friedmann, Wolfgang 沃尔夫冈·弗里德曼 22, 78–79
Frost, Robert 罗伯特·弗罗斯特 136, 231
Frydman, Benoît 伯努瓦·弗里德曼 234
Fuller, Lon 朗·富勒 29, 34, 315
functionalism 功能主义 290, 355, 参见: Llewellyn, lawjobs, Merton

Galligan, Denis 丹尼斯·加利根 278, 323–324, 325–326, 357–358

Gardiner, Lord Gerald 杰拉尔德·加德纳勋爵 98
Gardner, John 约翰·加德纳 276, 289, 367
Geller, Mark 马克·盖勒 215
gender 性别 83, 164, 199–200, 242, 250, 280, 306, 337
　family 家庭 3, 8, 290
　FGM 女性割礼 353
　women judges 女性法官 254, 360
General Jurisprudence 一般法理学 192–193, 244–257
　ambiguity of term 词语的含混 244
　and Comparative Law 和比较法 250
　as abstraction 作为一种抽象 193
　as activity 作为一种活动 244–245
　as field concept 作为领域概念 358
　global perspective on 全球视角 253–255
　参见：Austin, conceptual analysis, Hart
Genn, Dame Hazel 达姆·黑兹尔·盖恩 194, 332, 366
Ghai, Yash 亚什·哥亥 64, 76, 77, 104, 114, 224, 267–269, 299, 364–365
Gibson and Weldon 吉布森与威尔顿 23–24
Gilbert, Geoffrey, Chief Baron 首席法官巴伦·杰弗里·吉尔伯特 177, 180–181
Gilmore, Grant 格兰特·吉尔摩 82, 85
Glenn, Patrick 帕特里克·格伦 239, 242, 268, 354
Globalisation and Law (project) 全球化和法律（项目） 201, 231–243
　globababble 含混的全球化 234
　global, problematic term 全球化，有争议的词汇 231–232, 234, 352
　global law, as field concept 全球法，作为领域概念 232–235, 350
　global perspective 全球视角 235, 370
　global 'South' 全球的"南方" 269
　globalisation theory 全球化理论 232–234
　teaching and learning about 讲授和了解全球化 235–240
　参见：sub-global patterns, World History
Gluckman, Max 马克斯·格拉克曼 299
Goff, Robert (Lord) 罗伯特·戈夫（勋爵） 18, 153
Goffman, Erving 欧文·戈夫曼 121
Gold, Neil 尼尔·戈尔德 224
Goodhart, A. L. A. L. 古德哈特 241
Goudcamp, James 詹姆斯·古德康 321

索　引

Gower, L. C. B. (Jim)　L. C. B. 高尔（吉姆）　73–74

graduateness　毕业标准　129

Graham, John　约翰·格雷厄姆　96

Grant, Sir Malcolm　马尔科姆·格兰特爵士　194

Great Juristic Bazaar　《伟大的法学市集》　160, 202, 289, 322

Gropius, Walter　沃尔特·格罗皮厄斯　68

groups　群体　36–37

Guardiola-Rivera, Oscar　奥斯卡·瓜迪奥拉-里维拉　365

Gudridge, Patrick　帕特里克·加德里奇　338

Guest, Stephen　史蒂芬·盖斯特　198, 336–337, 340

Gulliver, Philip　菲利普·格列佛　70–71

Gunther, John　约翰·冈瑟　353

Haack, Susan　苏珊·哈克　332, 338, 355–356, 364

Hadden, Tom　汤姆·哈登　96, 307, 309

Haggard, Ernest　欧内斯特·哈格德　304

Hall, Derek　德里克·霍尔　22

Halpin, Andrew　安德鲁·哈尔平　171, 288

Handley Lisa　丽莎·汉德利　111–113, 310–311

Hart, H. L. A.　H. L. A. 哈特　xvii, 18–25, 105–107, 116–117, 165, 169–170 等各处

and Bentham　和边沁　106, 206, 338–339

and Devlin　和德弗林　106–107

and Dworkin　和德沃金　21, 102, 209–210, 340

and Llewellyn　和卢埃林　78

The Concept of Law　《法律的概念》　78, 342

参见：Lacey, MacCormick, questions and questioning, utilitarianism

Hastings, Alcee　阿尔塞·黑斯廷斯　215–216, 284, 343

Hepple, Sir Bob　鲍勃·赫普尔爵士　194

Hercules　赫拉克勒斯　210, 340

High Table　高桌　64–65

Highet, Gilbert　吉尔伯特·海特　43–44, 296–297

Hirst, Paul　保罗·赫斯特　233

Historical Jurisprudence　历史法学　3, 106, 239, 242, 参见：Tamanaha

historiography　历史编纂学　265, 312, 363–364

History Man, The　《历史人》　147

Hoffman, Leonard, Lord　莱昂纳德·

霍夫曼勋爵 24, 297, 314
Hohfeld, Wesley N. 韦斯利·N. 霍菲尔德 69
Holmes, Oliver Wendell Jr. 奥利弗·温德尔·霍姆斯 xiv, 92, 116, 120–121, 241, 258, 302, 311–312
horse sense 粗浅实用的知识 35, 88, 280, 282, 参见: experience, lessons of
House Trespass 房屋侵入 48
How to Do Things with Rules 《如何依规则行事》 99, 131–132, 140–146, 260–261
Hughes, Tony 托尼·修斯 26
human rights 人权 107–108, 114–115, 207, 参见: Human Rights, Southern Voices
Human Rights, Southern Voices (project) 人权, 南半球声音(项目) 243, 260, 267–269, 364–365
Hume, Katherine 凯瑟琳·休谟 279
Hungary, 1956 1956年匈牙利 27–28
Hutchinson, David 戴维·哈钦森 336

ideal types 理想型 172, 218–219, 246, 249, 251–252, 271–273, 278–279, 345
identification evidence 证据识别 265
ideology 意识形态 3, 80, 210, 参见: Director, Jurisprudence
Iffley Village 伊夫丽村 190, 280, 284
imaginative possessions 想象的财产 191–192
imperialism 帝国主义, 见: colonialism
indicators 指标 204, 234, 235, 351, 参见: Restrepo-Amariles
inhuman and degrading treatment 非人道和有辱人格的对待, 见: torture
injustice, sense of 不正义感 115, 311
Inns of Court 律师学院 25, 58, 292
Insh'Allah "真主阿拉" 42, 47, 295–296
intellectual history 思想史 3–4, 277
intelligence analysis 情报分析 265, 334, 参见: Schum
interlegality 法律间性 252
International Law 国际法, 见: Public International Law
International Legal Center (ILC) 国际法律中心(ILC) 53, 219–221, 270, 345, 365
internment 拘留, 见: emergency powers
interpretation 解释 139–146, 317–319, 340, 参见: *How to Do Things*

索　引

with Rules
interrogation techniques　审讯技术　102, 108, 309, 参见: questions, torture
Islam, Islamic Law　伊斯兰教, 伊斯兰教法　xiii, 40, 42–43, 50, 68, 71, 238, 252–253, 267–269, 297, 360
-isms　主义, 见: classification

Jackson, John　约翰·杰克逊　356
James, Henry　亨利·詹姆斯　118
Jasso, G.　G. 亚索　311
Jolowicz, Tony　托尼·杰洛维兹　307
Jowell, Sir Jeffrey　杰弗里·乔韦尔勋爵　158, 189, 194, 199
judges　法官, 见: adjudication
judicial reasoning　法律推理, 见: reasoning
Jurisprudence　法理学　1–6, 104–146 等各处
　as activity　作为一种活动　2–3, 161, 245, 358 等各处
　as field concept　作为领域概念　2
　as heritage　作为传统　2–3, 244–245, 261, 274
　as ideology　作为意识形态　2–3, 245
　compulsory subject　必修课　100, 196–197
　contributions to health of discipline of Law　对法学学科健康的贡献　4–6, 102, 160, 245–246
　Fabian　费边主义　150, 226
　integration between 'domains' of　"领域"之间的整合　6, 255–257
　jurisprudentially interesting questions　具有法理学意味的问题　211, 255, 356–357
　Legal Philosophy as one part　法哲学是其一部分　102, 201, 213
　meta-theory about　关于法理学的元理论　1–6, 102, 159–161, 245, 322–323
　theories of law　法律理论　276–282, 355, 368
　　参见: Analytical, Empirical, General, Historical, Normative, Jurisprudence
jurist　法学家　xiv–xv, 29, 162, 274, 288
　doctrinal jurists　教义性法学家　174, 211, 240
　参见: academic lawyers, 'Southern jurists'
juristic method, job of　法学方法的职能, 见: Llewellyn
Juristic Technique (course)　法学技术 (课程)　83, 99–101, 126, 130–131, 139–140, 参见: Legal Method
Jury Project　陪审团项目　38
justice　正义　114–115, 193, 311, 参

见：Rawls, Sen

Kant, Immanuel 伊曼努尔·康德 240
Karamalla, Awad 卡拉马拉·阿瓦德 40
Kelsen, Hans 汉斯·凯尔森 173–174
Kennedy, Duncan 邓肯·肯尼迪 87–88, 174
Kenya Council of Legal Education 肯尼亚法学教育委员会 74–75
Kipling, Rudyard 拉迪亚德·吉卜林 124, 241
Kiswahili 斯瓦希里语 63
Korzybski, Alfred 阿尔弗雷德·柯日布斯基 35
Kramer, Matthew 马修·克雷默 113
Kublai Khan 忽必烈可汗，见：Calvino
Kurland, Philip 菲利普·库尔兰 33

Lacey, Nicola 尼古拉·莱西 21, 174, 255, 292–293, 328, 336, 360
Land Law 土地法 4, 20, 22, 155–156, 194
Land Use Planning 土地使用规划 155–156
Langbein, John 约翰·朗拜因 111
Langdell, C. C. C. C. 兰德尔 36, 121, 127, 217
Laski, Harold 哈罗德·拉斯基 74

Lasswell, Harold 哈罗德·拉斯韦尔 90, 344
Latour, Bruno 布鲁诺·拉图尔 246
'Law and …' "法律和……" 275
Law and Development 法律与发展 xvii, 60–61, 91, 229–231, 242, 250
American Law and Development Movement 美国法律与发展运动 53, 91
'development' "发展" 230
legal development 法律发展 349
Law and Economics movement 法律和经济学运动 31–32, 79–80, 293
Law and Literature 法律和文学 118, 125, 332, 366
Law as a discipline 作为一门学科的法律，见：discipline of Law
law, concept / conceptions of 法律的概念/观念
  ambiguous term 模糊的词语 116, 276
  as basis for theories of law 作为法律理论的基础 171, 210, 355, 369, 参见：essentialism, Hart, theories of law
law for non-lawyers 非法律人的法律 226–227, 273, 348, 参见：Learning about Law, Public Understanding of Law
law in action, concept 行动中的法律，

概念 24, 324–325, 参见：realism

law in context 语境中的法律 46–47, 58–62, 150

and American Legal Realism 和美国法律现实主义 161–164

'broadening study of law from within' "从内部拓展法学研究" 102, 150, 160–162, 201

Law in Context (book series) "语境中的法律"（丛书）91–92, 98, 101, 161, 169–170, 321

law publishing and information 法学出版与信息 158, 222, 347

law reform in England in 1960s 20世纪60年代英格兰法律改革 98

law reporting 法律报告 47–49

law school rankings 法学院排名，见：indicators

law schools, function of 法学院的功能 127, 220, 270, 345

law students 法科学生

  American 美国法科学生 38

  East Africa 东非法科学生 62–63, 69, 283

  postgraduate 法学研究生 198–202

  Sudan 苏丹法科学生 42, 44, 51–52

law talk/talk about law 法学话语/有关法律的话语 174, 255, 281

law teachers 法学教师见：academic lawyers

Law Teachers' Programme (LTP) 法学教师项目（LTP）199, 225, 346

Law Wives Club 法律人之妻俱乐部 38

Lawson, F. H. (Harry) F. H.（哈里·）劳森 20, 29

league tables 排行榜，见：indicators

learning / teaching focus 学习/教学重点 220

learning about/how 了解领会/技能学习 131

  formal/informal 正式/非正式学习 270–273, 365–366

  life-long 终生学习 270–272

Learning about law 学习法律 125–132, 217–227, 365–366

  change and 和变迁 217–219

  discourse about, ideal types 关于学习法律的话语，理想型 270–273

  fallacies about 关于学习法律的谬误 365

  focus on teaching rather than learning 关注教学而非学习 270–271, 365

  formal/informal 正式/非正式 270–273

  global hypotheses 全球化假设 270

  national systems of 国家制度 220–

222

rethinking 重新思考 269–273
参见：academic lawyers, experience, International Legal Center, Public Understanding, self-education

Leff, Arthur 亚瑟·莱夫 87–88, 304

legal dogmatics 法教义学，见：doctrine

Legal Education 法学教育，见：Learning about law

Legal Education Research Network (LERN) 法学教育研究网（LERN） 346

Legal Education and Training Review (LETR, 2013) 《法学教育和培训评论》（LETR, 2013） 269–270, 272

Legal Method, legal method "法学方法", 法学方法 126–129, 131, 189

  expanding the range 扩展范围 128, 134–135, 176, 250

  traditional view 传统观点 126, 131–132, 303

  参见：skills, Juristic Technique (course), Llewellyn (Elements), comparative method, Evidence, numeracy, interpretation, rule-handling

legal nationalism 法律民族主义 6, 43, 282

Legal Philosophy 法哲学，见：Jurisprudence

legal pluralism 法律多元主义，见：pluralism

legal positivism 法律实证主义 133, 206, 213, 342, 361

  and Analytical Jurisprudence 和分析法学 193, 255

legal reasoning 法律推理，见：Reasoning in Legal Contexts

legal records 法律记录，见：archives

legal rules 法律规则，见：social and legal rules

legal science 法律科学，见：doctrine

Legal Services Act (2007) 《法律服务法案》（2007年） 270

legal system, concept 法律体系，概念 45–46

legal technology 法律技术，见：juristic method

legal theories 法律理论，见：Jurisprudence

legal traditions 法律传统 239

  common law / civil law rivalry 普通法 / 民法竞争 40, 44–45

  参见：Glenn, Islam, civil law, customary law, Roman Law

legalism 法条主义 105, 142–143, 260, 261, 362–363

Legislation 立法 130, 145, 192, 参见: statutory interpretation

Leiter, Brian 布莱恩·莱特 165, 255, 324

lenses (concept), standpoint and 视角（概念）, 和立场 37, 118, 275

Leverhulme Foundation 利华休姆基金会 266

Levi, Edward 爱德华·列维 31, 32, 33, 130

Lewis, Andrew 安德鲁·刘易斯 199, 336

liberal education, values of 博雅教育的价值 126–127, 272–273, 346–347, 参见: skills

Liebmann, George W. 乔治·W.利布曼 33

Lincoln's Inn 林肯律师学院 25, 参见: Inns of Court

linguistic diversity and social injustice (or multilingual societies) 语言多样性和社会不横溢（或多语言社会）260, 361

litigation, total process 诉讼, 整体过程 119–121, 130, 163–164, 263–264, 363

Llewellyn, Karl 卡尔·卢埃林 29–38, 75–92 和全书各处

conception of Jurisprudence 法理学的观点 35–36, 88, 100, 159, 342

Elements (course) "原理"（课程）83, 89, 302, 303

juristic method, job of 法学方法的职能 37, 86

Karl Llewellyn Papers Project, The 卡尔·卢埃林论文计划 80–85

Karl Llewellyn and the Realist Movement (KLRM) 《卡尔·卢埃林和现实主义运动》(KLRM) 80–89, 99, 101

law-jobs theory 法律职能理论 36–37, 213, 241, 278, 290, 295, 342, 355, 参见: functionalism

rule-scepticism 规则怀疑论 139, 295

technique/ideals 技术/理念 37, 88

Twining criticisms 特文宁的批判观点 88–89

Uniform Commercial Code 《统一商法典》82, 304, 369

'whole view' "总体观点" 35–38, 367, 参见: Corbin, Mentschikoff, realism, Uniform Commercial Code

Lloyd, Denis (Lord Lloyd of Hampstead) 丹尼斯·劳埃德（汉普斯特德的劳埃德勋爵）158, 170, 195

Lloyd-Bostock, Sally 萨莉·劳埃德-

博斯托克 261, 265

Lodge, David 戴维·洛奇 116, 126–127

Lowes-Dickinson, Goldsworthy 戈兹沃西·洛斯-迪金森 361

Lubbock, Percy 珀西·卢伯克 118

McAuslan, Patrick 帕特里克·麦考斯兰 60, 61, 63, 73, 76, 77, 147, 149, 151, 155–157, 162, 163, 282, 283, 321

MacCormick, Neil 尼尔·麦考密克 212–214, 255, 316, 341–342, 362

McCrate Report 《麦克拉特报告》 127

McDougal, Myres 梅尔斯·麦克杜格尔 90, 344

Mack, Mary 玛丽·麦克 339

MacMillan, Harold 哈罗德·麦克米兰 28

Maeterlinck, Maurice, *The Life of the Bee* 莫里斯·梅特林克,《蜜蜂的生活》 37

managerialism 管理主义, 见: bureaucracy

Manning, Julie 朱莉·曼宁 63, 283, 299

mapping law 描绘法律 44–45, 228, 236–238, 243, 353, 369

Marco Polo 马可·波罗, 见: Calvino

Marx, Marxism 马克思, 马克思主义 59, 339, 354

Massoud, Mark Fathi 马克·法特希·马苏德 46, 56

materials of law study 法学研究的素材 130–131, 134–135

Maudsley, Ronald 罗纳德·莫兹利 18, 27

Mauritius 毛里求斯 8–10, 291

Melville, Herman 赫尔曼·梅尔维尔 159–160, 202

memoirs, as genre 作为一种体裁的回忆录 xv, xix–xx

Mentschikoff, Mrs (Soia's mother) 门斯契科夫女士(索亚的母亲) 81, 84

Mentschikoff, Soia 索亚·门斯契科夫 32, 38, 63, 78–85, 202–204, 229, 280, 303–304

Merton, Robert 罗伯特·默顿 161, 289–290, 354, 参见: middle order theory

Miami/Coral Gables 迈阿密/科拉尔·盖博斯, 见: Universities/Law Schools

middle order theory 中程理论 4, 161, 195, 234–236, 242, 277, 323, 356, 357, 368, 参见: Merton

Midnight Cowboy 《午夜牛郎》 202–203

Miers, David 戴维·迈尔斯 99, 130,

140–146, 318，参见：*How to Do Things with Rules*

Mill, J. S. J.S.密尔 100, 105, 106–107, 329

Modified Wigmorean Analysis (MWA) 修正式威格摩尔分析（MWA），见：Wigmore

Mondlane, Eduardo 爱德华多·蒙德拉内 64

Montesquieu 孟德斯鸠 203

Montrose, James L. 詹姆斯·L.蒙特罗斯 94, 99, 317

moots 模拟法庭 123, 131, 315

moral pluralism 道德多元主义，见：pluralism

Morison, W. L. W. L.莫里森 335

Mugerwa, P. J. Nkambo P. J.恩坎博·穆格瓦 64

multi-disciplinarity 多学科性，见：disciplines

Mustafa, Zaki 扎基·穆斯塔法 42, 295–296

narrative in legal discourse, role of 法律话语中叙事的角色 105, 184, 209, 332

National Institute of Trial Advocacy (NITA) 美国国家审判辩护所（NITA） 129

nationalism 民族主义 59–60, 96, 191，参见：colonialism, tribalism

African 非洲 27–29, 58–59, 291, 292

dark side of 民族主义的阴暗面 212

Irish 爱尔兰民族主义 96–97, 191

Scottish 苏格兰民族主义 212, 341–342

nation-building 国家建构，见：Law and Development

Natural Law 自然法 2–3, 105–106, 171, 210, 241, 343, 361，参见：human rights

Netherlands Institute of Advanced Study (NIAS) 荷兰高等研究所（NIAS） 214–215, 265–266

Neuroscience 神经科学 120, 221, 282, 313

New Legal Realism (NLR) 新法律现实主义（NLR） 165，参见：American Legal Realism (ALR)

Newark, Francis H. 弗朗西斯·纽瓦克 93–94, 101

Newspaper Exercise, The 报纸练习 xii–xiv, 134, 136–137, 175, 235–236, 266

Nicholas, J. K. B. M. N. (Barry) 巴里·尼古拉斯 18–21, 25, 52

Nietzche, Friedrich 弗里德里希·尼采 359

non-state law 非国家法 69–72, 250, 277, 352, 368

Norman and Dawbarn 诺曼和道巴恩 67–68

Normative Jurisprudence 规范法理学 104–113, 291, 308, 参见: Dworkin, human rights, Jurisprudence, Natural Law, utilitarianism

norms and rules as synonyms 规范与规则是同义词 138, 262

norms 规范, 见: social and legal rules

Norms, General Theory of 规范的一般理论 260–268, 参见: social and legal rules

Northern Ireland, 'Troubles' 北爱尔兰, "问题" 94–99, 156, 322

Northrop, Filmer 菲尔默·诺思罗普 36, 368

Nowhere, view from 无源之见 123

numerical turn 数字转向 235, 351

Nussbaum, Martha 玛莎·努斯鲍姆 242

Nyerere, Julius, President 朱利叶斯·尼雷尔总统 28, 57–59, 70, 79, 283, 298

Oakeshott, Walter 沃尔特·奥克肖特 23

oaths, swearing and promising 发誓和承诺誓言 15, 105, 138, 307, 参见: beliefs

observer 观察者 122–123, 184, 313–314, 324

O'Donovan, Katherine 凯瑟琳·奥多诺凡 99, 307

Olivecrona, Karl 卡尔·奥利维克罗纳 325

O'Neill, Onora 奥诺拉·奥尼尔 242

Osterhammel, Jurgen 于尔根·奥斯特哈默 354

Otieno case 奥蒂埃诺案 253

Paisley, Rev. Ian 伊安·佩斯利牧师 95

Paliwala, Abdul 阿卜杜尔·帕里瓦拉 98, 130, 307, 365

Palley, Claire 克莱尔·帕利 95, 96, 300–301, 306

Palomar, Mr 帕洛马尔先生, 见: Calvino

Papua New Guinea (PNG) 巴布亚新几内亚（PNG） vi, 18, 349

Parker Report (1972) 《帕克报告》（1972年） 108

participant-orientation 参与者取向 119, 213

particularism 特殊主义 101, 150, 172–173, 238, 279

Pasagarda 帕萨尔加德, 见: Santos

path dependency 路径依赖 9, 61,

索　引

72, 291, 参见: colonialism, decolonisation
Paul, James C. N.　C. N. 詹姆斯·保罗　53, 345, 349
Perelman Centre (Brussels)　佩雷尔曼中心（布鲁塞尔）　86, 362, 363
Philips, Arthur　亚瑟·菲利普斯　93
Picciotto, Sol　索尔·皮乔托　64, 77
Pinker, Stephen　史蒂芬·平克　313, 369
planks　木板, 见: rafts
plateglass universities　"玻璃板"大学　98, 147, 157
pluralism　多元主义　25, 36, 82–83, 277, 360
　belief　信念　105, 257, 282
　global legal pluralism　全球法律多元主义　236
　moral pluralism　道德多元主义　xvi, 106–108
　normative and legal　规范的和法律的　136–138, 243, 252–253, 277, 292–293, 359–360, 368
Pogge, Thomas　涛慕斯·博格　115, 241, 242
point of view　视角, 见: standpoint
Pope Pius, XII　教皇庇护十二世　26
positivism　实证主义, 见: legal positivism
Posner, Richard　理查德·波斯纳　33

post-colonialism　后殖民主义　290–291
post-modernism　后现代主义　79, 233
post-positivism　后实证主义　213
post-post-colonialism　后-后殖民主义, 见: post-colonialism
practical reason　实践理性, 见: Reasoning in Legal Contexts
Pratt, Cranford　克兰福德·普拉特　26, 57, 68, 283
precedent　先例
　doctrine/techniques　学说/技术　130–131, 145
　pocket pistol law　小手枪式法律　48
　rules of　先例规则　139–140, 317, 参见: law reporting, ratio decidendi
prediction　预测　120–121, 312
probabilities and proof　概率和证明　177, 179, 265, 328
problems　问题
　Baffled Medic fallacy　困惑的医生谬误　144
　perception of　问题的感知　131, 142–143
　problem-solving　问题解决　344
　rules as responses to　作为对问题回应的规则　138
　参见: Simon, skills
proof　证明, 见: Evidence

provocation (homicide) 刺激（故意杀人） 47–48

Psychology and Law 心理学和法律 261, 275, 282

Public International Law 国际公法 5, 110–114, 233, 251

Public Understanding of law 法律的公众理解 226–227, 270–273，参见：Learning about law

publicity 公开性 192, 209

punishment 惩罚 107, 109, 119, 309

questions and questioning 问题与提问 97–101, 116–120, 124–126, 135–140, 208, 211, 237–239, 251, 276, 314
 good questions 好问题 125, 149, 178, 180
 issue-framing 议题构成 263
 law/fact 法律/事实 133, 135, 263–264
 what is … ? questions "……是什么？"式问题 19, 116–117, 参见：interrogation, standpoint, Zapp

Radbruch, Gustav 古斯塔夫·拉德布鲁赫 249

rafts 木板 2, 20, 35, 参见：belief, working assumptions

rankings 排名，见：indicators

ratio decidendi 判决理由 313–314, 参见：precedent

Rawls, John 约翰·罗尔斯 104, 114–115, 119, 214, 241–242, 274

Raz, Joseph 约瑟夫·拉兹 102, 261, 341, 366–367

Read, James 詹姆斯·里德 64

Reading Law Cookbook 《阅读法律食谱》 100, 135

Real Property 不动产，见：Land Law

realism 现实主义 xvi, 88, 24, 164–171, 255, 324–325, 参见：American Legal Realism

reality, begging questions about 逃避有关现实的问题 56, 167

Reasoning in Legal Contexts 法律语境中的推理 129–134, 263–265
 and common sense 和常识 130, 178, 182, 186
 conditions of doubt 怀疑的条件 142–144
 decisions to prosecute 起诉的决定 264
 evidential 证据性推理 158, 175, 180, 184, 264, 330
 fact/law distinction 事实/法律区分 264
 ideology and 和意识形态 33
 judicial reasoning 司法推理 129–134, 263–265, 参见：adjudication
 'legal reasoning' as misnomer "法

律推理"是用词不当 263-264
parole 假释 263
practical 实践推理 132, 214
  参见：Cohen, intelligence analysis, McCormick, standpoint, Schum, Wigmore
reception of law 法律的继受，见：diffusion
religious belief 宗教信仰 14, 105, 参见：belief
Restatements 法律重述
  African Law 非洲法 69-71
  American 美国法律重述 71-72
Restrepo-Amariles, David 戴维·雷斯特雷波-阿马利尔斯 351, 参见：indicators
rethinkings 重新思考 xvii, 128, 153-157, 175-189, 245-253, 269-273, 358, 见：Comparative Law, Evidence, International Law, Land Law, Legal Education, Legal Method, Torts, Trusts
revolution, how to behave 如何进行革命 51-52
Rheinstein, Max 马克斯·莱茵施泰因 32, 78, 316
Roberts, Paul 保罗·罗伯茨 266
Roberts, Simon 西蒙·罗伯茨 275, 355
Robinson, Mary, President 玛丽·罗宾逊总统 191
Robinson, William 威廉·罗宾逊 233-234, 351
Rodney, Walter 沃尔特·罗德尼 64, 299
Rogers, Everett 埃弗雷特·罗杰斯 247, 358
Roman Law 罗马法 18, 21, 26, 281
Romano, Santi 桑蒂·罗马诺 365
Rosen, Fred 弗雷德·罗森 339
Royal Statistical Society 皇家统计学会 266
Rudden, Bernard 伯纳德·拉登 320
Rule of Law 法治 58-60
rule-handling 处理规则，见：skills
rule-scepticism 规则怀疑论 xvi, 139, 181, 295
rules 规则，见：social and legal rules
rules, tentative working rules 规则，暂时的可行规则 90
Rushdie, Salman 萨尔曼·拉什迪 253
Rutter, Irving 欧文·拉特 127, 132
Rutter, Trevor 特雷弗·拉特 18, 19, 259, 361
Rylands v. Fletcher, rule in 赖兰兹诉弗莱彻案中的规则 46-47

Sachs, Hans 汉斯·萨克斯 169
Salmond on Torts 《萨尔蒙德论侵权

法》24, 41, 46–47, 138, 166，参见：Atiyah, Torts

Santos, Boaventura De Sousa 博温图拉·迪·苏萨·桑托斯 91, 231, 233, 242, 252–253

Scandinavian Legal Realism 斯堪的纳维亚法律现实主义 325

Scarman, Lord Leslie 莱斯利·斯卡曼勋爵 98

Schauer, F. F. 肖尔 137, 261, 262, 367

Schofield, Philip 菲利普·斯科菲尔德 337, 339

Schwarzenberger, G. G. 施瓦曾伯格 193

Schum, David 戴维·舒姆 132, 265–266, 334–335

Scottish Enlightenment 苏格兰启蒙运动 213

self-criticism 自我批判 45, 245–248

self-education 自我教育 11–12, 18, 25, 43, 76, 346

Selznick, Philip 菲利普·塞尔兹尼克 278

Sen, Amartya 阿玛蒂亚·森 104, 114–115, 242

Sheridan, L. A. L. A. 谢里丹 101, 200

Shivji, Issa 伊萨·斯夫杰 61

Simon, Herbert 赫伯特·西蒙 128–129

Simpson, A. W. Brian A. W. 布莱恩·辛普森 48, 297, 317

Singer, Peter 彼得·辛格 115, 241

skills, learning and teaching 学习和教学的技能 24, 99, 126–129, 141, 161–162

 classical education and 和古典教育 15

 constructing arguments 构建论点 333

 intellectual skills/professional techniques 思想技能/职业技术 126–127

 参见：Legal Method

slavery 奴隶制 114

Smith, T. B. T. B 史密斯 169

Snow, David 戴维·斯诺 247

social and legal rules 社会规则和法律规则 136–146, 262–263, 362，参见：Corbin, doctrine, *How to Do Things with Rules*, interpretation, legislation, pluralism

 and customary law 和习惯法 139

 and the discipline of Law 和法学学科 138, 180

 commands, habits, precepts, predictions, principles, values distinguished 与命令、习惯、规定、预测、原则、价值的区分 262, 362

general theory of norms 规范的一般理论 137, 260–263

individuation 个体化 168, 253

legal rules 法律规则
    as aids to prediction 作为预测的辅助 121
    continuities with social rules 与社会规则连贯 141–142, 146, 260
    norms and rules as synonyms 规范和规则是同义词 138, 262
    pervasiveness of 社会规则和法律规则的无所不在 xiii–xiv, xix, 136, 261, 282
    rule-scepticism 规则怀疑论 xvi, 139, 168, 181–182, 295
    standards 标准 234, 262, 363, 参见: indicators

Social History 社会史 157, 202

social spheres, concept 社会领域的概念 168

Social Theory 社会理论 278, 281, 参见: Anthropology, Cotterrell, Galligan, Selznick, Weber

Society of Public Teachers of Law (SPTL) 公共法律教师学会 (SPTL) 98, 147, 157, 222–224

Socio-Legal Studies 社会法律研究 96, 161, 165–174, 275, 337, 参见: universities, Oxford

Sociology of Law 法律社会学, 见: Cotterrell, Selznick, Social Theory, Tamanaha, Weber

Sorabji, Richard 理查德·索拉布吉 15, 292

'Southern jurists' "南半球法学家" 46, 54, 174, 267–269

standpoint 立场 92, 116–124, 131, 134–135, 138–139, 155, 239–241, 252–253, 341

statistics, legal 法律统计学 235, 255, 参见: indicators, numerical turn

Statute Law Society 制定法协会 98

statutes, interpretation 制定法解释 131, 139–140

Stevens, Robert B. 罗伯特·B. 史蒂文斯 22, 91–92, 98, 306

Stolker, Carel 卡雷尔·斯托克 344

Stone, Julius 朱利叶斯·斯通 94, 159

sub-global patterns 次全球化模式 225, 232, 237–238, 370

substance-blind approach 无关内容方法, 见: Schum

Sudan 苏丹 39–56
    First Revolution, Nov.1958 1958年11月第一次革命 50–51
    Sudan Govt v. Balla el Balla Baleila 苏丹政府诉巴拉·厄尔·巴拉·巴雷拉案 47, 253

Sudan Law Journal and Reports
(SLJR)《苏丹法律杂志与报告》
(SLJR) 47–49, 53, 56, 247

Sudan Law Project 苏丹法律项目
47–49, 53, 56

Summers, Robert S. 罗伯特·S. 萨
默斯 85

Summers, Sarah 萨拉·萨默斯 356

surface law 表面法 152

Susskind, R. R. 萨斯坎德 269

Svendsen, Eric 埃里克·斯文森
65–66

tacit knowledge 默会知识 125,
133, 171, 184, 327, 369, 参见:
working assumptions

Tamanaha, Brian Z. 布莱恩·Z. 塔
玛纳哈 241–242, 255–256, 289, 338,
350, 354–355, 361

Tanganyika / Tanzania 坦噶尼喀 / 坦
桑尼亚, 见: universities/law schools,
consultancies

Tanganyika / Tanzania African Union
(TANU) 坦噶尼喀 / 坦桑尼亚非洲
联盟(TANU) 57, 58, 66–67, 283

Tefft, Sheldon 谢尔顿·特夫特 31–
32

Tenenbaum, Elcana 埃尔卡纳·特南
鲍姆 40–41, 50

Teulon, Lorely 罗雷莱·图伦 199

textbooks and treatises 教科书和著
作 61, 72–73, 169–171, 326–
327, 参见: Law in Context series

Thayer, James Bradley 詹姆斯·布
拉德利·塞耶 180–184, 261, 317,
330

theories of Law 法律理论, 见: Jurisprudence

thinking like a lawyer 像法律人那样
思考 126–134, 参见: reasoning

Thompson, Cliff F. 克里夫·F. 汤普
森 45, 53

Thompson, Edward P. 爱德华·P. 汤
普森 157, 202–203

Thompson, Graham 格雷厄姆·汤
普森 233

Times (London)《泰晤士报》(伦敦)
79

Torts, Law of 侵权法 xiv, 20, 46–
47, 70–72, 166, 168

as field concept 作为领域概念
xiv, 2, 152–155

rethinking 重新思考 24, 153–155,
参见: animals, Atiyah, defamation,
Salmond

torture 酷刑 xvi, 102, 108–114

concept 概念 309, 310–111

Paris Conference (1973) 巴黎会议
(1973年) 110

routinisation 例行化 109, 113,

参见: emergency powers, interrogation, utilitarianism
total pictures 总体图景 8, 180, 220, 228, 243
Toynbee, Arnold 阿诺德·汤因比 353
tradition 传统, 见: legal traditions
Trafalgar, battle of 特拉法加战争 117, 122, 312
transnationalisation 跨国化 192, 281, 参见: globalisation and Comparative Law
transplantation 移植, 见: diffusion of law
treatises 著作, 见: textbooks
Trevelyan, Mary 玛丽·特里维廉 292
tribalism 部落主义 12–13, 97, 274, 366
Trusts 信托 156–157
Twining, William 威廉·特文宁
  academic administration 学术行政事务 61, 68, 73–75, 151–153, 157–158, 195–197, 199–200, 参见: CLEA, SPTL
  career choices 职业选择 8, 25–26, 43, 76, 217
  conception of Jurisprudence 法理学的观念 xiv–xv, 1–6, 88, 104–108, 159–169, 242–245, 322–323

family 家人 7–9, 97, 291–292, 305 和全书各处
formal education 正式教育 7–38, 101–102
identity 身份 xv, 77, 274
main writings, overviews 主要著作、概述
  inaugural lectures: QUB 贝尔法斯特女王大学就职演讲 218–219
  Warwick 华威大学 102, 322–323; UCL, 伦敦大学学院 185
on evidence 有关证据 259
on globalisation and law 有关全球化和法律 235
on legal education 有关法学教育 217–218, 269
on Llewellyn 有关卢埃林 86
select bibliography 著作目录精选 285–288
UCL period 伦敦大学学院时期 185, 201
National Service 国民服役 24–25
political awakening 政治觉醒 25, 27–29, 292
'R/retirement' "退(而不)休" 256–282
self-education 自我教育 11–12, 18, 25, 28
teaching 教学 26–27, 43–47, 186–

189, 235–240 和全书各处

theory of law, not one 并非一个法律理论 276–282, 355

参见：colonialism, decolonization

UCL Evidence Programme 伦敦大学学院证据项目 266

Uglow, Jenny 珍妮·厄格洛 347

Ulpian 乌尔比安 1, 94

uncommon sense 非常识，见：horse sense

understanding 理解 166–169, 288–289

unfinished business 未竟的事业 259–273

Uniform Commercial Code 《统一商法典》 82, 85, 86, 303, 304, 369, 参见：Llewellyn, Mentschikoff

Universal Declaration of Human Rights 《世界人权宣言》 268

universalism, universal values 普遍主义、普遍价值 229, 240–241, 251, 268, 278, 366

Universities/Law Schools 大学/法学院

　Birkbeck (London) 伯克贝克学院（伦敦） 17, 337

　Boston College 波士顿学院 89

　Boston University 波士顿大学 89

　Chicago, University of 芝加哥大学 29–38, 107–108, 293–294, 302

　Dar es Salaam, University College (later University of Dar es Salaam) 达累斯萨拉姆大学学院（后来的达累斯萨拉姆大学） 57–71

　East Africa, University of (1961–65) 东非大学（1961—1965年） 86

　Khartoum, University of (Sudan) 喀土穆大学（苏丹） 38–56

　Leicester, University 莱斯特大学 93

　London, University of 伦敦大学

　　External System 海外制度 44, 52, 58, 72, 194–195, 198

　　intercollegiate system 学院间制度 190, 193–194, 195–196, 200

　　LLM Review (1994) 法学硕士评估（1994年） 194

　　sesquicentennial (1986) 150周年（1986年） 194

　Makerere (Uganda) 麦克雷雷大学（乌干达） 25–26, 57–59, 65

　Miami, University of 迈阿密大学 202–205, 337–338, 351–352

　Nairobi, University College/University 内罗毕大学学院/大

学 58, 65

Northwestern University 西北大学 151, 284

Oxford University 牛津大学 17–27, 52, 106

 All Souls College 万灵学院 25, 27

 Brasenose College 布雷齐诺斯学院 19–23, 26–27, 52

 Centre for Socio-Legal Studies 社会法律研究中心 265, 328, 参见: Socio-Legal Studies

 legal education in the 1950s 20世纪50年代的法学教育 21–23

 Magdalen College 莫德林学院 25, 27

 Wolfson College 沃弗森学院 151

Pennsylvania University, Law School 宾夕法尼亚大学法学院 88, 89, 92, 120–121

Queen's University Belfast 贝尔法斯特女王大学 93–103

Stanford University 斯坦福大学 89, 259

University College London 伦敦大学学院 189–202, 参见:

 Bentham ethos 气质 191, 207

 Faculty of Laws 法学院系 192–195

 Godless College 无神论的学院 334

 Quain Chair of Jurisprudence 法理学奎恩讲席 190, 195–198

Virginia, University of 弗吉尼亚大学 89, 151

Universities / Law Schools (cont.) 大学/法律学校

 Warwick Law School 华威法学院 97, 147–158, 160–161, 195

 Warwick–Dar connection 华威–达累斯萨拉姆关联 77, 147, 149

 Yale 耶鲁大学 42, 89–92, 148–149

Uris, Leon 利昂·乌里斯 62

utilitarianism 功利主义 xvi, 104–113, 119, 191, 207, 241–242, 参见: economic analysis of law, Hart, Sen

Waldron, Jeremy 杰里米·沃尔德伦 197, 363

Walker, Neil 尼尔·沃克 234, 245

Warwick Castle 华威城堡 111, 310

Warwick District Community Relations Council 华威街区社区关系委员会 157

Watson, Alan 艾伦·沃森 246–247, 358

Weber, Max 马克斯·韦伯 278, 345–

346, 参见: bureaucracy, ideal types, standpoint

Weidenfeld and Nicolson 韦登菲尔德和尼科尔森 91–92, 参见: Law in Context series

Weir, Sir Reginald 雷金纳德·韦尔爵士 99

Weis, Manfred 曼弗雷德·韦斯 367

Western legal traditions, mainstream assumptions 西方法律传统, 主流假定 251–252, 280–281

Weston, A. B. A. B 韦斯顿 61–62, 68, 69, 74, 283, 298

Wetter, J. Gillis J 吉利斯·韦特尔 294

White, Morton 默顿·怀特 172

Wieacker, Franz 弗朗茨·维亚克尔 244, 358

Wigmore, John Henry 约翰·亨利·威格摩尔 177, 180–184, 189, 261, 284, 331

 chart method 图表法 186–189, 202, 214–215

 Modified Wigmorean Analysis (MWA) 修正式威格摩尔分析 (MWA) 132, 181, 183, 333–334

Williams, Glanville 格兰维尔·威廉斯 195, 336

Wilson, Geoffrey 杰弗里·威尔逊 98, 147–152, 162, 275, 319–320

women 女性, 见: gender

Woods, Michael 迈克尔·伍兹 19

Woolf, Virginia 弗吉尼亚·伍尔夫 18

working assumptions 可行假定 4–5, 36, 88, 106, 218, 245–255, 270–271, 280–281, 353, 368, 参见: culture shock, rafts, tacit knowledge

World History 世界历史 236–239, 278, 353

World Systems Theory 世界体系理论 353–354

Xanadu 上都 270, 365

Zangwill, Israel 伊斯瑞尔·赞格威尔 331

Zapp, Morris 莫里斯·扎普 125–126

Zimring, Franklin 富兰克林·齐姆林 83

Zweigert, C. C. 茨威格特 249–250

威廉·特文宁教授生平年表[①]

1934 年 9 月 22 日

生于非洲乌干达,《乌干达守卫报》刊载庆贺诗。

1939 年　5 岁

与母亲前往毛里求斯,主要由教母伊芙琳·杜比森照顾。

1944 年　10 岁

从毛里求斯回到英格兰,搭乘的轮船安第斯号在途中受到潜水艇威胁。就读于圣罗南预科学校,寄宿在亲戚家中,由长兄约翰照顾。

1949 年　15 岁

就读于查特豪斯中学,从古典文学转入历史学失败,成绩垫底但酷爱读书。

1952 年　18 岁

赴牛津大学布雷齐诺斯学院攻读法学学位,但对法学不感兴趣,热爱文学与哲学。

1954 年　20 岁

参加牛津大学新任法理学讲席教授 H. L. A. 哈特的系列讲座课

[①] 本年表由译者赵英男整理编制。

程，从此走上研习法学的道路。

1955 年　21 岁

在哈特的帮助下，惊险地获得牛津大学毕业生一等荣誉学位。经历人生顿悟时刻：研习柯林伍德的《自传》《历史的观念》《艺术原理》等重要著作，准备律师资格考试时对法学教育展开反思，在律所短暂交流后对传统教科书展开批判。

1956 年　22 岁

政治意识觉醒，见证奥尔德马斯顿大游行、苏丹和加纳独立以及苏伊士运河危机、匈牙利事件。

1957 年　23 岁

与妻子佩内洛普完婚后，前往美国芝加哥求学，跟随卡尔·卢埃林学习。

发表第一篇学术文章"法律继受的一些内容"。

1958 年　24 岁

前往苏丹喀土穆大学任教，负责编辑《苏丹法律杂志与报告》，深入研究教学方法。

1961 年　27 岁

离开苏丹，前往达累斯萨拉姆大学学院任教，与朋友韦斯顿、麦考斯兰设计学院课程。

1962 年　28 岁

担任肯尼亚法学教育委员会成员，推动建立肯尼亚法学院。

1963 年　29 岁

前往芝加哥整理卡尔·卢埃林（1962 年 2 月 13 日逝世）的论文。开始写作《卡尔·卢埃林与现实主义运动》。

1964年　30岁

在乞力马扎罗山的基博峰下定决心坚持从事法学研究。

结识密友特里·安德森。

1965年　31岁

前往耶鲁访学，访谈合同法宗师亚瑟·科尔宾。与罗伯特·史蒂文斯共同启动"语境中的法律"丛书。

1966年　32岁

前往贝尔法斯特女王大学任教，担任法理学教授及"法律和法理学系"主任。

结识密友杰弗里·威尔逊。

1967年　33岁

发表就职演讲"伯里克利和管道工"。

1969年　35岁

在牛津纳菲尔德学院研讨会上与接任哈特成为牛津法理学讲席教授的德沃金第一次见面。

1970年　36岁

加入国际法律中心，协助从全球视野思考"南半球"的法学教育与研究的未来。

1971年　37岁

前往宾夕法尼亚大学访学，通过霍姆斯的经典作品《法律的道路》尝试系统发展法学理论的"立场"观点。在哈特的邀请下，加入"边沁全集"编辑委员会。

1972年　38岁

经历"血色星期天"事件，动身前往华威大学任教。启动"重新思考证据"研究项目。结识密友尼尔·麦考密克。

1973年　39岁

接任华威大学法学院院长，将行政事务命名为"杂事"。革新专业课程设置，并以一瓶红酒推动王室法律顾问对华威大学法学学位的认证。

《卡尔·卢埃林与现实主义运动》出版，声名鹊起。

1975年　41岁

协力完成在国际法律中心的工作项目"变化世界中的法学教育"，发表讨论霍姆斯经典论断的"再谈坏人"。

1976年　42岁

担任"边沁全集"编辑委员会副主席（哈特任主席）。

探讨法律规则和其他社会规则的解释和适用的教科书《如何依规则行事》第一版出版。

1977年　43岁

担任公共法律教师学会委员会主席，推行改革但大多失败。参加"非法律人的法律"会议，探究法学院之外的法学教育。

1978年　44岁

与特里·安德森开始探讨合作有关证据问题方面的著作。

1981年　47岁

接受迈阿密大学邀请，成为每年定期的访问学者（至2011年结束）。与特里·安德森商定合作有关证据分析的著作。

1982年　48岁

担任"边沁全集"编辑委员会主席（至2000年结束）。

《如何依规则行事》第二版出版。

1983 年　49 岁

前往伦敦大学学院担任奎恩法理学讲席教授,负责协调伦敦大学各个学院间的理论课程教学。担任英联邦法学教育协会主席(至1993 年结束)。

1984 年　50 岁

在伦敦大学学院内推行法学教师项目,强调法学教育的独特语境。

1985 年　51 岁

索亚·门斯契科夫(卡尔·卢埃林遗孀)去世。

反思自己学术研究的地方化倾向,探索从全球语境研究法律。

《证据理论:边沁和威格摩尔》出版。

1988 年　54 岁

为两位被学校无理停学的研究生据理力争并获得成功,继而开始负责整个研究生项目。

1989 年　55 岁

加入特里·安德森的为美国联邦法官阿尔塞·黑斯廷斯辩护的法律团队。在伦敦大学学院转为非全职教授。

1990 年　56 岁

开启"全球化与法律"研究项目。

拓展并修正证据法领域教义性传统的文集《重新思考证据:探索性文集》第一版出版。

1991 年　57 岁

有关证据问题的代表作《证据分析》第一版出版,《如何依规则行事》第三版出版。

1994 年　60 岁

阐述法学研究、法学教育和培训以及法律理论化工作的文集《布莱克斯通之塔：英国法学院》出版。

1997 年　63 岁

阐述"法律与语境"的一系列文章的合集《语境中的法律：扩展一门学科》出版。

1998 年　64 岁

推出《证据分析》教师增补版。

1999 年　65 岁

在斯坦福高等行为研究中心访问，正式进入"退（而不）休"的阶段。

《如何依规则行事》第四版出版。

2000 年　66 岁

十年来有关全球化时代法律理论变迁的一系列文章的合集《全球化和法律理论》出版。

2002 年　68 岁

阐述经典法学家生平、著作与理论的文集《伟大的法学市集：法学家的文本与法律人的故事》出版。

2005 年　71 岁

《证据分析》第二版出版。

反思分析法学研究路径的文章"有概念，就会有传播：全球语境中的分析法学"发表。

2006 年　72 岁

《重新思考证据：探索性文集》第二版出版。

2009 年　75 岁

《一般法理学：从全球视角理解法律》与《人权：南半球声音》出版，发表伯恩斯坦讲座"规范多元主义与法律多元主义"。

2010 年　76 岁

《如何依规则行事》第五版出版。

2011 年　77 岁

《证据、推断与研究》出版，发表孟德斯鸠讲座"全球化与法学研究"。

2012 年　78 岁

《卡尔·卢埃林与现实主义运动》第二版出版，增补全新撰写的"后记"。

2013 年　79 岁

目睹《法学教育和培训评论》发布后所带来的灾难性影响，重拾研究法学教育的兴趣。

2015 年　81 岁

巴克西、帕里瓦拉等人主编的庆贺文集《法律的伦理、全球和理论语境：致敬威廉·特文宁》出版，总结威廉·特文宁在人权、全球化和法律理论方面的主要成就。

2019 年　85 岁

个人自传《语境中的法学家——威廉·特文宁学术回忆录》出版。

"把自己作为方法"：
如何阅读《语境中的法学家》

赵英男 著

威廉·特文宁（William Twining）的作品可能并不像《法律的概念》《法律帝国》《纯粹法学说》那样一直出现在每位法学研习者的身旁，但在法理学、比较法、证据法、法学教育以及社会法律研究等领域中，我们总会与之相遇：它们或是思想史中需要研读的经典，或是了解前沿讯息所需的参考，或是有待批判论辩的对象，一直都静静守候在我们每个苦思冥想抑或茅塞顿开的时刻，让人既有不期而至的惊喜又不乏久别重逢的慨叹。

自 2009 年以来，特文宁有关法学理论、全球化以及证据法的多部著作与文集被陆续引入中文世界。[①] 在这些著作以及相关研究性作品中，特文宁的译名往往是"推宁"或"退宁"，但是根据《世界人名翻译大辞典》与《英语姓名译名手册》，"特文宁"才是标准

---

① 威廉·退宁：《全球化与法律理论》，钱向阳译，中国大百科全书出版社 2009 年版；特伦斯·安德森、戴维·舒姆、威廉·特文宁：《证据分析》（第二版），张保生等译，中国人民大学出版社 2012 年版；威廉·特文宁：《证据理论：边沁与威格摩尔》，吴洪淇、杜国栋译，中国人民大学出版社 2015 年版；威廉·特文宁：《反思证据：开拓性论著》（第二版），吴洪淇等译，中国人民大学出版社 2015 年版（在本书正文中，此书被译为《重新思考证据：探索性文集》）。

译法。①本书遵循此译,在恪守"标准"之外,也青睐这一译法中"特文"连读所具有的美感:这似乎如特文宁的学术立场一样,在面对更抽象的哲学思考与更具体的社会学分析,更宏大的理论建构与更精细的事实描述,以及更全球化的理论取向与更地方性的思考路径等抉择时,不是毫不犹豫地选择某种方法"推"与"退",而是在不同进路之间维系着审慎而微妙的平衡。这就如英语中"twining"这个词所表达的意涵一样:攀援缠绕、犬牙交错。

不过究其本义,特文宁的"Twining"(亦写作"Twyning"),其实意指"两条河流之间",是英国英格兰地区的一个村庄的名称。有人认为特文宁家族以此命名,但其实在离开这个村庄后,特文宁的祖先方才有此姓名。后来,特文宁的祖父成为英国威斯敏斯特的圣斯蒂芬大教堂的牧师,与当时地位更高的乡绅伯恩家族(the Bourns)中的第八个孩子喜结连理。这桩婚事一定程度上夹杂着传统等级秩序衰落与新兴社会阶级蓬勃发展所带来的某种无可奈何。据特文宁考证,在英格兰的赫里福德郡档案馆中,有自己祖母的长姐露丝(Ruth)的八卷本日记,其中的记载表明,她对自己妹妹的丈夫仅仅毕业于伦敦大学国王学院而非牛津或剑桥,一直耿耿于怀。②这份遗憾或许在几十年后特文宁及其长兄约翰前往牛津求学时才得以释怀。

---

① 参见新华通讯社译名室:《世界人名翻译大辞典》,中国对外翻译出版公司2007年版,第2976页;以及新华通讯社译名室:《英语姓名译名手册》(第四版),商务印书馆2009年版,第722页。

② William Twining, *Jurist in Context: A Memoir*, Cambridge University Press, 2019, p. 8.

1934年威廉·特文宁出生于非洲的乌干达，1952年进入牛津大学布雷齐诺斯学院（Brasenose College）攻读法学本科学位。在导师巴里·尼古拉斯（Barry Nicholas）的指导下，他选修了当时刚刚执掌牛津大学法理学教席的H. L. A.哈特的讲座课程。这门课程的主体内容便是日后成为20世纪法理学最为重要的著作《法律的概念》（The Concept of Law, 1961）的核心框架。特文宁深受哈特学识与人格魅力的吸引，同时也深得哈特的赏识，并最终在后者的帮助下获得了本科毕业生的最高荣誉：一等荣誉学位。特文宁曾说，若非如此，自己恐怕就不会选择学术道路。但在他的父母看来，这却是发生在自己儿子身上最糟糕的事情。[1]

从某种角度说，特文宁的父母都是"实务工作者"：他的父亲是英国殖民政府的行政官，在第二次世界大战期间负责截获及破译日本的情报，并最终担任非洲坦噶尼喀地区（现为坦桑尼亚联合共和国的大陆部分）总督近十年，位列英王授予的首批终身贵族；他的母亲一直从事医疗卫生工作，负责应对疟疾等传染病。这样的家庭氛围崇尚专业与实干精神，自然对书斋中的学者抱有偏见。这种态度直到特文宁学术生涯取得成功时似乎都没有改变。特文宁回忆，在自己将写作了十年的著作送给母亲时，母亲先是非常惊讶（我儿子竟然能写出这么厚的东西！），接着就明确表示自己读都不会读它（读这种东西有什么用？）。不过有意思的是，特文宁曾看到母亲偷偷抚摸着这本书。[2] 更值得玩味的是，特文宁也谨慎地说自

---

[1] William Twining, *Jurist in Context: A Memoir*, Cambridge University Press, 2019, p. 21.

[2] 同上书，第305页。

己只是"可能"(may)看到了这个场景,记忆难免出错。从精神分析的角度来看,这是否意味着特文宁潜意识里渴望着来自父母的认同?

不管答案是什么,在最初选择学术道路时,特文宁绝没有这种"寻求认同"的想法。他常常会这样戏谑地说,"我有一个'殖民主义童年',一个'反殖民主义青少年'"。① 这里的"殖民主义童年"说的是他在十岁之前出生并生活在乌干达以及毛里求斯的经历,而"反殖民主义青少年"的一部分含义指的是他自我意识的觉醒,开始在生活、学业以及工作方面试图摆脱父母的影响。如果说听从父母的安排从海外回到英国本土生活与学习,给特文宁带来了一生相伴的内心挣扎,那么尝试走出父母的荫庇而追寻自己的学术之路,则让他感受到了更多的挑战与悲欢。

无论在进入牛津求学之前还是之后,这个当时叫作特文宁的年轻人在生活与学习方面远非一帆风顺。但所幸波折留给他的不仅仅是苦难:寄居于亲戚家的疏远以及寄宿于学校的孤独,养成了特文宁沉静内敛、独立自强的性格;中学时期古板单调的古典文学学习与本科阶段远离实践的法条教义灌输,始终在提醒特文宁,教育——特别是法学教育——尚有许多需要反思和改变的地方。在这种生活与学习环境中,特文宁也远非我们所设想的那种"好学生"。他自然读过许多书、思考过许多问题,可成绩只是勉强说得过去,甚至在主观态度上颇有几分玩世不恭和不以为意。但结识哈特,使

---

① William Twining, *Jurist in Context: A Memoir*, Cambridge University Press, 2019, p. 8.

得这一切都发生了根本改变。哈特将当时风靡牛津乃至整个英语哲学界的日常语言分析方法引入法学。在课堂上，他以温和但坚定的声音告诉学生：我们需要了解的并非法律概念的定义，而是这些概念在日常生活中的用法；一个难以解答的问题既可能包含成果丰硕的启迪，也有可能仅仅源于语言表述不清。这一切都令特文宁着迷：原来法学不是对枯燥教义的背诵，更不是对律师和法官工作经验的粗糙模仿！

从这一刻起，特文宁开始认真看待自己的专业——法学，也开始认真对待自己的身份——法学家。这里的"法学家"不仅指的是法学学者，还包括一切以法律为主要学科、领域或职业并对之展开深入思考的人。[①]可是在申请牛津大学的研究生项目时，特文宁坦言自己被过高的期待压垮了。在随后的两年时间里，他实际上处于失学的状态。但他也在这段时期里逐渐明确了自己的人生方向：厌倦了牛津的古板与沉闷，特文宁渴望非洲的自由；对照着自身的成长经历，特文宁意识到法学教育必须有所改变。这样一来，在非洲从事教育工作，便成为特文宁的目标；而能帮助他同时实现这两者的，便是他所接受过的法学训练。

此时，一个意外的机会也降落在特文宁的面前。他得知曾经指导过自己比较法论文的教授负责选拔学生前往美国攻读法学硕士学位。身为一直接受英国教育的牛津毕业生，特文宁当时对美国法学的人物与观点所知甚少，只是偶然读过哈佛大学朗·富勒（Lon

---

① William Twining, *Jurist in Context: A Memoir*, Cambridge University Press, 2019, p. xiv.

Fuller)教授与芝加哥大学卡尔·卢埃林(Karl Llewellyn)教授的著作。在一番沟通后,哈佛大学委婉地表示无法提供奖学金,特文宁便申请英联邦的项目,前往芝加哥大学攻读法学硕士学位。正是在这里,他成为卢埃林的信徒,并在其影响下逐渐成长为当代法律现实主义与社会法律研究的主要代表人物。

对于年轻的特文宁来说,卢埃林不仅直接影响了他的理论观点与学术品位,还间接改变了他的人生轨迹。从芝加哥大学毕业后,特文宁来到非洲,先是在苏丹的喀土穆大学继而又在坦桑尼亚的达累斯萨拉姆大学学院任教。在1962年的一天,远在非洲的特文宁收到消息,卢埃林在这一年的2月猝然长逝。这个突如其来的事件,使得特文宁开始将学术关注点转向有关卢埃林及其所代表的法律现实主义的研究。自此以后,非洲在特文宁心中的地位逐渐被法学取代,他便离开非洲,踏上"归程",按他自己的话说,逐渐成为英国与美国大学中一位典型的"中年教授"。[①] 他历任贝尔法斯特女王大学的法理学教授、华威大学的法理学教授,并最终在伦敦大学学院担任奎恩法理学讲席教授。

这段时间横跨了特文宁学术生涯的发展与成熟时期。虽然他对自己的评价是"中规中矩",但实际上他深层次介入了法学理论发展、法理学学科建设以及法学教育革新的种种活动。他不仅针对具体理论问题提出别具一格的观点,还在整体上影响了我们今天法学研究的诸多理论范式、学术概念与人才培养模式。

---

① William Twining, *Jurist in Context: A Memoir*, Cambridge University Press, 2019, p. 157.

在法学理论方面，他深刻地扭转了人们对于法律现实主义的看法，使得新一代的法学研究者充分认识到关注法律的现实运作过程、提炼脱胎于具体法律现象的中层理论的重要性。这不仅使得人们在20世纪末开始重新关注曾经活跃于20世纪30年代和40年代的美国法律现实主义者们的洞见、对法律思想史发展持有更为公允的立场，还启发了将社会科学资源融入法学理论研究的风潮。从社会科学角度分析法律现象并不新鲜：作为社会范畴的一部分，法律天然就是社会科学关注的对象。但是根据传统的观点，社会科学方法，无论是调查问卷还是深入访谈，都更适宜解决具体而微的问题。有关"法律是什么""法律规则是什么"以及"如何像法律人那样思考"这些问题，则最好要由法学中延续千年的教义学方法抑或哲学分析来加以回答。可是特文宁却无比雄辩地表明，无论是教义学方法还是哲学分析，在解答这些问题时都会力有未逮，而社会科学理论与方法能够为我们更进一步澄清和阐明这些问题提供巨大帮助。

在法理学学科建设方面，特文宁延续着哈特所开创的运用概念分析工具，澄清法学核心概念并阐明理论问题意涵的方法，但他同时认为，这种方法所关注的议题与领域绝非法理学这门学科的全貌。他认为完整的法理学研究，在关注概念之外，还要关注对我们社会生活至关重要的价值理念以及法律的现实运作。因此，在分析法理学之外，规范法理学与经验法理学同样必不可少。这三者的结合尤为体现在特文宁有关"酷刑"的研究中。这一研究的开启同样源自一场偶然。在哈特的邀请下，特文宁加入编辑整理边沁著作的委员会，最初是作为成员和副主席，继而又接替哈特担任该委员会的主席，时间长达29年（1971—2000年）。在整理、编辑以及发表边沁的著作时，特文宁发现边沁有关酷刑以及功利主义的学说在很大程度上受到了误解与扭曲。为了正本清源，他与妻子整理出边沁生前运用功利主义立场阐述酷刑问题但却由于种种因素并未发表的手稿。在对手稿加以注释和评论时，特文宁翻阅了大量有关酷刑的著作。这使得他的关注点不仅局限于在概念层面对酷刑的澄清，以及规范层面对于特殊情境中酷刑的证成或否定，而是将视野拓展到现实生活中出现在世界许多国家中的制度性酷刑与虐待。如此一来，特文宁意义上的法理学又向正义、自由以及人权等领域延伸。法理学便不再是哈特以降的法哲学家笔下主要围绕"法律是什么"抑或"法律本质必然属性"展开的单一问题的学科。

在人才培养模式方面，特文宁的大部分工作都是非常具体甚至细碎的。他会非常细致地研究一次考试中出多少道题目才能更巧妙地敦促学生全面掌握一学期的课程；他会想方设法改革学制以及每个学年的教学周时长，并对学生课余时间安排感到忧心忡忡；他会号召学院和老师们在学生入学前就安排学习任务，帮助学生尽可能快地适应新环境。[1]他还会为自己的学生受到的不公待遇而向学校据理力争；还会认真地考虑是否应当在学院走廊两侧挂上每位研究生的照片；还会暗暗用功记住每位学生的昵称，并在招待学生喝柠檬水的同时了解他们的想法与感受。[2]他甚至与许多学生保持了

---

[1] William Twining, *Jurist in Context: A Memoir*, Cambridge University Press, 2019, pp. 101, 73, 74.

[2] 同上书，第44、199、200页。

相伴终生的友谊,以至于在他接受采访时,记者会贴心地提醒,他心心念念的学生现在都不在当初他任教的地方而是生活在沙特阿拉伯或海湾诸国。① 除此之外,他还将大量精力投入到教科书的改造中。畅销英美法学界的"语境中的法律"丛书由此诞生。相较于传统教科书和专著,这一丛书中的著作更加关注"行动中的法律"而非"书本中的法律",往往从现实问题出发组织相关法律概念与规则,力图避免部门法划分对学生认识法律运作全貌所带来的片面性与割裂性。

稍加回顾,我们其实不难发现这些观点与主张在今时今日的法学研究与法学教育中的基础性地位:在英语世界——特别是美国——的法学院中,几乎已经不再有任何单纯讲授法律教义的科目,有关法律的经济分析以及社会学、政治学乃至心理学研究,渗透至从宪法、合同法、财产法到侵权法、知识产权法以及国际法等各个领域;法理学中以分析哲学为基础的概念分析方法无疑仍旧占据主导地位,但是法律现实主义的洞见与法律实用主义的资源不再被视为"剑走偏锋"而是被理所应当地接受为法理学的重要研究路径;法学教育领域同样如此,如果说在几十年前这是一个既无人关注也无人认为值得关注的领域,那么现在人们对于它的重视可谓无以复加:法律人才培养,无论是针对研究者还是实务工作者,都是司法实践以及整个现代社会运作的重要基础。

我们也可以从特文宁的著作中管窥其理论与方法所得到的认

---

① William Twining, *Jurist in Context: A Memoir*, Cambridge University Press, 2019, p. 44.

可。依据他夫人的整理，截至2015年特文宁总共写作和主编了34部著作，发表了166篇学术论文，编辑整理了11份存档至今的法学资料，此外还有大量的报刊短文、评论与案例评析。① 他有关法律现实主义、法律理论、全球化以及证据法的著作，大多已经成为相关研究的必读文献，在几十年里多次再版。② 可即便如此，特文宁依旧感到自己的著作与观点并未有效到达他所认为的基本读者那里。③ 他发现自己的写作虽然力求面向最广泛的读者，但却大多局限于特定议题或领域。专业人士将他的作品视为针对某个具体观点展开论辩与交锋的对象，非专业人士则不免认为这些论证分析晦涩难懂。这就造成如下尴尬：特文宁所重视的有关法理学以及法学研究的诸多一般性思考反而受到忽略。

在此背景下，年逾八旬的特文宁决心"轻装简从"重新出发，将自己有关学术、学理乃至人生的思考提炼为一部通俗易懂又不乏理论深度的总结性作品。于是，本书《语境中的法学家——威廉·特文宁学术回忆录》(*Jurist in Context: A Memoir*, 2019)便应运而生。

---

① 参见：Upendra Baxi et al, eds., *Law's Ethical, Global and Theoretical Contexts: Essays in Honour of William Twining*, Cambridge University Press, 2015, pp. 367-378.

② 比如，奠定他学术地位的《卡尔·卢埃林与现实主义运动》(*Karl Llewellyn and the Realist Movement*)，由韦登菲尔德与尼克尔森出版社(Weidenfeld & Nicolson)以及俄克拉荷马大学出版社(Oklahoma University Press)分别在1973年和1985年出版后，又由剑桥大学出版社在2012年推出修订版；他阐述法律规则及其解释的著作《如何依规则行事》(*How to do Things with Rules*)，自1976年第一版推出后，至今已更新到第五版；此外，他有关证据与证明的作品《重新思考证据》(*Rethinking Evidence*)和《证据分析》(*Analysis of Evidence*)既是证据法领域的经典作品，又是相关研究的前沿参考。

③ William Twining, *Jurist in Context: A Memoir*, Cambridge University Press, 2019, p. xx.

标题中的"法学家"这个称呼，不仅是特文宁对于自己过往人生的总结，也是对个人学术观点的表达。在如今英语世界的法理学研究中，有太多法理学研究者和学习者不假思索地将法理学等同于有关法律的哲学抑或社会科学分析，将法理学视为哲学、社会学、经济学抑或政治学而非法学的一个分支。特文宁想要结合这门学科的发展告诉我们，有关法律的理论研究自然不排斥法学之外的方法，甚至从某种角度来说这些方法是对有关法律的教义学研究至关重要的补充，但他们并不能取代法理学独有的立场、思维与提问方式。在这个意义上，本书虽然形式轻松活泼、幽默诙谐，却是一部探讨法理学的历史发展、时代价值与研究方法的严肃学术著作。特文宁以自身成长经历为线索，"把自己作为方法"勾勒了自哈特以来法理学这门学科在当代的兴起、发展以及演变，生动描绘了对法理学乃至法学研究至关重要的理论、思潮以及人物的诸多故事，在坦诚地向多学科视角与方法保持开放的同时，又无比坚定地捍卫了法理学的独特价值。

不过虽然有此理论雄心，特文宁对于本书缘起与内容的表述却非常谦逊含蓄。在"前言"中，他说自己之所以会写这样一部自传，不过是因为在生活中有随手记录轶事与见闻的习惯。这些记录慢慢发展成一本包罗万象的"剪贴簿"，被他视为艺术品在亲友之间传阅。在许多人的建议下，也在哲学家与历史学家柯林伍德《自传》的启发下，他觉得或许基于这些记录写作一部完整的自传也是个不错的想法。本书英文原版的内容提要是这样讲的：

> 本书是一位杰出法学家引人入胜又通俗易懂的学术回忆

录。它讲述了这位法学家的思想与著述在三大洲的语境中长达六十多年的发展历程，并讨论了有关去殖民化的充满反讽意味与矛盾心绪的故事、发生在贝尔法斯特的爱尔兰纠纷、法学研究的语境转向、重新思考证据以及全球化的潜在影响这些在这位法学家的人生与研究中居于核心地位的事件。作为一个自封为热情澎湃的"法律民族主义者"，特文宁在提出自己的原创性观点时，勾勒了自己有关法学这个激动人心的学科的立场，这门学科在社会与政治生活的各个领域中可谓无所不在，是理论与实践、概念与价值、事实与规则之间独具启发的结合。本书的论述既针对所有法学学者，也面向其他非专业人士，它展现出法学这门在"二战"后的岁月中历经变迁、扩展以及多样化的学科的重要性与魅力，并展望了它的未来发展与潜力。

这当然是对本书所包含的种种传奇经历与故事的如实描述，但显然也并非这部"把自己作为方法"阐述法理学发展的著作的全部。拨开本书效仿伊塔洛·卡尔维诺（Italo Calvino）的写作风格所营造的小说般的文学氛围，我们或许可以从如下三个角度尝试阅读这本著作。

其一，本书提供了别具一格的法理学学科发展语境。在通行的法理学课程与教科书中，法理学往往被呈现为一系列似乎没有什么共同之处的立场或方法之间的想象中的论战，比如自然法与法律实证主义的交锋、法律现实主义与法律形式主义的对比，等等。同时，法理学的历史发展也总被理解为从一个伟大思想家到另一个伟大思想家之间的线性演进，比如从奥斯丁到哈特，再到德沃金与拉兹，诸如此类。① 这带来了两方面的不利影响。

一方面，这容易使得我们对于法理学的理解非常狭隘，似乎关注不同法学家的理论学说就是法理学的全部。如此一来，研究法理学就像是走入一个密闭世界，不再关注法律与其他社会现象的关系，也不再关心法学理论与其他学科的对话。另一方面，这容易使得人们将法理学研究等同于对每位思想家学说观点及其"优点""缺点"的机械背诵，忽略了每一种学说提出的具体语境和时代背景。这往往导致人们不是将法理学研习理解为通过理论展开对现实的思考，而是将之视为处理现实问题前快速获得特定概念、观点与方法的方便法门。此外，这些不利影响还左右了人们对于法理学价值的判断。无论在过去还是现在，对法理学以及法学理论"晦涩""无用""缺乏现实感""不关注实践"的指责可以说不绝于耳，其中最尖锐的声音甚至来自法理学者内部。②

法理学家们并非没有意识到这一点。自20世纪60年代以来，"语境"成为法理学家构建和解释法学理论时日益不可或缺的重要因素。③ 不过总体而言，这些"语境"主要是较为宏大的时代思潮与社会经济政治背景，虽然为我们理解相应理论提供了必不可少的前

---

① 参见〔英〕斯科特·维奇等：《法理学：主题与概念》（第三版），赵英男译，北京大学出版社2023年版，第2—3页。

② 有关这一问题的分析，参见赵英男："'难学又无用'的法理学？"，载《燕大法学教室》第8期，元照出版社2023年版，第4—8页。

③ 英美法理学界最为知名的教科书之一就是布莱恩·比克斯（Brian Bix）的《法理学：理论与语境》，在该书第7版前言中，作者自述本书内容是两重挫败的结合：首先是我身为教师有时感到的挫败，此时我无法传达法律理论中伟大著述者们的美好与精妙之处；其次是我的学生有时感到的挫败，此时他们无法理解我，原因是我无法用他们能懂的话语解释材料。参见：Brian Bix: *Jurisprudence: Theory and Context*, 7th ed., Carolina Academic Press, 2015, p. vii。

提，却并未具体而微地向我们展现每一种理论究竟是在何种机缘巧合下出现、发展并成为我们奉为圭臬的经典。《语境中的法学家》正好弥补了这一空缺。比如，透过特文宁的讲述，我们可以发现法律现实主义者和分析法哲学家并不只是两种不同抽象立场的代表，而更像是展现了两种迥然有别的生活方式：哈特沉稳内向但却不乏政治手腕，他主导的分析法哲学研究范式能够风靡牛津，与他借助法理学讲席教授的平台深度介入课程设置与考试方式密切相关；卢埃林威严激昂但对学生却不乏循循善诱——为了解释法律现实主义，他曾拿着两幅艺术品图片给年轻的特文宁欣赏，告诉他好的研究方法绝非完美，但却一定要契合研究对象。

又比如，在特文宁的诉说里，法学研究者和法律实务工作者似乎是两个世界的人：在研究美国《统一商法典》时，特文宁一遍又一遍地翻阅历史文件并不厌其烦地向索亚·门斯契科夫（Soia Mentschikoff）求证编纂时的细节，而后者不仅是编纂该法典的负责人卢埃林的遗孀，更是与之一同负责编纂工作的极具现实主义气质的法学家。面对特文宁一次又一次的询问，她摇摇头说："你为什么要关心这些文件呢？所有影响法典的重要决定都是在电话上作出的——我在电话这头儿，可坐在那头儿的人现在已经死了。"

这些轶事当然并不是对某一位法学家的思想或某一种立场的直接阐述，但却从不同角度为我们拼凑起20世纪60年代以来法理学发展的种种微观政治环境。从特文宁的讲述中，我们可以发现像教科书那样根据人物及其观点来理解法理学实在狭隘且幼稚：每一种思想突破时代的重围走到我们面前，都有种种政治、历史、社会、经济、文化以及个人因素的影响；每一位思想家历经时间的淘汰停留在我们身边,都有性格、天赋、运气、机会、时代甚或命运的推动。在这个意义上,法理学如同陈寅恪有关历史学的判断,同样是"不古不今之学":淹没于历史尘埃中的人物与思想,未必不会对今天的现实问题有所启发;展现在现实喧嚣中的种种景象,未必不会让我们共情于遥远时空中的某个人物或立场。过去与未来,或许并不是一道摆在我们面前的单选题。正是法理学学科发展具有如此别具一格的特质,特文宁才会于本书"前言"中引用历史学家艾伦·班内特(Alan Bennet)的表述来阐明自己的写作目的:"**传承。这有时是你所能做的全部。继承、感受并传递下去。不是为了我,不是为了你,而是为了某天、某处的某个人。孩子们,传承下去。**"①

其二,**本书包含着妙趣横生的法学理论思想史素材**。如果说对于本书中法理学学科发展的种种"轶事秘闻"的了解还算是在"看热闹",那么尝试在特文宁的娓娓道来中找寻法学理论的历史缘起与现实影响就多少带有了"看门道"的意味。这是因为本书中记叙的许多历史材料,若非我们作为历史事件的亲历者能够耳闻目睹,恐怕翻阅所有相关资料都未必能够有缘得见。不妨一起来看两个特文宁与自己导师交往的例子。

第一个例子自然与哈特有关。在 20 世纪的法理学中,哈特及其著作《法律的概念》是绕不开的一座高峰。不仅哈特的追随者们如此认为,就连并不完全认同其理论方法与立场的学者同样持此观点。比如,当代法律现实主义代表人物之一布莱恩·莱特虽然认为哈特在该书中对于现实主义立场的讨论是非常偏颇的,但却指出:

---

① William Twining, *Jurist in Context: A Memoir*, Cambridge University Press, 2019, p. xx.

"当20世纪的法理学巨擘哈特……以无与伦比的技术和洞见,利用当时有关法律性质和法律体系根本问题的主导性哲学工具,将法哲学的关切与论断引入英语世界哲学的主流时,法哲学无疑取得了宏伟的进步。"①

这一点也在特文宁的论述中得到了印证。他说当这部作品在1961年出版时,一位从牛津大学来到达累斯萨拉姆访学的学者兴奋地与他讨论了整晚。不过身为哈特器重的学生,特文宁却似乎并不认为这部作品具有如此重要的意义。值得关注的是,特文宁的这个判断其实得到了哈特本人的承认。1967年特文宁邀请哈特前往贝尔法斯特女王大学讲座时,在两人的通信中哈特说,讲任何内容都可以,除了这本"糟糕的作品"(wretched book)。②更有意思的地方在于,在布莱恩·Z.塔玛纳哈(Brian Z. Tamanaha)教授的提醒下,我发现特文宁本人曾自述过这样一段往事:在提交给哈特七十岁生日的庆贺文集中,特文宁一方面称赞了哈特将分析哲学的方法融入法理学的尝试,另一方面也毫不避讳地指出这种研究路径存在使得法理学研究变得狭隘且晦涩的风险。无疑,首当其冲遭受这一批评的便是《法律的概念》。据特文宁本人回忆,哈特对此非常恼火,两人的关系从此以后远不如先前亲密。③这些思想史细节

---

① Brian Leiter, *Naturalizing Jurisprudence: Essays on American Legal Realism and Naturalism in Legal Philosophy*, Oxford University Press, 2007, p. 2.

② William Twining, *Jurist in Context: A Memoir*, Cambridge University Press, 2019, pp. 78, 302.

③ Brian Z. Tamanaha, "Glimmers of an awakening within analytical jurisprudence", in *Law's Ethical, Global and Theoretical Contexts: Essays in Honour of William Twining*, Upendra Baxi et al, eds., Cambridge University Press, 2015, p. 357.

不禁让我们想进一步探究：哈特到底如何看待自己的工作，究竟如何评价自己的这部"巨作"？

第二个例子便与卢埃林相关了。如前所述，特文宁前往芝加哥大学跟随卢埃林教授学习，在卢埃林教授看到他沉迷于以哈特式的概念分析讨论一切问题时，就拿出艺术品图片请他体会研究方法与研究对象之间的协调所具有的美感。根据特文宁的回忆，这个故事发生在他与卢埃林第二次见面时。当时，卢埃林买了一本有关哥特式建筑的书，将其中的滴水兽和其他雕刻品图片指给特文宁看。特文宁感到一些作品极具感染力，无疑属于艺术品，但另一些虽然在技术上不那么粗糙却缺乏艺术品位。卢埃林赞同这个判断并解释说，具有美感的作品是在凿子这种工具发明前创造的，而缺乏品位的作品反而是用这种新工具制作的。卢埃林进一步指出，特文宁正患有"柯日布斯基麻痹症"：沉迷于概念分析这种全新工具并且使用过度。

这个故事自然体现出卢埃林面对学生时的耐心与细致，但似乎也体现出卢埃林可能并不了解概念分析这种方法的真正起源。在他看来，这似乎是柯日布斯基这个人的原创。柯日布斯基（A. H. S. Korzybski, 1879—1950）是美国哲学家、普通语义学的创始人，是卢埃林在世时比较有影响力的一位学者。但是特文宁为之着迷的概念分析方法其实来自哈特，更准确地说是来自影响哈特的牛津日常语言哲学家约翰·奥斯丁（John Austin, 1911—1960）与吉尔伯特·赖尔（Gilbert Ryle, 1900—1976）。这派哲学家认为哲学并非科学，其问题无法通过观察和实验得到解决，只能通过细致地澄清概念以及追踪概念之间的关系加以处理。比如，赖尔认为哲学是一种概念的地理格局（geography），哲学论证的目的就是修正我们已经具有的知识的逻辑地理格局。①在特文宁的叙述中，卢埃林的这个教学方法非常奏效，他从此成为卢埃林的信徒。②可是我们也能够在其论述中一再看到他对概念分析方法的强调。比如，特文宁认为在有关酷刑的研究中，对于责任、问责、透明性等概念进行分析"是有用的"，概念分析是学习法理学所需掌握的基本技能之一，等等。③

这似乎表明特文宁虽然接受了卢埃林的观点，却在相当程度上对之有所发展甚至改造。在他看来，表面上截然相反的两种立场——哈特的哲学化概念分析与卢埃林式的现实主义视角——能够毫无矛盾地融贯于自己的法理学主张中。这种融合如何可能？是否成功？每位阅读《语境中的法学家》的读者不妨作出自己的判断。我在这里想引用特文宁非常喜爱的一位诗人的作品中的文字来表达自己的看法。这便是吉卜林（J. R. Kipling, 1965—1936）的《门徒》（*The Disciple*, 1932）中的一节："正是他的门徒，将会告诉我们这位大师本会如何被抛在一旁；如果大师活到现在——那门徒就会告诉我们，大师说出口的话语有哪些本应得到改变。正是他的门徒，会如此这般且远甚于此。"我想这也是特文宁对于自己同哈特以及卢埃林学术关系的判断。不过这首诗还有一句："可他自己的

---

① 参见〔英〕A. C. 格雷林：《企鹅哲学史》，赵英男、张瀚天译，上海文艺出版社 2023 年版，第 417 页。值得一提的是，哈特的《法律的概念》显然是向赖尔的《心的概念》(*The Concept of Mind*, 1949) 致敬。

② William Twining, *Jurist in Context: A Memoir*, Cambridge University Press, 2019, p. 35.

③ 同上书，第 113、126、128 页。

门徒,会带给他最深的伤害。"会如此吗?

其三,本书记叙了引人入胜的个人成长心路历程。如果说我们并不关心法理学,甚至对法学的兴趣也很一般,《语境中的法学家》是否仍然值得我们阅读呢?我想答案应该同样是肯定的。我们几乎每个人都有自己的童年、少年、青年以及壮年和晚年。我们都会成长。我们总要学习如何与他人建立联系,如何在社会中立足,如何在这个世界中认识甚或塑造自我。我们会经历成功,也会有许多失败。我们会实现梦寐以求的目标,也会失落珍视无比的宝藏。无论从事何种职业、过着何种生活,难以言表的困惑与不期而至的境遇总会推动着我们去思考和寻求一个答案、一种慰藉抑或只是一段倾诉。可是这个世界太忙了,忙着成功,忙着光鲜亮丽,忙着诉说。我们需要真诚而坦率的交流与倾听:特文宁有关自己如何从一位来自非洲的磕磕巴巴地说着英语的男孩,成长为一位世界级法理学学者的讲述,无疑堪当此任。即便我们不从学术的眼光来阅读本书,只是将之视为一位充满智慧的老人对于自身过往的讲述,也会从中收获许多知识与感动。

不妨先来看一看特文宁与自己父亲之间的"长期鏖战"。我们先前提到过,特文宁选择学术道路在很大程度上是为了走出父母的笼罩,证明自己可以在不靠父母荫庇的条件下把事情做好。[①]虽然在整部回忆录中,特文宁对于自己父母的直接描述只有寥寥数语,但从种种细节中不难看出他们不仅在工作中精明强干,在家庭中也

---

① William Twining, *Jurist in Context: A Memoir*, Cambridge University Press, 2019, p. 8.

非常强势，他的父亲尤为如此。①中学时，特文宁就读于大名鼎鼎的查特豪斯公学的古典文学班。但严厉且欠缺教育伦理的老师以训斥性言辞毁灭了特文宁享受古典文学的任何希望。他试图转向历史学，但他的父亲以自己熟知历史且历史只是生活的"边角料"为由拒绝了这个想法。特文宁不得不继续待在古典文学班垫底。用他自己的话说，这段时间使得他仿佛拥有了双重自我评定体系："一个是外在的欢快、幽默、玩世不恭、循规蹈矩和亲切友善，另一个是在此背后的担忧焦虑、不满权威、独来独往与严肃认真。"②

这种紧张关系在特文宁二十岁左右时达到顶峰。在这一时期，他与父亲的矛盾不仅有俄狄浦斯情结的色彩，还与政治立场和学术观点有关。他的父亲作为英国政府统治坦噶尼喀地区的总督，对于20世纪50年代风起云涌的非洲民族主义浪潮自然有其渐进性的、相对传统的看法。这与接受坦桑尼亚民族解放运动领袖朱利叶斯·尼雷尔（Julius Nyerere, 1922—1999）立场的特文宁当然有所不同。围绕这一主题，父子间的讨论、辩论乃至争吵时有发生。根据特文宁的回忆，他至少有两个假期都在辛苦地撰写有关"信仰"以及"民族主义"的学术文章，而这些文章的假想"论敌"都是他的父亲。后来，特文宁前往尼雷尔亲自推动创办的达累斯萨拉姆大学学院任教时，很多人认为他彻底背叛了自己的父亲。

但是特文宁说，直到父亲晚年他都没有这样看待自己，他们之

---

① 特文宁曾从自己母亲的角度如此评价父亲：专横跋扈，是一个过度发育的小学生。William Twing, Jurist in Gontext: A Memoir, Cambridge University Press, 2019, p. 290.

② 同上书，第11页。

间的关系一直都非常不错。这不单纯是父爱使然。实际上,特文宁也意识到,在反抗父亲的过程中自己似乎也深受父亲的影响。比如,他觉得自己似乎总是扮演着居间人和沟通者的角色。在中学时期,他是校园中不同派系男生之间的调解人;① 在担任讲席教授或访问学者时,他是学生与学院教务人员之间的沟通者,② 是学院与学科评估人之间的联络者,③ 是学校与海外学生之间的联系人。④ 他之所以能够展现出如此的外交"手腕"和政治策略,除了个性使然,更重要的是他从小就接受了父亲从事政治活动时的一句格言:"政治与耻辱是同义词。"⑤ 又比如,特文宁在20世纪末展开的有关"全球化与法律"的研究并将这一成果最终呈现为总结性的巨著《一般法理学:从全球视角理解法律》(General Jurisprudence: Understanding Law from A Global Perspective, 2009)时,他尤为关注全球法律的总体图景以及法理学的逻辑构造和理论框架。在他看来,这无疑深受自己父亲的影响。⑥ 正是父亲所从事的政治活动让特文宁明白对于具体问题的思考要和整体历史语境联系起来。从大处着眼并形成全局视角,成为特文宁学术研究的一个典型特征。这也是他有关证据问题、法理学理论框架以及全球化与人权的"重新思考"具有持久魅力的一个原因。在这个意义上,走上学术之路在宣告了特文宁战胜父亲的同时,也预示着特文宁终将成为自己的父亲。我们每

---

① William Twining, *Jurist in Context: A Memoir*, Cambridge University Press, 2019, p. 13.
② 同上书,第 199 页。
③ 同上书,第 153 页。
④ 同上书,第 204 页。
⑤ 同上书,第 13 页。
⑥ 同上书,第 228 页。

一个人的人生，又何尝不是如此？

可以再来看看特文宁对于自己在苏丹首都喀土穆工作与生活的回忆。在历史的时间线中，这段岁月是苏丹刚刚独立后的时期，整个国家的上空弥漫着昂扬与激荡的味道。不到三十岁的特文宁，不仅要穿梭于历经动乱与战火的街道以便在清晨八点钟准时站上讲台授课，还亲眼目睹了自己的著作被愤怒的学生首先投入火堆，而这些学生不仅与其私交甚笃，甚至是他与妻子家庭聚会中的常客。关于这段时光，与特文宁年纪相仿且同样在喀土穆工作过的剑桥大学历史学家帕特里克·柯林森（Patrick Collinson）回忆说，这里的生活充满了战火、疏离、误解以及不确定性，种种努力不过是一种"错误、徒劳与自我欺骗"。[1]

真的是这样吗？面对老友的如此评价，特文宁在晚年开始反思自己对于这段生活的理解。在苏丹工作与生活的三年，对于特文宁来说远非完美。他手忙脚乱地备课写作，胼手胝足地筹集资金编辑《苏丹法律杂志与报告》，尝试让学生接受自己来自前殖民政府的身份并尽可能地学习苏丹人的文化与习惯法。这一切当然并不顺利，也充满挫折与遗憾，甚至完全没有起到预期中的效果。但这都是没有意义的徒劳吗？与自己朋友的感受不同，特文宁认为或许自己的种种学术努力并没有任何作用，但在这段时期中的教学与友谊无疑并非欺骗或自我欺骗。的确，回顾往昔时我们总是倾向于以"有用／无用""值得／不值得"抑或"弯路／坦途""幸福／厄运"这样的二分法区分出人生中值得保留与必须遗忘的部分。可是没有昨天的日

---

[1] William Twining, *Jurist in Context: A Memoir*, Cambridge University Press, 2019, p. 55.

落，便不会有今天的日出。或许如特文宁这样，坦然接受一切境遇都不过是自己人生的一部分是种更好的办法。① 当然，特文宁也并非百分百的乐天派。面对在苏丹生活期间的种种事实，他说虽然自己自认是一名"现实主义者"，可是人类的确无法承受太多现实。②

当然，无论是从法理学学科发展语境、法学理论思想史素材，还是从个人成长心路历程角度来阅读《语境中的法学家》这部回忆录，都远没有穷尽这部作品向我们展现的种种可能性。这里有包罗万象的理论素材、跌宕起伏的人生经历以及充满传奇色彩的历史掌故。这一切内容都在特文宁高超的写作技艺中呈现出如同博尔赫斯笔下"小径分叉的花园"般神秘的结构：我们可以按照章节顺序逐一阅读绵延在时间长流中的故事，也可以遵循主题在不同时空语境中穿梭跳跃，还可以兴之所至从随手翻开的一页读起，然后按照作者在正文括号中的提示参阅相应章节……当然，作为法学家特别是法理学研究者，特文宁希望无论我们持有何种期待与目的打开本书，在放下它时都可以获得一种对于法理学和法学理论的全新理解。不过我们也可以说，每一位对于法学研究有所思考，对于历史、世界以及人生有所困惑的读者，在按照自己的关切与方法阅读本书后都会满载而归。因为这同样也是特文宁的目标：**法学理论面对的不是少数几位专家，而是成千上万的普罗大众。**

---

① 对于生活，特文宁曾引用马尔科姆·布雷德伯里（Malcolm Bradbury）的名作《历史人》（*The History Man*）中的人物霍华德·柯克的台词如此形容："吃片安定。参加派对。外出游行。枪击士兵。搞个新闻。睡个朋友。这就是你解决问题的方式……可是这一切我们不都试过了吗？" William Twining, *Jurist in Context: A Memoir*, Cambridge University Press, 2019, p. 147.

② 同上书，第56页。

译 后 记

本书是这样一部著作：若论形式，它是一部回忆录，但充满学说与概念，更与命题和论证相伴，甚至还有逻辑推理图表与学术研究指南；若论内容，它是一部理论专著，但充满了作者个人的家族传奇、人生轶事、亲友故交以及学界秘闻。若论风格，它是一部通识性作品，但参考文献与正文注释让专业研究者都胆战心惊，就更别提充满隐喻暗示和幽默反讽的行文风格了；若论题材，它是一部学术作品，可严肃的概念、命题与理论背后总是有那么多意料之外——谁会想到伊塔洛·卡尔维诺笔下的人物竟隐喻了法理学研究的不同路径，有关桃色绯闻的调查竟是作者研究证据问题的伏笔，大名鼎鼎的"语境中的法律"这个口号竟是作者为寻求认同而不得不牺牲语义精确性的产物……

不过，这是本书作者威廉·特文宁（William Twining）有意营造的阅读体验。在与他的邮件交流中，他将本书定位为"一部伪装成回忆录的法理学著作"（a work of Jurisprudence masquerading as a memoir）。用近年来中文语境中比较流行的表达，他通过"把自己作为方法"来阐明现代法理学自20世纪50年代以来的发展。因此，本书表面所呈现出的独特风格，其实是自幼深受古典文学严格训练且追随伊塔洛·卡尔维诺写作风格的作者，在年逾八旬之际,以高超的文学技巧向一切对法律感兴趣的读者发出的体验法理学之旅的诚恳邀请。在这个意义上,本书虽然名为"回忆录",但绝非作者对于自己七十年来学海遨游的自恋回顾,而是由衷地源于如下遗憾:回顾自己的学术生涯,他越来越感到自己的许多主要著述其实并没有到达他所设想的"基本读者"那里。这里的"基本读者",如本书前言所述,就是一般意义上的法学研究者,是任何对法律或法学保持反思性与理论性关注的人,而不仅仅是法理学、证据法、比较法、全球化或某一领域的专业研究者,更远非仅关注单一议题的专家。

当然,这种遗憾并非源自作者本人力有未逮,而应在相当程度上归因于他的老师赫伯特·哈特(H. L. A. Hart)。哈特在20世纪50年代将盛行于牛津大学的"日常语言哲学"引入法学,引领了"一般法理学"的复兴与繁荣。但他对哲学分析的偏重,使得之后的两代法理学学者不仅忽视甚至鄙视有关法律的经验研究。20世纪50年代至今的七十余年里,法理学在英美语境中与法哲学几乎成为同义词:将法律视为可与其社会、经济、政治、文化以及历史等语境相分离的具有本质属性的事物的这种想法,几乎主导着每一位法理学家的头脑。他们将自身法律传统的特殊性断言为人类普遍性的盲目自信,以及将哲学思辨之外的任何研究排除出法理学的自信盲目,都有使法理学与法学研究脱嵌、与法学实践断裂、与法律人形同陌路的趋势。对此,本书作者威廉·特文宁感到有必要提出法学家的法理学立场,重申法理学是一门融合分析性、规范性以及经验性研究的具有深厚人文主义传统与前景的学科,它或许不乏抽象与晦涩,但往往应当切中伦常、实事求是、务实有效且通俗易懂,它有助于增进和传播人们对于法律的理解进而推动法学学科的健康发展，同时也是诸多具体而微的法学研究开展的动力引擎。

与特文宁教授分享着一样的立场或忧虑，是我决定翻译本书的理由之一。中文世界的现代法理学研究自沈宗灵先生（1923—2012年）以来历经了长足发展。但遗憾的是，综合有关法律的哲学思考与社会科学研究的思路，一直没有得到充分重视。法理学领域中哲学分析与经验研究的"双峰对峙"，耽误了分析法学的概念阐述、规范法学的理论构建以及社科法学的经验研究这些不同路径之间的彼此借鉴和相互滋养。这种固守学科壁垒与画地自限的做法，使得我们的法理学研究目前缺乏深植社会语境的问题意识、深得共识的理论概念以及富有解释力的理论框架，这不仅影响学术成果的积累，也使学术研究易受一时一地的政治与政策环境的影响。在这个意义上，批判性地阅读分析特文宁教授以自身经历为线索描述的法理学发展历程与未来展望，对于我们理解与反思自身的学术立场、理论视野和发展规划具有重要价值。

更何况威廉·特文宁的学术生涯和人生历程本身就妙趣横生、波澜壮阔。1934年9月22日他出生于非洲的乌干达。其父曾是英国殖民政府的行政官而后成为坦噶尼喀（现为坦桑尼亚联合共和国的大陆部分）总督，并成为经英王授予的首批终身贵族之一。其母在当地从事医疗卫生工作。他在中学时期就读于培养出英国众多知名人物、拥有四百余年历史的查特豪斯公学；本科就读于牛津大学布雷齐诺斯学院，深受赫伯特·哈特的器重，并以一等荣誉生的身份毕业；之后就读于美国芝加哥大学法学院，并成为20世纪重要的法律现实主义者卡尔·卢埃林（Karl Llewellyn）的信徒。

自此之后，他在非洲的喀土穆大学、达累斯萨拉姆大学学院、英国的贝尔法斯特女王大学、华威大学、伦敦大学（学院）、牛津大学、美国的芝加哥大学和迈阿密大学任教或兼职。他有关卢埃林与美国法律现实主义的研究重塑了20世纪70年代以来英美法学界对于法律现实主义的评价；他倡导的"语境中的法律"运动改变了英国法学传统中偏重法律教义的研究倾向，并培养出一批关注法律与社会关系且深具"现实主义"气质的国际学者；他有关法学教育的分析、评论和研究，使得法学教育成为法学研究的严肃议题；他对一般法理学、证据法以及法律与全球化的讨论，改变了各个领域内的理论格局与研究样貌；此外，他与哈特一道不仅组织编纂更亲自整理了杰里米·边沁（Jeremy Bentham）的手稿与文集，在功利主义伦理学与酷刑研究方面具有举足轻重的影响。可以说，特文宁教授的个人学术生涯（自1952年起）与现代英美法理学或法学理论的发展历程紧密相关。

奥利弗·温德尔·霍姆斯大法官曾说，晚年是一个法学家最好的年华。特文宁教授在本书中也曾以此自许。我想，这或许意味着这位总是在一桩桩具有历史意义的法理学往事中身临其境的耄耋老人，开始能够摆脱世事纷扰，提炼出自己对于学人与学理的洞见。因此，本书的英文标题"Jurist in Context: A Memoir"意译为"身临其境：一位法学家的学术回忆录"或许是同样合适的。不过我和本书的责任编辑吴婧老师还是选择了现在的译法，因为这更清晰直白地告诉读者，法律植根于语境，法学家亦复如是。

我很自豪自己可以有机会译介本书。在2021年盛夏外公病重的那段时间里，我自己的人生也将迎来一个节点。在种种心绪的笼罩下，我百无聊赖地翻阅着本书的英文版。当我读到1964年30岁的特文宁教授在非洲乞力马扎罗山、在对未来充满困惑与犹疑中作出人生选择时，我仿佛看到了自己以及周围朋友的境况与模样。吴婧老师细致热忱的帮助以及丛书主编田雷老师一如既往的支持，使得我与本书的缘分越来越近。在与特文宁教授联络后，我更笃定自己的眼光与选择是正确的。老人家的幽默坦诚和细致敏锐，可以说与我阅读他的著作时心中所设想的那个形象别无二致。同样感谢布莱恩·Z.塔玛纳哈（Brian Z. Tamanaha）教授，他不仅推荐我阅读特文宁教授的作品，还亲自将自己写作的相关短文扫描后发送给我。

  本书的翻译工作虽然辛苦却相当顺利。为了应对这个原书将近四百页的"大部头"，我在两个月的时间内几乎每天都争取在凌晨5点起床，上午7点前开始工作。考虑到本书内容有很强的"语境性"，我在翻译完毕后的校对过程中，针对学术概念、历史事件、文化背景等内容补充了许多（或许太多？）译者注释。它们都以页下脚注的形式出现，以区别于作者本人在正文后的详细引注。这是特文宁教授的建议。他说这本书所带来的翻译挑战"可能更多的是文化性的而非语义性的"。确实如此！同时，考虑到这部书的形式与内容、风格与题材之间的奇妙关系，在翻译过程中我尝试让自己的语言更加灵动：选择更贴近生活的词汇，尽可能拆分原文长句以使读者更易理解。我希望自己的这番尝试无损于本书的严肃、权威与含蓄，更希望以此能够推动我与特文宁教授共享的一个目标：读者为了寻找有关卢埃林、哈特以及德沃金等人的八卦而翻开本书，但在合上书后却对法理学有了一番截然不同的理解。

译事艰辛，并非今日始知。翻译一个词或一句话很简单，但翻译一整部书就像是一个人走路，走得多了不免歪歪扭扭甚至错漏百出。身为译者，我由衷感谢读者诸君的热情支持，也诚恳期盼各位贤达的讨论指正！

赵英男
2023 年 1 月 25 日

图书在版编目(CIP)数据

语境中的法学家:威廉·特文宁学术回忆录/(英)威廉·特文宁著;赵英男译.—北京:商务印书馆,2024
(法政名著译丛)
ISBN 978-7-100-23623-2

Ⅰ.①语… Ⅱ.①威…②赵… Ⅲ.①威廉·特文宁—法学—学术思想 Ⅳ.①D909.561

中国国家版本馆 CIP 数据核字(2024)第 073924 号

权利保留,侵权必究。

法政名著译丛

语境中的法学家
——威廉·特文宁学术回忆录

〔英〕威廉·特文宁 著
赵英男 译

商 务 印 书 馆 出 版
(北京王府井大街36号 邮政编码100710)
商 务 印 书 馆 发 行
北京市十月印刷有限公司印刷
ISBN 978-7-100-23623-2

2024年7月第1版　　开本 880×1230　1/32
2024年7月北京第1次印刷　印张 23⅜
定价:145.00元